X.systems.press

X.systems.press ist eine praxisorientierte
Reihe zur Entwicklung und Administration von
Betriebssystemen, Netzwerken und Datenbanken.

Martin Grotegut

Windows 7

in Unternehmensnetzen mit Service Pack 1,
IPv4, IPv6

 Springer

ISSN 1611-8618
ISBN 978-3-642-01034-7   e-ISBN 978-3-642-01035-4
DOI 10.1007/978-3-642-01035-4
Springer Heidelberg Dordrecht London New York

Die Deutsche Nationalbibliothek verzeichnet diese Publikation in der Deutschen Nationalbibliografie; detaillierte bibliografische Daten sind im Internet über http://dnb.d-nb.de abrufbar.

© Springer-Verlag Berlin Heidelberg 2011
Dieses Werk ist urheberrechtlich geschützt. Die dadurch begründeten Rechte, insbesondere die der Übersetzung, des Nachdrucks, des Vortrags, der Entnahme von Abbildungen und Tabellen, der Funksendung, der Mikroverfilmung oder der Vervielfältigung auf anderen Wegen und der Speicherung in Datenverarbeitungsanlagen, bleiben, auch bei nur auszugsweiser Verwertung, vorbehalten. Eine Vervielfältigung dieses Werkes oder von Teilen dieses Werkes ist auch im Einzelfall nur in den Grenzen der gesetzlichen Bestimmungen des Urheberrechtsgesetzes der Bundesrepublik Deutschland vom 9. September 1965 in der jeweils geltenden Fassung zulässig. Sie ist grundsätzlich vergütungspflichtig. Zuwiderhandlungen unterliegen den Strafbestimmungen des Urheberrechtsgesetzes.
Die Wiedergabe von Gebrauchsnamen, Handelsnamen, Warenbezeichnungen usw. in diesem Werk berechtigt auch ohne besondere Kennzeichnung nicht zu der Annahme, dass solche Namen im Sinne der Warenzeichen- und Markenschutz-Gesetzgebung als frei zu betrachten wären und daher von jedermann benutzt werden dürften.

Einbandentwurf: KuenkelLopka GmbH

Gedruckt auf säurefreiem Papier

Springer ist Teil der Fachverlagsgruppe Springer Science+Business Media (www.springer.com)

Vorwort

Liebe Leserin, lieber Leser,

mit Windows 7 ist ein würdiger Nachfolger von Windows Vista und auch Windows XP erschienen. Viele Funktionen der Vorgängerversionen wurden überarbeitet und ergänzt, sowie etliches hinzugefügt. Dabei wurde das Betriebssystem verschlankt, so dass es nun zum einen auch auf Netbooks eingesetzt werden kann und zum anderen sogar etwas schneller arbeitet als Windows XP. Durch einige Aspekte (Unterstützung von mehr als zwei CPU-Kernen, DirectX 11, etc.) ist es ihm technologisch zudem auch klar überlegen.

Dieses Buch beschreibt nicht etwa eine vorläufige, Beta-Version, sondern die endgültige Windows 7 Ultimate-Version mit installiertem Service Pack 1. Dabei wird auf die Client-Seite fokussiert, das Server-Backend wird nicht näher betrachtet. Es ist mir wichtig darauf hinzuweisen, denn einige Funktionen von Windows 7 (u. a. BranchCache und DirectAccess) können nur zusammen mit dem Windows Server 2008 R2 eingesetzt werden und werden daher zwar beschrieben, aber nicht detailliert betrachtet.

Mittlerweile ist sehr wichtig geworden, Kenntnisse über IPv6 zu haben. Deshalb beschreibe ich in dem Kapitel über Netzwerke (Kapitel 8) dieses Protokoll in seinen Grundzügen.

Dieses Buch wendet sich außerdem an den bzw. die erfahrene(n) Windows-Administrator(in) in einer Unternehmensumgebung und an diejenigen (auch Neueinsteiger), welche die MCP-Prüfung 70-680 (MCTS: Windows 7 Konfiguration) absolvieren möchten. Daher werden nicht etwa der Windows Explorer und der Windows Media Player etc. in allen Details vorgestellt, sondern der Fokus liegt auf dem professionellen Einsatz in kleinen, mittelständischen und großen Unternehmen.

Durch die jahrelange Trainings- und Projekterfahrung habe ich sehr detaillierte Kenntnisse des Alltags und der Bedürfnisse der Administration von Netzwerken in etlichen Unternehmen vielerlei Branchen gewinnen können, die in dieses Buch eingeflossen sind.

Als jüngstes meiner Bücher über Windows-Client-Betriebssysteme habe ich Anregungen und Wünsche meiner Leserinnen und Leser über die vorigen Versionen, die ich erhalten habe, bei der Erstellung berücksichtigt.

Wenn Sie mich kontaktieren möchten, können Sie das unter meiner E-Mail-Adresse MG@MartinGrotegut.de gerne tun.

An der Erstellung dieses Buchs sind außer mir als dem Autor viele andere Leute beteiligt gewesen: Mein ausdrücklicher Dank geht an das Springer-Verlag IT-Lektorat und an meine Ehefrau für die Durchsicht des Manuskripts sowie ihre stetige Unterstützung in allen Phasen der Erstellung dieses Werks.

Eventuelle Fehler gingen aber selbstverständlich zu meinen Lasten. Entsprechende Errata würde ich dann auf meiner Website (http://www.zbc-berlin.de) veröffentlichen.

Ich wünsche Ihnen viel Spaß beim Lesen, und dass Sie möglichst viele Informationen und Anregungen aus diesem Buch über Windows 7 entnehmen können.

Martin Grotegut

Inhaltsverzeichnis

Vorwort V

Inhaltsverzeichnis VII

Abkürzungsverzeichnis XV

1. Die Systemarchitektur von Windows 7 1
   1.1 Der Kernel-Modus 2
      1.1.1 Die Hardwareabstraktionsschicht 3
      1.1.2 Der Mikro-Kernel 4
      1.1.3 Der Scheduler 4
      1.1.4 Kernelmodusgerätetreiber 4
      1.1.5 Die Ausführungsschicht 5
      1.1.6 Der Objektmanager 5
      1.1.7 Der E/A-Manager 6
      1.1.8 Der Sicherheitsmonitor 7
      1.1.9 Der IPC-Manager 7
      1.1.10 Der Virtueller-Speicher-Manager 8
      1.1.11 Der Prozess-Manager 8
      1.1.12 Der Plug-und-Play-Manager 8
      1.1.13 Die Energieverwaltung 9
      1.1.14 Der Window-Manager und das Graphics Device Interface 9
   1.2 Der Benutzermodus 10
   1.3 Das Windows Driver Framework 11
   1.4 Geschützte Prozesse 11
   1.5 Dienste 12
   1.6 Physischer Adressraum und virtueller Arbeitsspeicher 14
      1.6.1 Windows 7 (32-Bit) 14
      1.6.2 Windows 7 (64-Bit) 16
   1.7 Windows-7-Betriebssystemversionen 17
   1.8 Die Registrierung und ihre Verwaltung 22
   1.9 Der Startvorgang 28

1.10 Boot.Ini vs. BCD 30

2. Installation von Windows 7 33
2.1 Mindestvoraussetzungen 33
2.2 Der Windows Upgrade Advisor 34
2.3 Installation durch Start von einer DVD 34
2.4 Starten im Fehlerfall 48
2.5 Arbeitsspeicherdiagnose 52
2.6 Upgrade-Installation 53
2.7 EasyTransfer und das User State Migration Tool 59
2.8 Deinstallation von Windows 7 62
2.9 Installationsoptionen für Administratoren 63
    2.9.1 Images/Festplattenduplikation 63
    2.9.2 Windows Deployment Services 65
    2.9.3 Netzwerkinstallation 65
    2.9.4 Sysprep 65
    2.9.5 WinPE 66
    2.9.6 Start von einem Installationsmedium 67
2.10 Lizenzierungsoptionen für größere Netzwerke 68
2.11 Service Pack 1 69

3. Die Arbeitsplatzoberfläche 73
3.1 Das Startmenü 74
    3.1.1 Administrator-Eingabeaufforderung 76
    3.1.2 Sprunglisten 77
3.2 Windows-Hilfe und Support 78
3.3 Der Windows Explorer 79
    3.3.1 Bibliotheken 80
3.4 Anpassen der Anzeigeeinstellungen 81
3.5 Tastaturabkürzungen 87
3.6 Der Windows-Sicherheitsbildschirm 93
3.7 Der Windows Task-Manager 94
3.8 Aufbau der Windows-Installation (Verzeichnisstruktur) 101

4. Die Systemsteuerung 109
4.1 Anmeldeinformationsverwaltung 110
4.2 Automatische Wiedergabe 111
4.3 BitLocker-Laufwerkverschlüsselung 112
    4.3.1 BitLocker To Go 118
    4.3.2 BitLocker-Werkzeuge 119
4.4 Datum und Uhrzeit 122
4.5 Der Geräte-Manager 123

4.5.1 Fehlercodes des Gerätemananagers 124
4.5.2 Der Gerätetreiberspeicher 128
4.6 Hardware 129
4.7 Indizierungsoptionen 131
4.8 Infobereichsymbole 133
4.9 Jugendschutz 134
4.10 Leistungsinformationen und -tools 139
4.11 Mininwendungen 146
4.12 Ortungs- und andere Sensoren 146
4.13 Programme und Funktionen 147
4.14 Region und Sprache 152
    4.14.1 Mehrsprachige Benutzeroberflächenpakete (MUI) 153
    4.14.2 Benutzeroberflächen-Sprachpakete (LIP) 154
4.15 System 155
4.16 Systemeigenschaften 156
4.17 Trusted Platform Modules-Verwaltung 176
4.18 Windows-Aktivierung 178
4.19 Wartungscenter 181
4.20 Windows Update 183

5. Verwaltungsprogramme der Systemsteuerung 185
5.1 Die Microsoft Management Console (MMC) 186
    5.1.1 Aufbau von MMC-Snap-Ins 187
    5.1.2 Anpassen von Verwaltungskonsolenansichten 187
    5.1.3 Problembehandlung von MMC-Snap-Ins 188
5.2 Verwaltung mittels MMC-Snap-Ins 189
    5.2.1 Die Aufgabenplanung 189
    5.2.2 Computerverwaltung 196
    5.2.3 Datenquellen 197
    5.2.4 Systemdienste 203
    5.2.5 Dienste für NFS 228
    5.2.6 Druckverwaltung 233
    5.2.7 iSCSI-Initiator 235
    5.2.8 Lokale Sicherheitsrichtlinie 243
5.3 Alternativer Start der Verwaltungswerkzeuge 252
5.4 Die Remoteserver-Verwaltungstools 254

6. Datenträgerverwaltung 257
6.1 Unterstützte Massenspeicher 257
    6.1.1 Festplatten 257
    6.1.2 Optische Datenträger 261
    6.1.3 Disketten 261

6.2 Windows-Datenträgertypen 262
   6.2.1 Basisdatenträger 262
   6.2.2 Dynamische Datenträger 262
   6.2.3 GPT-Datenträger 263
6.3 Partitionstypen 264
   6.3.1 Primäre Partition 264
   6.3.2 Erweiterte Partition 264
   6.3.3 Einfaches Volume 264
   6.3.4 Übergreifendes Volume 265
   6.3.5 Streifensatz 265
   6.3.6 Gespiegeltes Volume 266
   6.3.7 RAID-5-Volume 267
6.4 Die Datenträgerverwaltung 267
6.5 Festplatten von fernen Rechnern verwalten 270
6.6 Dateisysteme 270
   6.6.1 FAT/FAT32 270
   6.6.2 exFAT 272
   6.6.3 NTFS 273
   6.6.4 CDFS 293
   6.6.5 UDF 293
   6.6.6 ISO-Dateien 294
6.7 Ordner- und Dateiattribute 295
6.8 Fragmentierung und Defragmentierung 296
6.9 ReadyBoost 300
6.10 Programme für die Datenträgerverwaltung 303

7. Datensicherung und -wiederherstellung 305
   7.1 Sicherung von einzelnen Dateien und Ordnern 306
      7.1.1 Einrichten der Sicherung 307
      7.1.2 Sicherungszeitplan 312
      7.1.3 Sicherungsspeicherplatzverwaltung 314
   7.2 Systemabbildsicherung 315
   7.3 Erstellung eines Systemreparaturdatenträgers 318
   7.4 Wiederherstellen von einzelnen Dateien und Ordnern 319
   7.5 Wiederherstellung einer Systemabbildsicherung 321
   7.6 Das Sicherungs-Befehlszeilentool 323

8. Netzwerk 325
   8.1 Netzwerk-Hardware 327
   8.2 Einrichtung einer Netzwerkverbindung 328
   8.3 Netzwerkbrücke 330
   8.4 Protokolle 331

8.4.1 TCP/IP 331
8.4.2 IPv6 332
8.4.3 Verbindungsschicht-Topologieerkennung 354
8.4.4 Netzwerk – erweiterte Einstellungen 355
8.5 Authentifizierung 357
8.5.1 NTLM und NTLMv2 357
8.5.2 Kerberos 358
8.6 Firewall 358
8.6.1 Einfache Firewall 358
8.6.2 Windows-Firewall mit erweiterter Sicherheit 362
8.7 Virtual WiFi 364
8.8 Heimnetzgruppen 366
8.8.1 Erstellung einer Heimnetzgruppe 368
8.8.2 Beitritt zu einer Heimnetzgruppe 370
8.8.3 Austritt aus einer Heimnetzgruppe 372
8.9 Programme für die Netzwerkverwaltung 373
8.9.1 Ipconfig 373
8.9.2 Ping 374
8.9.3 Tracert 375
8.9.4 Netsh 375
8.9.5 Hostname 376
8.9.6 Pathping 376
8.9.7 Nbtstat 376
8.9.8 Die Net-Befehle 377
8.9.9 Netstat 378
8.9.10 Getmac 379
8.9.11 Nslookup 379

9. Benutzerkonten und lokale Gruppen – Einrichten und verwalten 381
9.1 Lokale Benutzerkonten vs. Domänenbenutzerkonten 384
9.2 Eigene Benutzerkonten 385
9.3 Vordefinierte Benutzerkonten 389
9.4 Vordefinierte Gruppen 390
9.4.1 Integrierte lokale Gruppen 390
9.4.2 Integrierte Sicherheitsprinzipale 390
9.5 Anmeldevorgang, LSA und Zugriffstoken 391
9.6 Sicherbare Objekte 392
9.7 Verbindliche Kennzeichnungen 393
9.8 Sicherheitsbeschreibungen 394
9.8.1 Zugriffssteuerungslisten 394
9.8.2 Zugriffssteuerungseinträge 395

9.8.3 Sicherheits-IDs (SID) 395
9.9 Benutzerkontensteuerung 412

10. Verzeichnisfreigaben einrichten und verwalten 413
10.1 Das Netzwerk- und Freigabecenter 413
10.2 Verzeichnisfreigaben 416
    10.2.1 Einfache Freigaben 416
    10.2.2 Erweiterte Freigaben 418
    10.2.3 Administrative Freigaben 421
    10.2.4 Verzeichnisfreigaben mit SMB 2 421
    10.2.5 Freigabeberechtigungen 422
    10.2.6 Zwischenspeicherung 423
    10.2.7 Kombination von Freigabeberechtigungen und NTFS-
    Berechtigungen 425
10.3 BranchCache 427

11. Drucker einrichten und verwalten 429
11.1 Terminologie 429
11.2 Einrichtung von lokalen und Netzwerk-Druckern 431
11.3 Druckeroptionen 438
11.4 Druckservereigenschaften 449
11.5 Drucker-Pooling 453
11.6 Nützliche Befehle für die Druckerverwaltung 454

12. Die Faxdienste 457
12.1 Installation der Fax-Dienste 457
12.2 Lokale Faxdienste 463
12.3 Faxdrucker 473
12.4 Faxversand 476
12.5 Remote-Faxdienste und Faxclients 477

13. Ressourcen und Ereignisse überwachen 479
13.1 Die Ereignisanzeige 479
13.2 Ressourcenmonitor 487
13.3 Leistungsüberwachung 488
13.4 Systemdiagnose 492
13.5 Netzwerkmonitor 493

14. Mobile Computing 495
14.1 Windows-Mobilitätscenter 495
14.2 Energieschemata 496
14.3 Offline-Ordner 497

14.4 Synchronisierung 500

15. Fernzugriff einrichten und verwalten 503
   15.1 Protokolle 503
      15.1.1 PAP 504
      15.1.2 SPAP 505
      15.1.3 CHAP 506
      15.1.4 MS-CHAP 507
      15.1.5 EAP 508
      15.1.6 MD5 508
      15.1.7 DES 509
      15.1.8 RC4 509
      15.1.9 PEAP 510
      15.1.10 L2TP 510
      15.1.11 IPsec 510
      15.1.12 PPTP 511
      15.1.13 SSTP 511
      15.1.14 IKEv2 513
   15.2 Fernzugriffe auf Unternehmensnetze 513
      15.2.1 Einrichten einer neuen VPN-Verbindung 513
      15.2.2 Das Eigenschaftsfenster einer VPN-Verbindung 516
      15.2.3 Verwalten von RAS-Verbindungen 520
      15.2.4 Benutzerdefinierte RAS-Einstellungen 521
   15.3 Fernzugriff auf Windows-7-Computer 523
      15.3.1 Einrichten einer neuen eingehenden Verbindung 524
      15.3.2 Ändern der Eigenschaften einer eingehenden Verbindung .. 529
   15.4 Befehle für die Fernzugriffsverwaltung 531
   15.5 VPN Reconnect 531
   15.6 DirectAccess 532

Anhang 535
   A. Startoptionen 535
   B. Liste ausführbarer Dateien 554

Sachverzeichnis 575

Abkürzungsverzeichnis

3DES	Triple Data Encryption Standard
AACS	Advanced Access Content System
Abbr	Abbruch
ACE	Access Control Entry
ACL	Access Control List
ACPI	Advanced Configuration and Power Management Interface
AD	Active Directory
ADMA	Advanced Direct Memory Access
Aero	Authentic, Energetic, Reflective and Open
AES	Advanced Encryption Standard
AH	Authentication Header
ALCP	Advanced Local Procedure Call
ALG	Application Layer Gateway
Alt	Alternate
AMD	Advanced Micro Devices
API	Application Programming Interface
ARP	Address Resolution Protocol
ASCII	American Standard Code for Information Interchange
ASP	Active Server Pages
AuthIP	Authenticated Internet Protocol
AWE	Address Windowing Extensions
AxIS	ActiveX Installer Service
BASIC	Beginner's All-purpose Symbolic Instruction Code
BCD	Boot Configuration Data
BDD	Business Desktop Deployment
BDE	BitLocker Drive Encryption
BIOS	Basic Input/Output System
Bit	Binary digit
BITS	Background Intelligent Transfer Service
BKS	Benutzerkontensteuerung
BootP	Bootstrap Protocol
CD	Compact Disc
CDFS	Compact Disc File System

CHAP	Challenge Handshake Authentication Protocol
CIDR	Classless Inter-Domain Routing
CIFS	Common Internet File System
CMAK	Connection Manager Administration Kit
CNG	Cryptography Next Generation
COM	Component Object Model
CSC	Client-side Cache
Ctrl	Control
D3D	Direct 3D(imensional)
DACL	Discretionary Access Control List
DAD	Duplicate Address Detection
DAS	Direct Attached Storage
DAV	Datenausführungsverhinderung
DB	Database
DC	Domain Controller
DCOM	Distributed Component Object Model
DDC	Display Data Channel
DDF	Data Decryption Field
DDNS	Dynamic Domain Name System
DDoS	Distributed Denial of Service
Del	Delete
DEP	Data Execution Prevention
DES	Data Encryption Standard
DFS	Distributed File System
DHCP	Dynamic Host Configuration Protocol
DISM	Deployment Image Servicing and Management
DLL	Dynamic Link Library
DMA	Direct Memory Access
DNS	Domain Name System
DoS	Denial of Service
DPS	Diagnosis Policy Service
DRA	Data Recovery Agent
DRF	Data Recovery Field
DRM	Digital Rights Management
DS	Directory Services
DSN	Data Source Name
DTC	Distributed Transaction Coordinator
DUID	DHCPv6 Unique Identifier
DVD	Digital Versatile Disc
DWORD	Double word
E/A	Eingabe/Ausgabe
EAP	Extensible Authentication Protocol

EFI	Extensible Firmware Interface
EFS	Encrypting File System
Einfg	Einfügen
EMD	External Memory Device
EMS	Emergency Management Services
Enum	Enumeration
Env	Environment
eSATA	External Serial Advanced Technology Attachment
Esc	Escape
ESP	Encapsulating Security Payload
EUI	Extended Unique Identifier
exFAT	Extended File Allocation Table
FAT	File Allocation Table
FEK	File Encryption Key
Fn	Funktion (engl.: Function)
Fps	Frames per second
FQDN	Fully Qualified Domain Name
FTP	File Transfer Protocol
FVE	Full Volume Encryption
GB	Gigabyte
Gbps	Gigabits pro Sekunde
GC	Global Catalog
GDI	Graphic Device Interface
GPMC	Group-Policy Management Console
GPT	Globally Unique Identifier Partition Table
GRE	Generic Routing Encapsulation
GUI	Graphical User Interface
GUID	Globally Unique Identifier
HAL	Hardware Abstraction Layer
HD-DVD	High-Definition Digital Versatile Disc
HID	Human Interface Device
HKCC	HKEY_CURRENT_CONFIG
HKCR	HKEY_CLASSES_ROOT
HKCU	HKEY_CURRENT_USER
HKDD	HKEY_DYN_DATA
HKLM	HKEY_LOCAL_MACHINE
HKPD	HKEY_PERFORMANCE_DATA
HKU	HKEY_USERS
HRA	Health Registration Authority
HTML	Hypertext Markup Language
HTTP	Hypertext Transport Protocol
HW	Hardware

I/O	Input/Output
IAS	Internet Authentication Server
ICMP	Internet Control Message Protocol
ID	Identification
IE	Internet Explorer
IEEE	Institute of Electrical and Electronics Engineers
IGMP	Internet Group Management Protocol
IIS	Internet Information Server
IKE	Internet Key Exchange
Ins	Insert
IP	Internet Protocol
IPC	Inter-Process Communication
IPP	Internet Printing Protocol
IPsec	Internet Protocol Security
IPv4	Internet Protocol Version 4
IPv6	Internet Protocol Version 6
iQN	iSCSI Qualified Name
ISA	Internet Security and Acceleration
ISATAP	Intra-Site Automatic Tunnel Addressing Protocol
iSCSI	Internet Small Computer System Interface
iSNS	Internet Storage Name Service
IT	Informationstechnologie
IUSR(S)	Internet User(s)
Kap.	Kapitel
KB	Kilobyte
kbps	Kilobits pro Sekunde
KMDF	Kernel-Mode Driver Framework
KMS	Key Management Service
KTM	Kernel Transaction Manager
L2TP	Layer 2 Tunneling Protocol
LAN	Local Area Network
Lanman	LAN Manager
LCP	Link Control Protocol
LDS	Lightweight Directory Services
LIP	Language Interface Pack
LLMNR	Link-Local Multicast Name Resolution
LLTD	Link-Layer Topology Discovery
LLTP	Link-Layer Topology Protocol
LM	LAN Manager
LPC	Local Procedure Code
LPD	Line Printer Daemon
LPR	Line Printer Remote

LSA	Local Security Authority
LUN	Logical Unit Number
MAC	Mandatory Access Control, Medium/-a Access Control
MAK	Multiple Activation Key
MB	Megabyte
Mbps	Megabits pro Sekunde
MBR	Master Boot Record
MCITP	Microsoft Certified IT Professional
MCP	Microsoft Certified Professional
MCTS	Microsoft Certified Technology Specialist
MCX	Media Center Extender
MD4	Message Digest 4
MD5	Message Digest 5
mDNS	Multicast Domain Name System
MFT	Master File Table
MIC	Mandatory Integrity Control
MLD	Multicast Listener Discovery
MMC	Microsoft Management Console
MMU	Memory Management Unit
MPPE	Microsoft Point-to-Point Encryption
MS-CHAP	Microsoft-CHAP
MS-CHAPv1	Microsoft-CHAP Version 1
MS-CHAPv2	Microsoft-CHAP Version 2
MSDTC	Microsoft Distributed Transaction Coordinator
MSIE	Microsoft Internet Explorer
MSMQ	Microsoft Message Queuing
MTU	Maximum Transmission Unit
MU	Microsoft Update
MUI	Multilingual User Interface
MVK	Microsoft Verwaltungskonsole
N/V	Nicht verfügbar
NAP	Network Access Protection
NAS	Network Attached Storage
NAT	Network Address Translation
NAPT	Network Address/Port Translation
NAT-PT	Network Address Translation-Protocol Translation
NAT-T	Network Address Translation-Traversal
ND	Neighbor Discovery
Net	Network
NetBEUI	NetBIOS Extended User Interface
NetBIOS	Network Basic Input/Output System
NetBT	NetBIOS over TCP/IP

NFS	Network File System
NLA	Network Location Awareness
NRPT	Name Resolution Policy Table
NT	New Technology
NTP	Network Time Protocol
NTFS	New Technology File System
NTLM	New Technology LAN Manager
NTLMv2	New Technology LAN Manager Version 2
NTOS	New Technology Operation System
NTP	Network Time Protocol
Num	Numerisch/Numeric
NUMA	Non-Uniform Memory Access
NVRAM	Non-Volatile Random Access Memory
NWLink	NetWare-Link
NX	No Execute
ODBC	Open Database Connectivity
OLE	Object-Linking and Embedding
OLE-DB	Object-Linking and Embedding for DataBases
OOBE	Out-of-Box Experience
OS	Operating System
P2P	Peer-to-Peer
PAE	Physical Address Extensions
PAP	Password Authentication Protocol
PAT	Port Address Translation
PATA	Parallel Advanced Technology Attachment
PC	Personal Computer
PCA	Program Compatibility Assistant
PCI	Peripheral Component Interconnect
PCI-X	Peripheral Component Interconnect Extended
PCIe	Peripheral Component Interconnect Express
PCR	Platform Configuration Register
PDA	Personal Digital Assistant
PDC	Primary Domain Controller
PDH	Performance Data Helper
PEAP	Protected Extensible Authentication Protocol
PIN	Personal Identification Number
Ping	Packet InterNet Groper
PnP	Plug and Play
PMP	Protected Media Path
PNRP	Peer Name Resolution Protocol
Pos1	Position 1
POSIX	Portable Operating System Interface for Unix

POST	Power-On Self-Test
PPP	Point-to-Point-Protocol
PPTP	Point-to-Point Tunneling Protocol
PTE	Page Table Entry/-ies
PTR	Pointer
PUMA	Protected User Mode Audio
PVP	Protected Video Path
RSA	Rivest, Shamir, Adleman
PXE	Preboot Execution Environment
QoS	Quality of Service
RA	Router Advertisement
RAC	Reliability Analysis Component
RADIUS	Remote Authentication Dial In User Service
RAID	Redundant Array of Inexpensive Disk-Drives
RAM	Random Access Memory
RAS	Remote Access Service
RC4	Rivest Cipher 4
RDC	Remote Differential Compression
RDP	Remote Desktop Protocol
RFC	Request for Comments
RFM	Reduced Functionality Mode
RID	Relative ID
RIP	Router Information Protocol
RM	Remote Management
RODC	Read-Only Domain Controller
ROM	Read-Only Memory
RPC	Remote Procedure Call
RRAS	Routing and Remote Access Service
RS	Router Solicitation
RSAT	Remote Server Administration Tools
RTM	Release to Manufacturing
SACL	System Access Control List
SAM	Security Accounts Manager
SAN	Storage Area Network
SAS	Serial Attached Small Computer Systems Interface
SATA	Serial Advanced Technology Attachment
SCCM	System Center Configuration Manager
SCM	Service Control Manager
SCSI	Small Computer Systems Interface
SD	Secure Digital, System Deployment
SFU	Services for Unix
SHA	Secure Hash Algorithm

SID	Security Identifier
SIM	System Image Manager
SL	Software License
SMB	Server Message Blocks
SMB2	Server Message Blocks Version 2
SNMP	Simple Network Management Protocol
SOHO	Small Office or Home Office
SP	Service Pack
SPAP	Secure Password Authentication Protocol
SPN	Service Principal Name
SQL	Structured Query Language
Srv	Server/Service
SSD	Solid State Disk
SSDP	Simple Service Discovery Protocol
SSID	Service Set Identification
SSL	Secure Sockets Layer
SSO	Single Sign-On
SSTP	Secure Socket Tunneling Protocol
Strg	Steuerung
SUA	Subsystem für Unix-basierte Anwendungen
Svc	Service
SW	Software
SZSL	Systemzugriffssteuerungsliste
Tab	Tabulator
TAPI	Telephony Application Programming Interface
TB	Terabyte
TCP	Transmission Control Protocol
TCP/IP	Transmission Control Protocol/Internet Protocol
TFAT	Transaction-Safe File Allocation Table
TFTP	Trivial File Transfer Protocol
TIFF	Tagged Image File Format
TLS	Transport Layer Security
TPM	Trusted Platform Module
TS	Terminal Services
TSCS	Terminal Services Configuration Service
UAC	User Account Control
UDF	Universal Disk Format
UDP	User Datagram Protocol
UEFI	Unified Extensible Firmware Interface
UI	User Interface
UMDF	User-Mode Driver Framework
UNC	Universal Naming Convention

UPN	User Principal Name
UPnP	Universal Plug-and-Play
URI	Uniform Resource Identifier
URL	Uniform Resource Locator
USB	Universal Serial Bus
USMT	User-State Migration Protocol
UUCP	User to User Copy
VAMT	Volume Activation Management Tool
VB	Visual Beginner's All-purpose Symbolic Instruction Code
VFAT	Virtual File Allocation Tables
VHD	Virtual Harddisk
VMK	Volume Master Key
VMM	Virtual Memory Manager
VoIP	Voice over IP
VPN	Virtual Private Network
VSS	Volume Shadow Copy Service
WAIK	Windows Automated Installation Kit
WAN	Wide Area Network
WAS	Windows Activation Services
WDDM	Windows Display Driver Model
WDF	Windows Driver Framework
WDS	Windows Deployment Services
WebDAV	Web-based Distributed Authoring and Versioning
WEI	Windows Experience Index
WEP	Wired Equivalent Privacy
WER	Windows Error Reporting
WIM	Windows Imaging Format
WIMFS	Windows Imaging Format File System
WINS	Windows Internet Name Service
WinPE	Windows Preinstallation Environment
WinSAT	Windows System Assessment Tool
WLAN	Wireless Local Area Network
WMI	Windows Management Instrumentarium
WMP	Windows Media Player
WOW32	Windows-on-Windows 32
WOW64	Windows-on-Windows 64
WPA	Wi-Fi Protected Access
WPAD	Web Proxy Autodiscovery Protocol
WPF	Windows Presentation Foundation
WSC	Windows Security Center
WSS	Windows SharePoint Services

WSUS	Windows Server Update Services
WU	Windows Update
WWW	World Wide Web
WZSL	Wahlfreie Zugriffssteuerungsliste
XD	Execute Disable
XML	Extended Markup Language
XOR	Exclusive Or
XP	Experience
XPS	XML Paper Specification
ZSE	Zugriffssteuerungseintrag
ZSL	Zugriffssteuerungsliste

1. Die Systemarchitektur von Windows 7

Windows 7 ist die siebte und damit gegenwärtig neueste Version der Windows-Betriebssystem-Familie. Über die „7" im Namen gab es viele Spekulationen: Ist die „7" eine Anlehnung an den Nachnamen von Bill Gates als einem der drei Microsoft-Gründern? Schließlich ist das „G" der siebte Buchstabe im Alphabet. Wie sonst kommt Microsoft auf die Vorstellung, dass sie erst jetzt, nach all den 1.x, 2.x, 3.x, 9x etc. Versionen ausgerechnet die siebte Windows-Version veröffentlichen?

Microsoft erklärt es in einem Blog-Eintrag[1] so: 1.0 ⇨ 2.0 ⇨ 3.x ⇨ 95/98/ME (9x) (4.0) ⇨ XP ⇨ Vista ⇨ Windows 7.

Einer solchen Auffassung kann der Autor dieses Buchs nicht folgen. Windows 7 ist schließlich kein „DOS-Aufsatz", sondern steht in der Reihe der NT-Betriebssystem-Familie. Und unter dieser Betrachtungsweise ist Windows 7 tatsächlich die siebte Version von NT: NT 3.1 (allererste Version) ⇨ NT 3.5x ⇨ NT 4.0 ⇨ Windows 2000 ⇨ Windows XP ⇨ Windows Vista ⇨ Windows 7.

Intern trägt Windows 7 jedoch die Versionsnummer 6.1. Ein wichtiger Grund dafür liegt in der Kompatibilität mit anderer Software: Viele Programme prüfen anhand der Versionshauptnummer die Ausgabe des vorliegenden Betriebssystems ab. Und da besteht die Gefahr, dass auch ältere, für Windows Vista geschriebene Programme mit einer Versionsnummer „7" nichts anfangen können und z. B. auf einer „6" bestehen (für Vista), obwohl Windows 7 voll mit Windows Vista kompatibel ist. Das heißt, praktisch alle Programme, die unter Windows Vista lauffähig sind, funktionieren auch ohne Änderungen unter Windows 7.

Die Windows-NT-Betriebssystem-Familie zeichnet sich durch hohe Stabilität und Sicherheit aus. Microsoft verspricht sogar, mit Windows 7 die robusteste und sicherste Windowsversion ausgeliefert zu haben. Aber wie wird dies realisiert?

Das Betriebssystem Windows 7 ist in zwei wichtige Bereiche unterteilt: Es gibt den Kernel-Modus und den Benutzermodus, die voneinander getrennt sind. Sehen wir uns diese Bestandteile einmal genauer an.

---

[1] http://windowsteamblog.com/blogs/windowsvista/archive/2008/10.aspx

1. Die Systemarchitektur von Windows 7

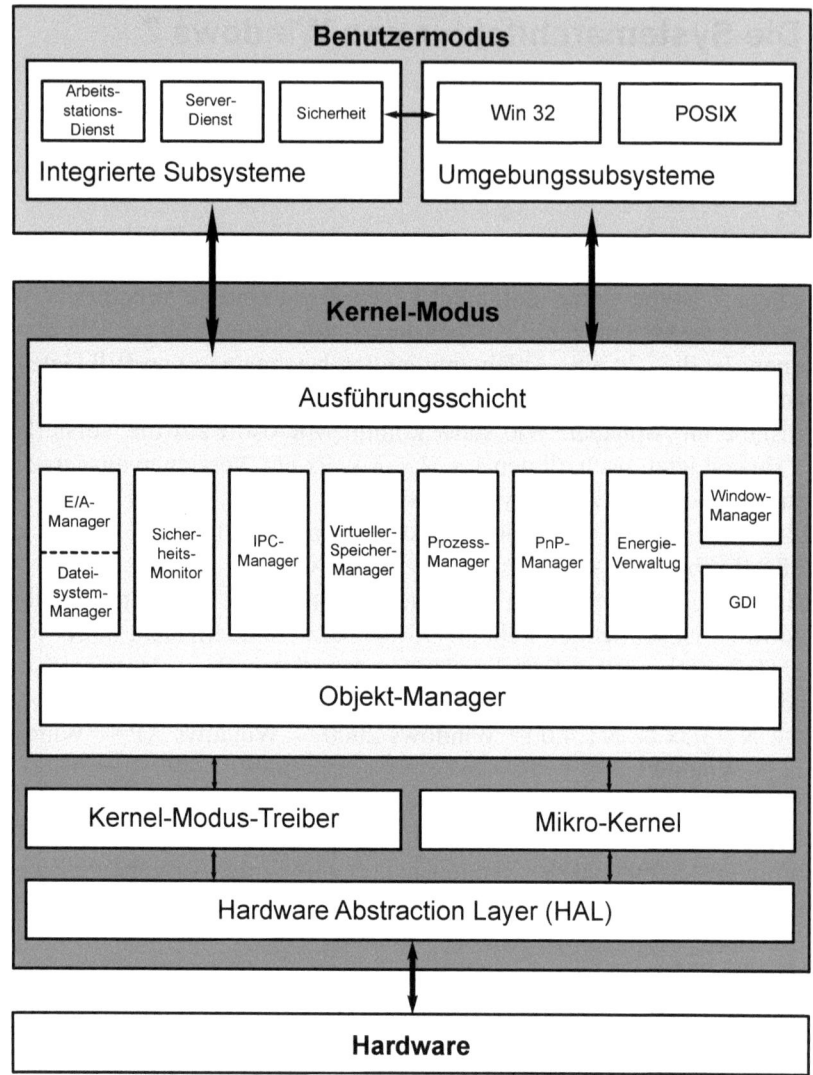

Abb. 1.1. Windows 7 Systemarchitektur

1.1 Der Kernel-Modus

In der oberen Hälfte des zur Verfügung stehenden Adressraums des Prozessors arbeiten in einem besonders geschützten Bereich die Kernel-Prozesse. Der direkte Zugriff auf die Komponenten, die Hardware des Systems ist

Benutzerprozessen verwehrt und kann nur durch den Kernel selbst vorgenommen werden.[2] Das bewirkt, dass das Betriebssystem zu jeder Zeit die volle Kontrolle über das gesamte Computersystem hat. Nicht erlaubte Zugriffe werden abgefangen, und falls ein Benutzerprozess abstürzen sollte, zieht dies nicht etwa das ganze System in Mitleidenschaft, sondern der betreffende Prozess kann einfach neu gestartet werden, ohne dass der Rechner an sich neu gestartet werden müsste. Der Kernel selbst besteht aus weiteren Unterfunktionen (siehe unten), die um einen Mikro-Kernel herum realisiert, und z. T. in einzelnen Dateien enthalten sind, und ist daher nicht *monolithisch*. Andererseits hat der Windows-7-Kernel aber auch nicht eine Mikro-Kernel-Architektur in Reinform, weil die Funktionen nicht geändert bzw. ersetzt werden können. Das von Microsoft hierbei realisierte Modell wird *Hybrid-Kernel* genannt. Aber blicken wir auf die einzelnen Unterfunktionen:

1.1.1 Die Hardwareabstraktionsschicht

Durch die HAL (Hardware Abstraction Layer) werden sämtliche Geräte und Schnittstellen im System virtualisiert und hardwareabhängige Details wie Interruptcontroller, E/A-Schnittstellen etc. verborgen. Kein Prozess oder Treiber (auch solche des Kernels selber) kann dadurch mehr direkt auf die Hardware zugreifen.

Die ursprüngliche Absicht war es, Unterschiede der verschiedenen Plattformen (Windows NT gab es auch mal für Power PC-, MIPS- und Alpha-Systeme sowie für Ein- und Mehrprozessorsysteme) auszugleichen und Programmierern eine homogene Programmierebene zu geben.

HALs gibt es nun nur noch als Mehrprozessorversionen für Intel x86-32-Bit, 64-Bit und Intel IA-64-Bit kompatible Systeme, die aber natürlich auch auf PCs mit nur einer CPU bzw. nur einem CPU-Kern funktionieren, wenn auch geringfügig langsamer als die früheren Uniprocessor-Versionen. Gleichfalls wurde die Unterstützung von Nicht-ACPI-fähigen (Advanced Configuration and Power Interface) Systemen durch eigene HALs eingestellt.

Sämtliche dieser genannten Funktionen sind in der Datei HAL.DLL enthalten.

---

[2] So ist z. B. die Virtualisierung der Benutzerkontensteuerung im Kernel realisiert.

1.1.2 Der Mikro-Kernel

Auf der HAL setzt der Mikro-Kernel (und auch die Kernel-Modus-Treiber, siehe unten) auf. Dieser besitzt Multiprozessor-Ablaufkoordinations-, Threadzeitsteuerungsfunktionen, Kernel Transactionmanager- (Ktm) und Interruptweiterleitungsfunktionen.
   Sämtliche Mikro-Kernel-Routinen sind in der Datei NTOSKRNL.EXE enthalten.

1.1.3 Der Scheduler

Ein Bestandteil des Mikro-Kernels ist der *Scheduler*. Er steuert die Zuordnung und Länge der zur Ausführung bereiten einzelnen Threads auf die zur Verfügung stehenden CPUs bzw. -Kerne. Dadurch wird entschieden, welche Threads ausgeführt werden sollen und wie lange sie jeweils CPU-Zeit erhalten. Er kann in den 32-Bit-Varianten bis zu 32, und in den 64-Bit-Varianten bis zu 256 CPUs (bzw. CPU-Kerne) gleichzeitig mit Threads belegen.
   Als *Threads* werden Unterfunktionen eines Prozesses (auch *Task* genannt) bezeichnet, die gleichzeitig ausgeführt werden können (mehrere CPUs vorausgesetzt). Ein Beispiel: Eine typische Office-Anwendung wie Microsoft Word führt während der Texteingabe (das ist *ein* Thread) permanent weitere Funktionen wie den Druckumbruch, damit der Anwender weiß, auf welcher Seite er sich befindet, die Rechtschreibkorrektur, die Grammatikprüfung usw. aus.

1.1.4 Kernelmodusgerätetreiber

Gerätetreiber, die exklusiv den physischen Zugriff auf die Ressourcen eines Geräts realisieren, müssen als Kernel-Modus-Treiber, welche dann in derselben Schutzebene wie das Betriebssystem ausgeführt werden, programmiert und digital signiert sein.[3]

---

[3] Bei einer digitalen Signatur wird über einen Text- oder Code-Block ein Hash-Verfahren wie MD5 oder SHA-1 angewendet, das einen kurzen „Fingerabdruck" (z. B. 160 Bits) erzeugt und diesen mit dem privaten Schlüssel eines asymmetrischen Verschlüsselungsalgorithmus codiert. Eine Prüfung kann dadurch erfolgen, dass auf einem System der gleiche Hashalgorithmus auf denselben Datenblock angewendet wird und das Ergebnis mit dem durch Entschlüsselung mit dem bekannten öffentlichen Schlüssel erhaltenen Original Hash-Wert verglichen wird: Wenn nur ein einziges Bit der Daten absichtlich oder unab-

Dabei ist sorgfältige Entwicklung wichtig, denn ein Problem in einem beliebigen Kernelmodusgerätetreiber würde das gesamte System zum Absturz bringen.

Die Treibersignatur ist für die 64-Bit-Varianten von Windows 7 obligatorisch (siehe unten)[4]. Für die 32-Bit-Varianten ist sie zwar freigestellt, es bringt aber dennoch Vorteile mit sich, wenn Treiber signiert sind, denn neben dem Schutz gegen Kernel-Viren und -Trojaner müssen für die Wiedergabe von hochaufgelösten (engl.: High Definition, HD) Inhalten alle Kernel-Modus-Treiber auch in den 32-Bit-Version digital signiert sein![5]

1.1.5 Die Ausführungsschicht

Die Ausführungsschicht (engl.: Executive) ist ein Bindeglied zwischen den Benutzermodus-Subsystemen und den anderen Kernel-Bestandteilen und ist damit ein Hauptbestandteil des Windows-7-Kernels.

Seine wichtigste Aufgabe besteht in der Kommunikation mit den Benutzermodus-Subsystemen und seinen eigenen Kernel-Subsystemen *Objekt-Manager*, *IPC-Manager*, *E/A-Manager*, *VM-Manager*, *PnP-Manager*, *Sicherheitsmonitor*, *Power Manager* und dem *Windows Manager*.[6]

1.1.6 Der Objektmanager

Der Objektmanager ist ein spezielles Subsystem der Ausführungsschicht, der für den Zugriff auf Objekte durch alle anderen Subsysteme zuständig ist. Für den Objektmanager sind alle Ressourcen des Systems Objekte. Dazu gehören physische Objekte (wie E/A-Schnittstellen oder ein Dateisystem) und logische Objekte (bsp. ein Verzeichnis oder eine Datei).

Durch den Objektmanager erscheinen alle Bestandteile von Windows 7 objektorientiert zu sein und der Zugriff hierauf wird durch Klassen und Methoden realisiert.

Andere wichtige Aufgaben des Objektmanagers sind, den gleichzeitigen Zugriff auf Systemressourcen zu steuern, so dass es hierbei nicht zu Kon-

---

sichtlich (bsp. durch Übertragungsfehler) geändert ist, sind die beiden Hash-Werte ungleich und die Änderung wird erkannt.

[4] Keine Regel ohne Ausnahme: Es gibt einen Schalter der Startumgebung, mit dem diese Prüfung abgeschaltet werden kann (siehe Anhang).
[5] Siehe dazu Kapitel 1.4.
[6] Ein weiterer Bestandteil der Ausführungsschicht ist der *Konfigurationsmanager*, der Zugriffe auf die Registrierung koordiniert. Aufgrund dieser Funktion ist er gelegentlich in anderer Literatur als eigenständiger Teil aufgeführt.

flikten kommt, und den Speicher für Objektbeschreibungsstrukturen anzufordern und freizugeben.

1.1.7 Der E/A-Manager

Der Eingabe-/Ausgabe-Manager (engl.: Input/Output-Manager bzw. I/O-Manager) steuert die Kommunikation zwischen den Benutzermodus-Subsystemen und den Kernel-Modus-Gerätetreibern. Sämtliche Ein- und Ausgabeanforderungen werden an ihn in geräteunabhängiger Form geschickt und von ihm an die Kernel-Modus-Gerätetreiber weitergeleitet, die dann mit den entsprechenden virtuellen, logischen und physischen Geräten kommunizieren. Falls es mehrere gleichzeitige Anforderungen gibt, liegt es in der Verantwortung der Treiber, eine Priorisierung und Reihenfolge festzulegen, in der sie an die E/A-Geräte weitergeleitet werden.

Wenn Gerätetreiber mit anderen Gerätetreibern kommunizieren möchten, geschieht das gleichfalls über den E/A-Manager.

Der E/A-Manager arbeitet eng mit dem PnP-Manager (für das Hinzufügen und Entfernen von Geräten und ihren Treibern) und der Energieverwaltung (Unterstützung beim Wechsel in den Energiesparmodus und zurück) zusammen.

Unterfunktionen des E/A-Managers sind der Dateisystemmanager (engl.: *File System Manager*) und der Dateisystemcache. Letzterer kommuniziert dazu mit dem Virtuellen-Speicher-Manager.

Der E/A-Manager kümmert sich auch um die Kommunikation mit Systemen, die über Netzwerke miteinander verbunden sind.

Bei den Eingabe- und Ausgabeanforderungen wird zwischen *synchroner* und *asynchroner E/A* unterschieden: Bei der synchronen E/A sendet eine Anwendung eine E/A-Anforderung und wartet auf ihren Abschluss, (der erfolgreich oder fehlerhaft sein kann,) bevor sie weiterarbeitet. Bei asynchroner E/A, welche die Leistung einer Anwendung im allgemeinen erhöht, wartet sie nicht auf die Fertigstellung der Anforderung, sondern arbeitet währenddessen weiter. Insbesondere bei Leseoperationen muss die Anwendung sicherstellen, dass erst nach erfolgreicher Beendigung des Vorgangs auf den Dateipuffer zugegriffen wird. Hierzu sendet der E/A-Manager nach dem Abschluss der angefragten Operation eine Benachrichtigung, die auch einen Statuscode enthält.

Programmierer haben zudem die Möglichkeit, anzugeben, ob die Operationen seitens des E/A-Managers gepuffert oder ungepuffert erfolgen sollen bzw. es dem jeweiligen Gerätetreiber überlassen werden soll, ob Datenpuffer überhaupt verwendet werden.

Für kleinere Datenblöcke (kleiner als 4 KB) empfiehlt sich die durch den E/A-Manager gepufferte Lösung, für größere Datenmengen und DMA-Vorgänge dagegen die direkte E/A.

1.1.8 Der Sicherheitsmonitor

Durch den im Kernel-Modus arbeitenden Sicherheitsmonitor[7] (engl.: Security Monitor) wird sichergestellt, dass auf sämtliche Ressourcen des Systems nur in der Art, wie sie durch Zugriffssteuerungslisten bestimmt wird, zugegriffen werden kann.

Zur Kommunikation mit der Local Security Authority (LSA), die im Benutzermodus arbeitet, verwendet der Sicherheitsmonitor LPCs (Local Procedure Calls). Winlogon, der Dienst für die Durchführung einer Benutzeranmeldung an einem Windows-System, verwendet gleichfalls LPCs zur Kommunikation mit der LSA.

Eine wichtige Aufgabe des Sicherheitsmonitors ist die Erstellung von Zugriffstoken (engl.: Access Token), die u. a. Systemrechte enthalten.[8]

1.1.9 Der IPC-Manager

Der Interprocess Communication Manager (IPC Manager)[9] steuert die Kommunikation über RPC (Remote Procedure Call) zwischen Prozessen im Kernelmodus und solchen, die im Benutzermodus arbeiten. Prozesse verwenden dazu immer RPC-APIs, die wiederum so genannte *Pipes*[10] für den Lese-/Schreibzugriff öffnen.

Wenn sich die Quelle und das Ziel auf demselben Rechner befinden, werden LPC (wie schon im Punkt 1.1.8 erwähnt) verwendet, und wenn möglich nicht durch den Versand von Ereignisnachrichten, sondern zur Leistungssteigerung durch Nutzung eines gemeinsam benutzten Speicherbereichs. Seit Windows Vista existiert ein neuer, „Advanced Local Procedure Call" (ALPC) genannter Mechanismus für die Interprozesskommuni-

---

[7] Er wird gelegentlich auch als Sicherheitsreferenzmonitor (SRM) bezeichnet.
[8] Näheres dazu finden Sie in Kapitel 9.
[9] In anderer Literatur wird dieser auch einfach nur als *Lokaler Prozeduraufruf* bezeichnet.
[10] Unter *Pipes* versteht man eine einfache Methode der Prozess-zu-Prozess-Kommunikation (z. B. Client - Server) – auch über ein Netzwerk. Sie lassen sich programmtechnisch wie Netzwerkfreigaben (bsp. \\<Rechnername>\pipe\<*Name*>) ansprechen, ohne dass separater Quellcode dafür geschrieben werden müsste.

kation (IPC), der auch in Windows 7 enthalten ist und den Nachfolgern enthalten sein wird.

1.1.10 Der Virtueller-Speicher-Manager

Dieser Kernel-Bestandteil (engl.: Virtual Memory Manager) verwaltet den gesamten physischen und den Speicherplatz, der durch die Auslagerungsdatei erzielt wird, und gibt ihn als virtuellen Speicher frei.

Jeder Prozess erhält einen eigenen, privaten virtuellen Adressraum. Dieser kann jeweils auch größer sein als die physisch installierte Speichermenge und bei 32-Bit-Systemen bis zu 2 bzw. 3 GB groß sein. Dazu wird die Auslagerungsdatei verwendet.

Nicht benötigte physische Speicherbereiche übergibt er dem Dateisystemcache, damit auf vor kurzem geöffnete Dateien schneller zugegriffen werden kann.

1.1.11 Der Prozess-Manager

Die Aufgabe des Prozess-Managers ist, den erfolgreichen Start und die Beendigung von Prozessen und Threads sicherzustellen.

Dazu gehört auch die Anforderung und Freigabe von Speicher vom Virtuellen-Speicher-Manager.

1.1.12 Der Plug-und-Play-Manager

Der Plug-und-Play-Manager fragt während des Systemstarts die Ressourcenanforderungen (u. a. IRQs, E/A-Anschlüsse, RAM, DMA, busspezifische Ressourcen) der Geräte ab, prüft sie auf Konfliktfreiheit und weist ihnen dann die zu benutzenden Ressourcen zu. Außerdem ermittelt er durch Abfrage der Registrierung, welche Treiber die jeweiligen Geräte benötigen und lädt diese in den Speicher.

Wenn während des Betriebs Geräte hinzugefügt oder entfernt werden, sorgt er für die entsprechenden Benachrichtigungen an die anderen Systemkomponenten und das Laden und Entladen von Gerätetreibern.

Dazu kommuniziert er auch mit dem Benutzermodus-PnP-Manager, der in der Datei *Umpnpmgr.dll* implementiert ist.

Der Plug-und-Play-Manager ist auch für PCI, PCI-X und PCI Express (PCIe) zuständig, sowie für die Hot-Add-Memory-Funktion, mit der einem Windows 7- und Windows Server 2003- und 2008-System (Enterprise Edition) während der Laufzeit RAM hinzugefügt werden kann, wenn die Hardware das unterstützt.

1.1.13 Die Energieverwaltung

Die Aufgabe der Energieverwaltung (engl.: Power Manager) ist, anhand der jeweils festgelegten Energierichtlinie per ACPI[11] Geräte(funktionen) ein- und auszuschalten, damit der in der Richtlinie vorgegebene Leistungsgrad (z. B. energiesparend oder mit voller Leistung) eingehalten wird.

Wie Geräte genau in einen energiesparenden Modus versetzt und aus ihm wieder aufgeweckt werden, ist Aufgabe der Gerätetreiber. Der zu einem bestimmten Zeitpunkt zu herrschende Zustand wird jedoch von der Energieverwaltung vorgegeben und durch die Gerätetreiber umgesetzt.

1.1.14 Der Window-Manager und das Graphics Device Interface

Zu Windows-NT-3.51-Zeiten noch im Benutzer-Modus arbeitend, sind die Funktionen Window-Manager und GDI (Graphics Device Interface) zur Erhöhung der Leistung in den Kernel-Modus verschoben und in der Datei Win32k.sys realisiert worden.

Die Aufgaben des Window-Managers sind die Veranlassung der Darstellung von Fenstern und Menüs sowie die entsprechende Weiterleitung von Benutzeraktionen wie Maus- und Tastaturereignisse an die betreffenden Anwendungen weiterzuleiten.

Die Aufgabe des GDI ist, die Darstellung von Linien und Kurven zu veranlassen. Es leitet die entsprechenden Anforderungen an die jeweiligen Gerätetreiber (z. B. Bildschirm, Drucker, Plotter etc.) weiter.

In Windows 7 nutzt der Window-Manager gleich aussehende Bereiche der Fenster nur einmal und belegt dadurch deutlich weniger Speicher als in den älteren Versionen von Windows.

---

[11] Das ist die Abkürzung von *Advanced Configuration and Power Interface*. Die Spezifikation befindet sich auf http://acpi.info/spec.htm.
Systeme, die vor 1998 gebaut wurden, entsprechen häufig nur der Vorgängerspezifikation APM (Advanced Power Management). Auf ihnen kann Windows 7 nicht ausgeführt werden – aber wahrscheinlich erfüllen so alte Geräte auch andere Mindestvoraussetzungen (siehe unten) nicht.

1.2 Der Benutzermodus

Im Benutzermodus werden zum einen sämtliche Prozesse, die ein Anwender gestartet hat, ausgeführt. Zum anderen aber auch Teile des Betriebssystems (auch als *Integrierte Subsysteme* bezeichnet).[12] Diese Prozesse sind untereinander und gegenüber dem Betriebssystem abgeschottet. Eine beliebige Anwendung, die versuchen sollte, auf den Adressbereich einer anderen Anwendung oder des Betriebssystems zuzugreifen, wird vom Betriebssystem unter Ausgabe einer Fehlermeldung beendet.

In Windows 7 können viele Gerätetreiber im Benutzermodus ausgeführt werden. Das sind Gerätetreiber (z. B. für Druck- und USB-Geräte wie eine Kamera), die im Benutzermodus ausgeführt werden, zwar dennoch nicht unmittelbar auf die Hardware selbst zugreifen dürfen, aber für deren Installation nicht mehr zwingend administrative Rechte erforderlich sind. Und falls ein solcher Gerätetreiber einmal abstürzen sollte, berührt es das Betriebssystem nicht. Ein Gerätetreiber (z. B. für einen Scanner, eine Kamera oder einen Drucker), der das UMDF benutzt, läuft im Sicherheitskontext des Kontos *Lokaler Dienst*, das sehr wenig Rechte hat. Im Kernel gibt es für jeden UMDF-Treiber nur noch jeweils einen *Reflector* (oder auch *Nucleus* genannt), der E/A-, Power- und PnP-Manager-Nachrichten (quasi als Proxy für den UMDF-Treiber) weiterleitet. Für die Kommunikation wird ein regulärer IPC-Kanal benutzt. Nach der Installation eines UMDF-Treibers (User Mode Driver Framework) muss ein Rechner außerdem i. d. R. nicht mehr neu gestartet werden.

---

[12] Ein Beispiel dafür ist der Sitzungs-Manager (engl.: *Session Manager*), der in jeder Sitzung geladen wird und in der Datei Smss.exe implementiert ist. Er setzt unter anderem die Umgebungsvariablen, öffnet ggf. weitere vorhandene Auslagerungsdateien und startet das Win32-Subsystem (Csrss.exe) sowie Winlogon (ebenfalls im Benutzermodus). Der Smss in der Sitzung 0 startet den Wininit-Prozess, der wiederum den *Local Session Manager* (Lsm.exe), die Dienste und den SCM (Service Control Manager) lädt.
Jede weitere Session ist interaktiv und besitzt jeweils eine eigene Instanz von Crss.exe und Winlogon.exe. In der ersten Sitzung, der Sitzung 0, werden nur Dienste ausgeführt, jedoch keine Benutzeranwendungen. In jeder weiteren Sitzung (1, 2, 3, ...) werden die Benutzerapplikationen ausgeführt.
Danach ist der Sitzungs-Manager für den Start neuer Terminal-Server-Sitzung und ggf. weiterer Subsysteme (derzeit kann das eigentlich nur das UNIX- bzw. POSIX-Subsystem sein) zuständig.
Informationen über die installierten Subsysteme finden sich in der Registrierung bei HKLM\SYSTEM\CurrentControlSet\Control\Session Manager\SubSystems. Andere Funktionen, die im Benutzermodus arbeiten, sind die *Local Security Authority* (Lsass.exe) und der Dienststeuerungs-Manager (Services.exe).

1.3 Das Windows Driver Framework

Das WDF (Windows Driver Framework) ist der Nachfolger von dem seit Windows 98 existierenden WDM (Windows Driver Model) und ist kompatibel mit Windows 2000, Windows XP, Windows Server 2003, Windows Vista, Windows Server 2008 und Windows 7. Es ist objektorientiert, und mit ihm können 64-Bit-Treiber leichter erstellt werden. Weitere Vorteile für Programmierer sind, dass der Quellcode nun typischerweise 25 - 50 % weniger der vorherigen Zeilenanzahl beträgt, Treiber nun mit weniger Aufwand entwickelt werden können und dass das WDF für sie beherrschbar ist, ohne viel Neues lernen zu müssen.

Das WDF wird sowohl für das KMDF und das UMDF (Kernel/User Mode Driver Framework) verwendet.

1.4 Geschützte Prozesse

Schon seit Windows Vista wurde eine neue Art von Prozessen eingeführt, die *Geschützte Prozesse* (engl.: Protected Processes) genannt werden. Diese sind derart abgesichert, dass kein Benutzer und nicht einmal Administratoren auf die benutzten Ressourcen (RAM etc.) solcher Prozesse zugreifen können.

Diese besonders gesicherten Prozesse werden hauptsächlich für die Wiedergabe von Video- und Audiodatenströmen, die besonders hochauflösend sind, und für die Wiedergabe nur durch mittels des *Advanced Access Content System* (AACS) lizenziert sind. Dieser Standard erfordert für die Wiedergabe einen geschützten Medienpfad im Betriebssystem, was Vista und Windows 7 durch Technologien wie dem *Protected Media Path* (PMP), welcher das *Protected User-Mode Audio* (PUMA) und den *Protected Video Path* (PVP) beinhaltet, abdeckt, um zu verhindern, das diese HD-Inhalte durch Anwender unverschlüsselt aufgezeichnet werden.

In aller Regel sind urheberrechtlich geschützte HD-Medien verschlüsselt. Durch geschützte Prozesse wird auch verhindert, dass die für die Entschlüsselung notwendigen Schlüssel aus dem Speicherbereich eines geschützten Prozesses ausgelesen werden. Der Zugriff hierauf wird nur anderen, im gleichen Niveau geschützen Prozessen erlaubt. Reguläre Prozesse erlauben hingegen dem Besitzer, also der- oder demjenigen, der sie gestartet hat, sowie Administratoren, die das Debug-Recht (SeDebugPrivilcdge) haben, den Vollzugriff.

Zu einem geschützten Prozess gehören die zur Ausführung nötige Exe-Datei, ggf. Dll-Dateien, der Sicherheits-Kontext und Threads, die ein solcher Prozess initiiert. Um eine Umgehung durch geänderten Code zu verhindern, wird ebenfalls verlangt, dass sämtliche Programmdateien (.Exe + .Dll) entweder von Microsoft WHQL mit einem besonderen „Protected Environment" (PE) Kennzeichen digital signiert sind, oder, falls es sich um einen Audio-Treiber handelt, dass dieser mit einem DRM-Signaturzertifikat, das von Microsoft ausgestellt wurde, digital signiert ist.

Für Code, der im Kernel-Modus ausgeführt wird, ist es grundsätzlich möglich, auf alle Prozesse (inklusive der erwähnten geschützten Prozesse) eines Systems zuzugreifen. Da 32-Bit-Windows-7-Versionen auch mit unsignierten Kernel-Treibern arbeiten können, enthält Windows 7 eine DRM-Kernel-API, die es geschützen Prozessen erlaubt, abzufragen, ob unsignierte Audio/Video-Kernel-Treiber aktiv sind. HD-Inhalte werden nur dann freigegeben, wenn kein unsignierter Kernel-Mode-Code (entsprechend den vorstehenden Regeln) geladen ist.

Wie kann man eigentlich diese neuen Prozesse erkennen? Das ist nicht ganz einfach, weil es keine Betriebssystemfunktion gibt, mit der diese eindeutig identifiziert werden können. Aber man kann sich indirekt ihre Eigenschaft, nur wenig Informationen über sich selbst preiszugeben und das Debuggen selbst für Adminstratoren nicht zu erlauben, zunutze machen. Ein Beispiel ist der Audio-Device-Graph-Isolation-Prozess (%systemroot%\System32\Audiodg.exe), der benutzt wird, um CSS- (Content Scrambling System-) verschlüsselte DVDs wiederzugeben. Dieser kann als ein geschützter Prozess identifiziert werden, weil im Task Manager keinerlei Informationen über die Startkommandozeile, Virtualisierung und den DAV-Status angezeigt werden, selbst wenn der Task Manager von einem Administrator ausgeführt wird - die betreffenden Spalten sind leer, weil der („nur" im Sicherheitskontext des lokalen Systems laufende) Task Manager nicht die Berechtigung hat, diese Werte von den geschützten Prozessen auszulesen.

1.5 Dienste

Ein großer Teil der Betriebssystemfunktion von Windows 7 wird durch Dienste realisiert. Ein Dienst (engl.: Service) startet typischerweise mit dem Betriebssystem und arbeitet bis zum Herunterfahren des Systems im Hintergrund. Hierzu muss kein Benutzer angemeldet sein. Microsoft hat bereits mit Vista aber auch die Arbeitsmöglichkeit als Benutzerdienst eingeführt. Diese arbeiten dann im Sicherheitskontext des angemeldeten Benutzers.

Dienste (und auch Gerätetreiber) werden beim Start von Windows 7 durch den Service Control Manager (SCM, dt.: Dienststeuerungs-Manager) geladen und gestartet. Dieser Teil des Betriebssystems ist somit direkt für das Arbeiten der Dienste zuständig.

Sämtliche Dienste sind (zusammen mit den Gerätetreibern) im Registrierungspfad HKLM\SYSTEM\CurrentControlSet\Services aufgeführt.[13]

Dienste können auch von anderen Diensten abhängen. Ein Beispiel: Der Arbeitsstationsdienst könnte nicht starten, wenn ein Netzwerkprotokolldienst wie TCP/IP (noch) nicht zur Verfügung steht. Das ist insbesondere bei der Dienststartart *Automatisch-Verzögerter Start* zu beachten, die den betreffenden Dienst nachrangig und mit niedrigster Priorität startet. Diese neue Startart kann aber nicht wirkungsvoll für Gerätetreiber und solche Dienste spezifiziert werden, von denen andere Dienste abhängen (siehe unten). In so einem Fall würde der SCM den betreffenden Dienst automatisch sofort starten. Falls Benutzerprogramme auf einen automatisch-verzögert startenden Dienst angewiesen sind, gibt es Fehlermeldungen, wenn der Dienst dann noch nicht gestartet ist.

Ab Windows 7 gibt es die neue *On-demand*-Dienststartart. Diese entspricht hinsichtlich ihrer Aktivierung der Startart *Manuell*, und können außerdem als Reaktion auf ein definiertes Systemereignis gestartet werden. Allerdings werden Dienste, die mit dieser Startart gekennzeichnet sind, beendet, wenn sie nicht mehr benötigt werden (weil z. B. ein bestimmtes Gerät entfernt wurde).

Bereits in Windows Vista wurde als ein weiteres neues Feature Abhängigkeiten auch beim Herunterfahren eingeführt, damit Dienste, die in einer bestimmten Reihenfolge heruntergefahren werden müssen, ohne Probleme zusammenarbeiten können. Vor Windows Vista war der Versand der Herunterfahrensmeldungen an die Dienste vom Betriebssystem zufällig. Dieses wird jetzt durch den Registrierungsschlüssel (siehe unten) HKLM\System\CurrentControlSet\Control\PreshutdownOrder="Shutdown Order", der vom Typ REG_MULTI_SZ sein muss, gesteuert. Die Dienstnamen sind als Werte der Shutdown-Order aufgeführt.

Apropos Herunterfahren: Es gibt nun auch das Feature *Herunterfahrenvorankündigung*: Für Dienste, die das möchten, schickt der SCM einige Zeit vor dem eigentlichen Herunterfahren-Befehl eine Vorankündigung, so dass Dienste, die vergleichsweise länger als andere Dienste benötigen, ihre jeweils erforderliche Zeit bekommen um zu stoppen (in der Voreinstellung sind das drei Minuten). In früheren Windows-Versionen konnten beliebige Dienste (und auch Anwendungen) außerdem das Herunterfahren eines Systems verhindern, sowie den Wechsel in den Standby- und Hibernate-

---

[13] Zur Registrierung siehe Kapitel 1.8.

Modus blockieren. Diese Zeiten sind jedoch vorbei: Wenn der Benutzer Windows 7 anweist, das System herunterzufahren, kann man sich nun auch darauf verlassen, dass es gemacht wird. Und damit auch solche unliebsamen Situationen, bei denen man nach einer Reise am Ziel angekommen feststellte, dass die Notebook-Batterie fast leer und auf dem Display ein Fenster zu sehen ist, in dem gefragt wird, ob man wirklich sicher sei, das Programm XY zu beenden.

1.6 Physischer Adressraum und virtueller Arbeitsspeicher

Einer der wichtigsten Unterschiede zwischen einer 32-Bit- und einer 64-Bit-Version von Windows 7 ist der Umfang des maximal nutzbaren Hauptspeichers für das Betriebssystem und die Anwendungsprogramme (Adressraum).

1.6.1 Windows 7 (32-Bit)

In den 32-Bit-Versionen von Windows 7 steht ein Gesamtadressraum von 2^{32} (das sind ca. 4 Mrd.) unmittelbar adressierbare Speicherstellen (oder 4 GB) zur Verfügung. Von diesem Adressraum ist die eine Hälfte (2 GB) für Benutzerprozesse, die jeweils bis zu 2 GB groß werden dürfen, reserviert und die andere Hälfte für das Betriebssystem. In letzterem ist auch der Speicherraum für PCI-Karten, die *Memory-Mapped*-I/O verwenden oder eigenes RAM mitbringen, untergebracht.

Mehr als 4 GB RAM kann ein 32-Bit-System nicht adressieren.[14]

In einem speziellen Betriebsmodus, dem 3-GB-Modus, der in den Windows-Startoptionen aktiviert werden kann, stehen speziell dafür geschriebenen Anwendungen wie dem Microsoft SQL-Server oder dem Microsoft Exchange-Server 3 GB in ihrem Prozess zur Verfügung. Das Betriebssystem muss dann mit nur einem Gigabyte auskommen.

Wird ein Computer mit 4 GB RAM versehen, wird manch ein Anwender überrascht feststellen, dass davon nur ca. 3,0 - 3,2 GB RAM nutzbar

---

[14] Eine Ausnahme hiervon bilden Programme, welche die PAE (Physical Address Extensions) oder AWE (Address Windowing Extensions) verwenden können (wie der SQL-Server) und bei denen nacheinander weitere Speicherbereiche in einem Speicherfenster eingeblendet werden können (die Anwendung ist selbst für die Zuordnung von virtuellem und physischem Speicher verantwortlich). Aber auch mit dieser Technologie ist der gleichzeitig adressierbare Adressraum auf 4 GB begrenzt.

1.6 Physischer Adressraum und virtueller Arbeitsspeicher

sind. Im BIOS und in dem Systeminformationsprogramm mögen ggf. volle 4 GB angezeigt werden, aber im Task-Manager nicht. Warum sind aber ca. 25 % des installierten Speichers nicht nutzbar? Könnte das etwas mit dem 3GB-Schalter in den Startoptionen zu tun haben?

Nein, der Grund ist viel einfacher: Weil (wie schon erläutert) vom System 1 bis 2 Milliarden Speicheradressen benötigt werden, wird ein evtl. dort vorhandener physischer Hauptspeicher einfach ausgeblendet! Es wird schlicht so getan, als wäre er dort nicht vorhanden, denn an einer physischen Speicherstelle des 32-Bit 4-GB-Adressraums dürfen sich nicht mehrere Hardwarekomponenten gleichzeitig befinden. Schreib- und Lesevorgänge würden auf dem Datenbus nur in „Datenmüll" resultieren, wenn sich jeweils zwei oder mehr Geräte durch einen Vorgang angesprochen fühlen.

Diese Speicherausblendung durch die MMU der CPU ist bei den 32-Bit-Versionen so festgelegt und kann nicht geändert werden. Als Abhilfe bietet sich z. B. an, nur 3 GB (bsp. in einer 2 x 1 GB und 2 x 512 MB Speicherriegel-Kombination) zu installieren oder eben eine 64-Bit-Version von Windows 7 zu installieren.

Aber auch dann kann es vorkommen, dass der zuvor beschriebene Effekt auftritt. Denn das ist davon abhängig, ob ein System so genanntes *Memory Remapping* unterstützt. Bei dem Memory Remapping wird der ausgeblendete Speicher (siehe oben) nicht einfach ignoriert, sondern hinter dem 4-GB-Adressraum angehängt. Das ist aber mit einem 32-Bit-Betriebssystem jedoch gleichzeitig nicht mehr adressierbar. Bei manchen Systemen ist diese Funktion automatisch verfügbar, bei anderen Systemen muss sie erst im BIOS des Rechners aktiviert werden.[15] Aber nicht nur die CPU muss 64-Bit-Erweiterungen (AMD x64 bzw. Intel EM64T) aufweisen, sondern auch der Chipsatz der Hauptplatine muss die Verlagerung des Hauptspeichers unterstützen. Die meisten AMD-Chipsätze beinhalten diese Funktion, die Intel 955-, 965- und 975-Chipsätze (oder neuere) ebenfalls, der Intel 945-Chipsatz (und frühere) bsp. nicht.

Als weitere Einschränkung – aufgrund des knappen Speichers – wirkt sich aus, dass maximal ca. 2.000 gleichzeitige Threads verarbeitet werden können. Die 64-Bit-Varianten (siehe unten) sind in dieser Hinsicht wesentlich leistungsfähiger.

---

[15] In manchen BIOS wie jenen von Gigabyte-Mainboards muss evtl. zur Darstellung der betreffenden Funktion die nicht dokumentierte Tastenkombination Strg+F1 im Eingangsmenü gedrückt werden, mit der dann etliche weitere konfigurierbare Einstellungen angezeigt werden.

1.6.2 Windows 7 (64-Bit)

Angesichts des wachsenden Speicherhungers (und glücklicherweise fallenden Speicherpreisen) waren die nächsten Meilensteine in der Fortentwicklung der Computertechnologie 64-Bit-Betriebssysteme. Zwar stehen diesen auch keine 2^{64} Bytes RAM zur Verfügung, denn da sprechen elektrotechnische Hindernisse dagegen, aber immerhin bis zu 2 Terabyte (physisch) sind möglich. Der logische Adressraum, der jeder Anwendung zur Verfügung steht, beträgt bei x64-Systemen 8 TB und bei IA64-Systemen 7 TB. Dadurch erhöht sich auch die Anzahl gleichzeitig ausführbarer 32- und 64-Bit-Threads: Sie beträgt laut Microsoft-Tests je Maschine ca. 3.000 bzw. ca. 55.000.[16]

Bei einem 64-bittigen Windows müssen alle Gerätetreiber ebenfalls 64-bittig programmiert sein, Anwendungen jedoch nicht zwingend, weil sie ähnlich dem vorherigen WOW32 (Windows on Windows32) für 16-Bit-Applikationen in einer 32-Bit-Umgebung bei Windows 7 nun im WOW64 auch als 32-Bit-Applikation auf einem 64-Bit-Windows ausgeführt werden können.

16-Bit-Applikationen aus der Windows-3.x-, 9x- und NT-Ära können auf einem 64-Bit-Windows nicht ausgeführt werden, weil Microsoft dafür kein Subsystem mehr anbietet.[17]

In einer 64-Bit-Umgebung sind die automatische Registrierungs- und Systemverzeichnisumleitung für Benutzer nicht verfügbar. Ebenso die PAE (Physical Address Extensions) – denn die sind bei dem Adressumfang nicht mehr nötig.

Aktuelle Prozessoren sind nunmehr mit 64-Bit-Erweiterungen versehen, was den Umstieg einerseits erst ermöglicht und andererseits für die Zukunftssicherheit wichtig ist: Microsoft wird zwar bis auf weiteres Client-Betriebssysteme wie Windows 7 (und möglichen Nachfolgern) für 32-Bit-Systeme anbieten – jedenfalls solange Netbook-Prozessoren wie der Intel Atom keine 64-Bit-Erweiterungen haben – und auch der Windows-Server 2008 ist noch 32-bittig verfügbar.

Microsoft Exchange 2007, Small/Essential Business Server 2008 und den Windows Server 2008 R2 sowie deren Nachfolger gibt es hingegen nur noch als 64-Bit-Versionen. Von daher ist es unbedingt ratsam, nunmehr

---

[16] Diese ca. 55.000 Threads können von ca. maximal 8.400 gleichzeitig arbeitenden 64-Bit-Prozessen genutzt werden.

[17] Gleiches gilt zwangsläufig für 16-Bit-Treiber. Wenn eine bestimmte Applikation jedoch unbedingt eine 16-Bit-fähige Umgebung erfordert, bietet es sich an, sie in einer virtualisierten Umgebung (z. B. mittels des kostenlosen Microsoft Virtual PCs) auszuführen.

nur noch solche Hardware zu kaufen, die ein 64-Bit-Betriebssystem verwenden kann.
Aber sehen wir uns doch im nächsten Abschnitt einmal an, welche Versionsvielfalt allein bei Windows 7 existiert.

1.7 Windows-7-Betriebssystemversionen

Bei den weltweit erhältlichen Windows-7-Versionen hat Microsoft ganze Arbeit geleistet: Windows 7 ist in sechs unterschiedlichen Haupt-Varianten erschienen und (mit Ausnahme von Windows 7 Starter und Home Basic) jeweils als 32- und 64-Bit-Version. Dabei ist (bsp. anders als in Vista) jede höhere Version eine strikte Obermenge der niedrigen Version(en), also jede „größere" Ausgabe enthält stets alle Funktionen einer „kleineren" Version.

Windows 7 Starter ist weltweit für OEMs erhältlich und erscheint nur durch Computerhersteller vorinstalliert auf Systemen, nicht jedoch im Einzelhandel.

Windows 7 Home Basic gibt es dagegen im Einzelhandel (auch unter den engl. Bezeichnungen *Retail* und *Boxed* bekannt) und für die OEM-Vorinstallation, aber nur in Schwellenländern.

Die *kleinste* und preiswerteste in Deutschland erhältliche deutsche Version ist *Windows 7 Home Premium* und beinhaltet alles aus der Home Basic Edition und weitere Funktionen wie Aero Glass, Tablet PC, SideShow und das überarbeitete Media Center. Sie ist der direkte Nachfolger der Windows Vista Home Premium Edition. Aus dem Namen wird schon das von Microsoft gedachte Einsatzgebiet deutlich: Für den typischen Heim-PC. Vermutlich ist diese Version die am häufigsten verwendete Version von Windows 7.

Speziell für Unternehmenskunden gibt es die Versionen *Windows 7 Professional* und *Windows 7 Enterprise*. Erstere ist der Nachfolger von Windows XP Professional und Vista Business und ist vorinstalliert sowie als eigenständige Version erhältlich. Die Enterprise-Version wird hingegen nur an Großunternehmen, die Rahmenverträge mit Microsoft abgeschlossen haben, ausgeliefert.

In Windows 7 Enterprise und *Windows 7 Ultimate* sind sämtliche Funktionen aller oben genannten Versionen enthalten.

Die in Europa erhältlichen Windows-7-Versionen Starter, Home Premium, Professional, Enterprise und Ultimate gibt es aufgrund von EU-Vorschriften auch ohne den Microsoft Media Player. Diese haben zur Kennzeichnung ein angehängtes „N" im Namen (z. B. „Windows 7 Professional N"). Speziell für Korea gibt es jeweils nur „K" und „KN"-Versionen. Mit der dortigen Kartellbehörde wurde vereinbart, dass die K-Versionen zwar den Microsoft Instant Messanger und den Microsoft Media Player enthalten dürfen, aber auch Internet-Links zu entsprechenden Mitbewerber-Produkten enthalten müssen. Die KN-Versionen werden ohne jeglichen Media Player und Instant Messenger ausgeliefert.

Microsoft fokussiert jedoch auf den Absatz von nur zwei Versionen: Windows 7 Home Premium (für Privatkunden) und Windows 7 Professional (für Geschäftskunden). Das sind die ihrer Ansicht nach am häufigsten vertriebenen Versionen (nach den Stückzahlen die zu 80 % der ausgelieferten Versionen). Alle anderen Versionen werden als eigenständige Versionen für Kunden, die spezielle Anforderungen haben, angesehen.[18]

In Abhängigkeit vom eingegebenen Produktschlüssel sind Funktionen von ggf. höheren Versionen als der Erworbenen jedoch entweder freigegeben oder blockiert. Mit anderen Worten: Physisch befinden sich nach einer Installation bereits alle Komponenten bis zur Ultimate-Edition auf jedem Computer, sind jedoch nur im Rahmen der lizenzieren Version freigeschaltet. Dennoch werden dafür nur ca. 5 GB Plattenplatz benötigt.

Über das „Windows Anytime Upgrade" kann jederzeit (natürlich gegen eine Gebühr), aber ohne dass das Original-Installationsmedium eingelegt werden müsste und ohne eine etwaige Neuinstallation durch Freischaltung der jeweiligen, geblockten Funktionen auf eine *höhere* Windows-7-Version mit mehr Funktionen gewechselt werden. Die Funktionen werden dabei über einen anderen Produktschlüssel freigeschaltet. Voraussetzungen dafür sind jedoch, dass die Prozessorarchitektur und die Sprache gleich sind.

In den Windows-7-Enterprise- und -Ultimate-Versionen ist das erwähnte Windows Anytime Upgrade natürlich aus verständlichen Gründen nicht enthalten.

Auf Netbooks und kleinen Notebooks sind grundsätzlich alle Windows-7-Versionen lauffähig, empfohlen wird von Microsoft allerdings die Variante Windows 7 Home Premium.

Ein kostenpflichtiges Upgrade von einer „kleineren" Windows 7- auf eine „größere" Windows-7-Version ist durch Erwerb eines entsprechenden Updates und mittels der eingebauten Anytime-Upgrade-Funktion möglich. Der Vorteil: Es entfällt die früher in so einem Fall notwendig gewesene Neuinstallation des Betriebssystems.

---

[18] Aber wie schrieb ein Microsoft-Mitarbeiter einmal über dieses Thema: „Selbst wenn es nur 2 % der Anwender betrifft, sind das auch schon wieder ein paar Millionen." Kein Wunder bei einer installierten Basis von ca. 1 Mrd. Windows-Installationen weltweit.

1.7 Windows-7-Betriebssystemversionen   19

Nachfolgend sind die verschiedenen Versionen und ihre Hauptunterschiede dargestellt:[19]

- Windows 7 Starter
  - Nicht änderbares Windows Basic Theme - kein Aero
  - Nur 32-bittig und vorinstalliert (durch OEMs) erhältlich
  - Kann beliebig viele Applikationen (im Rahmen der Systemleistung des jeweiligen Geräts) ausführen
  - Neue Taskleiste und Sprunglisten
  - Kann einer Heimnetzgruppe beitreten
  - Kein Windows-Media-Player
  - Keine DVD-Wiedergabe
  - Keine Windows-Live-Services
  - Kann nicht unter Virtualisierungssoftware ausgeführt werden
  - Datensicherung auf ein anderes Laufwerk oder DVD±R(W) möglich
  - Bis zu 20 gleichzeitige Nutzer von Datei- und Druck-Dienstfreigaben, IIS- und Telefon-Sitzungen
  - Maximal 1024 x 768 Punkte Bildschirmauflösung
  - Unterstützt eine CPU (mit genau einem Kern), jedoch mit max. 2 GHz und max. 15 W Leistungsaufnahme
  - Maximal 2 GB RAM
  - Maximal 250 GB Festplatte oder 64 GB SSD
  - Displaydiagonale max. 10,2 Zoll (25,9 cm)[20]

- Windows 7 Home Basic
  - Wie Windows 7 Starter, plus:
  - Live Thumbnail Previews
  - Benutzerindividueller Desktop-Hintergrund, Windows-Farben, Windows-Klänge
  - Einzelhandelsversionen in Entwicklungsländern (auf Englisch)
  - Einige Funktionen von Aero werden unterstützt
  - Unterstützung mehrerer Monitore
  - Windows Media Center
  - DVD-Wiedergabe
  - Remote Media Streaming
  - Mobilitäts-Center
  - Schneller Benutzerwechsel
  - Internetverbindungsfreigabe

---

[19] Die Installationsvoraussetzungen finden Sie in Kapitel 2.
[20] Dieses sind die Hardwareeigenschaften, die ein Gerät haben muss, damit es die Voraussetzungen hat, Windows 7 Starter OEM-Lizenzen zu bekommen, und nicht etwa technische Beschränkungen!

- Erweiterte Netzwerkunterstützung (Ad-hoc-WLANs und Internetverbindungsfreigabe)
- Max. 4 GB RAM
- Max. 1 CPU-Chip (mit beliebig vielen Kernen)
- Jugendschutz
- Remotedesktop (Nur Client)

- Windows 7 Home Premium
  - Wie Windows 7 Home Basic, plus:
  - Windows Aero-Glass-Oberfäche
  - Tablet-PC-Funktionen
  - SideShow
  - Windows-Media-Center-Funktionen (dieser kann bis zu fünf gleichzeitige Media-Center-Extender-Sitzungen bedienen)
  - Windows-Media-Player (außer „N")
  - Multi-Touch
  - Handschrifterkennung
  - Erstellung einer Heimnetzgruppe
  - Einfache Freigabe über Netzwerke
  - Synchronisation PC-to-PC
  - Auch 64-Bit-Versionen erhältlich
  - Max. 4 (32 Bit) bzw. 16 GB (64 Bit) RAM
  - Auch als „Family Pack" (Familien-Packung), mit dem bis zu drei Computer mit Windows 7 installiert werden können, erhältlich.

- Windows 7 Professional
  - Wie Windows 7 Home Premium, plus:
  - Windows-Server-Domänen-Beitritt
  - Internet Information Server 7
  - Volle Datensicherungs- und Wiederherstellungs-Funktionalität
  - Verschlüsselndes Dateisystem (Encrypting File System, EFS)
  - Remotedesktop (Client und Host)
  - Standortabhängiges (engl.: Location aware) Drucken – findet immer den richtigen Drucker in Abhängigkeit vom jeweiligen Standort
  - Client für Windows-Fax-Server
  - Synchronisation PC-to-PC
  - Max. 4 (32 Bit) bzw. 192 GB (64 Bit) RAM
  - Max. 2 Prozessoren (mit beliebig vielen Kernen)
  - NTFS-Schattenkopien

- Windows 7 Enterprise (Nur für Unternehmenskunden im Rahmen eines Enterprise-Lizenzvertrags erhältlich – nicht im Einzelhandel)
  - Wie Windows 7 Professional, plus:

- AppLocker
- DirectAccess
- BranchCache
- BitLocker & BitLocker To Go
- Subsystem für Unix-basierte Anwendungen (SUA)
- Unternehmensweite Suchfunktionen
- Virtuelle Desktop Infrastruktur-Optimierungen
- Mehrsprachenunterstützung (36 Sprachen)
- Unterstützung von Volume-License-Key-Aktivierungen
- Lizenz für das Ausführen von bis zu vier weiteren virtuellen Windows-7-Maschinen
- Lizenz für den Start über ein Netzwerk

- Windows 7 Ultimate
  - Wie Windows 7 Enterprise, jedoch:
  - Anders als Windows 7 Enterprise frei erhältlich.

Alle Versionen, die es im Einzelhandel gibt (außer Home Basic), werden 32- und 64-bittig ausgeliefert. Der beiliegende Installationsschlüssel ist zwar sowohl für die 32- als auch die 64-Bit-Version gültig, es darf gleichzeitig aber nur eine von den beiden installiert werden. Die 64-Bit-Versionen zeichnen sich durch folgende Unterschiede aus:

- Unterstützung von wesentlich mehr RAM: 16 GB (Home Premium) bzw. 192 GB (Professional, Enterprise, Ultimate)
- Kernel-Treiber müssen 64-bittig programmiert und digital signiert sein
- Unterstützung für 64-Bit und 32-Bit-Software, aber nicht mehr für 16-Bit-Software und PAE (Physical Address Extensions)
- Unterstützung von IA-64 EFI 1.1 und UEFI 2.0

Da Windows 7 (und Windows Server 2008 R2) sprachneutral ausgeliefert werden, sind die Betriebssystemdateien (das betrifft insbesondere die Exe- und Dll-Dateien) für alle Varianten gleich. Sie unterscheiden sich nur durch die 35 Sprachpakete, von denen sich jeweils eins auf der Windows-7-DVD befindet: Arabisch [ar-sa], Bulgarisch [bg-bg], Chinesisch (traditionell) [zh-hk], Chinesisch (vereinfacht) [zh-cn], Dänisch [da-dk], Deutsch [de-de], Englisch (USA) [en-us], Estnisch [et-ee], Finnisch [fi-fi], Französisch [fr-fr], Griechisch [el-gr], Hebräisch [he-il], Italienisch [it-it], Japanisch [ja-jp], Koreanisch [ko-kr], Kroatisch [hr-hr], Lettisch [lv-lv], Litauisch [lt-lt], Niederländisch [nl-nl], Norwegisch [nb-no], Polnisch [pl-pl], Portugiesisch (Brasilien) [pt-br], Portugiesisch (Portugal) [pt-pt], Rumänisch [ro-ro], Russisch [ru-ru], Schwedisch [sv-se], Serbisch (lateinisches Alphabet) [sr-latn-cs], Slowakisch [sk-sk], Slowenisch [sl-si], Spanisch [es-es], Thailändisch [th-th], Tschechisch [cs-cz], Türkisch [tr-tr], Ukraïnisch [uk-ua], Ungarisch [hu-hu].[21]

Sprachpakete können bei Windows-7-Enterprise und -Ultimate auch nachträglich (z. B. per Windows Update) installiert werden. Damit ist auch eine in einem beliebigen Land dieser Welt erworbene Ultimate-Version auf die gewünschte Sprache aktualisierbar. Allerdings kann das erste, mit der Windows-7-Produkt-DVD ausgelieferte und installierte Sprackpaket nicht deinstalliert werden.

Ein direktes, *In-place-Upgrade* ist nur von einer vergleichbaren Windows-Vista-Edition aus möglich, nicht jedoch von Windos XP, Windows 2000 und früheren Windows-Versionen! Dabei müssen die Systemsprache und die Prozessorarchitektur gleich sein.

Falls jedoch ein Upgrade von einer anderen Version (z. B. Windows NT oder Windows 2000) gewünscht wird, müssten erst zwei Zwischenschritte über Windows XP und Windows Vista gemacht werden, ehe dann in einem dritten Upgrade auf Windows 7 aktualisiert werden kann. Eine negative Folge wäre dabei, dass das Windows-Verzeichnis dann ziemlich aufgedunsen ist.

Erheblich besser ist in einem Fall, dass ein direktes Upgrade nicht möglich ist, EasyTransfer bzw. USMT (siehe Kap. 2.7) zu verwenden und eine nachfolgende Neuinstallation von Windows 7.

1.8 Die Registrierung und ihre Verwaltung

Die Registrierung (engl.: *Registry*) von Windows 7 beinhaltet wichtige Einstellungen und Zuordnungen einer Windows-Installation, der Startumgebung und ihrer installierter Programme. In früheren Windows-Versionen wurde dies mit textbasierten .Ini-Dateien vorgenommen, auch andere Systeme benutzen dazu entsprechende textbasierte Konfigurationsdateien. Abgesehen von der früheren Windows-64-KB-Größenbeschränkung haben textbasierte Konfigurationsdateien viele Nachteile: Die Speicherung und Auswertung der Einträge erfolgt üblicherweise nicht binär, sondern in einem Textformat. Das erlaubt zwar die Bearbeitung mit einem beliebigen

---

[21] Die bei den einzelnen Sprachen in eckigen Klammern angegebenen Kürzel kennzeichnen zuerst die Sprache und dann das jeweilige Land. Diese Auszeichnung wird bsp. als Name bei Verzeichnissen verwendet, in denen sich sprachabhängige Inhalte befinden. Mehr zu den Sprachpaketen finden Sie in Kapitel 4.11.

1.8 Die Registrierung und ihre Verwaltung

Texteditor, hat aber Performancenachteile, weil alles erst von Text zu binären Daten gewandelt werden muss. Außerdem ist eine direkt weiterverarbeitbare, binäre Speicherung von Informationen üblicherweise nicht vorgesehen. Des weiteren können Lese- und Schreibberechtigungen sowie Überwachungseinstellungen nur auf Dateiebene, nicht aber auf Eintragsebene gesetzt werden.

Diese Nachteile hat die Windows-Registrierung nicht. Sie wird transaktionsunterstützt und in einem binärem Format gespeichert, so dass ihre Inhalte direkt und ohne Konvertierung weiterverarbeitet werden können.

Wenn die Windows-Startpartition mit NTFS formatiert ist, gibt es sogar eine doppelte Transaktionsunterstützung: Zum einen durch den Kernel-Transaktion-Manager und zum anderen durch das Dateisystem NTFS selbst, welches protokollierend ist.

Die Registrierung selbst gliedert sich in mehrere Zweige. Die wichtigsten sind in Tabelle 1.1 aufgeführt.[22]

Tabelle 1.1. Registrierungszweige

Abkürzung	Langname
HKLM	HKEY_LOCAL_MACHINE
HKU	HKEY_USERS
HKCU	HKEY_CURRENT_USER
HKCR	HKEY_CLASSES_ROOT
HKCC	HKEY_CURRENT_CONFIG

Ein *Registry Hive* ist so etwas wie eine Unterteilung der Registrierung als Ganzes in mehrere Teile. Denn obwohl die Registrierung (z. B. im Registrierungs-Editor) als ein durchgängiges und hierarchisches System von Einstellungen aussieht, ist sie technisch in einige Einzeldateien aufgeteilt.[23]

---

[22] Es gibt noch einen weiteren, der als HKEY_PERFORMANCE_DATA (HKPD) bezeichnet wird und lokalen sowie entfernten Zugriff auf die Leistungsindikatoren eines Systems bietet, sowie HKEY_DYN_DATA (HKDD) für dynamische Daten. Der Zugriff auf diese Zweige erfolgt über die Registrierungs-APIs, im Registrierungs-Editor werden sie nicht angezeigt.

[23] Dieses kann man sich in dem Zweig HKEY_LOCAL_MACHINE\SYSTEM\CurrentControlSet\Control\hivelist genau ansehen: Hier ist genau aufgeführt, welcher Teilregistrierungszweig durch welche Datei realisiert ist.

24   1. Die Systemarchitektur von Windows 7

Wichtige Dateien finden sich im Verzeichnis %SystemRoot%\System32\config, %SystemDrive%\Users sowie in %SystemDrive%\Boot.[24]

Zum Ansehen und Ändern der Registrierung wird im allgemeinen der Registrierungs-Editor (Regedit.exe) benutzt (siehe Abb. 1.2).

Aber auch der Reg.exe-Befehl und das Ausführen von Dateien[25] mit der Endung .REG können dafür verwendet werden. Für Softwareentwickler stehen außerdem entsprechende Programmierschnittstellen (Application Program Interfaces, APIs) zur Verfügung.

Manchmal werden der Registrierung umgangssprachlich magische Kräfte zugesprochen („Da musste einfach die Registry ändern..."). Von solchen pauschalen „Empfehlungen" ist eigentlich nur abzuraten: Erstens sollte man schon ganz genau wissen, was ein bestimmter Eintrag für Auswirkungen hat, zweitens ist, wenn eine Änderung auch über GUI-Tools möglich ist, diese vorzuziehen, weil sie andere, mitbetroffene Schlüssel ebenfalls ändert, und drittens können für die meisten Änderungen Gruppenrichtlinien verwendet werden. Nur wenn die letzteren beiden nicht zum gewünschten Ziel führen, bzw. Einträge nicht existieren und (z. B. aufgrund eines Hinweises in einem Knowledge-Base-Artikel) hinzugefügt werden müssen, sollte man eine direkte Änderung der Registrierung in Betracht ziehen, denn unsachgemäße Änderungen können dazu führen, dass ein System nicht mehr startet!

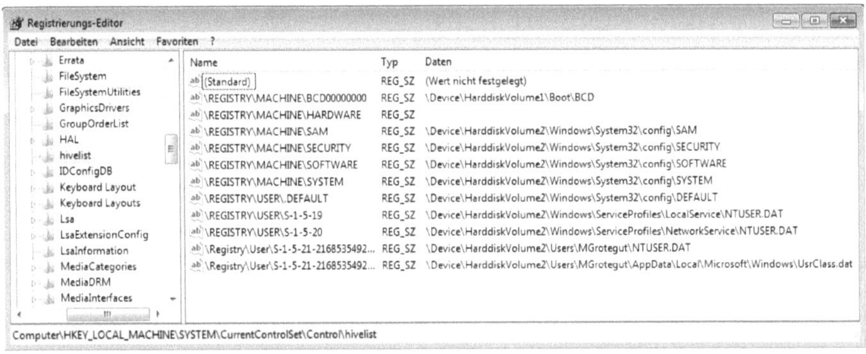

Abb. 1.2. Der Registrierungs-Editor

Der Registrierungs-Editor lässt auch die Änderung eines Remote-Systems zu – allerdings stehen dann nur die Zweige HKLM und HKEY_Users zur Verfügung. Das reicht aber auch völlig aus, denn vieles, was als

---

[24] Wenn Windows 7 gemäß der Voreinstellung installiert wurde, befindet sich das Start- (engl. Boot-) Verzeichnis auf der ersten Partition.
[25] Beispielsweise per Doppelklick mit der Maus auf ihr Symbol.

scheinbar eigenständige Struktur abgebildet wird, ist tatsächlich nur eine Verknüpfung mit bzw. ein Verweis auf andere Teile der Registrierung: So ist HKCU ein Unterschlüssel von HKEY_Users, HKCR und HKCC sind solche von HKLM, und der Hardware-Baum wird nicht etwa dauerhaft gespeichert, sondern bei jedem Windows-Start dynamisch ermittelt und aufgebaut.

Die administrativen Vorlagen einer Gruppenrichtlinie sind eigentlich nur so etwas wie ein etwas komfortablerer Registrierungseditor. Die mit Windows Server 2008 eingeführten .ADMX-Dateien sind XML-basiert.

In Tabelle 1.2 sehen Sie sämtliche Eintragstypen der Registrierungsdatenbank:

Tabelle 1.2. Registrierungsschlüssel

Typnr.	Bezeichnung	Inhalt
0	REG_NONE	Nichts. REG_NONE ist ein Platzhalter, wenn der richtige Typ noch nicht bekannt ist. Werden dennoch Daten hinterlegt, werden diese im Registrierungseditor als Typ REG_BINARY behandelt.
1	REG_SZ	Eine Zeichenkette (String). Sie wird mit dem Null-Zeichen terminiert.
2	REG_EXPAND_SZ	Eine Zeichenkette, die Umgebungsvariablen (z. B. %PATH%) enthalten darf. Bei der Auswertung des Registrierungseintrags wird zuerst der Inhalt der betreffenden Umgebungsvariable ausgelesen und anstelle von %...% verwendet.
3	REG_BINARY	Ein Binärwert.
4	REG_DWORD	Ein 32-Bit-Wert.
4	REG_DWORD_LITTLE_ENDIAN	Ein 32-Bit-Wert im Little-Endian-Format. Dieses wird u. a. von Intel-Prozessoren verwendet und ist gleichbedeutend mit dem REG_DWORD-Typ (weil Windows für Little-Endian-Prozessoren optimiert geschrieben wurde). Daher hat er auch dieselbe Typnummer wie jener. Im Little-Endian-Format wird ein Wert im Speicher mit den niederstwertigsten Ziffern eines Werts beginnend („das kleine Ende")

		gespeichert: Bsp. der Wert 0x12345678 als (0x78 0x56 0x34 0x12).
5	REG_DWORD_BIG_EN DIAN	Ein 32-Bit-Wert im Big-Endian-Format. Im Big-Endian-Format werden die höchstwertigen Ziffern zuerst, und die niederstwertigen Ziffern einer Hexadezimalzahl danach gespeichert. (Der Wert 0x12345678 wird im Big-Endian-Format als (0x12 0x34 0x56 0x78) gespeichert.) Dieses Format wird u. a. von Motorola-Prozessoren verwendet.
6	REG_LINK	Reserviert.
7	REG_MULTI_SZ	Datentyp, der mehrere Null-terminierte Zeichenketten enthalten kann. Das Ende der Liste selbst wird durch eine Null-Zeichenkette gekennzeichnet.
8	REG_RESOURCE_LIST	Eine Geräte-Treiber-Ressourcenliste. Diese wird im Hardware-Hive verwendet und beinhaltet eine Reihe von verschachtelten Arrays, die eine Liste von Ressourcen enthalten, die Hardware-Gerätetreiber oder eines der physischen Geräte, die dieser steuert. Diese Daten werden vom System während des Starts erkannt und in den \ResourceMap-Baum geschrieben. Sie werden im Registrierungseditor als Binärwerte (REG_BINARY) dargestellt.
9	REG_FULL_RESOURCE _DESCRIPTOR	Eine Reihe von verschachtelten Arrays, die eine Ressourcenliste eines physischen Gerätes enthalten. Diese Daten werden vom System während des Starts erkannt, werden in den \HardwareDescription-Baum geschrieben und im Registrierungseditor als Binärwerte (REG_BINARY) dargestellt.
10	REG_RESOURCE_REQUIREMENTS_LIST	Eine Reihe von verschachtelten Arrays, die eine Liste aller möglichen Ressourcen darstellt, die ein Gerätetreiber oder der physischen Geräte, die er steuert, enthält. Das Betriebssystem schreibt eine Teilmenge dieser Liste in den \ResourceMap-Baum. Diese Daten werden vom System während des Starts erkannt und im Registrierungseditor als Binärwerte (REG_BINARY) dargestellt.
11	REG_QWORD	Ein 64-Bit-Wert

11	REG_QWORD_LITTLE_ENDIAN	Ein 64-Bit-Wert, der im Little-Endian-Format gespeichert wird. Dies entspricht dem REG_QWORD-Typ und erhielt dieselbe Typnummer wie dieser.

Die Maximalgröße eines *Schlüsselnamens* ist 255 Zeichen und die Maximalgröße eines *Wertnamens* ist 16.383 Zeichen. (Lange Wertnamen mit mehr als 2.048 Zeichen sollen jedoch als separate Dateien (und nur noch mit der Nennung des betreffenden Dateinamens in der Registrierung) gespeichert werden. Dieses hilft, die Registrierung effizient und performant zu halten.)

Die Maximalgröße eines *Wertes* ist der gesamte Speicher. Es existiert jedoch eine Grenze von 64 KB für die Gesamtgröße der jeweiligen Einzelwerte eines Schlüssels. Seit Windows Vista wurde auch die Größenbeschränkung der Registrierung an sich beseitigt: Sie ist nun praktisch nur noch durch den zur Verfügung stehenden Festplattenspeicher begrenzt.

Seit Windows Vista gibt es die *Registrierungsvirtualisierung*. Doch wozu dient dieser Zungenbrecher? Wenn Benutzer Programme installieren möchten, waren dazu in der Vergangenheit oftmals administrative (oder zumindest Hauptbenutzer-[26]) Rechte erforderlich, weil der Software-Pfad der Registrierung und Dateien im Windows-System32-Pfad erstellt oder geändert werden mussten. Mit anderen Worten: Nur weil *ein* Benutzer etwas ändert, hat das Auswirkungen auf das gesamte System und für alle anderen Benutzer (für jene gilt umgekehrt natürlich das gleiche).

Mit dieser Virtualisierung bekommt jeder Benutzer in seinem Profil einen eigenen HKLM\Software-Zweig der Registrierung, der dann virtuell eingeblendet wird. Jeglicher lesender und schreibender Zugriff auf diesen Zweig betrifft nun nur einen einzelnen Benutzer. Gleiches gilt für geänderte System-Dateien.

Gibt es denn wohl eine Ausnahme von diesem Prinzip? Was ist mit Administratoren, die Programme installieren?

Ja, diese Ausnahme gibt es: Sie greift nämlich nicht bei Programmen, die mit erhöhten Rechten[27] ausgeführt werden!

---

[26] Wie heißt es doch so schön: Hauptbenutzer sind die, die *noch* keine lokalen Administratoren sind. Denn ein Hauptbenutzer kann sich – das nötige Wissen vorausgesetzt – relativ einfach zum lokalen Admin machen. Windows 7 und Vista haben u. a. aus diesem Grund keine Verwendung mehr für diese Gruppe (siehe unten). Sie existiert noch aus Kompatibilitätsgründen mit älteren Windows-Versionen.

[27] Dazu unten mehr.

Schließlich hat die Registrierung in Windows 7 eine Transaktionsunterstützung („Alles-oder-Nichts-Prinzip") für mehrere, zusammenhängende Registrierungsänderungen.

Das wichtigste Programm für die Verwaltung der Registrierung und ihrer Einträge dürfte sicherlich der schon oben erwähnte Registrierungs-Editor (Regedit.exe) sein.

Aber auch über Programmierschnittstellen (engl.: Application Program Interfaces, APIs) sowie über Befehlszeilenprogramme (z. B. in einer Administrator-Eingabeaufforderung) *Regini.exe* und *Reg.exe* lässt sich die Registrierung verwalten. Außerdem lassen sich Einstellungen von im Textformat vorliegenden Dateien mit der Endung *.Reg* per Doppelklick auf sie importieren.

1.9 Der Startvorgang

Was genau passiert eigentlich zwischen dem Einschalten des Computers und dem Erscheinen des Windows 7-Anmeldebildschirms? Dieses zu wissen ist aus grundsätzlichem Interesse (im Sinne eines vollständigen *Kennens* des Systems) und für eine Fehlersuche, falls ein System nicht mehr starten sollte, wichtig.

Nach dem Einschalten wird zunächst vom Prozessor im Real-Mode der BIOS-Code (Basic Input/Output System), der in einem ROM-Baustein (Read-Only Memory) gespeichert ist, ausgeführt. Wichtige Aufgabe dabei ist der POST (Power-On Self Test), mit dem die Hauptspeichergröße ermittelt, die Funktion von System-Komponenten wie Schnittstellen-Bausteine, Grafikkarte etc. getestet und initialisiert werden. Über den Fortschritt informieren Bildschirmausgaben. Im Fehlerfall erscheinen entweder ebenfalls Informationsmeldungen hierüber am Bildschirm, oder, falls das nicht möglich ist, signalisiert der PC Fehler durch unterschiedliche Piep-Töne. Für die genaue Analyse kann eine sog. *Port-80-Karte* installiert werden. Das BIOS schreibt nach jedem durchgeführtem Schritt jeweils einen bestimmten Hexadezimalwert auf den I/O-Port 80h. Eine entsprechende Karte stellt die Werte auf einer LED-Anzeige dar.

Von dem im BIOS konfigurierten Startdatenträger wird anschließend der Master-Boot-Record (MBR) gelesen. Dieser ist der absolut erste Sektor (Sektor 0) des Datenträgers. In ihm befindet sich die Partitionstabelle und die Kennzeichnung der als *aktiv* festgelegten Partition (der *Systempartition*), die früher stets den Buchstaben C: erhielt.

Wenn Windows 7 (ohne spezielle Anpassungen) von der Produkt-DVD installiert wurde, ist das eine spezielle, im Windows-Explorer nicht sichtbare, 100 MB große Systempartition.

Von dieser Partition wird dann ebenfalls der erste Sektor, der sog. *Boot-Sektor*, gelesen. Der Boot-Sektor ist beim Formatieren der Partition geschrieben worden und enthält ausführbaren Code, der das System instruiert, die Datei *Bootmgr* zu lesen bzw. eine Fehlermeldung auszugeben, wenn diese nicht vorhanden ist.[28]

Bootmgr wird in den hohen Speicherbereich geladen, um so möglichst viel Speicherplatz frei zu geben. Danach wird die BCD (Boot Configuration Data)[29] ausgelesen, um die *Startpartition*, auf der sich die Windows-Dateien befinden, und den Installationspfad zu ermitteln.

Gegebenenfalls muss eine mit BitLocker gesperrte Partition durch Eingabe eines Kennwortes freigegeben werden und, falls mehr als eine Windows-Installation auf dem System existiert, wird ein Startmenü angezeigt, aus dem andere Windows-7-Installationen (auch frühere Windows-Versionen) ausgewählt werden können.

Bootmgr startet dann das Programm *Winload.exe*. Dieses schaltet den Prozessor in den Geschützen Modus (engl.: Protected Mode), ermittelt die physische Umgebung des Computers und schreibt alle gefunden Informationen über Systemgeräte in den Hardware-Zweig der Registry. Nun werden die HAL (Hardware Abstraction Layer), NTOSKRNL sowie alle in der Registrierung aufgeführten Gerätetreiber und Dienste geladen und gestartet.

Wenn während der Ladephase des Betriebssystems ein Bild angezeigt werden soll, kann dieses als Bitmap-Datei in das Stammverzeichnis der Windows-7-Installation kopiert werden und (je nach Bildschirmgröße) den Namen osload800x600.bmp oder osload1024x768.bmp tragen.

Falls der Computer nach dem Ruhezustand wieder gestartet wird, wird vom Boot-Manager die Datei *Winresume.exe* gestartet, die den Inhalt der Datei *Hiberfil.sys* in den Speicher lädt und Windows an der Stelle fortsetzt, an der es in den Ruhezustand versetzt wurde. Diese Datei ist dabei dank einer Optimierung nur noch halb so groß wie der installierte RAM. Früher entsprach sie der Hauptspeichergröße.

---

[28] Der frühere Windows-NT-Boot-Loader *ntldr* wurde bereits seit Windows Vista durch die drei Einzelmodule *Windows Boot Manager* (Bootmgr.exe), *Windows-Betriebsystem-Loader* (Winload.exe) und den *Windows-Resume-Loader* (Winresume.exe) ersetzt.
Ntldr exisiert aber weiterhin, um mit dem Startmenü auch frühe Windows-Versionen starten zu können.

[29] Siehe unten.

1.10 Boot.Ini vs. BCD

Ältere Windows NT-Versionen hatten zur Auswahl der Systempartition auf Laufwerk C: im Stammverzeichnis eine Datei namens Boot.ini. In ihr waren die installierten Betriebssysteme (und ihre Startoptionen), die Partitionsnummern und Verzeichnisinformationen enthalten. Der NT-Bootloader hat dann das System von der ausgewählten Partition gestartet.

Seit Windows Vista und Windows Server 2008 gibt es, wie oben bereits beschrieben, einen neuen Bootloader. Dieser verwendet Boot.ini-Informationen nur noch für ältere Installationen. Alle Windows-7-Start-Konfigurations-Einstellungen sind in einem BCD-Bereich (Boot Configuration Data) der oben erwähnten Registrierung und in der Datei \Boot\BCD enthalten – Informationen über die internen Strukturen hat Microsoft jedoch nicht veröffentlicht.

BCD wurde eingeführt, damit auch mit Systemen, die nicht über ein BIOS, sondern über EFI (Extensible Firmware Interface) oder UEFI (Unified Extended Firmware Interface) arbeiten, gearbeitet werden kann. Bei solchen EFI-Systemen, als relativ junger BIOS-Ersatz, werden die Einstellungen der BCD in einem NVRAM (Non-Volatile RAM, nichtflüchtiger Speicher) abgelegt.

Für viele Parameter der früheren Boot.Ini-Datei gibt es Pendants in der BCD. Ein Beispiel dafür ist die Angabe der vorherigen /3GB-Option in der Boot.Ini-Datei, die bei den 32-Bit-Versionen den Windows-internen System- und Hardwarespeicher auf 1 GB beschränkt und für Applikationen im Benutzermodus 3 GB RAM ermöglicht. Mit der Befehlszeile *Bcdedit /Set IncreaseUserVa 3072* wird das ab Windows Vista und auch in Windows 7 festgelegt. Die Angabe der Start-GUID ist nicht zwingend erforderlich. Wird sie weggelassen, bezieht sich Bcdedit auf die aktuelle Partition, von der gestartet wurde.

Zum wesentlich einfacheren Verändern der Startoptionen bieten sich Programme wie EasyBCD von Neosmart[30] etc. an.

Aber auch die klassischen Boot.Ini-Schalter können weiterhin unverändert weiterverwendet werden. Abbildung 1.3 zeigt ein Windows-7-System, bei dem als eine von Microsoft nicht dokumentierte Funktion zu Beginn des Startvorgangs – oder bei mehreren, parallel installierten Windows-Versionen bei der Anzeige des zu startenden Systems im Startmenü – die F10-Taste gedrückt wurde. Es erscheint ein Bildschirm, in dem die Startoptionen in der klassischen Form angesehen und verändert werden können. Weitere Informationen hierzu finden Sie im Anhang A, in dem in einer der umfangreichsten Übersicht aller veröffentlichten Windows-Startoptionen-

---

[30] http://neosmart.net/dl.php?id=1

Listen sowohl die klassischen Boot.ini-Schalter als auch die jeweiligen BCD-Pendants aufgeführt sind.

Abb. 1.3. F10 - Startoptionen

2. Installation von Windows 7

Es gibt mehrere Verfahren, Windows 7 auf einen PC zu bringen. Zur Auswahl der bestgeeigneten Methode muss zunächst entschieden werden, ob eine Parallelinstallation zu bestehenden Betriebssystemen, eine Upgrade-Installation unter Beibehaltung aller installierten Programme und Daten oder eine Neuinstallation durchgeführt werden soll. Ein weiteres Kriterium ist natürlich die Anzahl der zu installierenden Rechner.

2.1 Mindestvoraussetzungen

Für die Installation gelten die folgenden, von Microsoft empfohlenen Mindestinstallationsvoraussetzungen des Computers:

- Für Microsoft Windows 7 Starter:
    - Mindestens 1 GHz 32-Bit-CPU (x86)
    - Mindestens 1 GB RAM
    - Mindestens 16 GB freier Plattenplatz
    - DirectX 9 Grafikprozessor mit WDDM 1.0-Treiber (oder höher)

- Für Microsoft Windows 7 Home Basic, Windows 7 Home Premium, Windows 7 Business, Windows 7 Enterprise und Windows 7 Ultimate:
    - Mindestens 1 GHz 32-Bit (x86) oder 64-Bit (x64) Prozessor
    - Mindestens 1 GB RAM (32-Bit) oder 2 GB RAM (64-Bit)
    - 16 GB (32-Bit) oder 20 GB freier Plattenplatz (64-Bit)
    - Windows-Aero-kompatible Grafikkarte
    - DVD-Laufwerk

Damit eine Grafikkarte als Windows-Aero-kompatibel gilt, müssen folgende Voraussetzungen erfüllt sein:

- Unterstützung des Windows Display Driver Models (WDDM) durch den Grafikkartentreiber

- Die Grafikkarte hat einen Grafik-Chip (GPU), der mindestens DirectX 9 und Pixel-Shader-2.0-fähig ist
- Unterstützung von 32 Bits pro Pixel
- Bestandener Windows Aero Acceptance-Test im Windows Driver Kit (WDK)
- Mindestens 1.800 Megabyte je Sekunde Grafikkarten-RAM-Übertragungsrate in WinSAT (siehe unten)

Eine Grafikkarte mit 64 MB RAM erlaubt bis zu 1280 x 1024 Pixel Auflösung, für 1920 x 1200 Pixel sind dagegen bereits 128 MB erforderlich. Falls sie zwei VGA- bzw. DVI-Anschlüsse hat (engl.: Dual headed), verdoppeln sich die RAM-Anforderungen.

Aber unabhängig von der Systemleistung ist Aero bei Windows 7 Home Basic und Windows 7 Starter nicht verfügbar.

Außerdem wird ACPI benötigt. Die Unterstützung für APM (Advanced Power Management), MPS (Multi-Processor Specification) und PNPBIOS wurden entfernt. Auch der ISAPnP-Treiber wird nun nicht mehr automatisch installiert, steht aber Geräten, die ihn benötigen, zur Verfügung (dieser können ihn in ihrer Inf-Datei während der Gerätetreiberinstallation anfordern).

2.2 Der Windows Upgrade Advisor

Ob bestimmte Hard- und Software mit Windows 7 kompatibel ist, kann vorab mit dem *Windows 7 Upgrade Advisor* herausgefunden werden. Dieser kann von der Microsoft Windows 7 Website heruntergeladen, installiert und auf Rechnern ausgeführt werden.

Falls es problematische Komponenten geben sollte, werden diese aufgeführt und in einer HTML-formatierten Ergebnisdatei auf der Arbeitsplatzoberfläche gespeichert. Zudem lassen sich Alternativen ermitteln, um die Performance zu erhöhen.

2.3 Installation durch Start von einer DVD

Eine interaktive Installation von Windows 7 ist im Grunde genommen ganz einfach: Man bootet von der Installations-DVD und wird in mehreren Fenstern nach einigen wenigen benötigten Informationen gefragt. Danach läuft die Installation von selbst ab. Nach ca. 20 - 30 Minuten ist Windows 7 dann betriebsbereit.

Unterschieden wird zwischen einer Neu- und einer Upgrade-Installation. Erstere wird in der Installation als *benutzerdefinierte Installation* bezeichnet und ist die Standardeinstellung, wenn von der Installations-DVD gebootet wird.

Eine Upgrade-Installation hingegen, bei der alle Benutzerdaten und Einstellungen des aktuellen Betriebssystems beibehalten werden, kann nur durchgeführt werden, wenn die Windows-7-Installation aus dem betreffenden Betriebssystem durch Aufruf der Programmdatei *Setup.exe* im Stammverzeichnis der DVD gestartet wird.[1] Nähere Informationen zum Upgrade finden Sie im Abschnitt 2.6.

Für Unternehmensinstallationen stehen weitere Funktionen zur Verfügung (siehe unten).

Windows 7 kann auch parallel zu einer oder mehreren bestehenden Installationen von Windows installiert werden. Dabei wird der bestehende Boot-Loader durch den von Windows 7 ausgetauscht. Tipp: Es sollte vermieden werden, auf einer Partition mehr als eine Windows-Installation zu haben, weil es sonst wegen gleichlautender Verzeichnisse zu Problemen kommt!

Beispielsweise in Partition 1 Windows 2000, in Partition 2 Windows 7 und in Partition 3 Windows XP zu haben, ist hingegen grundsätzlich möglich. Allerdings werden dabei die Laufwerksbuchstaben geändert: Die Partition, von der Windows 7 gestartet wurde, hat stets die Bezeichnung C:, dann folgen die weiteren Partitionen.

In dem ersten (siehe Abb. 2.1) der nun folgenden Installationsbildschirme werden wir nach der Installationssprache, dem Uhrzeit- und Währungsformat sowie der Tastatur oder Eingabemethode gefragt.

Soll die Installation abgebrochen werden, kann dies jederzeit (auch in den späteren Bildschirmen) durch Klick auf die Schaltfläche mit dem X oben rechts im Fenster getan werden. Ein einfaches Ausschalten des Systems wird hingegen nicht empfohlen, weil sonst Reste (wie bsp. temporäre Dateien) auf der Festplatte verbleiben können.

> Tipp: An jeder Stelle des interaktiven Installationsprozesses kann die nicht dokumentierte Tastenkombination Shift+F10 gedrückt werden: Es öffnet sich dann ein WinPE-3.0-Eingabeaufforderungsfenster, in dem weitere Befehle eingegeben werden können.

---

[1] Auch während des durch Aufruf von Setup.exe initiierten Installationsprozesses kann immer noch ausgewählt werden, dass eine Vollinstallation durchgeführt werden soll.

2. Installation von Windows 7

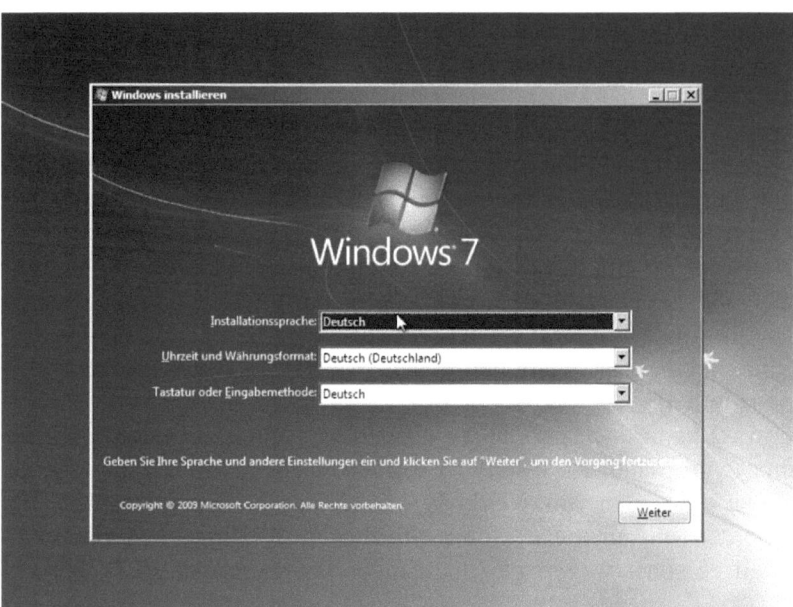

Abb. 2.1. Der Installationsstartbildschirm

In der Regel kann die Voreinstellung beibehalten und mit Auswahl von *Weiter* zum nächsten Fenster (siehe Abb. 2.2) gewechselt werden.[2]

In dem zweiten Fenster kann mit der Installation fortgefahren werden und auch vorher die *Liesmich*-Datei („Wissenswertes vor der Windows-Installation") angezeigt werden. Es ist empfehlenswert, sie zumindest einmal zu lesen, weil sie wichtige Informationen (einschließlich der aktuellen Installationsvoraussetzungen) enthält, und hier Änderungen der letzten Minute enthalten sind.

Ein weiterer Auswahlpunkt sind die *Computerreparaturoptionen*: Falls ein System nicht mehr starten sollte, können damit Reparaturmaßnahmen aufgerufen werden (allerdings nur von Windows-7-, Windows-Vista- und Windows-Server-2008-Partitionen), und ggf. muss ein Festplattencontrollertreiber geladen werden. Eine Rückkehr zur Installationsroutine ist danach nicht mehr möglich. Der Computer muss neu gestartet werden.

---

[2] Ersatzweise kann auch Alt+W gedrückt werden.

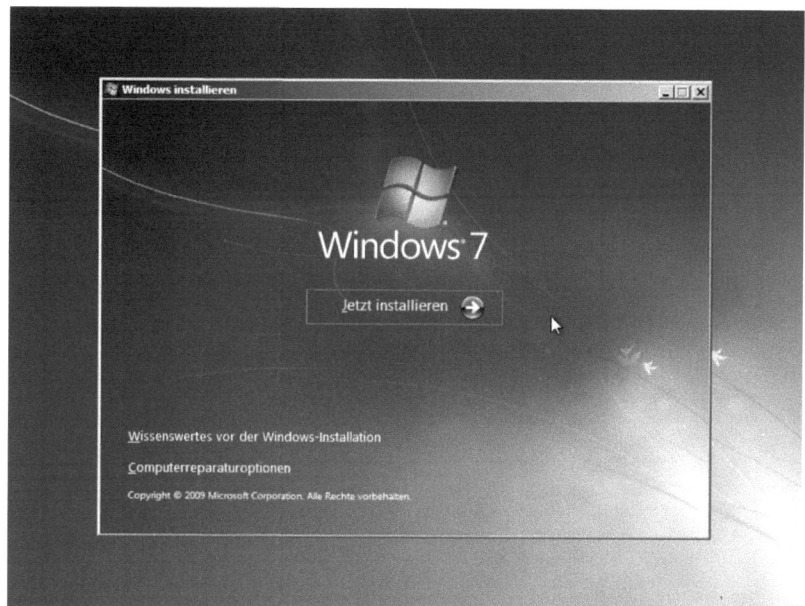

Abb. 2.2. Auswahlfenster während der Installation

Durch Klick auf *Jetzt installieren*[3] wird der Installationsprozess fortgesetzt, und es öffnet sich als nächstes der Bildschirm mit den Lizenzbestimmungen.[4] Statt des früheren „Gesehen, gelacht, F8" muss nun ausdrücklich ein Häkchen bei *Ich akzeptiere die Lizenzbedingungen* gesetzt werden, damit die Installation fortgesetzt werden kann.

Rechtlich ist umstritten, ob diese doch sehr restriktiven Bedingungen überhaupt in Deutschland allesamt gültig sind, zumal sie überraschende Klauseln wie u. a. eine Haftungsbeschränkung von Microsoft beinhalten. Bei Unternehmensinstallationen dürfte zudem eine Akzeptanzerklärung einer oder eines nicht handlungsbevollmächtigten Angestellten ebenfalls auf rechtlich dünnem Eis stehen.

Mit einem Mausklick auf die Schaltfläche *Weiter* kommen wir zum Installationsartauswahlbildschirm (siehe Abb. 2.3). Bei einem Start über die Produkt-DVD ist die *Benutzerdefinierte Installation* die einzig verfügbare Installationsart.

Nur wenn bereits mindestens ein Betriebssystem auf der Festplatte installiert, und die Windows-7-Installation von dort gestartet wurde, sind beide Installationsarten auswählbar.

---

[3] Oder durch Drücken von Alt+J.
[4] Auf die Abbildung wurde verzichtet.

2. Installation von Windows 7

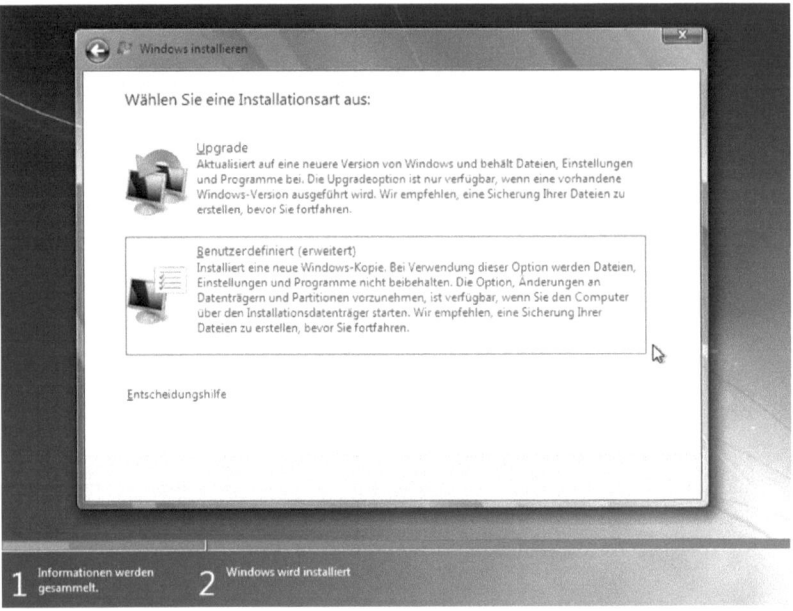

Abb. 2.3. Auswahl der Installationsart

Nach Auswahl der gewünschten Installationsart wird der Vorgang fortgesetzt. In dem dann folgenden Fenster (siehe Abb. 2.4) wird gefragt, auf welcher Partition Windows 7 installiert werden soll. Die Partition muss mindestens 5.677 MB freien Platz haben, empfohlen werden jedoch mindestens 16, besser 32 GB.

Falls Windows 7 Ihre Hardware nicht vollständig erkennt, muss gegebenenfalls ein Controller-Treiber geladen werden. Früher konnte man das beim Installationsstart durch Drücken der F6-Taste bewerkstelligen, nun wird dazu auf *Treiber laden* geklickt. Dann werden vom Diskettenlaufwerk A: oder von einem USB-Speicher ein oder mehrere speziell für die Hardware erstellte Treiber geladen und der Speicherplatz auf dem Datenträger erkannt. Diese Treiber müssen ggf. vor der Installation bei Bedarf selbst besorgt werden!

Die Windows-7-Partitionsverwaltung beherrscht die korrekte Ausrichtung von Partitionen (engl.: alignment), und richtet sie an der ersten 1-MB-Grenze aus.[5] Das gilt jedoch nur für neuerstellte Partitionen! Wird während der Windows-7-Installation an der Partitionierung einer bereits eingerichteten Festplatte nichts geändert, sondern diese nur neu formatiert, bleiben sie falsch ausgerichtet, wenn sie seinerzeit bei ihrer Erstellung nicht manuell

---

[5] Mehr über diese wichtige Funktion finden Sie in Kapitel 6.1.1.2.

(z. B. über den Diskpart-Befehl mit der Align-Klausel) ausgerichtet wurden.[6]

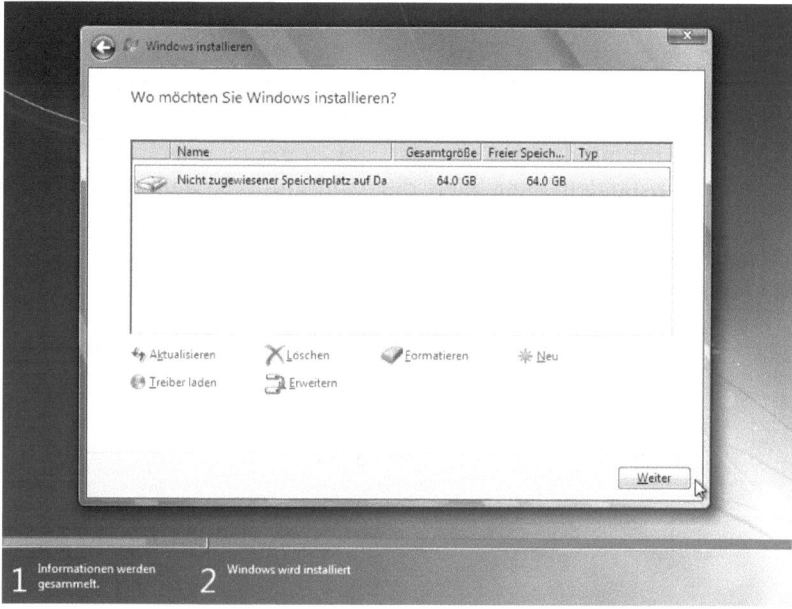

Abb. 2.4. Auswahlfenster der Installationspartition

Der Bildschirm in Abb. 2.4 sieht so aus, wenn auf *Laufwerksoptionen (erweitert)* geklickt wurde. Dann erscheinen nämlich zusätzlich die Auswahlpunkte *Löschen*, *Formatieren* und *Erweitern* einer Partition sowie *Eine neue Partition erstellen*. In diesem Fenster können jedoch nur (max. vier) so genannte primäre Partitionen erstellt werden, und nicht mehr, wie in früheren Installationsroutinen, *erweiterte Partitionen*.

Mit der Schaltfläche *Erweitern einer Partition* ist das Zusammenfassen von einer bestehenden Partition mit weiteren freien Festplattenbereichen zum Zwecke der Partitionsvergrößerung gemeint (und wird mitunter auch als *Volume* bezeichnet).

Auf einer unpartitionierten Platte erstellt Windows 7 zusätzlich eine 100 MB große Systempartition, in der sich die Boot-Umgebung befindet, und damit bei Bedarf BitLocker, das zwei Partitionen erfordert, problemlos genutzt werden kann. Dazu wird noch ein Bestätigungsfenster eingeblendet,

---

[6] Die Erfordernis der manuellen Ausrichtung von Partitionen war jedoch seinerzeit nicht vielen Administratoren bekannt, und ist ohnehin erst ab Windows XP bzw. Windows Server 2003 SP1 möglich.

über das man die Einrichtung der kleinen Startpartition auch überspringen kann.

Nach Auswahl der gewünschten Optionen ist damit die Phase 1 (das Sammeln von Informationen) abgeschlossen. Es beginnt nun die Phase 2 der Installation, und der grüne Fortschrittsbalken bewegt sich in dem Bereich unter der am unteren Bildschirmrand gezeigten *2* (siehe Abb. 2.5). Es werden Dateien vom Installationsmedium auf die Festplatte kopiert und entpackt. Dabei wird mindestens ein Mal, ggf. sogar mehrfach neu gestartet (und unter Umständen kann sich die Bildschirmdarstellung ändern), und Werbefenster wie in den Vorgängerversionen mit den Überschriften „Mehr Möglichkeiten", „Beste Windows-Version aller Zeiten" u. a. erscheinen nun nicht mehr. Aber das ist vermutlich auch kein Verlust.

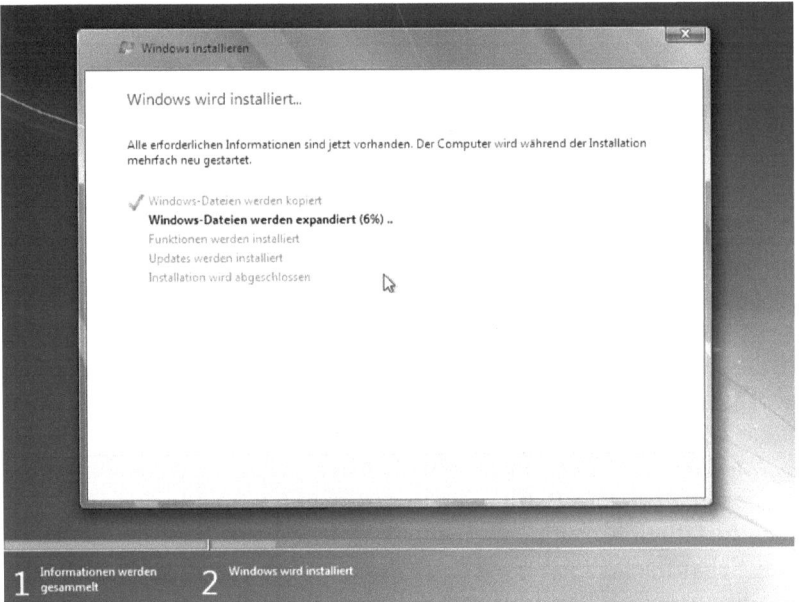

Abb. 2.5. Installation von Windows 7

Der zweite Teil der Installation dauert (je nach Rechnerleistung) ca. 20 bis 30 Minuten.

Vielleicht fällt Ihnen während der Installation schon auf, dass das klassische Sanduhrensymbol durch einen rotierenden Ring ersetzt wurde.

Übrigens: Wenn bei einem Neustart die Meldung „Drücken Sie eine beliebige Taste, um von dieser CD oder DVD zu starten..." erscheint, tun Sie am besten gar nichts und warten einfach ab, bis das System von selbst weitermacht. Andernfalls würde die Windows-7-Installation erneut beim ersten Schritt beginnen.

In dem Bildschirm, der danach erscheint, und in Abb. 2.6 dargestellt ist, werden Sie nach einem Benutzernamen sowie einem Computernamen gefragt, und für jenen bereits ein Vorschlag gemacht. Der Vorschlag muss nicht übernommen werden, sondern es kann ein eigener Computername eingegeben werden.

Damit wird ein neues Benutzerkonto erstellt, das administrative Rechte hat.

Das von früheren Windows-Versionen bekannte Konto *Administrator* existiert zwar weiterhin, ist aber in der Voreinstellung deaktiviert.

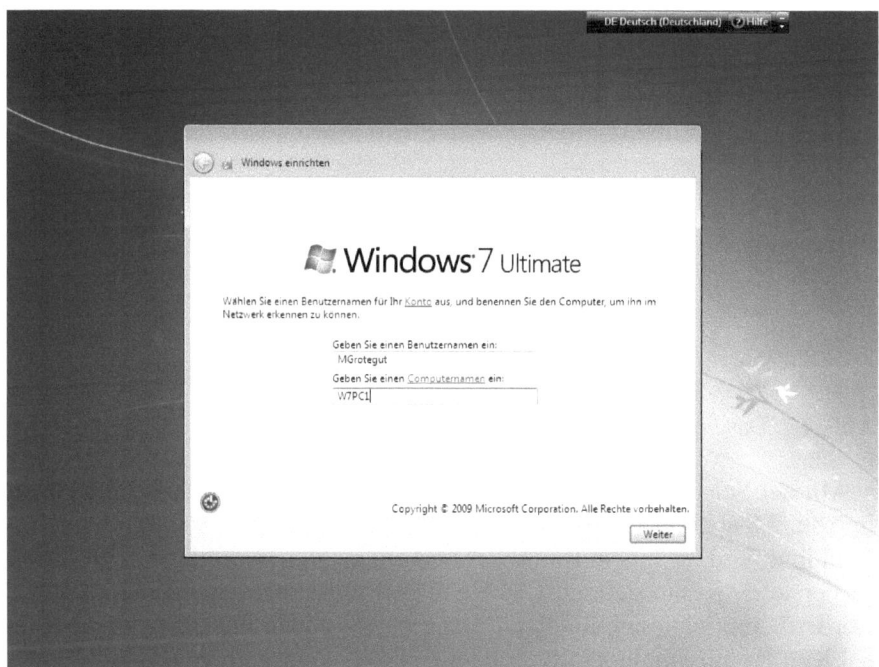

Abb. 2.6. Eingabe des Benutzernamens und des Kennworts

Der Computername muss (und der Benutzername *sollte*) maximal 15 Zeichen lang sein, nicht ausschließlich aus Ziffern bestehen und darf keine Leerzeichen und Sonderzeichen wie „\ / [ ] : ; | < > " ' + = , ? *" enthalten.

Aber beide können auf Wunsch nachträglich geändert werden.

In dieser Beispielinstallation wird „MGrotegut" als Benutzername und „W7PC1" als Computername verwendet.

Links unten befindet sich ein rundes, blaues Symbol. Ein Mausklick hierauf öffnet das Fenster für die erleichterte Bedienung des Computers (siehe Abb. 2.7), das insbesondere für Personen mit Behinderungen das Arbeiten mit Windows vereinfacht – aber auch für Personen, die davon glücklicherweise nicht betroffen sind, können diese Funktionen (wie Einrastfunktionen und Bildschirmtastatur z. B. bei TabletPCs) nützlich sein!

Dieses Fenster kann später auf Wunsch auch regelmäßig im Anmeldefenster aufgerufen werden.

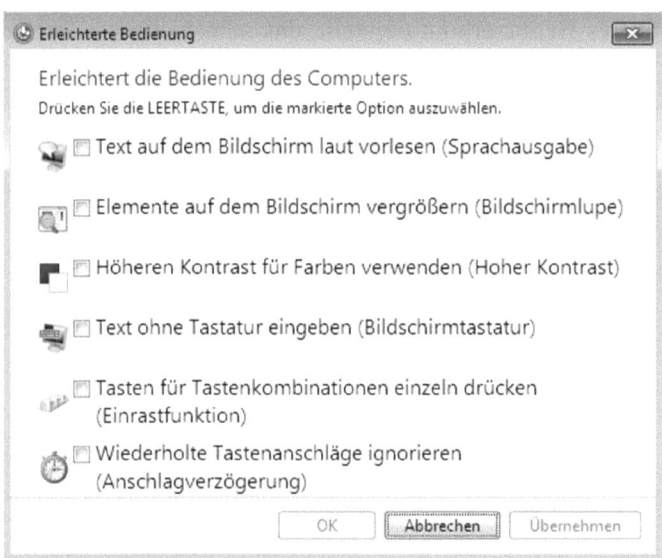

Abb. 2.7. Das Fenster *Erleichterte Bedienung*

Mit der Schaltfläche *Weiter* gelangen wir zum nächsten Fenster, welches in Abb. 2.8 abgebildet ist.

In ihm wird nach dem Kennwort und einem Kennworthinweis für dieses neu erstellte Konto gefragt. Das Kennwort muss nicht zwingend vergeben werden, empfiehlt sich aber aus Sicherheitsgründen unbedingt! Erst recht bei Konten mit administrativen Rechten! Das Feld *Kennworthinweis* muss nur ausgefüllt werden, wenn ein Kennwort vergeben wurde.

Im Normalfall gilt ohnehin in einem vernünftig administrierten Windows-Netzwerk das Prinzip: Ein(e) Benutzer(in) – ein Konto. Nicht *mehrere Benutzer, die sich ein Konto teilen*[7], und auch nicht *mehrere Konten je Benutzer*! Letzteres ist in domänenbasierten Netzwerken ja bekanntlich auch nicht nötig.

Eine Ausnahme von dieser Regel (ja, keine Regel ohne Ausnahme) sind *administrative* Konten. Sie besitzen normalerweise sehr viele Berechtigun-

---

[7] Sonst kann nicht nachverfolgt werden, wer wann was gemacht hat.

gen und hohe Rechte in einem Netzwerk, so dass evtl. durch E-Mail etc. eingeschleuste, den Anti-Virus-Scannern noch nicht bekannte Viren und Würmer sich gerade mit mitttels dieser erhöhten Rechte besonders gut im Netz verbreiten können. Administratoren sollten daher stets zwei Konten haben: Eins, mit dem sie ihre reguläre Arbeit (wie Office-Dokumente und E-Mail bearbeiten sowie im Internet surfen) verrichten, und ein weiteres, administratives Konto, mit dem sie sich speziell für Verwaltungsaufgaben wie Ordner einrichten, Benutzer verwalten etc. anmelden.

Eine erneute An- und Abmeldung ist dafür nicht erforderlich: Schließlich gibt es im Kontextmenü der Startmenüprogramme den Punkt *Ausführen als...* (auch als Befehl: *runas*). Und die Terminaldienste, mit denen Administratoren Server verwalten können, lassen sich auch hervorragend als normaler Benutzer starten, um nachfolgend administrative Anmeldeinformationen (engl.: *user credentials*) einzugeben.

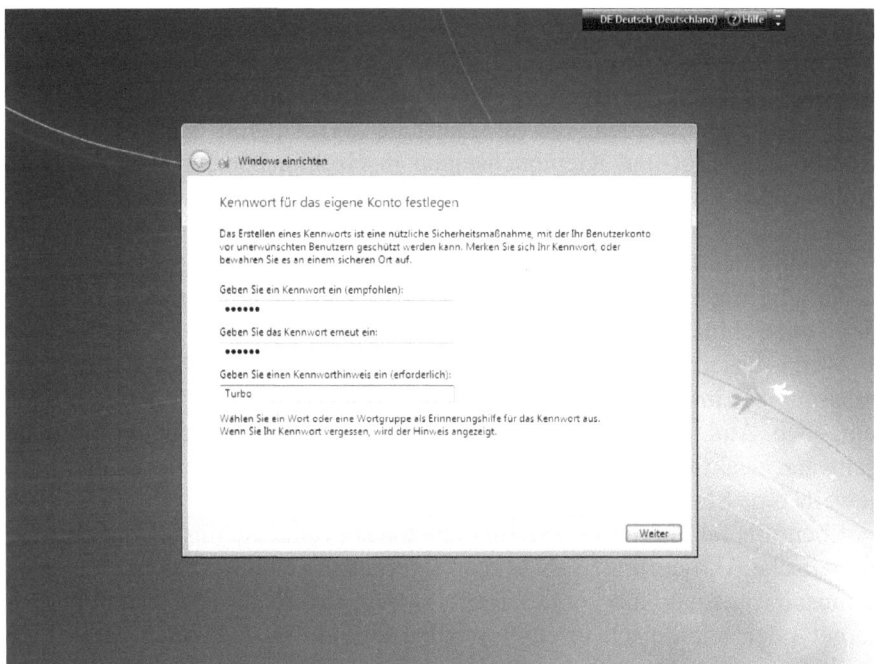

Abb. 2.8. Kennwort für das eigene Konto festlegen

Soweit die Theorie, denn die oben erwähnten Konzepte sind schon seit Jahren bekannt. Doch wer macht das in der Praxis wirklich? Im Unix-Umfeld würde kaum jemand permanent als *root* arbeiten. Warum dann auf einem Windows-Rechner?

Aus dem Grund hat Microsoft seit Vista die Benutzerkontensteuerung[8] (BKS) eingeführt (siehe Kap. 9.10), bei der besondere Aktionen auch von Administratoren explizit nochmals bestätigt werden müssen, bzw. administrative Anmeldedaten eingeben werden müssen, damit eine Aktion ausgeführt wird. Obwohl diese Standardeinstellung per Richtlinie oder durch ein Dienstprogramm in der Systemsteuerung änderbar wäre, ist es aus Sicherheitsgründen nicht empfohlen. In Windows 7 werden deutlich weniger Bestätigungsfenster gezeigt.

Das klassische Administrator-Konto war ohnehin das ideale Ziel für einen Windows-Angreifer: Erstens hatte er damit bei dem Erraten der Benutzerkonto-Kennwort-Kombination schon mal die halbe Miete, weil er den Namen eines gültigen Benutzerkontos kannte. Und zweitens konnte das Administratorkonto (zur Vermeidung einer *Denial-of-Service*-Attacke) nicht durch die automatische Kontensperrung bei zu vielen ungültigen Kennworteingaben geschützt werden.

Im nächsten Schritt (siehe Abb. 2.9) soll der 25-stellige Produktschlüssel eingegeben werden, was letztendlich nichts anderes ist, als eine kodierte Seriennummer. Die Buchstaben und Ziffern können einfach hintereinander eingegeben werden, die Bindestriche werden von der Installationsroutine eingefügt und Kleinbuchstaben in Großbuchstaben umgewandelt. Anhand des Produktschlüssels wird auch die Version von Windows 7 ermittelt, für die eine Lizenz erworben wurde, und die entsprechenden Systemfunktionen freigeschaltet.

Für die eigentliche Installation muss zu diesem Zeitpunkt nicht zwingend ein Schlüssel eingegeben werden.

Wenn dieser Schritt ausbleibt, wird Windows 7 dennoch installiert, Sie müssen aber innerhalb von 30 Tagen nachträglich einen gültigen Schlüssel eingeben. Andernfalls färbt Windows 7 den Arbeitsoberflächenhintergrund schwarz, deaktivert Aero, Windows Defender sowie ReadyBoost und fährt jeweils eine Stunde nach Systemstart den Rechner herunter.

Ebenfalls fakultativ wie die Eingabe eines Produktschlüssels ist die „automatische Aktivierung" sobald eine Internetverbindung besteht. Windows 7 muss zwar innerhalb von 30 Tagen aktiviert werden, dieses kann per Internet oder telefonisch erledigt werden. Windows 7 versucht drei Tage nach der ersten Anmeldung, Windows 7 zu aktivieren. Für Installationen zum Testen, die voraussichtlich nur wenige Tage benutzt werden, empfiehlt sich eine Aktivierung hingegen nicht.

---

[8] Diese ist auch bekannt unter dem Namen *User Account Control* (UAC).

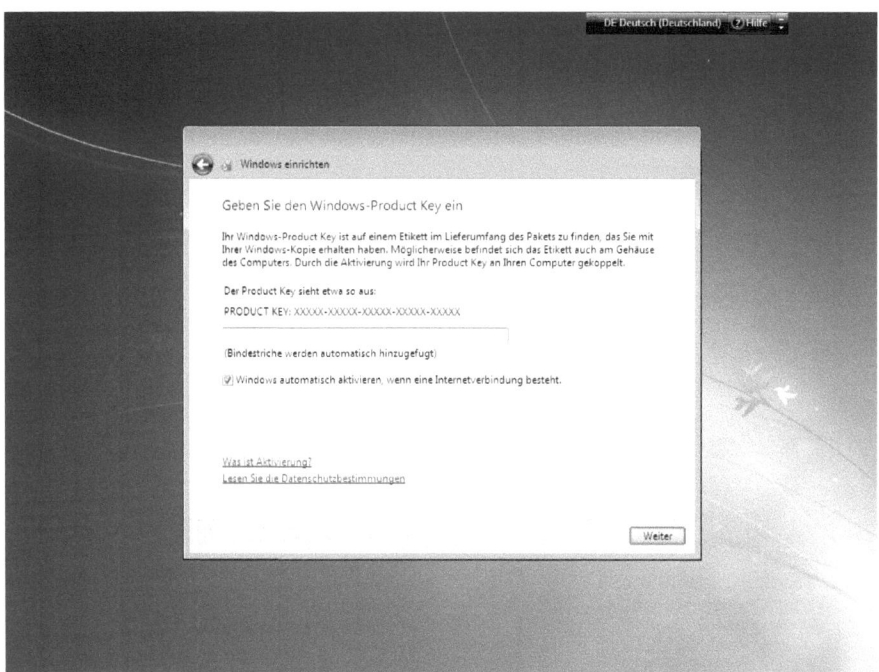

Abb. 2.9. Abfrage des Windows-Produktschlüssels

Um eine Umgehung der Aktivierung per Duplikation der Festplatte einer aktivierten Installation und Benutzung auf anderen Systemen zu verhindern, hat Microsoft eine weitere Funktion eingebaut: Falls drei oder mehr Systemkomponenten (wie CPU, Grafikkarte, Festplatte etc.) geändert werden, muss zwingend eine neue Aktivierung durchgeführt werden. Hierzu hat man drei Tage lang Zeit, andernfalls wird genauso in den Modus mit reduzierter Funktionalität geschaltet.[9]

Übrigens müssen auch Unternehmens-(Volume-)Lizenzen aktiviert werden. Dafür bietet Microsoft zwei Optionen an: Für Unternehmen mit einigen Dutzend Arbeitsplätzen gibt es spezielle Installationsschlüssel, mit denen Windows 7 mehrfach aktiviert werden kann. Diese werden als *MAK* (Multiple Activation Keys) bezeichnet. Für größere Unternehmen kann ein Aktivierungsserver installiert werden, der Volumenlizenzschlüssel bestätigt (siehe Kap. 2.10).

Nach Auswahl der von Ihnen gewünschten Einstellungen wird mit *Weiter* fortgesetzt.

Danach erscheint nämlich der Bildschirm *Schützen Sie Windows automatisch* mit den drei Auswahlpunkten *Empfohlene Einstellungen verwen-*

---

[9] Für weitere Angaben zur Aktivierung siehe Kap. 4.18.

den (Standardwert), *Nur wichtige Updates installieren* und *Später erneut nachfragen* (siehe Abb. 2.10).

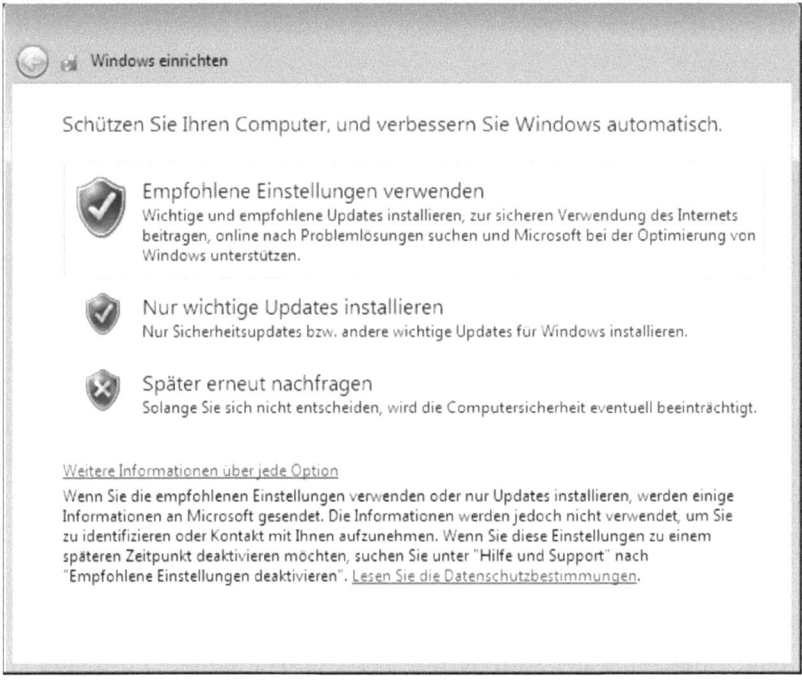

Abb. 2.10. Auswahl der Computerschutzeinstellungen

Bei der ersten, der von Microsoft empfohlenen Option, wird Windows 7 so eingestellt, dass alle verfügbaren wichtigen und empfohlenen Aktualisierungen heruntergeladen und sofort installiert werden, optionale Updates nicht. Gerätetreiber werden gleichfalls online gesucht und installiert, und der Windows-Defender wird als einfaches SpyNet-Mitglied eingerichtet.

Bei der zweiten Option werden nur von Microsoft als *wichtig* gekennzeichnete Aktualisierungen heruntergeladen und installiert, keine empfohlene und optionale Updates. SpyNet, der Phishing-Filter und die Online-Treibersuche werden nicht aktiviert.

Bei der dritten Option erfolgt keine Konfiguration der erwähnten vier Punkte der Windows-Sicherheit zum Installationszeitpunkt, und Sie werden später noch einmal gefragt, den Grad des *Schutzumfangs* festzulegen.

Die von Ihnen gewählte Einstellung kann später und jederzeit über die Systemsteuerung auf Wunsch geändert werden.

Nach Klick auf der gewünschten Auswahl erscheint das Zeit- und Datumseinstellungsfenster (siehe Abb. 2.11). Hier sollen die Zeitzone (abhängig von der Lokation), das aktuelle Datum und die aktuelle Uhrzeit eingestellt werden.

Außerdem kann festgelegt werden, dass die Uhrzeit durch Windows automatisch auf Sommer-/Normalzeit umgestellt werden soll.[10] In Unternehmensumgebungen erhalten Arbeitsstationen die Uhrzeit normalerweise mittels NTP (Network Time Protocol) von Domänen-Controllern. Diese Einstellungen können bei Bedarf ggf. später in der Systemsteuerung noch verändert werden.

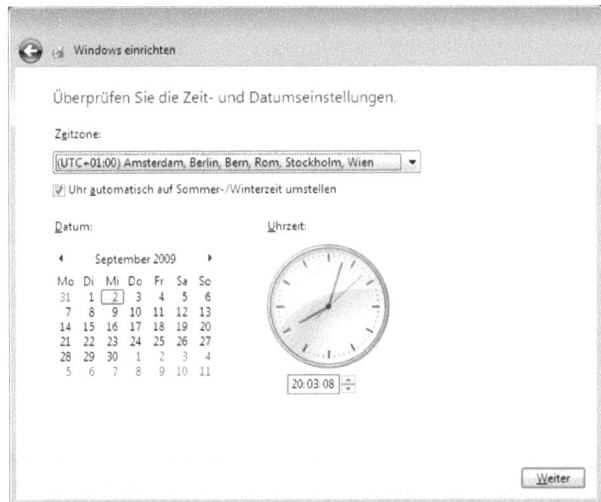

Abb. 2.11. Datums- und Uhrzeiteinstellungen

Wenn eine Netzwerkverbindung besteht, wird dann nach der Art des Netzwerks gefragt, mit dem der Computer verbunden ist (siehe Abb. 2.12). Zur Auswahl stehen *Heimnetzerk* für durch Router und evtl. eine Firewall gesicherte private Netzwerke zuhause, *Arbeitsplatznetzwerk* für ähnlich gesicherte Netzwerke in Unternehmen und *Öffentliches Netzwerk* für LANs in bsp. Hotel oder Flughäfen, die nicht besonders gesichert sind und in denen sich mehrere, einander nicht bekannte Personen befinden.

Nach der Standortauswahl wird, wenn eine Netzwerkverbindung zum Internet vorhanden ist, geprüft, ob es bei Microsoft evtl. Softwareaktualisierungen gibt, und diese im zutreffenden Fall heruntergeladen und installiert.

---

[10] Eigentlich eine gute Idee, aber falls Sie mit mehreren parallelen Windows-Installationen auf Ihrem PC arbeiten sollten, wird u. U. jede die Uhrzeit verändern.

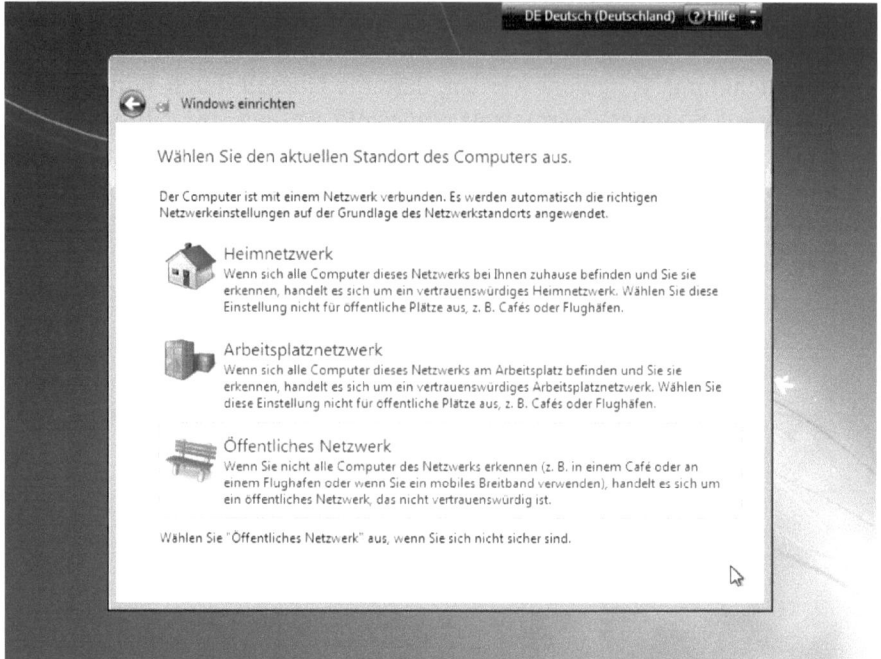

Abb. 2.12. Auswahl des Netzwerkstandorts

Nach einem Dankesbildschirm kann Windows 7 nun durch Klick auf den Button „Starten" erstmalig gestartet werden.

2.4 Starten im Fehlerfall

Was kann man tun, wenn der Computer plötzlich nicht mehr starten will? In so einem, glücklicherweise mittlerweile sehr selten gewordenem Fall (aber das hilft einem natürlich auch nicht, wenn es einen gerade erwischt hat), ist unbedingt eine genaue Analyse notwendig, weil von ihrem Ergebnis die empfohlene Vorgehensweise abhängt!

Sollte der Rechner nach dem Einschalten gar nichts tun (nicht einmal piepen und auch nichts auf dem Bildschirm erscheinen), dürfte ein Hardwareproblem vorliegen. Es sollte dann die Stromversorgung geprüft und ein gegebenenfalls vorher hinzugefügtes Gerät oder Steckkarte entfernt werden.

Erscheint zwar keine Bildschirmausgabe, aber *piept* der Rechner wenigstens, ist das Netzteil schon mal OK, aber man muss bsp. von defektem Speicher, einer defekten Grafikkarte oder einem übertakteten System ausgehen. Anhand der Anzahl und Länge der einzelnen Pieptöne, die allerdings bei jedem BIOS-Hersteller unterschiedlich sind und deren genaue Bedeutung dort erfragt werden kann, lässt sich der Fehler, der immer noch seine Ursache in der Hardware hat, herausfinden.

Erhalten Sie eine Fehlermeldung wie *Inaccessible Boot Device*, sollten Sie überprüfen, ob eine jüngst hinzugefügte Festplatte, Festplattencontroller, CD/DVD oder USB-Stick der Auslöser sein könnte. Auch neu installierte Festplattencontroller-, Chipsatz-Treiber und Festplattenpartitionen kommen in betracht.

Erscheint jedoch während des Startvorgangs von Windows 7 ein *Blue Screen*[11], dürfte ein falscher oder kaputter Treiber der Auslöser sein.[12] In so einem Fall kann man versuchen, beim Start die F8-Taste zu drücken und in dem darauf erscheinenden Auswahlmenü („Erweiterte Startoptionen") den PC im *Abgesicherten Modus* zu starten und den Bösewicht zu entfernen.

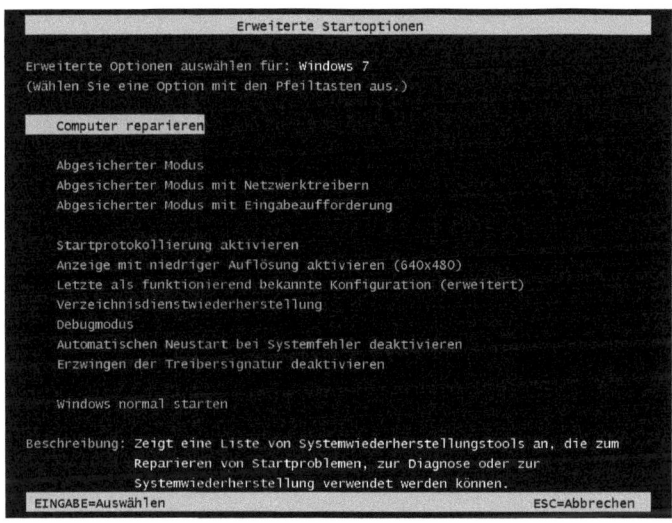

Abb. 2.13. Erweiterte Startoptionen

Den abgesicherten Modus bietet Windows 7 während des Herunterfahrens im Falle eines vorausgegangenen Problems auch von selbst an (siehe Abb. 2.14.).

---

[11] Auch bekannt als *STOP-Fehler*.
[12] Aber auch defekter oder mit falscher Geschwindigkeit betriebener Hauptspeicher kann grundsätzlich zu diesem Problem führen. Um das herauszufinden, kann die Arbeitsspeicherdiagnose (siehe Kapitel 2.5) durchgeführt werden.

50   2. Installation von Windows 7

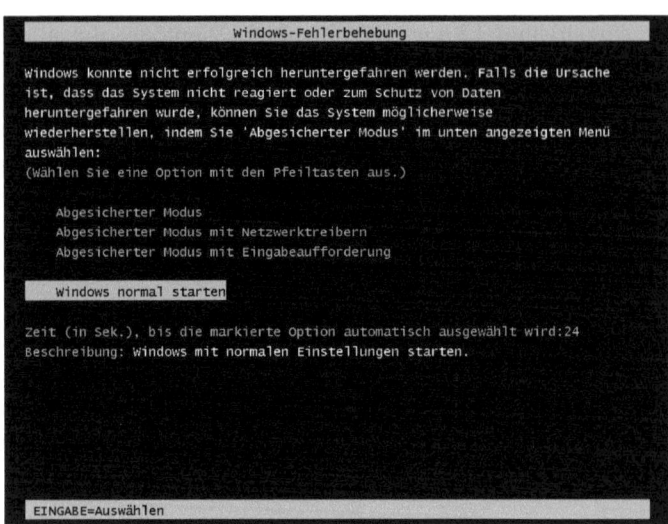

Abb. 2.14. Windows-Fehlerbehebungsbildschirm

Sollte ein Start im abgesicherten Modus jedoch auch nicht zum Erfolg führen, gibt es im F8-Menü noch die *Letzte als funktionierend bekannte Konfiguration*: Windows 7 hat zwei sogenannte Gerätetreiber-Steuersätze (*Control Sets*), die in der Registrierung abgelegt sind. Bei jedem erfolgreichen Neustart – dieser ist dadurch gekennzeichnet, dass das System geladen *und* ein Benutzer sich anmelden konnte, wird zwischen den beiden Steuersätzen umgeschaltet. Im Fehlerfall steht somit immer noch der vorherige Satz an Treibern zur Verfügung.

Falls auch das nicht hilft, ist eine letzte Alternative vor einer völligen Neuinstallation bzw. dem Überschreiben des Systems durch Aufspielen einer früheren Sicherung das Wiederherstellen der Startumgebung. Dazu wird das System gestartet, die F8-Taste gedrückt und in dem Bildschirm (siehe Abb. 2.13) die Option *Computer reparieren* ausgewählt. Windows 7 fragt dann zuerst nach dem Tastaturlayout, danach nach einer Benutzeranmeldung und, beim Vorliegen von parallelen Installationen, welche davon repariert werden soll, und bietet die Möglichkeit, Start-Gerätetreiber zu laden (siehe Abb. 2.15).

In dem durch Auswahl der Schaltfläche *Weiter* aufgerufenen Fenster kann die passendste Auswahl getroffen werden (siehe Abb. 2.16).

2.4 Starten im Fehlerfall 51

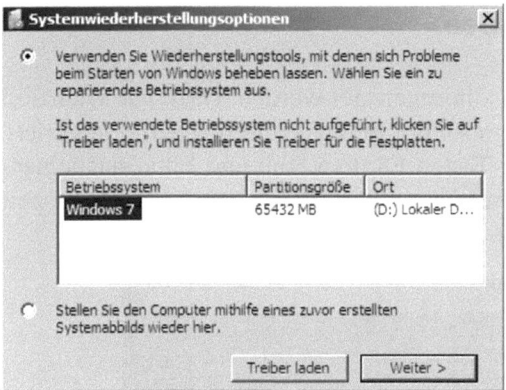

Abb. 2.15. Systemwiederherstellungsoptionen (1)

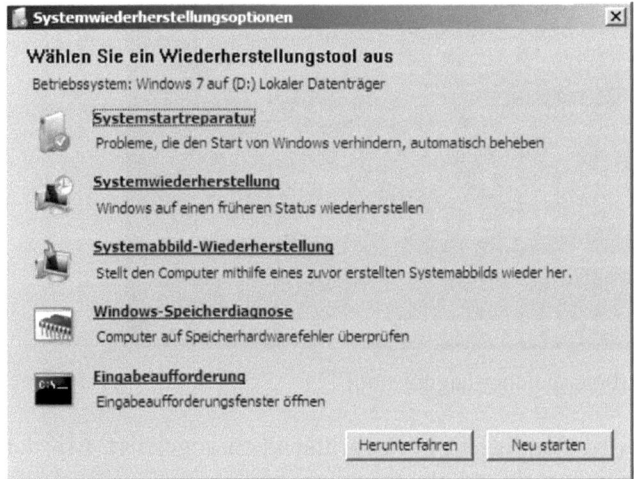

Abb. 2.16. Systemwiederherstellungsoptionen (2)

Eine der in diesem Fenster angebotenen Optionen ist die *Systemabbild-Wiederherstellung*. Sie setzt voraus, dass der Computer zuvor mit der Systemabbild-Sicherung gesichert wurde. Näheres dazu finden Sie in Kapitel 7.

Aber sollte auch dieses nicht zu einem startenden System verhelfen, kommt man um die Neuinstallation nicht herum. Hoffentlich wurden beim Installieren des Systems mehrere Partitionen festgelegt, in denen sich jeweils das Betriebssystem bzw. Programme und Daten befinden, ausgewählt (siehe unten), damit bei einem ggf. erforderlichen Neuformatieren nichts Wichtiges gelöscht wird.

2.5 Arbeitsspeicherdiagnose

Der Arbeitsspeicher kann auch isoliert getestet werden. Dazu hat Microsoft erstmals ein Arbeitsspeicherdiagnosetool in das Windows-Setup integriert. Dieses kann durch Drücken der Tasten F8, Esc, Tab und Enter nacheinander beim Systemstart aktiviert werden und testet den gesamten Hauptspeicher gründlich (siehe Abb. 2.17).

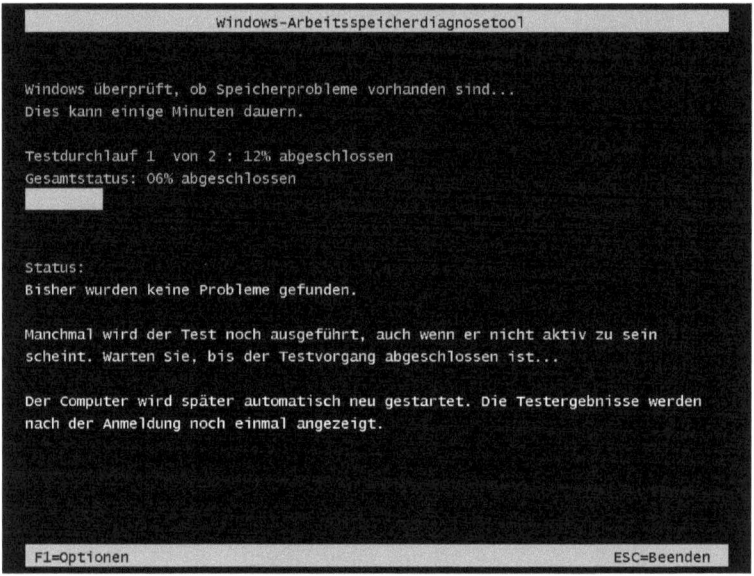

Abb. 2.17. Windows-Arbeitsspeicherdiagnosetool

Während des Laufs wird ständig ein Fortschrittsbalken angezeigt. Mit der Esc-Taste kann die Speicherprüfung abgebrochen werden.

Mittels der F1-Taste können Optionen, welche die Arbeitsweise des Testprogramms modifizieren, gewählt werden. Dieser Bildschirm ist in Abb. 2.18 abgebildet.

In ihm können die durchzuführenden Tests (Minimal, Standard oder Erweitert, die Cacheeinstellungen (Standard, Aktiv oder Inaktiv) und die Anzahl der Durchgänge festgelegt werden.

Aus dem Explorer kann das Arbeitsspeicherdiagnosetool (engl.: Memory diagnostic) *MdSched.exe* per Doppelklick auf sein Symbol oder durch Eingabe von MdSched im Startmenü ausgeführt werden.

In einer Administrator-Eingabeaufforderung können zudem vier (von Microsoft wieder mal nicht dokumentierte) Befehlszeilenparameter angegeben werden. In der Tabelle 2.1 sind sie aufgelistet.

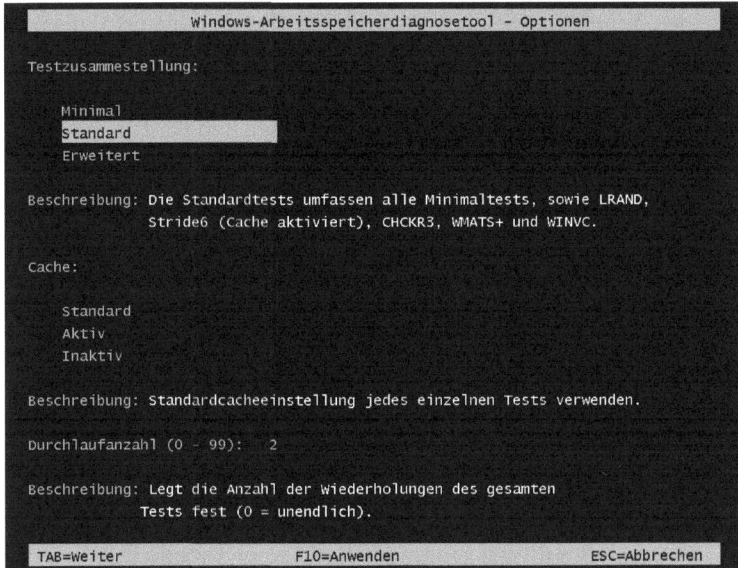

Abb. 2.18. Windows-Arbeitsspeicherdiagnosetool - Optionen

Tabelle 2.1. Befehlszeilenparameter von MdSched.exe

Parameter	Bedeutung
/rn	Rechner sofort neu starten und den Speicher prüfen
/rshn	Rechner sofort neu starten und den Speicher prüfen
/rd	Speicher nach dem nächsten Neustart prüfen
/rshd	Speicher nach dem nächsten Neustart prüfen

Durch das Programm *MdRes.exe* werden beim nächsten Neustart automatisch die Ergebnisse eines Speichertests angezeigt.

2.6 Upgrade-Installation

Eine Upgrade-Installation, bei der alle Benutzerkonten, -daten und -einstellungen sowie Rechte und Berechtigungen erhalten bleiben, und die auch als Inplace-Upgrade bezeichnet wird, kann durchgeführt werden, wenn folgende Bedingungen allesamt erfüllt sind:[13]

---

[13] Diese Upgrade-Variante wird aber von Microsoft nicht empfohlen!

2. Installation von Windows 7

- Installiertes Windows Vista Service Pack 1 (od. höher) bzw. Windows 7
- Der Aufruf des Windows-7-Setup-Programms (Setup.exe) erfolgt unter dem aktuellen Betriebssystem, nicht von DVD
- Der abgesicherte Modus wird nicht ausgeführt
- Windows 7 wird in derselben Sprache und der gleichen 32-Bit- bzw. 64-Bit-Version wie das derzeitige System installiert
- Eine evtl. BitLocker-Verschlüsselung der Systempartition wurde deaktiviert (m. a. W. angehalten – sie muss nicht entfernt werden!)
- Das derzeitige Betriebssystem ist auf einer NTFS-Partition installiert[14]

Eine Windows-XP-Installation ist zwar *upgradeberechtigt*, aber nicht direkt *upgradefähig*! Das bedeutet, dass Sie zwar zu einem reduziertem Preis Windows 7 erwerben können, es aber nicht direkt upgraden können. Entweder Sie führen eine Neuinstallation durch oder aktualisieren zunächst auf Windows Vista und in einem zweiten Schritt auf Windows 7. Noch ältere Windows-Versionen wie Windows 2000, NT, 9x etc. sind hingegen weder upgradefähig noch upgradeberechtigt.

Eine genaue Übersicht gültiger Upgrade-Pfade zeigt Tabelle 2.2.

Tabelle 2.2. Windows-7-Upgradewege

Nach Von	Windows 7 Home Premium	Windows 7 Professional	Windows 7 Enterprise	Windows 7 Ultimate
Windows Vista Starter	Neuinstallation erforderlich			
Windows Vista Home Basic	x			x
Windows Vista Home Premium	x			x
Windows Vista Business		x	x	x
Windows Vista Enterprise			x	
Windows Vista Ultimate				x
Windows XP	Neuinstallation erforderlich			
Windows 2000	Neuinstallation erforderlich			

---

[14] Falls es auf einer FAT- oder FAT32-formatierten Partition installiert ist, muss diese zuvor mit dem Convert-Befehl in eine NTFS-Partition umgewandelt werden. Dieser Vorgang ändert oder löscht dabei keine Daten.

Anstelle einer Upgrade-Installation von einer Windows-7-Version zu einer anderen, höheren Windows-7-Version kann besser das AnyTime-Upgrade[15] verwendet werden, bei dem nur ein neuer Produktschlüssel erworben wird, denn bei einer Windows-7-Installation werden alle Dateien kopiert, sind aber abhängig vom Schlüssel entweder freigeschaltet oder gesperrt.

Sollten Sie sich für eine Formatierung und Neuinstallation entschieden haben, steht immer noch die Möglichkeit mit dem Easy-Transfer-Assistenten (siehe unten) die Einstellungen und Daten zu übernehmen, nicht jedoch die Anwendungen: Die Anwendungsprogramme müssen neu installiert werden. Und generell gilt, dass eine Datensicherung vor jeder Änderung des Betriebssystems unbedingt empfohlen wird!

Wenn die Festplatte bsp. unter Windows 2000 oder Windows XP partitioniert wurde, ist sie höchstwahrscheinlich falsch ausgerichtet. In diesem Fall ist es ratsam, sie mittels Windows 7 neu zu partitionieren!

Nach Aufruf des Setup.exe-Programms öffnet sich der in Abb. 2.19 gezeigte Startbildschirm.

Abb. 2.19. Upgrade-Installation nach Start von Setup.exe

---

[15] Dieses existiert aber nicht in der Ultimate-Version. Und bei einem AnyTime-Upgrade muss eine evtl. BitLocker-verschlüsselte Systempartition unbedingt vor der Aktualisierung entschlüsselt (m. a. W. BitLocker entfernt) werden!

Das Setup-Programm kann auch von einer Eingabeaufforderung bzw. als Teil eines Stapelverarbeitungsauftrags aufgerufen werden. Es lassen sich dabei die in Tabelle 2.3 aufgeführten Parameter angeben.

Tabelle 2.3. Optionen von Setup.exe

Parameter	Wirkung
/1394debug:<Kanal>	Aktiviert Kerneldebugging über einen IEEE-1394-Anschluss (FireWire)
/baudrate:<Baudrate>	Legt die Datenübertragungsrate für Kerneldebugging über eine serielle Schnittstelle fest
/debug:<Anschluss>	Aktiviert Kerneldebugging über eine serielle Schnittstelle
/emsbaudrate:<Baudrate>	Legt die Übertragungsrate für die Notverwaltungsdienste (engl.: Emergency Management Services, EMS)
/emsport: <Anschluss>|usebiossetting	Aktiviert die Notverwaltungsdienste über eine serielle Schnittstelle
/noreboot	Unterdrückt den ersten Neustart während der Installation. Eventuelle weitere Neustarts werden aber durchgeführt.
/m:<Pfad>	Kopiert die Ersetzungsdateien von dem angegebenen Pfad.
/tempdrive:<Laufwerk>	Kopiert temporäre Installationsdateien in das Stammverzeichnis des angegebenen Laufwerks
/unattend[:<Antwortdateipfad>]	Aktiviert den unbeaufsichtigten Windows-Installations-Modus und verwendet die im Pfad angegebenen Antwortdatei.
/usbdebug:<Zielname>	Aktivert Kerneldebugging über den USB-2.0-Anschluss

Bei der interaktiven Installation werden direkt nach dem Aufruf temporäre Dateien für die Installation auf die Festplatte kopiert.

Nach Klick auf *Jetzt installieren* öffnet sich der in Abb. 2.20 gezeigte, zweite Bildschirm. In ihm schlägt die Windows-7-Installationsroutine nun vor, in Windows Update zu prüfen, ob es neuere als auf dem Installationsmedium vorhandene Dateien gibt.

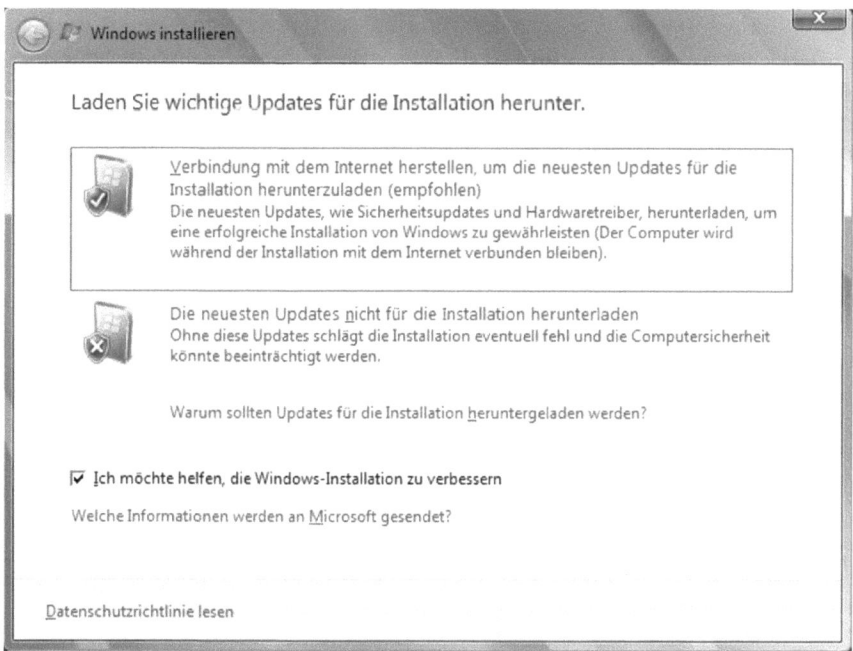

Abb. 2.20. Update-Ladebildschirm

Außerdem kann ausgewählt werden, ob Upgrade-Ergebnisse an Microsoft gesendet werden sollen oder nicht. Diese Installationsergebnisse können dazu dienen, das Setup-Programm zu verbessern, falls es während der Installation Probleme geben sollte. Eine Verknüpfung zu einer Hilfe-Seite erläutert, welche Informationen genau dafür an Microsoft gesendet werden.

Als nächstes wird das Lizenzbedingungsfenster angezeigt.[16] Nach der Akzeptanz wird mit der Auswahl der Installationsart fortgefahren (siehe Abb. 2.21).

Danach erfolgt eine automatische Kompatibilitätsprüfung des Computers und der installierten Programme mit Windows 7. Das Ergebnis wird auch als HTML-Datei auf der Arbeitsplatzoberfläche abgelegt. Bei dieser Prüfung wird u. a. verifiziert, dass mindestens 12.783 MB freier Festplattenplatz vorhanden ist, und auch darauf hingewiesen, dass eventuell installierte Ultimate-Extras von Windows Vista-, die es bei Windows 7 nicht mehr gibt, nach dem Upgrade nicht mehr vorhanden sein werden.

---

[16] Dieses ist hier nicht abgebildet.

Der Rest der Upgrade-Installation entspricht der oben bereits beschriebenen Neuinstallation:[17] Es werden die Installationsdateien kopiert und expandiert (wie in Abb. 2.5 dargestellt), es gibt mehrere Neustarts, der Produktschlüssel wird abgefragt, die Fenster „Schützen Sie Ihren Computer", „Zeit- und Datumseinstellungen" und „Aktueller Standard"[18] sowie der Windows-7-Anmeldebildschirm, in dem der alte Benutzername und das alte Benutzerkennwort abgefragt werden, werden nacheinander dargestellt.

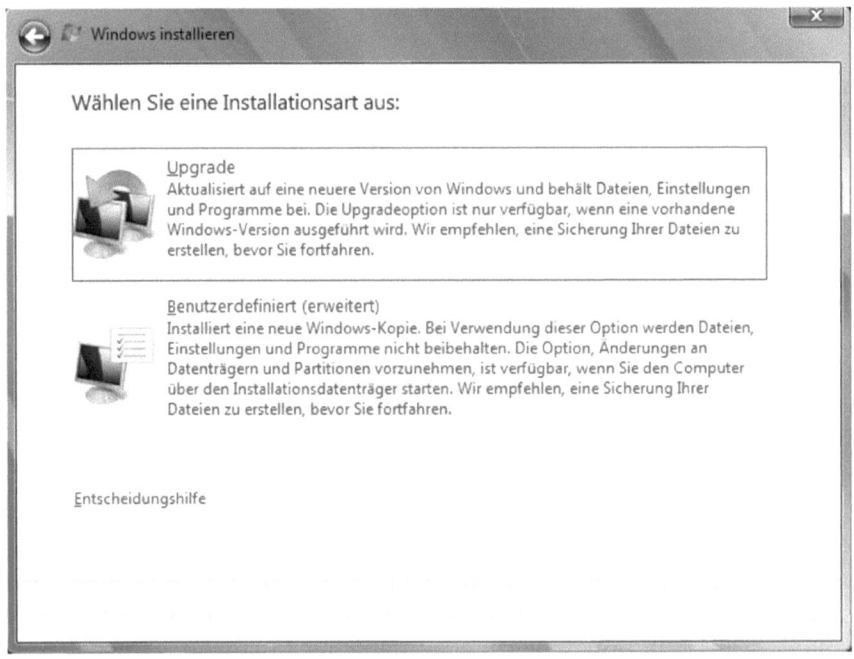

Abb. 2.21. Abfrage der Installationsart

Als letzter Vorgang der Upgrade-Installation wird abschließend die Arbeitsplatzoberfläche vorbereitet. Danach ist die Aktualisierung beendet und Windows 7 kann benutzt werden.

---

[17] Deswegen wird auf eine erneute Beschreibung der Vorgänge und auf eine erneute Abbildung der entsprechenden Fenster verzichtet.
[18] Hier nicht abgebildet.

2.7 EasyTransfer und das User State Migration Tool

Anstatt sämtliche alten Systemeinstellungen beizubehalten, bietet sich die Option einer frischen, Windows-7-Neuinstallation an. Sie ist ohnehin erforderlich, wenn von einer nicht Upgrade-fähigen Windowsversion aktualisert werden soll, oder die Startpartition kleiner als 16 GB ist.

Aber natürlich möchte niemand seine Daten verlieren.

Dazu bietet sich das Programm *EasyTransfer* an, das über *Start - Alle Programme - Zubehör - Systemprogramme - Windows-EasyTransfer* aufgerufen werden kann und sich auch auf der Windows-7-DVD im Verzeichnis \Support\MigWiz befindet. Damit werden u. a. alle aktuellen Benutzer und ihre Profile, Dokumente, Musikdateien, Bilder, E-Mail, Internetfavoriten Videos etc., jedoch keine Zeichensatz- und Treiberdateien, kopiert und nach erfolgreicher Windows-7-Installation übernommen. Falls der Transfer online erfolgen soll, müssen dazu der Quell- und Zielcomputer aktiv und miteinander verbunden sein.

Nachteilig kann in manchen Umgebungen sein, dass administrative Rechte zum Ausführen erforderlich sind. Der Grund dafür besteht darin, dass auf bestimmte Bereiche aus dem Windows-Verzeichnisbaum zugegriffen werden muss, auf die normale Benutzer(innen) keine Leseberechtigung haben.

EasyTransfer ist gut geeignet, wenn wenige Benutzer migriert werden sollen, das USMT (User State Migration Tool) hingegen, wenn viele Benutzer migriert werden sollen. Aber beide transferieren *nur* Daten und Einstellungen, nicht aber die Programmdateien selbst! Für die (Vor)installation der Anwendungen auf den Windows-7-Rechnern, die *vor* dem Rückkopieren der Benutzerdaten erfolgen sollte, muss noch eine ergänzende Lösung ausgewählt werden.

Das USMT, das mittlerweile in der Version 4.0 vorliegt und im Windows Automated Installation Kit (WAIK) enthalten ist, besteht aus drei Hauptkomponenten: *ScanState.exe*, *LoadStat.exee* und den *Komponentendateien*. ScanState sammelt die Benutzereinstellungen und -dateien vom Quellcomputer. LoadState stellt diese Einstellungen und Dateien auf dem Zielcomputer wieder her. Die Komponentendateien (migsys.xml, migapp.xml, miguser.xml und config.xml) sind Konfigurationsdateien, mit denen festgelegt werden kann, welche Einstellungen, Verzeichnisse und Dateien kopiert werden sollen. Wie die Dateinamenserweiterung schon andeutet, sind sie XML-basiert.

Zusammenfassend gesagt, erstellt und speichert ScanState alle Benutzerdaten und -einstellungen in einer Datei namens USMT4.MIG, die dann mit LoadState wiederhergestellt werden kann. Diese Zwischendatei kann auf Wunsch auch verschlüsselt werden.

Wenn der Quellcomputer der Selbe ist wie der Zielcomputer kann auch mit *Hardlinks* gearbeitet werden, bei denen nichts mehr kopiert wird. Das reduziert den für den Konvertierungsprozess benötigten Zeitbedarf zudem erheblich!

Und da beide Programme auch in WinPE arbeiten können, kann damit bei Unternehmens-Deployments in einer so genannten *Offline-Migration*, bei der das installierte Windows nicht ausgeführt wird, das Problem geöffneter Dateien vermieden werden.

Nach Klick auf *Weiter* im Startbildschirm[19] von EaysTransfer erscheint das nächste, in Abb. 2.22 gezeigte Fenster, in dem die Übertragungsart ausgewählt wird.

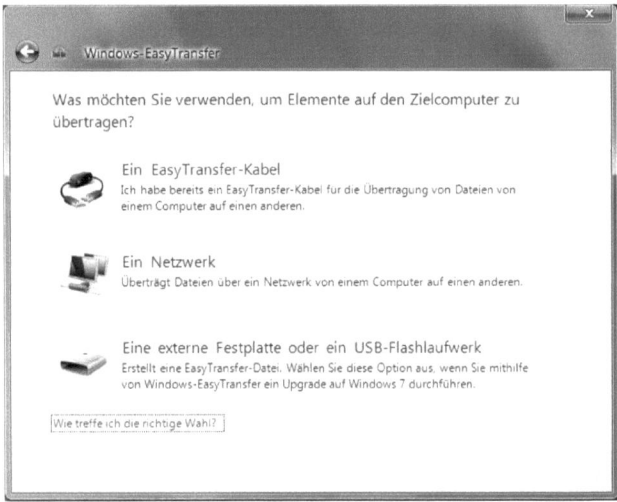

Abb. 2.22. Auswahl der Übertragungsart

Hier kann zwischen den Optionen *EasyTransfer-Kabel*, *Netzwerk* und *externe Festplatte oder USB-Flashlaufwerk* entschieden werden.

Ein EasyTransfer-Kabel ist ein spezielles Kabel, das von Herstellern wie LogiLink, Delock etc. für ca. 10 - 20 Euro (je nach Produzent und Händler) angeboten wird, den Quell- und den Zielrechner über USB verbindet sowie Windows 2000, XP Vista oder 7 voraussetzt. Außerdem muss vor dem Anschließen des Kabels in aller Regel Treiber-Software von der EasyTransfer-Kabel-CD installiert werden. Die Datenübertragungsrate beträgt ca. 20 GB je Stunde.

---

[19] Auf die Abbildung dieses Fensters wurde verzichtet.

2.7 EasyTransfer und das User State Migration Tool

Auch wenn Netzwerk ausgewählt wird, müssen der Quell- und Zielcomputer eingeschaltet und zudem an einem LAN angeschlossen sein. Auf dem Quellcomputer wird dann ein Schlüssel (das ist eine Art Kennwort) generiert, der auf dem Zielcomputer eingegeben werden muss.

Bei der Option externe Festplatte oder USB-Flashlaufwerk werden alle Daten in einer großen Datei zwischengespeichert und in einem zweiten Schritt übertragen.

Falls Sie sich unsicher sind, steht unten links im Fenster eine Entscheidungshilfe („Wie treffe ich die richtige Wahl?") zur Verfügung, die Ihnen bei der Auswahl der bestgeeigneten Methode behilflich sein kann.

Nach der entsprechenden Auswahl öffnet sich das nächste Fenster, in dem gefragt wird, ob es sich dabei um den Quell- oder Zielcomputer handelt, auf dem gerade EasyTransfer ausgeführt wird.[20]

Dann wird sich ggf. verbunden und das nächste Fenster wird dargestellt, in dem ausgewählt wird, was übertragen werden soll (siehe Abb. 2.23).

Über *Anpassen* können Sie detaillierter auswählen, was genau übertragen werden soll und was nicht.

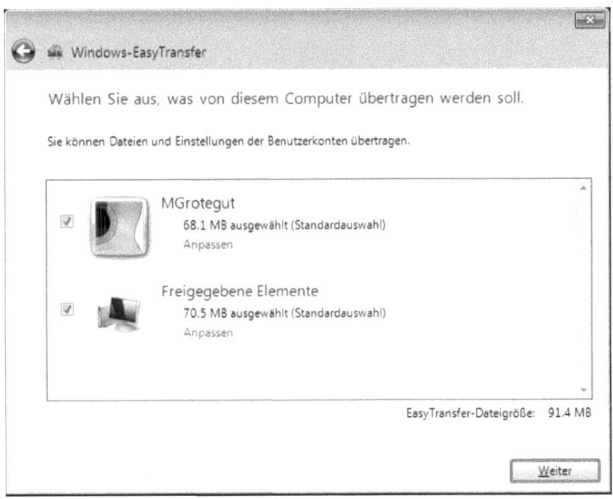

Abb. 2.23. Auswahl der zu übertragenen Objekte

Nach Klick auf *Weiter* kann bei der Variante externe Festplatte oder USB-Flashlaufwerk ein Kennwort eingegeben werden - dieses Kennwort muss beim Übertragen auf den Zielcomputer später wieder eingegeben werden. Anschließend wird der Ort, an dem die große EasyTransfer-Datei erstellt werden soll, ausgewählt.

---

[20] Auf die Abbildung wurde verzichtet.

Dann werden die Daten übertragen, und bei den ersten beiden Optionen ist EasyTransfer fertig. Lediglich falls die dritte Option, die Verwendung einer Zwischenspeicherungsdatei ausgewählt wurde, muss diese nun auf dem Zielcomputer importiert werden. Sie hat den Dateityp *EasyTransfer-Datei* und die Endung „.MIG".

Dazu wird der Speicherpfad und ein evtl. Kennwort angegeben. In dem sich dann öffnenden Fenster, das dem in Abb. 2.23 sehr ähnlich ist, kann auch beim Importvorgang festgelegt werden, was aus der EasyTransfer-Datei übertragen werden soll, und über die *Erweiterten Optionen* eine Benutzerkontozuordnung vorgenommen werden.

Wenn die EasyTransfer-Datei danach nicht gelöscht wird, kann dieser Importvorgang später erneut – bei Bedarf auch auf einem anderem System – vorgenommen werden. Da die Endung .MIG der EasyTransfer-Anwendung zugeordnet ist, kann das auch über Doppelklick auf die EasyTransfer-Datei initiiert werden.

2.8 Deinstallation von Windows 7

Es gibt keine in Windows 7 vorgesehene Funktion, sich selbst zu deinstallieren. Dennoch kann es durch Formatieren (mit ggf. vorherigem Neupartitionieren) des Startdatenträgers erfolgreich entfernt und z. B. eine ältere Windows-Version installiert werden.

Etwas anders ist der Sachverhalt, wenn auf einem System bereits Windows 7 und eine Windows-Vorgängerversion parallel installiert sind. Denn dann können nach Start von z. B. Windows XP zwar die Windows-7-Dateien gelöscht werden – bzw. die ganze Partition entfernt werden. Aber der neue Boot-Manager bleibt erhalten. Er kann durch zwei Wege entfernt werden: Einerseits durch einen Systemstart von der XP-Installations-CD und Auswahl der Reparaturoption. Und andererseits durch Start vom Windows-7-Installationsmedium: In einer Eingabeaufforderung wird zunächst mit dem Befehl „cd boot" in das Unterverzeichnis „boot" gewechselt und dort dann die Befehlszeile „bootsect /nt52 SYS" eingegeben. Diese überschreibt auf der Systempartition (von dieser wird der PC gestartet) den Bootcode mit solchem, der den klassischen NTLDR lädt.[21]

---

[21] Andererseits kann dieser Befehl in der Syntax bootsect /nt60 SYS dazu verwendet werden, den Bootsektor einer nicht mehr startenden Windows-7-Installation zu reparieren, z. B. wenn man die vorgegebene Installationsreihenfolge nicht eingehalten hat und entgegen dieser zuerst Windows 7, dann eine vorherige Windows-Version installiert hat.

Nach erfolgreicher Reparatur der älteren Windows-Version kann der Ordner „boot" mit allen Unterordnern und Dateien bedenkenlos gelöscht werden. Er wird nur von Windows 7 benötigt.
Bei einer Parallelinstallation von Windows 7 und Windows Vista bzw. Windows Server 2008 treten die vorgenannten Probleme wegen derselben Version des Boot-Managers hingegen nicht auf.

2.9 Installationsoptionen für Administratoren

Für die Installation von Windows 7 in Unternehmen, bei denen üblicherweise viele Dutzend, hundert oder sogar tausend Computer betroffen sind, gibt es andere und – im Vergleich zu den Vorgängerversionen – *neue* Installationsoptionen.

Für die Unterstützung des Deployment-Prozesses hat Microsoft unter anderem die (nachfolgend jedoch nicht näher beschriebenen) Tools *Microsoft Assessment and Planning Toolkit* (MAP) 4.0 und *Application Compatibility Toolkit* (ACT) 5.5 entwickelt und in seinem Download-Bereich bereit gestellt.

2.9.1 Images/Festplattenduplikation

Viele mittelgroße und große Unternehmungen installieren Arbeitsstationen per Images (Abbilder). Üblicherweise wird dazu zuerst ein Referenzcomputer so installiert, wie man ihn später auf den anderen Computern haben möchte und dann davon ein 1:1, sektorbasierendes Abbild erstellt.

In vielen Fällen funktioniert diese Methode in der Praxis sehr gut, und oftmals werden Rechner einfach komplett neu installiert, da dieses vielfach effizienter ist, als eine zeitaufwendige Fehlersuche durchzuführen.

Sektorbasierte Festplattenabbilder bringen jedoch auch einige Nachteile mit sich:

- So müssen separate Abbilder für unterschiedliche PCs und Notebooks erstellt werden
- Separate Abbilder müssen für PCs, die verschiedene HALs verwenden, erstellt werden
- Nach dem Erscheinen von aktualisierten Gerätetreibern müssen alle betreffenden Abbilder neu erstellt werden – oder man verzichtet aufgrund des hohen Aufwands auf die Gerätetreiberaktualisierungen
- Die Größen der Abbilder und der Zielinstallationspartitionen müssen übereinstimmen

- Sektorbasierte Abbilder können nur vollständig angewendet werden und überschreiben dabei den Inhalt der Zielpartition.

Zur Beseitigung dieser Nachteile verwendet Microsoft bei Windows Windows 7 ein (Vor)installationsformat namens WIM (Windows IMage Format). WIM ist ein dateibasiertes Abbildformat, Abbilder können mit dem im Microsoft Deployment Toolkit (MDT) 2010 enthaltenen ImageX-Programm erstellt und verwaltet werden. Die Programmierschnittstelle (Application Program Interface, API), mit dem Namen WIMGAPI (Windows Imaging API) trägt, unterstützt das Hinzufügen, Extrahieren, Ändern und Entfernen von Dateien aus einem WIM-Abbild.

Zudem können WIM-Abbilder mit dem WIMFS-Treiber „gemountet" und auf sie dann wie auf eine reguläre Partition zugegriffen werden. Treiberaktualisierungen und evtl. Service-Pack-Installationen (Slipstreaming) sind somit ganz einfach durchführbar.

Zusammenfassend noch einmal die Eigenschaften von WIM:

- Dateibasiertes Abbildformat
- WIM-Abbilder können auf Zielpartitionen beliebiger Größe installiert werden
- Das Aufspielen des Abbilds kann zusätzlich zu bestehenden Daten des Zielsystems erfolgen
- Ein WIM-Abbild kann für unterschiedliche Zielhardware verwendet werden
- Eine WIM-Datei kann mehrere Abbilder enthalten (z. B. verschiedene Sprachen bzw. mit Anwendungsprogrammen oder ohne)
- Dabei werden in den einzelnen Abbildern gemeinsam genutzte Dateien nur ein Mal gespeichert, auch falls sie unterschiedliche Namen haben sollten, denn für die Erkennung wird ein Hashverfahren eingesetzt.
- Unterstützung von Dateikomprimierung
- Patches, Updates und Service Packs können selektiv in das Abbild angewendet werden, ohne dass dieses neu erstellt werden müsste.
- Dabei kann das Abbild (ähnlich einer .ISO-Datei)[22] wie ein Laufwerk angesprochen werden.

Es steht auch ein Kommandozeilendienstprogramm zur Veränderung der WIM-Pakete zur Verfügung: PKGMGR.exe aus dem schon erwähnten MDT.

Das ebenfalls kommandozeilenbasierte (und damit skriptfähige) ImageX-Programm erlaubt:

---

[22] Die ist im Unterschied zu WIM jedoch sektorbasiert!

- Abbilder von PCs zu erstellen
- Mehrere Abbilder in einer WIM-Datei unter zu bringen
- Abbilder zu komprimieren
- Abbilder wie ein Dateisystem zur Verfügung zu stellen

Moderner ist jedoch das *Deployment Image Servicing and Management*-Programm (DISM), das in Windows 7 bereits enthalten ist. Mit ihm lassen sich in einer Administrator-Eingabeaufforderung oder in Skripten der genaue Umfang einer Windows-7-Installation durch Abbilder festlegen.

2.9.2 Windows Deployment Services

Die Windows Deployment Services (WDS) gibt es bei Windows Server 2008 und als herunterladbare Datei auch für den Windows Server 2003.

Als Nachfolger des RIS (Remote Installation Services) erlaubt WDS die Vorinstallation von Windows-7-Abbildern. Der PC braucht hierbei nicht bereits mit einem Betriebssystem versehen sein, und auch keine Startdiskette wird benötigt, wenn er eine PXE- (Pre-eXecution Environment) fähige Netzwerkschnittstelle hat. Der Rechner wird in dem Fall einfach gestartet, erhält über PXE und DHCP die Adressen von DNS-, Active-Directory- sowie WDS-Servern. Nach Auswahl eines zu installierenden Abbilds wird es nachfolgend automatisiert auf die Festplatte des zu installierenden Rechners gebracht.

2.9.3 Netzwerkinstallation

Per Start von einer Boot-Diskette, die sich mit einer Installationsfreigabe auf einem Dateiserver verbindet, kann Windows 7 von dort mittels Ausführen von Setup.exe installiert werden.

Ein Installationsmedium (wie DVD oder CD) wird bei diesem Verfahren nicht benötigt, weil deren Inhalt sich in dem freigegeben Verzeichnis befindet.

2.9.4 Sysprep

Sysprep.exe ist ein Programm, das die Erstellung von Installationsabbildern vereinfacht. Es erlaubt vor der Erstellung eines Abbilds die Entfernung der Installations-ID, der Benutzerkonten, der SID und von systemspezifischen Informationen des Computers.

Die wichtigsten Schalter von Sysprep sind in Tabelle 2.4 aufgelistet.

Tabelle 2.4. Schalter von Sysprep.exe

Schalter	Auswirkung
/Audit	Startet Windows 7 im Audit-Modus, bei dem zusätzliche Treiberdateien auf die Festplatte kopiert werden können.
/Generalize	Löscht die SID sowie die Ereignisprotokolleinträge und setzt den Aktivierungszähler zurück, damit Windows 7 nicht schon nach wenigen Tagen aktiviert werden muss. Diese Aktion kann je Installation aber nur maximal drei Mal vorgenommen werden.
/Oobe	Bereitet Abbilder für vorinstallierte Computer für die Eingabe des Aktivierungscodes vor.
/Reboot	Startet ein System neu.
/Shutdown	Fährt ein System herunter.

2.9.5 WinPE

Das *Windows Pre-Installation Environment* (WinPE) in der Version 3.0 ist eine stark verschlankte Windows-7-Version (ohne GUI und ohne die meisten Dienste). Es erlaubt den Start eines Systems und zeigt eine Eingabeaufforderung an. In dieser, im geschützten Modus (Protected Mode) der CPU ausgeführten Umgebung lassen sich Windows-7-Installationen mit Programmen wie diskpart, format, scanstate/loadstate (aus dem USMT) etc. vorbereiten und nachfolgend durchführen.

Microsoft liefert es eigentlich nur an Unternehmenskunden aus, aber im schon erwähnten MDT ist es auch enthalten.

Die Tabelle 2.5 zeigt eine Auswahl von WinPE-Kommandozeilenprogrammen:

Tabelle 2.5. WinPE-Kommandozeilenprogramme

Name	Funktion
Oscdimg.exe	Erstellt ein .ISO-Abbild von WinPE 3.0, das gebrannt und später gestartet werden kann.
Peimg.exe	Programm zum Anzeigen und Ändern eines WinPE-Abbilds
Diskpart	Partitionierung der Festplatte(n)
Drvload	Gerätetreiber laden – auch nach dem Start von WinPE

Zusammenfassend ist die Reihenfolge der Vorbereitung einer individuellen Windows-7-Vorinstallation wie folgt:

1. Installation des Systems (mit oder ohne SIM)
2. Installation der Anwendungssoftware und Konfiguration der Systemeinstellungen
3. Aufruf von Sysprep
4. Erstellung des Abbilds mit WinPE und ImageX

Danach kann es bsp. mit dem System Center Configuration Manager (SCCM) als Zero Touch Installation (ZTI) oder per DVD (siehe unten) ausgerollt, bzw. durch einen Hardwarelieferanten auf neuen PCs vorinstalliert ausgeliefert werden.

2.9.6 Start von einem Installationsmedium

Last not least und der Vollständigkeit halber sei erwähnt, dass natürlich auch Unternehmensadministratoren Windows 7 durch Systemstart von einer DVD oder den CDs interaktiv installieren können.

Diese Methode dürfte sich aber wohl nur anbieten, wenn relativ wenige Systeme zu installieren sind.

Sollte eine unbeaufsichtigte Installation gewünscht sein, gibt es im Vergleich zu Vorgängerversionen eine Besonderheit: Die Antwortdatei, in der sämtliche Installationsanweisungen aufgeführt sind, heißt nun *autounattend.xml* und ist, wie die Dateinamenserweiterung schon andeutet, XML-formatiert. Sie kann mit beliebigen Editoren erstellt und geändert werden und kann nicht nur im Stammverzeichnis einer Diskette, sondern auch auf USB-Speichern angelegt werden. Beim Start des Computers sucht Windows 7 nach dieser Datei und installiert sich entsprechend der dort gemachten Angaben.[23]

Wer die dafür verwendete XML-Sprache nicht in- und auswendig beherrscht, kann die Datei auch ganz komfortabel mit dem Windows System Image Manager (SIM) erstellen. Der SIM ist Teil des Windows Automated Installation Kit (WAIK), das wiederum im oben erwähnten BDD enthalten ist.

Nicht unerwähnt bleiben soll ein Gratisprogramm (Freeware) namens *vLite*[24]. Obwohl es ursprünglich für Windows Vista geschrieben wurde,

---

[23] Der Name der Vorinstallationsdatei ist – je nach Installationsart – unterschiedlich: Für Starts von Boot-DVDs ist er *autounattend.xml*, für Installationen über Netzwerkfreigaben *unattend.xml* und für abbildbasierte, Windows-Deployment-Service-Installationen *imageunattend.xml*.

[24] Die URL der Website ist http://www.vlite.net/.
Dieses Programm ist – wie alle weiteren nachfolgenden Hinweise auf Webseiten – nur beispielhaft aufgeführt und stellt keine Empfehlung des Autors oder

können sich mit vLite auch Besitzer von Windows 7 eine individuelle Installations-DVD erstellen, mit der nicht gewünschte Funktionen von Windows 7 erst gar nicht installiert werden. Das spart Zeit bei der Installation und verringert auch die benötigte Größe des Installationsmediums sowie den für das Betriebssystem benötigten Platz auf dem Zielsystem.

In Abb. 2.24 wird ein Bildschirmfoto des Programms gezeigt.

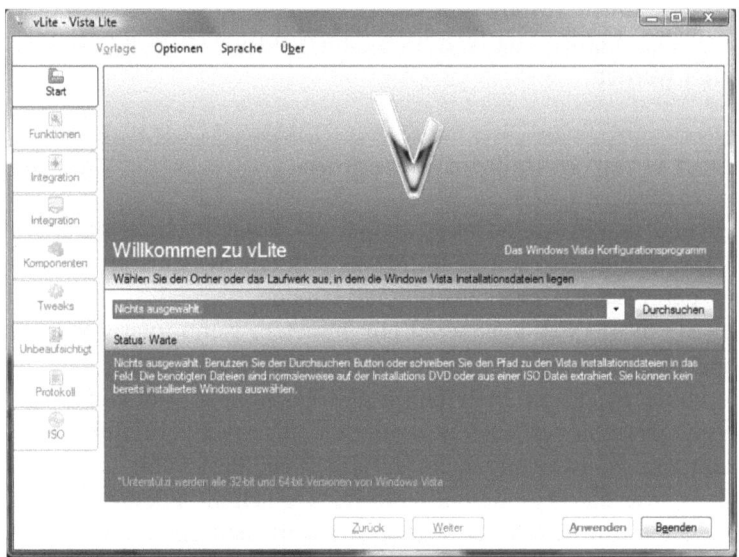

Abb. 2.24. Startfenster des Programms vLite

2.10 Lizenzierungsoptionen für größere Netzwerke

Für den Einsatz in größeren Netzwerken hat Microsoft zwei Arten der Windows-7-Aktivierung und zwei unterschiedliche Schlüsselarten herausgebracht. Zum einen gibt es MAKs (Multiple Activation Keys), mit denen sich eine genau bestimmte Anzahl von Computern aktivieren lässt, und für Netzwerke mit mehr als 25 Rechnern KMS-Schlüssel (Key Management Service), welche die Einrichtung eines (oder aus Fehlertoleranzgründen mehrerer) Key Management Server(s) voraussetzen.

Bei dieser *Volume Activation* hat man ebenfalls die 30-tägige Periode, in der Windows 7 zunächst nicht zwingend aktiviert werden muss. Danach

---

Verlags dar. Es gibt auch andere Programme, die ähnliches oder gleiches bewerkstelligen.

muss bei MAKs entweder jeder Computer einzeln oder mittels einer MAK Proxy-Aktivierung, die mit dem Volume Activation Managment Tool (VAMT) des WAIKs zusammenarbeitet, aktiviert werden. Diese Aktivierung ist dauerhaft, wenn nicht mehrere PC-Komponenten ausgetauscht werden. In dem Fall müsste die Aktivierung nämlich erneut durchgeführt werden. Die erteilte Lizenz des betreffenden Rechners bleibt erhalten. Wird jedoch bei einem MAK-aktivierten Rechner das Betriebssystem neu installiert, vermindert sich die Anzahl der Lizenzen um eine.

Bei der KMS-Aktivierung muss jeder Computer durch einen KMS-Server, der sich im Unternehmensnetzwerk befindet, zumindest ein Mal je 180 Tage bestätigt werden. Es wird jedoch in der Voreinstellung probiert, nach der Installation alle 2 Stunden die Erst-Aktivierung durchzuführen, und danch alle 7 Tage eine Verlängerung des 180-tägigen Nutzungszeitraums zu erhalten. Der unternehmensseitige KMS-Server wird dabei von den Clients über einen DNS-SRV-Ressourceneintrag (_vlmcs._TCP), den dieser selbst erstellt, über eine Gruppenrichtlinie oder einen Registrierungseintrag gefunden, und muss seinerseits per Internet- oder Telefonaktivierung freigeschaltet worden sein, ehe er Lizenzen an Clients vergeben kann. Da er den Port 1688 (TCP) benutzt, muss evtl. eine Firewall-Regel, die den Netzwerkverkehr darüber freischaltet, konfiguriert werden.

Die Verwaltung der Installationsschlüssel kann z. B. über die Web-Site des Microsoft Volume Licensing Service Centers (Volumenlizenz-Kundendienstzentrum) vorgenommen werden:
https://www.microsoft.com/licensing/servicecenter/home.aspx?1031

Auf ihr kann bsp. die Anzahl der verbrauchten und der verbleibenden Aktivierungen aufgerufen werden.

2.11 Service Pack 1

Das Service Pack 1 ist die erste größere Aktualisierung für Windows 7 und dem (code-gleichen) Windows Server 2008 R2. Anders als Service Packs für frühere Versionen beinhaltet es für Client-Computer nur wenige Änderungen[25], der Server wird aber hauptsächlich um zwei wesentliche, sowie um andere Funktionen (siehe unten) erweitert. Insoweit ist das SP1 nun vorwiegend eine Sammlung von mehr als 600, teilweise bereits veröffentlichten und teilweise unveröffentlichten Updates und Patches.

Angekündigt wurde es in den Sprachen Englisch, Deutsch, Französisch, Japanisch und Spanisch für das erste Quartal 2011. Nicht viel später, wenn

---

[25] Aber wie unten aufgeführt: Es gibt durchaus gravierende Änderungen durch das Service Pack 1 für Windows 7!

nicht sogar zeitgleich, ist der Erscheinungstermin für die SP1-Versionen in den anderen Sprachen.

Es gibt nur jeweils eine Ausgabe des Service Packs in 32-Bit und 64-Bit (letztere je einmal für die Intel-Pentium- und Itanium-CPU-Architekturen), welche die betreffenden Systeme (in allen Windows-7-Versionen) aktualisiert, mit anderen Worten: Dieselbe (64-Bit-)Service-Pack-Datei ist für sowohl Windows 7 als auch Windows Server 2008 R2 geeignet.

Das SP1 wird von Microsoft nur als eigenständige Version und über Windows Update bereit gestellt.[26]

Die ungefähren Größen sind für die 32-Bit-Version 515 MB, und für die 64-Bit-Version 865 MB. Die Größen der von Windows Update herunterladbaren Versionen hängen von den bereits auf einem System installierten Updates ab, und liegen üblicherweise im zweistelligen Megabyte-Bereich.

Die eigentliche Installation kann (in seltenen Fällen) bis zu einer Stunde dauern. Während der Installation muss der Computer ggf. mehrfach neugestartet werden.

Die genauen Eigenschaften des ersten Windows-7-Service-Packs, und die Installationsvoraussetzungen sind in dem Microsoft-Knowledgebase-Artikel KB976932 beschrieben.

Wichtig ist, dass für die Installation mindestens 1,8 GB (32-Bit) bzw. 3,3 GB (64-Bit) freier Festplattenplatz vorhanden ist, und dass Laptops vor dem Beginn der Installation an das Stromnetz angeschlossen werden, damit sichergestellt ist, dass ihnen während der Installation nicht der „Saft" ausgeht.

Die Windows-Versionsnummer lautet nach erfolgreicher Installation 6.1.7601. Daran kann erkannt werden, dass auf einem Windows-7- oder Windows-Server-2008R2-Computer das Service Pack installiert wurde. Diese Information wird zudem im Systemeigenschaftenfenster angezeigt.

Das Service Pack 1 fügt auf Clients und Servern als neue Funktionalität u. a. die Unterstützung von *RemoteFX* hinzu. RemoteFX ist eine Technologie, die es Remote-Desktop-Benutzern erlaubt, auch auf (Ultra-)Thin-Clients und virtualisierten Desktops (VDI) auch sehr grafikintensive und multimediale Anwendungen (einschließlich DirectX-3D-, Silverlight-, Flash- und Media Player-Anwendungen) auszuführen, wenn der Remote-Desktop-Server (mindestens) eine GPU hat. Außerdem wird die RemoteFX-USB-Geräteumleitung verfügbar gemacht: Dadurch haben Server Low-Level-Zugriff auf der Ebene der USB Request Blocks (URB) auf die an einem Client installierten USB-Geräte. Somit müssen Gerätetreiber nur

---

[26] Das wird bei evtl. nachfolgenden Service Packs genauso sein, Windows 7 und Windows Server 2008 R2 sind aber die letzten beiden Windows-Versionen, die es auch in einer Intel-Itanium-Ausgabe gibt.

zentral auf den Servern installiert und ggf. gewartet werden, und Clients haben wiederum Zugriff auf ihre lokal verbundenen USB-Geräte (wie Kameras, Scanner etc.) auch in Remote-Desktop-Sitzungen.

Das RDP (Remote Desktop Protocol) in Windows 7 RTM ist 7.0, mit dem Service Pack wird die Version auf 7.1 aktualisiert, dadurch werden Clients RemoteFX-fähig, denn RemoteFX kann nur genutzt werden, wenn sowohl Server wie auch Clients diese Technologie unterstützen.

Ausschließlich für Server fügt das Service Pack 1 die Funktion *Dynamischer Speicher* (engl.: Dynamic Memory) hinzu.

Dynamischer Speicher ist eine Erweiterung der Hyper-V-Rolle von Windows Server 2008 R2, mit der virtuellen Maschinen zugewiesener, jedoch von ihnen momentan nicht benötigter Hauptspeicher dynamisch anderen virtuellen Maschinen, die temporär erhöhten Speicherbedarf haben, überlassen werden kann. Und auch wieder umgekehrt. Der Hauptspeicher (RAM) ist damit als ein dynamischer Pool anzusehen, der in jeweils benötigter Menge den virtuellen Maschinen zugewiesen wird, ohne dass eine zu einer Dienstunterbrechung käme. Die statische Hauptspeicherverwaltung bleibt weiterhin erhalten, sie wird nicht etwa durch den Dynamischen Speicher abgelöst.

Die Integration Services für die Gast-Betriebssysteme der Hyper-V-Rolle (u. a. Windows Server 2003 und höher) wurden um eine Unterstützung dieser beiden zuvor genannten Technologien (RemoteFX und Dynamischer Speicher) erweitert.

Neben den bereits genannten Haupt-Änderungen gibt es Weitere (ohne jedoch näher auf sie einzugehen), die durch das SP1 an den betreffenden beiden Betriebssystemen vorgenommen werden:

- Unterstützung von 256-Bit AVX- (Advanced Vector-) CPU-Erweiterungen

- Unterstützung weiterer RRAS- und IPsec-Authentifizierungstypen in IKEv2

- XPS Hoch- und Querdruck-Probleme wurden beseitigt

- Die Anzeige geöffneter Ordner nach dem Anmelden wurde verbessert

- Unterstützung von Drittanbieter-Federation-Diensten

- AD-Rights-Management-Server unterstützt nun auch Mac Office

- Unterstützung von X.509-Zertifikaten, die UTF8-codierte Zeichenketten enthalten

- HDMI-Audio-Geräte werden auch nach Systemneustarts korrekt erkannt

- Unterstützung von verwalteten Benutzerkonten für Domänenmitglieder auch in einer DMZ
- DirectAccess-Unterstützung für IPv6-6to4- und ISATAP-Adressen wurde hinzugefügt
- Höhere Anmeldeleistung und Steuerung der Anzahl gleichzeitiger Sitzungen von Active-Directory-Domänen-Controllern über WAN-Verbindungen

3. Die Arbeitsplatzoberfläche

Die Arbeitsplatzoberfläche (engl.: Desktop) von Windows 7 hat sich im Vergleich zu den klassischen Vorgängerversionen deutlich geändert (siehe Abb. 3.1). Auffällig sind geänderte Symbole und die neugestaltete Taskleiste (engl.: Taskbar), die in der Voreinstellung am unteren Fensterrand angezeigt wird.

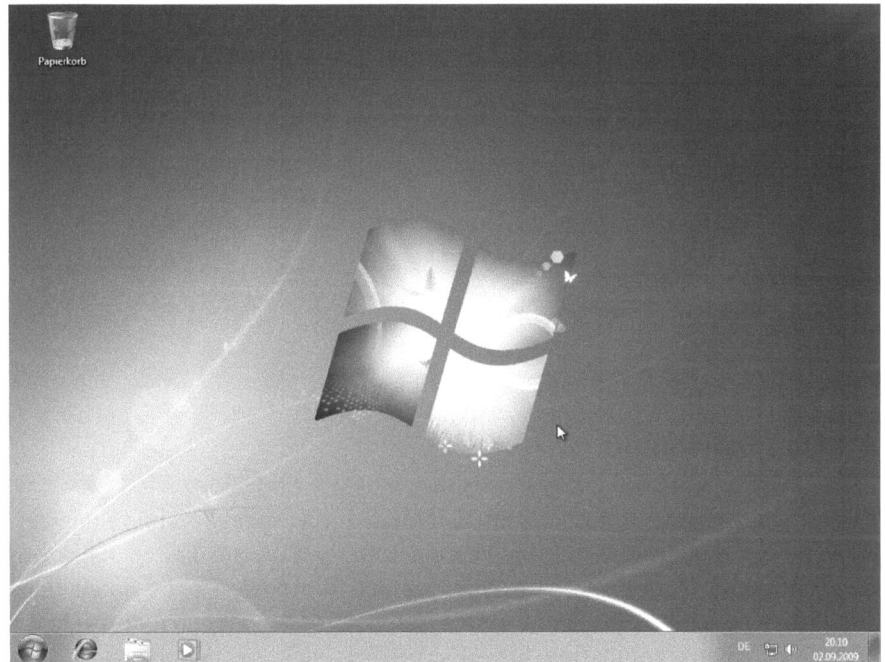

Abb. 3.1. Die Windows-7-Arbeitsplatzoberfläche

Die frühere Menüzeile der Fenster ist standardmäßig ausgeblendet, lässt sich jedoch über die Alt-Taste oder die F10-Taste ein- und ausblenden.

Die Größe der Symbole auf der Arbeitsplatzoberfläche kann durch Drücken der Steuerungstaste (Strg, engl.: Control, Ctrl) und gleichzeitigem Bewegen des Mausrads verändert werden.

Und obwohl nicht mehr angezeigt, gibt es in der oberen linken Ecke von Fenstern immer noch die Möglichkeit, sie per Maus-Doppelklick zu schließen bzw. per einfachem Maus-Klick das Fenster-Menü aufzurufen.

Das aus Windows Vista bekannte Begrüßungscenter gibt es aber nicht mehr. Es wurde durch *Erste Schritte* im Startmenü ersetzt (siehe Abb. 3.2).

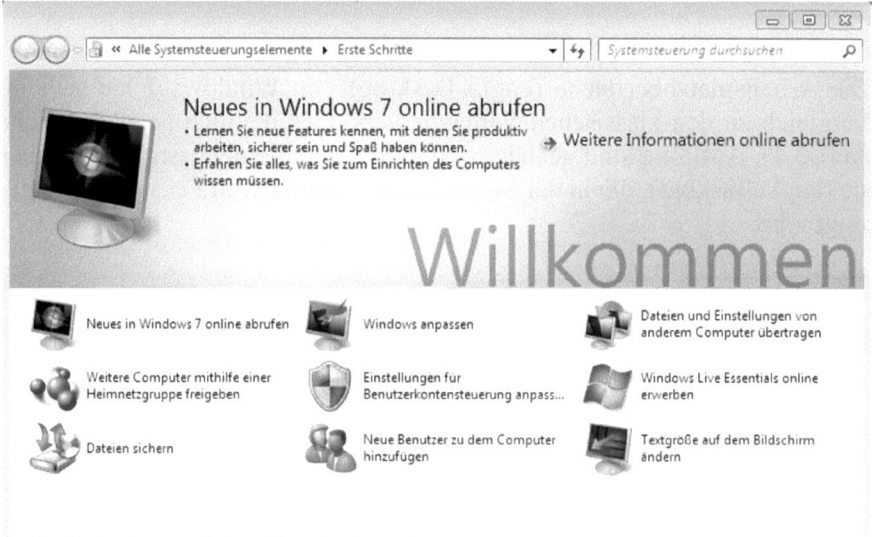

Abb. 3.2. Windows 7 – Erste Schritte

3.1 Das Startmenü

Auch beim Startmenü hat sich im Vergleich zur Vorgängerversion und erst recht zu noch älteren Windows-Versionen einiges getan: Durch Klick auf den Startmenü-Button in Form eines runden Windows-Logos unten links auf der Arbeitsplatzoberfläche (oder durch Drücken der Windows-Taste[1] oder der Tastenkombination Strg+Esc) öffnet sich das Windows-7-Startmenü (siehe Abb. 3.3).

---

[1] Diese wird gelegentlich auch als *Windows-Logo-Taste* bezeichnet.

3.1 Das Startmenü 75

Abb. 3.3. Das Windows-7-Startmenü

Die markantesten Unterschiede zu älteren Windows-Versionen sind *Sprunglisten* (siehe Kap. 3.1.2), die Darstellung das Startmenüs nunmehr nur noch in der „neuen" Form[2] und die Herunterfahren-Optionen unten rechts im Startmenü: Ein einfacher Mausklick auf die *Herunterfahren-*Schaltfläche fährt den PC sofort herunter, ein Klick auf das Schlosssymbol sperrt den Computer. Zur Reaktivierung muss die Anwenderin oder der Anwender sich neu anmelden. Durch Auswahl auf das Pfeilsymbol rechts öffnet sich ein Menü, in dem alle verfügbaren Optionen (u. a. Energie sparen und Ruhezustand) angezeigt werden. Diese beiden Funktionen bewirken, dass der momentane Zustand eines PCs im Arbeitsspeicher bzw. in einer Datei auf der Festplatte gespeichert wird, und von dort beim nächsten Start geladen wird, dessen Wiederherstellung bei einem Neustart erheblich schneller ist, als das Laden aller einzelnen Betriebssystemdateien.

Wann immer ein Programm gestartet werden soll, das administrative Rechte oder Berechtigungen benötigt, öffnet sich ein Zustimmungserfordernisfenster der Benutzerkontensteuerung (siehe Kap. 9.10). Währenddessen wird der Bildschirmhintergrund abgedunkelt und alle Programme, die im Benutzermodus arbeiten, werden angehalten, bis eine Auswahl durchgeführt wurde (siehe Abb. 3.4). Besonders wichtig ist in diesem Zu-

---

[2] Ein Umschalten in die klassische Form, wie bei Windows Vista zuletzt noch zulässig, ist nun in Windows 7 nicht mehr vorgesehen, kann aber mit Drittanbieter-Programmen nachgerüstet werden (z. B. http://classicshell.sourceforge.net).

sammenhang die Option *Als Administrator ausführen* im Kontextmenü[3] eines jeden hier aufgeführten Programms. So lässt sich beispielsweise die Eingabeaufforderung sowohl in der *mittleren Schutzebene* als auch in der *hohen Schutzebene*[4] ausführen.

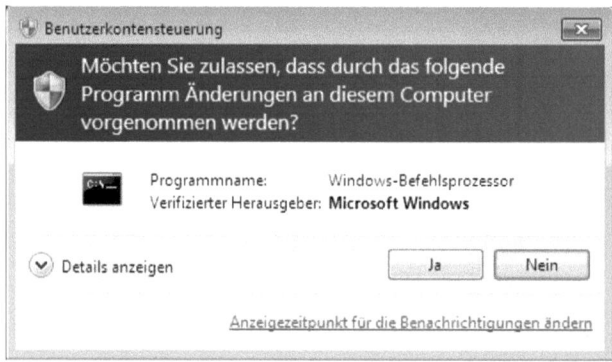

Abb. 3.4. Benutzerkontensteuerungsfenster

3.1.1 Administrator-Eingabeaufforderung

Ein Eingabeaufforderungsfenster, das mit administrativen Rechten und Berechtigungen ausgeführt wird (siehe Abb. 3.5), ist als solche in der Titelzeile gekennzeichnet und ermöglicht die Ausführung von allen Programmen, die eine Ausführung im Sicherheitskontext eines Administrator-Kontos erfordern.

Der Aufruf einer Administrator-Eingabeaufforderung erfolgt über die Auswahl *Als Administrator ausführen* im Kontext-Menü des Cmd.exe-Befehls bzw. dem Startmenüpunkt *Eingabeaufforderung*. Ein Aufruf eines privilegierten Befehls oder Programms in einer normalen Eingabeaufforderung schlägt hingegen unter Ausgabe einer Fehlermeldung fehl. Die Benutzerkontensteuerung steht dort nämlich nicht zur Verfügung.

Wenn Sie häufiger Eingabeaufforderungsfenster für privilegierte Befehle benötigen, können Sie sich bsp. eine Kopie des Cmd.exe-Programms erstellen, diese z. B. ACmd.exe nennen und in den Eigenschaften die Option *Als Administrator ausführen* setzen. Das Symbol ändert sich dann auch in eines mit dem Schildsymbol. Alternativ können Sie diese Option bei einer Verknüpfung auf Cmd.exe aktivieren.

---

[3] Dieses lässt sich jeweils über einen Klick mit der rechten Maustaste öffnen.
[4] Mehr zu den verschiedenen Schutzebenen im Kapitel 9.8.

3.1 Das Startmenü 77

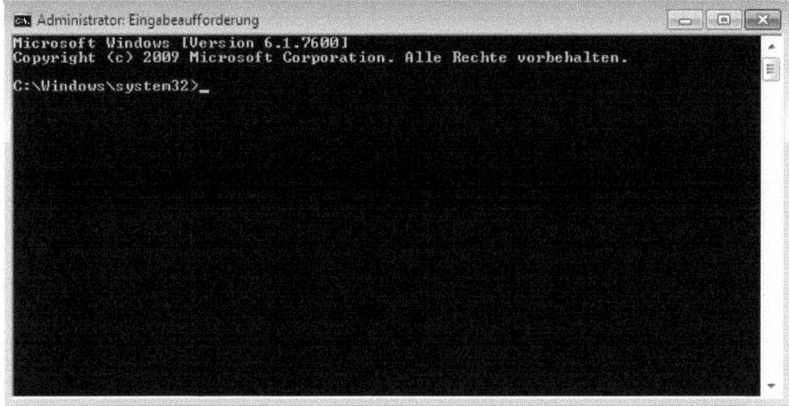

Abb. 3.5. Eine Administrator-Eingabeaufforderung

3.1.2 Sprunglisten

Sprunglisten (engl.: JumpLists) zeigen programmindividuell die jeweils zuletzt geöffneten Dateien sowie die Dateien, die man selbst einer Sprungliste hinzugefügt hat, an. Damit können oft geöffnete Dokumente mit nur wenigen Mausklicks aufgerufen werden. Einige Sprunglisten enthalten auch häufig genutzte Befehle der jeweiligen Applikation.

Aufgerufen auf der Arbeitsoberfläche werden sie durch Klick mit der rechten Maustaste auf Symbole in der Taskleiste, oder durch Klick und Nach-oben-schieben eines Taskleisten-Symbols. Im Startmenü können sie außerdem durch Mausklick auf das Pfeilsymbol rechts neben dem Applikationsnamen dargestellt werden.

Beispiele der Sprunglisten sind in den Abb. 3.6 und 3.7 wiedergegeben:

Abb. 3.6. Sprunglisten (1)

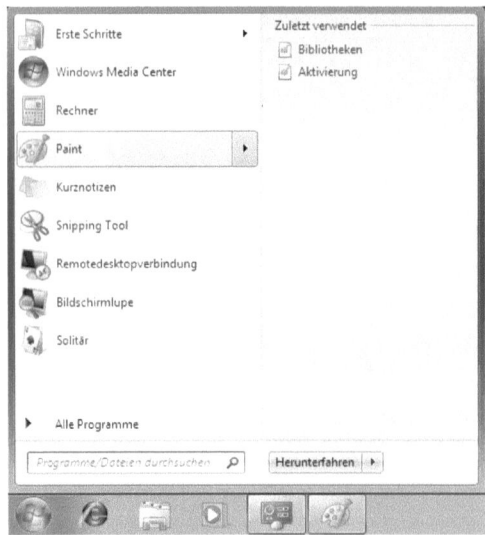

Abb. 3.7. Sprunglisten (2)

3.2 Windows-Hilfe und Support

Bei Fragen zum Betriebssystem bietet sich das Hilfe- und Supportcenter an. Dieses kann über die F1-Taste oder aus dem Startmenü aufgerufen werden.

Die Hilfe zeigt viele Informationen, auch für Computereinsteiger, über Windows 7 an. An vielen Stellen wird zudem für weitergehende Informationen auf Seiten im Internet verwiesen.

Mit dem Menüpunkt *Optionen* lässt sich unter anderem die Textgröße ändern, sowie die Hilfe durchsuchen und ausdrucken.

In der Voreinstellung werden nur Hilfe-Informationen angezeigt, die bei der Windows-7-Installation auf die Festplatte kopiert wurden. Aber es kann auch eingestellt werden, dass aktuelle Informationen aus dem Internet abgerufen werden, wenn eine Internetverbindung besteht. Dazu wählt man in den *Optionen* oben rechts im Fenster den Punkt *Einstellungen...* aus.

Alternativ kann auch in dem Fenster unten rechts der Punkt *Offlinehilfe* per Mausklick in *Onlinehilfe* geändert werden und auch dort gibt es den Punkt *Einstellungen*, der ebenfalls das Einstellungs-Fenster öffnet.

Wenn die Onlinehilfe ausgewählt wurde, dann kann zusätzlich auch die Option *Dem Programm zur Verbesserung der Hilfebenutzerfreundlichkeit beitreten* ausgewählt werden. Diese bewirkt durch Zählung der Seitenaufrufe und Nachverfolgung der Reihenfolge der aufgerufenen Seiten, dass Microsoft die Hilfefunktion im Laufe der Zeit immer besser an die Bedürfnisse der Benutzer anpassen kann. Microsoft verspricht dabei, dass dieses anonym erfolgt.

Aus dem Hilfe- und Support-Programm kann übrigens auch (im Abschnitt *Jemanden fragen*) die Windows-Remoteunterstützung aufgerufen werden, mit der ein Freund/Bekannter eingeladen werden kann, über ein Netzwerk den eigenen Computer zu warten. Die Windows-Remoteunterstützung findet sich auch im Startmenü unter *Alle Programme - Wartung*. Zur Nutzung muss außerdem in den Remoteeinstellungen des Systemprogramms, welches bsp. in der Systemsteuerung aufgerufen werden kann, aktiviert worden sein, dass sich jemand von außen mit dem Windows-7-Rechner verbinden darf. Eine erteilte Einladung ist in der Voreinstellung nur für einen Zeitraum von sechs Stunden gültig, kann aber für beliebige Zeiträume zwischen 1 Minute und 99 Tagen konfiguriert werden.

3.3 Der Windows Explorer

Viele Dinge haben sich auch im *Windows Explorer* geändert. Dieses sind, dass nur Bibliotheken (siehe Kap. 3.3.1) dargestellt werden sowie Arbeitserleichterungen. Es würde den Rahmen und die Intention dieses Buches sprengen, jede Einzelheit aufzuführen, deswegen seien hier zwar nur zwei, aber dafür nützliche (und verborgene) Tricks genannt:

Bei gedrückter Umschalttaste im Kontextmenü jedes Ordners kann die Option *Eingabeaufforderung hier öffnen* ausgewählt werden, die ein Eingabeaufforderungsfenster mit dem gewählten Pfad öffnet. Dieses hat jedoch nur normale Rechte und ist keine Administrator-Eingabeaufforderung!

Praktisch ist auch die Option *Als Pfad kopieren* aus den jeweiligen Kontextmenüs, die den gesamten Dateipfad in die Zwischenablage kopiert.

Die Beschreibung weiterer Tricks (wie Aero Peek) finden Sie in dem Abschnitt über Tastaturabkürzungen des Windows Explorers (Kap. 3.5).

3.3.1 Bibliotheken

Bibliotheken (engl.: Libraries) sind eine neue Form der Gruppierung von Dateien. Es wird hierbei mehr auf ihren Typ fokussiert, als auf den eigentlichen Ort, an dem sie abgelegt sind.
Insoweit haben sie den Charakter von virtuellen Verzeichnissen.
Wenn ein neues Windows-Explorer-Fenster geöffnet wird, ist die Voreinstellung, dass Bibliotheken dargestellt werden (siehe Abb. 3.8).

Abb. 3.8. Bibliotheken

Durch die Beschränkung der Ansicht auf Bibliotheken entfällt die Angabe der genauen Speicherorte von Dateien (z. B. D:-Laufwerk, oder ein externes USB-Laufwerk) und das Hantieren mit verschiedenen Laufwerksbuchstaben und UNC-Pfaden.

Außerdem entfallen Programmindividuelle, spezialisierte Verwaltungen von Multimediadateien wie sie bsp. der Windows Media Player und das Windows Media Center mittels Durchsuchung der gesamten Festplatte(n) eingerichtet haben.

Im Sicherungsprogramm können die Bibliotheken zudem als Sicherungs- bzw. Wiederherstellungsobjekt angegeben werden werden.

In Windows 7 werden vier Bibliotheken (*Bilder*, *Dokumente*, *Musik* und *Videos*) bei der Installation bereits eingerichtet. Weitere können durch die Benutzer individuell erstellt werden.

Um Dateien einer Bibliothek hinzuzufügen, können sie einfach von einem geöffneten Explorerfenster auf sie verschoben werden. Dadurch erstellt Windows in der jeweiligen Bibliothek einen Verweis darauf, wo die gerade eben hinzugefügte Datei physisch untergebracht ist.

3.4 Anpassen der Anzeigeeinstellungen

Im Kontextmenü der Arbeitsplatzoberfläche, das durch einen Klick mit der rechten Maustaste auf die Arbeitsoberfläche aufgerufen wird, lassen sich u. a. die Bildschirmauflösung und die Darstellung anpassen.

In dem Fenster *Bildschirmauflösung* aus dem Arbeitsplatzoberflächenkontextmenü (siehe Abb. 3.9) können die Eigenschaften eines oder mehrerer Monitore festgelegt werden. Wenn mehrere Bildschirmsymbole angezeigt werden, können sie verschoben (bsp. Bildschirm 2 links neben Bildschirm 1) und in ihrer relativen Position verändert werden. Ihre Größe entspricht der eingestellten Auflösung. Ist ein zweiter Monitor aktiviert, erstreckt sich der Arbeitsplatzoberflächenbereich auch auf ihn. Diese Funktion wird durch die Schaltfläche *Desktop auf diesen Monitor erweitern* gesteuert. Mit der Schaltfläche *Erkennen* wird versucht, eventuell von Windows noch bereits automatisch erkannte, weitere Displays zu erkennen. Und mit der Schaltfläche *Identifizieren* wird auf dem ausgewählten Monitor groß seine Nummer eingeblendet.

Das Auswahlfeld *Ausrichtung* und der Hinweis auf die Projektorverbindung erscheint nur auf Computern, welche diese Funktionen unterstützen.

Abb. 3.9. Bildschirmauflösung

In dem Auswahlfeld *Auflösung* wird die jeweilige Bildschirmauflösung festgelegt. Wenn ein Computer nicht zwei unabhängige Videocontroller (Dual Head) hat, sondern das Bildsignal am VGA-Anschluss nur durchschleift wird, muss bei Anschluss externer Geräte (z. B. Beamer) darauf geachtet werden, dass eine Auflösung und Bildwiederholrate ausgewählt wird, die das angeschlossene Gerät nicht überfordert.

Durch Auswahl der erweiterten Einstellungen können die Grafikkarte(n) und Monitor(e) noch detaillierter eingestellt werden. Es erscheinen die in den Abbildungen 3.10 ff. gezeigten Fenster.

In der Registerkarte *Grafikkarte* (siehe Abb. 3.10) werden genaue Parameter der Grafikkarte aufgeführt. Insbesondere die Informationen, welche Karte installiert ist, ob der Treiber das für Aero und DirectX 11 erforderliche WDDM unterstützt und die Größe des Grafikspeichers sind wichtig. Dedizierter Grafikspeicher befindet sich auf ihr selbst und hat die höchste Leistung. Gemeinsam benutzter Speicher wird dagegen vom Hauptspeicher abgezogen, ist langsamer und kann für Programme nicht mehr benutzt werden. Üblicherweise kann seine Größe über die BIOS-Einstellung *AGP-Aperture Size* verändert werden.

3.4 Anpassen der Anzeigeeinstellungen

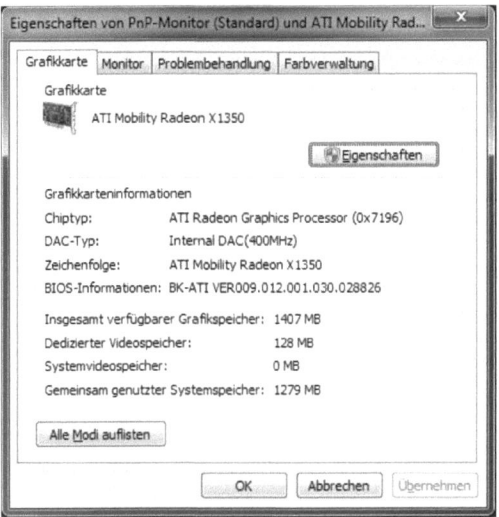

Abb. 3.10. Registerkarte *Grafikkarte*

Ein Klick auf *Eigenschaften* öffnet ein Fenster des Gerätemanagers (siehe Kapitel 4), in dem u. a. der Grafikkartentreiber erneuert oder auf die vorherige Version zurückgesetzt werden kann.

Die Schaltfläche *Alle Modi auflisten...* hingegen stellt eine Liste aller Kombinationen von Auflösung, Farbtiefe und Wiederholfrequenz dar, welche die Karte grundsätzlich beherrscht. Diese Information ist nützlich, wenn man herausfinden möchte, welches bsp. die höchste Auflösung ist, mit welcher Frequenz sie die Karte darstellen kann und ob eine bestimmte Kombination überhaupt eingestellt werden kann.

In der zweiten Registerkarte mit dem Namen *Monitor* (siehe Abb. 3.11) können der Displaytreiber, die Wiederholfrequenz und die Farbtiefe festgelegt werden.

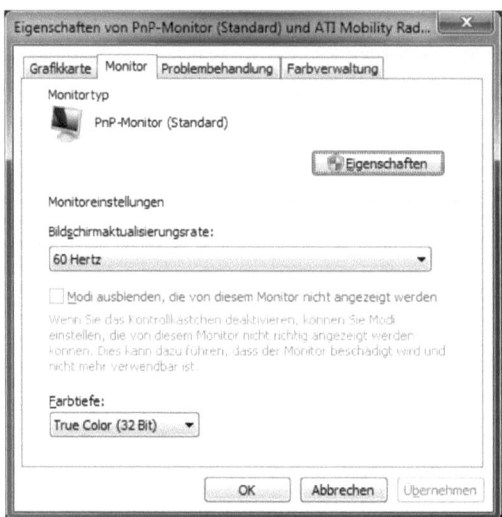

Abb. 3.11. Registerkarte *Monitor*

Der Displaytreiber kann durch Klick auf die Schaltfläche *Eigenschaften*, wodurch sich ein Fenster aus dem Gerätemanager öffnet, festgelegt werden.

In den Monitoreinstellungen sollte nicht versucht werden, eine so hohe Rate auszuwählen, die der angeschlossene Monitor nicht bewältigen kann. Zwar haben moderne Displays in aller Regel entsprechende Schutzschaltungen, die in so einem Fall eine Fehlermeldung anzeigen oder das Bild einfach dunkel stellen, das trifft aber nicht immer auf alle anschließbaren Geräte zu, die dann beschädigt werden könnten.

Es kann als Vorsichtsmaßnahme eingestellt werden, dass Modi außerhalb der Fähigkeiten eines Monitors nicht auswählbar sind. Das setzt aber sowohl einen Plug-and-Play-Monitor (und Treiber) als auch eine Grafikkarte voraus, die mit den vom Monitor per DDC gesendeten Signalen etwas anfangen kann, voraus.

Mit *Farbtiefe* wird festgelegt, wie viel Bits des Videospeichers pro Pixel verwendet werden soll. Mit 32 Bits je Pixel können bis zu rd. 4 Milliarden verschiedene Farben dargestellt werden (das ist weit mehr als unsere Augen unterscheiden können); die maximale Auflösung und Arbeitsgeschwindigkeit sinken aufgrund des höheren Aufwands. Werden 16 Bits je Pixel ausgewählt, wird zwar beides vorgenannte erhöht, aber es stehen nur 65.536 Farben zur Verfügung.

Eine weitere Registerkarte ist *Problembehandlung* (siehe Abb. 3.12).

3.4 Anpassen der Anzeigeeinstellungen 85

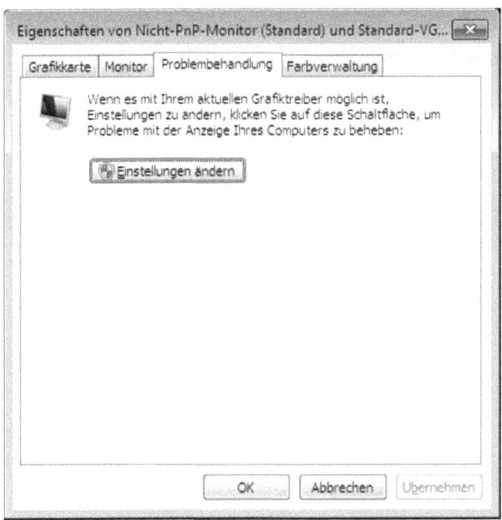

Abb. 3.12. Registerkarte *Problembehandlung*

Ein Klick auf *Einstellung ändern* öffnet das Fenster *Hardwarebeschleunigung* (siehe Abb. 3.12a), das muss aber sowohl von der Hardware als auch vom Treiber unterstützt werden. Ansonsten ist die Schaltfläche grau dargestellt.

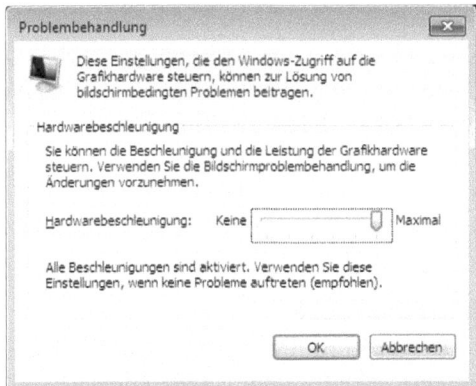

Abb. 3.12a. Grafikkarten-Hardwarebeschleunigung

Normalerweise sollte der Schieberegler in dem erwähnten Fenster ganz rechts sein (volle Leistung), aber falls Probleme mit der Videoausgabe auftreten, kann die Hardwarebeschleunigung zurückgenommen werden.
Die letzte Registerkarte trägt die Bezeichnung *Farbverwaltung* (siehe Abb. 3.13) und öffnet das gleichnamige Programm aus der Systemsteue-

rung. Farbprofile sind wichtig für kalibrierte Pfade durch ein System (bsp. vom Scanner über den Bildschirm bis zum Drucker). In ihnen wird angegeben, wie ein bestimmtes Gerät Farbtöne wiedergibt, so dass entlang des Druckpfads vom Scanner über den Monitor bis zum Drucker sämtliche Farbschattierungen identisch dargestellt werden.

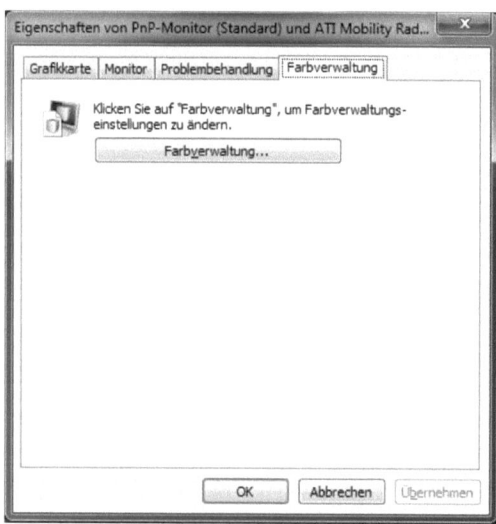

Abb. 3.13. Registerkarte *Farbverwaltung*

Durch die Auswahl von *Anpassen* in dem Kontextmenü der Arbeitsplatzoberfläche öffnet sich ein Fenster, in dem die Anzeigeeinstellungen angepasst werden können (siehe Abb. 3.14). Dieses befindet sich außerdem auch in der Systemsteuerung.

In der Windows-7-Starter ist die Anpassung des Desktops nur eingeschränkt möglich. In allen anderen Windows-7-Versionen kann von Benutzern folgendes angepasst werden:

- Das Hintergrundbild der Arbeitsplatzoberfläche
- Die einzelnen Fensterfarben, die Darstellung und Effekte wie die Kantenglättung ClearType oder Standard, Menüschatten und Fensterinhalt beim Verschieben anzeigen. Auch die Schemas der Vorgängerversionen sind verfügbar.
- Sounds (Systemklänge): Auswahl aus mehreren Schemas – oder Auswahl individueller Klänge für Systemereignisse wie Fenster öffnen und schließen etc. Hier kann auch festgelegt werden, ob überhaupt ein Startsound beim Booten wiedergegeben werden soll
- Bildschirmschoner

- Desktop-Symbole
- Mauszeiger (= Teil des Systemsteuerungsprogramms *Maus*)
- Das Kennbild des eigenen Benutzerkontos
- Anzeige

In Unternehmensnetzwerken können über Gruppenrichtlinien die Änderungmöglichkeit durch die Anwender eingeschränkt oder die Einstellungen festgelegt werden.

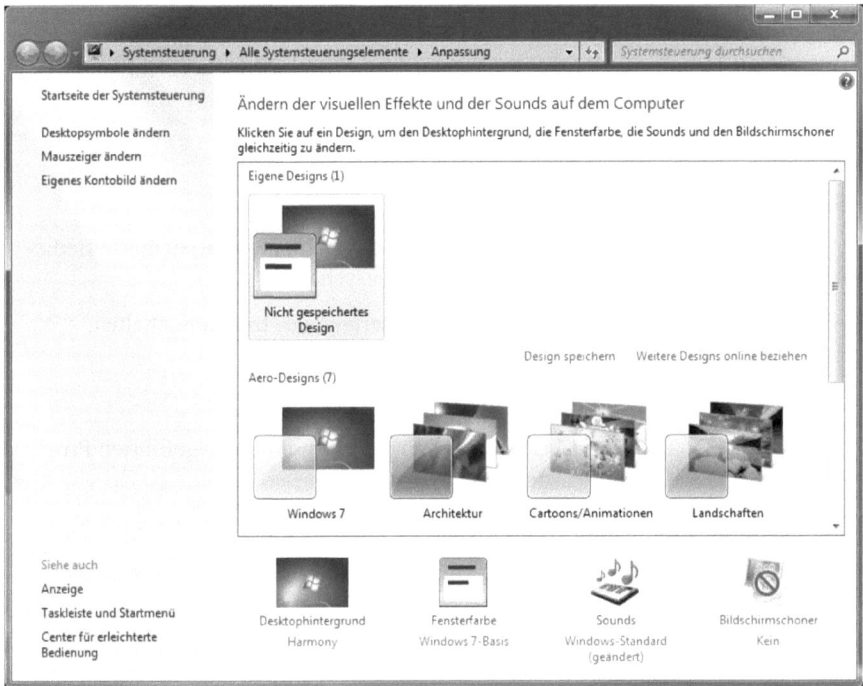

Abb. 3.14. Darstellungsanpassung

3.5 Tastaturabkürzungen

Windows 7 bietet zur schnelleren Bedienung, und um einen zu häufigen Wechsel von der Tastatur zur Maus und umgekehrt zu vermeiden, an, viele Aktionen per Tastendruck durchzuführen. Einige (wie Strg+S) sind dabei anwendungsabhängig. In vielen Programmen bewirkt diese Tastenkombination als Quasi-Standard das Speichern des geöffneten Dokuments. Andere Tastenkombinationen lösen jedoch direkt Aktionen des Betriebssystems oder des Explorers aus – unabhängig davon, welches Fenster gerade aktiv ist. Für Tastenkombinationen, die über die Windows-Taste ausgelöst werden, hat Microsoft in Windows 7 Erweiterungen eingeführt, deshalb sind diese nachfolgend in der Tabelle 3.1 vollständig aufgeführt. Einige (wie z. B. Aero Flip3D oder Aero Peek) sind aber davon abhängig, ob auf einem System Aero aktiviert ist.

Die anderen Tastenkombinationen (siehe die Tabellen 3.2 und 3.3) stellen lediglich einen Überblick dar. Hinweis: Auf manchen Tastaturen, gelegentlich bei Notebooks, sind die Pause- und Druck-Tasten vertauscht.

Tabelle 3.1. Allgemeine Tastaturabkürzungen

Taste(n)	Aktion
Linke Umschalt-Taste fünf Mal hintereinander drücken	Einrastfunktion des Centers für erleichterte Bedienung ein- bzw. ausschalten.
Rechte Umschalt-Taste für acht Sek. gedrückt halten	Anschlagverzögerung ein- bzw. ausschalten.
Alt+Esc	Zum nächsten Fenster wechseln.
Alt+Tab	Blättern durch die Fenster der ausgeführten Programme.
Alt+Strg+Entf	Windows-Sicherheit aufrufen (siehe Kap. 3.6).
Alt+linke Umschalt-Taste+Druck	Hohen Bildschirmkontrast ein- bzw. ausschalten.
Alt+linke Umschalt-Taste+NumLock	Maustasten ein- bzw. ausschalten.
NumLock-Taste fünf Sekunden lang drücken	Umschalttasten ein- bzw. ausschalten.
Strg+C	Ausgewählte(s) Element(e) in die Zwischenablage kopieren.
Strg+V	Kopierte(s) oder ausgeschnittene(s) Element(e) aus der Zwischenablage einfügen.
Strg+X	Ausgewählte(s) Element(e) ausschneiden (d. h. in die Zwischenablage verschieben).
Strg+Y	Letzte Aktion erneut durchführen.

Strg+Z	Letzte Aktion rückgängig machen.
Strg+Esc	Start-Menü öffnen bzw. schließen.
Windows-Taste	Öffnen/Schließen des Startmenüs (wie Strg+Esc).
Windows-Taste+1	Erstes Programm der Taskbar (Default: Internet Explorer) aufrufen bzw. minimieren.
Windows-Taste+2	Zweites Programm der Taskbar (Default: Windows Explorer) starten bzw. minimieren.
Windows-Taste+3	Drittes Programm der Taskbar (Default: Windows Media Player) starten bzw. minimieren
Windows-Taste+4...0	Viertes bis zehntes Programm der Taskbar starten bzw. minimieren
Windows-Taste+Alt+1...0	Kontextmenü des ersten bis zehnten Programms der Taskbar aufrufen
Windows-Taste+B	Auswahl aufheben
Windows-Taste+D	Alle Desktop-Fenster minimieren bzw. wieder anzeigen (ähnlich Windows-Taste+M)
Windows-Taste+E	Arbeitsplatz (engl.: Explorer) öffnen
Windows-Taste+F	Suche starten (engl.: Find)
Windows-Taste+Strg+F	Suchen von Computern in einem Active-Directory-Netzwerk
Windows-Taste+G	Miniapplikationen (engl.: Gadgets) in den Vordergrund bringen. (Aber nur, wenn welche da sind!)
Windows-Taste+L	Angemeldeten Benutzer sperren (engl.: Lock)
Windows-Taste+M	Alle Fenster minimieren (engl.: Minimize)
Windows-Taste+P	Zwischen den Darstellungsmodi der angeschlossenen Projektoren (engl.: Projector) wechseln. Das kann auch durch das Programm *Displayswitch.exe* bewirkt werden.
Windows-Taste+R	*Ausführen* (engl.: Run) öffnen
Windows-Taste+T	Zur Taskleiste wechseln und Elemente der Taskleiste aufrufen (Abbruch mit der Escape-Taste)
Windows-Taste+Umschalt-Taste+T	In umgekehrter Reihenfolge zwischen den Taskleistenelementen wechseln.
Windows-Taste+U	Center für erleichterte Bedienung (engl.: Usability) öffnen

Windows-Taste+X	Windows-Mobilitätscenter öffnen
Windows-Taste+F1	Windows-Hilfe- und Support-Fenster öffnen
Windows-Taste+F3	Suche öffnen (wie Windows-Taste+F)
Windows-Taste+F5	Desktop-Inhalt aktualisieren
Windows-Taste+F11	Aktuelles Fenster auf dem gesamten Bildschirm maximieren
Windows-Taste+Leertaste	Windows 7 Home Premium, Professional, Enterprise und Ultimate: Arbeitsplatzoberfläche und Minianwendungen anzeigen (Aero Peek). Das kann auch durch Bewegen der Maus in die rechte untere Ecke erreicht werden.
Windows-Taste+Tabulator	Zwischen Fenstern umschalten (In Aero Flip3D: Dreidimensional), Blättern mit Windows-Taste+Tab oder dem Mausrad
Windows-Taste+Untbr	Systemeigenschaftsprogramm öffnen

Tabelle 3.2. Tasten und -kombinationen auf der Arbeitsplatzoberfläche

Taste(n)	Aktion
F1	Windows-Hilfe- und Support öffnen
F2	Objekt umbenennen
F3	Suche öffnen
F5	Ansicht aktualisieren
Alt-F4	Herunterfahren-Fenster öffnen
Bild nach oben	Zum ersten Symbol der Spalte springen
Bild nach unten	Zum letzten Symbol der Spalte springen
Eingabe-Taste	Programm starten
Ende	Zum letzten Symbol springen
Entf	Objekt in Papierkorb verschieben
Umschalten+Entf	Objekt löschen ohne vorheriges Verschieben in den Papierkorb
Pos1	Zum ersten Symbol springen
Umschalten+Entf	Symbol löschen

Umschalten+Pfeiltasten	Symbole markieren
Druck	Grafische Kopie des gesamten Desktops in der Zwischenablage speichern.
Alt+P	Voranzeige (engl.: Preview) anzeigen bzw. verbergen.
Strg+A	Alle Symbole auswählen
Strg+N	Neues Desktop-Fenster öffnen
Strg+Mausrad-Rollen	Größe der Desktop-Symbole ändern
Strg+Pos1	Zum allerersten Symbol springen
Strg+Bild nach oben	Zum Symbol des jeweiligen Spaltenanfang springen
Strg+Bild nach unten	Zum Symbol des jeweiligen Spaltenendes springen
Strg+Ende	Zum allerletzten Symbol springen

Tabelle 3.3. Tasten und -kombinationen in Fenstern

Taste(n)	Aktion
Alt	Menü anzeigen
Alt+F4	Fenster schließen bzw. Programm beenden
Alt+Druck	Grafische Kopie des aktiven Fensters in der Zwischenablage speichern
F1 und Strg+F1	Programmbezogene Hilfe aufrufen
Strg+F4	Drop-Down-Liste öffnen bzw. untergeordnetes Fenster schließen
Strg+F5	Erzwungenes Aktualisieren
F3	Suche öffnen
F11	Vollschirmmodus
Windows-Taste und +	Bildschirmlupe: Vergrößern
Windows-Taste und -	Bildschirmlupe: Verkleinern

Windows-Taste+ Pos1-Taste	Windows 7 Home Premium, Professional, Enterprise und Ultimate: Inaktive Fenster minimieren bzw. wieder herstellen (Aero Shake). Das kann auch durch Klicken der linken Maustaste auf die Titelzeile eines Fensters und Bewegen der Maus nach rechts und links erreicht werden.
Windows-Taste+ Pfeil-nach-oben-Taste	Fenster über die gesamte Arbeitsoberfläche maximieren (Aero Snap).
Windows-Taste+ Umschalt-Taste+ Pfeil-nach-oben-Taste	Fenster vertikal maximieren.
Windows-Taste+ Pfeil-nach-unten-Taste	Fenster minimieren (verschwinden lassen).
Windows-Taste+ Umschalt-Taste+ Pfeil-nach-unten-Taste	Höhe des Fensters auf die ursprüngliche vertikale Größe setzen.
Windows-Taste+ Pfeil-nach-links-Taste	Fenster an den linken Bildschirmrand verschieben (Aero Snap).
Windows-Taste+ Pfeil-nach-rechts-Taste	Fenster an den rechten Bildschirmrand verschieben (Aero Snap).
Windows-Taste+ Umschalt-Taste+ Pfeil-nach-links/rechts-Tasten	Fenster zwischen mehreren angeschlossenen Monitoren wechseln.

Tabelle 3.4. Tasten und -kombinationen auf der Taskleiste

Taste(n)	Aktion
Umschalt-Taste+ Klick auf Objekt	Neue Instanz des Objekts (bsp. Programm öffnen).
Strg+Umschalt-Taste+Maus- Klick auf ein Objekt	Neue Instanz des Objekts mit erhöhten Rechten öffnen.
Rechtsklick auf ein Objekt oder Umschalt-Taste+Rechtsklick	Fenster-Menü (Wiederherstellen, Minimieren, Maximieren etc.) anzeigen.
Strg+Klick auf ein Objekt	Nacheinander alle Instanzen (oder Registerkarten) des Objekts anzeigen

Die Windows-Logo+Pfeil-Tasten können auch mehrfach hinereinander gedrückt werden: Das aktive Fenster wechselt dann zwischen dem linken und rechten Bildschirmrand sowie der vorherigen Position und Größe.

Übrigens: Falls die Tastatur keine Windows-Taste hat, kann man sich mit der Bildschirmtastatur, die unter *Start - Programme - Zubehör - Eingabehilfen* zu finden ist, behelfen: Einfach auf eine der beiden dort dargestellten Windows-Tasten klicken und danach auf die gewünschte andere Taste.

3.6 Der Windows-Sicherheitsbildschirm

Wie schon im Abschnitt vorher gesehen, wird durch Drücken der Tastenkombination Steuerung+Alternate+Entfernen die Windows-Sicherheit aufgerufen (siehe Abb. 3.15). In ihm lassen sich die angegebenen Vorgänge auslösen.

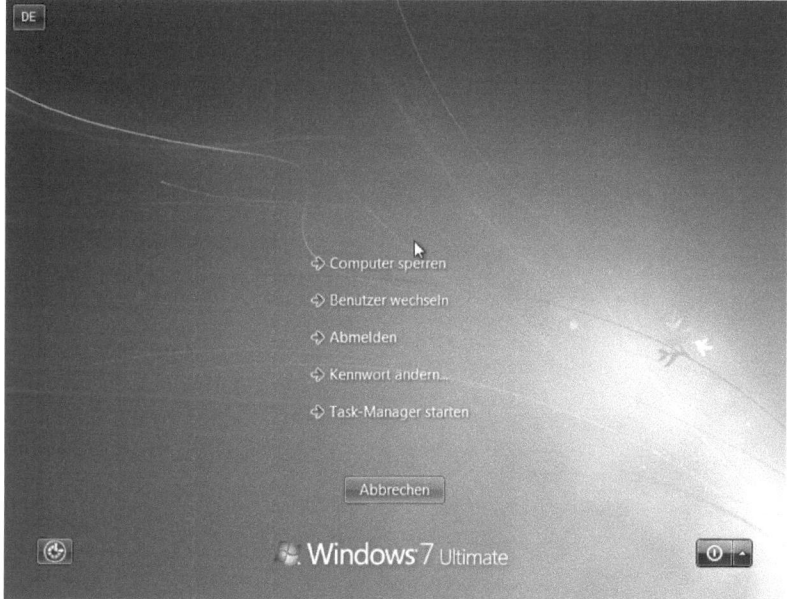

Abb. 3.15. Der Windows-7-Sicherheitsbildschirm

Wenn der Windows-Sicherheitsbildschirm angezeigt wird, werden sämtliche Benutzerprozesse angehalten: Dadurch können schädliche Programme wie Viren, Würmer etc. schnell deaktiviert werden und es wird verhindert, dass eine andere Applikation den Windows-Sicherheitsbildschirm nur vorgaukelt, um bsp. Kennwörter zu sammeln.

3.7 Der Windows Task-Manager

Durch Wahl der Option *Task-Manager starten* aus dem Sicherheitsbildschirm (siehe Kap. 3.6), oder durch Drücken der Tastenkombination Strg+Umschalten+Esc oder aus dem Kontextmenü der Taskleiste[5] öffnet sich der Windows Task-Manager (siehe Abb. 3.16). Dieses ist ein sehr leistungsfähiges Werkzeug, mit dem unter anderem die ausgeführten Programme, die Benutzung des Speichers und einfache Leistungsdaten angezeigt werden können. Er kann auch dazu verwendet werden, einen neuen Prozess zu starten oder einen hängen gebliebenen Prozess zu beenden.

Seine Menüleiste mit den Menüpunkten *Datei, Optionen, Ansicht* und *Fenster* ist kontextsensitiv. Je nach aufgerufener Registerkarte ändern sich die dort jeweils zur Verfügung stehenden Menüpunkte.

In der ersten Registerkarte (*Anwendungen*) wird eine Liste von Programmen dargestellt, die ein Benutzer selbst gestartet hat und die im Benutzermodus ausgeführt werden (siehe Abb. 3.16).

Abb. 3.16. Registerkarte *Anwendungen*

---

[5] Oder durch Starten des Programms *Taskmgr.exe*.

Durch einen Doppelklick mit der Maus wird die jeweilige Anwendung aufgerufen und das Task-Manager-Fenster minimiert. Und im Kontext-Menü jeder aufgeführten Anwendung existieren weitere Funktionen, welche die jeweiligen Programme betreffen (wie *Minimiert* oder *Maximiert*) bzw. eher für Softwareentwickler interessant sind (wie *Abbilddatei erstellen*, engl.: Dump). Die wichtigsten sind aber auch als Schaltflächen am unteren Fensterrand verfügbar. Aus dieser Liste können mit den Steuerungs- und Umschalttasten auch mehrere Einträge ausgewählt werden, die dann bsp. beendet werden sollen.

In der zweiten Registerkarte, welche die Bezeichnung *Prozesse* hat und in Abb. 3.17 abgebildet ist, werden alle laufenden Prozesse (auch die des Systems und, wenn gewünscht, die anderer Benutzer) aufgeführt. Damit die Prozesse aller Benutzer angezeigt werden, sind administrative Rechte erforderlich. Und zwar nicht zuletzt aus dem Grund, weil sie über dieses Tool auch beendet, sowie ihre Prioritäten geändert werden könnten.

Wenn ein Prozess in der Spalte Abbildname am Ende ein „*32" enthält, handelt es sich dabei um einen 32-Bit-Prozess, der in dem Subsystem Wow64 auf einem 64-Bit Windows-7-PC ausgeführt wird.

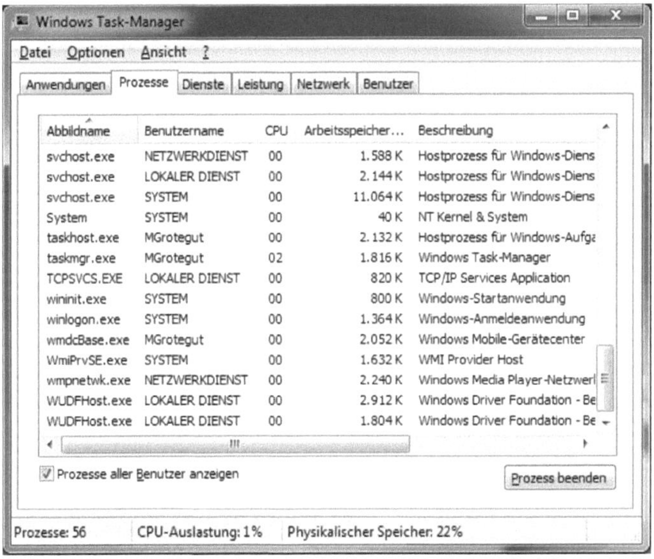

Abb. 3.17. Registerkarte *Prozesse*

Aus dem Kontextmenü jedes Prozesses können u. a. die Funktionen *Dateipfad öffnen*, *Prozess beenden*, *Prozessstruktur beenden* und *Zu Diensten wechseln* aufgerufen werden. Erstere öffnet ein Explorerfenster an dem Pfad, in dem das ausgeführte Programm gespeichert ist, die zweite beendet einen einzelnen Prozess. Das Beenden einer Prozessstruktur ist praktisch, wenn ein bestimmter Prozess viele Unterprozesse erstellt hat, die ansonsten alle einzeln beendet werden müssten. Mit der Funktion *Zu Diensten wechseln* lässt sich sehr einfach ermitteln, welche(r) Prozess(e) durch welchen Dienst gestartet wurde(n) – diese(r) ist bzw. sind dort dann bereits markiert.

Außerdem sind im Kontextmenü von Prozessen weitere Funktionen aufgeführt, die sich in erster Linie an Programmierer richten, wie z. B. der Punkt *Fehlersuche/Debug*, der allerdings nur gewählt werden kann, wenn Windows 7 mit der Debug-Option gestartet wurde. Oder *Abbilddatei erstellen*, mit der ein Prozess-Speicherauszug erstellt werden kann. Der Punkt *Virtualisierung* steuert die Registrierungsvirtualisierungsfunktion eines Prozesses (siehe Kapitel 1).

Mit der Zugehörigkeitsfunktion kann festgelegt werden, auf welchen CPU(-Kernen) eine Anwendung ausgeführt werden darf. Diese Bindung einer Anwendung an eine(n) bestimmte(n) CPU(-Kern) wird auch als „Hard Affinity" bezeichnet.[6]

Welche Spalten in der Prozessregisterkarte angezeigt werden sollen, kann über den Menüpunkt *Ansicht - Spalten auswählen...* (siehe Abb. 3.17a und 3.17b) festgelegt werden.

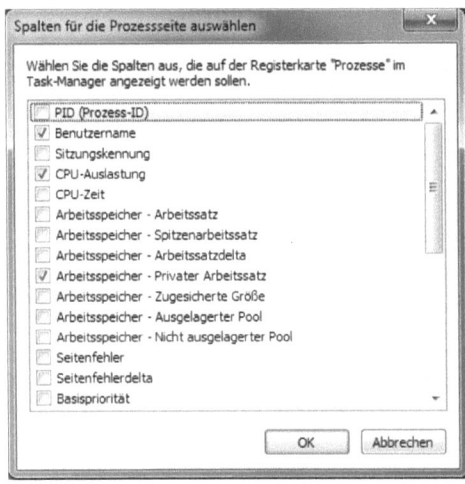

Abb. 3.17a. Spaltenauswahl für die Prozessseite (1)

---

[6] Im Gegensatz dazu steht die „Soft Affinity": Zur Erhöhung von Prozessor-Cache-Trefferquoten – und damit einhergehender höherer Systemleistung – versucht Windows einen Thread stets auf der CPU (bzw. dem CPU-Kern) auszuführen, auf der bzw. dem er zuvor bereits ausgeführt wurde.

3.7 Der Windows Task-Manager   97

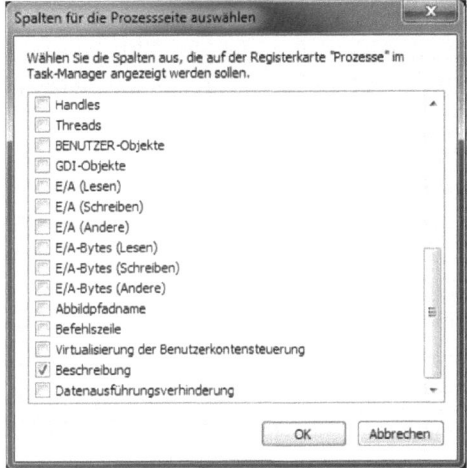

Abb. 3.17b. Spaltenauswahl für die Prozessseite (2)

Weitere praktische Funktionen sind zudem, dass sich die Eigenschaften eines Prozesses und die Befehlszeile, mit der er gestartet wurde, darstellen lassen kann: Diese Funktionen helfen, suspekte Prozesse identifizieren und, falls nötig, beenden zu können.

Schließlich befindet sich im Kontextmenü jedes Prozesses der Punkt *Priorität festlegen* und unter ihm die Hauptklassen *Niedrig, Normal, Hoch* und *Echtzeit*. Jeder Thread hat eine ihm zugeordnete Prioritätskennung, die zwischen 0 - 31 betragen kann (ab 16 beginnt Echtzeit).[7] Bei der Ermittlung, welcher Thread als nächstes die CPU-Aufmerksamkeit bekommt, richtet sich der Scheduler stets danach, welcher Thread bereit ist und die höchste Priorität besitzt. Außer bei Echtzeit-Threads kann es dabei zu einer Anhebung der Threadpriorität kommen: Unter anderem nach E/A-Vorgängen, oder wenn ein Thread eine gewisse Zeit lang (ungefähr 4 Sekunden) nicht aufgerufen wurde, oder zu lange auf eine Kernel-Ressource warten musste, sowie bei Anwendungen, die mit dem Multimediaklassen-Scheduler-Dienst (MMCSS) arbeiten, wird seine Priorität, und damit die Chance, ausgeführt zu werden, vom Scheduler temporär um eine oder mehrere Stufen erhöht (bis zu einer maximalen Priorität von 15). Dabei wird nicht beachtet, ob es sich um einen Kernel- oder Benutzer-Thread handelt, allein die Priorität ist entscheidend![8]

---

[7] Die Priorität 0 ist dem Zero page thread, einem Kernelprozess, den es genau einmal je System gibt, vorbehalten.
[8] Die Dynamisierung der Thread-Prioritäten im zeitlichen Verlauf lässt sich bsp. mit dem Programm *Leistung* aus der Systemsteuerung gut darstellen.

Wenn kein anderer Thread die CPU benötigt, wird ein spezieller Thread aufgerufen, der immer bereit zur Ausführung ist und die niedrigste Priorität besitzt: Dieses ist der Leerlaufprozess (engl.: *Idle*), der die CPU in einen Strom sparenden HALT-Status versetzt, und so viele Threads hat, wie ein System CPUs bzw. CPU-Kerne.

Vorder- und Hintergrundprozesse können auch über die Dienstprogramme *Tasklist.exe* und *Taskkill.exe* lokal und remote angesehen bzw. beendet werden: Der Tasklist-Befehl zeigt eine Liste von laufenden Prozessen (wie im Task-Manager) an. Mit dem Schalter /svc wird die Liste um die Angabe der Dienste, die ein jeweiliger Prozess innehat, ergänzt.

In der Registerkarte *Dienste* (siehe Abb. 3.18) werden alle Prozesse aufgelistet, die sich als Dienst am System angemeldet haben, sowie ihre Gruppe (mit der festgelegt wird, welche Dienste gemeinsam gestartet werden müssen).

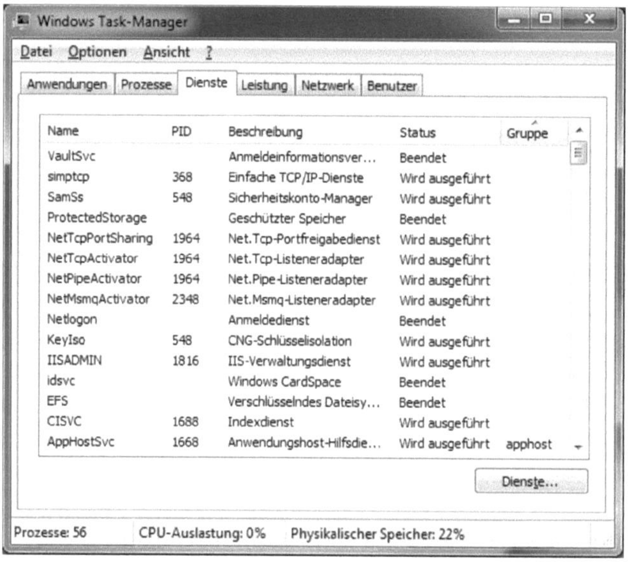

Abb. 3.18. Registerkarte *Dienste*

In dieser Registerkarte lassen sich die Dienste auch starten und stoppen sowie mit der Schaltfläche rechts unten im Fenster das Programm *Dienste* aus der Systemsteuerung (siehe Kap. 5) aufrufen, mit dem Dienste zusätzlich angehalten und fortgesetzt und ihre Eigenschaften angesehen bzw. geändert werden können.

In den Kontextmenüs der einzelnen Dienste gibt es die Funktion *Zu Prozess wechseln*: Damit werden in der Registerkarte *Prozesse* alle Prozesse markiert und angezeigt, die ein bestimmter Dienst gestartet hat.

3.7 Der Windows Task-Manager

Die Registerkarte *Leistung* (siehe Abb. 3.19) wurde ebenfalls geändert. Die angezeigten Werte sind nun intuitiv verständlicher dargestellt. Im Menü *Ansicht* lässt sich die Aktualisierungsgeschwindigkeit konfigurieren und dass die prozentuale Zeit, die ein Windows-7-System im Kernel-Modus arbeitet, rot im Diagramm dargestellt werden soll. Wenn ein System mehr als eine CPU bzw. mehrere CPU-Kerne hat, gibt es den Auswahlpunkt *Ein Diagramm pro CPU anzeigen*.

Ein Doppelklick mit der Maus auf ein beliebiges Diagramm führt zu einer vereinfachten Darstellung des Task-Managers, in der nur die CPU-Auslastung und ihr Verlauf aufgeführt sind (siehe Abb. 3.19a).

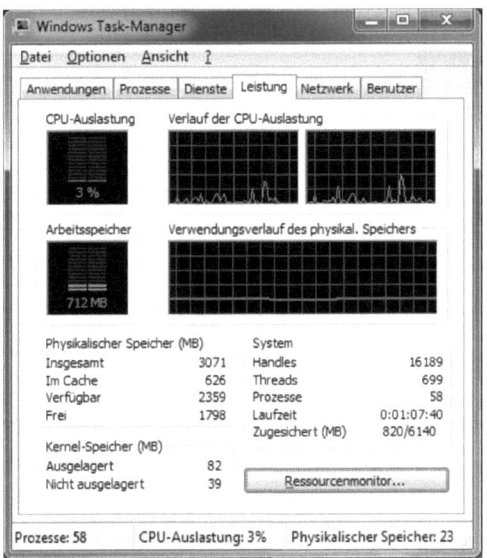

Abb. 3.19. Registerkarte *Leistung*

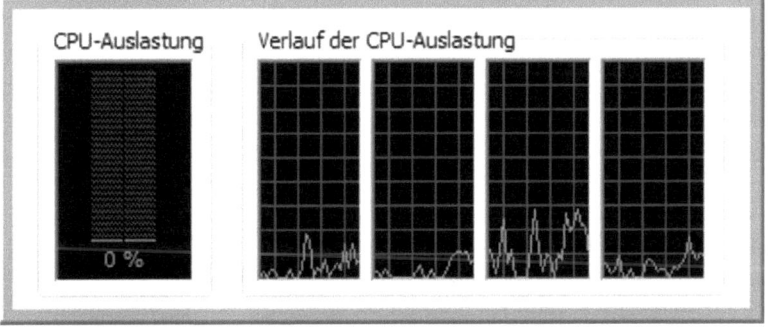

Abb. 3.19a. Alternative Leistungsansicht

100   3. Die Arbeitsplatzoberfläche

Die vorletzte Registerkarte trägt den Namen *Netzwerk* (siehe Abb. 3.20). In ihr wird stellt der aktuelle Datendurchsatz für jede Netzwerkverbindung eines Systems getrennt und jeweils prozentual dargestellt.[9]

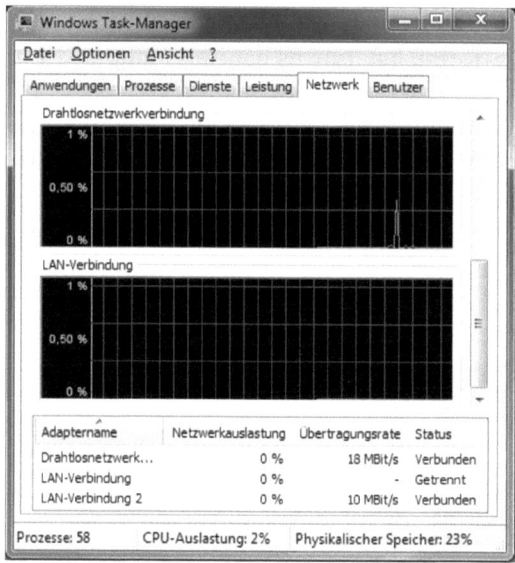

Abb. 3.20. Registerkarte *Netzwerk*

Mit dem Menü *Ansicht* lassen sich die Spalten auswählen, die angezeigt werden sollen, und ein Doppelklick mit der Maus in ein Diagrammfeld resultiert in einer ähnlichen, vergrößerten Anzeige wie bei gleicher Aktion in der Registerkarte Leistung.

Last not least gibt es im Task-Manager die Registerkarte *Benutzer*. In ihr werden alle Benutzer, die sich mit einem Windows-7-System verbunden haben, mit ihrem Namen und ihrer Sitzungskennung aufgeführt (siehe Abb. 3.21).

Hier können diese (über die Aktionen in ihren Kontextmenüs) getrennt oder abgemeldet werden sowie ihnen eine Nachricht geschickt werden. Damit diese auf deren Bildschirmen dargestellt werden kann, muss dort der Nachrichtendienst ausgeführt werden, der in der Voreinstellung allerdings deaktiviert ist.

---

[9] Am Rande bemerkt: Der Autor findet es immer wieder frustrierend, dass bei einem Gigabit-Ethernet-Netzwerk trotz voller 16-Mbps-DSL-Nutzung (z. B. beim Herunterladen von .ISO-Abbilddatein) nur lediglich 1,6 % Netzwerkauslastung bei der Netzwerkschnittstelle, die mit der DSL-Leitung verbunden ist, angezeigt wird – was aber rechnerisch natürlich völlig korrekt ist.

Abb. 3.21. Registerkarte *Benutzer*

3.8 Aufbau der Windows-Installation (Verzeichnisstruktur)

In der Installationspartition werden viele Verzeichnisse erstellt und mit NTFS-Berechtigungen vor nicht autorisierten Zugriffen geschützt. In der folgenden Tabelle 3.5 findet sich eine Übersicht über die wichtigsten Verzeichnisse, ihre Funktion und was sich darin befindet.

Tabelle 3.5. Windows-7-Verzeichnisstruktur

Pfad	Inhalt
C:\	
├─inetpub	IIS
│ ├─AdminScripts	Skripte für IIS-Administratoren
│ ├─custerr	Lokalisierte HTML-Fehlermeldungen
│ ├─ftproot	Basisverzeichnis für FTP-Server
│ ├─history	Sicherungsverz. für IIS-Konfiguration
│ ├─logs	Logfiles der IIS-Instanzen
│ ├─temp	IIS temporäre Dateien
│ └─wwwroot	Basisverzeichnis für den WWW-Veröffentlichungsdienst
├─PerfLogs	Leistungsanzeige-Protokolldateien

├─Program Files	Programmdateien
│ ├─CMAK	Dateien für das Verbindungsmanagerverwaltungskit
│ ├─Common Files	Von mehreren Programmen gemeinsam benutzte Programm- und DLL-Dateien (dt.: Gemeinsame Dateien)
│ │ ├─microsoft shared	Gemeinsam benutzte Programme von Microsoft
│ │ │ ├─DAO	Datenzugriff/Microsoft Jet
│ │ │ ├─Filters	TIFF-Filter
│ │ │ │ └─de-DE	Lokalisiert: Deutsch
│ │ │ ├─ink	Tablet-PC-Unterstützungsdateien
│ │ │ ├─MSInfo	MSInfo32-Programm (Liefert detaillierte Informationen über PCs)
│ │ │ ├─OCR	Dateien für die optische Zeichenerkennung
│ │ │ ├─Stationery	Bilddateien
│ │ │ ├─TextConv	Konvertierer von verschiedenen Textdateiformaten (Leer, wenn kein Microsoft Office installiert ist)
│ │ │ ├─Triedit	DHTML-Quelltext-Editor-Unterstützungsdateien für MS Office
│ │ │ └─VGX	Vector Graphics Rendering-/VML-(Vector Markup Language)-Unterstützung
│ │ ├─Services	Von Diensten gemeinsam genutzte Dateien
│ │ ├─SpeechEngines	Sprachausgabe
│ │ │ └─Microsoft	Sprachausgabemodule von Microsoft
│ │ │ └─TTS20	MS Text-to-Speech-Engine v2.0
│ │ └─System	Datenzugriffskomponenten und Dateien für Windows-Kontakte
│ ├─DVD Maker	DVD-Maker
│ ├─Internet Explorer	Microsoft Internet Explorer 8
│ ├─Microsoft Games	Windows-7-Spiele
│ ├─MSBuild	Teil von .NET-Framework 3.0 und 3.5
│ ├─Reference Assemblies	Teil von .NET-Framework 3.0 und 3.5
│ ├─Windows Defender	Windows Defender
│ ├─Windows Journal	Windows Journal
│ ├─Windows Mail	Windows Mail
│ ├─Windows Media Player	Windows Media Player 12
│ ├─Windows NT	Ältere Programme
│ │ ├─Accessories	Wordpad
│ │ └─TableTextService	Eingabe aus einer Tabelle
│ ├─Windows Photo Viewer	Windows Photo Viewer + Scan
│ ├─Windows Portable Devices	Windows Portable Devices
│ └─Windows Sidebar	Windows Seitenleiste und -Minianwendungen

3.8 Aufbau der Windows-Installation (Verzeichnisstruktur)   103

de-DE	Sprachdateien für die deutsche Lokalisierung
Gadgets	Minianwendungen
Shared Gadgets	Gemeinsam benutzte Minianwendungen
Users	Pfad für Benutzerprofile und -einstellungen sowie *Eigene Dateien*. Der Pfad ist jedoch sprachabhängig: Im Deutschen heißt er Benutzer.
Classic .NET AppPool	Profil für .NET-Anwendungen
Default	Profil für neue Benutzer
Public	Freigegebenes Verzeichnis auf jedem Windows-7-Computer (dt.: „Öffentlich")
Recovery	Enthält Wiederherstellungsdateien für den Systemstart
Windows	Windows-7-Systemverzeichnis
addins	ActiveX-Add-Ins (.ocx)
AppCompat	Applikationskompatibilitätsdateien (XML)
AppPatch	Applikationskompatibilitätsdateien
assembly	.NET Assemblies
BitLockerDiscoveryVolumeContents	BitLocker-To-Go-Unterstützungsdateien
Boot	Kopie der Dateien in \Boot
DVD	
PCAT	
Fonts	Startzeichensätze für asiatische Sprachen
PCAT	Lokalisierte *bootmgr*- und *memtest*-Versionen für normale PCs
Branding	Dateien für die Unterstützung von Modifikationen (z. B. Logos) von anderen Unternehmen
Basebrd	Branding für den Systemstart
ShellBrd	Branding für die Arbeitsplatzoberfläche
CSC	Client-Side-Cache (Offlinedateien)
Cursors	Cursorsymboldateien
de-DE	Lokalisierte Dateien
debug	Ordner für Protokolldateien
WIA	WIA-Trace
diagnostics	Beschreibung der Systemwartungsoptionen
index	XML-Dateien
scheduled	
Maintenance	Systemwartungsdateien
system	Enthält Unterverzeichnisse für Anwendungen wie Drucker, Netzwerk, Suchen etc.
DigitalLocker	Ehemals Microsoft Digitales Schließfach
Downloaded Program Files	Heruntergeladene .OCX-Dateien für den Internet Explorer

├──ehome	Windows Media Center und CD-Brennen
├──Fonts	Zeichensatzdateien
├──Globalization	Globalisierungsdateien (u. a. länderspezifische Arbeitsplatzoberflächenhintergrundbilder)
├──Help	Hilfedateien
│ ├──Corporate	Hilfedateien von Unternehmen
│ ├──Help	Hilfedateien
│ ├──mui	Lokalisierte Hilfedateien
│ ├──OEM	Hilfedateien von OEM-Herstellern
│ └──Windows	Lokalisierte Hilfedateien
├──IME	Eingabeeditoren (z. B. für Japanisch)
├──inf	INF-Dateien für die Geräte(treiber)-Installation und lokalisierte Sprachinformationen hierfür
├──L2Schemas	XML-basierte Netzwerkrichtlinien
├──LiveKernelReports	Protokolle nichtkritischer Fehler einer Kernel-Mode-Anwendung oder eines Kernel-Mode-Treibers
├──Logs	Protokolldateien
├──Media	Klangdateien für verschiedene Sound-Schemas
├──Microsoft.NET	.NET-Framework-Dateien
├──ModemLogs	Protokolldateien von Modems
├──Offline Web Pages	Heruntergeladene Web-Seiten zum Offline-Lesen
├──Panther	Dateien für das Windows-7-Setup und die Lizenzüberprüfung
├──Performance	Dateien für die Leistungsüberprüfung (WinSAT)
├──PLA	Dateien für die Leistungsinformationen und -tools
├──PolicyDefinitions	Administrative Einstellungen für (Gruppen-) Richtlinienerweiterungen (.admx)
├──Prefetch	Dateien zur Windows-7-Start-Beschleunigung
├──Registration	Compensating Resource Manager für COM+-Objekte
├──RemotePackages	Zwischenspeicher für RemoteApps und RemoteDesktops
├──rescache	Zwischenspeicher für den Ressourcen-Manager
├──Resources	Windows-7-Themes
├──SchCache	Schema-Cache-Ordner
├──schemas	Netzwerkschemas (im XML-Format)

3.8 Aufbau der Windows-Installation (Verzeichnisstruktur)

security	Verzeichnis für den SCE (Security Configuration Editor)
ServiceProfiles	Profile für Anmeldungen von vordefinierten Dienstkonten
LocalService	Profil des lokalen Dienstkontos
NetworkService	Profil des Netzwerkdienstkontos
servicing	Unterstützungsdateien für die Windows Resource Protection (WRP) und installierbare Komponenten
Setup	Temporäres Verzeichnis für die Windows-7-Installation (Dynamisches Update)
ShellNew	Journal für den neuen Explorer
SoftwareDistribution	Windows-Update-Verzeichnis
Speech	Spracherkennungs- und -ausgabedateien
SUA	Subsystem für Unix-basierte Anwendungen
system	Win16-Kompatibilitätsverzeichnis
System32	Windows-7-Betriebssystemverzeichnis
0407	Unterstützungsdateien für die deutsche Version
AdvancedInstallers	Installationsprogramme (.DLL)
appmgmt	(Leer)
BestPractices	Empfehlungsdateien für den IIS
Boot	Boot-Dateien
catroot	Verzeichnis für Treibersignaturen (Einzeldateien)
catroot2	Verzeichnis für Treibersignaturen (MS-Jet-Datenbank)
CodeIntegrity	Gecachte Start-Dateien und Überprüfung der Integrität der Systemdateien
com	COM+-Unterstützung
config	Verzeichnis, in dem die Registrierung und die Ereignisanzeige gespeichert sind.
de	Unterstützung für die deutsche Sprachversion
de-DE	Unterstützung für die deutsche Sprachversion
directx	(Leer)
Dism	Dism-Unterstützungsdateien
drivers	Verwendete Treiberdateien
DriverStore	Speicher für Treiber bekannter Geräte und Windows-7-Dateischutz
FxsTmp	(Leer)
GroupPolicy	Domänengruppenrichtlinien
GroupPolicyUsers	Benutzerspezifische lokale Gruppenrichtl.
ias	RADIUS-Unterstützung
icsxml	Internetverbindungsfreigabe und UPnP

├──IME	Eingabeeditoren für asiatische Sprachen
├──inetsrv	Microsoft Internet Information Server 7.5
├──LogFiles	Protokolldateien für diverse Windows-Komponenten
├──manifeststore	.NET-Manifeste für Systemkomponenten
├──Microsoft	Konfigurationsdateien für Dienste
├──migration	Windows-7-Update-Hilfsdateien
├──migwiz	Windows-EasyTransfer
├──Msdtc	Distributed Transaction Coordinator
├──msmq	Microsoft Message Queuing Server
├──MUI	Multilanguage-User-Interface-Dateien
├──NDF	Network Diagnostics Framework-Ereignisanzeige
├──NetworkList	Symbole für Netzwerke
├──oobe	Windows-7-Installation und -Aktivierung
├──Printing_Admin_Scripts	VisualBasic-Skripte zur Druckerverwaltung
├──ras	Remote-Access-Service-Skripte
├──Recovery	Unterstützungsdatei für den Recovery-Agent
├──restore	Enthält die Machine-GUID
├──Setup	Unterstützungsdateien für die Installation (optionale Komponenten)
├──slmgr	Sprachdateien für die Windows-7-Aktivierung
├──SMI	WMI-Unterstützung
├──Speech	Spracherkennung
├──spool	Enthält Treiber für installierte Druckgeräte und Drucker sowie ein Migrationstool
├──spp	Weitere .NET-Manifests
├──sppui	Windows-Aktivierungs-Unterstützungsdateien
├──sysprep	Systemvorbereitungsprogramm
├──Tasks	Enthält zeitgesteuerte Aufgaben
├──wbem	WMI-Unterstützung
├──WCN	Windows-7-WLAN-Unterstützung
├──wdi	Enthält Leistungsdaten
├──wfp	IPsec-Diagnose
├──WinBioDatabase	(Leer)
├──WinBioPlugIns	Windows-Sensor-Unterstützungsdateien
├──WindowsPowerShell	Windows PowerShell
├──winevt	Protokolldateien der Ereignisanzeige
├──winrm	Windows-Remoteverwaltungssprachdateien
└──XPSViewer	Enthält den XPS-Betrachter
├──TAPI	Telephony API
├──Tasks	Aufgabenplanungsdienst

3.8 Aufbau der Windows-Installation (Verzeichnisstruktur)

├──Temp	Verzeichnis für temporäre Dateien
├──tracing	Für RAS-Trace-Dateien
├──twain_32	Scanner-Unterstützung
├──VSS	VolumeShadowCopy-Unterstützungsdateien
├──Web	Arbeitsplatzoberflächenhintergrunddateien
├──WindowsMobile	Windows-Mobile-Gerätecenter-Dateien
└──winsxs	Windows Side-by-Side-Store: Enthält verschiedene Versionen von Komponenten

4. Die Systemsteuerung

In der Windows-Systemsteuerung, die aus dem Startmenü aufgerufen werden kann, befinden sich viele Programme, mit denen die Einstellungen und die Arbeitsweise von Windows 7 angepasst werden können (siehe Abb. 4.1). Diese Abbildung ist jedoch nur als Beispiel zu verstehen, denn in Abhängigkeit von der in einem System installierten Hard-/Software (z. B. Bluetooth-Adapter, Apple Quicktime etc.) und Windows-7-Funktionen (bsp. für TabletPCs) können in der Systemsteuerung weitere Symbole aufgeführt sein.

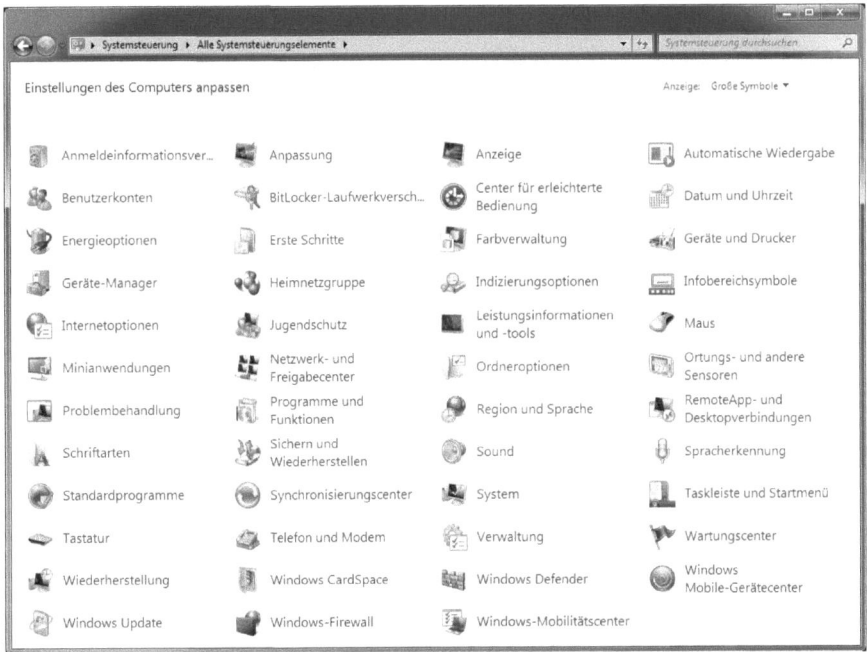

Abb. 4.1. Die Systemsteuerung in der „Große Symbole"-Ansicht

Viele der hier aufgeführten Programme sind sicherlich bereits bekannt bzw. selbsterklärend, so dass nachfolgend nur noch auf ausgewählte Programme näher eingegangen wird. Gleiches gilt für Programme, die wegen ihrer besonderen Funktion in anderen Kapiteln vorgestellt werden.

4.1 Anmeldeinformationsverwaltung

Mit diesem Programm lassen sich mehrere weitere Benutzernamen und -kennwortkombinationen eines Benutzers verwalten.

Sehr oft werden für den Zugriff auf andere Systeme weitere Benutzeranmeldeinfomationen benötigt, die, obwohl man sich bereits an einem Windows-Netzwerk angemeldet hat, dennoch eingegeben werden müssen. Dieses kann bsp. für Unix-Systeme erforderlich sein, für das Online-Banking oder den Zugriff auf Diskussionsforen etc.

Mit der Anmeldeinformationsverwaltung (siehe Abb. 4.2) lassen sich solche Kombinationen für ein Benutzerkonto erfassen und hinterlegen.

Damit ist dann in etlichen Fällen ein *Single Sign-On* (SSO) möglich.

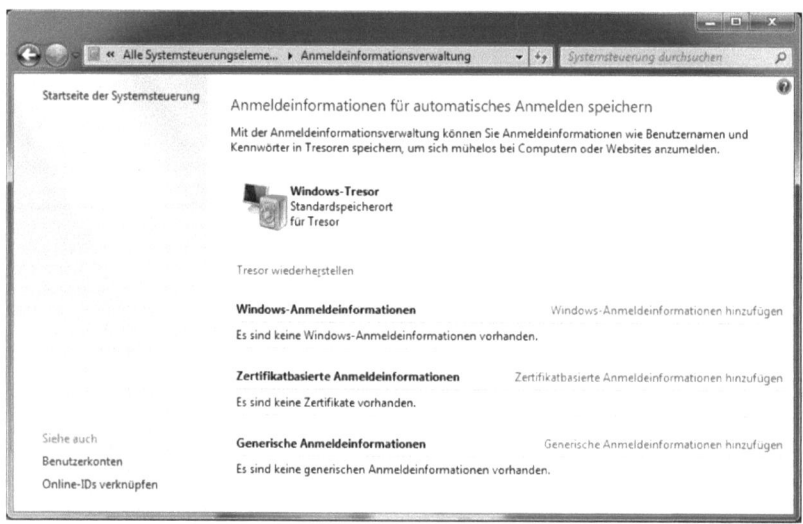

Abb. 4.2. Fenster der Anmeldeinformationsverwaltung

Die Form der Benutzeranmeldeinformationen (engl.: user credentials) kann Windows-basiert (d. h. mit Domänenname, Kontenname und Kennwort), X.509-Zertifikatsbasiert sowie *Generisch* (also ohne eine bestimmte Form) sein.

In Abb. 4.3 ist ein Beispiel für die Neuerfassung einer Windows-basierten Anmeldung abgebildet, das nach Klick auf den Text *Windows-*

Anmeldeinformationen hinzufügen des in Abb. 4.2 gezeigten Fensters erscheint.

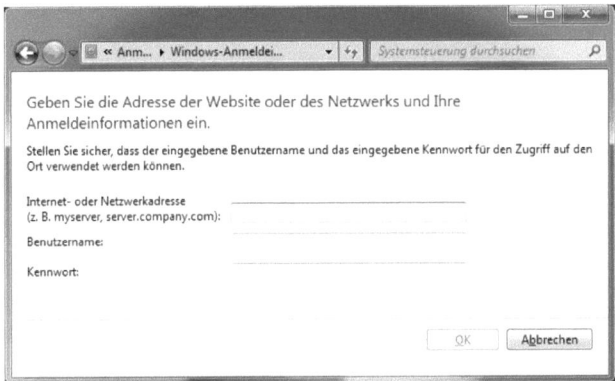

Abb. 4.3. Neuerstellung einer Windows-basierten Anmeldung

Bei der Erstellung einer Zertifikatsbasierten Anmeldung wird ein bestimmtes Benutzerzertifikat aus dem Zertifikatsspeicher ausgewählt, und bei der generischen Variante kann als Anmeldenamen auch eine E-Mail-Adresse eingegeben werden, welche dann später beim Aufruf des Zielsystems automatisch für die Anmeldung vorgelegt wird.

4.2 Automatische Wiedergabe

Mit dem Programm *Automatische Wiedergabe* (siehe Abb. 4.4) lässt sich festlegen, welche Aktion beim Einlegen eines Speichermediums in ein Laufwerk bzw. Anschließen eines Speichermediums an das System durchgeführt werden soll. Die automatische Ausführung von ausführbaren Dateien (mittels „Autostart.inf") ist aus Sicherheitsgründen nur noch von Nur-Lese-Datenträgern wie CD-/DVD-ROM möglich, jedoch nicht mehr von bsp. USB-Flashspeichermedien.

Die Auswahl ist dabei dateitypabhängig: Entsprechend des Dateinamenanhangs lässt sich bestimmen, was geschehen soll. So kann beim Einlegen einer CD, auf der sich bsp. MP3-Dateien befinden, das WinAmp-Programm aufgerufen werden, und wenn sich auf ihr bsp. eine RealMedia-Datei befindet, der RealPlayer. Und falls Apple QuickTime installiert ist, natürlich auch dieses.

In Unternehmensnetzen kann das Verhalten per Gruppenrichtlinie gesteuert werden.

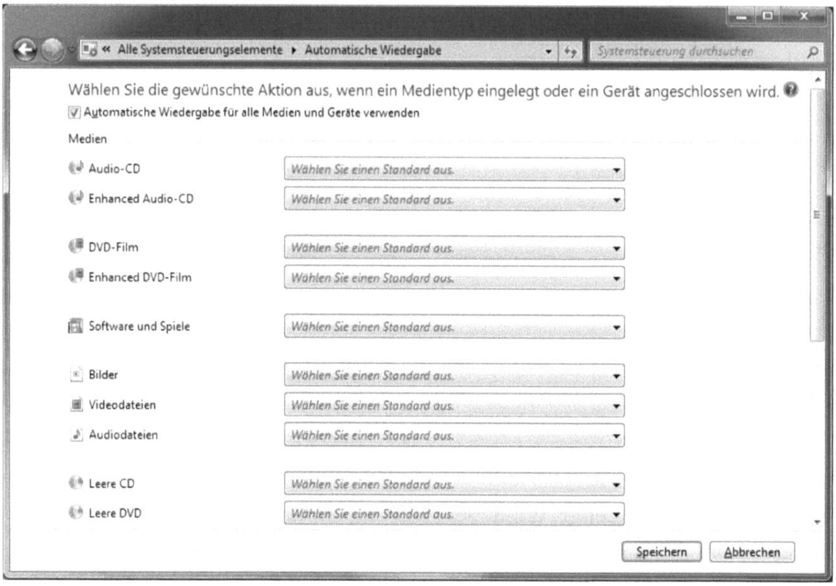

Abb. 4.4. Automatische Wiedergabe

4.3 BitLocker-Laufwerkverschlüsselung

Mit BitLocker wird eine Festplattenverschlüsselungsmethode bezeichnet, die seit Vista in Windows enthalten ist. Diese Funktion des Betriebssystems verschlüsselt die Festplattendaten mit dem 128- oder 256-Bit-AES-Verfahren vollständig. Insoweit unterscheidet sie sich von EFS (Encrypting File System, verschlüsselndes Dateisystem) unter NTFS, mit dem einzelne Benutzer-Dateien bzw. -Ordner (aber keine Systemdateien) verschlüsselt werden können.[1] Und anders als bei EFS werden neu erstellte Dateien mit BitLocker automatisch verschlüsselt.

Die durch die Ver- und Entschlüsselungsvorgänge zwangsläufig vorhandene Performanceeinbuße beträgt dabei lt. Microsoft-Angaben bei BitLocker weniger als 10 %, sie sinkt also nur um wenige Prozentpunkte im einstelligen Prozentbereich.

Technisch ist BitLocker (FVE, Full Volume Encryption) durch einen Dateisystemfiltertreiber realisiert, der dadurch sämtliche Lese- und Schreibvorgänge, die der NTFS-Dateisystemtreiber auf einer Partition vornimmt, mitbekommt. Es verschlüsselt und entschlüsselt die Datenblöcke

---

[1] Siehe Kapitel 6.

mit Hilfe eines symmetrischen Full Volume Encryption Keys (FVEK). Dieser Schlüssel wird einer Partition bei der BitLocker-Konfiguration zugewiesen.

In der Voreinstellung werden Partitionen mit einem 128 Bit langen AES-Schlüssel und einem 128 Bit langen Elephant-Diffuser verschlüsselt. Das kann durch eine Richtlinie jedoch geändert werden (z. B. auf 256 Bit lange Schlüssel).

Weil die Entschlüsselung im Datenstrom *vor* und die Verschlüsselung *nach* der Verarbeitung durch den NTFS-Treiber transparent erfolgt (das ist eine wesentliche Eigenschaft eines Filtertreibers), sieht eine BitLocker-verschlüsselte NTFS-Partition für alle Anwendungen wie eine reguläre, unverschlüsselte Partition aus.

Wenn jedoch versucht wird, die Daten (z. B. von einer anderen Betriebssystempartition) *roh*, also Sektor für Sektor zu lesen, sehen die Daten, wie jeder verschlüsselte Text, wirr aus, und man kann nichts erkennen.

Benutzer können hingegen in einem laufendem System (bsp. im Windows Explorer) nicht erkennen, ob eine Partition mit BitLocker verschlüsselt ist, weil sie völlig transparent für die Anwendungen ist. Lediglich in der Datenträgerverwaltung wird das betreffende Dateisystem als „(BitLocker-verschlüsselt)" gekennzeichnet.

Der oben schon erwähnte FVEK selber wird durch einen Volume Master Key (VMK) verschlüsselt in einem speziellen Metadaten-Bereich der betreffenden Partition gespeichert.

Der VMK wiederum kann durch einen oder mehrere symmetrische Schlüssel, die in einem TPM (Trusted Platform Module) und/oder einem USB-Speichergerät abgelegt werden, verschlüsselt werden. Beim Start des Systems muss das Betriebssystem den Zugriff auf diese(n) Schlüssel haben, um zuerst den VMK zu entschlüsseln und mit ihm den FVEK zu erhalten. Dieser dient, wie schon beschrieben„ für die symmetrische Entschlüsselung der Daten auf einer Festplatte, und damit den Erhalt der Klardatenblöcke einer Partition.

Ein TPM ist ein spezieller Baustein auf dem Mainboard des Rechners. Der Zugriff hierauf ist besonders gesichert und nur möglich, wenn an dieses Modul zuvor ein Freigabecode (s. u.) gesendet wird. Neuere Notebooks ab dem Baujahr 2006 besitzen ein solches oftmals. Falls kein TPM vorhanden ist, reicht auch ein USB-Stick aus, auf dem dann ein Start-Schlüssel gespeichert wird. Das muss aber per lokaler oder Active-Directory-Gruppenrichtlinie aktiviert werden. In der Voreinstellung kann BitLocker auf einem Windows-7-Rechner auf der Windows-Systempartition nur aktiviert werden, wenn im System ein TPM der Version 1.2 oder höher mit einem von Microsoft bereitgestellten Treiber und entsprechender und aktivierter BIOS-Unterstützung enthalten ist. In jenem muss auch eingestellt sein, dass von der Festplatte, nicht von einem USB-Speicher oder CD/DVD-Laufwerk gestartet wird.

In dem Fall der Speicherung auf einem USB-Flash-Speicher ist im Bit-Locker-Programm die TPM-Verwaltungsfunktion nicht verfügbar. Dadurch kann auch erkannt werden, ob ein System überhaupt über einen TPM-Baustein verfügt. Die Schlüssel für ggf. weitere verschlüsselte Partitionen werden als Teil der Registrierung, die auf der Startpartition (auf dieser ist Windows 7 installiert) liegt, untergebracht. Damit auf diese weiteren Partitionen zugegriffen werden kann, muss daher zuvor die Startpartition entschlüsselt werden.

Bei der ersten BitLocker-Verschlüsselung einer Partition und bei jeder Veränderung von bestimmten Bestandteilen der Startumgebung (u. a. vom Master Boot Record, vom BIOS, von den Programmdateien der Startpartition) werden Hash-Werte errechnet und in so genannte Platform Configuration Register (PCR) in ein TPM mit Hilfe des Tpm.sys-Treibers geschrieben, und so der VMK versiegelt.

Beim jedem Systemstart werden die betreffenden Hash-Werte genauso errechnet und in die PCR geschrieben. Nur wenn keine dieser Komponenten verändert wurden und auch die Festplatte nicht in ein anderes System gebracht wurde, kann dann der VMK vom TPM erhalten werden.[2]

Damit BitLocker von einem Administrator aktiviert werden kann, gibt es mehrere Voraussetzungen: So muss Windows 7 Enterprise oder Ultimate verwendet werden, außerdem sollte der Computer, wie schon erwähnt, einen TPM-Baustein für die Speicherung des Verschlüsselungsschlüssels enthalten.

Schließlich müssen zwei Partitionen, die beide mit NTFS formatiert sind, auf einem Basisdatenträger[3] eingerichtet sein. Auf der ersten, die als aktive Partition eingerichtet und mindestens 100 MB groß sein und mindestens 50 MB freien Speicher, jedoch keinen Laufwerksbuchstaben, haben muss, werden die Startdateien gespeichert. Von ihr wird gebootet, daher kann sie selbst nicht verschlüsselt sein. Auf der zweiten Partition wird das eigentliche Betriebssystem installiert. Beide Partitionen sollten vor der Betriebssysteminstallation eingerichtet werden. Windows 7 konfiguriert

---

[2] Wenn Sie daraus nun schließen, dass beim Neustart nach einem BIOS-Update der BitLocker-Wiederherstellungsschirm angezeigt wird, liegen Sie richtig! Es ist also ratsam, vor einer BIOS-Aktualisierung BitLocker zu deaktivieren. Mit BitLocker To Go verschlüsselte Datenträger (siehe unten) sind davon nicht betroffen.

[3] Partitionen auf Dynamischen Datenträgern, Software-RAIDS, VHDs und RAM-Disks, oder auf Laufwerken, die über iSCSI, Fiber Channel, eSATA oder Bluetooth angeschlossen sind, können nicht verwendet werden!

die Partitionen in der Voreinstellung während der Installation daher genau so wie empfohlen.

Eine mit BitLocker geschützte Partition kann in den Wiederherstellungsmodus wechseln, wenn bsp. am MBR (Master Boot Record) etwas geändert wird. Vor dem Installieren eines Service Packs für Windows 7 sollte daher vorsichtshalber für die Dauer des Installationsvorgangs die BitLocker-Verschlüsselung abgeschaltet[4] werden, auch wenn Microsoft angekündigt hat, dass alle Service Packs darauf achten, ob bei einem System BitLocker aktiviert ist.

Bei der BitLocker-Einrichtung gibt es vier Haupt-Konfigurationen:

1. TPM-only (Nur TPM)
2. TPM + Startup-Key (auf USB-Stick)
3. TPM + PIN
4. Startup-Key (USB) only

Darüber hinaus gibt es auch noch eine Drei-Faktor-BitLocker-Authentifizierungsmethode TPM + USB + PIN, bei der ein System ein TPM benötigt und zum Start ein USB-Speicher angeschlossen und eine PIN (Personal Identification Number) eingegeben werden muss.

Sie kann aber nicht über die GUI aktiviert werden, sondern muss mit dem sehr leistungsfähigen BitLocker-Verwaltungsskript „manage-bde.wsf" (siehe unten) eingestellt werden. Mit diesem Tool ist auch die Fernkonfiguration von BitLocker bei Systemen über ein Netzwerk möglich.

Der Vorteil an dieser „3-factor-authentication" im Vergleich zur Zwei-Faktoren-Authentifizierung ist, wenn ein Notebook inkl. USB-Stick verloren geht und falls jemand den USB-Stick kopiert hat, dass noch eine weitere Komponente benötigt wird, um an die Daten zu kommen.

Nachteilig ist jedoch, dass, wenn auch nur einer dieser drei Faktoren fehlerhaft ist, sich nicht mehr angemeldet werden kann, und auf die Daten nur noch mittels des BitLocker-Datenwiederherstellungsmodus zugegriffen werden kann.

Die (vom Benutzer festgelegte) PIN kann aus 4 - 20 Ziffern bestehen (ihre Mindestlänge kann über eine Richtlinieneinstellung festgelegt werden) und wird intern als 256-Bit Hash-Wert (SHA-256) der eingegebenen

---

[4] Das „Abschalten" unterscheidet sich vom wesentlich länger dauernden „Entfernen" dadurch, dass die Verschlüsselung erhalten bleibt, aber der Schlüssel temporär auf der Partition gespeichert wird. Auf eine abgeschaltete BitLocker-Partition kann genauso wie auf eine normale, unverschlüsselte Partiton zugegriffen werden.
Auch das Reaktivieren des BitLocker-Schutzes geschieht erheblich schneller.

Unicode-Zeichen der PIN gespeichert.[5] Alternativ können auch *erweiterte PINs*, die aus sämtlichen Zeichen der Tastatur bestehen können, verwendet werden.[6] Auch dieses wird über eine Einstellung einer Richtlinie vorgenommen.

Aber wie schon erwähnt: auch auf Computern ohne TPM kann BitLocker verwendet werden: Anstelle in dem Modul wird der Schlüssel auf einem USB-Laufwerk gespeichert. Das Rechner-BIOS muss jedoch Lesezugriffe hierauf vor Systemstart zulassen. Gegebenenfalls ist dazu eine BIOS-Aktualisierung erforderlich.

Weil der Wiederherstellungsschlüssel ebenfalls auf einem USB-Laufwerk gespeichert werden kann, wird in diesem Fall empfohlen, zwei verschiedene USB-Speicher zu verwenden: Einen für die tägliche Arbeit und einen anderen für den Wiederherstellungsfall.

Sollten Sie beim Systemstart nach dem 48-stelligen Wiederherstellungsschlüssel gefragt werden, gibt es hierbei eine Besonderheit: Die Funktionstasten F1 - F9 entsprechen den Ziffern 1 bis 9, F10 ist die Null. Die Funktionstasten müssen verwendet werden, weil zum Zeitpunkt des Systemstarts die Gerätetreiber (und damit auch der länderabhängige Tastaturtreiber) noch nicht allesamt geladen sind.

Der Schlüssel kann jedoch auch aus einer Datei von einem USB-Speicher von der BitLocker-Wiederherstellungskonsole gelesen werden, wenn der Speicher-Stick an den Computer angeschlossen ist.

Das BitLocker-GUI-Programm wird aus der Systemsteuerung aufgerufen. Es öffnet sich dann das in Abb. 4.5 dargestellte Fenster, in dem der Verschlüsselungsstatus der Partitionen angesehen und geändert werden kann. Wenn jedoch kein TPM installiert ist oder es nicht erkannt wird, wird eine Fehlermeldung ausgegeben.

Sie werden dabei gefragt, wie und wo Sie das Wiederherstellungskennwort speichern möchten, welches benötigt wird, falls der originale Schlüssel nicht mehr funktioniert oder nicht mehr zur Verfügung steht, die Festplatte in ein anderes System eingebaut wird, sowie falls Änderungen an der Systemstartkonfiguration vorgenommen werden.

Zur Auswahl stehen die Punkte: *Wiederherstellungsschlüssel in Datei speichern* und *Wiederherstellungsschlüssel drucken*.

---

[5] Für die Ver- und Entsiegelung des VMK im TPM werden davon jedoch nur die ersten 160 Bit verwendet.
[6] Dabei muss aber beachtet werden, dass zum Zeitpunkt, an dem beim Systemstart die erweiterte PIN eingegeben wird, ein evtl. lokaler Tastaturtreiber noch nicht geladen ist und daher stets das US-amerikanische Tastaturlayout benutzt wird. Und die Benutzung erweiterter PINs setzt die Unterstützung des Rechner-BIOS oder UEFI voraus.

4.3 BitLocker-Laufwerkverschlüsselung

Da das Wiederherstellungskennwort extrem wichtig ist, ist es ratsam, zusätzliche Kopien anzufertigen!

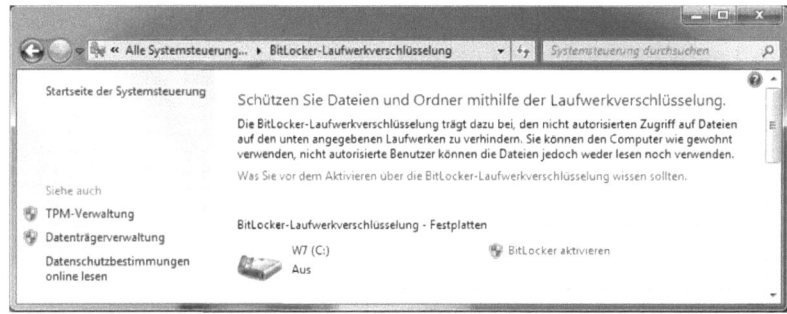

Abb. 4.5. Das BitLocker-Verwaltungsprogramm aus der Systemsteuerung

Für Unternehmen existieren auch die Konfiguration durch Gruppenrichtlinien und die Speicherung des Wiederherstellungsschlüssels in Active Directory. Wenn die Domänencontroller jedoch mit Windows Server 2003 R2 oder früher betrieben werden, muss dazu das AD-Schema mit dem Adprep.exe-Programm von der Windows-Server-2008-R2-DVD zuvor für die Aufnahme der dafür erforderlichen neuen Objektklassen und Attribute modifiziert werden. Außerdem kann ein domänenweiter Wiederherstellungs-Agent (durch einen öffentlichen Schlüssel) festgelegt werden, der alle mit BitLocker verschlüsselte Laufwerke entsperren kann.

Die Einstellungen finden sich in der Richtlinienerwaltung im Zweig:
Computerkonfiguration\Administrative Vorlagen\Windows-Komponenten\BitLocker Laufwerkverschlüsselung

Durch Auswahl der Schaltfläche *Verschlüsseln* beginnt der Vorgang. Er kann, falls gewünscht, durch erneutes Aufrufen des BitLocker-Verwaltungsprogramms abgebrochen bzw. rückgängig gemacht werden.

Nach einem Neustart wird dann schließlich die Betriebssystempartition im Hintergrund verschlüsselt. Die Konvertierungsrate beträgt dabei bei aktuellen Systemen ca. 1 GB je Minute. Während dessen kann der Computer jedoch weiterbenutzt und auch Daten verändert werden. Selbst bei einem Neustart des Systems hat Windows 7 sich gemerkt, bis zu welcher Sektorengruppe es gekommen ist, und setzt den Prozess ab dieser Stelle fort.

Das BitLocker-Fenster sieht bei der Einrichtung von weiteren, mindestens 64 MB großen Partition als der Windows-Start-Partition anders aus (siehe Abb. 4.6). Außerdem entfällt hier die voreingestellte Notwendigkeit, ein TPM haben zu müssen. Zum Entsperren der jeweiligen Partition kann ausgewählt werden, ob ein Kennwort eingegeben werden soll, ob eine Chipkarte (mit einem privaten Schlüssel) oder das Laufwerk automatisch (nach einer erfolgreichen Benutzeranmeldung) entsperrt werden soll. Für die automatische Entsperrung muss jedoch das Laufwerk, auf dem Windows 7 installiert ist, mit BitLocker verschlüsselt sein.

Der Wiederherstellungsschlüssel kann auf Wunsch auch auf einem USB-Flash-Laufwerk gespeichert werden.

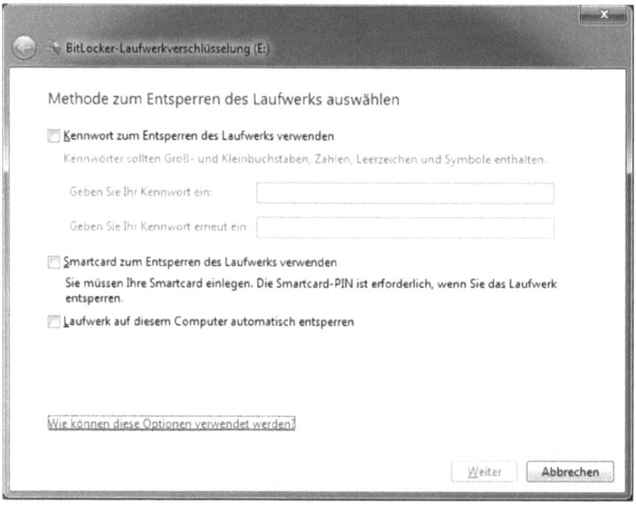

Abb. 4.6. BitLocker auf weiteren Laufwerken

4.3.1 BitLocker To Go

Eine in Windows 7 neu eingeführte Funktion ist das Verschlüsseln von portablen Datenträgern wie USB-Flash-Speicher, USB-Festplatten etc. – auch durch normale Anwender.[7]

In den Enterprise- und Ultimate-Versionen können diese Speichermedien über die *Bitlocker To Go* genannte Funktion verschlüsselt werden.

Das geht ebenfalls wie der Schutz anderer Partitionen als die Windows-Startpartition, mit dem BitLocker-Programm (siehe Abb. 4.5) bzw. im Explorer aus dem Kontextmenü des Symbols des betreffenden Laufwerks.

Auch die Methoden zum Entsperren des Laufwerks (siehe Abb. 4.6) werden gleichermaßen festgelegt, jedoch steht die Methode der automatischen Entsperrung nicht zur Verfügung.

---

[7] Das Verschlüsseln der Betriebssystempartition ist Administratoren vorbehalten.

Nach der Wahl der Entsperrmethode wird der Benutzer gefragt, ob er den (48-stelligen) Wiederherstellungsschlüssel ausdrucken oder in einer Datei speichern möchte.

Auf Windows-7-Computern (unabhängig von der Version) werden BitLocker-To-Go-verschlüsselte Speichermedien automatisch erkannt, und sie können für den Lese- und Schreibzugriff entsperrt und geöffnet werden. Für frühere Windows-Versionen ist jedoch die Installation des BitLocker-To-Go-Lesetools (siehe Kap. 4.3.2.4) notwendig, damit sie beim Anschließen an den PC erkannt werden und auf die Daten schreibgeschützt zugegriffen werden kann.

Per (Gruppen-)Richtlinie kann festgelegt werden, dass sämtliche beschreibbaren Wechselmedien verschlüsselt sein müssen sowie bestimmte Methoden für das Ver- und Entsperren erlaubt oder verboten sind.

Im Kontextmenü eines verschlüsselten Wechselmediums lässt sich auswählen, dass das Entsperr-Kennwort geändert, das Kennwort entfernt, eine Smartcard zum Entsperren des Laufwerks hinzugefügt, der Wiederherstellungsschlüssel erneut gespeichert oder ausgedruckt, oder das betreffende Laufwerk automatisch entsperrt werden soll.

4.3.2 BitLocker-Werkzeuge

Für die Verwaltung von BitLocker gibt es einige Programme, die das Arbeiten gerade in Unternehmungsumgebungen einfacher machen.

4.3.2.1 Das BitLocker-Programm Manage-bde.exe

Dieses Programm ist ein Werkzeug, mit dem sich die BitLocker-Laufwerksverschlüsselung auf Windows-7-Computern (auch über das Netzwerk) in einer Administrator-Eingabeaufforderung oder einem Skript verwalten lässt.

Die wichtigsten Parameter dieses Programms sind in Tabelle 4.1 aufgeführt. Eine detaillierte Liste der Syntax erhält man über den Aufruf mit -<Parameter-Name> -h.

Tabelle 4.1. Gültige Parameter für manage-bde.exe

Parameter	Funktion
-status	Gibt Informationen über BitLocker-fähige Volumes aus.
-on	Verschlüsselt ein Volume und aktiviert den BitLocker-Schutz.
-off	Entschlüsselt ein Volume und deaktiviert den BitLocker-Schutz.

-pause <LW:>	Hält einen laufenden Verschlüsselungs- oder Entschlüsselungsvorgang an.
-resume <LW:>	Setzt einen angehaltenen Verschlüsselungs- oder Entschlüsselungsvorgang fort.
-lock	Verhindert den Zugriff auf durch BitLocker verschlüsselte Daten.
-unlock	Lässt den Zugriff auf durch BitLocker verschlüsselte Daten zu.
-autounlock	Verwaltet die automatische Aufhebung der Sperre von Datenvolumes.
-protectors	Verwaltet die Schutzmethoden (z. B. TPM, USB-Speicher) für Schlüssel.
-tpm	Konfiguriert das TPM (Trusted Platform Module) des Computers.
-ForceRecovery (oder -fr)	Erzwingt, dass ein mit BitLocker geschütztes Betriebssystem beim Neustart wiederhergestellt wird.
-SetIdentifier (oder -si)	Konfiguriert das ID-Feld für ein Volume.
-changepassword	Ändert das Kennwort für ein Datenvolume.
-changepin	Ändert die PIN für ein Datenvolume.
-changekey	Ändert den Systemstartschlüssel für ein Volume.
-upgrade	Aktualisiert die BitLocker-Version.
-ComputerName (oder -cn)	Gibt den Namen oder die IP-Adresse des Computers an, der bearbeitet werden soll (z. B. "Computer1", "10.10.1.70")
-? oder /?	Zeigt eine kurze Hilfe an. Beispiel: -<*Parametername*> -?
-Help oder -h	Zeigt eine vollständige Hilfe an. Beispiel: -*Parametersatz -h*

Beispiele für die übliche Verwendung sind:

manage-bde -status
manage-bde -on C: -RecoveryPassword -RecoveryKey F:
manage-bde -unlock E: -RecoveryKey F:\\84E151C1...7A62067A512.bek

In Unternehmensumgebungen können (wie bereits beschrieben) die BitLocker-Schlüssel (bsp. mit einer Gruppenrichtlinieneinstellung) auch in Active Directory gespeichert werden und von dort für Wiederherstellungsvorgänge (engl.: *recovery*) ausgelesen werden.

4.3.2.2 BitLocker Repair Tool

Sollte die Wiederherstellung mit der eingebauten Wiederherstellungsfunktion nicht klappen, gibt es von Microsoft noch ein Reparatur-Programm namens BitLocker Repair Tool (*repair-bde.exe*), welches die Daten in eine Abbilddatei oder auf eine externe Festplatte kopieren kann. Es ist in Windows 7 enthalten. Eine weitere Beschreibung dieses, glücklicherweise nur selten eingesetzten Tools findet sich im Microsoft Knowledgebase-Artikel 928201 (http://support.microsoft.com/kb/928201).

4.3.2.3 BitLocker-Kennwortwiederherstellungs-Viewer

Wenn in Unternehmen die BitLocker-Schlüssel in Active Directory gespeichert werden (wie oben schon erwähnt), kann es etwas lästig sein, im Wiederherstellungsfall mit einem Programm wie Ldp.exe oder Adsiedit den korrekten Wiederherstellungsschlüssel des betreffenden Computerkontoobjekts ermitteln zu müssen.

Dieses Programm ist Teil der Remoteserver-Verwaltungstools (siehe Kap. 5.4) oder kann als *Bitlocker Active Directory Recovery Password Viewer* unter der URL *http://www.microsoft.com/downloads/details .aspx?FamilyID=2786fde9-5986-4ed6-8fe4-f88e2492a5bd* einzeln heruntergeladen, und als Erweiterung des *Active Directory - Benutzer und Computer*-Verwaltungsprogramms installiert werden.

Ein Domänen-Administrator[8] kann damit im Kontextmenü eines bestimmten Computerkontos den Wiederherstellungsschlüssel angezeigt bekommen oder im Kontextmenü eines Domänen-Containerobjekts nach Wiederherstellungsschlüsseln in allen Domänen einer Gesamtstruktur suchen.

Weitere Installationen auf Verwaltungs-PCs erfordern Domänen-Benutzer-Rechte und lokale Administrationsrechte auf dem PC, auf dem dieses Programm installiert werden soll.

4.3.2.4 BitLocker-To-Go-Lesetool

Das BitLocker-To-Go-Lesetool (Bitlockertogo.exe) wird benötigt, um von Windows-Versionen vor Windows 7, auf BitLocker-verschlüsselte Wechselmedien lesend zugreifen zu können. Sie müssen dazu entweder ein Kennwort oder den Wiederherstellungsschlüssel eingeben.
Im Normalfall ist dieses Programm in einem nicht-verschlüsselten Bereich enthalten, und wird auf dem Zielsystem beim Einstecken des Wechselmediums ausgeführt.[9]

---

[8] Oder ein beliebiger Benutzer, dem die Berechtigung des Auslesens der BitLocker-Attribute von Computerkonten gegeben wurden.

[9] Ob das Lesetool selbst aber auf Laufwerken vorhanden sein soll oder nicht, lässt sich ebenfalls über eine BitLocker-Richtlinieneinstellung festlegen.

Für Vorinstallationszwecke, und um sicher zu sein, dass eine originale, unmodifizierte Version im Netzwerk verteilt wird, kann es von folgender URL heruntergeladen werden:
http://www.microsoft.com/downloads/details.aspx?FamilyID=64851943-78c9-4cd4-8e8d-f551f06f6b3d&DisplayLang=de

Das BitLocker-To-Go-Lesetool kann jedoch nur mit kennwortgeschützten und FAT-formatierten Medien (das schließt FAT16, FAT32 und exFAT ein) benutzt werden. Wenn das Medium NTFS-formatiert oder mit einer Chipkarte geschützt sein sollte, kann es nur auf einem Computer, auf dem Windows 7 ausgeführt wird, entsperrt werden.

4.4 Datum und Uhrzeit

Ein Aufruf dieses Symbols startet das *Datum und Uhrzeit*-Programm (siehe Abb. 4.7), das aber natürlich auch aus der Taskleiste am unteren Bildschirmrand aufgerufen werden kann.

Abb. 4.7. Datum und Uhrzeit

Auch hier hat sich im Vergleich zu den Vorgängerversionen einiges getan: So lassen sich nun der Beginn und das Ende der Sommerzeit sowie die Zeiten in mehreren Zeitzonen anzeigen (Registerkarte *Zusätzliche Uhren*).

Die Zeitsynchronisierung lässt sich per NTP (Network Time Protocol), der den UTP-Port 123 benutzt, mit einer Internetquelle oder einem Unternehmenszeitserver[10] synchronisieren. Zur Modifikation sind nunmehr aber administrative Rechte erforderlich, weil durch Verändern der Systemzeit Replay-Attacken bei bestimmten Netzwerkprotokollen möglich sind. In den Internetzeiteinstellungen wird der Name oder die IP-Adresse eines Zeitservers eingetragen. Gerade im deutschsprachigen Raum bieten sich dafür die Stratum-1-Server *ntp1.ptb.de* und *ntp2.ptb.de* der Physikalisch-technischen Bundesanstalt in Braunschweig an, deren Cäsium-Atom-Uhren-Dienste wir durch Steuern bezahlen, und bei denen die Ping-Zeiten kleiner (und damit die Genauigkeit der eingestellten Zeit höher wird) als bei dem voreingestellten Wert *time.windows.com*, welcher derzeit eine Verzögerung von mindestens 200 ms mit sich bringt.[11]

Mit dem Programm *Tzutil.exe* kann von einer Administrator-Eingabeaufforderung oder in Skripten die Zeitzone konfiguriert werden.

4.5 Der Geräte-Manager

Mit dem Geräte-Manager (siehe Abb. 4.8) lassen sich sämtliche Geräte und Systemkomponenten eines Computers verwalten.

Die einzelnen Geräte sind in Kategorien zusammengefasst, können aber durch einen Mausklick auf das Plussymbol erweitert und so einzeln dargestellt werden.

Nur noch über den Auswahlpunkt *Legacyhardware hinzufügen* aus dem Aktions-Menü kann das Hardware-Programm (siehe Abschnitt 4.6), mit dem nicht-Plug-and-Play-fähige Hardware installiert werden kann, aufgerufen werden.

Mit der Option *Vorheriger Treiber* aus der Registerkarte *Treiber* in den Eigenschaften eines jeden Geräts lässt sich die jeweils vorher installierte Version eines Gerätetreibers wieder herstellen, falls ein Gerät nach einer Treiberaktualisierung nicht mehr funktionieren sollte. Dieser Punkt kann dort aber nur ausgewählt werden, wenn der jeweilige Gerätetreiber mindestens einmal aktualisiert wurde, sonst ist diese Schaltfläche grau (inaktiv) dargestellt.

Ein wichtiger Unterschied besteht in den Funktionen *Deaktivieren* und *Deinstallieren*: Ersteres schaltet die Funktion des betreffenden Geräts in

---

[10] Auf jedem Active-Directory-Domänencontroller läuft standardmäßig der NTP-Dienst.
[11] Ob Sie hierbei den FQDN (Fully Qualified Domain Name) des Zeitservers oder seine IP-Adresse eintragen, bleibt Ihnen überlassen. Denn beides bringt jeweils Vor- und Nachteile mit sich. Im Falle der PTB werden vom Betreiber DNS-Namen empfohlen.

Windows (nicht jedoch im BIOS) ab, und es kann dann danach nicht mehr verwendet werden.

Die zweite Option hingegen entfernt lediglich die derzeit installierten Gerätetreiber, lässt das Gerät aber aktiviert. Nach einem Neustart des Systems erkennt Windows 7 dieses Gerät erneut, versucht einen Treiber zu installieren bzw. fragt nach Treibern dafür.

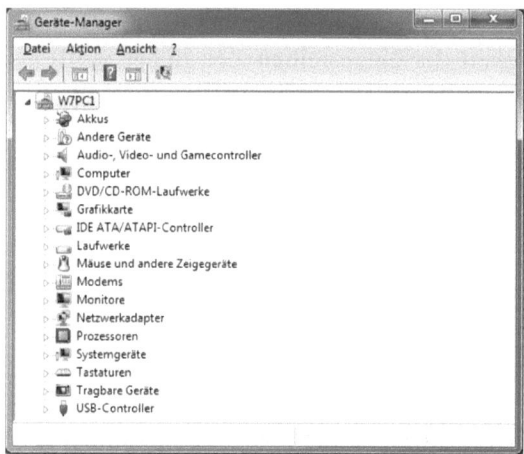

Abb. 4.8. Der Geräte-Manager

4.5.1 Fehlercodes des Gerätemananagers

Wenn ein Gerät nicht aktiviert werden kann, gibt der Geräte-Manager leider nur einen schlichten, wenig aussagekräftigen Fehlercode aus.

In Tabelle 4.2 sind alle aktuellen Fehlercodes des Gerätemanagers in Windows 7 mit ihrer Ursachen- und Abhilfenbeschreibung aufgeführt.

Tabelle 4.2. Fehlercodes des Geräte-Managers

Fehlercode	Beschreibung
1	Das Gerät ist nicht richtig konfiguriert. Der Treiber sollte mit der „Treiber aktualisieren"-Funktion erneuert werden.
3	Die Treiberdateien sind beschädigt oder das System hat zu wenig Systemressourcen. Wenn der Gerätetreiber wirklich beschädigt ist, sollte er bei dem betreffenden Gerät deinstalliert und dann die Geräteerkennung mit „Nach neuen Geräten suchen" durchgeführt werden. Ob zu wenig Hauptspeicher zur Verfügung steht, kann bsp. mit

	dem Task-Manager ermittelt werden.
9	Windows kann dieses Gerät nicht erkennen, weil es keine gültige Hardware-ID hat. Die betreffende Hardware oder der Treiber ist defekt.
10	Das Gerät konnte nicht gestartet werden. Das ist ein Standard-Fehlercode, der verwendet wird, falls kein detaillierter Code ermittelt werden kann. Generalisierte Abhilfen sind: Gerät deaktivieren und reaktivieren, Treiber-Update installieren oder einen anderen Steckplatz im Computer für das betreffende Gerät benutzen.
12	Für dieses Gerät stehen nicht genügend Systemressourcen (wie RAM, IRQ, DMA etc.) zur Verfügung, und daher wurden mehreren Geräten dieselben Ressourcen zugewiesen. Unter Umständen muss ein anderes Gerät angehalten werden, damit Systemressourcen freigegeben werden. In seltenen Fällen kann auch ein BIOS-Update helfen.
14	Damit dieses Gerät arbeiten kann, muss zuvor der Computer neu gestartet werden. Dieser Fehler tritt z. B. auf, wenn für ein Gerät gerade neue Treiber installiert wurden oder bestimmte Einstellungen geändert wurden, die nur während des Systemstarts von Bedeutung sind. Nach einem Neustart sollte dieses Problem behoben sein.
16	Windows kann nicht alle Ressourcen erkennen, die dieses Gerät benötigt, und es wurde nur teilweise konfiguriert. Dieser Fehler sollte für PnP-Geräte heutzutage eigentlich nicht mehr auftreten. Falls doch, können über die Registerkarte *Ressourcen* der Geräteeigenschaften sämtliche benötigten Ressourcen manuell eingetragen werden.
18	Die Treiber für dieses Gerät müssen erneut installiert werden. Bei der Installation der Treiber ist ein Fehler aufgetreten. Entfernen und installieren Sie die Treiberdateien erneut.
19	Das Gerät kann nicht gestartet werden, weil die Gerätetreiberinformationen in der Registrierung unvollständig oder beschädigt sind. Abhilfe: Entweder wie bei Code 18 oder Verwendung des vorherigen Treibers.
21	Dieses Gerät wird gerade entfernt. Der Benutzer hat die Funktion *Hardware sicher entfernen* ausgeführt und Windows damit veranlasst, dieses Gerät zu entfernen. Warten Sie einige Sekunden und rufen Sie den Gerätemanager erneut auf. Falls das Gerät dann dort immer noch aufgeführt ist, war der Entfernungsprozess fehlerhaft, und Sie sollten einen Neustart durchführen.
22	Dieses Gerät ist deaktiviert. Dieses Gerät wurde im Gerätemanager (oder evtl. in der Registrierung oder sogar in BIOS) deaktiviert. Um mit ihm wieder zu arbeiten, sollten Sie es im Gerätemanager (bzw. BIOS) wieder aktivieren.

24	Dieses Gerät ist nicht angeschlossen, arbeitet nicht richtig, oder es fehlen Treiberdateien. Eventuell hilft es, neue Treiberdateien zu installieren. Außerdem tritt dieser Zustand auf, nachdem ein Gerät entfernt wurde (siehe Code 21). In diesem Fall hilft ein Neustart.
28	Für dieses Gerät sind keine Treiber installiert. Installieren Sie Treiber über die Funktion „Treiber aktualisieren...".
29	Dieses Gerät ist deaktiviert, weil seine Firmware nicht die benötigten Ressourcen angefordert hat. Aktivieren Sie dieses Gerät während eines Neustarts in seinem Geräte-BIOS.
31	Das Gerät arbeitet nicht richtig, weil Windows den Treiber nicht laden konnte. Installieren Sie einen aktualisierten Gerätetreiber.
32	Ein Dienst, der für dieses Gerät benötigt wird, wurde deaktiviert (d. h. mit dem Dienste-Programm oder in der Registrierung auf *deaktiviert* gesetzt). Sie können den benötigten Dienst wieder aktivieren, den Treiber entfernen und wieder installieren oder ein Treiber-Update installieren.
33	Windows kann nicht erkennen, welche Ressourcen dieses Gerät benötigt. Hier hilft ein Firmware- und/oder Treiber-Update.
34	Windows kann die Einstellungen für dieses Gerät nicht erkennen. Bei PnP-fähigen Geräten sollte dieser Fehler nicht auftreten. Das betreffende Gerät muss wohl über DIP-Schalter oder ein Programm vom Gerätehersteller konfiguriert werden.
35	Die Firmware (BIOS) des Computers verfügt über zu wenige Informationen, um dieses Gerät konfigurieren zu können bzw. es gibt eine Inkompatibilität zwischen dem Gerät und der MPS-Tabelle des Computer-BIOS. Aktualisieren Sie das Computer-BIOS und/oder die Geräte-Firmware.
36	Das Gerät fordert einen PCI-Interrupt an, ist aber für ISA-Unterbrechungsanforderungen konfiguriert (oder umgekehrt). Sie können im Computer-BIOS die Zuordnung zwischen PCI- und ISA-Interrupts anpassen.
37	Der Gerätetreiber konnte nicht initialisiert werden. Der Treiber kann nicht geladen werden, wenn der Treiber-Manager nicht läuft. Versuchen Sie den Treiber zu entfernen und neu zu installieren. Eventuell hilft auch ein Treiber-Update, in dem der Fehler behoben wurde.
38	Windows kann diesen Treiber nicht laden, weil eine andere Instanz des Treibers bereits geladen ist. Deaktivieren und reaktivieren Sie das Gerät. Falls das nicht hilft, starten Sie den Computer neu.
39	Für dieses Gerät kann kein Treiber geladen werden. Er ist beschädigt, unsigniert oder es fehlen Treiberdateien. Sie sollten den Treiber deinstallieren und erneut installieren.

40	Windows kann den Treiber aufgrund fehlender oder fehlerhafter Einträge in der Registrierung nicht laden. Abhilfe wie bei Code 39.
41	Windows konnte den Gerätetreiber zwar laden, aber das Gerät nicht finden. Man denkt, das ist ein Fehler aus der Kategorie „April-Scherz". Aber er kann tatsächlich bei Nicht-PnP-Geräten auftreten. In dem Fall muss man über das Hardware-Programm das Gerät installieren. Gegebenenfalls wird auch eine neue Treiberversion benötigt. Bei einem PnP-Gerät sollten die Lösungen von Code 38 sowie Code 39 probiert werden.
42	Windows kann den Treiber für diese Hardware nicht laden, weil ein identisch konfiguriertes Gerät bereits gestartet wurde. Aufgrund eines Bustreiberfehlers wurde ein doppeltes Gerät erkannt. Ein Neustart sollte helfen.
43	Windows hat das Gerät gestoppt, weil es einen Fehler gemeldet hat. Hier könnte ein Hardwareschaden vorliegen, oder die Treiberdateien sind in der Registrierung nicht eingetragen. Eventuell könnte auch ein Ressourcenkonflikt der Grund sein. Sie sollten das betreffende Gerät testen um sicherzustellen, dass es wirklich funktioniert und in Ordnung ist. Auch kann eine Treiberentfernung und -neuinstallation abhelfen.
44	Eine Anwendung oder ein Dienst hat dieses Gerät beendet. Führen Sie einen Neustart durch.
45	Das Gerät ist nicht mit dem Computer verbunden. Diese Fehlermeldung ist harmlos und tritt z. B. auf, wenn der Geräte-Manager mit gesetzter Umgebungsvariable DEVMGR_SHOW_NONPRESENT_ DEVICES, mit der alle jemals installierten und verbundenen Geräte aufgelistet werden, aufgerufen wurde, und ausgeblendete Geräte angezeigt werden.
46	Dieses Gerät kann nicht kontaktiert werden, weil das Betriebssystem gerade heruntergefahren wird. Nach einem Neustart steht es wieder zur Verfügung.
47	Dieses Gerät wurde mit dem Programm „Hardware sicher entfernen" bereits beendet, ist aber noch mit dem Computer verbunden. Entfernen und verbinden Sie es danach wieder mit Ihrem Rechner. Dann steht es wieder zur Verfügung.
48	Wegen bekannter Inkompatibilitäten wurde dieses Gerät nicht gestartet. Es gibt bekannte Probleme mit dieser Hardware (z. B. Abstürze bzw. Blue Screens). Installieren Sie eine aktualisierte Treiberversion.
49	Windows kann keine weiteren Geräte mehr starten, weil der System-Hive in der Registrierung zu groß ist. Dieser Fehler tritt nur sehr selten auf! Das Entfernen nicht mehr benötigter Geräte (und damit auch ihrer Treiber), insbesondere mit der in Code 45 genannten Um-

		gebungsvariable gibt Speicher der Registrierung frei und sollte dieses Problem lösen. Falls nicht, muss eine Neuinstallation des Betriebssystems in betracht gezogen werden.
	50	Windows kann nicht alle Eigenschaften eines Geräts anwenden. Als Abhilfe kann versucht werden, das betreffende Gerät neu zu installieren. Ober besser den Hersteller nach einem aktuelleren Treiber zu fragen.
	51	Das Gerät wartet auf den Start eines anderen Geräts oder einer Gruppe von Geräten. Bei dieser Fehlermeldung kann man entweder nur warten, oder versuchen zu ermitteln, aus welchem Grund das andere Gerät nicht gestartet werden konnte.
	52	Die digitale Signatur eines Gerätetreibers konnte nicht bestätigt werden. Der Treiber einer 64-Bit-Version von Windows ist unsigniert, beschädigt oder wurde böswillig verändert (z. B. durch einen Virus). Abhelfen kann eine erneute Installation des betreffenden Treibers bzw. das Installieren eines signierten Treibers.

Einige Nummern sind nicht mehr belegt. Der Grund für diese „Lücken" ist einfach: Es liegt daran, dass der Gerätemanager mit Windows 95 eingeführt wurde und bestimmte Fehler auf Windows 7 nicht mehr zutreffen (da sich unter anderem das Gerätetreibermodell geändert hat).

4.5.2 Der Gerätetreiberspeicher

Windows 7 speichert alle Gerätetreiber in einem Treiber-Speicher (engl.: driver store). Dieser liegt im Pfad %systemroot%\System32\DriverStore. In Vorinstallationsszenarien lassen sich Treiber für Geräte, die Windows 7 nicht ohnehin unterstützt (oder die dennoch nicht verwendet werden sollen), von Administratoren verwalten. Hierfür gibt es das Programm *Pnputil.exe*: Mit ihm wird das Hinzufügen, Löschen und Auflisten von Treiberpaketen des Windows-7-Treiberspeichers ermöglicht. Das bezieht sich aber nur auf selbst hinzugefügte Treiber: Windows-7-eigene Treiber lassen sich mit diesem Programm nicht verwalten.

Wenn während einer Windows-7-Installation für ein Gerät kein Treiber vorliegt, (d. h. weder im Teiber-Speicher, noch auf der Windows-Update-Website) und der Anwender auch kein Installationsmedium mit einem passenden Treiber hat, wird das der Windows-Error-Reporting-Web-Site gemeldet, um Microsoft und Geräteherstellern mitzuteilen, dass für ein bestimmtes Gerät kein Treiber vorliegt.

Die Syntax des Pnputil-Befehls ist:

Pnputil.exe [-f | -i] [-? | -a | -d | -e] <INF-Dateiname>

Tabelle 4.3. Verwendungsbeispiele des PnPUtils

Aufruf	Funktion
pnputil.exe -a d:\xyz\XYZ.inf	Füge das Paket XYZ.inf dem Treiberspeicher hinzu
pnputil.exe -a c:\drivers*.inf	Füge alle Treiberpakete in C:\drivers dem Treiberspeicher hinzu
pnputil.exe -a -i a:\xyz\XYZ.inf	Hinzufügen und Installieren des angegebenen Treiberpakets
pnputil.exe -e	Auflistung aller Treiberpakete von Drittanbietern
pnputil.exe -d oem0.inf	Löschung des Pakets oem0.inf
pnputil.exe -d -f oem0.inf	Erzwungenes Löschen des Pakets oem0.inf
pnputil.exe -?	Pnputil.exe Hilfe-Seite

Diese Befehle müssen natürlich im administrativen Sicherheitskontext (also z. B. in einer Administrator-Eingabeaufforderung) ausgeführt werden.

4.6 Hardware

Das von früheren Windows-Versionen bekannte *Hardware*-Programm (siehe Abb. 4.9) ist nicht mehr in der Systemsteuerung aufgeführt.

Dieses Programm sollte heutzutage ohnehin nur noch selten benutzt werden müssen, weil es Treiber für Geräte verwaltet, die nicht Plug&Play-fähig sind.

Zeitgemäße Erweiterungskarten, die per PCI-Express-Bus, AGP-Bus oder PCI-Bus mit dem Computer-System verbunden sind, melden von sich aus, welche Systemressourcen (E/A-Ports, RAM, IRQ- oder DMA-Kanäle) sie benötigen. Selbst für alte, ISA-Steckkarten, für die es nun sehr schwer ist, überhaupt noch Hauptplatinen zu bekommen, existiert eine Plug&Play-Spezifikation für die konfigurationslose Inbetriebnahme.

Windows 7 hat eine integrierte Treiberunterstützung für mehr als 2 Millionen (!) Geräte. Und wenn sich für ein Gerät kein Treiber auf dem Installationsmedium befindet, versucht Windows 7, einen geeigneten Treiber über die Windows-Update-Funktion aus dem Internet herunterzuladen.

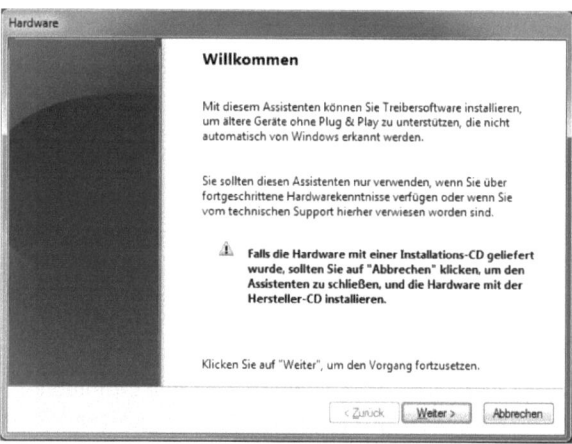

Abb. 4.9. Hardware-Manager

Falls angeschlossene Geräte aber weder beim Systemstart noch durch eine manuelle Suche im Gerätemanager nicht gefunden werden, kann mit dem Hardware-Programm eine Installation erzwungen werden. Um Systemabstürze zu vermeiden, sollte dabei aber unbedingt sichergestellt sein, dass die Klasse des Gerätes, für das Treiber installiert werden sollen, tatsächlich korrekt ist, und der erzwungen installierte Treiber zum jeweiligen Gerät passt.

Und für eine weitere, in manchen Fällen sehr wichtige Aufgabe wird das Hardware-Programm benötigt: Nämlich für die Installation des Microsoft Loopback-Netzwerkadapters! Diese, nur wenig bekannte Funktion bindet einen Pseudo-Netzwerkadapter ein, damit stets ein TCP/IP-Stack (o. a.) verfügbar ist, unabhängig davon, ob tatsächlich eine Netzwerkverbindung besteht. Denn manche Dienste (wie z. B. der DNS-Server-Dienst) verweigern ihre Funktion, wenn beim Systemstart keine voll konfigurierte Netzwerkschnittstelle bereit steht. Auch im völlig isolierten Modus können auf einem Computer Netzwerkfunktionen installiert und ausprobiert werden, ohne dass dieser an ein (W)LAN angeschlossen sein muss.

Installiert wird der Microsoft Loopback-Adapter über die Auswahl *Netzwerkadapter - Microsoft - Loopbackadapter* im Hardware-Programm. Es kann dann ausgewählt werden, ob eine virtuelle IEEE 802.3- (Ethernet)- oder IEEE 802.5- (Token Ring)-Schnittstelle installiert werden soll.

Das Hardware-Programm selbst kann im Geräte-Manager über den Menüpunkt *Aktion - Legacyhardware hinzufügen* oder über den Befehl *Hdwwiz.exe* aufgerufen werden. Im ersten Fall muss sich der Cursor dazu

im unteren Bereich des Fensters befinden, denn das Menü Aktion des Geräte-Managers ist kontextsensitiv.
Wie schon erwähnt, sollte man bei seiner Benutzung sehr vorsichtig sein!

4.7 Indizierungsoptionen

Standardmäßig werden alle Dateien der gängigsten Dateitypen auf dem Computer indiziert. Zu den indizierten Speicherorten gehören alle Dateien Ihres persönlichen Ordners (z. B. Dokumente, Fotos, Filme und Musik) sowie E-Mail- und Offline-Dateien. Programm- und Systemdateien werden jedoch nicht in den Index aufgenommen, da diese Dateien im allgemeinen nur selten durchsucht werden müssen. Weil der Index dadurch kleiner ist, werden Suchvorgänge somit beschleunigt.
Verwaltet wird die Indizierung mit dem Programm *Indizierungsoptionen* aus der Systemsteuerung (siehe Abb. 4.10).
In ihm können die Verzeichnisse (*Orte* genannt), die ein- und ausgeschlossen werden sollen, festgelegt werden.

Abb. 4.10. Optionen des Indizierungsprogramms

Die Indizierung läuft im Hintergrund, wenn der PC nicht benutzt wird, damit der Einfluss auf die Leistung des Rechners so gering wie möglich ist. Falls Ihr Computer also spontan viel auf die Festplatte zugreift, obwohl

Sie gerade nicht an ihm arbeiten, könnte die Indizierung der Grund dafür sein.

Wenn ein Index vorhanden ist, wird nur noch dieser verwendet: Das kann praktisch sein, um bestimmte Dateien und Verzeichnisse (in z. B. Temp- und Archivverzeichnissen) aus Suchergebnissen auszublenden. Die als Ergebnis einer Suche aufgelisteten Dateien und Verzeichnisse geben dann aber nicht mehr in jedem Fall vollständig den Inhalt einer Festplatte wieder.

Als Administrator(in) kann man durch Auswahl der Schaltfläche *Erweitert* detaillierter die Arbeitsweise der Indizierungsfunktion festlegen. Es öffnet sich dann das in Abb. 4.11 gezeigte Fenster.

Abb. 4.11. Erweiterte Optionen der Indizierung

In der Registerkarte *Dateitypen* können die zu indizierenden und die nicht zu indizierenden Dateien der aufgeführten Typen (bzw. Dateiendungen) festgelegt werden, sowie ob nur die Dateieigenschaften oder die Dateieigenschaften *und* die Dateiinhalte in den Index aufgenommen werden sollen (siehe Abb. 4.12).

Als zusätzliche Steuerungsoption können in den NTFS-Berechtigungen der betreffenden Objekte (siehe dazu Kap. 6) die Indizierung jeweils aktiviert bzw. deaktiviert werden.

Theoretisch könnte auch der gesamte Computer mit allen Verzeichnissen und Dateien indiziert werden. Davon sollte aber aus folgendem Grund abgesehen werden: Wenn der Index zu groß wird, oder wenn Sie Dateisystempfade einschließen, wie etwa den Ordner Programme, werden Ihre Routinesuchen langsam, da der Index nicht mehr performant durchsucht werden kann. Um ein optimales Ergebnis zu erzielen, empfiehlt Microsoft, nur solche Ordner zum Index hinzuzufügen, die persönliche Dateien enthalten.

In der Voreinstellung ist beim Suchen jedoch *Nur indizierte Orte* ausgewählt.

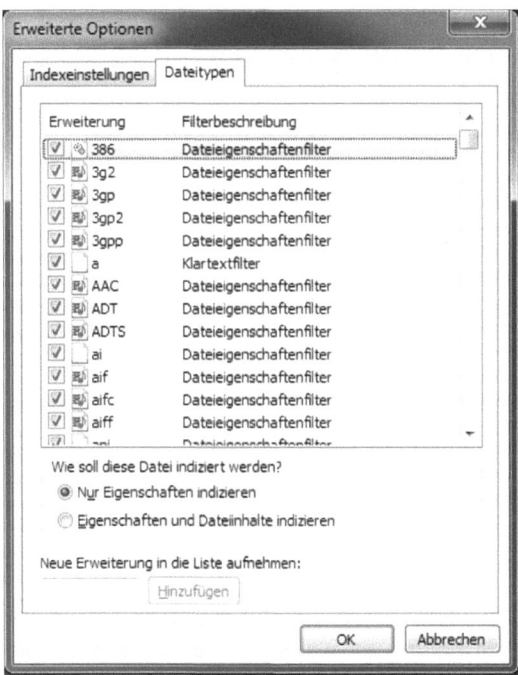

Abb. 4.12. Auswahl zu indizierender Dateitypen

4.8 Infobereichsymbole

Mit dem Programm *Infobereichsymbole* kann bestimmt werden, welche Symbole im Infobereich der Taskleiste dargestellt werden sollen (siehe Abb. 4.13).

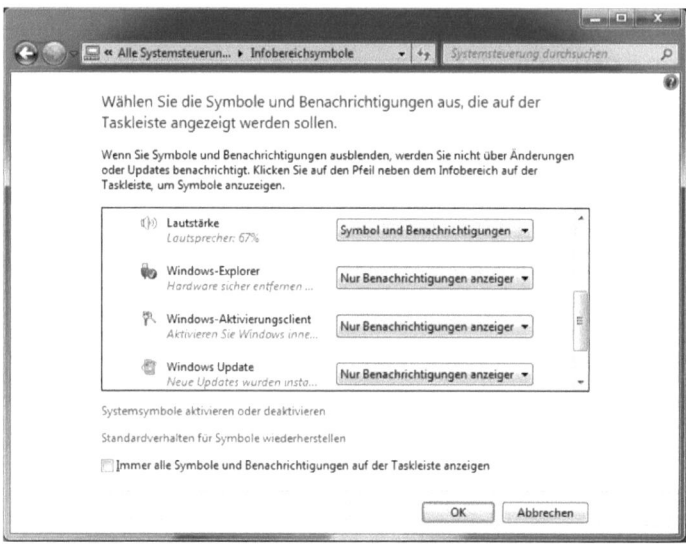

Abb. 4.13. Infobereichsymbole

Da der Platz im rechten unteren Bereich des Bildschirms (wo sich der Infobereich befindet) begrenzt ist, lassen sich hiermit wichtige Programmsymbole dauerhaft ein- und auch ausblenden, oder auch festlegen, dass nur Benachrichtigungen angezeigt werden.

Wenn nachträglich installierte Programme eigene Infobereichsymbole mitbringen, ist die Liste in dem Fenster entsprechend länger.

4.9 Jugendschutz

Mit dem Jugendschutzprogramm der Systemsteuerung (siehe Abb. 4.14) kann durch einen Administrator festgelegt werden, wie ein bestimmter Computer durch andere Benutzer verwendet werden kann.

Zur Auswahl stehen dabei Einschränkungen hinsichtlich der Benutzungszeit, von Spielen und anderen Programmen.

Diese Punkte können für jedes nicht-adminstrative Konto einzeln und ggf. unterschiedlich eingestellt werden (siehe Abb. 4.15).

Außerdem kann die Jugendschutzfunktionalität durch Downloads (z. B. Aktivitätsberichterstellung und Webfilter) von Dienstanbietern ergänzt werden, ebenfalls individuell. Microsoft bietet dafür den *Windows Live Family Safety-Filter* auf einer eigenen Website (http://download.live.com/familysafety) kostenlos zum Herunterladen an.

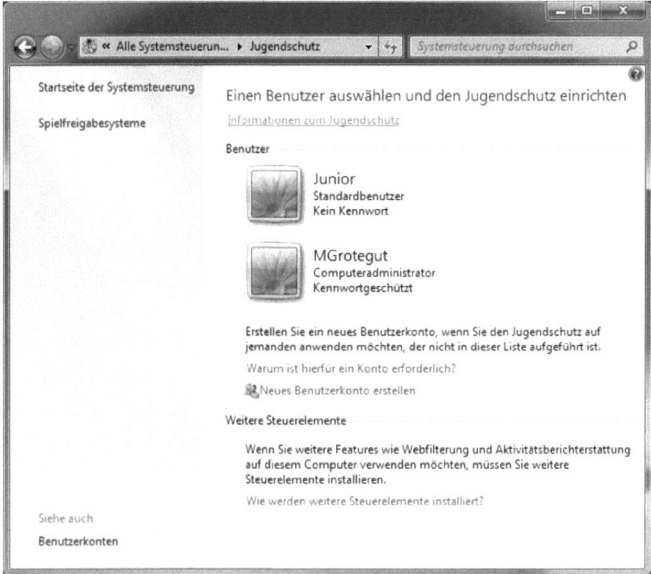

Abb. 4.14. Jugendschutz-Fenster

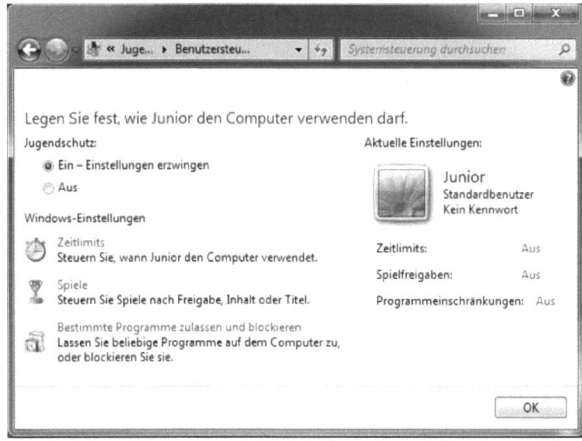

Abb. 4.15. Konteneinstellungen

Die Zeitsteuerung[12] kann dabei recht granular in stündlichen Intervallen von Montag bis Sonntag, 0 bis 24 Uhr eingestellt werden (siehe Abb. 4.16).

---

[12] Diese wird auch *Zeitbegrenzung* oder *Zeitlimit* genannt.

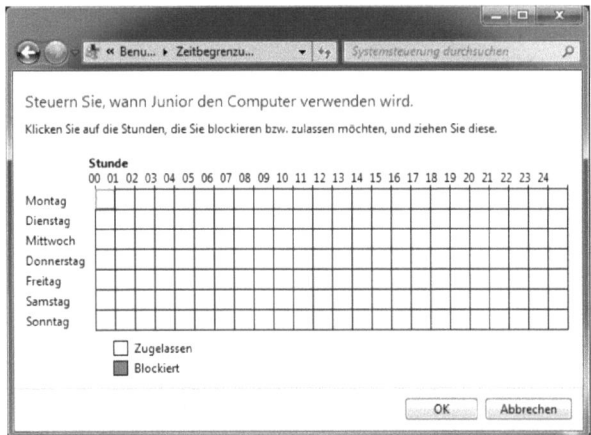

Abb. 4.16. Zeitbeschränkung eines Benutzerkontos

Auch ob, und welche Spiele auf einem System durch einen bestimmten Benutzer ausgeführt werden können, kann ausgewählt werden (siehe Abb. 4.17)

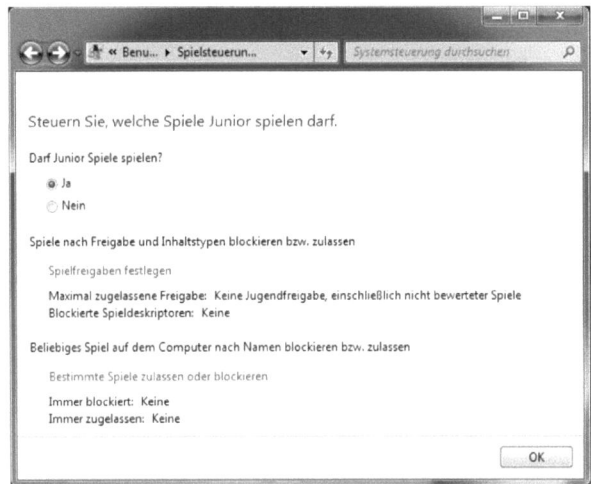

Abb. 4.17. Spielbeschränkung eines Benutzerkontos

Zur Vereinfachung müssen die erlaubten bzw. unerwünschten Spiele nicht allesamt einzeln bestimmt werden, sondern können über bestimmte Spielebewertungssysteme (siehe Abb. 4.18 und 4.19) gemäß der Altersstufe eingestellt werden. Von diesen aufgeführten nationalen und internationalen Organisationen (u. a. CERO, PEGI und USK) muss sich aber für eine entschieden werden, die dann für alle Benutzerkonten verwendet wird.

Wenn ein Spiel überhaupt keine Altersfreigabeinformationen (oder zumindest keine der ausgewählten Bewertungsorganisation) enthält, können Sie festlegen, ob es dann dennoch aufgerufen werden kann, oder ob es blockiert sein soll.

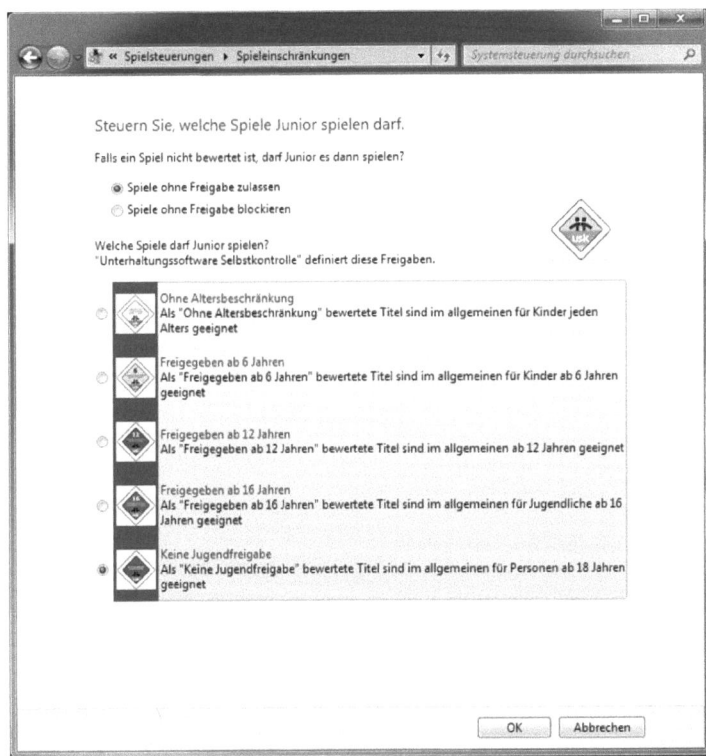

Abb. 4.18. Wahl der Altersfreigabe

Aber auch die Typen der erlaubten und der nicht erwünschten Spiele kann separat festgelegt werden (siehe Abb. 4.20).

Beim Jugendschutz gibt es zudem noch eine recht ausführliche Dokumentation, wann welches Programm durch welche Person aufgerufen wurde.

Abb. 4.19. Spielfreigabesysteme

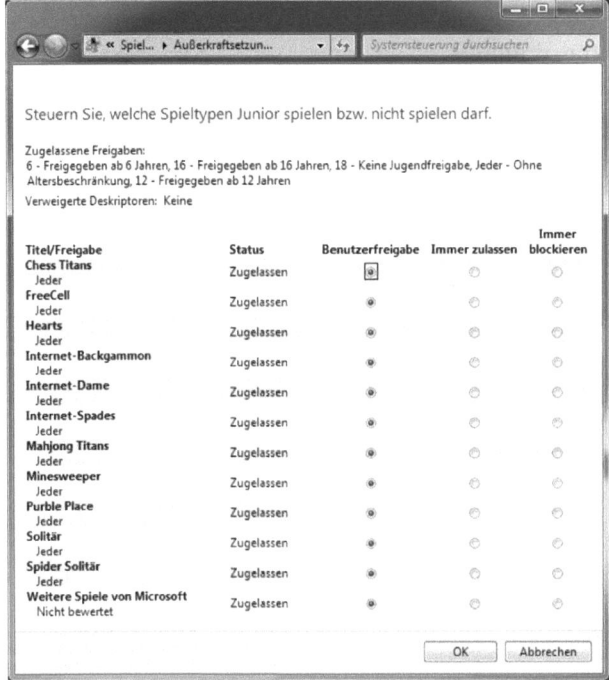

Abb. 4.20. Festlegung erlaubter bzw. blockierter Spieltypen

4.10 Leistungsinformationen und -tools

Eines der ersten Dinge, die Windows 7 beim ersten Start nach der Installation durchführt, ist eine Leistungsbewertung der einzelnen Komponenten eines Systems. Daraus wird dann ein so genannter *Gesamtleistungsindex* (Windows Experience Index, WEI) gebildet (siehe Abb. 4.21). Die Bildungsregeln sind etwas kompliziert, und deswegen unten ausführlich erläutert.

Der Gesamtleistungsindex ist stets der Wert des langsamsten der fünf Komponentenwerte, weil dieser als Engpass des Systems angesehen wird. Ein Beispiel: Sind die Indizes der Festplatte, CPU, RAM etc. alle auf 4,0, aber der einer Grafikkarte auf 1,0, so ist auch der Gesamtleistungsindex 1,0 – es wird dabei also nicht etwa ein Mittelwert gebildet.[13]

---

[13] Eine Ausnahme von der Regel besteht darin, dass Windows 7 bei X,9-Werten diese – in Abhängigkeit von den anderen Ergebnissen – ggf. aufrundet.

Aber bedeutet etwa ein Gesamtleistungsindex von nur 1,0 (oder 2,0), dass ein System nicht für Windows 7 geeignet wäre? Keineswegs! Das System ist nicht etwa schlecht, allerdings stehen in dem Fall einige Funktionen (wie Aero) eventuell nicht zur Verfügung, und natürlich arbeitet ein System mit einem niedrigeren Wert langsamer als ein System mit einem höheren Wert. Aber solange die Mindestinstallationsvoraussetzungen (siehe Kap. 2) erfüllt sind, arbeiten alle Versionen von Windows 7 auf beliebigen Systemen (auch Netbooks), egal wie alt oder neu sie sein mögen.

Abb. 4.21. Leistungsinformationen und -tools

Der Leistungsindex kann von Softwareherstellern verwendet werden, um zu kennzeichnen, welches Leistungsniveau ein System für ihre Software haben sollte. Derzeit können die Werte im Bereich von 1,0 (langsam) bis 7,9 (das für das Jahr 2012 erwartete schnellste Machbare)[14] variieren. Im Rahmen des technologischen Fortschritts wird Microsoft die Obergrenze aber erhöhen.[15] Davon sind die Indizes bestehender Systeme nicht betroffen, denn nur der Maximalwert wird erhöht werden. Mit anderen Wor-

---

[14] Für jenes Jahr ist der Nachfolger von Windows 7 (Windows 8) angekündigt, der sicher höhere Leistungsmaximalwerte enthalten wird (siehe unten).
[15] Und hat sie mit Windows 7 bereits erhöht, denn bei Windows Vista betrug die Obergrenze 5,9. Da sich zwischen der Windows-Vista- und der Windows-7-Veröffentlichung die Leistung neuer Hardware erhöht hat, war auch eine Erhöhung des Maximalswerts notwendig geworden.

4.10 Leistungsinformationen und -tools

ten: Hat ein PC heute einen Wert von 2,2, wird er auch in ein paar Jahren (sofern an seiner Hardwareausstattung nichts geändert wird) einen Wert von 2,2 haben.

Für die Leistungsbemessung werden die Werte nicht gerundet, sondern die Nachkommastellen abgeschnitten. Also *2,7* ist *2*, genauso wie *2,1*.

Ein Basiswert von 1 bedeutet, dass das System zwar die Mindestvoraussetzungen erfüllt, aber die CPU sehr langsam und nicht gut für Windows 7 geeignet ist.

Ab 2 steht Aero grundsätzlich zur Verfügung, und nicht besonders leistungshungrige Anwendungen wie Microsoft Office, E-Mail oder einfache Spiele können problemlos ausgeführt werden. Eventuell reicht die Systemleistung aber für Aero dennoch nicht aus, um die neue Oberfläche performant darstellen zu können.

Mit 3 ist Aero automatisch aktiviert, und wenn Sie einen neuen Rechner erwerben, auf dem *Windows Premium* steht, verfügt dieser über mindestens diesen Leistungsindex.[16]

Ein PC mit einem Index von 4 ist in der Lage, hochauflösende Monitore anzusteuern und Multiplayer-Spiele auszuführen.[17] Auch die Aufzeichnung von Audio-Informationen erfolgt ohne Unterbrechung.

Wenn ein Index von 5 erreicht wird, wird er als Hochleistungs-PC angesehen, der in der Lage ist, HDTV-Videos wiederzugeben, hochauflösende Monitore anzusteuern sowie Audio und Video-Aufzeichnungen im Hintergrund auszuführen.

Werte von 6 oder 7 stellen das Optimum an Leistungsfähigkeit dar. Das Multi-Tasking läuft reibungslos, und in den seltensten Fällen ist die CPU der Engpass.

Aber nun zu den einzelnen Bildungsregeln der Bewertungskategorien:

- Hauptspeicher (RAM)
  Bei der Bildung des Hauptspeicherindexes wird zunächst seine Leistung (Datendurchsatz in MB je Sekunde) gemessen, und dieser Wert in Abhängigkeit von der Größe des physisch installierten Speichers auf bestimmte Höchstwerte begrenzt.
  - Bis zu 256 MB: Maximal 1,0
  - Weniger als 500 MB: Maximal 2,0
  - Bis zu 512 MB: Maximal 2,9
  - Weniger als 704 MB: Maximal 3,5
  - Weniger als 944 MB: Maximal 3,9

---

[16] Denn Computer mit Leistungsindizes kleiner als 3,0 erhalten kein Windows-Premium-Logo.

[17] Für letzteres reicht aber oft auch schon ein Index von 3 aus.

- Weniger als 1,5 GB: Maximal 4,5
- Weniger als 3,0 GB: Maximal 5,5
- Weniger als 4,0 GB bei einem 64-Bit-System: Maximal 5,9

- Grafikkarte
  Der Leistungsindex der Grafikkarte wird durch seine Leistung bei der Wiedergabe von Videodateien und von den Eigenschaften seines Treibers bestimmt. Generell gilt, dass der Index umso höher ist, je mehr Speicher eine Grafikkarte hat und die möglichen Seitendarstellungen je Sekunde (Frames per second, Fps) beim Abspielen von Filmen ist, jedoch mit einigen Einschränkungen:
  - Eine Grafikkarte, die nicht mindestens DirectX 9 unterstützt (also nur DirectX 8 oder niedriger), erhält einen Wert von 1,0, unabhängig von ihren anderen Eigenschaften.
  - Eine Grafikkarte, deren Treiber nicht das Windows Display Driver Model (WDDM) 1.0 unterstützt, kann maximal einen Wert von 1,9 erhalten.
  - Der Index für die Spiele-Grafik hängt von der Framerate ab: Eine Karte, die Direct 3D 9 (D3D9), DirectX 9 (oder höher) und ausschließlich WDDM 1.0 unterstützt, erhält einen Wert von mindestens 2,0, jedoch maximal von 5,9.
  Und wenn die Wiederholrate einer mindestens DirectX-10- und WDDM-1.1-fähigen Karte ähnlich hoch ist wie die einer DirectX9-Karte (jedoch nicht mehr als 15 % geringer), erhält sie eine um eins höhere Kategorieeinstufung.
  - Werte ab 4,0 kann eine Grafikkarte erreichen, die mindestens DirectX 10 und WDDM 1.1 unterstützt.
  - Werte von 6,0 und mehr erfordern eine Grafikkarte, die mindestens DirectX 10 und WDDM 1.1 unterstützt. Das Unterscheidungskriterium ist die Bildwiederholrate bei einer Auflösung von 1.280 x 1.024 Pixeln: Ab ca. 40 - 50 Fps ist der Basiswert 6, ab 60 Fps ist der Basiswert 7.

- CPU
  Die CPU-Leistung hängt von der Anzahl der CPU-Kerne ab und wird an einigen Ver- und Entschlüsselungsvorgängen je Sekunde ermittelt.
  - Computer, die eine Leistung zeigen, die einer normalen CPU mit einem oder zwei CPU-Kernen entspricht, können einen Maximal-Wert von 5,9 erhalten.
  - Systeme, die eine Leistung haben, welche mit High-End-Dual-Core-CPUs vergleichbar ist, erhalten einen Wert von 6,0 - 6,5.
  - Die Werte 6,3 - 6,9 entsprechen der Leistung einer Drei-Kern-CPU.

- Für einen Index von 7,0 muss die CPU eine Leistung erbringen, die einer Vier-Kern-CPU entspricht, und für einen Wert von 7,9 sogar jener, der einer Acht-Kern-CPU mit symmetrischen Multi-Tasking entspricht.

- Festplatte
Für den Festplattenindex werden mehrere Schreib- und Lesetests (*Sequential Read*, *Random Read*, *Read with Sequential Background Writes*, *Read with Background Writes* und *Read with Random Background Writes*) durchgeführt. Davon wird schließlich derjenige mit dem niedrigsten Wert genommen.
Sollte eine Platte jedoch eine geringe Zurückschreibleistung (engl.: flush oder write-back) – dabei wird auch die Latenzzeit berücksichtigt – haben, wird der Wert auf maximal 1,9 oder 2,9 begrenzt.
  - Einzelne mechanische Festplattenlaufwerke erreichen normalerweise nicht mehr als 5,9.
  - Werte von 6,0 - 6,9 sind Laufwerken vorbehalten, die extrem gute Leistungen bei wahlfreier E/A haben. Darunter fallen die meisten gegenwärtig erhältlichen SSDs.
  - Um in den Bereich 7,X zu kommen, müssen Laufwerke sowohl eine extrem gute wahlfreie als auch sequentielle Leseleistung vorweisen können.

Die Informationen, die in Abb. 4.21 dargestellt werden, sind einer Datei, deren Dateinamen mit der Bezeichnung „Formal.Assessment..." beginnt und sich im Verzeichnis C:\Windows\Performance\WinSAT\DataStore befindet, entnommen. Diese ist XML-formatiert. Genauer gesagt, wird nur der nachfolgend abgedruckte Abschnitt dieser Datei dazu verwendet (und zwar der jeweils neuesten), um die Werte dazustellen und z. B. für die Entscheidung, ob ein System mit Aero Glass läuft oder nicht. Die Datei sollte mit Wordpad geöffnet werden, weil die Formatierung der Datei in Notepad nicht korrekt erfolgt.

```
<WinSPR>
    <SystemScore>27.4</SystemScore>
    <MemoryScore>2.9</MemoryScore>
    <CpuScore>38.1</CpuScore>
    <CPUSubAggScore>3.1</CPUSubAggScore>
    <VideoEncodeScore>3.3</VideoEncodeScore>
    <GraphicsScore>19.7</GraphicsScore>
    <GamingScore>93.2</GamingScore>
    <DiskScore>49</DiskScore>
    <LimitsApplied>
```

```
<MemoryScore>
<LimitApplied Friendly="Physical memory available to the OS is
less than or equal to 512MB - limit mem score to 2.9" Relation="LE">536870912
</LimitApplied>
</MemoryScore>
</LimitsApplied>
</WinSPR>
```

Die Ergebnisse werden außerdem in der Registrierung im Pfad HKLM\Software\Microsoft\Windows NT\CurrentVersion\WinSAT in den beiden Schlüsseln *VideoMemorySize* (Videospeichergröße in Bytes) und *VideoMemoryBandwidth* (abgeleitet aus dem Videospeicher und der Auflösung) gespeichert, wenn ein System einen WDDM-Grafikkartentreiber besitzt.

Wenn die Hardwareausstattung eines Rechners geändert wird, ist es sehr ratsam, die Leistungsbewertung unbedingt erneut durchzuführen, damit Windows 7 die geänderten Werte kennt. Das Programm „Leistungsinformationen und -tools" weist dann aber durch die Angabe „Hardware wurde geändert" selber darauf hin.

Ganz vorsichtige Benutzer könnten dabei auf die Idee kommen, für die Zeit der Leistungsbewertung im Mobilitätscenter die Systemleistung zuvor auf *Maximale Leistung* zu ändern. Das wäre auch gar keine schlechte Idee. Dieser Schritt ist jedoch nicht nötig, weil sowohl das Leistungsbewertungsprogramm als auch WinSAT temporär die Energierichtlinie selber entsprechend einstellen.

Beim Batteriebetrieb eines Notebooks kann es jedoch nicht ausgeführt werden.

Das Kommandozeilenprogramm WinSAT (Windows System Assessment Tool, Windows-Systembewertungstool) kann in einer Administrator-Eingabeaufforderung aufgerufen werden (siehe Abb. 4.22). Es liefert detailliertere Angaben zur Systemleistung der einzelnen Komponenten als die Leistungsbewertung. Zudem können mit ihm Leistungsanalysen einzeln durchgeführt werden, während die Leistungsbewertung stets einen vollen Durchgang zur Bewertung aller Bewertungskriterien durchführt.

4.10 Leistungsinformationen und -tools

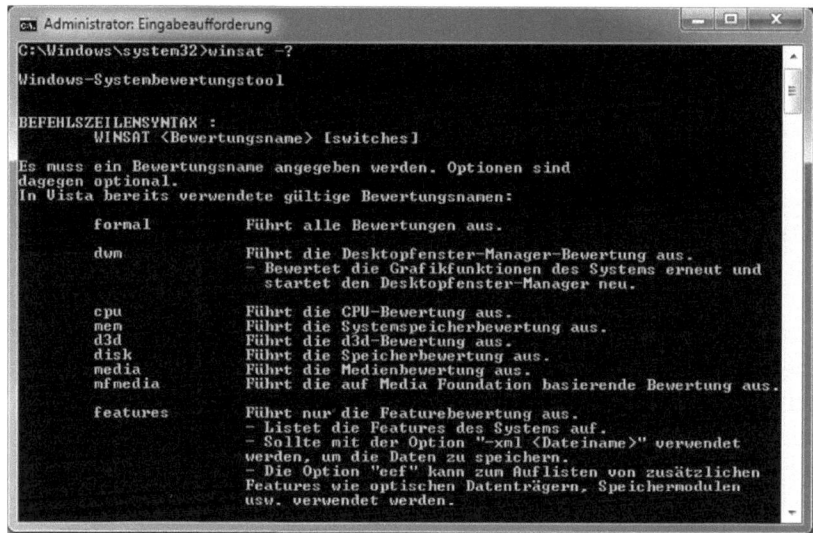

Abb. 4.22. WINSAT in einer Administrator-Eingabeaufforderung

WinSAT ist auch Teil des *Windows 7 Upgrade Advisors*, der von Microsoft-Downloads heruntergeladen und danach auf Rechnern, die eine ältere Windows-Version ausführen, gestartet werden kann, um die Eignung des betreffenden Systems für Windows 7 zu ermitteln.

Wenn WinSAT skriptgesteuert ausgeführt wird, gibt es einen der in der Tabelle 4.4 aufgeführten Rückgabe-Werte (engl.: return oder exit codes) in Abhängigkeit vom Erfolg der ausgeführten Aktion zurück.

Tabelle 4.4. Rückgabewerte von WinSAT

Return-Wert	Bedeutung
0	Alle Tests konnten erfolgreich ausgeführt werden
1	Einer oder mehrere Tests konnten aufgrund einer Fehlermeldung nicht ausgeführt werden
2	Einer oder mehrere Tests konnten aufgrund eines Ressourcenkonflikts (andere Anwendungen benutzen benötigte Ressourcen) nicht ausgeführt werden
3	WinSAT wurde vom Benutzer abgebrochen
4	Ungültige WinSAT-Option in der Befehlszeile
5	WinSAT wurde ohne Administrationsrechte gestartet
6	WinSAT wurde bereits ausgeführt (andere Instanz läuft)

4.11 Mininwendungen

Minianwendungen (vormals Miniapplikationen genannt) sind einfache Anwendungen, die beliebig auf der Arbeitsplatzoberfläche positioniert werden können (siehe Abb. 4.23).

Dabei sind sämtliche benötigten Bestandteile einer Minianwendung in einer Datei, welche die Dateiendung *.gadget* hat, gespeichert.

Mehrere Instanzen von Minianwendungen sind zulässig (z. B. wenn die Uhr für verschiede Zeitzonen mehrfach benötigt wird).

Sie lassen sich über das Kontextmenü der Arbeitsplatzoberfläche oder über die Systemsteuerung auswählen. Darüber hinaus können sie aus dem Internet heruntergeladen werden.

Minianwendungen können übrigens nicht einfach von PC zu PC transferiert werden, sondern die bereits erwähnte .gadget-Datei muss dazu auf dem Zielrechner installiert werden.

Abb. 4.23. Minianwendungen

4.12 Ortungs- und andere Sensoren

Einige Computer sind mit *Sensoren* ausgestattet, die, wie der Name schon impliziert, die jeweilige Umgebung erfassen.

Neben der Multi-Touch-Fähigkeit ist dies übrigens ein Beispiel, bei dem Windows 7 von Windows Mobile, in dem die betreffende Funktionalität zuerst enthalten war, gelernt hat.

Es gibt u. a. GPS-, Helligkeits- und Beschleunigungssensoren. Für die Einbindung ins System war früher der jeweilige Hersteller dieser proprietären Hardware verantwortlich.

Mit Windows 7 hat Microsoft eine *SensorAPI* eingeführt, die von beliebigen Anwendungen nunmehr als Standard-Schnittstelle verwendet werden kann.

Verwaltet werden die Sensoren mit dem in Abb. 4.24 gezeigten Programm der Systemsteuerung:

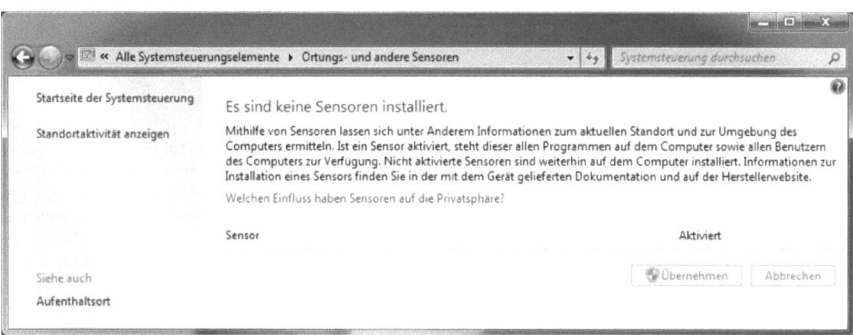

Abb. 4.24. Ortungs- und andere Sensoren

Ein bekannter Computerhersteller liefert seine Notebooks bereits seit einiger Zeit mit einem Umgebungshelligkeitssensor aus: In direktem Sonnenlicht wird die Anzeige heller, in einem abgedunkelten Raum hingegen dunkler dargestellt.

Aber ob in dem in Abb. 4.24 wiedergegebenen Fenster überhaupt Sensoren angezeigt werden, ist natürlich davon abhängig, ob es in einem bestimmten System überhaupt welche gibt: In dem zur Erstellung dieses Buchs verwendeten System war das offensichtlich nicht der Fall.

Es ist aber davon auszugehen, dass zukünftig mehr und mehr Sensoren in Computersystemen eingesetzt werden.

4.13 Programme und Funktionen

Nach Aufruf des Symbols *Programme und Funktionen* aus der Systemsteuerung wird zuerst die Option *Programm deinstallieren* und eine Liste bereits installierter Programme angezeigt. Das Fenster ist in Abb. 4.25 dargestellt und die Funktionen werden in Tabelle 4.5 erläutert.

Schließlich steht noch die Option *Windows-Funktionen* für Administratoren zur Verfügung, mit der festgelegt wird, welche Windows-Komponenten installiert bzw. deinstalliert werden sollen.

Dieses Programm kann auch durch Eingabe von *OptionalFeatures.exe* in einer Eingabeaufforderung aufgerufen werden.

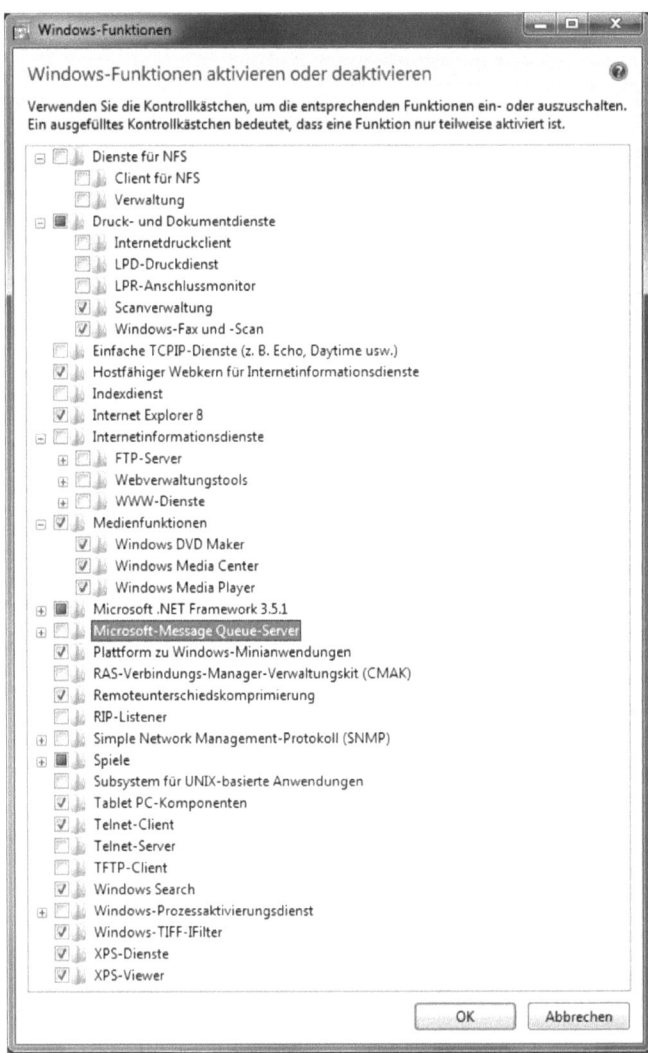

Abb. 4.25. Windows-Funktionen

4.13 Programme und Funktionen

Folgende Funktionen bietet Windows 7 an:

Tabelle 4.5. Verfügbare Windows-7-Funktionen

Name	Bedeutung
Dienste für NFS	Installiert den NFS-(Network File System)-Client oder die NFS-Verwaltungsprogramme. NFS ist ein verbreitetes Netzwerkressourcenfreigabeprotokoll in Unix-Systemen, ähnlich wie es das Windows SMB (Server Message Block) Protokoll für Windows-Systeme ist.
Druck- und Dokumentdienste (Internetdruckclient (IPP), LPD-Druckdienst, LPR-Anschlussmonitor, Scanverwaltung, Windows-Fax und -Scan)	Installiert erweiterte Druckfunktionen wie bsp. den Internetdruckdienst, der Drucken über die Ports 80 bzw. 443 ermöglicht, aber zusätzlich die Internetinformationsdienste erfordert, sowie Unix-Druck-Client- und -Server-Funktionen.
Einfache TCP/IP-Dienste	Fügt selten benötigte TCP/IP-Dienste wie Echo, Daytime, etc. hinzu. Diese sollten auf Produktionscomputern aus Sicherheitsgründen nicht installiert sein!
Hostfähiger Webkern für Internetinformationsdienste	Funktion für Anwendungen, die den Kern des IIS benutzen.
Indexdienst	Installiert die Vor-Windows-Vista- und -7-Version des Indexdienstes. Diese veraltete Version wird vom Windows-7-System nicht mehr benötigt, aber ggf. für Suchabfragen auf Webseiten für den Internet Information Server v4, 5 oder 6, die auf einem IIS-7(.5)-Computer bereitgestellt werden.
Internet Explorer 8	Microsoft Webbrowser Version 8
Internetinformationsdienste	Hiermit können die WWW- und FTP-Veröffentlichungsdienste sowie die Webverwaltungstools des Internet Information Servers Version 7.5 installiert werden.
Medienfunktionen	Legt fest, ob auf einem System der Windows DVD Maker, das Media Center und/oder der Media Player installiert sein soll.
Microsoft .NET Framework 3.5.1	Fügt das .NET-Framework in der Version 3.5.1 hinzu

Microsoft-Message Queue- (MSMQ)-Server	Manche COM-(Component Object Model)-Komponenten benötigen die MSMQ-Dienste, um mit anderen zu kommunizieren. Diese können in dem Fall hier ausgewählt werden.
Plattform zu Windows-Minianwendungen	Minianwendungen
RAS-Verbindungs-Manager-Verwaltungskit (CMAK)	Verwaltungsprogramm für RAS-Verbindungs-Manager-Objekte, die zur schnellen RAS- und VPN-Einwahl verwendet werden können.
Remoteunterschiedskomprimierung	Dieser Dienst ermittelt von einer Datenübertragung identische sowie unterschiedliche Bereiche von Dateien und überträgt dann nur die Unterschiede. Dadurch muss oft nicht mehr die vollständige Datei übertragen werden, was somit Kopiervorgänge (z. B. beim Zurückschreiben der Benutzerprofile auf Dateiserver) beschleunigt.
RIP-Listener	Diese Funktion überwacht das Netzwerk auf RIP-(Router Information Protocol)-Version-1-Pakete, die dann dazu verwendet werden, die TCP/IP-Routentabellen zu aktualisieren. Aus mehreren Gründen (u. a. häufige Broadcasts, inkompatibel zum Classless Internet Domain Routing - CIDR - und fehlende Authentifizierungsfunktionen) wird RIPv1 höchstens in kleinen Netzwerken noch verwendet. Und selbst dort sollte bei entsprechendem Bedarf zumindest Version 2 des RIP benutzt werden.
Simple Network Management-Protokoll	Hierdurch wird das SNMP (Simple Network Management Protocol), mit dem der Rechner in ein Netzwerkverwaltungssystem wie HP OpenView, CA Unicenter, Tivoli o. ä. eingebunden werden kann, installiert. Optional kann auch die WMI-Unterstützung (Windows Management Instrumentarium), einer neueren Schnittstelle mit ähnlicher Aufgabe, ausgewählt werden.
Spiele	Zum Installieren und Deinstallieren der Windows-Spiele.

Subsystem für UNIX-basierte Anwendungen	Diese Teilkomponente, die auch als SUA bezeichnet wird, hilft bei der die Migration von Unix-Applikationen (POSIX) und -Skripten auf Windows 7 und vereinfacht diese. Es ermöglicht jedoch keine Object-Code-Kompatibilität, sondern der Code muss für Windows 7 mit SUA neu kompiliert werden.
Tablet PC-Komponenten	Für Tablet-PCs können hiermit weitere Funktionen (wie Eingabebereich, Handschriftenerkennung etc.) hinzugefügt werden.
Telnet-Client	Installiert oder entfernt den Telnet-(Terminal Emulation)-Client. Da beim Telnet-Protokoll Anmeldekennungen und Kennwörter in Klartext übertragen werden, gilt die Verwendung als Sicherheitsrisiko und sollte nicht ohne zusätzliche Verschlüsselung wie VPN (Virtual Private Network) oder IPsec verwendet werden.
Telnet-Server	Installiert oder entfernt den Telnet-(Terminal Emulation)-Dienst. Hinsichtlich der Sicherheitsproblematik gilt dasselbe wie beim Telnet-Client.
TFTP-Client	Fügt das Clientprogramm für das Trivial File Transfer Protocol hinzu oder entfernt es.
Windows Search	Installiert die Windows-Suche
Windows-Prozessaktivierungsdienst	Installation des Prozessaktivierungsdienstes. Dieser wird auch als WAS (Windows Activation Service) bezeichnet und wird für manche .NET-3.x-Programme bzw. IIS-7(.5)-Sites benötigt.
Windows-TIFF-IFilter	Diese Funktion unterstützt das Indizieren und die Suche von TIFF- (Tagged Image File Format-) Dateien
XPS-Dienste	Ermöglicht die Erstellungen XPS-Dokumenten durch die Bereitstellung eines XPS-Druckers. XPS (Extended Paper Specification) wurde von Microsoft als Ersatz von Adobe Acrobat vorgesehen.

XPS-Viewer	Installiert den XPS-Betrachter, mit dem Dateien im XPS-Format dargestellt werden können.

4.14 Region und Sprache

Windows existiert mittlerweile in insgesamt mehr als 100 verschiedenen Sprachen. Und seit Windows Vista und auch bei Windows 7 können erheblich einfacher als bei den Vorgängerversionen benutzerbezogene Spracheinstellungen der Arbeitsoberfläche und der Menüs festgelegt werden.

Die Dateien mit ausführbarem Code (Exe- und Dll-Dateien) sind allesamt sprachneutral. Beschriftungen, Informations- und Hinweistexte befinden sich jeweils pro Programm in Verzeichnissen mit Sprach- und Länderkürzeln (Liste: siehe Kap. 1).

Abb. 4.26. Registerkarte *Tastatur und Sprachen*

Bei den installierbaren Sprachpaketen werden zwei Typen unterschieden: Es gibt *MUI*- und *LIP*-Sprachpakete.

Sie unterscheiden sich insbesondere hinsichtlich der Verfügbarkeit, der Größe, der benötigten Windows-7-Basisversion und des Grads der Vollständigkeit der Übersetzung.

Die Wahl der Systemsprachoption für Programme, Menüs und den Windows-Explorer wird mit dem Programm *Region und Sprache* in der Systemsteuerung festgelegt (siehe Abb. 4.26).

Dieses darf aber nicht mit der Sprachenleiste aus *Textdienste & Eingabesprachen* verwechselt werden, mit der Spracheinstellungen für die Tastatur bzw. die Sprachein- und -ausgabe festgelegt werden!

4.14.1 Mehrsprachige Benutzeroberflächenpakete (MUI)

Die nur für Benutzer von Windows 7 Enterprise und Windows 7 Ultimate über u. a. Windows Update herunterladbaren, mehrsprachigen Benutzeroberflächenpakete (Multilingual User Interface Pack, MUI) sind in 35 Sprachen erhältlich.[18] Auf anderen Windows-7-Versionen würden installierte MUI-Sprachpakete durch einen Windows-Systemtask entfernt, denn diese sind nur für eine Sprache lizensiert.[19]

Sie sind jeweils ca. 80 bis 150 MB groß (komprimiert), expandiert bis zu 1 GB, und leider dauert die Installation eines MUI-Sprachpakets derzeit fast so lange wie eine Windows-7-Installation selbst. Nach dem ersten Installieren eines MUI-Pakets ist zudem ein Neustart, und nach einem Sprachwechsel eine Benutzerab- und -anmeldung erforderlich.

Vorteilig an MUI-Paketen ist jedoch ganz klar, dass die gesamte Benutzerschnittstelle (inklusive der Hilfe) übersetzt ist,[20] und dass sie auf beliebigen Basisversionen von Windows 7 installiert werden können.

Zum Installieren bzw. Deinstallieren wird das GUI-Programm *Lpksetup.exe* verwendet. Lpksetup kann auch aus einem Skript aufgerufen werden. Die Parameter, die es akzeptiert, sind in Tabelle 4.6 aufgeführt.

---

[18] Für Kunden von Windows-7-Enterprise und Microsoft-OEM-Partner gibt es die MUI-Pakete auch auf CDs bzw. DVDs.
[19] Das gilt jedoch nicht für LIPs (siehe unten)!
[20] Das trifft auf viele Sprachpakete wie Englisch, Deutsch, Französisch etc. zu. In einigen, nur teilweise lokalisierten Sprachpaketen (wie Griechisch, Norwegisch oder Ungarisch) wurden dennoch bis zu 20 % der Texte in der jeweiligen Basissprache belassen.

Tabelle 4.6. Lpksetup-Parameter

Parameter	Funktion
/?	Zeigt eine ausführliche Hilfe zu den einzelnen Parametern an.
/a	Überprüft, ob *alle* angegebenen Sprachpakete entfernt bzw. hinzugefügt werden können. Ohne diesen Parameter werden nur die Sprachpakete, bei denen es zu keinem Fehler kommt, installiert oder deinstalliert.
/f	Falls ein Neustart erforderlich ist, wird er auch durchgeführt, wenn andere Benutzer noch mit dem Computer verbunden sind.
/i [<Liste | *>]	Installiert die in der Liste angegebenen (z. B. en-US fr-FR en-GB) oder alle (*) der in dem Pfad vorhandenen Sprachpakete.
/p <Pfad>	Benennt den Pfad (lokal oder Netzwerk) an, in dem sich die Sprachpakete befinden.
/r	Unterdrückt einen ggf. erforderlichen Neustart.
/s	Unterdrückt die Darstellung des Programmfensters.
/u [<Liste>]	Entfernt das bzw. die angegebene(n) Sprackpaket(e) – bsp. es-ES. /u und /i schließen sich gegenseitig aus.

4.14.2 Benutzeroberflächen-Sprachpakete (LIP)

LIPs (Language Interface Packs, LIP) gibt es für über 60 Sprachen (darunter Armenisch, Georgisch, Irisch, Laotisch, etc.), und sie können ohne weitere Lizenz auf einem lizensierten Windows-Betriebssystem jeder Edition installiert werden. Vor Windows 7 waren sie ausschließlich 32-bittig erhältlich, nunmehr auch 64-bittig.

Die Größe eines Sprachpakets bewegt sich im Bereich von ca. 5 bis 10 MB. Allerdings sind im Vergleich zu MUIs nur die wichtigsten Elemente (ca. 80 %) der Arbeitsoberfläche und des Betriebssystems übersetzt. Die Hilfe, Verwaltungsprogramme, Systemfehlermeldungen, Ereignisanzeigeeinträge etc. sind nicht übersetzt. Zum Installieren kann die betreffende .MLC-Datei vom Microsoft-Download-Center oder von einer speziellen Microsoft-Website namens *Local Language Program*[21] heruntergeladen und aufgerufen werden.

Es gibt jedoch eine LIP-spezifische Besonderheit: LIPs haben – anders als MUI-Pakete – bestimmte Anforderungen an die zugrunde liegenden

---

[21] http://www.microsoft.com/unlimitedpotential/programs/llp.mspx

und zuvor zu installierenden Basissprachversionen[22] von Windows 7. So muss für die meisten LIPs eine englischsprachige Windows-7-Version installiert sein, für Kirgischisch die russische Version, und für Katalanisch bsp. die spanische oder französiche Version.

Auf einem System können auch mehrere LIPs installiert sein, welche dieselbe Basisversion erfordern, so dass Benutzer die Oberfläche in einer unterschiedlichen Sprache verwenden können.

LIPs können als Spezialfall sogar über vollständig oder teilweise lokalisierte MUI-Sprachpakete installiert werden: So sind im Fall des serbischen (Latein)-Sprachpakets ca. 80 % der Texte übersetzt. Die restlichen 20 % sind in Englisch, der Basisprache dieses MUI-Sprachpakets belassen. Darüber lässt sich das bosnische (Latein) Sprachpaket installieren mit der kuriosen Folge, dass das System ca. 20 % bosnische, 60 % serbische und ca. 20 % englische Texte hat.

4.15 System

Mit dem Systemprogramm aus der Systemsteuerung (siehe Abb. 4.27) werden Basisinformationen eines Computers und sein Windows-Leistungsindex angezeigt.

An mehreren Stellen verweist es auf das Systemeigenschaftenprogramm (siehe Kap. 4.16), denn dieses wird sowohl bei einem Klick auf „Remoteeinstellungen"; „Erweiterte Systemeinstellungen" oder „Einstellungen ändern" aufgerufen.

Über die Schaltfläche am unteren Bildschirmrand lässt sich die Windows-Aktivierung (siehe Kap. 4.18) aufrufen.

---

[22] Diese wird auch *übergeordnete* Sprache bezeichnet.

156   4. Die Systemsteuerung

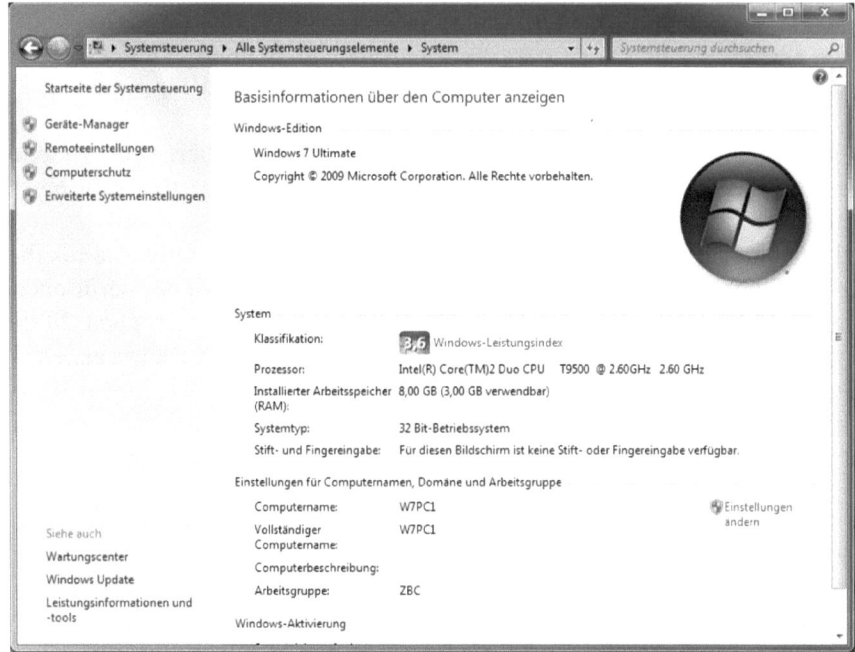

Abb. 4.27. Das System-Programm

4.16 Systemeigenschaften

Ein weiteres, wichtiges Programm ist das Systemeigenschaftenprogramm, das aus der Systemsteuerung, dem Systemprogramm oder aus dem Kontextmenü des Computer-Symbols aufgerufen werden kann.

Seine Einstellungen bestehen aus mehreren Registerkarten, mit denen grundlegende Einstellungen des PCs festgelegt werden können.

Die erste Registerkarte des Systemeigenschaftenprogramms heißt *Computername* (siehe Abb. 4.28).

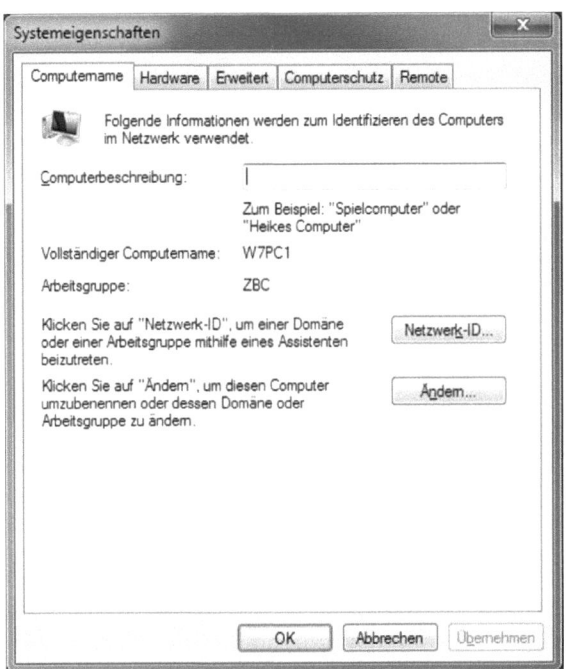

Abb. 4.28. Registerkarte *Computername*

Mit ihr kann eine Beschreibung des Computers, seine Namen (NetBIOS und DNS-FQDN) und Domänen- bzw. Arbeitsgruppenmitgliedschaft angezeigt sowie assistentgestützt oder manuell verändert werden. Die letztgenannte Funktion wird über die Auswahl von *Ändern...* aufgerufen und zeigt das in Abb. 4.29 dargestellte Fenster.

Als Domänenname kann entweder ihr Active-Directory-/DNS-Name oder der maximal 15 Zeichen lange NetBIOS-Name eingegeben werden. Ersteres ist jedoch die bevorzugte Option. Da Arbeitsgruppen nur per NetBIOS-Namensauflösung realisiert werden können, steht die DNS-Option dort nicht zur Verfügung.

Der hier festgelegte Computername wird sowohl als NetBIOS- als auch als *Hostname* verwendet. Wenn ein DNS-Zonensuffix eingegeben werden soll, muss dafür zuvor auf *Weitere...* geklickt werden.

158 4. Die Systemsteuerung

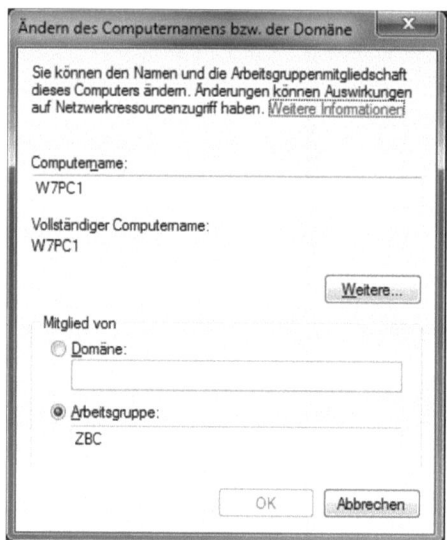

Abb. 4.29. Ändern des Computernamens und der Domäne

In der zweiten Registerkarte des Systemprogramms, die den Namen *Hardware* trägt, kann der Geräte-Manager[23] aufgerufen und die Windows-Update-Treiber-Einstellungen verändert werden (siehe Abb. 4.30).

Bei den Geräteinstallationseinstellungen[24] kann festgelegt werden, ob Windows-Treiber und den Geräten entsprechende Symbole automatisch von Windows Update heruntergeladen werden sollen. Zweifellos dürfte es dort stets die aktuellsten Gerätetreiber geben, aber ob das die bestgeeignetste Option für ein Notebook ist, das mobil benutzt wird, oder für Computer, die per Richtlinie gesteuert und überhaupt keinen Internetzugriff haben, mag dahingestellt sein.

---

[23] Der Gerätemanager wurde bereits oben in diesem Kapitel besprochen.
[24] Hier nicht abgebildet.

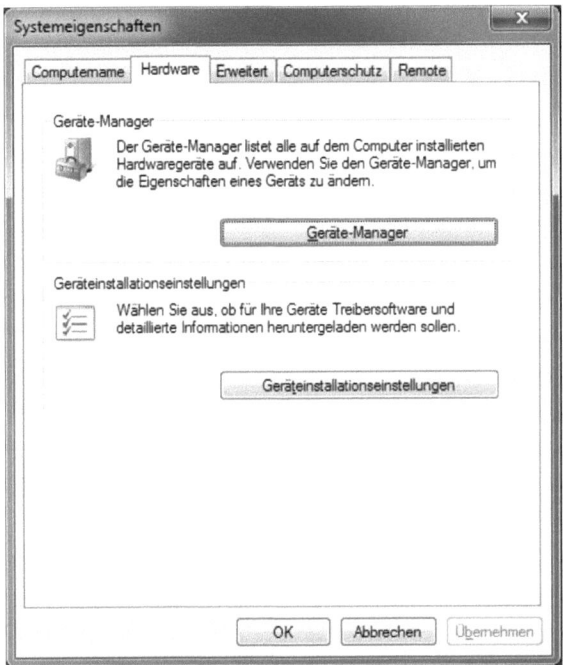

Abb. 4.30. Registerkarte *Hardware*

Unter der dritten Registerkarte *Erweitert* (siehe Abb. 4.31) befinden sich einige leistungsbezogene Einstellungen sowie solche für Umgebungsvariablen.

160   4. Die Systemsteuerung

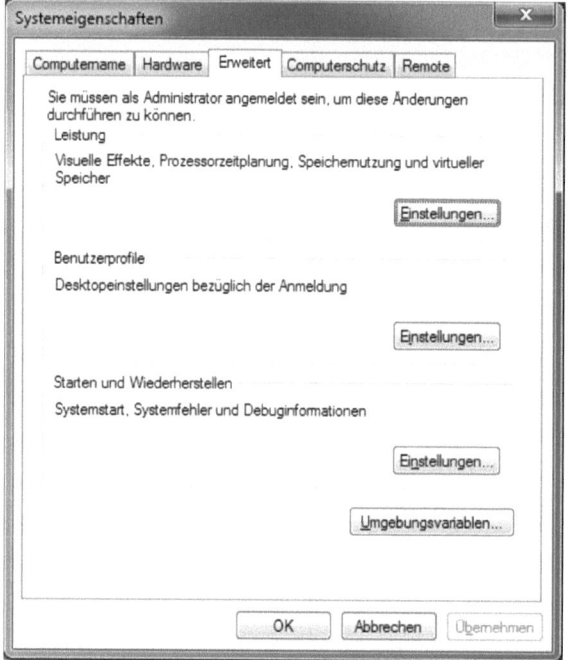

Abb. 4.31. Registerkarte *Erweitert*

Durch Klick auf *Einstellungen...* im Bereich *Leistung* öffnet sich das in Abb. 4.32 gezeigte Fenster namens *Leistungsoptionen*, das ebenfalls mehrere Registerkarten hat. In der Ersten (Visuelle Effekte) kann der Grad der *Farbenfrohheit* und der Animationen von Windows 7 modifiziert werden. Intuitiv dürfte dabei klar sein, dass je mehr Optionen aktiviert sind, ein immer leistungsfähigeres System benötigt wird. Zum Stromsparen und zur Erhöhung der Leistungsfähigkeit eines PCs können nicht benötigte visuelle Effekte abgeschaltet werden.

4.16 Systemeigenschaften

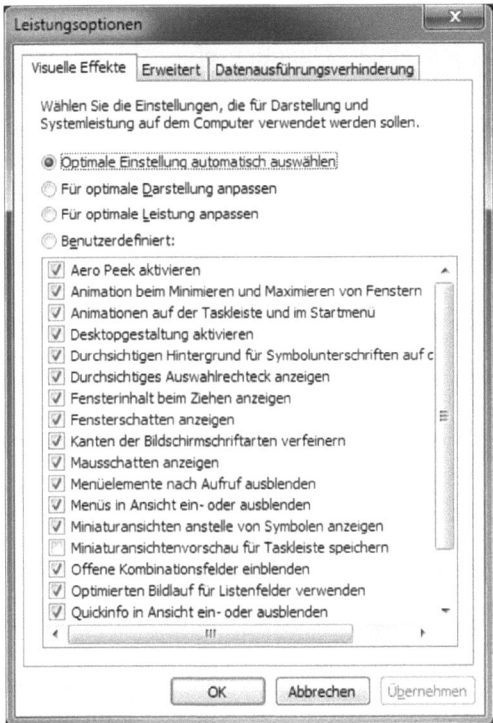

Abb. 4.32. Änderung der Darstellung

Mit dem Schalter *Prozessorzeitplanung* in der zweiten, *Erweitert* genannten Registerkarte der Leistungsoptionen (siehe Abb. 4.33) wird eine Prioritätssteuerung der ausgeführten Prozesse vorgenommen. Bei der für Arbeitsstationen (und Server, die als Remotedesktopserver arbeiten) optimalen Einstellung *Programme* erhalten alle Benutzer- bzw. Vordergrundanwendungen eine um zwei Stufen erhöhte Priorität und werden somit bevorzugt ausgeführt. Die zweite Option (*Hintergrunddienste*) ist ideal für einen Rechner, der als Server arbeitet.

Diese Einstellung verändert übrigens auch die Mindestzeit, die der Scheduler einem Thread für die Ausführung gewährt. Diese wird als *Quantum* bezeichnet, und beträgt für Clients (Einstellung „Programme") zwei Uhrzeitintervalle zu je ca. 10 bis 15 ms[25], und für Server (Einstellung „Hintergrunddienste") 12 Uhrzeitintervalle. Die Auswirkung ist, dass Clients „lebendiger" wirken, jedoch die Anzahl der nötigen Threadkontextwechsel

---

[25] Beziehungsweise, genauer gesagt, der entsprechenden Anzahl von CPU-Taktzyklen, die innerhalb dieses Zeitraums stattfinden. Die Ermittlung der Länge eines Uhrzeitintervalls nimmt die HAL vor, nicht der Kernel!

sich erhöht. Bei der zweiten Einstellung ist die Wahrscheinlichkeit für einen Serverprozess, innerhalb von nur einem Quantum eine Abfrage vollständig zu beantworten, höher.

Alle Threads des Prozesses des im Vordergrund stehenden Fensters auf Clients bekommen in der Voreinstellung zudem ein Quantum von 6 Uhrzeitintervallen (engl.: *quantum boosting*). Dieses Verhalten lässt sich durch den Registrierungsschlüssel HKLM\System\CurrentControlSet\Control\PriorityControl\Win32PrioritySeparation auf Wunsch ändern.

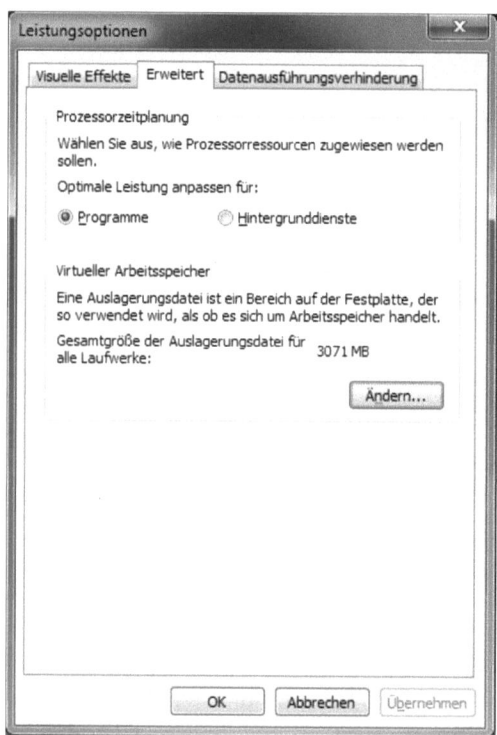

Abb. 4.33. Erweiterte Leistungsoptionen

Im unteren Bereich dieses Fensters mit dem Namen *Virtueller Arbeitsspeicher* können die Größe und der Speicherort der Auslagerungsdatei festgelegt werden. Immer, wenn der zur Verfügung stehende physische Speicher für einen Vorgang nicht ausreicht, lagert Windows 7 nicht benötigte Speicherseiten in eine Auslagerungsdatei aus und füllt den dann freigewordenen Speicherbereich mit anderen Seiten aus dieser Datei auf. Diese Betriebssystemfunktion wird *virtueller Speicher* genannt. Manch einer empfiehlt, die Größe der Auslagerungsdatei mit einem positiv korreliertem Faktor von der Größe des physischen Hauptspeichers (z. B. dem 1,5- bis 2-

fachen Wert) zu machen. Die Folge so eines Ratschlags wäre, dass ein Computer mit 2 GB RAM eine 4-GB-Auslagerungsdatei hat, ein Computer mit 32 GB RAM jedoch schon 64 GB Platz für die Auslagerungsdatei vorsieht. Tatsächlich kann, wenn genügend RAM installiert ist, keine Absturzabbilder erfasst werden sollen und falls eine SSD verwendet wird, u. U. sogar ganz auf eine Auslagerungsdatei verzichtet werden, denn die notwendige Größe des virtuellen Speichers ist abhängig von der durchschnittlichen Speichernutzung (z. B. mit dem Task-Manager ermittelt). Windows kann die Größe aber auch selbständig verwalten.

Durch PTE (Page Table Entries) wird die Zuordnung der virtuellen zu den physischen Speicherseiten durchgeführt.

Schließlich wird mit der letzten Registerkarte dieses Fensters (siehe Abb. 4.34) die *Datenausführungsverhinderung* (DAV, engl.: Data Execution Prevention, DEP) gesteuert. Doch was verbirgt sich hinter diesem Begriff? Wie schon oben gesehen, gibt es einen Schutz der jeweiligen Speicherbereiche eines jeden Prozesses untereinander. Wenn ein Prozess absichtlich oder unabsichtlich versuchen sollte, auf eine Speicherstelle zuzugreifen, die ihm nicht zugeordnet ist, beendet das Betriebssystem diesen Prozess unter Ausgabe einer Fehlermeldung.

Aber auch das schützt nicht vor während der Laufzeit eingeschleusten, schädlichen Code (z. B. mittels eines *Buffer-Overflows*), der dann im Sicherheitskontext des Prozesses ausgeführt würde.

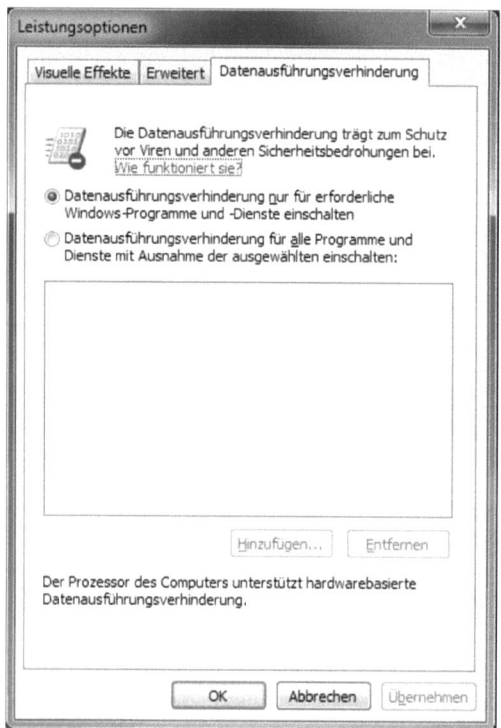

Abb. 4.34. Steuerung der Datenausführungsverhinderung (DAV)

Programme bestehen – vereinfacht gesagt – aus drei wichtigen Teilen: einem Code-Segment, in dem die ausführbaren Maschinensprachbefehle enthalten sind, einem Daten-Segment, in dem Konstanten (wie Menüpunkt- oder Hilfetexte) untergebracht sind und einem BSS (Block Storage Segment), welches für dynamische Speicherallokationen, die erst während der Laufzeit eines Programms vorgenommen werden (z. B. Arrays), vorgesehen ist. Während der Laufzeit wird noch ein Stapel (engl.: *Stack*) angelegt, in dem Variablen und Rücksprungadressen bei Unterprozeduraufrufen gespeichert werden. Wenn das Programm ausgeführt wird, dürfen die ersten beiden Segmente eigentlich nicht beschrieben bzw. verändert werden.[26] Sie sind als *read-only* anzusehen. Außerdem darf sich ausführbarer Code wiederum nur in dem Code-Segment befinden. Falls versucht wird, Instruktionen aus einem der anderen beiden Segmente auszuführen, greift die Datenausführungsverhinderung. Diese gibt es in zwei Ausführungen: *Hardwareseitig* und *Softwareseitig* (durch Windows 7). Für die an sich si-

---

[26] Obwohl dieses technisch möglich wäre, ist so genannter *selbstmodifizierender Code* verpönt.

4.16 Systemeigenschaften

cherere Hardware-Datenausführungsverhinderung muss eine CPU benutzt werden, welche diese Funktion (AMD nennt sie NX – No-Execute-Flag, Intel hingegen als XD – eXecute-Disable-Flag) unterstützt (das ist bei allen modernen AMD- und Intel-Desktop- und -Server-Prozessoren der Fall). Sie muss außerdem im BIOS bzw. (U)EFI aktiviert sein.

Technisch wird das durch Setzen des NX-Flags des zugeordneten PTE (Page Table Entry) der betreffenden Speicherseite realisiert.

Seit Windows Vista müssen Programme zudem über ein so genanntes *Manifest* verfügen, welches in ihnen entweder gespeichert oder als separate Datei mit der Endung .manifest im selben Verzeichnis wie die ausführbare Datei sein muss. In diesen XML-formatierten Manifesten wird u. a. festgelegt, welche Systemrechte ein Programm benötigt (z. B. Ausführen als Administrator).[27]

Als Sicherheits-Feature wird die *Load Randomization* verwendet, welche bewirkt, dass eine ausführbare, binäre Datei an einem (von 256) zufällig ausgewählten Offset in den Speicher geladen wird, um für schädliche Software nicht vorhersagen zu können, an welcher Speicherstelle sich ein geladenenes Programm befinden wird.

Mit der zweiten Schaltfläche der Registerkarte *Erweitert...* (siehe Abb. 4.35) des System-Programms (in Abb. 4.31 dargestellt) werden die auf einem System vorhandenen Benutzerprofile angezeigt. Sie können verändert, kopiert sowie gelöscht werden.

Ein Benutzerprofil enthält individuelle Einstellungen über das Aussehen der Arbeitsoberfläche und Optionen von Programmen sowie Verzeichnisse wie das Startmenü und die Benutzerdateien.

Es wird bei der erstmaligen Anmeldung eines Benutzers oder einer Benutzerin an einem Rechner erstellt und erhält eine Kopie des *.Default*-Profils – auch wenn sich schon x Mal an anderen Arbeitsstationen angemeldet wurde. Es ist dann vom Typ *lokal* und wird nur auf der Festplatte des Rechners gespeichert.

---

[27] Um sich ein in einer Exe-Datei integriertes Manifest anzusehen, kann diese bsp. in einem Hex-Editor oder Notepad geöffnet werden. Einfacher geht das mit dem Programm Sigcheck (z. B. sigcheck –m %systemroot%\system32\taskmgr.exe). Es kann von http://technet.microsoft.com/en-us/sysinternals/bb897441.aspx herunter geladen werden.

Abb. 4.35. Verwaltung vorhandener Benutzerprofile

In einer Unternehmensumgebung bietet sich an, mit *servergespeicherten* Profilen zu arbeiten, deren Hauptkopie sich auf einer Freigabe eines Netzwerkservers befindet. Bei der Anmeldung an einer Arbeitsstation werden nur die fehlenden bzw. geänderten Teile des Profils übertragen. Ebenso bei der Abmeldung. Die Dateisystempfade für die Benutzerprofile lassen sich per Gruppenrichtlinien festlegen. Ein Vorteil eines servergespeicherten Profils ist die zentrale Speicherung der Profile, wodurch Datensicherungen vereinfacht werden, und die Benutzer haben an jeder Arbeitsstation im Netzwerk, an der sie sich anmelden, ihre gewohnte Umgebung.

Während Windows NT 4.0 stets komplette Profile (mit ggf. Größen von jeweils vielen Megabytes) bei An- und Abmeldungen übertragen hat, Windows 2000 und Windows XP immerhin nur noch die geänderten Dateien, gehen Windows 7 und Windows Vista noch einen effizienz- und leistungssteigernden Schritt weiter: Sie übertragen nur noch geänderte Bereiche von Dateien.

Der benutzerabhängige Teil der Registrierung (HKEY_Current_User) wird in der Datei NTUSER.DAT im Profilverzeichnis jedes Benutzers gespeichert. Wird die Dateierweiterung in .MAN geändert, wird dieses Profil zu einem verbindlichen Profil (*mandatory profile*). Änderungen, die Benutzer daran vornehmen, werden bei der Abmeldung ignoriert, und sie erhalten bei der Neuanmeldung wieder das voreingestellte Unternehmensstandardprofil.

4.16 Systemeigenschaften

Mit dem Fenster *Starten und Wiederherstellen* des Systemeigenschaftenprogramms (siehe Abb. 4.36), das durch Auswahl der dritten Einstellungen-Schaltfläche der erweiterten Systemeigenschaften aufgerufen werden kann, wird ausgewählt, welche Betriebssysteminstallation gestartet werden soll. Jedoch wird der Boot-Manager nur angezeigt, falls sich mehr als eine Betriebssysteminstallation auf einem Rechner befindet und beim Systemstart keine Taste wie F8 oder F10 gedrückt wird.

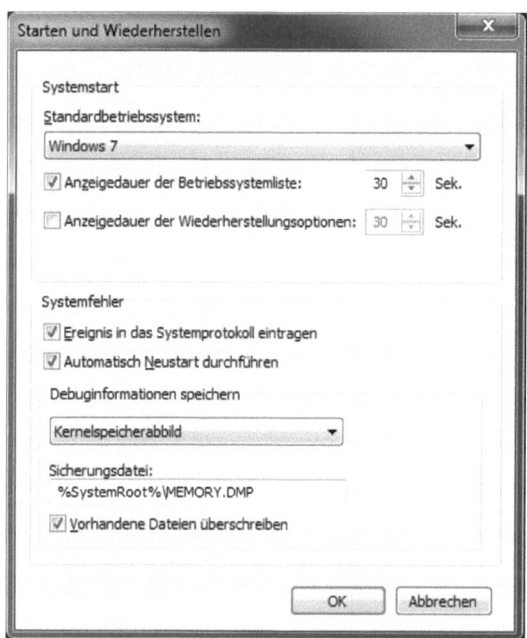

Abb. 4.36. Starten und Wiederherstellen

In dem unteren Teil dieses Fensters wird eingestellt, was vorgenommen werden soll, falls ein – mittlerweile sehr selten gewordener – Systemfehler (auch als *STOP-Fehler* oder *Blue Screen* bezeichnet) auftritt. Falls man nicht gerade auf Fehlersuche ist und mit dem Microsoft-Support in Verbindung steht, lohnt es sich, darüber nachzudenken, ob Speicherabbilder (engl.: *Memory Dumps*) bei Systemfehlern überhaupt erstellt werden sollen – obwohl es die Voreinstellung ist: Denn sie belegen im Maximalfall je Datei soviel Platz auf der Platte wie Hauptspeicher im System installiert ist. Die Einstellung *Keine* ist also nicht die schlechteste Wahl für reguläre Arbeitsstationen.

Ein Klick auf *Umgebungsvariablen* des in Abb. 4.31 dargestellten Fensters öffnet das Umgebungsvariablen-Fenster (siehe Abb. 4.37), in dem die

Belegung der (auch *Environment-Variablen* genannten) Werte vorgenommen wird.

Diese lassen sich in einer Eingabeaufforderung mit dem Echo-Befehl anzeigen, mit dem Set-Befehl anzeigen und ändern, oder in Skripten über %Variablenname% abfragen.

Beim Start eines Systems werden stets zuerst die Systemvariablen gesetzt (sie sind auch belegt, wenn gar kein Benutzer angemeldet ist) und erst nachfolgend die Umgebungsvariablen für den Benutzer bzw. die Benutzerin. Sie überschreiben daher bei gleichem Variablennamen den Inhalt der betreffenden Systemvariablen und sind insoweit höher priorisiert.

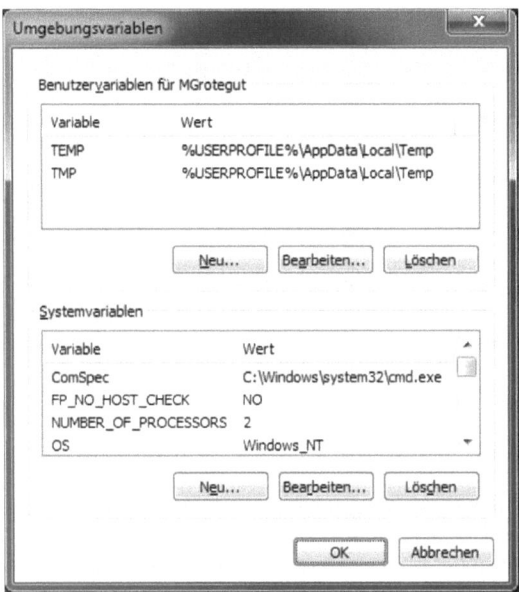

Abb. 4.37. Umgebungsvariablen

Darüber hinaus gibt es Pseudo-Umgebungsvariablen: Sie werden nicht dauerhaft gespeichert, sondern generieren erst beim Aufruf einen Wert (wie %Random% und %Time%). Umgebungsvariablen ähneln somit *Variablen* von Programmiersprachen, Pseudo-Umgebungsvariablen *Funktionen*.

Anwendungen, die *nach* einer Änderung von Umgebungsvariablen aufgerufen werden (so genannte Tochterprozesse), erben stets eine Kopie der zu diesem Zeitpunkt jeweils aktuellen Umgebungsvariablen des übergeordneten, aufrufenden Prozesses. Allerdings werden Änderungen an ihnen durch untergeordnete Prozesse nicht von aufrufenden Prozessen übernommen.[28] Das früher nur im Ressource-Kit (Technische Referenz) ausgelieferte, nun aber auch in Windows 7 enthaltene Befehl *Setx.exe* erlaubt dies jedoch.[29]

Änderungen an den System-Umgebungsvariablen erfordern jedoch einen Neustart, damit sie im gesamten System wirksam werden, weil die Variablen bei bereits ausgeführten Prozessen und Diensten nicht geändert werden können – Änderungen der Benutzervariablen erfordern einen Ab- und Anmeldevorgang.

Gespeichert werden die Umgebungsvariablen und ihre Werte unter den Registrierungspfaden *HKCU\Environment* (für Benutzervariablen) und *HKLM\System\CurrentControlSet\Control\Session Manager\Environment* (für Systemvariablen).

In Tabelle 4.7 finden Sie die (echten und Pseudo-)Umgebungsvariablen und eine beispielhafte Belegung. Zwar sind Umgebungsvariablen generell *case-insensitive*, d. h. zwischen Groß- und Kleinschreibung wird nicht unterschieden. In der folgenden Tabelle sind sie jedoch durchgängig in Großbuchstaben angegeben, was die bevorzugte Darstellung ist, um auf ihren besonderen Charakter hinzuweisen.

Tabelle 4.7. Umgebungsvariablen von Windows 7

Variablenname und Beispielinhalt	Bedeutung
%ALLUSERSPROFILE% ==> C:\ProgramData	Gibt den Pfad des „All Users"-Profils zurück.
%APPDATA% ==> C:\Users\MGrotegut\AppData\Roaming	Gibt den Pfad für Anwendungsdaten des aktuell angemeldeten Benutzers zurück.
%CD% ==> C:\	Gibt das aktuelle Laufwerk und den aktuellen Verzeichnispfad zurück.
%CMDEXTVERSION% ==> 2	Gibt die Version der Befehlszeilenerweiterungen zurück.
%COMMONPROGRAMFILES% ==> C:\Program Files\Common Files	Gibt das Verzeichnis der gemeinsam genutzten Programme zurück.

---

[28] Das Gleiche gilt grundsätzlich auch für Dienste. Hierbei ist der aufrufende Prozess jedoch das System selbst.

[29] Aber das ist nur eine Funktion von Setx.exe, denn es kann noch mehr: Setx.exe erlaubt auch das Auslesen eines Registrierungsschlüssels und von Dateien mit nachfolgendem Setzen einer Umgebungsvariable mit dem betreffenden Wert.

%COMPUTERNAME% ==> W7PC1	Gibt den NetBIOS-Namen des Computers zurück, auf dem dies ausgeführt wird.
%ComSpec% ==> C:\Windows\system32\cmd.exe	Pfad und Name des Kommandozeileninterpreters.
%DATE% ==> 09.09.2009	Gibt das aktuelle Datum zurück.
%ERRORLEVEL% ==> 0	Gibt den Wert des Fehlercodes des letzten ausgeführten Befehls zurück. Ein Wert größer als Null zeigt an, dass ein Fehler aufgetreten ist. Jedes Programm kann dem aufrufenden Prozess einen Rückgabewert zurückgeben. Dieser wird im Englischen als *return* oder *error code* bezeichnet. Beim Prüfen des Errorlevels z. B. mit IF %ERRORLEVEL% == 1 immer mit dem größtmöglichen Fehlercode beginnen und dann absteigend prüfen, weil das „== 1" größer oder gleich 1 bedeutet!
%FP_NO_HOST_CHECK% ==> NO	Wird von FrontPage 2000 (V4) Web-Server-Erweiterungen benutzt und ausschließlich durch dessen Datei FP4AUTL.DLL referenziert. Über die genaue Bedeutung ist jedoch nichts bekannt.
%HOMEDRIVE% ==> C:	Gibt den Laufwerksbezeichner des Basisverzeichnisses des angemeldeten Benutzers zurück.
%HOMEPATH% ==> \Users\MGrotegut	Gibt den Pfad des Basisverzeichnisses des angemeldeten Benutzers zurück.
%LOCALAPPDATA% ==> C:\Users\MGrotegut\AppData\Local	Pfad für lokale Anwendungsdaten.
%LOGONSERVER% ==> \\W7PC1	Liefert den NetBIOS-Namen des Computers (Domänencontroller oder Arbeitsstation), der den aktuellen Benutzer authentifiziert hat.
%NUMBER_OF_PROCESSORS% ==> 1	Gibt die Anzahl der verwendeten CPUs bzw. CPU-Kerne zurück.
%OS% ==> Windows_NT	Name des Betriebssystems.

%PATH% ==> C:\Windows\system32; C:\Windows; C:\Windows\System32\Wbem	Gibt eine Liste (und deren Reihenfolge) von Verzeichnissen an, die durchsucht werden, wenn eine ausführbare Datei ohne Pfadangabe aufgerufen wird.
%PATHEXT% ==>.COM;.EXE;.BAT;.CMD;.VBS; VBE;.JS;.JSE;.WSF;.WSH;.MSC	Zeigt an, welche Dateierweiterungen als ausführbare Dateien verwendet werden. Wenn eine Datei gestartet werden soll, ohne dass eine Dateiendung angegeben wurde, wird nach Dateien mit den hier angegebenen Erweiterungen und in dieser Reihenfolge gesucht. Wenn sich also in dem aktuellen (oder in einem durch %PATH% angegebenen) Verzeichnis die Dateien Test.Com, Test.Exe und Test.Bat befinden, wird Test.Com ausgeführt, wenn in einer Eingabeaufforderung lediglich „Test" eingegeben wurde.
%PROCESSOR_ARCHITECTURE% ==> x86 oder IA64 (Itanium-basiert)	Gibt die Prozessorarchitektur, auf dem Windows ausgeführt wird, aus.
%PROCESSOR_IDENTFIER% ==> x86 Family 15 Model 4 Stepping 10, AuthenticAMD	Zeigt die genaue Prozessorbezeichnung an.
%PROCESSOR_LEVEL% ==> 15	Gibt die Prozessor-Familien-Kennung zurück.
%PROCESSOR_REVISION% ==> 040a	Gibt (in hexadezimal) die Modell- und Steppingnummer des Prozessors zurück.
%ProgramData% ==> C:\ProgramData	Verzeichnis, in dem standardmäßig Programmdaten gespeichert werden.
%ProgramFiles% ==> C:\Program Files	Zeigt das Verzeichnis an, in dem standardmäßig Programme installiert sind und werden.
%PROMPT% ==> PG	Gibt das Aussehen der Eingabeaufforderung aus. ($P: Laufw.+Pfad, $G: Größer-als-Zeichen)
%PUBLIC% ==> C:\USERS\PUBLIC	Pfad des öffentlichen Ordners.
%RANDOM% ==> 1161	Gibt je Aufruf eine Zufallszahl zwischen 0 und 32767 aus. Kann z. B. für die Erstellung temporärer Dateien und Verzeichnisse verwendet werden.

%SystemDrive% ==> C:	Gibt den Laufwerksbuchstaben zurück, auf dem sich das derzeitig ausgeführte Betriebssystem befindet.
%SystemRoot% ==> C:\Windows	Gibt die volle Pfadangabe des Windowsbasisverzeichnisses zurück
%TEMP% ==> C:\Users\MGrote~1\AppData\Local\Temp	Gibt das Verzeichnis an, in dem temporäre Dateien gespeichert werden sollen. Je nach Programm wird %TEMP% oder %TMP% verwendet. Die Microsoft-Entwicklungstools verwenden sogar beide für unterschiedliche Arten von temporären Dateien.
%TMP% ==> C:\Users\MGrote~1\AppData\Local\Temp	Gibt das Verzeichnis an, in dem temporäre Dateien gespeichert werden sollen.
%TIME% ==> 14:11:40,21	Gibt die aktuelle Uhrzeit zurück.
%USERDOMAIN% ==> W7PC1	Gibt den NetBIOS-Domänen- oder Arbeitsstationsnamen des angemeldeten Benutzers zurück.
%USERNAME% ==> MGrotegut	Gibt den NetBIOS-Anmeldenamen des Benutzers zurück.
%USERPROFILE% ==> C:\Users\MGrotegut	Gibt das Basisverzeichnis des angemeldeten Benutzers zurück.
%WINDIR% ==> C:\Windows	Gibt das Verzeichnis zurück, in dem Windows ausgeführt wird. Diese Umgebungsvariable wird hauptsächlich aus Kompatibilitätsgründen verwendet. Neue Programme sollten %SYSTEMROOT% verwenden.

In der Registerkarte *Computerschutz* der Systemeigenschaften (siehe Abb. 4.38) lassen sich sog. *Wiederherstellungspunkte* und die *Systemwiederherstellung* verwalten.

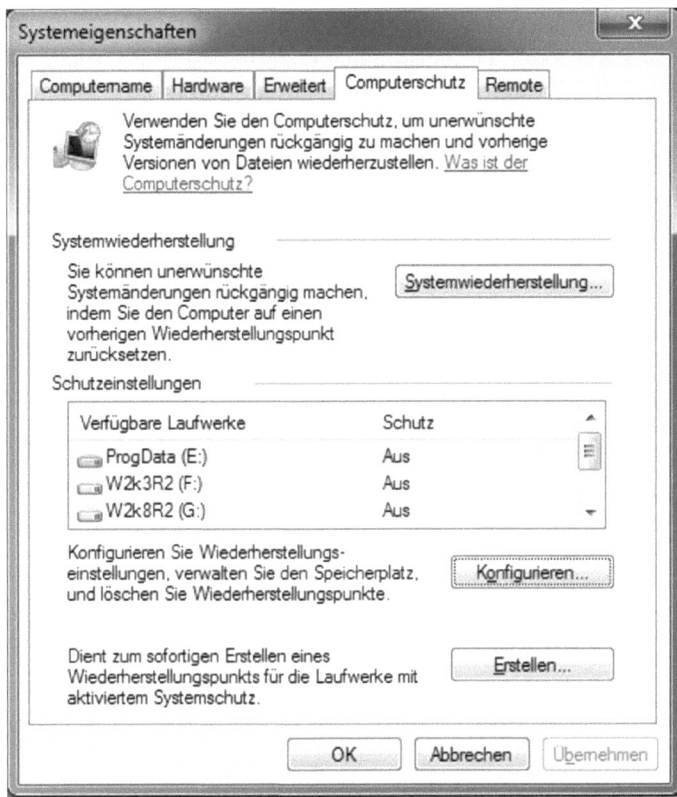

Abb. 4.38. Registerkarte Computerschutz des Systemeigenschaften-Programms

Ein Wiederherstellungspunkt ist eine komprimierte Form der Treiber- und Systemumgebung. Im Falle des Nichtfunktionierens eines Systems kann es mittels der Systemwiederherstellung auf einen bestimmten Wiederherstellungspunkt zurück gesetzt werden. Sämtliche seitdem vorgenommenen Änderungen werden jedoch damit überschrieben.

Windows 7 erstellt normalerweise automatisch Wiederherstellungspunkte, bevor neue Programme oder Treiberupdates installiert werden, nicht jedoch vor Änderungen der Systemkonfiguration. In so einem Fall können, wenn gewünscht, per Mausklick auf *Erstellen...* manuell Wiederherstellungspunkte erstellt werden.

Ein Wiederherstellungspunkt ist eine komprimierte Form der Treiber- und Systemumgebung. Im Falle des Nichtfunktionierens eines Systems kann es mittels der Systemwiederherstellung auf einen bestimmten Wiederherstellungspunkt zurück gesetzt werden. Sämtliche seitdem vorgenommenen Änderungen werden jedoch damit überschrieben.

Windows 7 erstellt normalerweise automatisch Wiederherstellungspunkte, bevor neue Programme oder Treiberupdates installiert werden, nicht jedoch vor Änderungen der Systemkonfiguration. In so einem Fall können, wenn gewünscht, per Mausklick auf *Erstellen...* manuell Wiederherstellungspunkte erstellt werden.

Die letzte Registerkarte des Systemprogramms (siehe Abb. 4.39) trägt den Namen *Remote*, und damit lassen sich (nomen est omen) Einstellungen für den Fernzugriff auf ein System vornehmen.

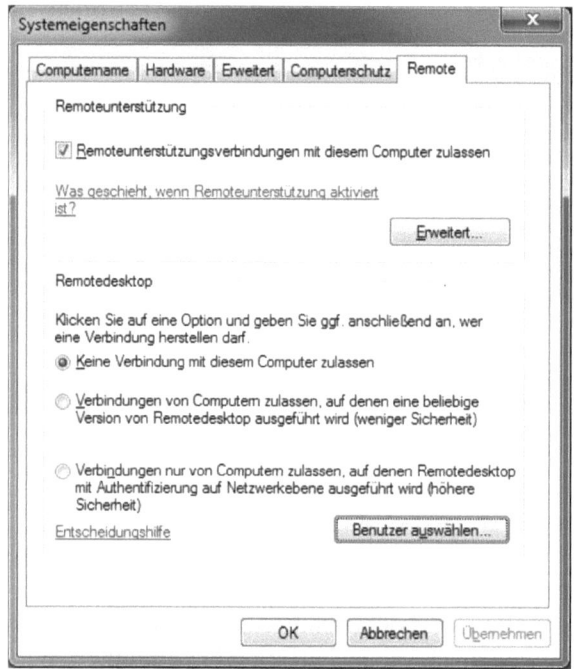

Abb. 4.39. Registerkarte Remote des Systemeigenschaften-Programms

Die Remote-Unterstützung ist standardmäßig deaktiviert und muss von einem Benutzer oder Benutzerin erst aktiviert werden. Dann wird einer erfahrenen und vertrauenswürdigen Person per E-Mail eine Remote-Unterstützungseinladung zugesandt. Sie hat in der Voreinstellung eine Gültigkeit von 6 Stunden und ermöglicht ihr, sich mit ihrem Computer zu verbinden und eine Störung zu beseitigen. Diese Person kann natürlich auch jemand aus dem Benutzer-Help-Desk eines Unternehmens sein.

In der Sektion Remotedesktop lässt sich auswählen, in welchem Umfang diese Funktion bereitsteht und wer sie benutzen darf. Ist sie aktiviert, darf sich jeder berechtigte Benutzer zu jeder Zeit (und nicht erst nach einer Einladung) mit dem Rechner verbinden (eine aktuell ausgeführte Sitzung

4.16 Systemeigenschaften 175

wird dabei deaktiviert), um ihn zu verwalten. Die Verbindungsberechtigung wird über *Benutzer auswählen...* festgelegt.

Um eine Sitzung herzustellen, wird aus dem Startmenü *Start – Zubehör – Remotedesktopverbindung* aufgerufen (siehe Abb. 4.40).

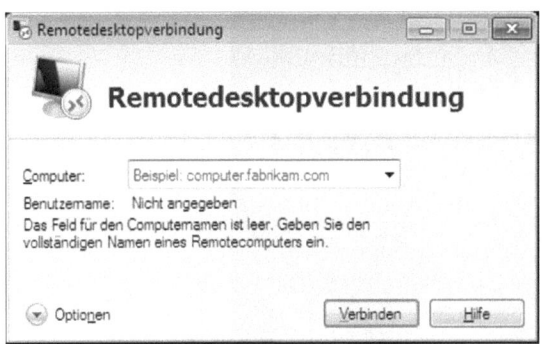

Abb. 4.40. Remotedesktopverbindung (Mstsc.exe)

Die aktuelle Version (6.1.7600) dieses (früher auch *Terminal-Server-Client* genannten) Programms bietet die Unterstützung von Funktionen, die durch Windows Server 2008 eingeführt wurden, wie RDP (Remote Desktop Protocol) über das http, gegenseitige Authentifizierung des Servers und des Clients sowie stärkere Verschlüsselung. Diese ist auch nutzbar, wenn auf einen Windows-7-PC zugegriffen wird.

Beim Zugriff auf ältere Windows-Versionen ist sie voll abwärtskompatibel (wenn auch nun eine zusätzliche Authentifizierung durchgeführt werden muss). Sie ist in Windows 7 und Windows Vista integriert, wird aber auch für Windows XP und Windows Server 2003 angeboten und kann über Windows Update bzw. von Microsoft-Downloads heruntergeladen werden.

Von einer Eingabeaufforderung lässt dieses sich auch über die Befehlszeile *Mstsc.exe* aufrufen, und akzeptiert mehrere Kommandozeilenparameter.

Die oben genannten Registerkarten des Systemeigenschaftenprogramms können übrigens auch jeweils über die Befehle *SystemPropertiesComputerName.exe*, *SystemPropertiesHardware.exe*, *SystemPropertiesAdvanced.exe*, *SystemPropertiesPerformance.exe*, *SystemPropertiesDataExecutionPrevention.exe*, *SystemPropertiesProtection.exe* bzw. *SystemPropertiesRemote.exe* aufgerufen werden – z. B. als Verknüpfung von der Taskleiste, wenn das entsprechende Fenster häufiger benötigt wird.

Außerdem gibt es ein Programm namens *Systeminfo.exe,* das in einer Eingabeaufforderung Informationen des lokalen oder (über den Parameter /S) eines Remote-Computers anzeigt (siehe Abb. 4.41).

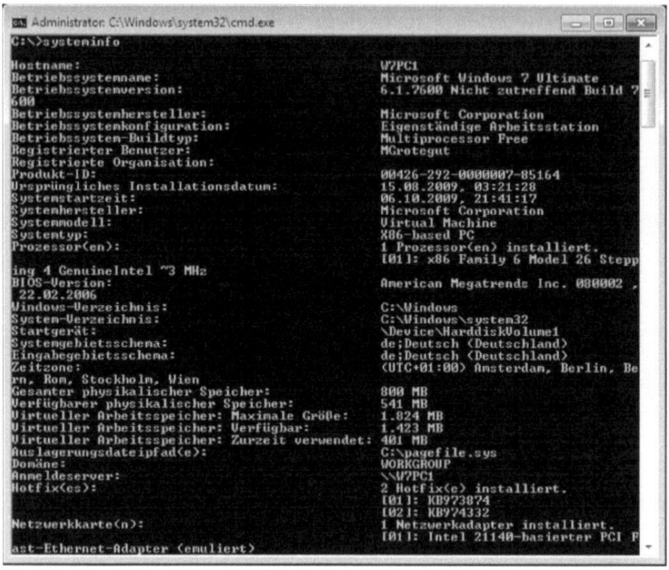

Abb. 4.41. Beispiel Systeminfo.exe

4.17 Trusted Platform Modules-Verwaltung

Damit in einem TPM (Trusted Platform Module) ein BitLocker-Schlüssel untergebracht werden kann, muss ein in einem Computersystem vorhandener TPM-Baustein zuerst *aktiviert* und der *Besitz übernommen* werden. Das muss in der Regel im BIOS durchgeführt werden.

Aus Sicherheitsgründen (denn das könnte sonst missbräuchlich auch durch eine schädliche Software vorgenommen werden) muss eine Anwenderin bzw. ein Anwender das unbedingt persönlich durch eine Tasteneingabe durchführen. Leider ist das in Unternehmensumgebungen im Resultat hinderlich, weil es automatisch ablaufende Installationen von Windows-7-Systemen mit BitLocker auf Systemen mit nicht initialisierten TPMs erschwert.

Ob ein System ein TPM hat, kann im Gerätemanager überprüft werden, denn auch TPMs werden dort als angeschlossene Geräte aufgeführt.

Aktivierte TPMs können maximal einen BitLocker-Schlüssel enthalten und mit dem gleichnamigen Programm aus der Systemsteuerung verwaltet werden (siehe Abb. 4.42).

4.17 Trusted Platform Modules-Verwaltung 177

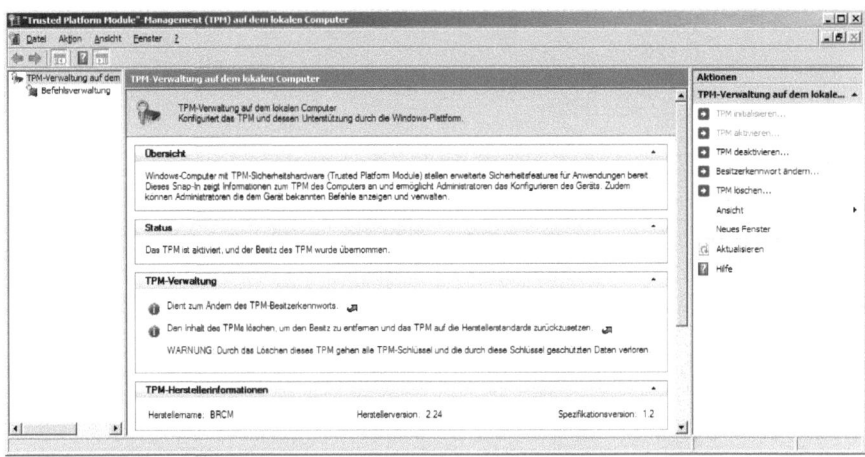

Abb. 4.42. TPM-Verwaltung

Als Verwaltungsvorgänge können die im Abschnitt *Aktionen* aufgeführten Vorgänge *TPM initialisieren*, *TPM aktivieren*, *TPM deaktivieren*, *TPM löschen* und die *Änderung des Besitzerkennworts* (PIN) durchgeführt werden.

Das dürfen natürlich nur Administratoren machen, denn gerade im Falle der TPM-Inhaltslöschung gingen Daten auf mit BitLocker-geschützten Partitionen verloren, wenn kein Wiederherstellungsschlüssel mehr vorliegt.

Dieses voreingestellte Verhalten lässt sich aber modifizieren: In Abbildung 4.43 ist die TPM-Befehlsverwaltung, die Bestandteil des TPM-Verwaltungsprogramms ist, abgebildet.

Die aktuelle TPM-Spezifikation kennt ca. 120 Kommunikationsbefehle zwischen dem Host und dem TP-Modul. Für jeden einzelnen Befehl lässt sich in der TPM-Befehlsverwaltung festlegen, ob und durch wen er aufgerufen werden kann.

Es existiert auch ein Dienstprogramm namens *Tpminit.exe*, das ebenfalls zum Initialisieren eines TPMs verwendet werden kann.

178   4. Die Systemsteuerung

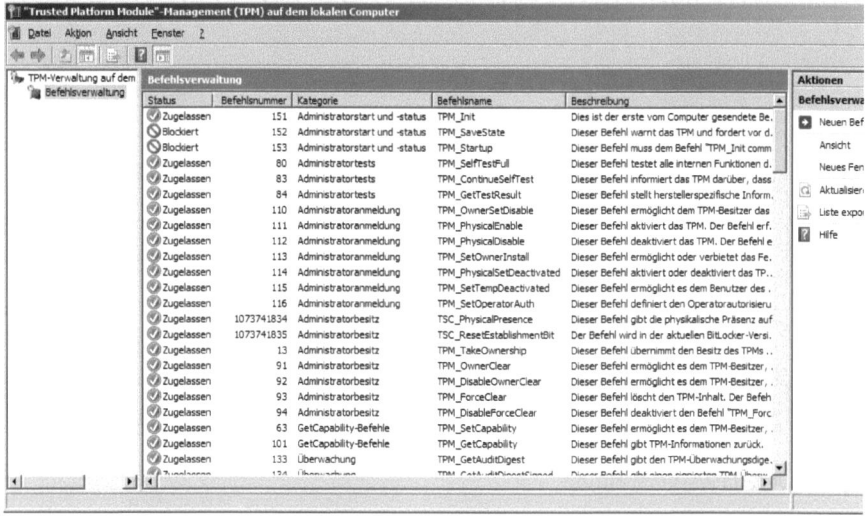

Abb. 4.43. TPM-Befehlsverwaltung

4.18 Windows-Aktivierung

Windows 7 muss innerhalb von 30 Tagen nach der Installation aktiviert werden. Dieses kann per Internet oder telefonisch erfolgen. Windows 7 versucht bereits drei Tage nach der ersten Anmeldung, sich zu aktivieren. Für Installationen zum Testen, die voraussichtlich nur wenige Tage benutzt werden, empfiehlt sich eine Aktivierung hingegen nicht.

Um eine Umgehung der Aktivierung per Duplikation der Festplatte einer aktivierten Installation und Benutzung auf anderen Systemen zu verhindern, hat Microsoft eine weitere Funktion eingebaut: Falls drei oder mehr Systemkomponenten (wie CPU, Grafikkarte, Festplatte etc.) geändert werden, muss zwingend eine neue Aktivierung durchgeführt werden. Hierzu hat man drei Tage lang Zeit, andernfalls wird genauso in den Benachrichtigungs-Modus geschaltet, bei dem regelmäßig Meldungen angezeigt, dass die Installation noch nicht aktiviert wurde, der Bildschirmhintergrund schwarz gefärbt und Windows Update abgeschaltet werden, sowie das System nach jeweils einer Stunde nach dem Start herunterfährt. [30]

Wenn die Aktivierungsfrist abgelaufen ist, öffnet sich ein Fenster wie in Abb. 4.44 gezeigt:

---

[30] Spötter nennen ihn dagegen „Nerv-Modus" (engl.: nagging mode).

4.18 Windows-Aktivierung 179

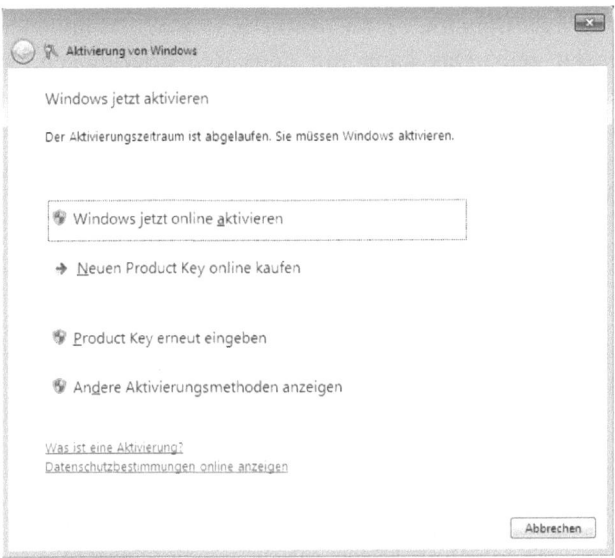

Abb. 4.44. Windows-Aktivierungsfenster

In ihm lässt sich der Aktivierungsvorgang per Internetverbindung oder per Telefon starten, sowie bei Bedarf ein Schlüssel kaufen.

Wenn Sie Ihr System einmal im abgesicherten Modus starten, gilt zu beachten, dass im abgesicherten Modus nichts am Aktivierungsstatus geändert werden kann.

Für die Aktivierung in Unternehmensumgebungen kann das Programm *slmgr.vbs* verwendet werden. Sein Name kommt von dem Begriff *Software License Manager*, und es liegt im Quellcode vor. So kann bei Interesse angesehen werden, welche Systemaufrufe es durchführt. Dieses Programm kann dazu verwendet werden, den Computer, auf dem es ausgeführt wird, sowie Computer über das Netzwerk zu aktivieren oder den jeweiligen Aktivierungsstatus anzusehen. Der Slmgr kann mit Kommandozeilenparametern aufgerufen werden. Diese sind in Tabelle 4.8 aufgeführt.

Die Syntax ist: slmgr.vbs [Computername [Benutzerkennwort]] [<Option>]

Ein praktischer Befehl ist *slmgr /rearm*, der den Aktivierungszeitzähler auf Null zurücksetzt. Man hat dann wieder volle 30 Tage Zeit, mit Windows 7 zu arbeiten, ohne es aktivieren zu müssen. Dieser Parameter kann dreimal (z. B. von einer Administrator-Eingabeaufforderung) verwendet werden. Man muss Windows 7 jedoch neu installieren, damit er danach erneut wieder bis zu drei Mal benutzt werden kann.

Damit der /rearm-Parameter den Aktivierungszähler zurücksetzen kann, muss der Schlüssel *skiprearm* in der Registrierung an der Stelle

HKLM\SOFTWARE\Microsoft\Windows NT\CurrentVersion\SL entweder fehlen oder auf 0 gesetzt sein. Das kann mit dem Registrierungseditor leicht überprüft werden. Bei Werten ungleich Null wird der Aktivierungszeitzähler durch die rearm-Funktion nicht zurückgesetzt.

Tabelle 4.8. Slmgr-Optionen

Parameter	Funktion
/ato [Aktivierungs-ID]	Windows aktivieren
/atp <Bestätigungs-ID> [Aktivierungs-ID]	Produkt mit der vom Benutzer bereitgestellten Bestätigungs-ID aktivieren
/cdns	DNS-Veröffentlichung durch KMS deaktivieren
/ckms [Aktivierungs-ID]	Name des verwendeten KMS-Computers löschen und KMS-Port auf die Voreinstellung setzen
/ckhc	KMS-Hostzwischenspeicherung deaktivieren
/cpky	Produkt-Schlüssel aus der Registrierung löschen (verhindert Offenlegungsangriffe)
/cpri	KMS-Priorität auf „niedrig" festlegen
/ctao	Tokenbasiertes Kennzeichen für ausschließliche Aktivierung löschen
/dli [Aktivierungs-ID | All]	Lizenzinformationen anzeigen (Default: Aktuelle Lizenz)
/dlv [Aktivierungs-ID | All]	Detaillierte Lizenzinformationen anzeigen (Default: Aktuelle Lizenz)
/dti [Aktivierungs-ID]	Aktivierungs-ID für Offlineaktivierung zeigen
/fta <Zertifikatsfingerabdruck> [<PIN>]	Tokenbasierte Aktivierung erzwingen
/ilc <Lizenzdatei>	Lizenz installieren
/ipk <Produkt-Schlüssel>	Produkt-Schlüssel installieren (ersetzt den vorhandenen Schlüssel)
/lil	Installierte Veröffentlichungslizenzen für tokenbasierte Aktivierung aufführen
/ltc	Tokenbasierte Aktivierungszertifikate auffüllen
/rearm	Verlängerung der Aktivierungspflichtfrist um 30 Tage

/ril <ILID> <ILvID>	Installierte Veröffentlichungslizenzen für tokenbasierte Aktivierung entfernen
/rilc	Systemlizenzdateien erneut installieren
/sai <Aktivierungsintervall>	Intervall (in Minuten), in dem Clients versuchen, sich mittels KMS erstmalig zu aktivieren. Das Intervall kann zwischen 15 Minuten und 30 Tagen liegen, der Default-Wert ist 120 Minuten.
/sdns	DNS-Veröffentlichung durch KMS aktivieren (Default)
/skhc	KMS-Hostzwischenspeicherung aktivieren
/skms <Name[:Port]|:Port> [Aktivierungs-ID]	Name und/oder Port des KMS-Computers für diesen Client festlegen
/spri	KMS-Priorität auf „normal" festlegen (Default)
/sprt <Port>	Client-Kommunikationsport des KMS festlegen
/sri	Intervall (in Minuten), in dem Clients versuchen, sich mittels KMS erneut zu aktivieren. Das Intervall kann zwischen 15 Minuten und 30 Tagen liegen, der Default-Wert ist 7 Tage.
/stao	Tokenbasiertes Kennzeichen für ausschließliche Aktivierung festlegen
/upk [Aktivierungs-ID]	Produktschlüssel deinstallieren
/xpr [Aktivierungs-ID]	Ablaufdatum für aktuellen Lizenzstatus

4.19 Wartungscenter

Im Wartungscenter können grundlegende Sicherheits- und Wartungseinstellungen festgelegt werden (siehe Abb. 4.45).

So können die Firewall, die automatischen Updates, Antivirensoftware und weitere Sicherheitseinstellungen aktiviert und deaktiviert werden. Es ersetzt das aus früheren Windows-Versionen bekannte Sicherheitscenter. Sollte das auf etwas hinweisen wollen, erscheint im Infobereich von Windows 7 rechts unten am Bildschirm ein Warnhinweis. Dieses Verhalten kann aber über die Benachrichtigungseinstellungen modifiziert werden (siehe Abb. 4.46).

Außerdem kann der Häufigkeitsgrad der Anzeige von Benutzerkontensteuerungsbestätigungsfenstern festgelegt werden (siehe Abb. 4.47).

182   4. Die Systemsteuerung

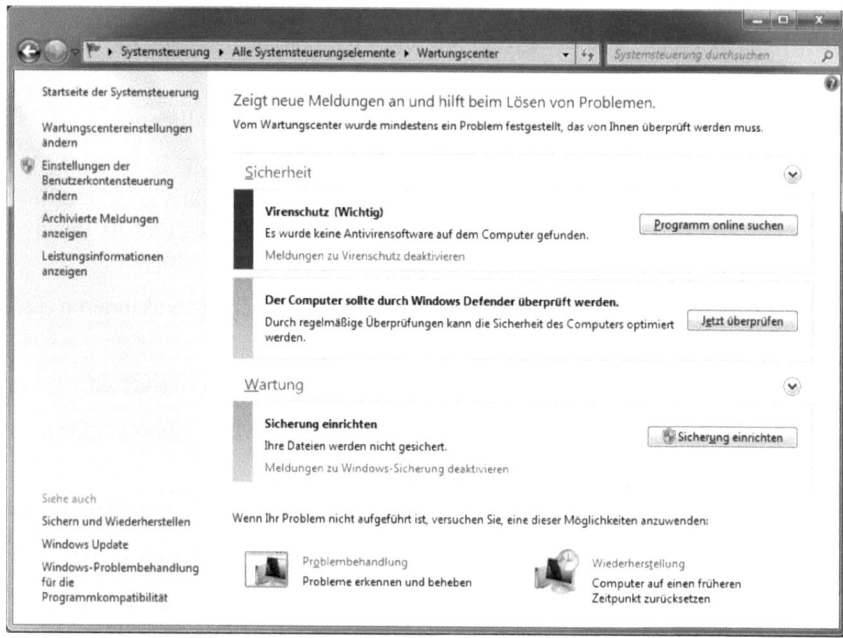

Abb. 4.45. Das Wartungscenter

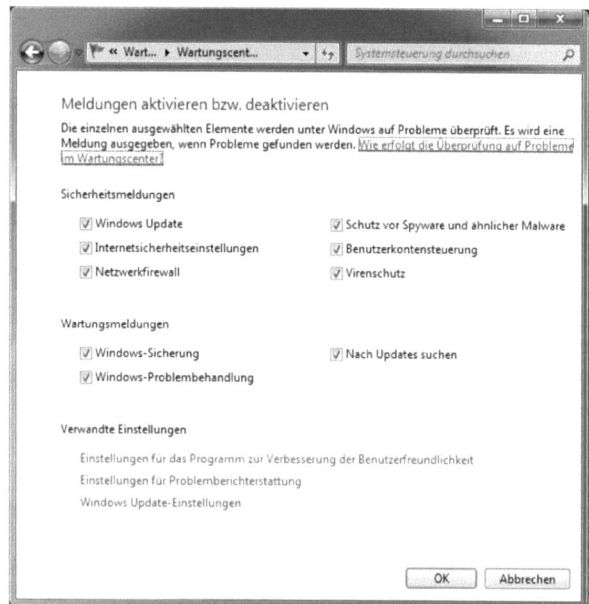

Abb. 4.46. Wartungscenter - Meldungen

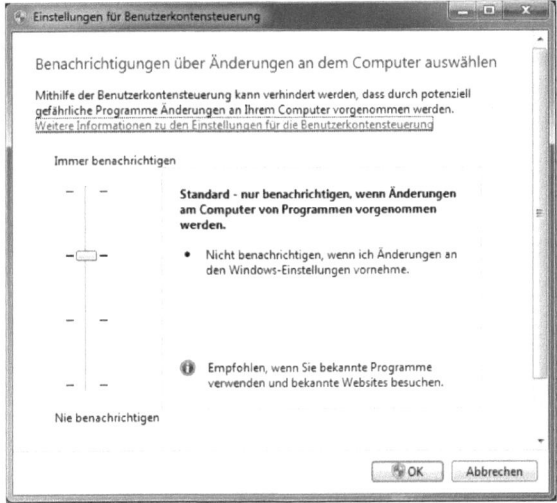

Abb. 4.47. Wartungscenter - Benutzerkontensteuerung

4.20 Windows Update

Mit diesem Programm (siehe Abb. 4.48) werden die Einstellungen für die integrierte Aktualisierungsfunktion gesetzt.

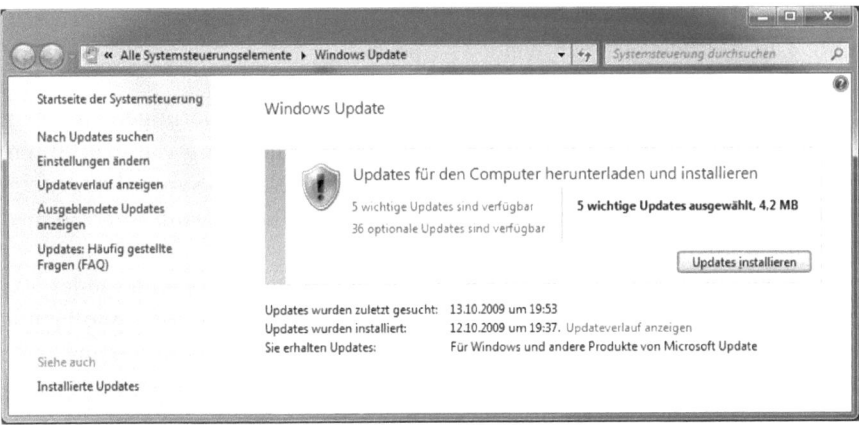

Abb. 4.48. Windows-Update

Windows Update vergleicht die auf einem Computer installierten Updates mit den bei Microsoft verfügbaren Betriebssystem-, Anwendungs- und

Treiberupdates. Noch nicht installierte wichtige und fakultative, empfohlene Aktualisierungen lassen sich dann automatisch zu einer selbst festgelegten Uhrzeit oder manuell installieren (siehe Abb. 4.49).

Über die Einstellung *Microsoft Update* lässt sich dabei bestimmen, ob nur Aktualisierungen für das Betriebssystem selbst (das entspricht dem früheren *Windows Update*) oder für das Betriebssystem und Microsoft Server- und Office-Anwendungen eingeschlossen werden sollen.

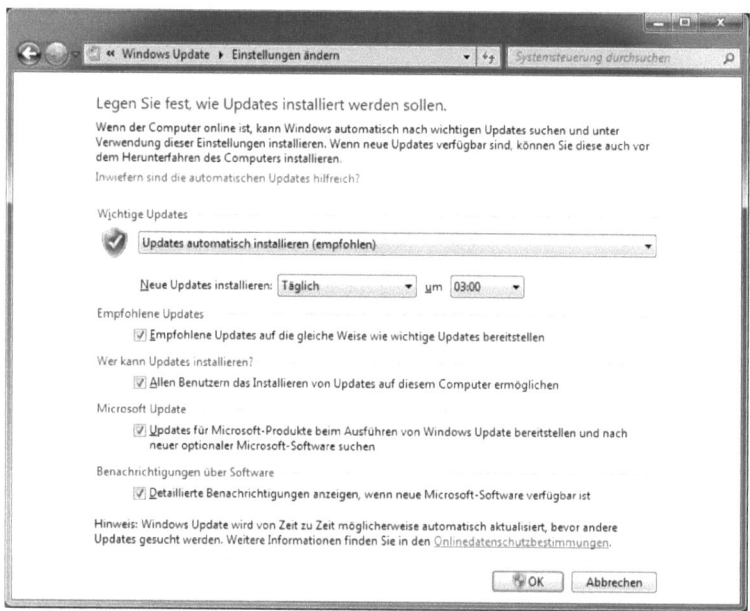

Abb. 4.49. Einstellungen von Windows-Update

In Windows 7 existiert auch die Möglichkeit, Aktualisierungen an einem Client-Computer ohne eine vorherige Benutzeranmeldung durchzuführen. In der roten Ein-/Aus-Schaltfläche wird dann ein *Schild*-Symbol angezeigt und es kann dort die Option *Updates installieren und herunterfahren* ausgewählt werden.

In Unternehmen lässt sich zur besseren Steuerung zu installierender, explizit *nicht* zu installierender Updates und zur Vermeidung des vielfachen Herunterladens ein- und derselben Updates durch viele Clients eine WSUS-Infrastruktur (Windows Software Update Services) errichten.

5. Verwaltungsprogramme der Systemsteuerung

Ein besonderer Teil von Programmen findet sich im Unterpunkt *Verwaltung* der Systemsteuerung (siehe Abb. 5.1).

Abb. 5.1. Systemsteuerung – Verwaltung

Für die Benutzung der dort aufgeführten Programme (sie werden in Abschnitt 5.2 beschrieben) sind meistens administrative Rechte erforderlich. Bei den Programmen, bei denen das zutrifft, ist das Schild-Symbol mit im Programmsymbol abgebildet (z. B. bei der Windows-Speicherdiagnose links unten in dem Fenster). Das gilt aber auch für einige Programme in der Systemsteuerung. Ein fehlendes Schild-Symbol bedeutet andererseits jedoch nicht, dass ein normaler Benutzer alle Funktionen eines Verwaltungsprogramms nutzen darf!

Ein weiteres Kriterium unterscheidet sie von den Programmen in der Systemsteuerung: In der Verwaltung sind vorwiegend Programme aufgeführt, die im System als Snap-In hinterlegt sind und als XML-formatierte .MSC-Dateien aufgerufen werden können – in der Systemsteuerung ist das weitaus seltener der Fall. Das wird im folgenden Abschnitt verdeutlicht.

5.1 Die Microsoft Management Console (MMC)

Auch in Windows 7 erfolgt ein Großteil der GUI-basierten Verwaltungsvorgänge per *Snap-Ins*. Die MMC[1] liegt mittlerweile in der Version 3.0 – auch für ältere Windows-Versionen – vor.

Die augenscheinlichste Neuerung dieser Version (siehe Abb. 5.2) ist eine zusätzliche, dritte Spalte innerhalb des Fensters, die *Aktionsfeld* genannt wird, und – bei Verfügbarkeit – zusätzliche Optionen eines ausgewählten Elementes enthält. Sie ist, genauso wie die erste Spalte (Konsolenstruktur), der Beschreibungs- und der Statusleisten ein- und ausblendbar. Lediglich die mittlere Spalte ist nicht ausblendbar, in ihr werden die hinzugefügten Verwaltungs-Snap-Ins aufgelistet.

Ein Snap-In ist in der Regel ein in Visual C++ oder Visual Basic geschriebenes COM-Objekt[2], das als DLL-Datei vorliegt und im System registriert ist.

Nicht so leicht sichtbar – quasi *unter der Haut* – ist, dass die MMC 3.0 Snap-Ins erlaubt, die auf dem .NET-Framework basieren. Sie ist die erste Version, mit der das möglich ist.

Eine Einschränkung ist jedoch, dass sämtliche, in einer bestimmten MMC-Ansicht benutzten Snap-Ins dieselbe Version des .NET-Frameworks benutzen müssen (siehe unten).

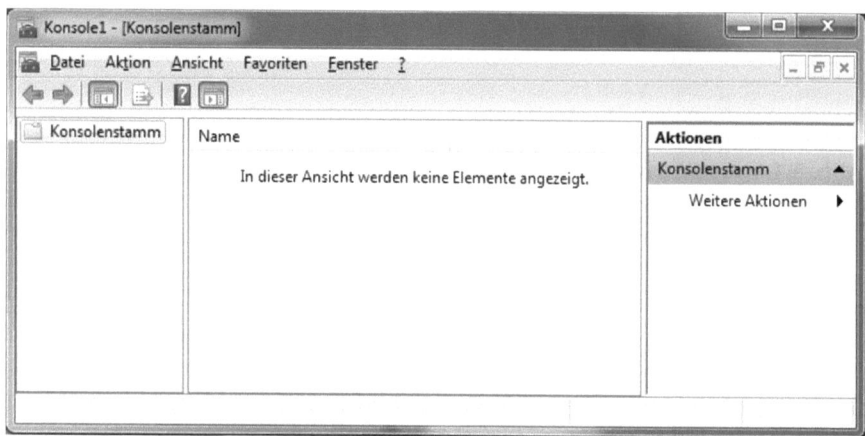

Abb. 5.2. Die Microsoft Management Console

---

[1] Diese wird auch MVK (Microsoft Verwaltungskonsole) genannt.
[2] Die Abkürzung COM steht für *Component Object Model*. Komponenten sind Programmbestandteile, die registriert werden und von anderen Programmen verwendet werden können (wie eine Rechtschreibprüfung, eine Audio/Video-Wiedergabe etc.).

5.1.1 Aufbau von MMC-Snap-Ins

Eine *Konsolenansicht* besteht aus Verweisen zu Snap-Ins und wird als .MSC-Datei gespeichert. Da lediglich die Verweise im XML-Format gespeichert werden, ist eine .MSC-Datei häufig sehr klein. Soll sie aber auf einem beliebigen System benutzt werden, müssen sämtliche referenzierten Snap-Ins auch auf dem Zielsystem vorliegen und registriert sein.

Wenn über ein Snap-In ein fernes System verwaltet werden soll, muss der betreffende Benutzer oder die Benutzerin natürlich am Zielsystem über entsprechende Rechte und Berechtigungen verfügen. Ein lediglich Besitzen und ausführen Können des Verwaltungs-Tools reicht nicht aus! Außerdem muss für die Kommunikation der IP-Port 135 (RPC) erreichbar sein.

5.1.2 Anpassen von Verwaltungskonsolenansichten

Über den Menüpunkt *Datei - Snap-In hinzufügen/entfernen*[3] lässt sich steuern, welche Verwaltungsfunktionen in einer Konsolenansicht aufgeführt sein sollen, und welches Gerät (lokal oder entfernt) verwaltet werden soll (siehe Abb. 5.3).

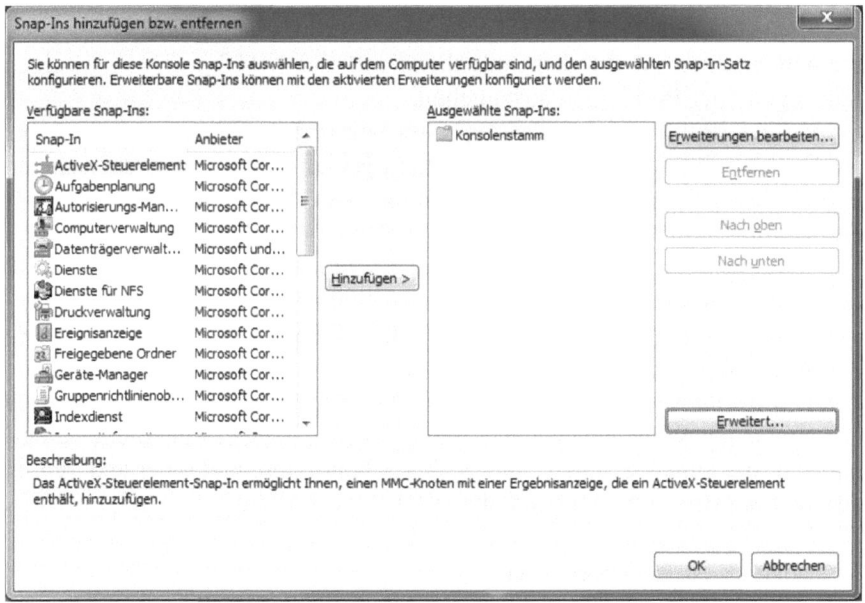

Abb. 5.3. Hinzufügen von Snap-Ins in der MMC

---

[3] Alternativ lassen sich mit der Tastenkombination Strg+M Snap-Ins hinzufügen.

So lassen sich bsp. *dienstzentrische* Sichten anlegen, bei denen jeweils pro Dienst eine eigene Konsolenansicht erstellt und alle Geräte in einem Netzwerk, welche die betreffende Funktion besitzen, aufgeführt sind. Oder *gerätezentrische* Sichten, bei denen jeweils pro Gerät die zu den jeweiligen Funktionen passenden Snap-Ins aufgeführt sind.

Nahezu jedes Snap-In besitzt eine Beschreibung, die am unteren Ende des Bildschirms dargestellt wird. Eine besondere Darstellungsart ist die *Aufgabenblock-Ansicht*[4]. In ihr werden Subfunktionen von Snap-Ins angezeigt (z. B. Benutzerverwaltung der OU Einkauf), und sie ist sehr gut geeignet, um Verwaltungsaufgaben an Personen vergeben zu können, die nicht über tiefergehende, administrative Computerkenntnisse verfügen.[5]

Jede bestehende .MSC-Datei kann über die Befehlszeile „mmc /a Name.msc" in einem *Autorenmodus* geöffnet werden, in dem Snap-Ins hinzugefügt oder entfernt werden sollen.

Dies ist zugleich ein Nachteil der MMC, weil es gar nicht verhindert werden kann, dass bestehende Konsolen durch Benutzer modifiziert werden. Der beste Ansatz, dieses zu begrenzen, ist, mittels NTFS-Berechtigungen Nur-Lese-Berechtigungen auf die .MSC-Datei zu gewähren.[6]

5.1.3 Problembehandlung von MMC-Snap-Ins

Im Allgemeinen ist im Zusammenhang mit der MMC nur von wenigen Störungen oder Problemen auszugehen.

Im Einzelfall kann es passieren, dass beim Hinzufügen eines Snap-Ins die Fehlermeldung „Snap-In konnte nicht initialisiert werden" ausgegeben wird. Dieses Problem tritt auf, wenn mehrere Snap-Ins, die das .NET-Framework benötigen, allerdings in unterschiedlichen Versionen, einer Verwaltungsansicht hinzugefügt werden sollen. Das Problem dabei ist, dass Snap-Ins, die verschiedene Versionen des .NET-Frameworks verwenden (bsp. .NET 1.1 und 2.0) nicht in derselben Microsoft-Management-Konsole enthalten sein können.

Die Lösung ist einfach: Fügen Sie die betreffenden Snap-Ins einfach verschiedenen Konsolenansichten hinzu, so dass in einer nur solche enthalten sind, die kein .NET bzw. nur .NET 1.1 benötigen, und einer anderen, in der die Snap-Ins enthalten sind, die .NET 2.0 erfordern.

---

[4] Ehemals als *Taskpad* bezeichnet.
[5] Es müssen dafür aber unbedingt passende Berechtigungen an den konkreten Objekten für die betreffenden Benutzern festgelegt werden.
[6] Am Rande bemerkt: Umgangssprachlich wird sie gelegentlich als „MMC-Konsole" oder „MVK-Konsole" bezeichnet. Aber das ist natürlich „doppelt gemoppelt", weil das C bzw. K bereits für C/Konsole steht.

Gleiches gilt natürlich für Snap-Ins, die .NET 3.x, 4.x oder höher erfordern.

5.2 Verwaltung mittels MMC-Snap-Ins

Unter dem Punkt *Verwaltung* der Systemsteuerung finden sich weitere, wichtige Administrationstools, die nachfolgend beschrieben sind.
Diese sind in aller Regel als MMC-Snap-Ins realisiert worden und lassen sich somit zu benutzerdefinierten MMCs zusammenstellen.

5.2.1 Die Aufgabenplanung

Einer der Bereiche, die Microsoft bei der Einführung von Windows Vista und Windows 7 erheblich geändert hat, ist die Aufgabenplanung (engl.: Task Scheduler) – wobei diese Änderungen von regulären Benutzern normalerweise gar nicht bemerkt werden.

In früheren Windows-Versionen noch *Geplante Tasks* genannt oder mittels At.exe-Befehlen gesteuert, bietet die Aufgabenplanung zwar weiterhin die automatische Ausführung von Vorgängen, aber mit wesentlich mehr Optionen (wie z. B. Trigger und dem Im- und Exportieren von Ausgaben). Und sie ersetzt den At.exe-Befehl. Dieser ist zwar aus Kompatibilitätsgründen noch vorhanden, damit existierende Skripte weiterhin unverändert ausgeführt werden können, sollte aber für neu zu erstellende Skripte nicht mehr verwendet werden, weil Microsoft ihn in nachfolgenden Windows-Versionen entfernen wird.

Für die Überwachung der Aufgaben und Durchführung der konfigurierten Aktionen ist der Aufgabenplanungsdienst – *Schedule* – (siehe unten) zuständig. Er muss gestartet sein, damit die Aufgabenplanung arbeiten kann.

Zur Verwaltung (Auflistung, Steuerung, Löschen, Ändern, Erstellen etc.) kann das Programm Aufgabenplanung aus der Systemsteuerung verwendet werden.

Nach Aufruf erscheint das in Abb. 5.4 gezeigte Fenster. In seiner mittleren Spalte werden Statusinformationen der konfigurierten Aufgaben dargestellt, in der rechten Spalte (*Aktionen*) sind alle Auswahloptionen des ebenfalls *Aktionen* genannten Menüpunktes aufgelistet.

5. Verwaltungsprogramme der Systemsteuerung

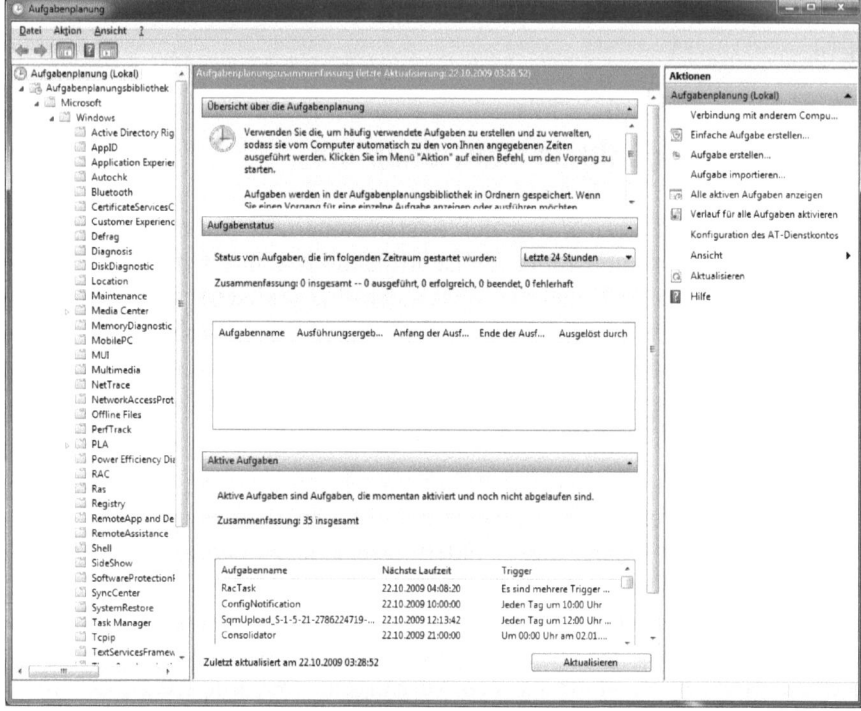

Abb. 5.4. Das Aufgabenplanungsprogramm

In diesem Fenster sind auch für reguläre Benutzer Aufgaben sichtbar. Die Administrator- oder System-Aufgaben können von diesen jedoch weder einsehen noch verändert werden. In den Windows-Vorgängerversionen existierte keine einzige vordefinierte Aufgabe des Betriebssystems selbst.

In der Standardeinstellung wird als Dienstkonto des Aufgabenplanungsdiensts das Lokale System verwendet. Das kann aber verändert werden, um bsp. Aktionen des Dienstes im Systemprotokoll besser überwachen und durch Zugriffsberechtigungen besser steuern zu können. Dieses Konto betrifft aber nur den Dienst selbst. Für jede Aufgabe kann jeweils ein Konto angegeben werden, in dessen Sicherheitskontext sie ausgeführt werden soll. Das geschieht über die Option *Aufgabe ausführen als*. Typischerweise wird ein separates Konto angegeben, um Aktionen im Systemprotokoll besser überwachen zu können, bzw. wenn durch Aufgaben Zugriffe auf andere Rechner erforderlich sind, was bekanntlich mit dem lokalen System-Konto nur innerhalb einer Domäne möglich ist.

In der linken Spalte des Fensters befindet sich ein Punkt namens *Aufgabenbibliothek*. Unter ihm befinden sich nun strukturiert (wie in einem Dateisystem) System- und Anwenderaufgaben.

Diese Struktur wird sichtbar, wenn auf das kleine Dreieck links neben ihm geklickt wird (siehe Abb. 5.5).

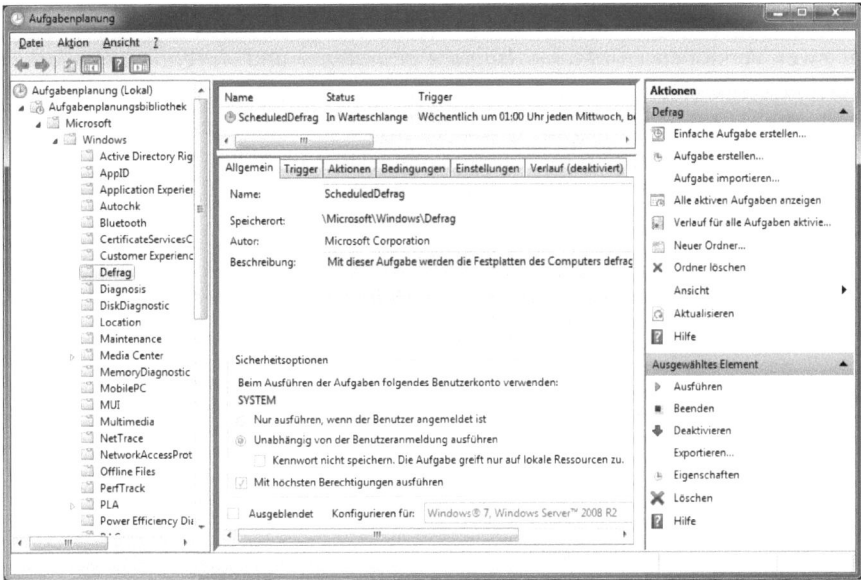

Abb. 5.5. Das Aufgabenvorschaufenster bei erweiterter Aufgabenplanungsbibliothek

Aufgaben können auch importiert und exportiert werden, was die Konfiguration mehrerer ähnlicher Systeme und ihre Dokumentation sehr vereinfacht. Dabei wird das XML-Format verwendet.

Zur Unterstützung der Konfiguration und des Betriebs durch Verwaltungsskripte können Aufgaben in einer Eingabeaufforderung mit dem Befehl *Schtasks.exe* und seinen Unteroptionen /Change, /Create, /Delete, /End, /Query, /Run, /ShowSid und /? verwaltet werden. Wenn Sie keine der Unteroption explizit angeben, wird /Query verwendet.

Die Eigenschaften jeder Aufgabe können im *Vorschaufenster* genannten, mittleren unteren Bereich des Fensters eingesehen, aber nicht verändert werden. Dafür muss das Eigenschaften-Fenster durch Auswahl von *Eigenschaften...* aus ihrem Kontextmenü oder per Maus-Doppelklick geöffnet werden.

In der Aufgabenplanungsbibliothek können zur besseren Strukturierung und Übersicht Ordner erstellt (und auch wieder gelöscht werden), in denen die Aufgaben dann untergebracht werden. Aber eine solche Gruppierung hat lediglich rein optische und strukturierende Funktionen: Ausgeführt werden stets alle Aufgaben, egal, wo sie sich in der Struktur befinden.

5. Verwaltungsprogramme der Systemsteuerung

Was das Beenden, Löschen und Deaktivieren von Aufgaben bewirkt, dürfte bekannt bzw. selbsterklärend sein, so dass auf diese Punkte im folgenden nicht weiter eingegangen wird.

Von Bedeutung ist jedoch das Erstellen von neuen Aufgaben, das sogar in zwei Versionen (*Einfache Aufgabe erstellen...* und *Aufgabe erstellen...*) verfügbar ist. Der Unterschied besteht darin, dass beim Erstellen einer Aufgabe wirklich alle Optionen festgelegt werden können, bei einer „einfachen Aufgabe" werden nur die relevantesten angeboten.

Der Vorgang wird im folgenden anhand der Erstellung einer (nicht ganz ernst gemeinten) Beispielaufgabe dargestellt.

Durch Auswahl der Aktion *Aufgabe erstellen...* öffnet sich das in Abb. 5.6 gezeigte Fenster, das fünf Registerkarten besitzt, die denen des Vorschaubereichs übrigens entsprechen.

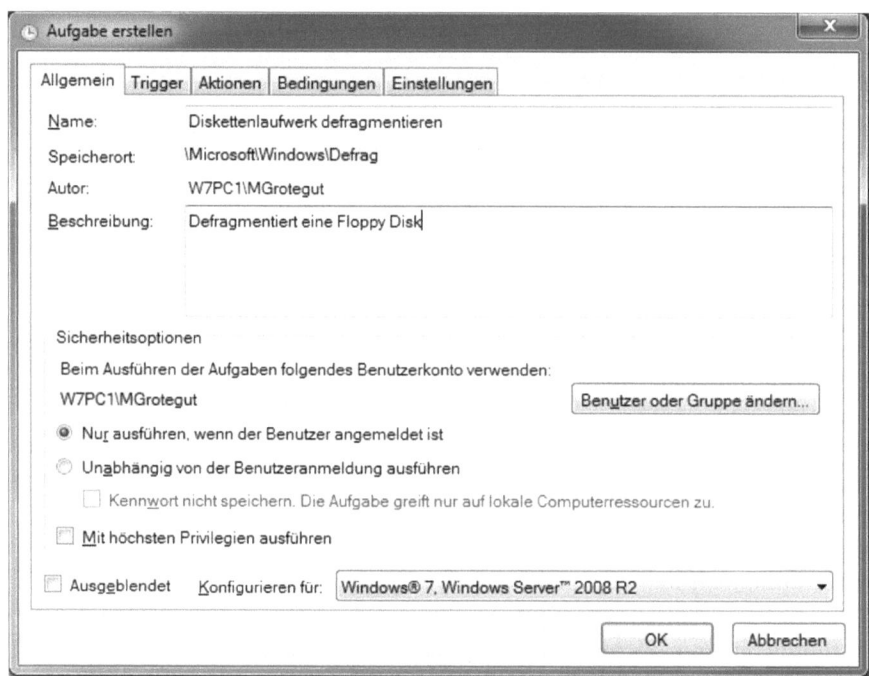

Abb. 5.6. Registerkarte *Allgemein* einer neuen Aufgabe

In ihm werden in der Registerkarte *Allgemein* der Name der Aufgabe, eine fakultative Beschreibung, ein Sicherheitskontext, in dem sie ausgeführt werden soll, und ihre Sichtbarkeit in der Aufgabenbibliothek festgelegt.

Außerdem kann festgelegt werden, ob eine Aufgabe von einer Benutzeranmeldung abhängig sein soll.

5.2 Verwaltung mittels MMC-Snap-Ins

In der Registerkarte *Trigger* werden ein oder mehrere die jeweilige Aufgabe auslösende Ereignisse (siehe Abb. 5.7) angegeben.

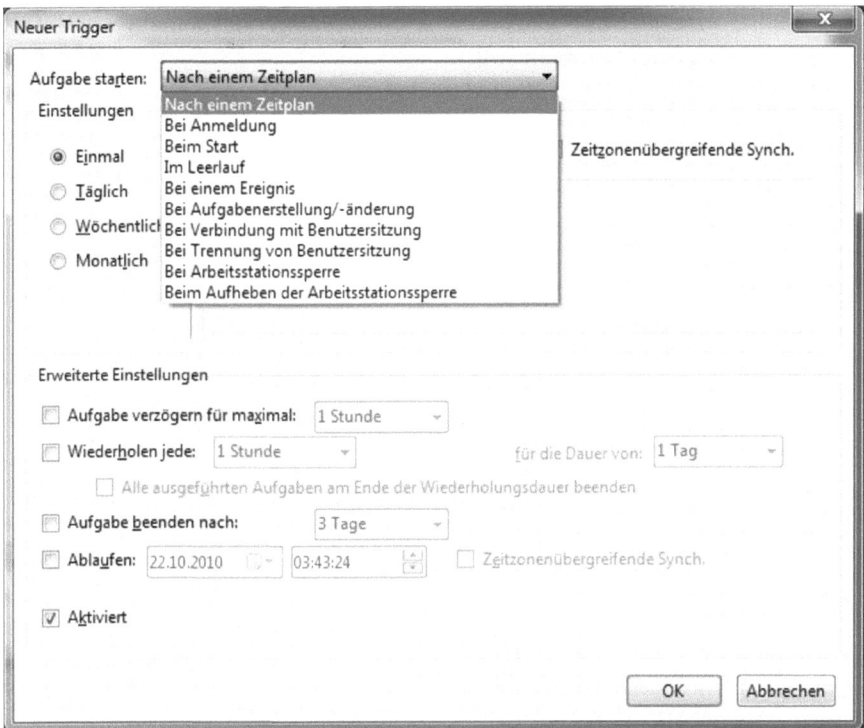

Abb. 5.7. Festlegung eines neuen Triggers für eine Aufgabe

Es stehen die klassischen, zeit-, datums- und wochentagsgesteuerten Zeitpunkte weiterhin (nun jedoch als Trigger bezeichnet) zur Verfügung.

Neu hingegen sind Ausführungsbedingungen wie Beim Start, Im Leerlauf, beim Schreiben eines bestimmten Ereignisses in das Ereignisprotokoll etc.

Auch die im unteren Bereich von Abb. 5.7 gezeigten erweiterten Einstellungen sind neu, praktisch, leistungsstark und sehr flexibel.

Wenn keine Triggeraktion angegeben wurde, kann die Aufgabe nur manuell gestartet werden.

Nach der Festlegung, ob und welche(r) Trigger eine Aktion auslösen soll(en), muss die Aufgabe selbst natürlich auch noch festlegt werden. Denn was soll denn eigentlich passieren?

Das wird in der dritten Registerkarte (*Aktionen*) festgelegt.[7] Durch Auswahl dort von *Neue Aktion* öffnet sich ein Fenster, in dem ein (Windows 7-eigenes oder benutzererstelltes) Programm oder Stapelverarbeitungsauftrag ausgeführt, eine E-Mail versendet werden kann oder eine (NetBIOS-)Nachricht[8] dargestellt werden soll.

Das Fenster ist in Abb. 5.8 wiedergegeben.

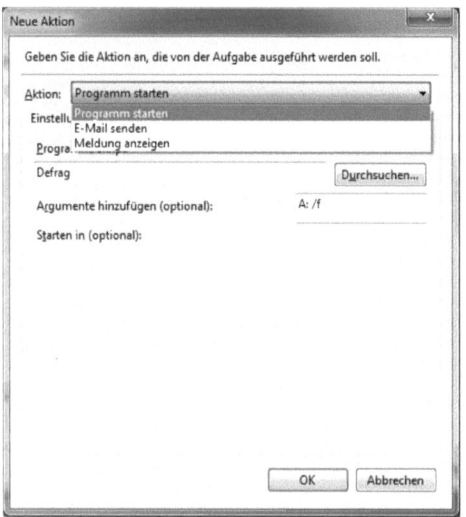

Abb. 5.8. Auswahl einer neuen Aktion

In Abhängigkeit der ausgewählten Aktion lässt sich diese durch die Vergabe weiterer Optionen modifizieren.

Aber auch die festgelegten Trigger lassen sich noch weiter modifizieren und feiner einstellen.

In der vierten Registerkarte (sie ist als Abb. 5.9 abgebildet) lassen sich Bedingungen festlegen, die ebenfalls erfüllt sein müssen, damit Trigger die definierten Aufgaben anstoßen können.

Die Bedeutung der jeweiligen Einstellungen sind sicherlich intuitiv verständlich.

---

[7] Auf die Abbildung dieses Fensters wurde verzichtet.
[8] Das entspricht dem Net Send Befehl.

5.2 Verwaltung mittels MMC-Snap-Ins   195

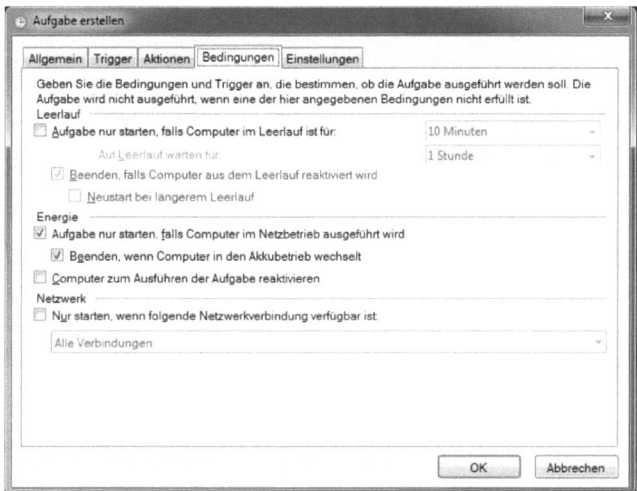

Abb. 5.9. Registerkarte *Bedingungen* einer neuen Aufgabe

Auch die Eigenschaften von Aufgaben lassen sich noch granularer einstellen: Und zwar durch Festlegung der gewünschten Werte in der *Einstellungen* genannten, letzten Registerkarte des Aufgabe-Erstellen-Fensters. Dieses ist in Abb. 5.10 dargestellt.

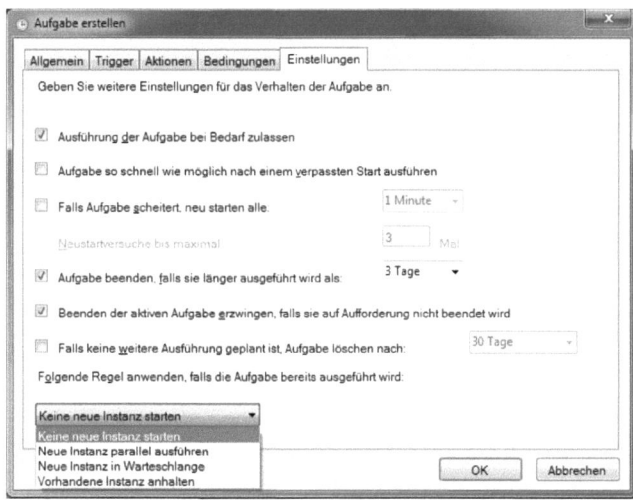

Abb. 5.10. Registerkarte *Einstellungen* einer neuen Aufgabe

5.2.2 Computerverwaltung

Das Programm *Computerverwaltung* finden Sie unter Systemsteuerung - Verwaltung, oder – für diejenigen, welche die Darstellung des Arbeitsplatzsymbols auf dem Desktop aktiviert haben – durch Klick mit der rechten Maustaste hierauf und Auswahl des Menüpunktes *Verwalten*.

Die Computerverwaltung ist als Snap-In der MMC realisiert. In ihr finden sich zusammengefasst mindestens die an anderer Stelle beschriebenen Snap-Ins *Aufgabenplanung, Ereignisanzeige, Freigegebene Ordner, Lokale Benutzer und Gruppen*, die *Leistungs-überwachung*, der *Geräte-Manager*, die *Datenträgerverwaltung, Dienste, WMI-Steuerung* (siehe Abb. 5.11).[9]

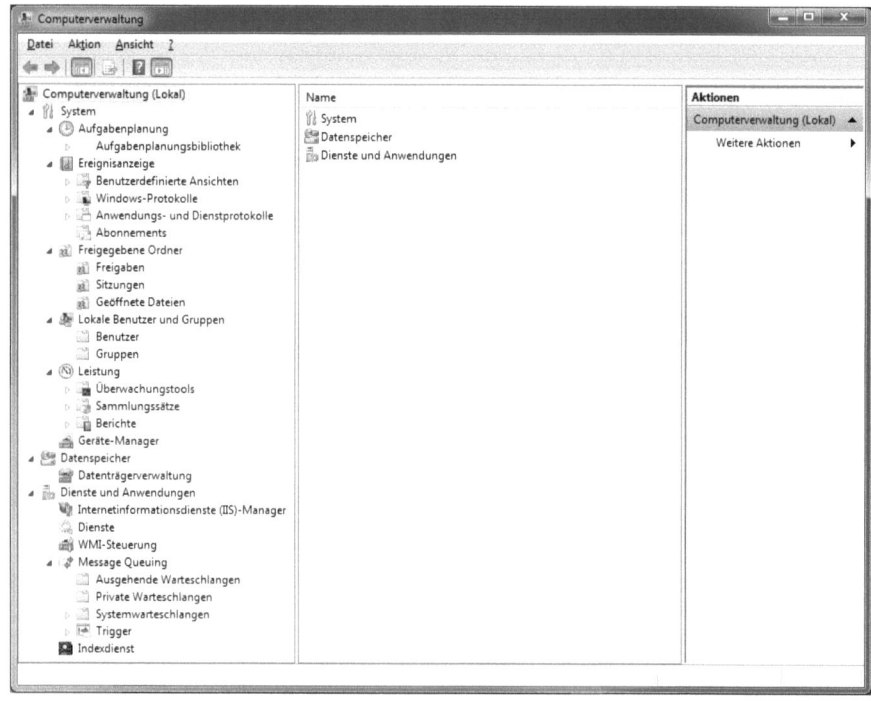

Abb. 5.11. Die Computerverwaltung

---

[9] In Abhängigkeit von dem installierten Systemumfang können auch noch ggf. die Snap-Ins *Internetinformationsdienste (IIS)-Manager, Message-Queuing* und *Indexdienst* enthalten sein.

5.2.3 Datenquellen

Datenquellen (engl.: Data Source Name, DSN) sind konfigurierte Verbindungen eines Systems zu Daten(bank)servern bzw. auch -dateien. Ziele können Microsoft Access, FoxBASE, SQL-Server und beliebige andere, über die Programmierschnittstellen ODBC (Open Database Connectivity) und OLE-DB (Object Linking and Embedding for Databases) erreichbare Datenbanksysteme wie Oracle, IBM DB2 etc. sein. Auf sie wird dann von Anwendungsprogrammen in der Regel mit SQL- (Structured Query Language)-Befehlen oder objektorientiert zugegriffen.

Die Einrichtung ist vom jeweiligen Zielsystem abhängig, aber im allgemeinen werden der Name der Datenbank, der Netzwerkname des Systems (oder seine IP-Adresse), die Portnummer und Anmeldeinformationen angegeben.

Es gibt drei verschiedene Arten von Datenquellen: *Benutzer-DSN* (diese können nur vom angemeldeten Benutzer verwendet werden), *System-DSN* (diese können von allen Benutzern, vom Betriebssystem und allen Diensten benutzt werden). Informationen über die beiden ersten Arten werden in der Registrierung gespeichert. Die dritte Art sind *Datei-DSN*, welche die Informationen über Datenquellen in DSN-Dateien vorhalten.

Windows 7 enthält übrigens einen OLE-DB-Treiber, der das Windows-Suchsystem unterstützt – mit anderen Worten: mit dem dieses nicht nur im Explorer benutzt, sondern auch mit SQL-Befehlen abgefragt werden kann. Der Name des Anbieters (engl.: provider) ist Search.CollatorDSO und der Datenbank- bzw. Tabellenname ist SYSTEMINDEX.[10] Dieser ist jedoch nicht in der hier beschriebenen ODBC-Verwaltung sichtbar, sondern kann nur in VisualBasic-, VBScript-, C++-Programmen etc. genutzt werden.

---

[10] Ein Beispiel für seine Verwendung mit ADO und VBScript, das als Datei über cscript.exe von einer Eingabeaufforderung ausgeführt werden sollte, ist:

```
On Error Resume Next
Set objConnection = CreateObject("ADODB.Connection")
Set objRecordSet = CreateObject("ADODB.Recordset")
objConnection.Open "Provider=Search.CollatorDSO;Extended Properties=
'Application=Windows';"
objRecordSet.Open "SELECT Top 5 System.ItemPathDisplay FROM
SYSTEMINDEX", objConnection
objRecordSet.MoveFirst
Do Until objRecordset.EOF
        Wscript.Echo objRecordset.Fields.Item("System.ItemPathDisplay")
        objRecordset.MoveNext
Loop
```

Ruft man das Programm „Datenquellen" auf, erscheint das in Abb. 5.12 dargestellte Fenster. Sie sehen, dass es sieben Registerkarten besitzt.

Abb. 5.12. Benutzerdatenquellen

So werden in der Registerkarte *Treiber* Informationen über installierte Treiber aufgeführt. Treiber existieren in der Voreinstellung für Microsoft SQL-Server-Datenbankverbindungen, Oracle, Paradox, Access, Visual FoxPro, dBase, Excel und textbasierte Quellen.

In der Registerkarte *Verbindungs-Pooling* können Time-Out-Werte für die einzelnen Treiber und eine Leistungsüberwachung konfiguriert werden, und die Registerkarte *Info* gibt Information über die installierten DSN/ODBC-Systembibliotheken (.Dll-Dateien) aus.

Wird in der ersten oder zweiten Registerkarte (Benutzer- bzw. System-DSN) die jeweils am rechten Fensterrand befindliche Schaltfläche *Hinzufügen...* ausgewählt, öffnen sich nach einem initialen Treiberauswahlfenster nacheinander die in den Abbildungen 5.13 ff. dargestellten Fenster.

Jede Datenquelle muss über das Feld *Name* einen eindeutigen Namen zur Verwendung in anderen Programmen bekommen.

Im Feld *Beschreibung* kann eine nähere Erläuterung der Datenquelle eingegeben werden. Aber das ist fakultativ.

Schließlich wird im Feld *Server* der Hostname, FQDN, NetBIOS-Name oder die IP-Adresse des Datenbankservers eingegeben bzw. über das nach unten zeigende Dreieck des Drop-Down-Felds einer der im Netzwerk gefundenen SQL-Server ausgewählt werden. Wenn sich auf demselben Computer, auf dem die neue Datenquelle eingerichtet wird, auch ein SQL-Server befindet, kann zudem die Option *(Lokal)* ausgewählt werden.

5.2 Verwaltung mittels MMC-Snap-Ins

Abb. 5.13. Erstellung einer neuen Datenquelle

Wenn so genannte *benannte Instanzen* (engl.: named instances) von SQL-Server 6.5, 7.0, 2000 oder 2005 verwendet werden sollen, wird der Name als *ServerName\Instanzname* eingegeben. Ab SQL-Server 2005 gibt es den *Native Client*, der zwar zuerst über die Client-Verwaltungstools installiert werden muss, jedoch erweiterte Funktionen wie *Multiple Active Resultsets* (MARS), Failover-Funktionen etc. bietet.

In dem dann folgenden Fenster (siehe Abb. 5.14) werden Authentifizierungsinformationen eingegeben. Ob die integrierte Windows-NT- oder die SQL-Server- Authentifizierung verwendet werden kann, ist durch den Administrator, der den Zieldatenbankserver eingerichtet hat, festgelegt worden. Außerdem steht in diesem Fenster die Schaltfläche *Clientkonfiguration...* zur Verfügung, in der die zu verwendenden Netzwerkprotokolle (oder *Bibliotheken*, wie es dort heißt) konfiguriert werden können (siehe Abb. 5.15).

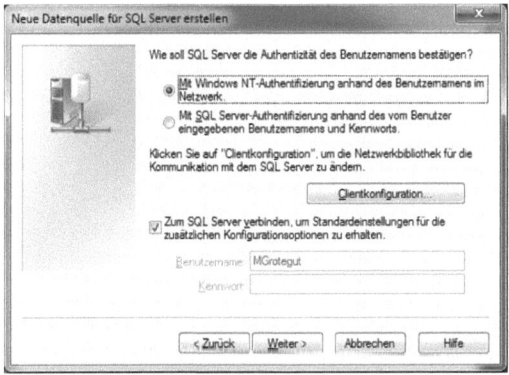

Abb. 5.14. Eingabe der Authentifizierungsangaben einer neuen Datenquelle

Dieses ist aber auch ein fakultativer Schritt. Wird das beschriebene Fenster nicht aufgerufen, werden die standardmäßigen Protokolle verwendet.

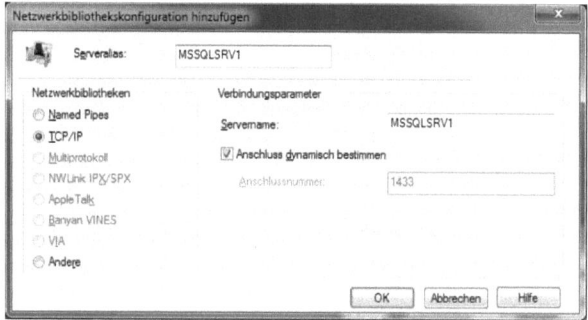

Abb. 5.15. Konfiguration der Netzwerksbibliotheken

Auf viele Datenquellen kann mit unterschiedlichen Netzwerkprotokollen zugegriffen werden. Das ist aber abhängig von den Protokollen, die am Datenbankserver installiert sind, und von denen, die an den Clients vorhanden sind.Einige Optionen stehen in aktuellen Netzwerken gar nicht mehr zur Verfügung und sind ausgegraut.

Nachdem *Weiter* ausgewählt wurde, öffnet sich das nächste Fenster (siehe Abb. 5.16). In ihm kann u. a. die Standarddatenbank festgelegt werden. Diese Option ist wichtig: Denn wenn ein Benutzer auf die angegebene Datenbank nicht einmal Leseberechtigungen hat, schlägt jeder Verbindungsversuch fehl. Die anderen Optionen bewirken jeweils genau das, was in ihren ausführlichen Benennungen angegeben ist.

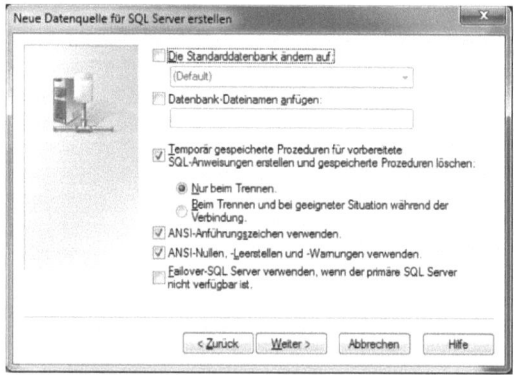

Abb. 5.16. Datenquellen-Verbindungsoptionen (1)

Gleiches gilt für das dann folgende (und in Abbildung 5.16 dargestellte) Fenster, sodass hier von einer detaillierten Beschreibung der ohnehin selbsterklärenden Optionen abgesehen wird.

Gelegentlich wird bei der Netzwerkadministration jedoch die Spracheinstellung geändert. Dazu gibt es folgendes anzumerken: Dieser Schritt ist eigentlich überflüssig, weil in der Regel bei der Erstellung des Datenbankbenutzerkontos im Datenbankserver selbst schon die Sprache für evtl. Fehlermeldungen festgelegt wird. Zudem sollte beachtet werden, dass englischsprachige Fehlermeldungen in der Regel immer zur Verfügung stehen, anderssprachige (z. B. deutsche) jedoch unter Umständen explizit angelegt werden müssen. Das gilt insbesondere für benutzerdefinierte Fehler.

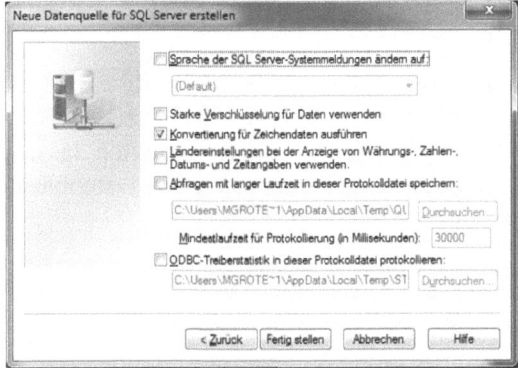

Abb. 5.17. Datenquellen-Verbindungsoptionen (2)

Nachdem *Fertig stellen* ausgewählt wird, sind dem System sämtliche Eigenschaften zur Einrichtung der neuen Datenquelle bekannt. Es öffnet sich jedoch ein weiteres, in Abb. 5.18 gezeigtes Fenster, in dem zusammenfassend noch einmal sämtliche Parameter der neuen Datenquelle aufgeführt sind, und die Option besteht, einen Verbindungsaufbau zu ihr testhalber durchzuführen.

Es ist empfehlenswert, diesen Schritt durchzuführen, bevor auf *OK* geklickt wird, um wirklich sicherzustellen, dass sämtliche Parameter korrekt erfasst wurden. Falls dabei Fehler erkannt werden sollen, kann über die *Zurück*-Schaltflächen bei Bedarf zu den vorigen Fenstern gegangen werden und die eingegebenen Werte dort modifiziert werden.

Abb. 5.18. Zusammenfassungsfenster

In dem Datenquellenverwaltungsfenster (siehe Abb. 5.12) gibt es jedoch noch weitere Optionen: So kann man sich mittels der Registerkarte *Ablaufverfolgung* (siehe Abb. 5.19) detaillierte Protokolle erstellen lassen, was insbesondere für eine ggf. erforderliche Fehlersuche bei Datenbankzugriffen sehr nützlich sein kann.

Abb. 5.19. Registerkarte Ablaufverfolgung

Anstelle des GUI-Administrationsprogramms kann auch das Programm *Odbcconf.exe* verwendet werden, um die Datenquellen eines Systems zu verwalten.

5.2.4 Systemdienste

Ein Großteil der Windows-Funktionalität wird durch Dienste (auch *Services* oder *daemons* genannt) realisiert. Ein Kennzeichen von Diensten ist, dass sie vom Betriebssystem gestartet werden, somit keine Benutzerprozesse sind, und eben auch laufen, wenn kein Benutzer angemeldet ist. Generell gilt, dass Betriebssystemfunktionen nicht laufender Dienste nicht zur Verfügung stehen. Aufgrund der Abhängigkeiten können dann Dienste, die davon abhängig sind, auch nicht arbeiten.

Die Verwaltung der Dienste erfolgt am einfachsten mit Hilfe des Dienste-MMC-Snap-Ins (siehe Abb. 5.20) aus der Systemsteuerung – aber auch mit SC.exe, den NET-Befehlen und Tasklist.exe können Dienste von Administratoren verwaltet werden.

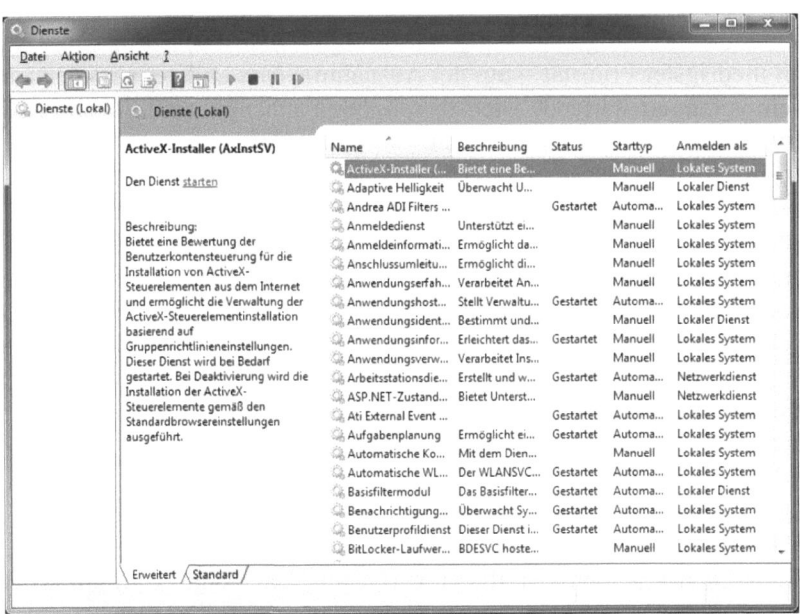

Abb. 5.20. Das Programm Dienste

Sämtliche bekannte Dienste sind in der Registrierung (wie die Gerätetreiber auch) unter dem Schlüssel HKLM\SYSTEM\CurrentControlSet\Services eingetragen.

Es gibt die Startarten *Automatisch* (0x2)[11], *Manuell* (0x3), *Deaktiviert* (0x4), *Automatisch (Verzögerter Start)* (0x5) und die neue Startart *Starten*

---

[11] Die Werte in den Klammern beziehen sich auf die Starteinstellungen der jeweiligen Registrierungsschlüssel.

bei Bedarf (engl.: Demand start bzw. Trigger start). Die Startarten *Boot* (0x0) und *System* (0x1) stehen jedoch für Dienste nicht zur Verfügung. Ein Dienst mit der Startart Automatisch wird beim Start des Betriebssystems geladen und gestartet, ein Dienst mit der Startart Manuell hingegen nur in den Speicher geladen, aber nicht gestartet. Er wird erst auf Anforderung von anderen Diensten aktiv oder kann manuell durch die Dienstkonsole (oder einen Net Start-Befehl) gestartet werden.

Die Startart Deaktiviert sagt aus, dass ein Dienst nicht zur Verfügung steht und auch nicht gestartet werden kann. Sollte ein deaktivierter Dienst dennoch benötigt werden, muss der Server nach Wechsel der Startart jedoch nicht zwangsläufig neu gestartet werden, sondern man kann sich des Tricks bedienen, zuerst die Startart auf Manuell festzulegen und den Dienst dann zu starten. Danach kann bei Bedarf auch die Startart auf Automatisch geändert werden.

Automatisch (Verzögerter Start) startet betreffende Dienste nachrangig und mit niedrigster Priorität – mit der Ausnahme, dass andere, automatisch und nicht verzögert startende Dienste von ihnen abhängig sind. In dem Fall werden auch sie automatisch gestartet.

Dienste arbeiten ebenso wie Benutzerprozesse auch in einem Sicherheitskontext und bekommen genauso auch SIDs (siehe Kap. 9) zugewiesen (für jeden Dienst individuell). Durch sie können besondere Zugriffserlaubnisse und -sperrungen auf sämtliche Objekte im System festgelegt werden.

So kann auch konfiguriert werden, dass anstelle des lokalen Systemkontos ein Dienst mit niedrigen Rechten starten soll, und die individuell benötigten, zusätzlichen Rechte und Berechtigungen separat gewährt werden.

Denn Windows 7 erlaubt Administratoren, Dienste mit den gerade eben benötigten Rechten und Berechtigungen arbeiten zu lassen und somit die Auswirkungen von Hackerattacken einzugrenzen.

Dienste können außerdem nun Rechte, die sie unbedingt benötigen, als solche kennzeichnen. Nur diese werden dann im Zugriffstoken gewährt. Sollte ein Dienst jedoch ein Recht verlangen, dass dem konfigurierten Startkonto nicht zur Verfügung steht (z. B. Sichern von Dateien für Netzwerkdienst), startet der betreffende Dienst nicht.

Wenn ein Dienst Teil einer Dienstgruppe (wie *svchost*) ist, gilt in dem Fall, dass die Gesamtmenge aller Rechte der Dienste allen gewährt wird, und wenn die benötigte Rechteliste überhaupt nicht angegeben ist, wie das bei älteren Diensten der Fall ist, werden sämtliche Rechte, die das Startkonto hat, gewährt.

Für bestimmte Dienste, die auf Ressource in anderen Domänen bzw. anderen Computern auch derselben Domäne zugreifen müssen (wie Microsoft Exchange, Microsoft SQL-Server etc.) sollte daher ein eigenes Dienstkonto erstellt werden und dieses in den Dienstoptionen eingetragen werden. Für Dienste, bei denen das nicht zutrifft und die nur lokale Rechte und Berechtigungen benötigen, gibt es die drei Systemkonten *Lokaler Dienst*, *Netzwerkdienst* und *Lokales System*. Letzteres verfügt über dieselben Rechte und Berechtigungen wie das Betriebssystem selbst, kann aber nicht domänenübergreifend arbeiten und sollte nur für Dienste benutzt werden, die dieses unbedingt erfordern. Für alle anderen Dienste sollte eines der niedrigerer berechtigten anderen beiden Konten benutzt werden.

Das Konto Lokaler Dienst hat nur geringe Rechte, entsprechend einem authentifizierten Benutzer und der Gruppe *Benutzer*. Im Falle der Übernahme eines Dienstes durch einen Angreifer hat dieser somit nicht viele Möglichkeiten. Auf Netzwerkressourcen kann dann nicht authentifiziert, sondern höchstens als Null-Session (anonym) zugegriffen werden. Diese anonyme Anmeldemöglichkeit ist jedoch standardmäßig deaktiviert und sollte es aus Sicherheitsgründen auch bleiben.

Das Konto Netzwerkdienst hat wie das Konto Lokaler Dienst dieselben, geringen Rechte auf dem jeweiligen Computer. Mit ihm kann aber auf andere Systeme (im Sicherheitskontext des Computerkontos) zugegriffen werden.

Die Berechtigungen für Dienste können mit dem MMC-Snap-In *Sicherheitsvorlagen* sowie mit dem Programm *Subinacl.exe* aus dem Windows-Ressource-Kit angezeigt und verwaltet werden. Mit dem Tool *Srvany.exe* aus dem Ressource-Kit können Sie beliebige .Exe-Dateien als Dienst laufen lassen – diese dürfen aber keine Benutzereingaben und Bildschirmausgaben durchführen.

Wichtig im Zusammenhang mit den Diensten sind auch die jeweiligen Abhängigkeiten. Damit wird gesteuert, in welcher Reihenfolge die Dienste gestartet werden. Wenn ein Dienst, von dem andere Dienste abhängig sind, nicht gestartet ist, können diese Dienste ebenfalls nicht starten.

Exemplarisch für alle Dienste werden nachfolgend die Registerkarten des Dienstes Computerbrowser gezeigt:

In der ersten Registerkarte (*Allgemein*) eines jeden Diensts (siehe Abb. 5.21) werden der interne Dienstname, der lokalisierte Anzeigename, eine Beschreibung, der Pfad der Dienst-Exe- oder -Dll-Datei, der Starttyp, der Dienststatus angezeigt.

Außerdem sind das Starten, Stoppen, Anhalten und Fortsetzen (eines angehaltenen Dienstes) möglich. Dies ist von den Bezeichnungen her sicher selbsterklärend. Aber wo ist der Unterschied zwischen einem *gestoppten* und einem *angehaltenen* Dienst?

Beide sind und bleiben weiter im Speicher und nehmen keine neuen Anfragen mehr an. Die Unterschiede bestehen in der Verarbeitung bestehender Sitzungen und der Wiederaufnahme ihrer Tätigkeit: Angehaltene Dienste bleiben voll initialisiert, bedienen noch verbundene Benutzer und können sehr schnell wieder fortgesetzt werden, akzeptieren jedoch keine neuen Verbindungswünsche mehr. Gestoppte Dienste müssen nach einer Start-Aufforderung die volle Start- und Anmeldeprozedur wie bei einem Systemstart erneut durchlaufen. Es bietet sich also an, vor dem völligen Stoppen eines Dienstes ihn zuerst anzuhalten, die Benutzer zu informieren und ihn erst dann zu stoppen. So können Benutzer noch ihre Arbeit zu Ende bringen und ihre Dateien speichern.

Beim Stoppen von Diensten werden auch abhängige Dienste mitbeendet. Beim manuellen Start muss dann beachtet werden, dass diese nicht mitgestartet werden, sondern nachfolgend ebenfalls manuell gestartet werden müssen.

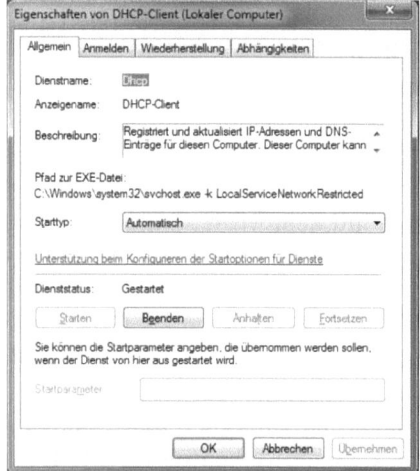

Abb. 5.21. Registerkarte *Allgemein* der Eigenschaften eines Dienstes

Nicht benötigte Dienste sollten deaktiviert werden! Hierfür gibt es zwei gute Gründe: Zum einen bieten offene TCP-Anschlüsse stets ein potentielles Loch für Eindringlinge, zum anderen belegen nicht benötigte Dienste Hauptspeicher und kosten damit Performance.

Manche Dienste (wie z. B. Microsoft SQL-Server) lassen Startparameter für ihre Dienste zu. Diese können bei Bedarf in dem unteren Bereich eingegeben werden.

In der zweiten Registerkarte (*Anmelden*) wird festgelegt, welches Konto für die Dienstanmeldung verwendet werden soll und ggf. das Kennwort dafür (siehe Abb. 5.22).

Das Konto kann lokal oder ein Domänenkonto sein, wenn der Windows-7-Rechner Mitglied einer Domäne ist.

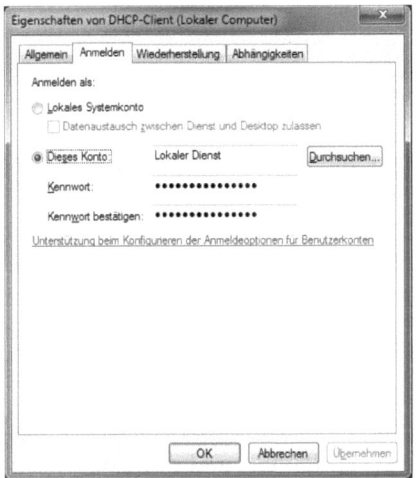

Abb. 5.22. Registerkarte *Anmelden* der Eigenschaften eines Dienstes

Wenn eines der beiden bereits erwähnten Konten *Lokaler Dienst* oder *Netzwerkdienst* verwendet werden soll, wird der entsprechende Name so eingetragen und die Kennwortfelder leer gelassen.

In der dritten Registerkarte (*Wiederherstellen*) kann festgelegt werden, was das Betriebssystem unternehmen soll, falls ein bestimmter Dienst nicht gestartet werden kann. Sie ist in Abb. 5.23 dargestellt.

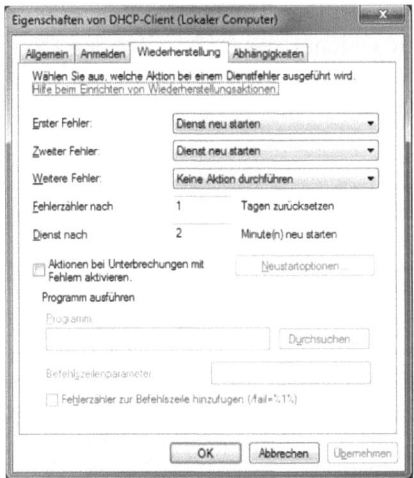

Abb. 5.23. Registerkarte *Wiederherstellen* der Eigenschaften eines Dienstes

Zur Auswahl stehen *Dienst neu starten*, *Keine Aktion durchführen*, *Computer neu starten* und *Programm starten* (im letzten Fall kann auf Wunsch die Nummer des fehlgeschlagenen Startversuchs als Parameter („/fail=") hinzugefügt werden.

Diese Einstellungsoptionen helfen auch, Windows 7 robuster gegen DoS- (Denial of Service-) Angriffe zu machen.

Der Rücksetzzeitraum für die Fehlerzählung kann im oberen Eingabefeld festgelegt werden. Er beeinflusst die Wirkungsweise der Wiederherstellungsaktionen (n-ter Fehler in m Tagen). Die Voreinstellung (0) bewirkt dabei, dass der Fehlerzähler nicht während des Betriebs, sondern erst bei einem Neustart des Systems zurück gesetzt wird. Insoweit sind die Fehler dann absolut: n-ter Fehler seit Systemstart. Nur dieses Eingabefeld ist in dieser Registerkarte immer verfügbar. Die anderen sind in Abhängigkeit von den ausgewählten Aktionen ggf. deaktiviert.

Für Fehler aufgrund von Dienstabbrüchen kann im untersten Fensterbereich ausgewählt werden, dass auch in solchen Fällen (und nicht nur, wenn Dienste nicht starten können) eine Wiederherstellung durchgeführt werden soll. Über die benachbarte Schaltfläche *Neustartoptionen...* lassen sich ein Wert für den Zeitraum, der vor einem Neustart gewartet werden soll und ob dabei eine benutzerdefinierte Nachricht versendet werden soll, festlegen.

Dienste können von anderen Diensten abhängig sein – und zwar auch mehrstufig. Ein Beispiel: Der hier gezeigte Computerbrowser-Dienst hängt vom Arbeitsstationsdienst und vom Serverdienst ab. Der Arbeitsstationsdienst wiederum könnte nicht starten, wenn ein Netzwerkprotokolldienst wie TCP/IP (noch) nicht zur Verfügung steht. Die Abhängigkeiten steuern somit implizit auch die Reihenfolge, mit welcher der SCM (Service Control Manager, dt.: Dienststeuerungs-Manager) die Dienste startet. Sie können in der Registerkarte *Abhängigkeiten* (siehe Abb. 5.24) angesehen werden.

Von einer Eingabeaufforderung können *Sc.exe*, *Tasklist.exe /srv* sowie die *Net Start*, *Stop*, *Pause* und *Continue*-Befehle zur Dienststeuerung verwendet werden.

Net Start ohne weitere Parameter zeigt eine Liste derzeit aktiver Dienste an. Ferner können mittels Gruppenrichtlinien die Diensteigenschaften für Gruppen von Computern festgelegt werden.

Die eben genannten Befehle funktionieren aber nur auf dem aktuellen Computer. Zum Abfragen der gestarteten Gerätetreiber und Dienste auf einem lokalen oder einem Remote-Computer (administrative Rechte vorausgesetzt) gibt es das Programm *Driverquery.exe*.

Abb. 5.24. Registerkarte *Abhängigkeiten* der Eigenschaften eines Dienstes

In der Tabelle 5.1 sind alle in Windows 7 enthaltenen Dienste mit ihren Default-Eigenschaften aufgeführt und ihre Funktion erläutert. Jedoch sind einige der hier gelisteten Dienste nur als Subkomponenten von Windows-7-Funktionen verfügbar – so ist beispielsweise der Dienst *Client für NFS* nur installiert, wenn auch die Services für Unix installiert wurden. Ähnliches gilt für z. B. den WWW-Veröffentlichungsdienst, der Teil des Internet Information Servers ist. In Abhängigkeit von der Hardwareausstattung eines Systems können auch weitere Dienste, die zur Unterstützung der Gerätefunktionen benötigt werden, installiert sein. Und einige andere Dienste (wie die Media-Center-Dienste) stehen in manchen Windows-7-Versionen gar nicht zur Verfügung. Unter *Name* wird der deutsche Dienstname genannt, daneben steht in Klammern jeweils der interne Dienstname, der von einigen Systemprogrammen und in der Registrierung benutzt wird. Soweit verfügbar, sind auch die verwendeten TCP/IP-Ports der einzelnen Dienste angegeben.

Tabelle 5.1. Windows-7-Dienste

Name Beschreibung	Status	Starttyp	Anmelden als
ActiveX-Installer (AxInstSV) Steuert die Installation von ActiveX-Steuerelementen in Abhängigkeit von Einstellungen in Active-Directory-Gruppenrichtlinien. Wenn dieser, auch AXIS genannte, Dienst nicht		Manuell	Lokales System

gestartet ist, werden anstelle die Einstellungen vom Internet Explorer angewendet.

Adaptive Helligkeit (SensrSvc) Dieser Dienst unterstützt die Anpassung der Displayhelligkeit an die Umgebungshelligkeit, wenn ein entspr. Umgebungshelligkeitssensor vorhanden ist.	Manuell	Lokaler Dienst
Anmeldedienst (Netlogon) Dienst zur Unterstützung der Anmeldung in Domänen. Dazu wird durch diesen Dienst ein sicherer, verschlüsselter Kanal zwischen den Systemen aufgebaut.	Manuell	Lokales System
Anmeldeinformationsverwaltung (VaultSvc) Verwaltung von Benutzeranmeldeinformationen.	Manuell	Lokales System
Anschlussumleitung für Remotedesktopdienst im Benutzermodus (UmRdpService) Unterstützt die Umleitung von Druckern, Laufwerken und Schnittstellen für RDP- (Remote Desktop Protocol-) Verbindungen.	Manuell	Lokales System
Anwendungserfahrung (AeLookupSvc) Unterstützt Anwendungskompatibilitätseinstellungen beim Start von Anwendungen	Gestartet Manuell	Lokales System
Anwendungshost-Hilfsdienst (AppHostSvc) Unterstützt anwendungspoolspezifische Zugriffssteuerungslisten und den Konfigurationsverlauf des IIS.	Gestartet Automatisch	Lokales System
Anwendungsidentität (AppIDSvc) Realisiert die Identitätsüberprüfung von Anwendungen für AppLocker.	Manuell	Lokaler Dienst
Anwendungsinformationen (Appinfo) Unterstützt die Benutzerkontensteuerung für administrative Anwendungen.	Gestartet Manuell	Lokales System
Anwendungsverwaltung (AppMgmt) Unterstützt die Verwaltung von Programmen, die über Gruppenrichtlinien bereitgestellt werden.	Manuell	Lokales System
Arbeitsstationsdienst (LanmanWorkstation) Dieser Dienst wird für den Zugriff auf Freigaben anderer Rechner über das SMB-Protokoll (Server Message Blocks) benötigt.	Gestartet Automatisch	Netzwerk-Dienst

ASP.NET-Zustandsdienst (aspnet_state) Dieser Dienst verwaltet den Status von ASP.NET-Sitzungen und wird für die ASP.NET-Unterstützung vom Internet Information Server benötigt. Er benutzt TCP-Port 42424.		Manuell	Netzwerkdienst
Aufgabenplanung (Schedule) Dieser Dienst startet zeitgesteuert festgelegte Programme.	Gestartet	Automatisch	Lokales System
Automatische Konfiguration - verkabelt (dot3svc) Dieser Dienst wird für die IEEE 802.1X-Authentifizierung auf drahtgebundenen Ethernet-Schnittstellen benutzt.		Manuell	Lokales System
Automatische WLAN-Konfiguration (Wlansvc) Dienst für die automatische Konfiguration der Profile und Adapter von drahtlosen Netzwerken.	Gestartet	Manuell	Lokales System
Basisfiltermodul (BFE) Dienst, der im Benutzermodus läuft und für die Unterstützung von Firewall- und IPSec-Regeln benötigt wird.	Gestartet	Automatisch	Lokaler Dienst
Benachrichtigungsdienst für Systemereignisse (SENS) Dieser Dienst überwacht das System: Bei Auftreten von Systemereignissen (wie Benutzeran- und -abmeldungen) werden diese an COM+-Komponenten weitergeleitet.	Gestartet	Automatisch	Lokales System
Benutzerprofildienst (ProfSvc) Dieser Dienst wird für die lokale Benutzeranmeldung verwendet und steuert das Laden und Schreiben der Benutzerprofile. Wenn dieser Dienst nicht gestartet ist, können Benutzer sich nicht mehr an- und abmelden.	Gestartet	Automatisch	Lokales System
BitLocker-Laufwerksverschlüsselungsdienst (BDESVC) Dieser Dienst realisiert die BitLocker-Partitionsverschlüsselung.		Manuell	Lokales System
Blockebenen-Sicherungsmodul (wbengine) Dienst für die Durchführung von Datensicherungen und -wiederherstellungen auf Blockebene.		Manuell	Lokales System
Bluetooth-Unterstützungsdienst (bthserv) Dieser Dienst unterstützt Bluetooth-Geräte.		Manuell	Lokaler Dienst

BranchCache (PeerDistSvc) Zwischenspeicherung von Dateien im lokalen Subnetz auf Clients.		Manuell	Netzwerkdienst
Client für NFS (NfsClnt) Bietet die Unterstützung für den Zugriff auf NFS-Freigaben (Network File System).	Gestartet	Automatisch	Netzwerkdienst
CNG-Schlüsselisolation (KeyIso) Durch diesen Dienst wird die Kryptografie-Schlüsselverwaltung privater Schlüssel des CNG-Moduls (Cryptographic Next Generation) realisiert. Er ist Teil des LSA-Prozesses.	Gestartet	Manuell	Lokales System
COM+-Ereignissystem (EventSystem) Dieser Dienst arbeitet eng mit dem Benachrichtigungsdienst für Systemereignisse zusammen und leitet Ereignisse automatisch an andere COM+-Komponenten weiter. Diese müssen somit nicht ständig abfragen, ob ein bestimmtes Ereigniss eingetreten ist (engl.: polling), sondern werden benachrichtigt.	Gestartet	Automatisch	Lokaler Dienst
COM+-Systemanwendung (COMSysApp) Lädt und steuert COM+-Komponenten.		Manuell	Lokales System
Computerbrowser (Browser) Der Browser-Dienst durchsucht das Netzwerk nach anderen, NetBIOS-basierten Computern. Das Ergebnis des Browser-Dienstes wird in der Netzwerkumgebung dargestellt. Dieser Dienst benutzt die UDP-Ports 137 und 138 sowie den TCP-Port 139.		Manuell	Lokales System
DCOM-Server-Prozessstart (DcomLaunch) Dieser Dienst ist für den Start und die Ausführung von COM- und DCOM-Komponenten (Distributed COM) zuständig.	Gestartet	Automatisch	Lokales System
Defragmentierung (defragsvc) Datenträgerdefragmentierung.		Manuell	Lokales System
Designs (Themes) Der Designs-Dienst unterstützt die Anpassung der Arbeitsoberfläche durch verschiedene Anzeigeschemata.	Gestartet	Automatisch	Lokales System
DHCP-Client (Dhcp) Der DHCP-Clientdienst unterstützt den Erhalt und	Gestartet	Automatisch	Lokaler Dienst

die Erneuerung von DHCP-Leases sowie die dynamische Aktualisierung der DNS-Server. Dieser Dienst kann beendet werden, wenn kein DHCP und kein DDNS im Netzwerk benutzt wird.

Diagnosediensthost (WdiServiceHost) Erkennen, Behandeln und Lösen von Problemen für Windows-Komponenten, die als lokaler Dienst gestartet wurden, und wird vom Diagnoserichtliniendienst abgefragt.	Gestartet	Manuell	Lokaler Dienst
Diagnoserichtliniendienst (DPS) Dieser Dienst ist für die Erkennung, Behandlung und Lösung von Problemen von Windows-Komponenten zuständig.	Gestartet	Automatisch	Lokaler Dienst
Diagnosesystemhost (WdiSystemHost) Server-Komponente des Diagnoserichtliniendienstes, für Diagnosen, die im Sicherheitskontext des lokalen Systemkontos durchgeführt werden müssen.		Manuell	Lokales System
Distributed Transaction Coordinator (MSDTC) Dieser Dienst steuert Transaktionen, die mehr als einen Computer und/oder mehr als ein Ressourcenverwaltungsdienst (wie Datenbanken, Nachrichtenwarteschlagen, Dateisysteme etc.) betreffen. Er benötigt TCP-Port 135.		Manuell	Netzwerkdienst
DNS-Client (Dnscache) Dienst für die Zwischenspeicherung von DNS-Namensauflösungsergebnissen und DDNS-Registrierungen. Diese Funktionalität benötigen nicht nur Internetbrowser, sondern ist auch für die Zusammenarbeit mit Active-Directory-Domänen wichtig. Wenn dieser Dienst nicht gestartet ist, muss für jede DNS-Namensauflösung ein DNS-Server abgefragt werden.	Gestartet	Automatisch	Netzwerkdienst
Druckwarteschlange (Spooler) Dieser Dienst nimmt Druckaufträge entgegen, speichert sie zwischen und schickt sie nach und nach zu Druckgeräten.	Gestartet	Automatisch	Lokales System
Einfache TCP/IP-Dienste (simptcp) Hostet die TCP/IP-Dienste *Chargen*, *Daytime*, *Discard*, *Echo* und *Zitat des Tages*.	Gestartet	Automatisch	Lokaler Dienst

214 5. Verwaltungsprogramme der Systemsteuerung

Enumeratordienst für tragbare Geräte (WPDBusEnum) Dieser Dienst verwaltet portable Geräte wie MP3-Player. Dazu gehören auch das Setzen von Gruppenrichtlinieneinstellungen und die Ermöglichung der Übertragung und Synchronisation von Inhalten durch Programme wie dem Windows Media Player und dem Bildimport-Assistenten.	Manuell	Lokales System
Erkennung interaktiver Dienste (UI0Detect) Wenn ein Dienst (als Ausnahme) interaktiv mit Benutzern kommunizieren möchte, ermöglicht dieser Dienst die Darstellung von Dialogfenstern und die Benachrichtigung der Anwender darüber.	Manuell	Lokales System
Extensible Authentication-Protokoll (EapHost) Dienst zur Unterstützung des Extensible Authentication Protocols (EAP). Dieses wird u. a. für die Anmeldung mit Chipkarten und für die Remoteeinwahl benötigt, und kann weitere Authentifizierungsprotokolle enthalten.	Manuell	Lokales System
Fax (Fax) Dieser Dienst ist für den Fax-Versand und -Empfang von lokalen Faxmodems oder Remote-Fax-Servern zuständig. Dazu nutzt er TAPI (Telephony Application Programming Interface) und benötigt die TCP-Ports 135, 139 und 445.	Manuell	Netzwerkdienst
Funktionssuchanbieter-Host (fdPHost) Dienst für die Netzwerkfunktionssuche.	Manuell	Lokaler Dienst
Funktionssuche-Ressourcenveröffentlichung (FDResPub) Dieser Dienst gibt im Netzwerk bekannt, welche Ressourcen dieser PC für die gemeinsame Nutzung bereitstellt.	Gestartet Automatisch	Lokaler Dienst
Gatewaydienst auf Anwendungsebene (ALG) Bietet Unterstützung für Protokoll-Plug-Ins im Benutzermodus für die gemeinsame Nutzung der Internetverbindung.	Manuell	Lokaler Dienst
Gemeinsame Nutzung der Internetverbindung (SharedAccess) Mit diesem Dienst ist die Internetverbindungsfreigabe realisiert.	Deaktiviert	Lokales System

Geschützter Speicher (ProtectedStorage) Dienst, der geschützten Speicher bereitstellt und ihn verwaltet. Im geschützten Speicher werden vertrauliche Informationen wie private Schlüssel und Kennwörter gespeichert.		Manuell	Lokales System
Gruppenrichtlinienclient (gpsvc) Mit diesem Dienst werden Einstellungen gelesen und übernommen, die in Gruppenrichtlinienobjekten auf Domänencontrollern festgelegt wurden.	Gestartet	Automatisch	Lokales System
Heimnetzgruppen-Anbieter (HomeGroupProvider) Dienst für die Erkennung von und die Zusammenarbeit mit Heimnetzgruppen.		Manuell	Lokaler Dienst
Heimnetzgruppen-Listener (HomeGroupListener) Wartet auf Wartungs- und Konfigurationsänderungen von Heimnetzgruppen und führt sie durch.		Manuell	Lokales System
IIS-Verwaltungsdienst (IISADMIN) Unterstützt die IIS-Metabasis und den FTP-Dienst.	Gestartet	Automatisch	Lokales System
IKE- und AuthIP IPsec-Schlüsselerstellungsmodule (IKEEXT) Dieser Dienst beinhaltet Schlüsselerstellungsmodule, die für die Authentifizierung und für IPSec über die IKE- (Internet Keying Exchange) und Auth-IP- (Authenticated Internet)-Protokolle benötigt werden.	Gestartet	Automatisch	Lokales System
Indexdienst (CISVC) Dieser Dienst indiziert die Inhalte von Dateien und ihren Eigenschaften auf lokalen und Remotecomputern und unterstützt schnelles Suchen.	Gestartet	Automatisch	Lokales System
Integritätsschlüssel- und Zertifikatverwaltung (hkmsvc) Dieser Dienst verwaltet X.509-Zertifikate und Schlüssel für den Netzwerkzugriffsschutz (Network Access Protection/NAP).		Manuell	Lokales System
Intelligenter Hintergrundübertragungsdienst (BITS) Dieser Dienst stellt sichere Upload- und Download-Funktionen bereit. Dazu wird ausschließlich ungenutzte Netzwerkbandbreite im Hintergrund verwendet und falls eine Verbindung unterbrochen ist, wird beim Wiederverbinden ab der abgebro-	Gestartet	Automatisch (Verzögert)	Lokales System

chenen Stelle mit der Übertragung fortgesetzt.
BITS wird bsp. von Windows Update und MSN
Explorer benötigt.

IP-Hilfsdienst (iphlpsvc) Dieser Dienst bietet Unterstützungsfunktionen für den IP-Stack, wie bsp. automatische IPv6-Konnektivität über IPv4-Netze.	Gestartet	Automatisch	Lokales System
IPsec-Richtlinien-Agent (PolicyAgent) Durch diesen Dienst werden IPsec-Richtlinien, die mit dem Snap-In IP-Sicherheitsrichtlinien (oder mit dem Programm netsh ipsec) zur Datenverschlüsselung und Hostauthentifizierung auf der IP-Ebene sowie für die Remoteverwaltung der Windows-Firewall erstellt wurden, auf Computern angewendet.	Gestartet	Automatisch	Netzwerkdienst
Konfiguration für Remotedesktops (SessionEnv) Dieser Dienst, auch Remote Desktop Configuration Service (RDCS), und früher Terminal Services Configuration Service (TSCS) genannt, ist für alle Konfigurations- und Sitzungsverwaltungsaktivitäten im Zusammenhang mit den Remote-Desktop-Diensten zuständig, die im Sicherheitskontext des Systemkontos arbeiten müssen (u. a. sitzungsspezifische temporären Ordner, Remote-Desktop-Designs und -Zertifikate).		Manuell	Lokales System
Kryptografiedienste (CryptSvc) Sämtliche Verschlüsselungs- und Schlüsselverwaltungsfunktionen des Betriebssystems werden durch diesen Dienst realisiert.	Gestartet	Automatisch	Netzwerkdienst
KtmRm für Distributed Transaction Coordinator (KtmRm) Dieser Dienst koordiniert verteilte Transaktionen zwischen MSDTC und dem Kerneltransaktions-Manager (KTM).		Manuell	Netzwerkdienst
Leistungsprotokolle und -warnungen (pla) Dieser Dienst protokolliert Leistungsdaten von lokalen oder Remotecomputern und löst ggf. Warnmeldungen aus, wenn konfigurierte Schwellwerte unter- oder überschritten werden. Er arbeitet nur bzw. wird nur gestartet, wenn und solange auf einem System Leistungsdaten protokolliert werden. Andernfalls ist er gestoppt.		Manuell	Lokaler Dienst

LPD-Dienst (LPDSVC) Dieser Dienst entspricht dem LPD auf Unix-Computern und ermöglicht jenen, über LPR auf dem Windows-7-Computer zu drucken.	Gestartet	Automatisch	Lokales System
Media CenterExtender-Dienst (Mcx2Svc) Mit diesem Dienst können Media-Center-Extender-Geräte diesen Computer finden und eine Verbindung herstellen.		Deaktiviert	Lokaler Dienst
Message Queuing (MSMQ) Unterstützt verteilte Nachrichten für Anwendungen und richtet hierzu Warteschlangen ein.	Gestartet	Automatisch	Netzwerkdienst
Message Queuing-Trigger (MSMQTriggers) Dieser Dienst realisiert den Aufruf einer COM-Komponente oder einer EXE-Datei, wenn eine entsprechend gekennzeichnete Nachricht eintrifft.	Gestartet	Automatisch	Netzwerkdienst
Microsoft .NET Framework NGEN v2.0.50727 _X86 (clr_optimization_v2.0_50727_32) Unterstützungsdienst für .NET-Framework 2.0.		Manuell	Lokales System
Microsoft iSCSI-Initiator-Dienst (MSiSCSI) Dieser Dienst stellt Verbindungen zu Internet SCSI (iSCSI)-Geräten her.		Manuell	Lokales System
Microsoft-FTP-Dienst (ftpsvc) Durch diesen Dienst wurde der FTP-Server realisiert.	Gestartet	Automatisch	Lokales System
Microsoft-Softwareschattenkopie-Anbieter (swprv) Verwaltung softwarebasierter Schattenkopien des Volumeschattenkopie-Dienstes.		Manuell	Lokales System
Multimediaklassenplaner (MMCSS) Klassifiziert Multimediaanwendungen relativ zu systemweiten Aufgabenprioritäten. Ohne diesen Dienst erhalten sie die jeweiligen Standardprioritäten.	Gestartet	Automatisch	Lokales System
NAP-Agent (Network Access Protection) (napagent) Client-Dienst für den Netzwerkzugriffsschutz (Network Access Protection/NAP).		Manuell	Netzwerkdienst
Net.Msmq-Listeneradapter (NetMsmqActivator) Dieser Dienst wartet auf Aktivierungsanforderungen über die Protokolle net.msmq und msmq.formatname und gibt sie dem Windows-	Gestartet	Automatisch	Netzwerkdienst

Prozessaktivierungsdienst weiter.

Net.Pipe-Listeneradapter (NetPipeActivator) Dieser Dienst wartet auf Aktivierungsanforderungen über das Protokoll net.pipe und gibt sie dem Windows-Prozessaktivierungsdienst weiter.	Gestartet	Automatisch	Lokaler Dienst
Net.Tcp-Listeneradapter (NetTcpActivator) Dieser Dienst wartet auf Aktivierungsanforderungen über das Protokoll net.tcp und gibt sie dem Windows-Prozessaktivierungsdienst weiter.	Gestartet	Automatisch	Lokaler Dienst
Net.Tcp-Portfreigabedienst (NetTcpPortSharing) Dienst, der TCP-Port-Freigaben über das Net.Tcp Protokoll ermöglicht.	Gestartet	Manuell	Lokaler Dienst
Netzwerklistendienst (netprofm) Dieser Dienst speichert Informationen (Profile) über die Netzwerke, mit denen der Computer eine Verbindung hergestellt hatte und benachrichtigt Applikationen, wenn sich Eigenschaften ändern.	Gestartet	Manuell	Lokaler Dienst
Netzwerkspeicher-Schnittstellendienst (nsi) Das Hinzufügen und Entfernen von Netzwerkschnittstellen wird durch diesen Dienst überwacht und Benutzeranwendungen mitgeteilt.	Gestartet	Automatisch	Lokaler Dienst
Netzwerkverbindungen (Netman) Dieser Dienst verwaltet LAN- und Remoteverbindungen, die dann im Fenster Netzwerk- und Wählverbindungen angezeigt werden.	Gestartet	Manuell	Lokales System
NLA - Network Location Awareness (NlaSvc) Dieser Dienst sammelt und speichert Netzwerkkonfigurationsinformationen und generiert Benachrichtigungen im Falle von Änderungen.	Gestartet	Automatisch	Netzwerkdienst
Offlinedateien (CscService) Dieser Dienst wird für die Unterstützung von Offlinedateien (Client Side Cache) benötigt. Er überwacht Benutzeran- und -abmeldungen und steuert die Dateisynchronisation sowie den Dateicache.	Gestartet	Automatisch	Lokales System
Parental Controls (WPCSvc) Windows-7-Dienst für die Abwärtskompatibilität mit der Jugendschutzfunktion von Windows Vista.		Manuell	Lokaler Dienst
Peer Name Resolution-Protokoll (PNRPsvc) Dienst, der die Namensauflösung für Peer-to-Peer-Netze durchführt.		Manuell	Lokaler Dienst

Peernetzwerk-Gruppenzuordnung (p2psvc) Dieser Dienst verwaltet Gruppenzuordnungen für Peer-to-Peer-Netzwerke.		Manuell	Lokaler Dienst
Peernetzwerkidentitäts-Manager (p2pimsvc) Dienst für das Identitätsmanagement und Anmeldungen von Peernetzwerken.		Manuell	Lokaler Dienst
Plug & Play (PlugPlay) Dieser Dienst überwacht den Neuanschluss und das Entfernen von Plug-und-Play-Geräten.	Gestartet	Automatisch	Lokales System
PnP-X-IP-Busenumerator (IPBusEnum) Dieser Dienst führt die Erkennung von PnP-X-Netzwerkgeräten mit dem SSDP/WS-Protokoll durch und leitet diese Informationen an den Plug-und-Play-Dienst weiter.		Manuell	Lokales System
PNRP-Computernamenveröffentlichungs-Dienst (PNRPAutoReg) Dieser Dienst gibt einen Computernamen mit dem Peer-Name-Resolution-Protokoll (PNRP) im Netz bekannt.		Manuell	Lokaler Dienst
Programmkompatibilitäts-Assistent-Dienst (PcaSvc) Dieser Dienst wird vom Programmkompatibilitäts-Assistenten (PCA) benötigt.		Manuell	Lokales System
RAS-Verbindungsverwaltung (RasMan) Verwaltet Einwahl- und VPN-Verbindungen dieses Computers zu anderen Netzwerken.	Gestartet	Manuell	Lokales System
Remotedesktopdienste (TermService) Dieser Dienst bietet die Unterstützung des Zugriffs von mehreren Benutzern und Ausführen ihrer Programme in eigenen Sitzungen (engl.: Multi User). Die RDP-Sitzungen für die Terminaldienste und Remote Desktop werden über TCP-Port 3389 hergestellt.		Manuell	Netzwerkdienst
Remoteprozeduraufruf - RPC (RpcSs) RPC-Endpunktzuordnung und COM-Dienststeuerungsverwaltung. Dieser Dienst benötigt die TCP-Ports 135 und 593.	Gestartet	Automatisch	Netzwerkdienst
Remoteregistrierung (RemoteRegistry) Durch diesen Dienst wird grundlegend der Zugriff (in Abhängigkeit von den jeweiligen Rechten und		Manuell	Lokaler Dienst

Berechtigungen) auf die Registrierung des Computers von Dritten über das Netzwerk ermöglicht. Der lokale Zugriff ist stets möglich, hierzu wird dieser Dienst nicht benötigt.
Damit auf die Registrierung eines anderen Rechners über das Netzwerk zugegriffen werden kann (z. B. aus Regedit.exe - Menüpunkt Datei - Mit Netzwerkregistrierung verbinden...), müssen auf *beiden* Systemen der Dienst „Netzwerkregistrierung" laufen. Beim jedem Zugriff auf Registrierungsschlüssel und -werte wird auf dem Zielsystem natürlich auf noch die in den ACLs gesetzten Berechtigungen überprüft.

Richtlinie zum Entfernen der Smartcard (SCPolicySvc) Unterstützung einer Richtlinie (falls konfiguriert), dass die Oberfläche nur mit eingelegter Chipkarte bedient werden kann und bei Entfernen der Chipkarte sofort gesperrt wird.		Manuell	Lokales System
RIP-Überwachung (iprip) Dieser Dienst verarbeitet RIPv1-Routenankündigungen.	Gestartet	Automatisch	Lokaler Dienst
Routing und RAS (RemoteAccess) Dienst für Routing- und Fernzugriffsfunktionen. Für PPTP (Point-to-Point-Tuneling Protocol) wird der TCP-Port 1723, für IPSec die Internet Protokolle 47 (GRE), 50 (ESP), 51 (AH) und die UDP-Ports 500 und ggf. 4500 (NAT-T) benutzt.		Deaktiviert	Lokales System
RPC-Endpunktzuordnung (RpcEptMapper) Dieser Dienst unterstützt das Remote Procedure Protocol (RPC), das auf Port 135 arbeitet, und löst Anschluss-IDs für den RPC-Transport auf.	Gestartet	Automatisch	Netzwerkdienst
RPC-Locator (RpcLocator) Dieser Dienst verwaltet die RPC-Namensdiensttabelle, mit der RPC-Clients RPC-Server finden können. Er benutzt dazu die TCP-Ports 139 und 445. Unter Windows Vista, Windows 7 und höher existiert er nur noch zwecks der Abwärtskompatibilität.		Manuell	Netzwerkdienst
Sekundäre Anmeldung (seclogon) Dieser Dienst ermöglicht das Ausführen von Pro-		Manuell	Lokales System

grammen mit anderen Anmeldeinformationen (RunAs).

Server (LanmanServer) Durch den Serverdienst werden Datei-, Drucker- und Named-Pipe-Freigaben unter Verwendung des SMB-Protokolls ermöglicht. Für interne Netzwerke wird er oftmals benötigt. Bei alleinstehenden Computern und solchen, die direkt mit dem Internet kommunizieren, sollte dieser Dienst entweder nur für die betreffende Netzwerkschnittstelle oder sogar komplett deaktiviert werden.	Gestartet	Automatisch	Lokales System
Server für Threadsortierung (THREADORDER) Unterstützung einer nach Reihenfolge sortierten Ausführung einer Gruppe von Threads innerhalb eines bestimmten Zeitraums.		Manuell	Lokaler Dienst
Shellhardwareerkennung (ShellHWDetection) Dieser Dienst erkennt das Anschließen neuer Hardware und das Einlegen von Medien in Laufwerke und startet in Abhängigkeit von den Auto-Play-Einstellungen ein betreffendes Wiedergabeprogramm.	Gestartet	Automatisch	Lokales System
Sicherheitscenter (wscsvc) Dieser Dienst überwacht, dass die Windows Firewall aktiv, Antivirus-Software installiert ist und aktualisiert wird, und dass Automatische Updates durchgeführt werden. Er benachrichtigt den Anwender, falls das nicht der Fall ist.	Gestartet	Automatisch (Verzögerter Start)	Lokaler Dienst
Sicherheitskonto-Manager (SamSs) Dieser Dienst beinhaltet die Sicherheitskontenverwaltung (Security Accounts Manager, SAM). Hierin werden lokale Konten gespeichert und verwaltet. Er ist auch wichtig für den Start anderer Dienste.	Gestartet	Automatisch	Lokales System
Sitzungs-Manager für Desktopfenster-Manager (UxSms) Verwaltet Verbindungen und Anmeldungen für den Desktop-Fenster-Manager.	Gestartet	Automatisch	Lokales System
Smartcard (SCardSvr) Verwaltet und steuert den sicheren Zugriff auf Chipkarten.		Manuell	Lokaler Dienst

222   5. Verwaltungsprogramme der Systemsteuerung

SNMP-Dienst (SNMP) Dieser Dienst verarbeitet lokale SNMP-Anforderungen.	Gestartet	Automatisch	Lokales System
SNMP-Trap (SNMPTRAP) Der SNMP-Trap-Dienst unterstützt den Nachrichtenempfang von SNMP-Agenten und leitet sie an einen lokalen SNMP-Manager weiter. UDP-Port 162 wird benutzt.		Manuell	Lokaler Dienst
SoftwareProtection (SPPSVC) Unterstützt das Herunterladen, die Installation und die Steuerung digitaler Lizenzen für Windows und Windows-Anwendungen. Wenn dieser Dienst nicht gestartet ist, arbeiten Windows 7 und lizenzierte Programme nur in einem Modus mit reduzierter Funktionalität.	Gestartet	Automatisch (Verzögerter Start)	Netzwerkdienst
SPP-Benachrichtigungsdienst (sppuinotify) Unterstützungsdienst für die Softwarelizenzaktivierung und -benachrichtigung.	Gestartet	Manuell	Lokaler Dienst
SSDP-Suche (SSDPSRV) Dieser Dienst gibt per SSDP (Simple Service Discovery Protocol) eigene Dienste im Netzwerk bekannt und sucht im Netzwerk nach Geräten und Diensten, die ebenfalls SSDP verwenden, wie bsp. UPnP-Geräte. Für die SSDP-Suche werden der UDP-Port 1900 und der TCP-Port 2869 verwendet.	Gestartet	Manuell	Lokaler Dienst
SSTP-Dienst (SstpSvc) Realisiert das Secure Socket Tunneling Protocol für VPN.		Manuell	Lokaler Dienst
Stromversorgung (Power) Dienst, der die Energierichtlinie und die Energierichtlinienbenachrichtigung steuert.	Gestartet	Automatisch	Lokales System
Superfetch (SysMain) Dieser Dienst erhöht die Systemleistung durch die Neusortierung von Hauptspeicherbereichen und damit der Vermeidung allzu häufiger Auslagerungsvorgänge.	Gestartet	Automatisch	Lokales System
Tablet PC-Eingabedienst (TabletInputService) Auf Tablett-PCs wird dieser Dienst für die Stift- und Freihandfunktionalität benötigt.		Manuell	Lokales System

TCP/IP-NetBIOS-Hilfsdienst (lmhosts) Dieser Dienst beinhaltet Unterstützungsfunktionen für den NetBIOS-über-TCP/IP-Dienst (NetBT) und die NetBIOS-Namensauflösung, damit Benutzer Dateien, Drucker etc. gemeinsam nutzen und sich anmelden können.	Gestartet	Automatisch	Lokaler Dienst
Telefonie (TapiSrv) Mit dem *Telefonie*-Dienst wird die Unterstützung für die Telefonie-API (TAPI) realisiert. Diese wird von Programmen, die lokal und über das LAN auf Telefoniegeräte zugreifen und für Modems verwendet.		Manuell	Netzwerkdienst
TPM-Basisdienste (TBS) Dieser Dienst verwaltet Trusted Platform Module (TPM) und ermöglicht die Benutzung der dort gespeicherten Kryptografie-Schlüssel.		Manuell	Lokaler Dienst
Überwachung verteilter Verknüpfungen (Client) (TrkWks) Dienst, der clientseitig für die Verwaltung und Nachverfolgung von Verknüpfungen von NTFS-Dateien auf einem Computer oder in einem Netzwerk zuständig ist. TCP-Port 135 wird benötigt.	Gestartet	Automatisch	Lokales System
Unterstützung in der Systemsteuerung unter Lösungen für Probleme (wercplsupport) Dieser Dienst ist für das Programm *Lösungen für Probleme* aus der Systemsteuerung zuständig und bietet die Unterstützung für das Anzeigen, Senden und Löschen von Problemberichten auf der Systemebene.		Manuell	Lokales System
UPnP-Gerätehost (upnphost) Durch diesen Dienst wird der Zugriff auf UPnP-Geräte (Universal Plug and Play) bereit gestellt. TCP-Port 2869 wird benutzt.	Gestartet	Manuell	Lokaler Dienst
Verbessertes Windows-Audio/Video-Streaming (QWAVE) Der Windows-Dienst für verbessertes Audio- und Video-Streaming (qWave) erhöht im lokalen Netz die Qualität der Wiedergabe von Audio- und Videodateien durch die Verwendung von Mindestbandbreiten mittels QoS (Quality of Service), wodurch eine gleichmäßige Wiedergabe sichergestellt und Bild-/Tonaussetzer vermieden werden.		Manuell	Lokaler Dienst

Verbindungsschicht-Topologieerkennungs-Zuordnungsprogramm (lltdsvc) Dieser Dienst erstellt eine Übersicht von Computer- und Verbindungsinformationen aller Geräte im lokalen Netzwerk mittels des LLT-Protokolls.	Manuell	Lokaler Dienst
Verschlüsselndes Dateisystem - EFS (EFS) Realisiert die EFS-Verschlüsselung auf NTFS-Partitionen.	Manuell	Lokales System
Verwaltung für automatische RAS-Verbindung (RasAuto) Durch diesen Dienst wird automatisch eine RAS-Verbindung hergestellt, wenn mit einem Host kommuniziert werden soll, der sich nicht im lokalen Netzwerk befindet.	Manuell	Lokales System
Virtueller Datenträger (vds) Datenträgerverwaltungsdienst zur Unterstützung von Platten, Volumes, dynamischen Datenträgern, Hardware-RAIDs etc.	Manuell	Lokales System
Volumeschattenkopie (VSS) Dieser Dienst ist für Volumeschattenkopien zuständig.	Manuell	Lokales System
WebClient (WebClient) Der WebClient-Dienst ermöglicht Programmen mittels des WebDAV-Protokolls (Web Distributed Autoring und Versioning) auf Internet-basierte Dateien zuzugreifen und sie zu ändern.	Manuell	Lokaler Dienst
Webverwaltungsdienst (WMSVC) Dieser Dienst bietet für lokale und Remote-Administratoren Verwaltungsfunktionalität über den Webserver, die Websites und die Anwendungen des Computers an, auf dem er ausgeführt wird.	Manuell	Lokaler Dienst
Windows CardSpace (idsvc) Dieser Dienst unterstützt die Erstellung, Verwaltung und die Vorlage von digitalen Identitäten.	Manuell	Lokales System
Windows Defender (WinDefend) Dieser Dienst durchsucht den Computer periodisch nach Viren, Würmern und anderer schädlicher Software, und lädt regelmäßig Aktualisierungen der Signaturdateien herunter.	Gestartet Automatisch	Lokales System

Windows Driver Foundation - Benutzermodus-Treiberframework (wudfsvc) Dieser Dienst verwaltet WDF-Gerätetreiber, die im Benutzermodus arbeiten.	Gestartet	Automatisch	Lokales System
Windows Installer (msiserver) Der Windows-Installer-Dienst ermöglicht das Installieren und Entfernen von Programmpaketen, die als MSI-Dateien bereit stehen.		Manuell	Lokales System
Windows Media Center-Empfängerdienst (ehRcvr) Dienst für den Radio- und Fernsehempfang des Media Centers.		Manuell	Netzwerkdienst
Windows Media Center-Planerdienst (ehSched) Media-Center-Dienst für zeitgesteuerte Aufzeichnungen.		Manuell	Netzwerkdienst
Windows Media Player-Netzwerkfreigabedienst (WMPNetworkSvc) Dieser Dienst veröffentlicht Windows-Media-Player-Bibliotheken im Netzwerk. Andere Geräte können darauf mittels UPnP (Universal Plug & Play) zugreifen und diese Dateien wiedergeben.	Gestartet	Automatisch (Verzögerter Start)	Netzwerkdienst
Windows Modules Installer (TrustedInstaller) Dienst für das Installieren, Ändern und Entfernen von Windows-Updates und optionalen Windows 7-Komponenten.		Manuell	Lokales System
Windows Presentation Foundation-Schriftartcache 3.0.0.0 (FontCache3.0.0.0) Dieser Dienst speichert Zeichensätze zur Verwendung durch die Windows Presentation Foundation (WPF). WPF-Anwendungen sind zwar auch ohne diesen Dienst lauffähig, aber nur mit geringerer Leistung.		Manuell	Lokaler Dienst
Windows Search (WSearch) Durch diesen Dienst wird die Windows-Suche und die im Hintergrund laufende Indizierung realisiert.	Gestartet	Automatisch (Verzögerter Start)	Lokales System
Windows Update (wuauserv) Dieser Dienst unterstützt Windows-Aktualisierungen, auch solche, die zeitgesteuert sind. Wenn er nicht aktiv ist, arbeiten Windows Update und die automatischen Updates nicht.	Gestartet	Automatisch (Verzögerter Start)	Lokales System

5. Verwaltungsprogramme der Systemsteuerung

Windows-Audio (Audiosrv) Dieser Dienst verwaltet die Audiofunktionalität für Windows-Programme.	Gestartet	Automatisch	Lokaler Dienst
Windows-Audio-Endpunkterstellung (AudioEndpointBuilder) Dienst für die Audiogeräteverwaltung.	Gestartet	Automatisch	Lokales System
Windows-Bilderfassung - WIA (StiSvc) Dieser Dienst wird für die Bilderfassung von Scannern und Kameras benötigt.		Manuell	Lokaler Dienst
Windows-Biometriedienst (WbioSrvc) Ermöglicht den Zugriff auf Biometriegeräte in Anwendungsprogrammen, ohne dass ein Zugriff auf die Hardware nötig ist.		Manuell	Lokales System
Windows-Dienst für Schriftartencache (FontCache) Speichert häufig genutzte Schriftarten zwischen.		Manuell	Lokaler Dienst
Windows-Ereignisprotokoll (eventlog) Dienst, der auftretende lokale Systemereignisse überwacht und sie in das Ereignisprotokoll schreibt.	Gestartet	Automatisch	Lokaler Dienst
Windows-Ereignissammlung (Wecsvc) Dieser Dienst verwaltet dauerhafte Verbindungen zu Ereignisquellen auf Computern mit dem WS-Verwaltungsprotokoll.		Manuell	Netzwerkdienst
Windows-Farbsystem (WcsPlugInService) Realisiert die Windows 7 Unterstützung für Farbprofile und ihre Erweiterbarkeit durch Drittanbieter-Plug-Ins.		Manuell	Lokaler Dienst
Windows-Fehlerberichterstattungsdienst (WerSvc) Dieser Dienst ermöglicht die Fehlerberichterstattung (Windows Error Reporting) und das Anzeigen von Lösungen bei abgestürzten Programmen.		Manuell	Lokales System
Windows-Firewall (MpsSvc) Durch diesen Dienst ist die Windows-Firewall-Funktionalität realisiert.	Gestartet	Automatisch	Lokaler Dienst
Windows-Prozessaktivierungsdienst (WAS) Dieser Dienst regelt die Prozessaktivierung, Ressourcenverwaltung und Zustandsverwaltung von Anwendungen mit Nachrichtenunterstützung.	Gestartet	Manuell	Lokales System

Windows-Remoteverwaltung - WS-Verwaltung (WinRM) Der Windowsfernverwaltungsdienst implementiert das http(s) gestützte WS-Verwaltungsprotokoll.	Manuell	Netzwerkdienst
Windows-Sicherung (SDRSVC) Dienst, der dateibasierte Sicherungen und Wiederherstellungen unterstützt.	Manuell	Lokales System
Windows-Sofortverbindung - Konfigurationsregistrierungsstelle (wcncsvc) Verwaltet und registriert Netzwerkanmeldungen für die Windows-Sofortverbindung.	Manuell	Lokaler Dienst
Windows-Verwaltungsinstrumentation (Winmgmt) Bietet eine standardmäßige Schnittstelle (WMI) und ein Objektmodell zum Zugreifen auf Verwaltungsinformationen über das Betriebssystem, Geräte, Anwendungen und Dienste. Die meiste Windows-basierte Software kann nicht ordnungsgemäß ausgeführt werden, falls dieser Dienst beendet wird.	Gestartet Automatisch	Lokales System
Windows-Zeitgeber (W32Time) Dieser Dienst aktualisiert das Datum und die Uhrzeit mittels NTP (Network Time Protocol) von einem Domänencontroller oder einem externen Zeitserver über UDP-Port 123.	Manuell	Lokaler Dienst
WinHTTP-Web Proxy Auto-Discovery-Dienst (WinHttpAutoProxySvc) Dieser Dienst erkennt über das WPAD-Protokoll (Web Proxy Auto Detection) automatisch eine HTTP-Proxy-Konfiguration. Diese muss damit nicht in jedem Client eingetragen werden.	Manuell	Lokaler Dienst
WMI-Leistungsadapter (wmiApSrv) Bietet Leistungsbibliotheksinformationen der Windows-Verwaltungsinstrumentationsanbieter für Rechner im Netzwerkverbund durch die WMI- und PDH- (Performance Data Helper)- APIs. Dieser Dienst wird nur ausgeführt, wenn das Leistungsdaten-Hilfsprogramm aktiviert ist.	Manuell	Lokales System
WWAN-automatische Konfiguration (WWanSvc) Dieser Dienst verwaltet mobile Breitbandgeräte wie GSM- und CDMA-Mobilfunkgeräte.	Manuell	Lokaler Dienst

WWW-Publishingdienst (W3SVC) WWW-Serverdienst, der Clients über http (TCP-Port 80) und https (TCP-Port 443) Zugriff auf veröffentlichte HTML-Seiten erlaubt.	Gestartet	Automatisch	Lokales System
Zertifikatverteilung (CertPropSvc) Dieser Dienst ist für die Zertifikatsübertragung von Chipkarten zuständig.		Manuell	Lokales System
Zugriff auf Eingabegeräte (hidserv) Der HID-Dienst unterstützt die Verwendung von HID-Eingabegeräten (Human Interface Devices) wie Fernbedienungen, USB-Mäuse etc. und wird nur ausgeführt, wenn mindestens eins dieser Geräte an den Computer angeschlossen ist.		Manuell	Lokales System

5.2.5 Dienste für NFS

Eine Funktion, die nur in den Windows-7-Versionen *Enterprise* und *Ultimate* verfügbar ist, sind die *Dienste für NFS*. Dabei handelt es sich nicht etwa um eine Neuentwicklung von Microsoft exklusiv für Windows 7, sondern diese existieren schon seit Jahren als Microsoft *Services-for-Unix* (SFU), das ab der Version 3.5 für die Windows-Vorgängerversionen kostenlos von der Microsoft-Download-Site heruntergeladen werden kann.

Neu ist aber, dass SFU mit Windows Vista und Windows 7 in einem Windows-Betriebssystem integriert ist.

Mittlerweile hier schon bereits zwei, drei mal erwähnt, stellt sich die Frage, wofür die Abkürzung *NFS* eigentlich steht und was genau das eigentlich ist.

NFS ist die Abkürzung von *Network File System*. Doch was ist darunter zu verstehen?

In der Unix-Welt (und hierbei darf nicht vergessen werden, dass Unix ursprünglich als ein Mehrbenutzerbetriebssystem für Terminal-Benutzer konzipiert wurde) stand lange Zeit nicht so eine komfortable Funktion wie das SMB-Protokoll zum Zugriff (Lesen und Schreiben) auf Dateien eines anderen Unix-Rechners zur Verfügung. Zwischen entfernten Unix-Systemen wurden Dateien oftmals mittels UUCP (User to User Copy) oder FTP (File Transfer Protocol) übertragen, wobei FTP den Nachteil hat, dass Benutzeranmeldeinformationen – wenn keine Netzwerkverschlüsselungstechnologie wie bsp. IPSec – eingesetzt wird, im Klartext übertragen werden, und außerdem keine gegenseitige Authentifizierung (engl.: *mutual authentication*) zur Verfügung steht, und somit der Client nicht weiß, ob er den richtigen Server erreicht hat.

5.2 Verwaltung mittels MMC-Snap-Ins

Seit einiger Zeit existieren auf Unix-Computern sowohl ein Nachbau des Microsoft-SMB-Protokolls namens *Samba* als auch NFS.

Mit den *Diensten für NFS* können Windows-Rechner auf NFS-Freigaben von Unix-Systemen zugreifen und eigene Ressourcen für Unix-Clients zur Verfügung stellen.

Sie stehen in Windows 7 als *Funktion* bereit, die in den beiden erwähnten Versionen installiert werden kann.

Wenn auf dem Windows-7-PC der NFS-Client und auf einem anderen System der NFS-Server eingerichtet ist, können Sie sowohl mit der Unix-Form Server:/Export oder mit der UNC- (Universal Naming Convention)-Form \\Server\Freigabe angesprochen werden – natürlich beides auch im Windows Explorer.

So weit so gut. Aber auch hier stellt sich zwangsläufig sofort die weiterführende Frage, wie eine Benutzerauthentifizierung und -autorisierung bewerkstelligt wird, um zu steuern, *wer* auf welche Ressourcen *wie* zugreifen darf.

Die Authentifizierung der Benutzer erfolgt entweder über Active Directory oder die Benutzernamenszuordnung (siehe unten). Im letzteren Fall müssen alle abfragenden Windows-7-Computer jeweils in der Datei *.maphosts* auf den Unix-Computern aufgeführt sein.

Nach Aufruf des Programms *Dienste für NFS* aus der Verwaltung öffnet sich das in Abb. 5.25 gezeigte Fenster.

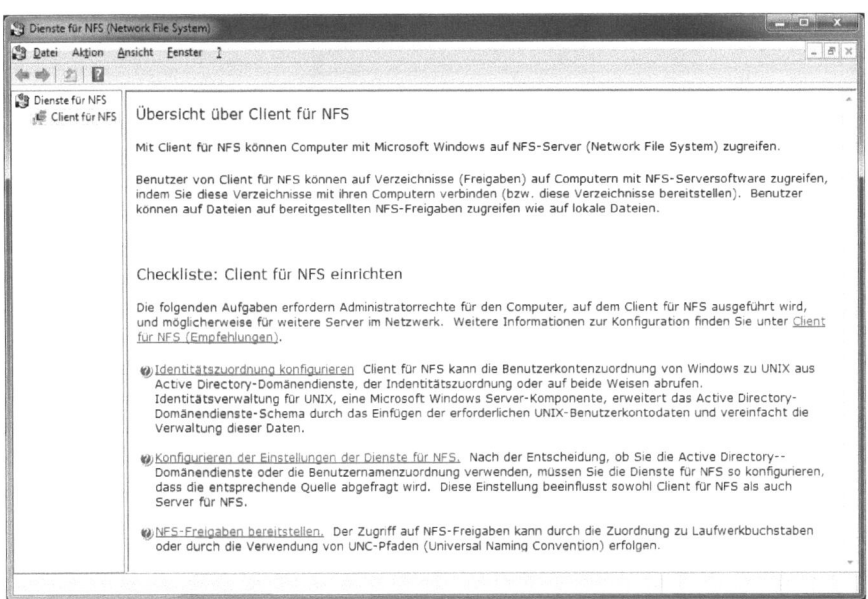

Abb. 5.25. Startbildschirm des Clients für NFS

In ihm werden allgemeine Hinweise über die NFS-Dienste gegeben.
Wenn in der linken Spalte des Fensters aus dem Kontextmenü des Eintrags *Dienste für NFS* die Option *Eigenschaften...* ausgewählt wird, kann in dem sich dann öffnenden Fenster die schon oben erwähnte Identitätszuordnung festgelegt werden (siehe Abb. 5.26).

In diesem Kontextmenü lässt sich auch zuvor der Computer auswählen, auf dem diese Verwaltungsvorgänge durchgeführt werden sollen.

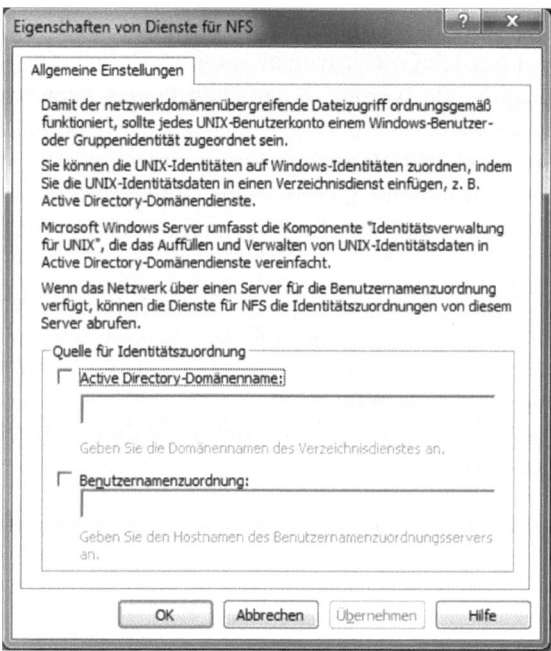

Abb. 5.26. NFS-Diensteigenschaften

Aber auch der Client für NFS hat ein Eigenschaftsfenster, das aus seinem Kontextmenü aufgerufen werden kann. Seine drei Registerkarten sind in den Abbildungen 5.27 bis 5.29 wiedergegeben.

In der ersten, *Clienteinstellungen* genannten Registerkarte werden netzwerkbezogene Einstellungen festgelegt (siehe Abb. 5.27) - diese sind sicherlich intuitiv verständlich.[12]

---

[12] Zu den reservierten Ports s. u.

5.2 Verwaltung mittels MMC-Snap-Ins

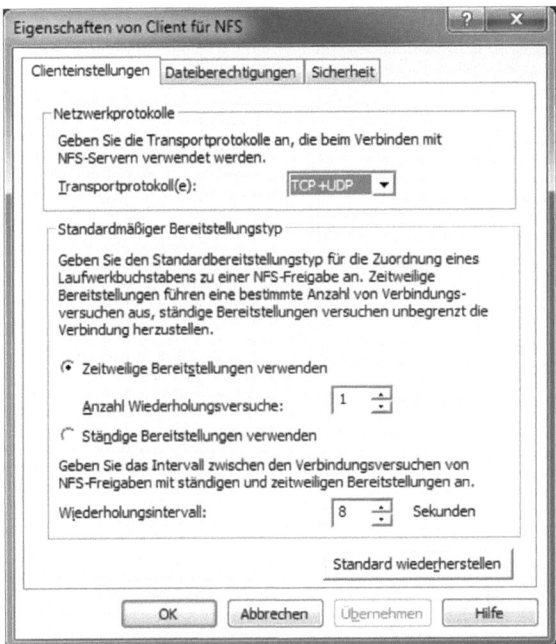

Abb. 5.27. Einstellungen des NFS-Clients

Die Registerkarte *Dateiberechtigungen* erlaubt, die standardmäßigen Berechtigungen neuer Dateien auf einer NFS-Freigabe festzulegen.[13]

Unix-basierte Rechner verfügen durchweg nicht über so detaillierte Einzelberechtigungen wie ein Windows-NTFS-Dateisystem (siehe Kap. 6.6.3) und auch nicht über so vielfältige Gruppen-, Einzelbenutzerberechtigungs- und -sperrmöglichkeiten wie Windows- oder Novell-NetWare-Systeme. Auch existiert in ihnen nicht die Unterteilung zwischen lokalen, globalen und universellen Gruppen und ebenso i. d. R. auch nicht die *Mandatory Integrity Control* (MIC).

Zugriffsberechtigungen auf Objekte werden in Unix-Systemen lediglich in den nicht besonders granularen Abstufungen Lesen (r), Schreiben (w)[14] und Ausführen (x) jeweils für den Ersteller/Eigentümer, seine Gruppe und für Jedermann festgelegt – bsp. über den chmod-Befehl.

---

[13] Das Vorgenannte bezieht sich aber nur auf den Zeitpunkt der Erstellung. Die Zugriffsberechtigungen dieser in NFS-Freigaben neu erstellten Dateien lassen sich selbstverständlich bsp. mit chmod-Befehlen jederzeit ändern!

[14] Allein diese Berechtigung umfasst beispielsweise zusammengefasst die einzelnen Vorgänge Erstellen, Ändern und Löschen von Dateien bzw. Verzeichnissen. Das, und alles andere vorstehende, trifft natürlich im Regelfall auch auf sämtliche Unix-Derivate zu.

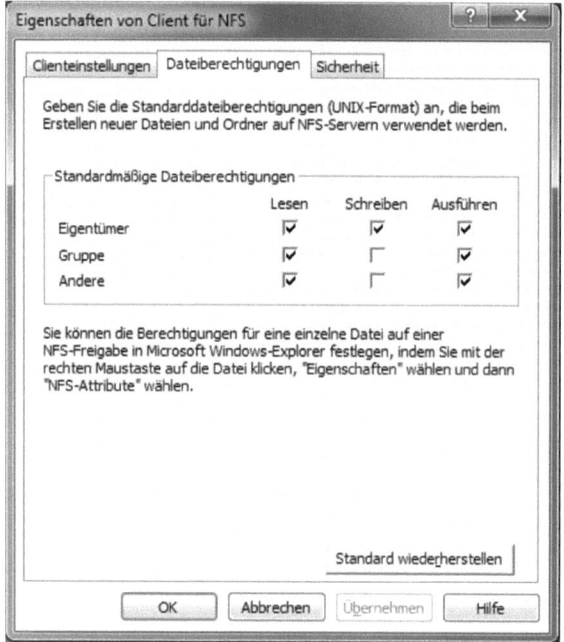

Abb. 5.28. Dateiberechtigungen für den NFS-Client

In einer Windows 7 Administrator-Eingabeaufforderung kann anstelle der GUI-Programme auch der *Nfsadmin.exe*-Befehl verwendet werden, um den NFS-Client zu konfigurieren sowie des weiteren auch Net Use, Mount und Umount-Befehle zum Zuordnen und Trennen von Volumes.

Und dann gibt es noch den Befehl *showmount -e Server*, mit dem die Eigenschaften eines NFS-Servers abgefragt werden können.

Zur Konfiguration einer bestehenden NFS-Verbindung werden die *NFS-Bereitstellungsoptionen* aus dem Eigenschaftsmenü eines verbunden Laufwerks gewählt.

In der dritten und letzten Registerkarte (*Sicherheit*) lassen sich die für Autentifizierungszwecke zulässigen Sicherheitsprotokolle *sys*, *krb5* bzw. *krb5i* aktivieren bzw. deaktivieren (siehe Abb. 5.29).

Abb. 5.29. Registerkarte Sicherheit

Und falls ein Unix-NFS-Server mit privilegierten Anschlüssen (das sind TCP/UDP-Portnummern unter 1024) arbeitet, kann das Windows 7 über die Schaltfläche *Reservierte Ports verwenden* bekannt gegeben werden.[15]

5.2.6 Druckverwaltung

Mit der Druckverwaltung (engl.: Print Management) lassen sich alle Drucker, Druckerfreigaben, Druckgeräte, Druckertreiber, Formulare und Anschlüsse eines Systems mit einem Programm verwalten (siehe Abb. 5.30).

---

[15] Alternativ kann auch der Schlüssel UseReservedPorts=1 (DWORD) im Registrierungspfad HKLM\Software\Microsoft\Client for NFS\CurrentVersion\default gesetzt werden.

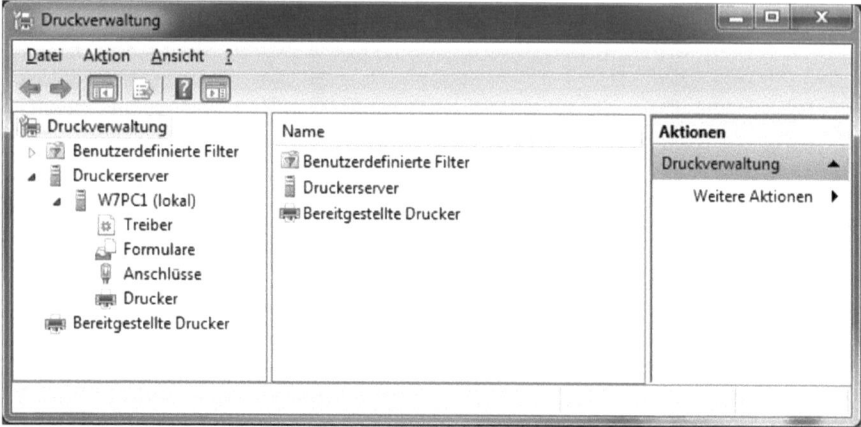

Abb. 5.30. Druckverwaltung

Im Kontextmenü eines Druckservers kann konfiguriert werden, dass eine Benachrichtigung beim Eintreten eines Fehlerzustands in der Druckerinfrastruktur versandt werden sollen bzw. ein Programm oder Skript aufgerufen werden soll, so dass Administratoren stets informiert sind, oder durch geeignete Programmierung Fehler behoben werden (siehe Abb. 5.31).

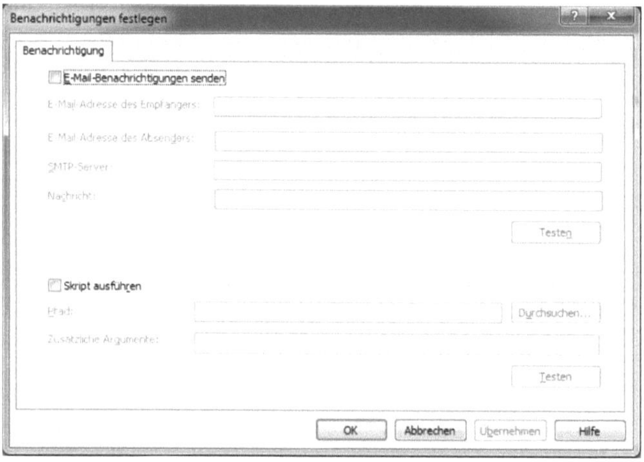

Abb. 5.31. Benachrichtungen

Außerdem können in dem Druckmanagement (über *Weitere Aktionen*) Drucker migriert werden, (über das Kontextmenü des Druckservers) Drucker hinzugefügt, Drucker in eine Datei exportiert, Drucker aus einer Datei importiert sowie die Eigenschaften angesehen und geändert werden.

Weiteres zum Bereich Drucken finden Sie im Kapitel 11.

5.2.7 iSCSI-Initiator

Mit dem iSCSI-Protokoll[16] lassen sich über TCP/IP unter anderem Festplatten, DVD-, CD- und Bandlaufwerke von iSCSI-Servern (auch als *Targets* oder *Ziele* bezeichnet) ansprechen. Ein wichtiger Unterschied zu anderen NAS- (Network Attached Storage)- Lösungen ist dabei, dass iSCSI blockorientiert arbeitet, während NAS-Server, welche die CIFS- bzw. SMB- oder NFS-Protokolle benutzen, hingegen dateibasiert sind!

Partitionen, die über blockorientierte Protokolle bereitgestellt werden, müssen jedoch genauso partitioniert und formatiert werden wie etwa eine lokal angeschlossene Festplatte (siehe Kapitel 6).

Der Verbindungsaufbau zu iSCSI-Zielen wird stets von Clients initiiert. Daher stammt der Name *iSCSI-Initiator*. Die iSCSI-Technologie ist neben auf Glasfaserkabeln (bzw. Kunststofffasern) realisierten SAN- (Storage Area Network)-Lösungen eine andere, preisgünstige und besonders performante Methode zum Aufbau eines (ebenfalls blockorientierten) SANs, da keine neue Netzwerkinfrastruktur aufgebaut werden muss, sondern bestehende Netzwerkkomponenten wie die Leitungen, Router und Switche weiterverwendet werden können. Technisch wäre es dabei sogar realisierbar, dass sich die iSCSI-Ziele an einem anderen Standort bzw. sogar in einem anderen Land befinden können, und es mit ihnen per VPN und dem Internet kommuniziert wird.

Wie beim parallelen SCSI oder seriellen SCSI (SAS) können Targets auch logische Einheiten (engl.: logical units, LU) enthalten. Diese können als einzelne Partitionen bzw. Laufwerke verbunden werden.

Anstelle des nachfolgend beschriebenen Software-iSCSI-Initiators, der mit herkömmlichen Netzwerkkarten arbeiten kann, bieten spezielle iSCSI-Karten, HBA (Host Bus Adapter) genannt, den Vorteil, dass Systeme mit ihrer Hilfe auch von iSCSI-Geräten gestartet werden können. Sie benötigen dann weder eigene Festplatten noch den Windows-7-iSCSI-Initiator, sondern als Hardware-Initiatoren enthalten sie die Software auf der Karte.

Damit nicht einfach beliebige Benutzer Daten an ein iSCSI-Gerät senden oder lesen können, ist eine Authentifizierung[17] und Autorisierung nötig. Für Ersteres werden i. d. R. die Protokolle CHAP (Cryptographic Handshake Authentification Protocol) oder RADIUS (Remote Dial-In User

---

[16] Ausgesprochen wird dieser Begriff übrigens nach Ihrer Wahl entweder als *Ei skasi*, *Internet skasi* oder *Internet Es-Zeh-Es-Ih*.
[17] Kritisch anzumerken ist, dass diese nach dem Standard leider nur fakultativ ist!

Service) verwendet. Außerdem sollten die übertragenen Daten verschlüsselt werden, z. B. mit IPsec, und zur Trennung von anderem Netzwerkverkehr ist es ratsam, iSCSI-Geräte ggf. in einem eigenen Netzwerksegment (bsp. per VLAN) zu betreiben.

Folgende zwei Voraussetzungen gibt es für den Betrieb von iSCSI-Geräten mit Windows 7:

1. Der iSCSI-Dienst muss ausgeführt werden. Sollte dieses noch nicht konfiguriert sein, übernimmt es das System beim ersten Aufruf des iSCSI-Symbols.

2. Gleiches gilt für eine Firewallausnahmeregel für den iSNS- (Internet Storage Name Service-) Dienst, der Namen von iSCSI-Geräten registriert und auflöst.

Namen von Initiatoren und Targets lassen sich nach dem iQN- (iSCSI Qualified Name)- und dem EUI- (Extended Unique Identifier)-Format bilden. In dem hier üblicherweise verwendeten iQN-Format kommt nach dem Typkennzeichen (*iqn*), einem Punkt und dem Datum in der Form (yyyy-mm) in umgekehrter Reihenfolge der Domänenname des Initiator-Providers (das Datum kennzeichnet dabei den Monat und das Jahr der Registrierung dieser Internet-Domain). Dieser Teil ist für *alle* Systeme, die diese Initiator-Software nutzen, in der Voreinstellung gleich, kann aber auf Wunsch abgeändert werden. Somit ist lediglich der Hostname (hier: w7pc1), der nach einem Doppelpunkt angehängt wird, ein individuelles Unterscheidungsmerkmal eines bestimmten Systems. Die iSCSI-Gerätenamen müssen eindeutig sein! Ein Beispiel eines iQN-Initiator-Namens findet sich in Abb. 5.37.[18]

Verwaltet wird der iSCSI-Initiator-Dienst über das iSCSI-Symbol in der Systemsteuerung.

In der ersten Registerkarte des sich dann öffnenden Programms, *Ziele* genannt, lassen sich iSCSI-Ziele einrichten und verwalten (siehe Abb. 5.32).

Für das schnelle Hinzufügen kann in der Zeile *Ziel* die IP-Adresse oder der Name eines iSCSI-Ziels angegeben und auf die Schaltfläche *Schnell verbinden...* geklickt werden. Wenn das Ziel gültig und aktiv ist, wird es danach in die Liste der erkannten Ziele und der bevorzugten Ziele aufgenommen. Das funktioniert jedoch nicht, wenn bei dem Target eine Authentifizierung über CHAP erfolgen muss. In diesem Fall müssen seine Verbindungsparameter über die Registerkarte Suche (s. u.) eingegeben werden. Außerdem können bsp. für den Lastenausgleich oder die Fehlertoleranz mittels Multipfad E/A (engl.: Multipath I/O, MPIO) eingerichtete,

---

[18] EUI-Namen werden in der Form *eui.<64-Bit-EUI-Adresse>* (gemäß des IEEE-EUI-64-Standards) gebildet.

redundante Pfade nur mit den Server-Versionen von Windows verwendet werden. Redundante Mehrfachverbindungen (s. u.) können jedoch auch in den Client-Versionen eingerichtet und verwendet werden.

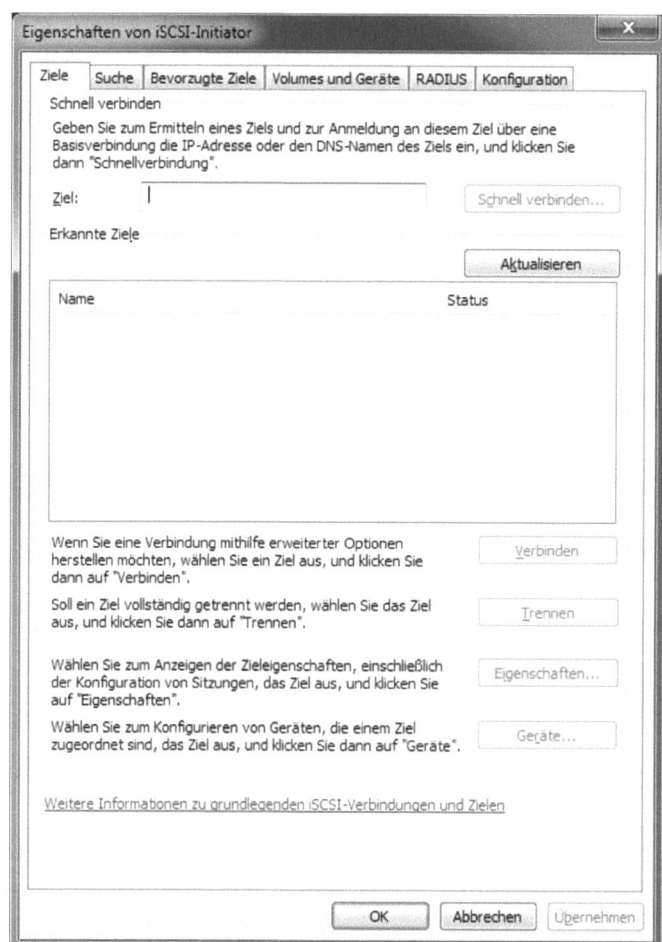

Abb. 5.32. Registerkarte *Ziele* des iSCSI-Initiators

Mit einem eingerichteten Ziel kann sich über die Schaltflächen *Verbinden* und *Trennen* verbunden bzw. getrennt werden. Dabei sind auch Mehrfachverbindungen zum selben Ziel (engl.: Multiple Connections per Session, MCS, auch MC/S) möglich, wenn das Ziel es ebenfalls zulässt.

Mit den anderen beiden Schaltflächen können die Eigenschaften eines Ziels und die Geräte, die einer Zielverbindung zugeordnet sind, verwaltet werden.

In der zweiten Registerkarte (*Suche*) – sie ist in Abb. 5.33 dargestellt – können (etwas missverständlich als *Zielportale* bezeichnet) iSCSI-Ziele explizit und Adresse(n) von iSNS-Server(n) eingetragen werden.

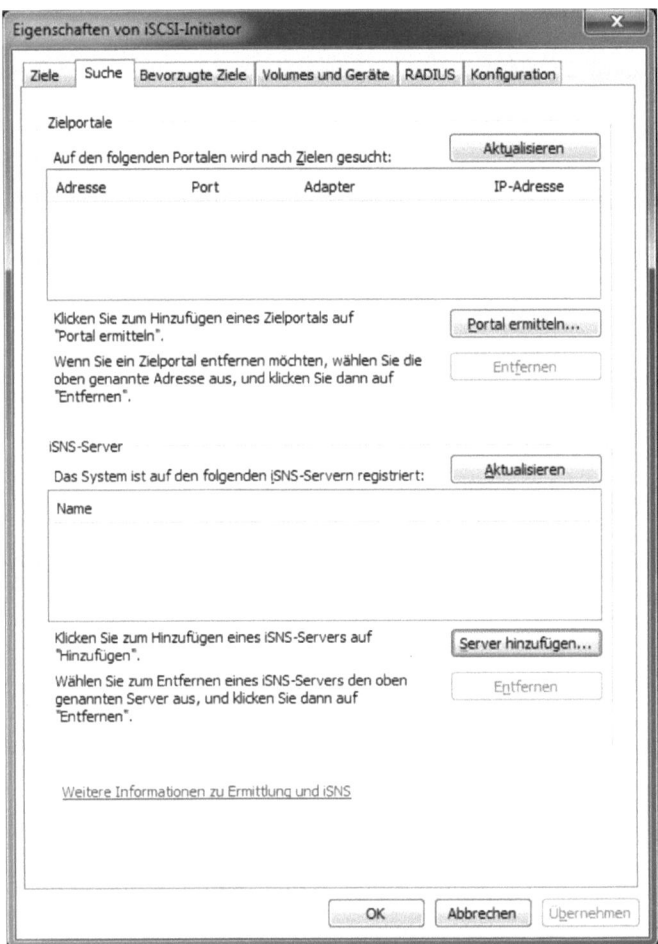

Abb. 5.33. Registerkarte *Suche* des iSCSI-Initiators

Mit der Schaltfläche *Portal ermitteln...* wird die IP-Adresse oder Name und der Port eines Ziels eingegeben. ISCSI-Ziele arbeiten im allgemeinen über den TCP-Port 3260.

Als erweiterte Einstellungen lassen sich dort festlegen, ob Digests (das sind Prüfsummen) für Datenblöcke und/oder Headerfelder verwendet werden sollen, sowie CHAP- und IPsec-Parameter angeben.

5.2 Verwaltung mittels MMC-Snap-Ins

Als CHAP-Benutzername wird in der Voreinstellung der Name des iSCSI-Initiators verwendet. Er kann aber auf Wunsch in eine beliebige, bis zu 223 Zeichen lange Zeichenkette geändert werden.
CHAP-Schlüssel müssen dort und auch auf den iSCSI-Zielen eingegeben werden. Nachteilig hierbei ist, dass es sich dabei praktisch um ein *Shared-Secret* (im Klartext) handelt. Wenn RADIUS über CHAP benutzt wird, wird der Zielschlüssel dort eingetragen. Diese Schlüssel sind 12 - 16 Zeichen lang, außer wenn IPsec verwendet wird: Dann reichen acht Zechen lange CHAP-Schlüssel aus.

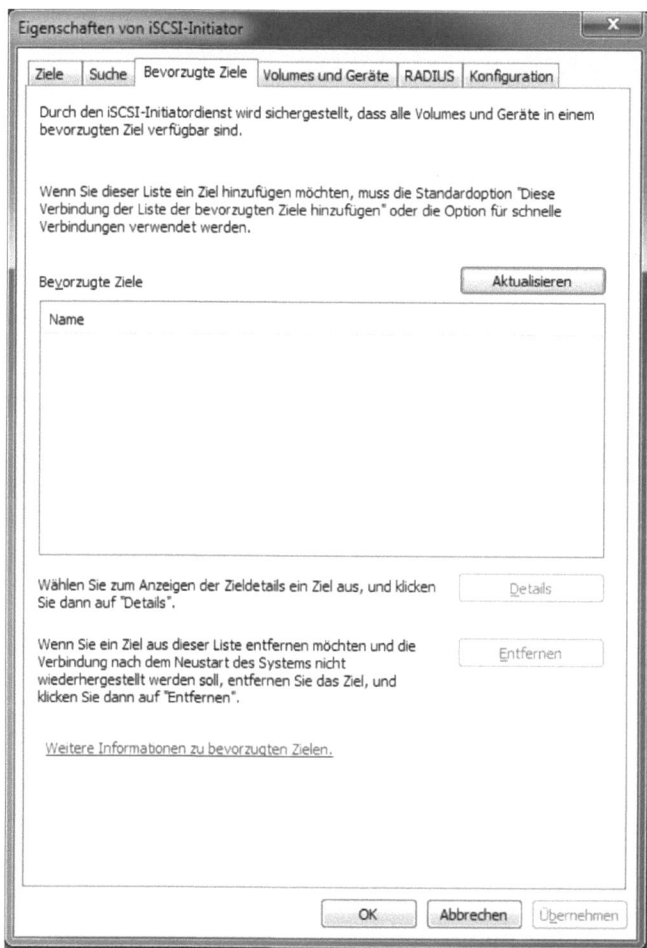

Abb. 5.34. Registerkarte *Bevorzugte Ziele* des iSCSI-Initiators

Der iSNS (Internet Storage Name Service) ist ein Dienst, der iSCSI-Initiatoren und -Ziele registriert und Namensauflösungsanfragen beantwortet. Er ähnelt damit dem DNS-Dienst, arbeitet aber auf TCP-Port 3205.

Sollte es in einem Netzwerk noch kein iSNS-Server geben (dieser Dienst ist ja bekanntlich für das Funktionieren von iSCSI-Systemen auch nicht zwingend erforderlich), kann von den Microsoft-Download-Webseiten ein solcher gratis heruntergeladen und installiert werden.

Es kann in einem Netzwerk durchaus mehrere iSNS-Server geben – diese sollten aber unbedingt synchron gehalten werden!

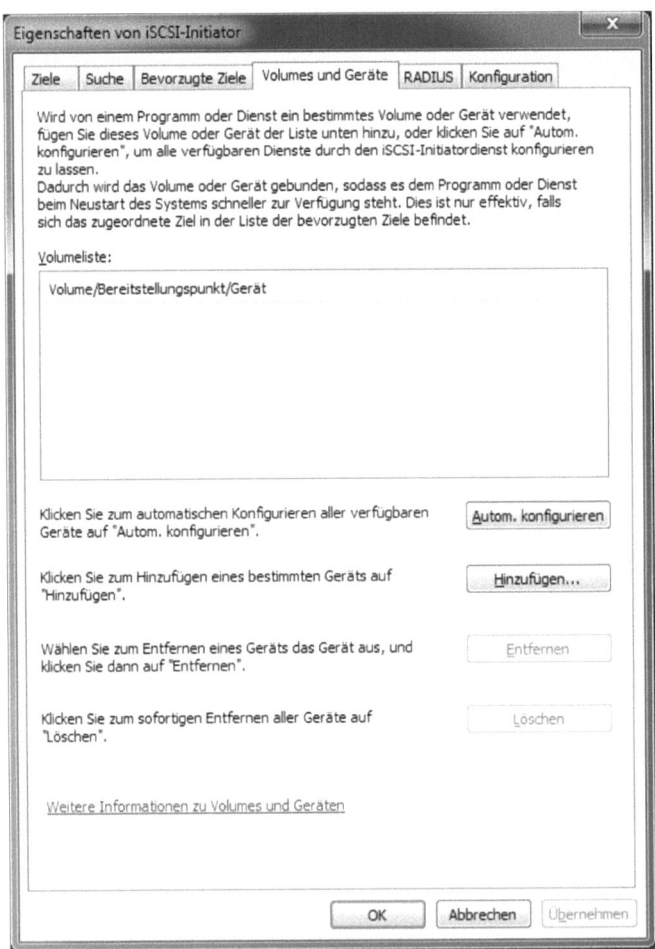

Abb. 5.35. Registerkarte *Volumes und Geräte* des iSCSI-Initiators

5.2 Verwaltung mittels MMC-Snap-Ins 241

In der dritten Registerkarte namens *Bevorzugte Ziele* werden Informationen zu Verbindungen zu iSCSI-Geräten angezeigt (siehe Abb. 5.34). Bei jedem Neustart wird zudem eine Verbindung zu allen bevorzugten Zielen aufgebaut – jedoch nicht zu den Geräten. Über *Details...* werden ausführliche Informationen zu iSCSI-Verbindungen und -Geräten angezeigt.

In der vierten Registerkarte, die den Namen *Volumes und Geräte* trägt, können Kombinationen von iSCSI-Geräten bzw. LUNs verwaltet werden, falls Volumes aus mehreren iSCSI-Zielen zusammengesetzt sind. Diese ist in Abb. 5.35 wiedergegeben.

Bei einem Neustart des Computers wird sich automatisch mit allen hier aufgeführten Zielen verbunden und den Geräten lokalen Ressourcennamen zugeordnet. Diese Geräte (z. B. Volumes) werden auch als *gebunden* oder *permanent* bezeichnet.

Hinzugefügt können sie einzeln oder für alle Geräte mit den Schaltflächen *Hinzufügen...* bzw. *Autom. konfigurieren.*

Wenn auf einem Volumen jedoch mehrere Partitionen mit Laufwerksbuchstaben erstellt wurde, wird in der Volumeliste in diesem Fenster nur der erste Laufwerksbuchstabe angezeigt.

In der fünften Registerkarte (*RADIUS*) – siehe Abb. 5.36 – können IP-Adressen oder DNS-Namen von RADIUS-Servern angegeben werden, die iSCSI-Initiatoren (sogar über mehrere Netzwerke bzw. das Internet hinweg) authentifizieren können.

Die hier angegebenen Hosts können auch RADIUS-Proxy-Server (z. B. in einer DMZ) sein, die Authentifizierungsanfragen entgegennehmen und an RADIUS-Server weiterleiten.

In der darunter befindlichen Schaltfläche *RADIUS* wird ein geheimer Schlüssel eingetragen, der nur den Initiatoren und dem bzw. den RADIUS-Servern bekannt ist, und mit ihr lässt sich überprüfen, ob die Anmeldung funktioniert.

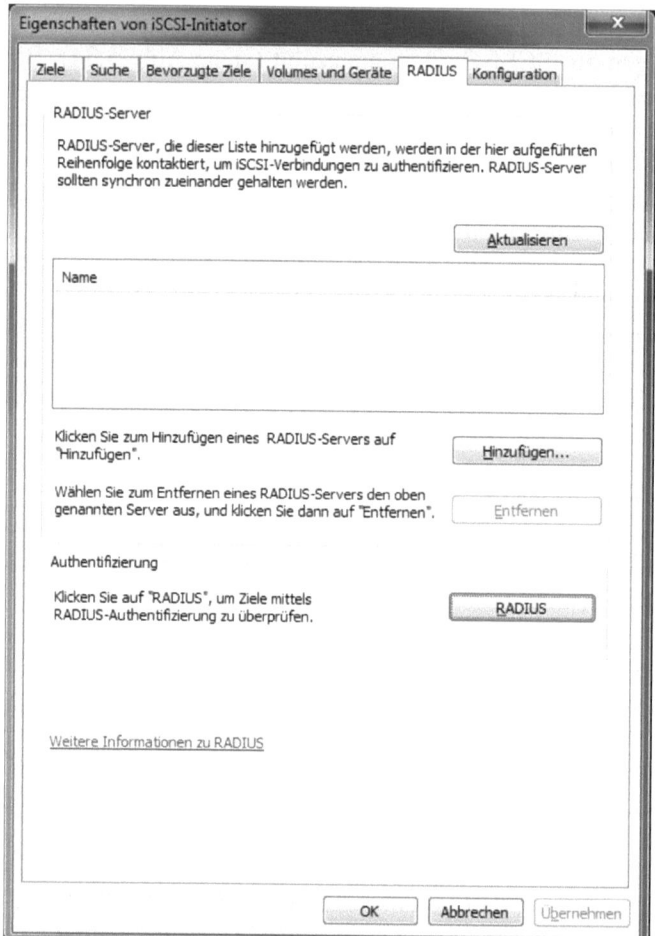

Abb. 5.36. Registerkarte *RADIUS* des iSCSI-Initiators

In der letzten Registerkarte namens *Konfiguration* (siehe Abb. 5.37) können Voreinstellungen für neue Verbindungen mit iSCSI-Zielen festgelegt werden.

In diesem Fenster kann auch ein Bericht, der dann als Textdatei gespeichert wird, generiert werden.

Viele der vorgenannten Einstellungen lassen sich auch über das Kommandozeilen-Programm *iscsicli.exe* vornehmen bzw. skripten.[19] Zudem kann der iSCSI-Initiator-Eigenschaftendialog über *iscsicpl.exe* aufgerufen werden.

---

[19] Für iSNS gilt das entsprechend. Das Kommandozeilentool für seine Verwaltung heißt *isnscli.exe*.

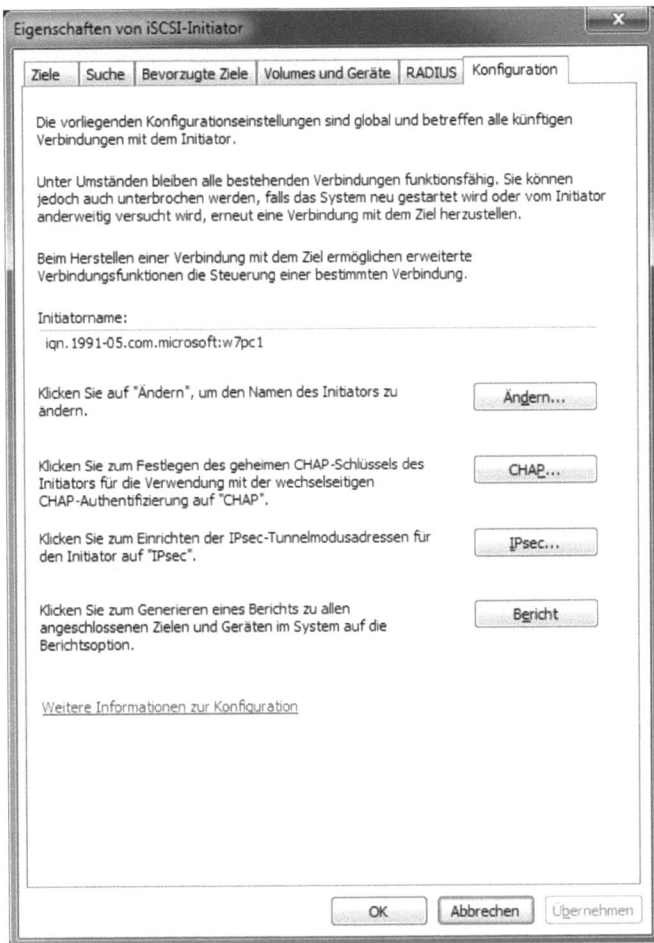

Abb. 5.37. Registerkarte *Konfiguration*

5.2.8 Lokale Sicherheitsrichtlinie

In einer Sicherheitsrichtlinie werden viele sicherheitsrelevante Einstellungen festgelegt (siehe Abb. 5.38). Ist ein Windows-7-PC nicht Mitglied einer Domäne, so gelten nur die auf ihm festgelegten Einstellungen. Ist er jedoch Teil einer Domäne, werden die hier festgelegten Einstellungen zuerst angewendet und danach die einer Domänensicherheits-/Gruppenrichtlinie.

Dabei gilt, dass letztere zwar Priorität (im Konfliktfall) haben, andernfalls ist die Kombination aus beiden wirksam.[20]

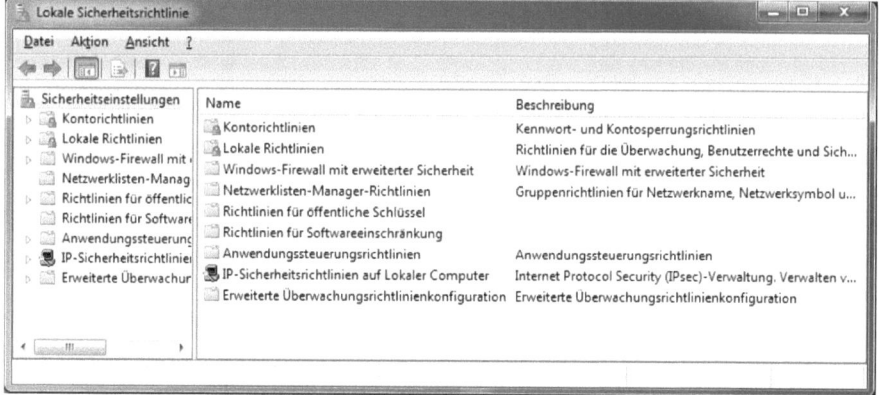

Abb. 5.38. Lokale Sicherheitsrichtlinie

Ein Teil von Richtlinien sind Benutzerrechte. Sie sind in den nachfolgenden Abschnitten vollständig aufgeführt.

5.2.8.1 Benutzerrechte

Benutzerrechte unterteilen sich in *Privilegien* und *Anmelderechte*: Privilegien steuern den Zugriff auf systemweite Ressourcen und können sogar den Zugriff auf Objekte verleihen, auf die ein Benutzer sonst keine Zugriffsberechtigung hat. Anmelderechte legen fest, wer sich wie an einem Computer anmelden darf oder eben auch nicht.

5.2.8.1.1 Privilegien

Folgende Privilegien (s. u.) sind definiert und können an Benutzer und Gruppen vergeben werden. Nicht alle Gruppen sind auf allen Windows-7- und Windows-Server-Installationsvarianten vorhanden bzw. hängen auch von den installierten Optionen (wie IIS, DNS, DHCP etc.) ab, daher sind einige in den Default-Zeilen in Klammern gesetzt.

Da die Privilegien nur bei der Anmeldung in das Zugriffstoken aufgenommen werden, ist bei Änderungen eine Benutzer-Ab- und Anmeldung bzw. ein Dienst-Stopp/Start erforderlich, wenn Mitgliedschaften für Dienste geändert werden, damit diese wirksam werden.

---

[20] Die Ausnahme von dieser Regel besteht natürlich im *Loopback-Verarbeitungsmodus*.

- *Ändern der Systemzeit* (SeSystemtimePrivilege)
  Recht, das Systemdatum und die Systemzeit zu ändern.
  Default: Administratoren, LOKALER DIENST

- *Ändern der Zeitzone* (SeTimeZonePrivilege)
  Ermöglicht, die Zeitzoneneinstellung festzulegen.
  Default: Administratoren, Benutzer, (LOKALER DIENST)

- *Anheben der Zeitplanungspriorität* (SeIncreaseBasePriorityPrivilege)
  Recht zum Erhöhen der Basis-Prioritätsklasse eines Prozesses.
  Ohne dieses Recht können Anwender (z. B. mit dem Task-Manager) nur noch die relative Priorität ihrer Prozesse innerhalb einer Klasse (bsp. von *Normal* auf *Höher als Normal* oder *Niedriger als Normal*) ändern.
  Default: Administratoren

- *Annehmen der Clientidentität nach Authentifizierung* (SeImpersonatePrivilege)
  Erlaubt die Übernahme der Benutzeridentität nach erfolgreicher Authentifizierung, um Aktionen stellvertretend nicht im (üblicherweise sehr hohen) Sicherheitskontext eines Dienstes, sondern des Benutzers durchzuführen.
  Default: Administratoren, LOKALER DIENST, NETZWERKDIENST, DIENST, (IIS_IUSERS)

- *Anpassen von Speicherkontingenten für einen Prozess* (SeIncreaseQuotaPrivilege)
  Recht zum Verändern von Arbeitsspeichergrößenbeschränkungen für Prozesse.
  Default: Administratoren, LOKALER DIENST, NETZWERKDIENST, (Classic .NET AppPool), (DefaultAppPool)

- *Arbeitssatz eines Prozesses vergrößern* (SeIncreaseWorkingSetPrivilege)
  Recht, Prozess-Arbeitssätze zu erhöhen. (Das heißt, nach Start eines Programms die Menge des ihm zugeordneten Speichers zu erhöhen.)
  Default: Benutzer

- *Auf Anmeldeinformations-Manager als vertrauenswürdigem Aufrufer zugreifen*
  Gibt das Recht, auf die im Anmeldeinformations-Manager hinterlegten Benutzeranmeldeinformationen zuzugreifen.
  Default: Leer

- *Auslassen der durchsuchenden Überprüfung (SeChangeNotifyPrivilege)*
  Verleiht das Recht, sich in NTFS-Partitionen durch Verzeichnisse und in der Registrierung durch Schlüssel zu klicken, ohne dass man Leseberechtigungen darauf hat. Es verleiht nicht die Berechtigung, den Inhalt eines Verzeichnisses oder Schlüssels zu sehen, sondern nur sich dadurch zu bewegen.
  Default: Administratoren, Sicherungs-Operatoren, Benutzer, Jeder, LOKALER DIENST, NETZWERKDIENST

- *Debuggen von Programmen* (SeDebugPrivilege)
  Gibt das Recht, Programme und Speicherbereiche zu debuggen, die im Sicherheitskontext eines anderen Kontos (auch des Betriebssystems) liegen. Ohne dieses Recht können nur Prozesse des eigenen Benutzerkontos debuggt werden.
  Default: Administratoren

- *Durchführen von Volumewartungsaufgaben* (SeManageVolumePrivilege)
  Recht zum Durchführen von Verwaltungsaufgaben auf einer Festplatte oder Partitionen.
  Default: Administratoren

- *Einsetzen als Teil des Betriebssystems* (SeTcbPrivilege)
  Als Teil des Betriebssystems (Trusted Computing Base) handeln. Zugriffe erfolgen dann im Sicherheitskontext eines beliebigen Benutzersicherheitskontextes und sollte nur wenn unverzichtbar vertrauten Sicherheitssubsystemen gewährt werden.
  Default: Leer (Das lokale System-Konto besitzt dieses Recht immer.)

- *Entfernen des Computers von der Dockingstation* (SeUndockPrivilege)
  Dieses Recht wird benötigt, um einen Computer softwareseitig durch Klick auf „PC undocken" im Startmenü von einer Dockingstation entfernen zu können. Hardwaremäßig geht das natürlich immer.
  Default: Administratoren, Benutzer

- *Ermöglichen, dass Computer- und Benutzerkonten für Delegierungszwecke vertraut wird* (SeEnableDelegationPrivilege)
  Recht zum Ermöglichen der Kennzeichnung von Benutzer- und Computerkonten als vertrauenswürdig für Delegierungszwecke in einer Active-Directory-Umgebung. Hierbei nimmt ein Dienst auf einem Client die Identität des Benutzers an und verwendet diese gegenüber Serverdiensten zur Authentifizierung. In so einem Multi-Tier-Szenario muss den beteiligten Diensten dieses Recht gewährt werden.
  Default: Leer

- *Ersetzen eines Tokens auf Prozessebene* (SeAssignPrimaryTokenPrivilege)
  Recht für einen übergeordneten Prozess zum Ersetzen des primären Zugriffstokens eines Clientprozesses.
  Default: (Das lokale Systemkonto hat dieses Recht immer.) LOKALER DIENST, NETZWERKDIENST, (Classic .NET AppPool), (DefaultAppPool)

- *Erstellen einer Auslagerungsdatei* (SeCreatePagefilePrivilege)
  Recht zum Erstellen und Anpassen der Größe einer Auslagerungsdatei.
  Default: Administratoren

- *Erstellen eines Profils der Systemleistung* (SeSystemProfilePrivilege)
  Recht zum Erstellen eines Profils der Systemprozesse des gesamten Systems, falls die Leistungskonsole zum Sammeln der Daten durch WMI (Windows Management Instrumentarium) konfiguriert wurde.
  Default: Administratoren, (NT SERVICE\WdiServiceHost)

- *Erstellen eines Profils für einen Einzelprozess* (SeProfileSingleProcessPrivilege)
  Recht zum Erstellen eines Profils einer einzelnen Anwendung, wenn der Systemmonitor zum Sammeln der Daten durch WMI (Windows Management Instrumentarium) konfiguriert wurde.
  Default: Administratoren

- *Erstellen eines Tokenobjekts* (SeCreateTokenPrivilege)
  Erstellen eines Zugriffsstokens (benötigt zum Erstellen primärer Token). Standardmäßig ist nur die LSA (Local Security Authority) konfiguriert, Zugriffstokens auszustellen.
  Default: Leer (Das Lokale System-Konto besitzt dieses Recht immer.)

- *Erstellen globaler Objekte* (SeCreateGlobalPrivilege)
  Verleiht das Recht, globale Objekte während einer Terminaldienstsitzung zu erstellen. Ohne dieses Recht können Anwender immer noch sitzungsspezifische Objekte erstellen.
  Default: Administratoren, LOKALER DIENST, NETZWERKDIENST, DIENST

- *Erstellen symbolischer Verknüpfungen* (SeCreateSymbolicLinkPrivilege)
  Erlaubt die Erstellung von symbolischen Verknüpfungen.
  Default: Administratoren

- *Erstellen von dauerhaft freigegebenen Objekten* (SeCreatePermanent-Privilege)
  Recht zur Erstellung dauerhaft freigegebener Objekte im Objekt-Manager des Kernels.
  Default: Leer (Alle im Kernelmodus ausgeführten Prozesse besitzen dieses Recht.)

- *Erzwingen des Herunterfahrens von einem Remotesystem aus* (SeRemoteShutdownPrivilege)
  Ermöglicht das Herunterfahren eines Systems über das Netzwerk (z. B. mittels des *Shutdown*-Befehls).
  Default: Administratoren

- *Generieren von Sicherheitsüberwachungen* (SeAuditPrivilege)
  Recht zum Erstellen von Einträgen im Sicherheitsprotokoll.
  Default: (Das lokale System-Konto besitzt dieses Recht immer.) LOKALER DIENST, NETZWERKDIENST, (Classic .NET AppPool), (DefaultAppPool)

- *Herunterfahren des Systems* (SeShutdownPrivilege)
  Herunterfahren des Systems, an dem man lokal angemeldet ist. Dieses Recht kann Remotedesktop-Benutzern entzogen werden um zu verhindern, dass diese unabsichtlich oder absichtlich den Server herunterfahren.
  Default: Administratoren, Sicherungs-Operatoren, Benutzer

- *Hinzufügen von Arbeitsstationen zur Domäne* (SeMachineAccountPrivilege)
  Recht zum Hinzufügen von Arbeitsstationen zur Domäne (durch Erstellen von Computerkonten in der Domäne), ohne dass dazu der Anwender in den betreffenden Active-Directory-Containerobjekten Schreibberechtigung benötigt.
  Default: Leer, (Authentifizierte Benutzer bei Domänencontrollern)

- *Laden und Entfernen von Gerätetreibern* (SeLoadDriverPrivilege)
  Verleiht das Recht zum Laden und Entfernen von Gerätetreibern im Kernel-Modus.
  Da Gerätetreiber als Teil des Betriebssystems ausgeführt werden, kann die Installation von gefälschten Gerätetreibern dazu benutzt werden, um unberechtigt administrativen Zugriff auf einen Computer zu erlangen.
  Für das Installieren und Warten von Druckern wird außerdem die Mitgliedschaft in der Administratoren- oder Hauptbenutzergruppe benötigt.
  Default: Administratoren

- *Sichern von Dateien und Verzeichnissen* (SeBackupPrivilege)
  Wird benötigt, um Sicherungen durchführen zu können. Ausschließlich bei Zugriff über die NTFS-Backup-API gewährt dieses Recht den lesenden Zugriff auf Objekte und ihrer Eigenschaften, unabhängig von den gesetzten Zugriffsberechtigungen.
  Default: Administratoren, Sicherungs-Operatoren

- *Sperren von Seiten im Speicher* (SeLockMemoryPrivilege)
  Recht zum Sperren von physischen Seiten im Speicher, was verhindert, dass diese Seiten in den virtuellen Speicher auf der Festplatte ausgelagert werden können.
  Default: Leer (Das lokale Systemkonto besitzt dieses Recht immer.)

- *Synchronisieren von Verzeichnisdienstdaten* (SeSyncAgentPrivilege)
  Wird auf einem Domänencontroller für die LDAP-Verzeichnissynchronisation („Active-Directory-Synchronisierung", DirSync) benötigt und verleiht das Recht, alle Objekte und ihre Eigenschaften zu lesen unabhängig von den gesetzten ACLs.
  Default: Leer (Administratoren und LOKALES SYSTEM auf Domänen-Controllern).

- *Übernehmen des Besitzes von Dateien und Objekten* (SeTakeOwnershipPrivilege)
  Recht der Besitzübernahme an Dateien und anderen Objekten (wie Active-Directory-Objekte, Prozesse, Drucker, Registrierungsschlüssel) ohne Besitzübernahmeberechtigungen vom Besitzer des Objektes eingeräumt bekommen zu haben.
  Default: Administratoren

- *Verändern der Firmwareumgebungsvariablen* (SeSystemEnvironmentPrivilege)
  Gibt das Recht, Firmware- und EFI-BIOS-Variablen auf RISC- und Itanium-Systemen, die in nichtflüchtigem RAM (NVRAM) gespeichert werden, zu ändern.
  Default: Administratoren

- *Verändern einer Objektbezeichnung*
  Legt fest, wer das Recht haben soll, für ein sicherbares Objekt dessen Integritätsstufe des neuen, mit „Verbindliche Beschriftung" bezeichneten Rechtesystems festzulegen.[21]
  Default: Leer

---

[21] Siehe Kapitel 7.

- *Verwalten von Überwachungs- und Sicherheitsprotokollen* (SeSecurityPrivilege)
  Erlaubt die Modifikation der SACL von Objekten zur Generierung von Überwachungseinträgen und den Zugriff auf das Sicherheitsprotokoll der Ereignisanzeige sowie auch das Löschen von Einträgen.
  Zum Schreiben von Objektzugriffen muss aber außerdem die Überwachungsrichtlinie Objektzugriffe konfiguriert sein.
  Default: Administratoren

- *Wiederherstellen von Dateien und Verzeichnissen* (SeRestorePrivilege)
  Gestattet Benutzern, unabhängig von Verzeichnis- und Dateiberechtigungen gesicherte Dateien- und Verzeichnisse wiederherzustellen und beliebige Benutzer- oder Gruppenkonten als Besitzer dieser Objekte festzulegen. Für alle anderen Vorgänge werden natürlich die ACLs der Objekte überprüft.
  Default: Administratoren, Sicherungs-Operatoren

- SeUnsolicitedInputPrivilege (Hierzu gibt es kein in der GUI konfigurierbares Benutzerrecht.)
  Verleiht das Recht, Rohdaten von einem Terminal (das sind in diesem Sinne Monitor, Tastatur, Maus, Chipkartenleser etc.) zu lesen.
  Default: Leer

5.2.8.1.2 Anmelderechte

Neben Privilegien gibt es Anmelderechte. Diese werden von Administratoren gleichfalls verwendet, um Zugriffsrechte von Benutzern und Benutzergruppen festzulegen, werden aber *nicht* im Zugriffs-Token kodiert, sondern bei der Anmeldung vom LSA-Dienst überprüft. Von den fünf Zugriffsarten

1. Interaktiv über die lokale Tastatur
2. Interaktiv über die Terminaldienste
3. Über das Netzwerk (bsp. für den Zugriff auf Freigaben)
4. Als Dienst
5. Als Stapelverarbeitungsauftrag

gibt es jeweils ein Paar, von dem eins den Zugriff erlaubt und das andere den Zugriff verweigert. Alle 10 sind hier aufgeführt:

- *Anmelden als Batchauftrag verweigern* (SeDenyBatchLogonRight)
  Verhindert für einen Benutzer oder eine Gruppe von Benutzern, sich als Stapelverarbeitungsauftrag anzumelden.
  Default: (HomeGroupUser$)

- *Anmelden als Dienst* (SeServiceLogonRight)
  Gibt einem Konto oder einer Gruppe das Recht, sich als Dienst anzumelden und ist erforderlich, wenn bestimmte Dienste nicht als Lokales System, Lokaler Dienst oder Netzwerkdienst, die das vordefinierte Recht, sich als Dienst anzumelden haben, sondern im Sicherheitskontext eines eigenen Dienstkontos ausgeführt werden sollen.
  Default: NT SEVICE\ALL SERVICES, (Classic .NET AppPool), (Default AppPool)

- *Anmelden als Dienst verweigern* (SeDenyServiceLogonRight)
  Verweigert eine Anmeldung als Dienst für die angegebenen Benutzer und Gruppen.
  Kann jedoch nicht für SYSTEM, LOKALER DIENST, und NETZWERKDIENST vergeben werden!
  Default: Leer

- *Anmelden als Stapelverarbeitungsauftrag* (SeBatchLogonRight)
  Verleiht das Recht, sich als Stapelverarbeitungsauftrag anzumelden. Ein Beispiel hierfür ist der Zeitplandienst (Geplante Tasks): Wenn ein Administrator einen Prozess unter einem bestimmten Benutzerkonto zeitgesteuert oder ein Sicherungsoperator einen Backup-Job laufen lassen möchte, benötigt das betreffende Benutzerkonto dieses Anmelderecht. Zur angegebenen Zeit wird der Prozess dann als Stapelverarbeitungsauftrag und nicht als interaktiver Prozess ausgeführt.
  Default: Administratoren, Sicherungs-Operatoren, (Leistungsprotokollbenutzer), (IIS_IUSRS)

- *Anmelden über Remotedesktopdienste verweigern* (SeDenyRemoteInteractiveLogonRight)
  Verhindert die Anmeldung über eine Remote-Desktop-Sitzung.
  Default: Leer

- *Anmelden über Remotedesktopdienste zulassen* (SeRemoteInteractiveLogonRight)
  Gibt das Recht, über eine Remote-Desktop-Sitzung auf den Computer zuzugreifen. Für Remotedesktopbenutzer ist dies das bevorzugte Anmelderecht, weil es weniger Rechte verleiht als die Vergabe des Anmelderechtes „Lokal anmelden zulassen".
  Default: Administratoren, Remotedesktopbenutzer

- *Auf diesen Computer vom Netzwerk aus zugreifen* (SeNetworkLogonRight)
  Erlaubt, auf diesen Computer über eine Netzwerkverbindung zuzugreifen.

Default: Administratoren, Jeder, Sicherungs-Operatoren, Benutzer

- *Lokal anmelden verweigern* (SeDenyInteractiveLogonRight)
  Verhindert, dass sich ein Benutzer oder eine Gruppe von Benutzern lokal anmeldet.
  Default: (Gast), (HomeGroupUser$)

- *Lokal anmelden zulassen* (SeInteractiveLogonRight)
  Verleiht das Recht, sich an diesem Computer interaktiv über die Tastatur des Servers, über die Remotedesktopdienste und den Internet Information Server anzumelden. Remotedesktopbenutzer sollten nicht dieses, sondern das Anmelderecht *Anmelden über Remotedesktopdienste zulassen* bekommen.
  Default: Administratoren, Benutzer, Gast, Sicherungs-Operatoren

- *Zugriff vom Netzwerk auf diesen Computer verweigern* (SeDenyNetworkLogonRight)
  Verhindert, dass sich die angegebenen Benutzer(gruppen) über das Netzwerk anmelden.
  Default: Gast

Die Verweigern-„Rechte" haben jeweils Priorität gegenüber den zugeordneten Erlaubnis-Rechten. So kann z. B. der Gruppe *Jeder* der Zugriff über das Netzwerk erlaubt werden, für Mitglieder der Gruppe *Gäste* gesperrt. Wenn ein Benutzer bsp. die lokale Anmeldung sowohl erlaubt als auch verweigert wird, hat letzteres Priorität.

Eine Einstellung *Jeder sperren* und *Administratoren erlauben* würde nicht wie gewünscht funktionieren, weil die Administratoren-Gruppe Teil von *Jeder* ist und damit auch der Zugriff für diese gesperrt würde.

Mit dem Tool *Showpriv.exe* aus dem Windows Resource Kit (Technische Referenz) kann angezeigt werden, welche Konten über ein bestimmtes Privileg verfügen.

5.3 Alternativer Start der Verwaltungswerkzeuge

Eine Liste von vordefinierten MMC-Verwaltungsdateien finden Sie in Tabelle 5.2. Dabei handelt es sich um gespeicherte Ansichten, die nicht in jedem Fall aus nur einem einzigen Verwaltungsprogramm bestehen müssen, sondern durchaus aus einer Kombination von mehreren Snap-Ins bestehen können, wie es insb. bei der Computerverwaltung sehr deutlich ist.

5.3 Alternativer Start der Verwaltungswerkzeuge

Nicht alle der hier aufgeführten MMC-Sichten haben auch einen Eintrag im Startmenü, sondern können nur durch Eingabe des entspr. Namens aufgerufen werden. Und umgekehrt gilt, da Snap-Ins als COM-Objekte programmiert und registriert sind, dass nicht alle verfügbaren Snap-Ins über den Aufruf einer vordefinierten .MSC-Datei gestartet werden können.

Einige von ihnen sind jedoch als eigenständige .MSC- oder .EXE-Datei auf der Festplatte gespeichert und können daher auch direkt (z. B. über Start - Ausführen) aufgerufen werden.

Tabelle 5.2 zeigt alle in einer MMC hinzufügbaren Snap-Ins und ihre Dateinamen auf.

Tabelle 5.2. Dateinamen diverser Dienstprogramme

Dienstprogramm	Dateiname des Snap-Ins
ActiveX-Steuerelement	N/V
Aufgabenplanung	Taskschd.msc
Autorisierungs-Manager	Azman.msc
Computerverwaltung	Compmgmt.msc
Datenträgerverwaltung	Diskmgmt.msc
Dienste	Services.msc
Dienste für NFS	Nfsmgmt.msc
Druckverwaltung	Printmanagement.msc
Ereignisanzeige	Eventvwr.msc
Freigegebene Ordner	Fsmgmt.msc
Geräte-Manager	Devmgmt.msc
Gruppenrichtlinienobjekt-Editor	Gpedit.msc
Indexdienst	Ciadv.msc
Internetinformationsdienste-(IIS)-Manager	Iis.msc
Internetinformationsdienste-6.0-Manager	Iis6.msc
Komponentendienste	Comexp.msc
Leistungsüberwachung	Perfmon.msc
Lokale Benutzer und Gruppen	Lusrmgr.msc
Lokale Sicherheitsrichtlinie	Secpol.msc
NAP-Clientkonfiguration	Napclcfg.msc

Richtlinienergebnissatz[22]	Rsop.msc
Scanverwaltung	ScanManagement.msc
Sicherheitskonfiguration und -analyse	N/V
Sicherheitsvorlagen	N/V
TPM-Verwaltung	Tpm.msc
Windows-Firewall mit erweiterter Sicherheit	Wf.msc
WMI-Steuerung	Wmimgmt.msc
Zertifikate	Certmgr.msc

5.4 Die Remoteserver-Verwaltungstools

Einen weiteren Satz von Verwaltungswerkzeugen liefert Microsoft mit den Remoteserver-Verwaltungstools (engl.: Remote Server Administration Tools, RSAT) aus. Diese richten sich an Administratoren von Unternehmensnetzen mit mehreren Servern (auch Windows Server 2008 Core) von einer Windows-7-Arbeitsstation aus. Mit ihnen können aber auch ältere Geräte, die vielleicht mit Windows Server 2003, Windows XP oder Windows 2000 verwaltet werden.

Unten dem u. a. Link können sie von der Microsoft-Download-Webseite als deutsche 32- und 64-Bit-Version heruntergeladen und auf Computern, auf denen Windows 7 Professional, Enterprise oder Ultimate ausgeführt wird, installiert werden:

http://www.microsoft.com/downloads/details.aspx?displaylang=de&FamilyID=7d2f6ad7-656b-4313-a005-4e344e43997d

Danach müssen sie über das Programm *Programme und Funktionen* aus der Systemsteuerung (siehe Kap. 4) einzeln ausgewählt und installiert werden (siehe Abb. 5.39). Damit werden auch die Einträge im Startmenü für die ausgewählten Programme erzeugt.

---

[22] Seit Windows Vista SP1 (also auch in Windows 7 und höher) zeigt RSoP nicht mehr alle Richtlinien an und wurde von Microsoft durch ein neues Tool (RSAT) ersetzt. Um alle wirkenden Einstellungen zu sehen, muss das Eingabeaufforderungsprogramm *Gpresult.exe* verwendet werden.

5.4 Die Remoteserver-Verwaltungstools

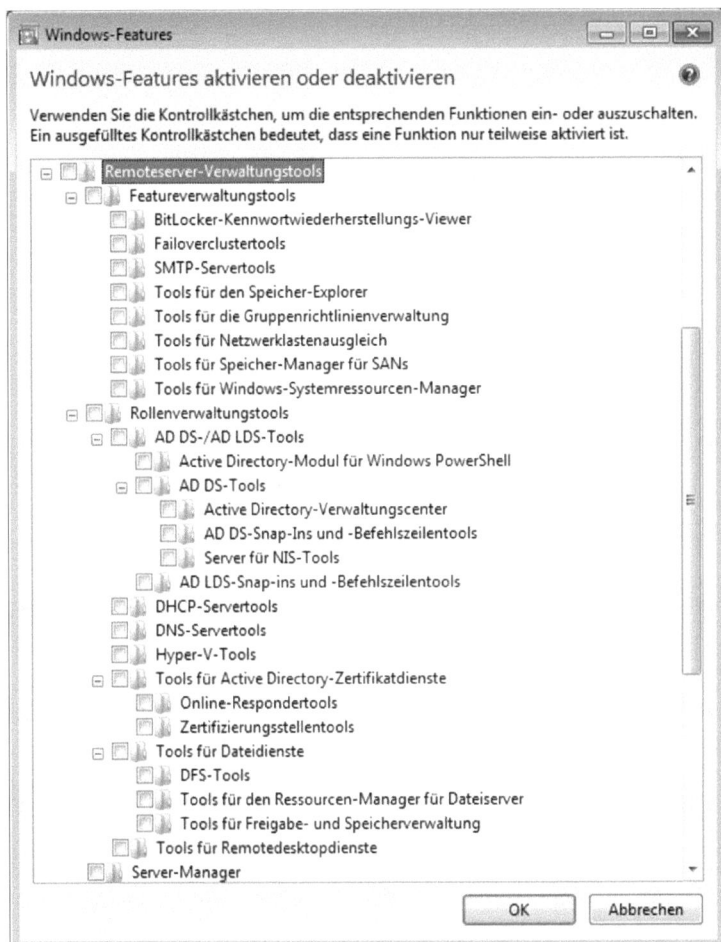

Abb. 5.39. Remoteserver-Verwaltungstools

6. Datenträgerverwaltung

In diesem Kapitel beschäftigen wir uns mit der Verwaltung, Einrichtung, Partitionierung und Formatierung von Datenträgern.

6.1 Unterstützte Massenspeicher

Massenspeicher als Peripheriegeräte eines Computersystems stellen die dauerhafte Speicherung von Daten, auch wenn dieses abgeschaltet ist, sicher.[1] Der Zugriff hierauf ist dabei im allgemeinen erheblich langsamer als auf den Hauptspeicher (RAM) eines Systems.

Massenspeicher unterscheiden sich hinsichtlich ihres Aufbaus (magnetisch, optisch, magnetooptisch, etc.), ihrer Arbeitsgeschwindigkeit, ihrer Kapazität, ihrer Art des Anschlusses an ein Computersystem und ihrer Veränderbarkeitsfähigkeit, denn Massenspeicher können grundsätzlich stets gelesen, aber je nach Typ *mehrfach*, *nur einmal* oder *gar nicht* beschrieben werden.

6.1.1 Festplatten

Windows 7 unterstützt Festplatten mit beliebigen Größen und Bussen: Paralleles ATA (PATA), Serielles ATA (SATA), eSATA, SCSI, iSCSI, SAS (Serial Attached SCSI) etc. sind möglich. Sofern das Rechner-BIOS keine Restriktionen hat (wie vormals die 32- und 128-GB-Grenzen bei ATA-Festplatten), kann Windows 7 viele Terabytes an Daten verwalten.

6.1.1.1 Mechanische Festplatten

Mechanische Festplatten sind aus von einem Motor angetriebenen, rotierenden Scheiben, die aus Aluminium oder Glas bestehen, und ein- oder

---

[1] Obwohl diese Definition teilweise auch auf andere Festwertspeicher wie ROM- (Read-Only-Memory)-Bausteine zutrifft, zählen diese angesichts ihres im Verhältnis kleinen Speicherumfangs und ihrer Funktion nicht zu Massenspeichern.

beidseitig mit einem magnetischen Material beschichtet sind, sowie Schreib-/Lese-Köpfen aufgebaut. Jene schweben aufgrund des Bernoulli-Effekts über den Scheiben, berühren diese jedoch nicht.

Die Speicherung der Daten erfolgt auf kreisförmigen, konzentrischen Spuren, (engl.: Zylinder). Eine konkrete Spur auf einer Plattenoberfläche wird als *Track* bezeichnet. Die eigentlichen Daten werden üblicherweise in Sektoren zu je 512 Zeichen à 8 Bit gespeichert.

Die äußeren, also sich weiter vom Mittelpunkt befindlichen, Spuren haben einen größeren Umfang als die inneren Spuren. Die Festplattenhersteller nutzen das dazu, um dort vergleichsweise mehr Sektoren je Spur als auf den inneren Spuren unterzubringen, was dort in einer höheren Datenrate je Umdrehung resultiert.

Daneben gibt es für die Positionierung der Köpfe so genannte Servo-Informationen. Diese können sich auf einer eigenen (dedizierten) Plattenoberfläche oder, was heutzutage häufiger ist, zusammen mit den Daten auf den Scheiben befinden.

Diese Laufwerke benötigen nach dem Einschalten etwas Zeit (einige Sekunden), damit die Platten ihrer Sollgeschwindigkeit erreichen. Übliche Werte sind 3.600, 5.400, 7.200, 10.000 und 15.000 Umdrehungen pro Minute (UpM).

Im Betrieb kann eine mechanische Festplatte aber nicht direkt nach dem Erhalt eines Lese- oder Schreibbefehls diesen ausführen. Für die Positionierung der Köpfe zu einem bestimmten Zylinder wird einige Millisekunden Zeit benötigt. Diese *Spurwechselzeit* (engl: seek time) ist ein Teil von dem, was als *Latenzzeit* (engl.: latency time) bezeichnet wird. Hinzu kommt noch, dass auch nach dem Erreichen des Zielzylinders sich der betreffende Sektor nicht direkt an dem Schreib-/Lesekopf befindet, und sich die Platte dazu erst noch etwas drehen muss. Dieser Bestandteil der Latenzzeit wird als *Rotationslatenzzeit* bezeichnet und beträgt, statistische Gleichverteilung (bei unendlich vielen Zugriffen) vorausgesetzt, 30.000 / UpM ms, also zum Beispiel ca. 4,17 ms bei einer Platte, die mit 7.200 UpM arbeitet. Hinzu kommt noch die Zeit, die der Laufwerkscontroller für die Verarbeitung der Anweisung benötigt. Sie ist jedoch sehr gering, und praktisch stets kleiner als 1 ms.

Weil die jeweiligen Zielzylinder der Anweisungen mal näher und mal weiter von der aktuellen Position entfernt sind, sich somit also unterschiedlich lange Spurwechselzeiten ergeben, wird durch Positionieren auf zufälligen Sektoren eine *durchschnittliche Zugriffszeit* ermittelt.

6.1.1.2 Halbleiterfestplatten

Zu den Halbleiterdatenträgern zählen Speichergeräte wie Solid State Disks (SSD), die keine mechanischen Bestandteile haben, sondern vollständig aus Halbleitern wie Flashspeichern oder gepuffertem RAM bestehen. In Windows 7 müssen sie zudem eine Mindestgröße von 16 GB haben.

Flashspeicher haben eine erheblich geringere Latenzzeit, weil keine Köpfe positioniert werden müssen, und sind direkt nach dem Einschalten betriebsbereit. Da die Flash-Speicherzellen keine unbegrenzte Lebensdauer haben, beugen die Hersteller von Hybridlaufwerken potentiellen Datenverlusten durch Prüfsummen (wie auch bei regulären Festplatten) sowie zusätzlich mit einem *wear-leveling* genannten Verfahren, bei dem die Anzahl der Schreibvorgänge je Block beachtet und übermäßiges Schreiben auf ein- und denselben Block verhindert wird, vor. Falls Prüfsummenfehler auftreten, wird der betreffende Block des Flash-Speichers als *defekt* markiert, seine Daten – soweit noch möglich – in einen anderen Bereich kopiert und danach nicht mehr verwendet.[2]

Wer ganz vorsichtig sein und die Anzahl der Schreibvorgänge aus dem vorgenannten Grund auf ein Minimum reduzieren möchte, kann die Verwendung einer Auslagerungsdatei (genügend Arbeitsspeicher vorausgesetzt) und evtl. temporäre Internetdateien abschalten bzw. letztere auf eine Ramdisk umlegen.[3] In Kap. 4.16 ist beschrieben, wie das konfiguriert wird.

SDD brauchen und sollten nicht defragmentiert werden! Windows 7 nimmt SSD von der automatischen Defragmentierung aus. Außerdem reduziert Windows 7 die Anzahl der Schreibvorgänge und Pufferleerungen, wenn ein System von einer SSD gestartet wurd, und deaktiviert SuperFetch, ReadyBoost und die Vorabspeicherung von System- und Anwendungsstarts in Prefetch-Verzeichnissen.

War es bei der Benutzung von SSD unter Windows Versionen vor Vista, Server 2008 und Windows 7 noch sehr wichtig, die Festplattenpartitionen manuell auszurichten (z. B. mit der Align-Option des Diskpart-Befehls), wenn man keine E/A-Leistungsverluste bekommen wollte[4], so sind nun

---

[2] Als „Grown Defects List" ist dieses Verfahren (mit Ausnahme des wear-leveling) bereits bei SCSI- und ATA-Festplatten im Einsatz.

[3] Microsoft-interne Untersuchungen haben jedoch ergeben, dass bei einem typischen System ungefähr 40 x mehr von der Auslagerungsdatei gelesen wird wie es Schreibvorgänge gibt.

[4] Auch RAID-Systeme, Partitionen (LUNs) auf SAN (Storage Area Network) und die Server-Versionen wie Windows Server 2003 etc. sowie SQL- Server und Exchange-Server waren davon betroffen. Der Hintergrund der oftmals deutlich spürbaren Leistungseinbußen von nicht ausgerichteten Partitionen wird bsp. in dem Artikel http://msdn.microsoft.com/en-us/library/dd758814.aspx erläutert.

neu erstellte Partitionen nicht mehr betroffen, weil Windows 7 Partitionen anlegt, die einen Versatz von 1 MB haben.

Seit dem Jahr 2009 gibt es SSD, die 1 Mio. Stunden Betriebsstunden (das entspricht mehr als 114 Jahre) und sogar 1,5 Mio Stunden haben. Insoweit ist die begrenzte Schreibfähigkeit von Flash-Speichermedien von untergeordneter Rolle.

6.1.1.3 Hybridfestplatten

Neu seit Windows Vista ist die Unterstützung von Hybrid-Laufwerken: Dieses sind Festplatten, die zusätzlich zu den rotierenden Platten Flash-Speicherbausteine haben. Während des Betriebs kann, nachdem die benötigten Applikationen geladen sind, der Festplattenmotor abgeschaltet werden. Zu speichernde Daten können dann zunächst in den Flashspeicher geschrieben werden, in dem sie auch bei einem eventuellen Stromausfall weiterhin stehen, und erst beim Erreichen der Kapazitätsgrenze des Flashspeichers nach kurzem Anwerfen des Motors auf der Festplatte gespeichert werden. Damit lassen sich im Optimalfall Stromeinsparungen (und damit laufzeiterhöhende) sowie leistungserhöhende Effekte erreichen. Während des Herunterfahrens eines Betriebssystems können in diesen Speicher die für den nächsten Start benötigten Treiber und Programme (je nach Flash-Speichergröße zumindest teilweise) kopiert werden. Sie stehen dann gleich beim Systemstart zur Verfügung und können mit voller Busgeschwindigkeit (engl.: burst rate) in den Computer-Arbeitsspeicher übertragen werden.

Hybridlaufwerke haben, obwohl sie seit dem Jahr 2007 erhältlich sind, jedoch keine nennenswerte Verbreitung erlangt. Der Trend geht eher zu den schon erwähnten Solid-State-Disks.

6.1.1.4 Virtuelle Festplatten

Einen Spezialfall stellen virtuelle Festplatten (engl.: virtual hard disk) dar: Diese sind als Datei (üblicherweise mit der Endung .VHD) auf einem anderen Speichermedium untergebracht und werden in Virtualisierungsumgebungen wie Microsoft Virtual-PC, Virtual Server, Hyper-V, Virtualbox, VMware etc. als Festplatte verwendet.

Windows 7 kann mit der Datenträgerverwaltung (siehe Kap. 6.4) und dem Diskpart-Befehl VHD-Dateien erstellen und verwalten.

Auf Wunsch kann sogar während einer Windows-7-Installation in einer Eingabeaufforderung erst eine virtuelle Festplatte erstellt und Windows 7 dann in dieser installiert werden.

Virtuelle Festplatten des Typs VHD enthalten auch NTFS-Berechtigungen (siehe unten), und von ihnen kann in Windows 7 Enterprise und Ultimate gestartet werden, was ganz neue Dimensionen der Client-Verteilung und -Virtualisierung eröffnet. Dabei kommt es sogar nicht mal zu Leistungseinbußen![5]

6.1.2 Optische Datenträger

Optische nur-lesbare oder (wieder-)beschreibbare Medien werden nicht nur ebenfalls unterstützt, sondern ein entsprechendes Laufwerk ist sogar eine Voraussetzung für Windows 7. Sämtliche Standards wie CD-ROM, CD-RW, DVD-ROM, DVD+R(W), DVD-R(W) bis hin zu DVD-RAM, HD-DVD und Blu-ray können verwendet werden. Windows 7 bringt eine verbesserte Schreibfunktion mit, und es können mit Betriebssystemunterstützung Datensicherungen auf optischen Datenträger vorgenommen werden.

Windows 7 enthält auch Treiber für das (von Toshiba produzierte) HD-DVD-Laufwerk in der Xbox 360, das ggf. an einen Computer über die USB-Schnittstelle angeschlossen wurde, um HD-DVDs, normale DVDs und CDs wiederzugeben.

HD-DVD ist aber ein mittlerweile überholter Standard, der von seinem Erfinderunternehmen Toshiba nicht mehr unterstützt wird.

6.1.3 Disketten

Zwar etwas aus der Mode gekommen, werden von Windows 7 aber auch noch Diskettenlaufwerke (mit bis zu 2,88 MB Kapazität) unterstützt. Und wenn im BIOS vorgesehen, auch als USB-Laufwerke.

Kaum jemand wird wohl heutzutage noch größere Datenmengen auf Disketten sichern, verblüffender Weise sind sie dennoch noch nicht vollständig ausgestorben, weil sie immer noch für Zwecke wie Kennwortrücksetzdisketten oder auch während der Installation zum Laden von Treibern für andere Laufwerke und Controller, für die Windows 7 kein Treiber mitbringt, benötigt werden.

---

[5] Das zeigen bsp. die Grafiken der Messwerte in folgendem Blogeintrag: http://blogs.technet.com/virtualization/archive/2009/05/14/native-vhd-support-in-windows-7.aspx .

6.2 Windows-Datenträgertypen

Seit Windows 2000 können Datenträger betriebssystemseitig nicht nur als *Basisdatenträger*, sondern auch als *Dynamische Datenträger* eingerichtet werden.

6.2.1 Basisdatenträger

Dies ist der Standard seit vielen Jahren und ist mit allen ggf. weiteren parallel installierten Windows-Versionen (Dual-/Multi-Boot) sowie anderen Betriebssystemen kompatibel, was zugleich schon den Hauptvorteil kennzeichnet.

Die Aufteilung des Festplattenplatzes in Partitionen ist in der Partitionstabelle festgelegt, die bei Basisdatenträgern im sog. Master Boot Record (MBR) untergebracht ist. Dieser Sektor ist der allererste einer jeden Festplatte (Sektor 0).

Die Partitionstabelle hat Platz für genau vier Einträge. Somit lassen sich bis zu vier Primäre Partitionen unterbringen, von denen eine die *aktive* Partition ist. Von ihr wird gestartet und sie erhält normalerweise den Laufwerksbuchstaben C:. Es lässt sich auch eine *Erweiterte Partition* erstellen,[6] in der sich mehrere *Logische Laufwerke* befinden können. Eine erweiterte Partition kann es auf einer jeden Festplatte nur maximal einmal geben. Solange noch Laufwerksbuchstaben und Platz verfügbar sind, können in ihr weitere logische Laufwerke erstellt werden. Nachteilig ist, dass nach manchen Änderungen das System neu gestartet werden muss.

Auf Basisdatenträgern können nur Primäre sowie Erweiterte Partitionen (siehe unten) und Logische Laufwerke bis zu einer physischen Gesamtgröße von 2 TB erstellt werden.

Die übrigen verfügbaren Partitionstypen (Einfaches Volume, Übergreifendes Volume, Stripesetvolume, Gespiegeltes Volume und RAID-5-Datenträger) erfordern hingegen Dynamische Datenträger.

6.2.2 Dynamische Datenträger

Die Verwaltung der Partitionen erfolgt bei Dynamischen Datenträgern nicht mehr durch einen MBR, sondern durch eine erweiterte Partitionstabelle, die sich in einem 1 MB großen Bereich am Ende des Laufwerks befindet.

---

[6] Auch dadurch wird ein Eintrag in der Partitionstabelle belegt.

Ein Basisdatenträger kann (bei den Windows-7-Professional-, Enterprise- und Ultimate-Versionen) in einen Dynamischen Datenträger umgewandelt werden. Windows 7 macht dies, wenn es für die Erstellung eines bestimmten Partitionstyps nötig ist, auch selbst. Es ist während des Betriebs ohne Neuformatierung und Neustart jedoch auch manuell möglich (außer wenn sich eine System- oder Startpartition auf ihm befinden) und wird in der Praxis vorgenommen, um die erweiterten Partitionstypen zu nutzen.

Sollten sich auf einem Laufwerk bereits Partitionen befinden, werden sie durch den Konvertierungsvorgang in *Einfache Volumes* umgewandelt. Die Erstellung eines RAID-5-Datenträgers (siehe unten) erfordert nicht nur Dynamische Datenträger, sondern auch ein Microsoft-Server-Betriebssystem. Dieser Punkt sollte bei evtl. Parallelinstallationen mehrerer Betriebssysteme beachtet werden, da ansonsten auf einige Partitionen ggf. nicht zugegriffen werden kann.

Ein Vorteil Dynamischer Datenträger ist, dass Partitionen beliebig erstellt und gelöscht werden können, ohne dass neu gestartet werden muss, und es können mehr als vier Primäre Partitionen angelegt werden.

Wenn auf einem Laufwerk alle Partitionen (und damit auch die Daten) gelöscht werden, wandelt Windows 7 diese automatisch wieder in einen Basisdatenträger.

6.2.3 GPT-Datenträger

Partitionen von mehr als 2 TB werden als GPT-Datenträger (GUID-Partitions-Tabelle) eingerichtet, weil eine entsprechende Größenbeschränkung in dem MBR (Master Boot Record) besteht. Vormals nur in den 64-Bit-Versionen von Windows XP sowie in Windows Server 2003 verfügbar, sind sie nun auch in Windows Vista und Windows 7 nutzbar und unterstützen bis zu 128 Partitionen und 18 Exabyte (das sind rd. 18 Milllionen Gigabyte) je Laufwerk.

Die internen Verwaltungsdatenstrukturen sind als redundante primäre und sekundäre Blöcke mit CRC32-Überprüfung für bessere Datenstrukturintegrität ausgelegt.

Diese Funktionalität ist neben Windows 7 (und höher) nur noch in Windows Server 2008 sowie den 64-Bit-Versionen von Windows XP und Windows Server 2003 integriert.

Am Anfang einer GPT-Festplatte gibt es vorweg eine Schutz-MBR-Partition, um zu verhindern, dass Nicht-GPT-fähige Partitionssoftware die GPT-Strukturen beschädigen. Beispielsweise ist in 32-Bit-Windows XP nur die GPT-Schutzpartition sichtbar.

Zum Starten des Systems von einem GPT-Datenträger ist EFI erforderlich – ein System mit dem klassischen BIOS hingegen kann nicht von GPT-Datenträgern starten, sondern nur von MBR-Datenträgern. Diese Beschränkung betrifft aber nur den Startdatenträger, weitere Datenträger können durchaus mit GPT eingerichtet sein.

Bestehende Festplatten können über den entsprechenden Punkt im Kontextmenü der Datenträgerverwaltung sowie über den Convert-Befehl im Diskpart-Programm umgewandelt werden. Es dürfen sich allerdings keine Partitionen auf dem betreffende Datenträger befinden, und Dynamische Datenträger müssen zuvor zu Basisdatenträgern konvertiert werden.

6.3 Partitionstypen

Zur Unterteilung von Festplatten bietet Windows 7 mehrere verschiedene Typen an. Ihre Namen und die jeweilige Verfügbarkeit hängen dabei davon ab, ob ein Basisdatenträger oder ein Dynamischer Datenträger verwaltet wird.

6.3.1 Primäre Partition

Da eine als Primäre Partition bezeichnete Unterteilung einer Festplatte im MBR in der Partitionstabelle gespeichert wird, können sich maximal vier darauf befinden. Sie wird häufig benutzt, wenn auf einem System mehrere Betriebssysteme installiert sind.

6.3.2 Erweiterte Partition

Auf einem Laufwerk, das als Basisdatenträger arbeitet, kann maximal eine Erweiterte Partition erstellt werden. Sie stellt gewissermaßen einen Platzhalter dar, in ihm können weitere Partitionen erstellt werden. Diese werden *Logische Laufwerke* genannt. Von ihnen können beliebig viele erstellt werden, solange noch freier Platz existiert und die Mindestgröße von 8 MB beachtet wird. Windows 7 kann nur Primäre Partitionen neu erstellen. Bereits erstellte Erweiterte Partitionen können aber weiter genutzt werden.

6.3.3 Einfaches Volume

Ein *einfaches Volume* ist nunmehr der Sammelbegriff für Partitionen: Egal, ob sie sich auf Basis- oder Dynamischen Datenträgern befinden, egal, ob eine Partition vom Typ Primäre Partition oder Logisches Laufwerk in einer Erweiterten Partition ist, sie werden nun alle als einfache Volumes bezeichnet. Windows 7 kann nun auch keine „Primären" und „Erweiterten Partitionen" mehr erstellen. An ihrer Stelle werden Einfache Volumes verwendet. Sollten Festplatten bereits (vor der Windows 7-Installation durch frühere Windows-Versionen bei bsp. Update-Szenarien) partitioniert sein, kommt Windows 7 damit jedoch hervorragend klar.

Ein Einfaches Volume kann sich nur über ein Laufwerk erstrecken, was zudem seine Maximalgröße kennzeichnet. Die Minimalgröße beträgt 8 MB.

6.3.4 Übergreifendes Volume

Wenn ein einfaches Volume vergrößert (*erweitert*) werden soll, wird es dabei zu einem *Übergreifenden Volume*, das sich über mehrere Partitionen erstrecken kann, die auf derselben oder auf mehreren Laufwerken sind. Auf Basisdatenträgern müssen sich jedoch das Volume und der freie Speicherplatz auf demselben Laufwerk befinden.

Voraussetzungen dafür sind, dass das Laufwerk als dynamischer Datenträger eingerichtet ist, dass als Dateisystem NTFS verwendet wird und dass es weder ein System- noch Startvolume ist.

Übergreifende Volumes können mehrfach erweitert werden, solange noch freier Speicherplatz verfügbar ist und die oben genannten Voraussetzungen eingehalten werden.

6.3.5 Streifensatz

Bei einem Streifensatz (engl.: Stripesetvolume) werden die Daten in Blöcke zu je 64 KB unterteilt und nacheinander auf die Laufwerke im Verbund geschrieben bzw. gelesen. Eine wichtige Voraussetzung für die Erstellung eines Streifensatzes ist, dass sich mindestens zwei physische Festplatten in dem System befinden und dass darauf mindestens zwei Partitionen erstellt werden, in denen der Streifensatz erstellt wird, wobei sich maximal eine jeweilige Stripe-Set-Partition des Satzes (nicht mehrere!) auf einem Laufwerk befinden darf.

Ob dabei jeweils der gesamte, pro Laufwerk zur Verfügung stehende Platz, oder nur ein Teil davon verwendet wird, ist nebensächlich. Die Partitionen sollen dieselbe Größe haben.

Streifensätze werden auch als RAID 0 bezeichnet. RAID steht dabei für *Redundant Array of Inexpensive*[7] *Disks*.

Ein Streifensatz kann nur auf dynamischen Datenträgern erstellt werden und ist nicht fehlertolerant. Beim Ausfall bereits einer Festplatte ist die gesamte Partition unbrauchbar. Obwohl sich die Lese- und Schreibleistung des Festplattenverbunds und die Partitionsgröße[8] erhöht, sollte dieser Partitionstyp lediglich für temporäre Dateien oder die Auslagerungsdatei verwendet werden, bei denen ein evtl. Verlust zu verschmerzen ist.

Wenn Windows-Treiber für den Streifensatz verantwortlich sind, handelt es sich dabei um ein Software-RAID. Im Vergleich zur Verwendung von speziellen RAID-Controllern sind sie diesen nahezu immer leistungsmäßig unterlegen.

6.3.6 Gespiegeltes Volume

Hierbei werden die Daten gleichzeitig auf zwei Bereichen, die auf zwei physischen oder virtuellen Laufwerken sein müssen, gespeichert. Dieser Partitionstyp ist fehlertolerant, weil beim Ausfall eines Laufwerks noch mit dem Inhalt des zweiten Laufwerks gearbeitet werden kann, und wird als RAID 1 bezeichnet.

Mit Windows 7 ist erstmals von einem Windows-Client-Betriebssystem die Einrichtung dieses (auch Spiegelsatz, oder engl. Mirror Set) genannten Partitionstyps möglich. Zuvor war das den Server-Betriebssystemvarianten vorbehalten.

Nach der Einrichtung kann ein Gespiegeltes Volume gelöscht, und damit die Daten und die beiden Bereiche entfernt, sowie die Spiegelung aufgehoben werden, was bewirkt, dass aus dem Spiegelsatz zwei identische Einfache Volumes mit jeweils einem Laufwerksbuchstaben wird. Außerdem kann die Synchronisation erneut durchgeführt werden, was bewirkt, dass die Daten von der zuerst eingerichteten Partition auf die andere Partition des Spiegelsatzes kopiert werden.

---

[7] Soweit die originale Bezeichnung der University of California, die das RAID-Verfahren entwickelt hat. Weil sie natürlich keine „billigen" Produkte herstellen (sagen jedenfalls deren Marketingabteilungen), definieren Festplattenhersteller das *I* jedoch fast immer als *Independant*. Insbesondere bei den (hier nicht weiter betrachteten) RAID-Leveln 2 und 3, bei denen die Platten (Spindeln) synchronisiert werden müssen, und die somit eben nicht unabhängig voneinander sind, ist jene Bezeichnung irreführend.

[8] Und damit zugleich die maximale Dateigröße auf dieser Partition.

6.3.7 RAID-5-Volume

Dieser Datenträgertyp unterteilt wie beim Streifensatz (siehe Kap. 6.3.5) die Daten in Blöcke, fügt aber einen Block mit Paritätsinformationen (XOR-Verfahren) hinzu, damit beim Ausfall genau eines Laufwerks noch mit den Daten des Volumes gearbeitet werden kann.

Das fehlertolerante RAID 5 erfordert mindestens drei physikalische Laufwerke, und obwohl diese Option in der Datenträgerverwaltung (siehe unten) ausgegraut bzw. deaktiviert angezeigt wird, lässt Windows 7 die Erstellung von Volumes dieses Typs nicht zu. Sie sind den Server-Varianten vorbehalten.

Ein mit diesen erstelltes RAID-5-Volume wird von Windows 7 zwar erkannt, kann aber nicht benutzt werden.

6.4 Die Datenträgerverwaltung

Die Verwaltung der Massenspeicher und ihrer Partitionierung erfolgt über das MMC-Snap-In Datenträgerverwaltung (Diskmgmt.msc), das alleine oder als Teil der *Computerverwaltung* aufgerufen werden kann (siehe Abb. 6.1).

In der Voreinstellung darf die Datenträgerverwaltung nur von Mitgliedern der Gruppen Sicherungs-Operatoren und Administratoren bedient werden.

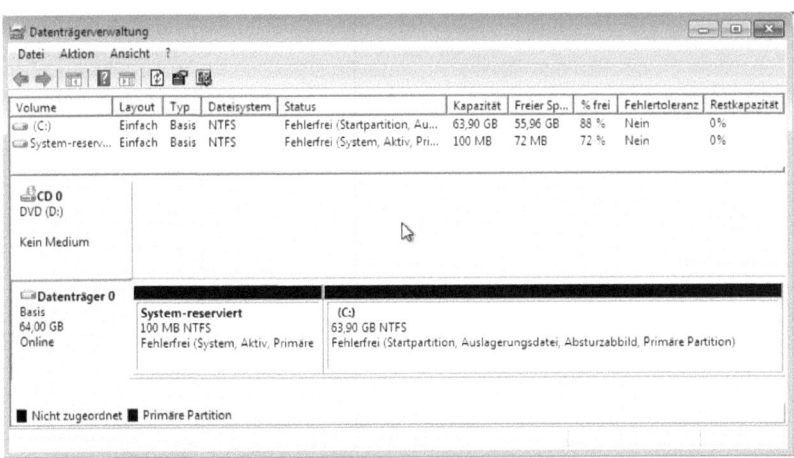

Abb. 6.1. Datenträgerverwaltung

Im Menü *Aktion* gibt es als wichtige Unterpunkte *Aktualisieren* (liest die Laufwerksinformationen neu ein), *Datenträger neu einlesen*, die eine erneute Hardwareerkennung der Festplatten und Wechselmedien durchführt. Letzteres sollte aufgerufen werden, wenn ein SCSI-, USB- oder eSATA-Gerät hinzugefügt, aber nicht automatisch erkannt wird. Ein Neustart ist in so einem Fall nicht erforderlich, sondern lediglich der Aufruf dieser Funktion.[9]

Eine Neuerung von Windows 7 sind die beiden Menüpunkte *Virtuelle Festplatte anfügen* und *Virtuelle Festplatte erstellen* im Menü Aktion, welche die in den Abb. 6.2 und 6.3 abgebildeten Fenstern aufrufen.

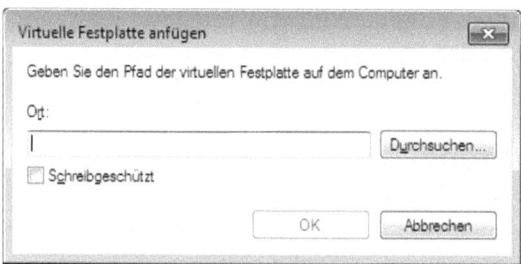

Abb. 6.2. Anfügen einer vorhandenen virt. Festplatte

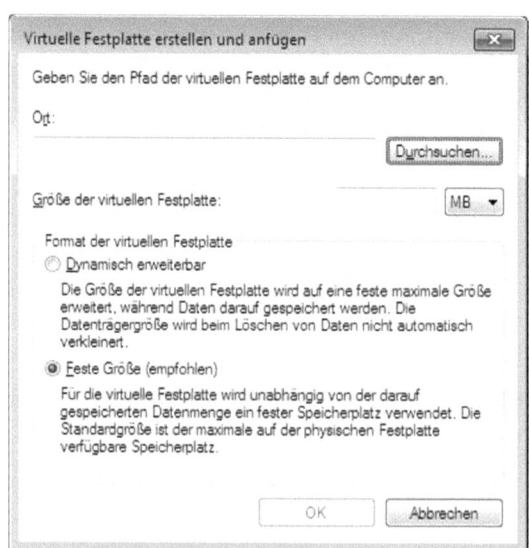

Abb. 6.3. Erstellen einer neuen virtuellen Festplatte

---

[9] Denn die genannten Gerätetypen sind unter Windows 7 plug- und play-fähig.

Beim Anfügen einer virtuellen Festplatte wird sein Dateiname und Speicherort angegeben, sowie eingestellt, ob Schreibzugriffe zulässig sind. Wenn dies nicht gewünscht ist, ähnelt dieser einer CD- bzw. DVD-ROM.

Neue virtuelle Festplatten müssen mindestens 3 MB,[10] und dürfen so groß sein wie der freie Platz auf dem Datenträger, auf dem sie angelegt werden sollen (also auch mehrere Terabytes). Sie werden danach gleich erstellt. Deswegen kann die Erstellung von großen virtuellen Festplatten einige Zeit in Anspruch nehmen. Anschließend müssen sie jedoch noch mit dem MBR- oder GPT-Partitionssystem initialisiert, partitioniert und formatiert werden. Genauso wie bei physichen Datenträgern.

Bei der Erstellung von virtuellen Festplatten muss angegeben werden, ob sie in einer bestimmten Größe angelegt werden sollen, oder bis zu einer Maximalgröße schrittweise wachsen sollen. Virtuelle Festplatten mit einer festen Größe bringen eine höhere Leistung. Nachträglich kann das mit der Datenträgerverwaltung nicht mehr geändert werden. Es existiert aber ein handliches Werkzeug namens *VHD Resizer* auf der Website *http://vmtoolkit.com*, mit dem der Typ geändert und die Größe von .VHD-Dateien erhöht und verkleinert werden kann. Außerdem gibt es dort ein Programm, mit dem sich .VMDK-Dateien von VMware in .VHD-Dateien umwandeln lassen.

Im Diskpart-Befehl sind die für virtuelle Festplatten relevanten Klauseln *Create Vdisk* und *Attach*.

Mit dem Programm Datenträgerverwaltung lassen sich auch (physikalische wie virtuelle) Datenträger *In dynamische Datenträger konvertieren* und *In GPT-Datenträger konvertieren*, indem die entsprechenden Funktionen aus dem Kontextmenü eines Datenträgers aufgerufen wird.

Über das Menü *Ansicht* können die für die Partitionen zu verwendeten Farben und die Skalierung, sowie was in den beiden horizontalen Teilen des Fensters dargestellt werden soll (Datenträgerliste, Volumeliste, Grafische Ansicht bzw. nichts) festgelegt werden

RAID-5-Datenträger sind den Server-Versionen von Windows vorbehalten. Wenn aber auf einem Computer welche eingerichtet sind, werden sie zumindest entsprechend angezeigt.

Im Kontextmenü eines Volumes gibt es die Funktion *Laufwerkbuchstaben und -pfade ändern...*, mit der die Zuordnung der Laufwerksbuchstaben geändert bzw. eine ganze Partition als Ordner auf einer bestehenden, NTFS-formatierten Partition bereitgestellt werden kann. Diese Option ist u. a. nützlich, wenn ein Programm feste Pfade voraussetzt, der freie Speicherplatz auf der betreffenden Partition aber zu gering wird.

---

[10] Darauf könnte jedoch noch keine Partition erstellt werden, weil die Mindestgröße für Partitionen 8 MB beträgt.

Außerdem kann in der Datenträgerverwaltung im Kontextmenü die Partitionsgröße und über den Diskpart-Befehl Shrink auch verkleinert werden! Das war früher in Windows nicht verfügbar und konnte lediglich durch Drittanbieterprogramme wie *Partition Magic* etc. durchgeführt werden.

6.5 Festplatten von fernen Rechnern verwalten

Die Datenträgerverwaltung erlaubt es auch, über das Netzwerk die Festplatten auf einem anderen Computer zu verwalten – administrative Rechte auf dem Zielsystem natürlich vorausgesetzt. Der Name des zu verwaltenden Computers wird in der Computerverwaltung im Menü *Aktion* der Punkt *Verbindung mit anderem Computer herstellen* eingegeben.

Sämtliche oben beschriebene Vorgänge, wie das Partitionieren und Formatieren von Festplatten, lassen sich durchführen.

Alternativ kann über ein Netzwerk natürlich auch die Remotedesktop-Funktionalität verwendet werden.

6.6 Dateisysteme

Frisch erstellte Partitionen werden als unformatierte (*raw*) Partition bereitgestellt. Das einzige dem Autor bekannte Programm, das mit unformatierten Partitionen direkt arbeiten kann, ist der Microsoft-SQL-Server.[11] In allen anderen Fällen müssen Partitionen formatiert werden.

Ein Dateisystem bietet eine der Partitionierung untergeordnete Verwaltung des Festplattenplatzes und regelt eine geordnete Speicherung und Zugriffe von Daten in Dateien und Ordnern. Hierbei können – je nach Dateisystem – auch Berechtigungen vergeben werden und transaktionsgestützte Schreiboperationen zum Einsatz kommen.

6.6.1 FAT/FAT32

Das Ur-FAT (File Allocation Table) aus dem Jahr 1980 war ein 16-Bit[12]-Dateisystem für Disketten, das Teil des „Betriebssystems" DOS (Disk Operating System) war. In seiner ersten Version konnte es bis zu 512 Dateien im Stammverzeichnis speichern, allerdings keine Ordner nutzen. Es

---

[11] Wenngleich das von Microsoft aber auch nicht empfohlen wird.
[12] Es gibt auch eine 12-Bit-Variante, die bei Disketten und Partitionen bis zu 16 MB Größe benutzt wird.

hatte somit große Ähnlichkeit mit dem Betriebssystem *CP/M* (Control Program for Machines) für Z-80-Prozessoren.

In der zweiten Version kam eine Ordnerunterstützung hinzu, aber der maximale Umfang von ca. 2^{16} (65.536) Sektoren zu je 512 Bytes, was 32 MB entspricht, blieb. Einige Sektoren werden jedoch für die FAT-Verwaltung benötigt, so dass nicht die gesamte Brutto-Kapazität des Datenträgers zur Verfügung steht. Mit zunehmender Verbreitung von Festplatten wurde FAT auch dafür verwendet.

Datei- und Ordnernamen mussten der 8+3-Konvention entsprechen, das bedeutet: Ein bis zu 8 Zeichen langer Dateiname, und dann eine fakultative durch einen Punkt[13] getrennte, bis zu 3 Zeichen lange Erweiterung, die den Typ der Datei kennzeichnet. Als Zeichensatz konnten die 255 Zeichen der jeweiligen Codeseite[14] verwendet werden (in den USA und Deutschland war das üblicherweise die Codeseite 437, für Deutschland später die Codeseite 850). Bei nicht übereinstimmenden Codeseiten wurden die Dateinamen unterschiedlich angezeigt.

Mit zunehmender Größe des Festplattenplatzes wurde zudem die 32 MB-Grenze zu einem Problem, so dass als kleinste Zuordnungseinheit eine Gruppierung (engl.: *Cluster*) von mehreren Sektoren definiert wurde. Mit der größtmöglichen Anzahl (32 Sektoren) je Gruppe kann FAT bis zu 2 GB[15] je Partition verwalten.[16] Nachteilig an großen Sektorengruppen ist, dass viel Platz verschwendet wird, und der verbleibende Platz brach liegt, weil je Datei die letzte (oder einzige) Sektorengruppe fast immer unvollständig gefüllt ist.

1995 hat Microsoft mit Windows 95 VFAT (Virtual FAT) eingeführt, das bis zu 255 Zeichen lange Dateinamen und Unicode unterstützt. Die Langnamen werden dabei als drei 8+3-FAT-Einträge gespeichert.

FAT32[17], ein 32-bittiges Dateisystem, wurde von Microsoft 1997 mit Windows 95OSR2 eingeführt. Es unterstützt bis zu 2 TB große Laufwerke, wobei die einzelne Partitionsgröße max. 128 GB sein kann, und bis zu 255

---

[13] Wenn keine Dateinamenerweiterung vorhanden ist, kann der Punkt auch weggelassen werden.

[14] ASCII (American Standard Code for Information Exchange) legt nur die Belegung von Zeichen der Werte 0 - 127 fest. Welche Zeichen darüber hinaus verwendet werden können, wird durch Codeseiten festgelegt, die von Land zu Land unterschiedlich sind.

[15] Die maximale Partitonsgröße bestimmt auch die maximale Dateigröße. Zwei Gigabyte mögen bsp. für eine Word-Datei viel sein, für z. B. eine Datenbank- oder Auslagerungsdatei sind sie hingegen nicht viel.

[16] Windows 7 beherrscht als nicht-standardisierte Erweiterung jedoch auch 64-Sektoren-Gruppen.

[17] Eigentlich *VFAT32*.

Zeichen lange Unicode-Dateinamen sowie bis zu 4 GB große Dateien haben darf. In Windows 7 ist die Partitionsgröße auf 32 GB beschränkt, wenn man neue Partitionen erstellt, die damit formatiert werden sollen.

FAT32 ist performanter als FAT16 und verwaltet aufgrund kleinerer Sektorgruppengrößen den Speicher effizienter. Es ist gut geeignet für Wechselmedien wie Flash-Speicher und für den gemeinsamen Zugriff auf Partitionen von mehreren Betriebssystemen. Nicht alle Betriebssysteme und Windows-Varianten können jedoch mit FAT32 arbeiten.

6.6.2 exFAT

In Windows 7 gibt es auch das sehr junge Dateisystem *exFAT* (Extended File Allocation Table).[18] Dieses existiert außer in ihm auch auf Windows Vista, Windows Server 2008, Windows Embedded 6.0 und Windows Mobile 6.0 und höher.[19]

Für Windows XP und Windows Server 2003 kann ein Treiber von der Microsoft-Website heruntergeladen werden. Dann kann exFAT auch mit diesen Betriebssystemen verwendet werden (siehe http://support.microsoft.com/kb/955704).

Es ist für die Verwendung auf Flash-Speicherkarten, Geräten mit integriertem Flash-Speicher und Wechselspeichermedien vorgesehen. Von FAT und FAT32 unterscheidet sich exFAT durch seine maximale Partitionsgröße von 2 TB, sowie dass Zugriffssteuerungslisten eingerichtet werden können und sich in Verzeichnissen auch mehr als 1.000 Dateien befinden können, ohne dass es zu Leistungseinbußen kommt. Außerdem können mit ihm Dateien größer als 2 (bei FAT16) bzw. 4 GB (bei FAT32) sein, und es ist auch für Partitionen, die größer als 32 GB sind, gut geeignet. Letzteres ist eine Größenordnung, in die angesichts des rasanten Kapazitätszuwachses von Flash-Speichern USB-Speichermedien bereits vorgerückt sind.

Bei Auswahl dieses neuen Dateisystems (im Kontextmenü eines Laufwerks bsp.) fällt auf, dass die Voreinstellung für die Sektorgruppengröße (dort auch als „Zuordnungseinheiten" bezeichnet) 32 KB ist (siehe Abb.

---

[18] Gelegentlich wird es wegen seiner intern 64-Bit großen Datenstrukturen auch als *FAT64* bezeichnet. Das ist aber nicht der offizielle Name.

[19] Ein großer Vorteil für Windows Mobile-Geräte ist bei der Verwendung von exFAT anstelle von FAT, dass sie dann auch das TFAT (Transaction-Safe FAT File System), das wie der Name schon andeutet, Transaktionen unterstützt, und ein Aufsatz auf exFAT ist, nutzen können bei voller Austauschbarkeit der Speichermedien.

6.4).[20] Das ist natürlich reichlich groß und führt zu viel so genannten *Slack* (ungenutzten Speicher). Die Sektorengruppengröße sollte daher, wann immer es möglich ist, auf 4.096 Bytes, wie es auch die Voreinstellung bei anderen Dateisystemen unter Windows 7 ist, festgelegt werden.

In einer Eingabeaufforderung lässt sich dieses neue Dateisystem beim *Format*-Befehl mit dem Parameter */FS:exFAT* auswählen. Die Größe der Dateigruppen lässt sich – wie bei jedem anderen Dateisystem auch – über den Parameter */A:<Größe>* festlegen.

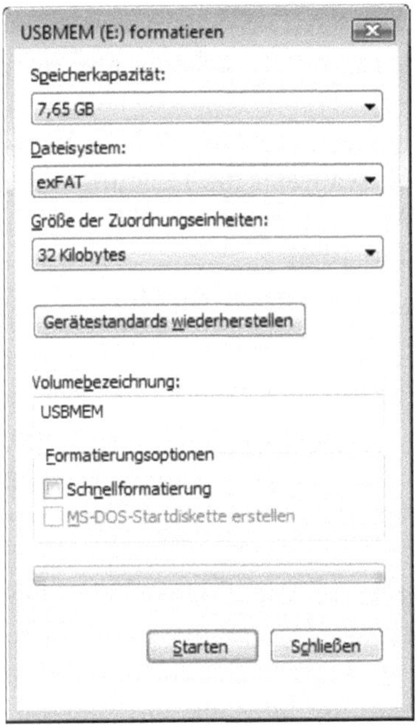

Abb. 6.4. Formatierung mit dem exFAT-Dateisystem

6.6.3 NTFS

NTFS (New Technology File System) ist ein 64-Bit-Dateisystem. Derzeit ist es jedoch nur 32-bittig realisiert, kann jedoch jederzeit von Microsoft durch entsprechende, einfache Rekompilierung auf die volle Funktionalität erweitert werden. Die maximale Sektorengruppengröße ist 64 KB (bei 128 Sektoren je Sektorengruppe), so dass mit NTFS gegenwärtig bis zu 256 TB

---

[20] Die kleinstmögliche Sektorengruppengröße ist jedoch abhängig von der Größe des Wechselspeichermediums. Die Maximalgröße beträgt 32 MB.

großen Partitionen und bis zu 16 TB große Dateien genutzt werden können.[21]

Im Vergleich mit den FAT-Varianten hat NTFS so viele Vorteile (wie Transaktionsunterstützung, für Lesefehler reservierte Bereiche (Hot-Spares), Berechtigungen auf Dateiebene, Kompression, Verschlüsselung, Schattenkopien etc.), dass in der Praxis nur zur Verwendung von NTFS-Partitionen geraten werden kann, falls nicht mehrere verschiedene Betriebssysteme auf einem System installiert sind, die unbedingt auf eine bestimmte Partition gemeinsam zugreifen müssen. Und etliche der oben beschriebenen Partitionstypen (wie Streifen- und RAID-5-Sätze) benötigen als Grundlage ohnehin NTFS, genauso wie Windows 7 verlangt, auf einer NTFS-Partition installiert zu werden.

Im Vergleich zu FAT32 verringert sich die Leistung einer NTFS-Partition mit steigender Dateianzahl nicht sehr viel, während die Leistung einer FAT32-Partition einbricht, weil die interne Verwaltung bei NTFS mittels B-Bäumen erfolgt, jedoch bei FAT über lineare Listen.

Die Windows-7-Version von NTFS hat gegenüber ihren Vorgängern viele Verbesserungen erhalten:[22]

- Transaktionsunterstützung: Durch den KTM (Kernel Transaction Manager) sind Dateisystemtransaktionen in, die voll atomar und isoliert sind, Einzeldateien oder mehrere Dateien betreffen, möglich. Diese können sich dabei auch über mehrere Partitionen und sogar entfernte Dateisystemen erstrecken.
Ein Beispiel: Transaktionen (wie das Kopieren, Verschieben oder Löschen), die sich eine oder mehrere Dateien bzw. Verzeichnisse auf einem Computer (oder über mehrere Computer hinweg) beziehen, müssen in ihrer Gesamtheit klappen, ansonsten werden sie allesamt auf den Zustand vor Beginn der Transaktion zurückgesetzt (Alles-oder-Nichts-Prinzip).

- Selbstheilung (*Chkdsk on-the-fly*): Reparaturvorgänge werden automatisch angestoßen, wenn Dateisystemfehler entdeckt werden. Das ist in der Regel völlig transparent für die Anwender, zumal während der Reparatur nur die defekten Bereiche einer Partition für Zugriffe gesperrt werden und nicht mehr wie früher die ganze Partition selbst.

---

[21] Die theoretische Größe eines Datenträgers beträgt 16 EB. Dazu muss NTFS jedoch auf 64 Bit vergrößert werden.
Die Sektorengruppengröße darf 4 KB nicht übersteigen, wenn die Dateien oder Ordner entweder komprimiert oder verschlüsselt werden sollen.
[22] Diese wurde bereits mit Windos Vista eingeführt.

- Symbolische Verknüpfungen
  - Zieldateien und -verzeichnisse können dabei auf dem Selben Rechner oder einem anderen System liegen.
  - Diese Funktionalität ist hilfreich in Migrationsszenarien von Unix- zu Windows-Systemen.
  - Die Umleitungen sind völlig transparent für Anwender und Programme.
- Unterstützung größerer Sektoren: Bislang war es optischen Speichermedien vorbehalten, Sektoren, die größer als die Standardgröße von 512 Bytes (zu je 8 Bit)[23] sind, zu nutzen. Nun können auch Sektorgrößen von einem, zwei und vier KB, die einige neue Festplattenlaufwerke haben, verwendet werden. Dabei wird auch eine Virtualisierung (wie z. B. 512 Bytes-Sektoren auf bsp. physischen 4-KB-Sektoren) unterstützt.
- NTFS-Berechtigungsbasierte Auflistung (engl.: NTFS - Access based Enumeration): Nur solche Dateien und Ordner sind für Benutzer sichtbar, auf die sie Berechtigungen haben. Fehlt insbesondere die Leseberechtigung, werden sie beim Auflisten unterdrückt. In den Windows-Vorgängerversionen war diese Funktion in der Voreinstellung teilw. nicht verfügbar, konnte jedoch per Update installiert werden.[24]

6.6.3.1 Aufbau von NTFS

NTFS wird intern durch mehrere Dateien, die alle mit einem Dollarzeichen beginnen und im Stammverzeichnis jeder Partition untergebracht sind, realisiert.

So befindet sich z. B. die Master File Table, welche die Belegung der Sektorgruppen von den einzelnen Dateien und Ordnern beinhaltet, in einer Datei namens $MFT.

Da diese Dateien eine sehr hohe Bedeutung für das Funktionieren einer NTFS-Partition haben, kann auf sie bsp. im Windows-Explorer oder von einer Eingabeaufforderung nicht zugegriffen werden.

Jede NTFS-formatierte Partition enthält zudem ausführbaren NTFS-Startcode (engl.: boot code). Dieser 8 KB große Block befindet sich am Anfang der Partition.

---

[23] Passender, weil eindeutiger, ist dafür der Begriff *Oktetts*, weil er stets für eine Gruppe von acht Bits steht.

[24] Siehe http://www.microsoft.com/downloads/details.aspx?FamilyID=04a563d9-78d9-4342-a485-b030ac442084&DisplayLang=en .

6.6.3.2 NTFS-Berechtigungen

Zur Zugriffssteuerung können Sie in einer mit NTFS formatierten Partition Berechtigungen auf Dateien und Verzeichnissen festlegen.

Es gibt 14 Einzelberechtigungen, die in der erweiterten Ansicht der Registerkarte *Sicherheit* eines Objektes verwaltet werden (siehe unten).

6.6.3.2.1 Zugriffssteuerungslisten und Zugriffssteuerungseinträge

Die jeweiligen Berechtigungen werden in *Zugriffsteuerungslisten* (*ZSL*, engl.: *Access Control Lists, ACL*) festgehalten. Jedes Objekt kann in seinem Sicherheitsbeschreiber zwei Listen enthalten: Die *Wahlfreie Zugriffssteuerungsliste* (*WZSL*, engl.: *Discretionary ACL, DACL*), die Datei- und Ordnereinzelberechtigungen (auch negative) enthält, und die *Systemzugriffssteuerungsliste* (*SZSL*, engl.: *System ACL, SACL*), die festlegt, welche Zugriffe von welchen Benutzern und Benutzergruppen in dem Sicherheitsprotokoll der Ereignisanzeige protokolliert werden sollen.[25]

Die einzelnen Einträge in diesen Listen werden als *Zugriffssteuerungseinträge* (*ZSE*, engl.: *Access Control Entries, ACE*) bezeichnet. Sie bestehen aus der SID der Gruppe (oder ausnahmsweise: eines Einzelbenutzers bzw. -benutzerin) und dem internen Code der Berechtigungen.

Neben ZSEs, die Zugriffe gewähren, gibt es auch solche, die Zugriffe explizit untersagen. Diese sind aus Performancegründen stets in den Listen zuerst aufgeführt, wobei Windows die Sortierung selbst vornimmt.

Neue Objekte erhalten stets die ZSLs der übergeordneten Objekte.

Näheres hierzu und zu SIDs sowie der Windows-Sicherheit finden Sie in Kapitel 9.

6.6.3.2.2 Berechtigungen

Über die Wahl von *Eigenschaften...* aus dem Kontextmenü eines Dateisystemobjekts und anschließender Auswahl von der Registerkarte *Sicherheit* öffnet sich das in Abb. 6.5 gezeigte Fenster, das beispielhaft aus dem Verzeichnis C:\Daten aufgerufen wurde.[26]

Dieses Fenster stellt eine vereinfachte Form der Berechtigungen dar. In der oberen Hälfte werden definierte Gruppen und die für Ausnahmen vorgesehene Berechtigungsvergabe für einzelne Benutzerkonten aufgeführt. Etwas nachteilig ist hierbei, dass man im Falle von Domänengruppen nicht genau ihren Typ (domänenlokal, global oder universell) erkennen kann. Es

---

[25] Damit das wirksam geschieht, muss zudem die Objektzugriffsprotokollierung in der Sicherheitsrichtlinie eines Systems aktiviert sein.
[26] Diese Registerkarte fehlt in der Starter- und den beiden Home-Versionen.

6.6 Dateisysteme 277

ist daher ratsam, eine administrative Namenskonvention festzulegen, die den Gruppentyp umfasst.

In der unteren Fensterhälfte werden die jeweils gesetzten Berechtigungen dargestellt. Diese Berechtigungen sind aber keineswegs die noch näher zu erläuternden Einzelberechtigungen, sondern in der Praxis häufig verwendete Zusammenfassungen.

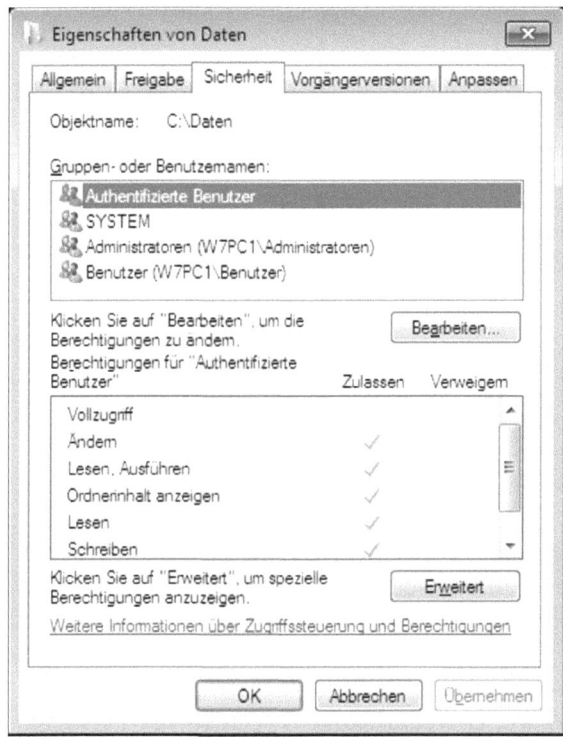

Abb. 6.5. Registerkarte Sicherheit in den Eigenschaften eines Ordners

Zum einfachen Ändern der Berechtigungen wird auf die Schaltfläche *Bearbeiten...* geklickt. Es öffnet sich dann das Berechtigungsbearbeitungsfenster (siehe Abb. 6.6). In ihm lässt sich für Benutzergruppen und Einzelbenutzerkonten festlegen, ob sie auf die jeweilige Ressource zugreifen dürfen.

Sicherheitsprinzipale lassen sich in der oberen Fensterhälfte mit den beiden entsprechend bezeichneten Schaltflächen hinzufügen oder entfernen.

Die Berechtigungen, die in der unteren Bildschirmhälfte dargestellt sind, sind die bereits erwähnten zusammengefassten Berechtigungen.

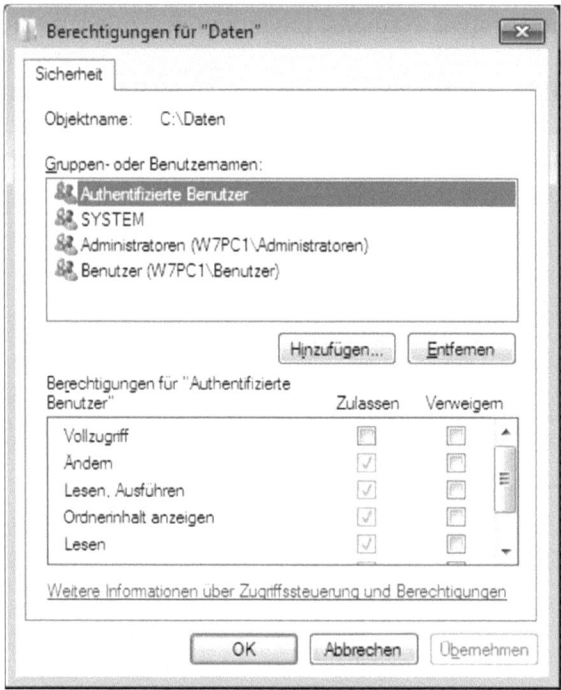

Abb. 6.6. Berechtigungsbearbeitung

Wird in der Registerkarte Sicherheit (siehe Abb. 6.5) jedoch die Schaltfläche *Erweitert* ausgewählt, öffnet sich das Fenster *Erweiterte Sicherheitseinstellungen* (siehe Abb. 6.7), das vier Registerkarten besitzt. Damit können detailliert die Zugriffsberechtigungen gesteuert werden, und welche Zugriffe protokolliert werden sollen.

In seiner ersten Registerkarte (*Berechtigungen*) werden die existierenden zugriffssperrenden und zugriffsgewährenden Einträge dargestellt. Dieses Fenster ist somit eine Auflistung der WZSL eines Objektes und ihrer sämtlichen ZSEs.

Sollen die Einträge verändert werden, wird dazu in diesem Fenster *Berechtigungen ändern...* ausgewählt. Es öffnet sich dann das in Abb. 6.8 dargestellte Fenster. Dieses entspricht weitgehend dem vorigen Fenster, hat aber die Schaltflächen *Hinzufügen...*, *Bearbeiten...* und *Entfernen* zum Verwalten der ZSE.

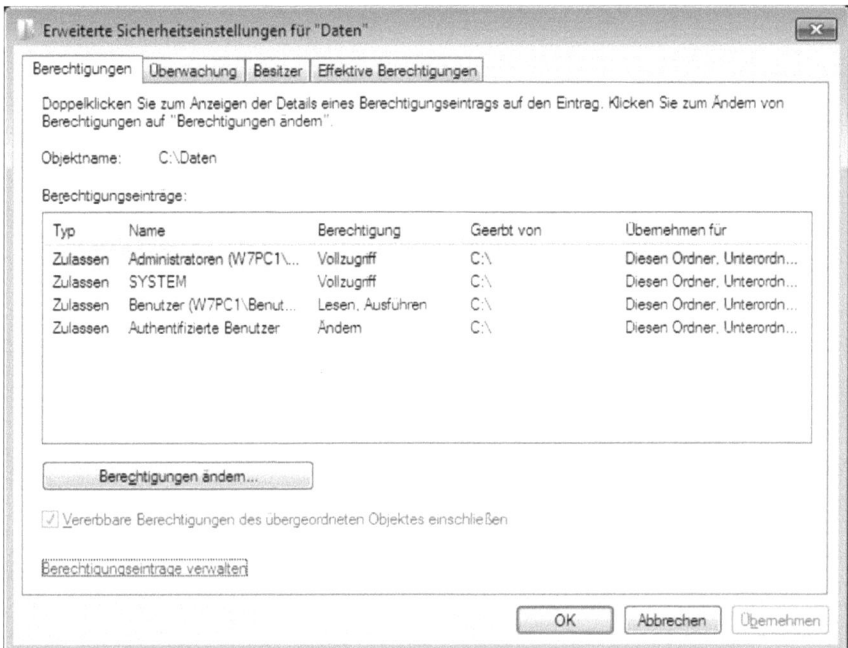

Abb. 6.7. Erweiterte Sicherheitseinstellungen für den Ordner Daten

Außerdem kann die Vererbung der Berechtigungen gesteuert werden: Normalerweise erhalten neuerstellte Objekte in einem Verzeichnis die Berechtigungen des jeweils übergeordneten Objekts (auch *Containerobjekt* genannt, weil es andere Objekte beinhalten kann). Dieses Verhalten ist aber nicht zwingend, sondern an jeder beliebigen Stelle in der Struktur kann die Vererbung durchbrochen werden und völlig verschiedene Berechtigungen festgelegt werden.

Ein guter Ansatz für die Berechtigungsvergabe ist, auf höchster Ebene (auch *Stamm* oder *Wurzel* genannt) aus Sicherheitsgründen insbesondere für Benutzer eher weniger, und in tieferen Ebenen tendenziell mehr Berechtigungen zu gewähren.

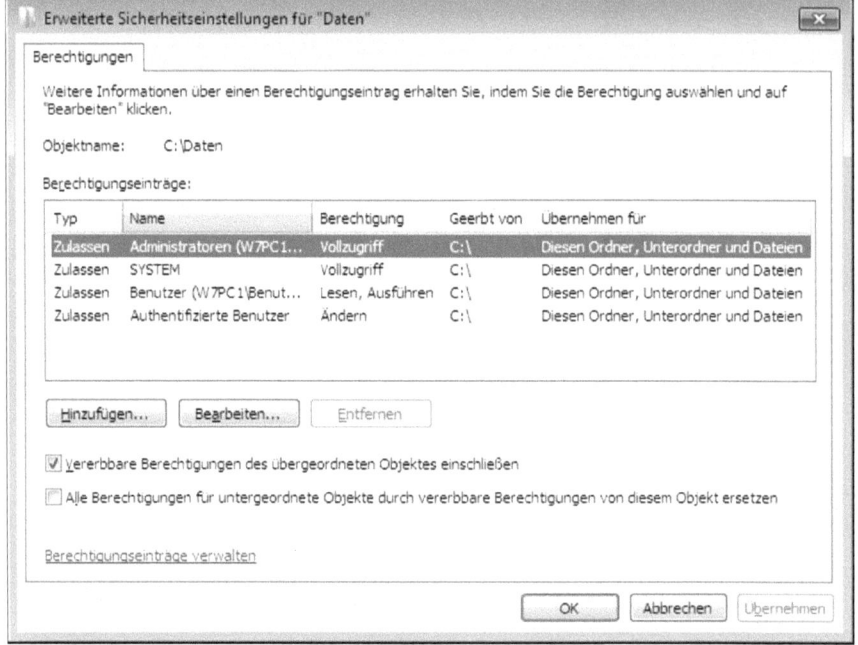

Abb. 6.8. Berechtigungsänderungsfenster

Werden die Berechtigungen für bestimmte, bestehende Objekte (wie Verzeichnisse oder Dateien) festgelegt, betreffen solche Änderungen in der Voreinstellung auch nur diese.

Möchte man die Berechtigungen für alle enthaltenen Objekte und ggf. auch Unterobjekte ändern, muss das über die Auswahl der Option *Alle Berechtigungen für untergeordnete....* explizit festgelegt werden.

Mit den Schaltflächen *Hinzufügen...* und *Bearbeiten...* können detaillierte Berechtigungen festgelegt werden. Dazu werden üblicherweise Benutzergruppen und (für Ausnahmen) Einzelbenutzer verwendet. Durch die entsprechende Auswahl öffnet sich ein weiteres Fenster, *Berechtigungseintrag für ...* genannt (das entspricht einem ZSE bzw. Zugriffssteuerungseintrag). Dieses ist in Abb. 6.9 dargestellt.

In ihm lassen sich nicht nur die zusammengefassten Berechtigungen, sondern ausdrücklich alle 14 einzelnen Berechtigungen festlegen.

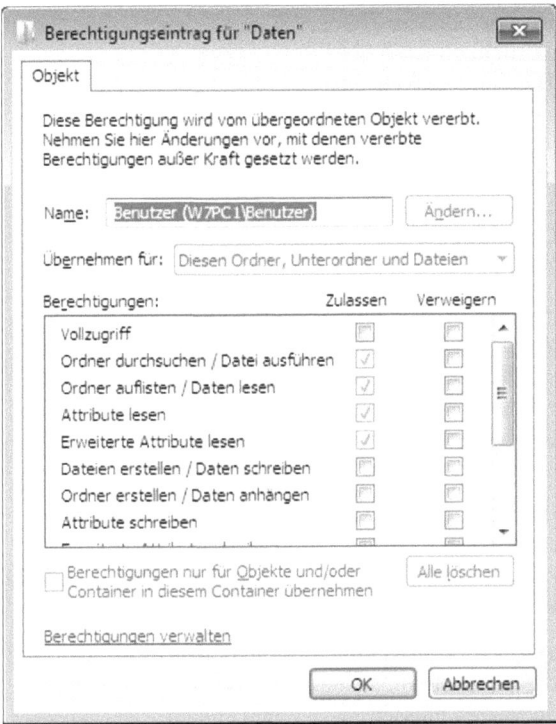

Abb. 6.9. Berechtigungseinträge

In Abhängigkeit vom Typ des Objekts (hier: Datei oder Ordner), haben Berechtigungen unterschiedliche Bedeutungen. In Tabelle 6.1 sind sie wiedergegeben.
Der Vollzugriff beinhaltet *alle* Einzelberechtigungen!

Tabelle 6.1. NTFS-Einzelberechtigungen

Berechtigung	Bei Ordnern	Bei Dateien
Ordner durchsuchen / Datei ausführen	Hiermit wird festgelegt, dass das Wechseln in Verzeichnisse auch dann erlaubt ist, wenn das entsprechende Benutzerkonto nicht über (zumindest) Lese-Berechtigungen für die geöffneten Ordner verfügt. Diese Berechtigung ist nur dann von Bedeutung, wenn	Durch die Berechtigung *Datei ausführen* wird festgelegt, dass das Ausführen von Programmdateien erlaubt sein soll. Besitzt ein Benutzer keine Leseberechtigung auf eine ausführbare Datei, kann er sie nur aufrufen, nicht aber kopieren.

	die Gruppe oder der Benutzer nicht ohnehin über das Benutzerrecht *Auslassen der durchsuchenden Überprüfung* in einer Sicherheits- bzw. Gruppenrichtlinie verfügt, was für die Gruppe *Jeder* die Voreinstellung ist.	
Ordner auflisten / Daten lesen	Mit *Ordner auflisten* wird festgelegt, ob Dateinamen und Namen von Unterordnern innerhalb des Ordners aufgelistet werden dürfen.	Mit *Daten lesen* wird festgelegt, ob eine Datei geöffnet werden kann. Es beinhaltet dabei auch die Berechtigung *Datei ausführen*.
Attribute lesen	Gestattet das Lesen von Ordnerattributen (wie Schreibgeschützt, Versteckt etc.)	Gestattet das Lesen von Dateiattributen (wie Schreibgeschützt, Versteckt etc.)
Erweiterte Attribute lesen	Erlaubt den Lesezugriff auf die erweiterten Attribute von Verzeichnissen – das sind fakultative Metadaten wie Titel, Erstellername, MP3-Bitrate etc. Sie sind objekt- und dateitypabhängig.	Erlaubt den Lesezugriff auf die erweiterten Attribute von Dateien.
Dateien erstellen/Daten schreiben	Gibt die Berechtigung des Erstellens neuer Dateien und Ordner in einem Verzeichnis.	Auf die betr. Datei darf schreibend zugegriffen werden. Damit können Daten geändert und natürlich auch der Dateiinhalt gelöscht werden (z. B. auf eine Größe von 0 Zeichen), nicht jedoch die Datei selbst.
Ordner erstellen / Daten anhängen	Ermöglicht, neue Ordner in einem Verzeichnis zu erstellen.	Diese Berechtigung erlaubt isoliert das Anhängen von Daten an bestehende Dateien. Ändern, Löschen und Schreiben sind nicht Bestandteile dieser Berechtigung.

Attribute schreiben	Ordnerattribute setzen und ändern.	Dateiattribute setzen und ändern.
Erweiterte Attribute schreiben	Ändern der evtl. erweiterten Attribute eines Ordners.	Ändern der evtl. erweiterten Attribute einer Datei.
Unterordner und Dateien löschen	Erlaubt das Löschen von Unterordnern, auch wenn für die Unterordner keine Löschberechtigung vorliegt.	Erlaubt das Löschen von Dateien, auch wenn keine explizite Löschberechtigung gesetzt ist.
Löschen	Erlaubt das Löschen eines Ordners. Diese Berechtigung haben Ersteller/Besitzer eines Objektes immer.	Erlaubt das Löschen einer Datei. Diese Berechtigung haben Ersteller/Besitzer einer Datei immer.
Berechtigungen lesen	Gestattet den Lesezugriff auf die ZSL eines Ordners.	Gestattet den Lesezugriff auf die ZSL einer Datei.
Berechtigungen ändern	Gestattet das Ändern der ZSL eines Ordners.	Gestattet das Ändern der ZSL einer Datei.
Besitz übernehmen	Erlaubt die Besitzübernahme eines Ordners.	Erlaubt die Besitzübernahme einer Datei.

Berechtigungen auf eine Datei gehen Berechtigungen auf ein Verzeichnis vor. Ein Beispiel: Benutzer A hat die Berechtigungen *Schreiben* und *Ordnerinhalt auflisten* auf ein Verzeichnis und erstellt darin eine Datei. Er ist dann *Ersteller-Besitzer* dieser Datei und hat den Vollzugriff darauf. Die Namen der anderen Dateien in dem Verzeichnis kann er zwar sehen, aber er darf sie nicht öffnen.

Eine Ausnahme von dieser Regel stellt der Vollzugriff auf Ordner dar: Wer (Gruppen und Einzelbenutzer) diesen hat, darf alle Dateien in einem Ordner löschen, unabhängig davon, wie die Berechtigungen der einzelnen Dateien gesetzt sind.

Die nächste Registerkarte des in Abb. 6.7 gezeigten Fensters steuert die Überwachungseinträge (SZSL) der Objekte. Nach einer Berechtigungsabfrage öffnet sich das in Abb. 6.10 abgebildete Fenster.

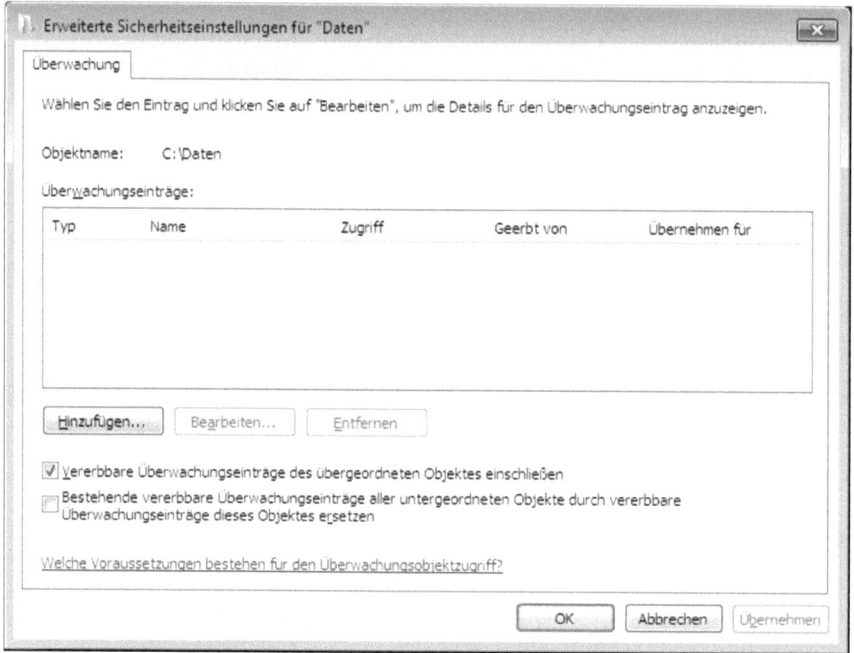

Abb. 6.10. Überwachungseinträge

Mit diesen Überwachungseinträgen wird festgelegt, welche Zugriffe von welchen Benutzern und Benutzergruppen in das Sicherheitsprotokoll, das sich über die Ereignisanzeige (siehe Kap. 5) aufgenommen werden sollen. Die Verwaltung erfolgt dabei ganz ähnlich wie die der Berechtigungen (siehe oben).

In der nächsten Registerkarte des Erweiterte-Sicherheitseinstellungen-Fensters (siehe Abb. 6.7) werden die Besitzrechte an einem Objekt festgelegt (siehe Abb. 6.11). Dazu muss man die Berechtigung *Vollzugriff* oder zumindest die Einzelberechtigung *Besitz übernehmen* haben.

Durch Klick in die aufgeführte Liste oder auf *Bearbeiten...* wird dann das neue Konto festgelegt. Es können hierbei nur Einzelbenutzerkonten angegeben werden oder – als Ausnahme – die Administratorengruppe.

Oftmals ist es in der Praxis hilfreich, genau zu wissen, welche Berechtigungen ein Benutzer oder eine bestimmte Gruppe auf ein Objekt besitzt. Dazu kann man zwar von Hand einzeln die explizit und implizit durch Gruppenmitgliedschaften (die auch verschachtelt sein können) gewährten Berechtigungen kumulieren und Zugriffsverweigerungen berücksichtigen. Oder man lässt diesen Vorgang Windows 7 durchführen: Über die letzte Registerkarte, welche die Bezeichnung *Effektive Berechtigungen* trägt (siehe Abb. 6.12), werden genau diese für ein anzugebendes Einzelbenutzer- oder Gruppenkonto ermittelt.

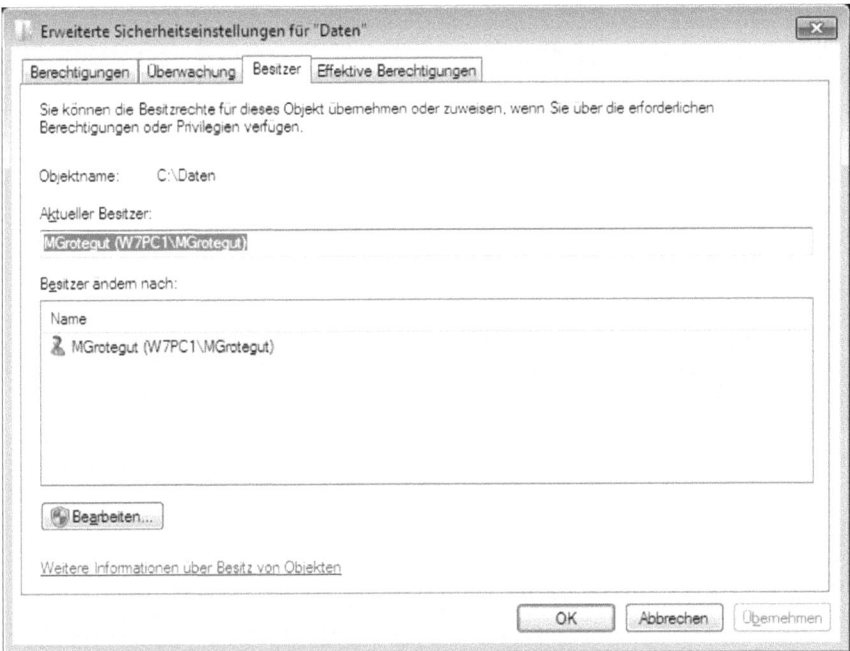

Abb. 6.11. Verwaltung der Besitzrechte eines Objektes

Die NTFS-Berechtigungen können auch von der Kommandozeile verwaltet werden. Dazu stehen u. a. die Befehle *icacls.exe*, *Takeown.exe* bereit.

6.6.3.3 Entfernen von Eigenschaften und persönlichen Informationen

Aus dem Eigenschaftsfenster jeder Datei kann in der Registerkarte *Details* eine neue Funktion aufgerufen werden, die Dateieigenschafts- und persönliche Informationen entfernt (siehe Abb. 6.13). Angaben wie Autor(in), Schlagwörter etc. sind als Metadaten in allen Dateien, jedoch insb. bei Microsoft-Office- und Adobe-Acrobat-Dokumenten, enthalten. Wenn solche Dateien veröffentlicht, verschickt etc. werden sollen, können hiermit bestimmte, evtl. vertrauliche Informationen aus dem Metadatenbereich gelöscht werden.

286   6. Datenträgerverwaltung

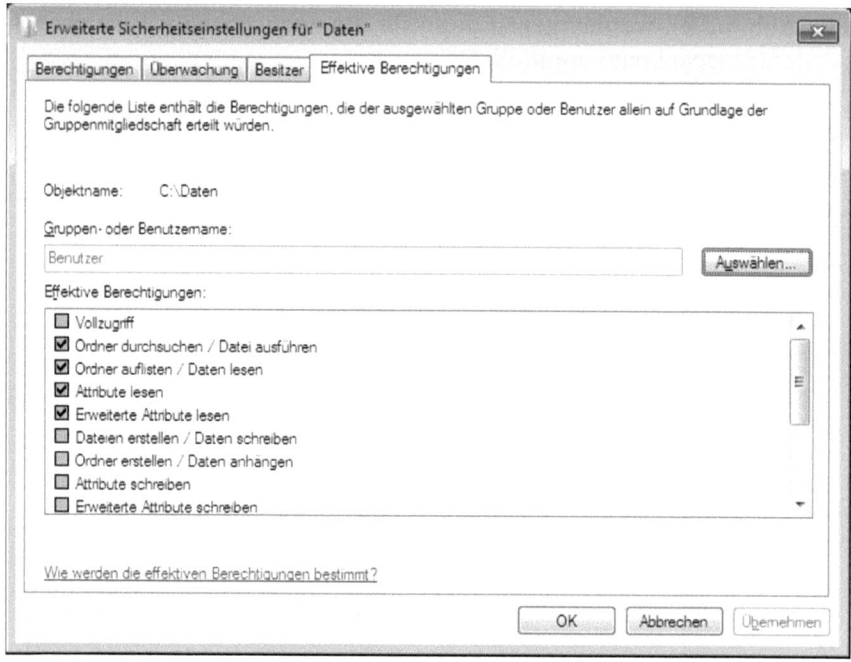

Abb. 6.12. Effektive Berechtigungen

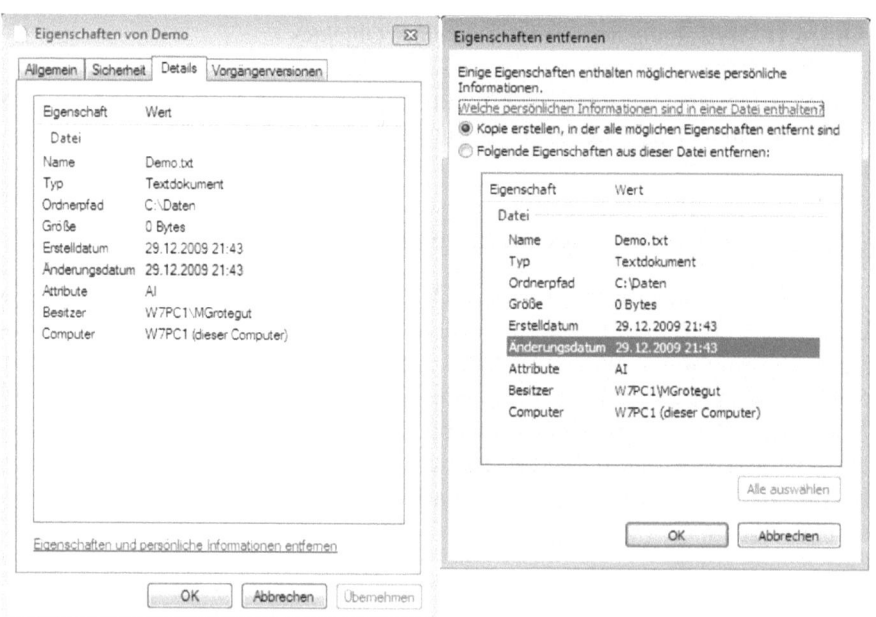

Abb. 6.13. Entfernen von persönlichen Informationen aus einer Datei

6.6.3.4 Kopieren vs. Verschieben von Objekten

Wie wir oben schon gesehen haben, erhalten neue Objekte stets die (ggf. vererbten) Berechtigungen des übergeordneten Verzeichnisses. Doch was ist eigentlich mit den gesetzten Berechtigungen, wenn Dateien oder Ordner kopiert oder verschoben werden?

Diese Frage lässt sich nicht so leicht beantworten: Es hängt einerseits davon ab, ob die Objekte verschoben oder kopiert werden und außerdem davon, ob das in derselben oder auf eine andere Partition passiert.

Bei Kopiervorgängen erhalten die Objekte als „neue Objekte" in diesem Zielverzeichnis stets die Berechtigungen des übergeordneten Ordners. Dabei ist es egal, ob sich die Quelle und das Ziel auf derselben oder auf einer anderen Partition befinden.

Beim Verschieben von Dateien und Ordnern innerhalb einer Partition werden die Daten nicht wirklich verschoben, sondern nur in der MFT einem anderen Ordner zugeordnet – deswegen ist üblicherweise der Zeitbedarf solcher Operationen auch nur sehr gering. Sämtliche gesetzten Berechtigungen bleiben erhalten.

Einer Verschiebeoperation über mehrere Partitionen oder Computern geht jedoch stets ein Kopiervorgang voraus. Im Erfolgsfall werden anschließend die Quelldaten gelöscht. Somit gilt im Resultat das gleiche, wie oben beim Kopien beschrieben.

6.6.3.5 NTFS-Komprimierung

Eine nützliche Funktion des NTFS ist, dass es Dateien und Ordner selektiv komprimieren kann – anders als bei Windows 9x, bei dem nur ganze Laufwerke komprimiert werden konnten.

Auf einer NTFS-Partition wird dafür das C-Attribut[27] gesetzt. Solche Objekte werden im Explorer blau dargestellt, verschlüsselte Objekte (siehe unten) grün.

Obwohl es Speicherplatz einspart, wird für die Komprimierung (bei Schreibvorgängen) und Dekomprimierung (bei Lesevorgängen) die CPU beansprucht. Im allgemeinen empfiehlt es sich, nur selten benötigte Dateien und Archivdateien zu komprimieren.

Auf einem System mit schnellem Prozessor, aber langsamen Platten, kann sie jedoch in Ausnahmefällen leistungssteigernd wirken.

Über den Befehl *Compact.exe* können komprimierte Dateien und ihr Kompressionsverhältnis lokal und remote aufgelistet sowie geändert werden.

---

[27] Siehe Abschnitt 6.7 (Dateiattribute).

6.6.3.6 Vorgängerversionen

Mit der gleichnamigen Registerkarte lassen sich ältere Versionen von Objekten wieder herstellen. War das bei den Windows-Vorgängerversionen nur mittels der Schattenkopiefunktionalität möglich, werden mit Windows 7 auch Sicherungen miteinbezogen.

Bei Schattenkopien wird ein *Copy-on-Write*-Verfahren benutzt, bei dem nur veränderte Bereiche von Dateien gesichert werden.[28] Mit Hilfe der noch vorliegenden Datei und der gesicherten Differenz (dem so genannten *Delta*) lassen sich beliebige Zeitpunkte wieder herstellen. Abbildung 6.14 zeigt dies.

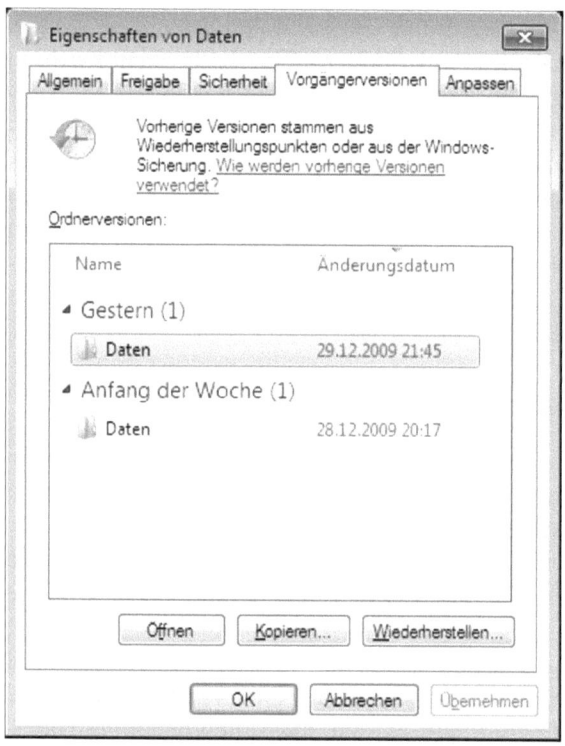

Abb. 6.14. Auflistung von Vorgängerversionen eines Objekts

Bei Auswahl der Schaltfläche *Kopieren...* wird die frühere Version an einen anderen Ort kopiert, ohne die aktuelle Version der Datei zu überschreiben. Und mit der Schaltfläche *Öffnen* wird nur lesend auf die betref-

---

[28] Außer im Falle eines Löschvorgangs: Dann wird die gesamte Datei gesichert, damit sie bei Bedarf später wieder hergestellt werden kann.

fende Version zugegriffen und sie in dem zugeordneten Programm geöffnet.

Nach Auswahl der Schaltfläche *Wiederherstellen...* öffnet sich ein Fenster, in dem vor dem nachfolgenden Überschreiben sicherheitshalber noch einmal nachgefragt wird, denn die Wiederherstellung einer früheren Version einer Datei lässt sich nicht mehr rückgängig machen.[29] Damit wird die aktuelle Version überschrieben.

Zur Verwaltung der Schattenkopien kann auch das Eingabeaufforderungsprogramm *Vssadmin.exe* verwendet werden.

6.6.3.7 Quoten/Kontingente

Soll der Speicherplatz begrenzt werden, den Benutzer auf den Festplatten eines Computers belegen dürfen, bietet sich die Verwendung von *Datenträgerkontingenten* (engl.: Quotas) an.

Diese lassen sich für eine Partition nur von ihrem Stammverzeichnis verwalten. In Abbildung 6.15 ist das bsp. für die Partition C: gezeigt.

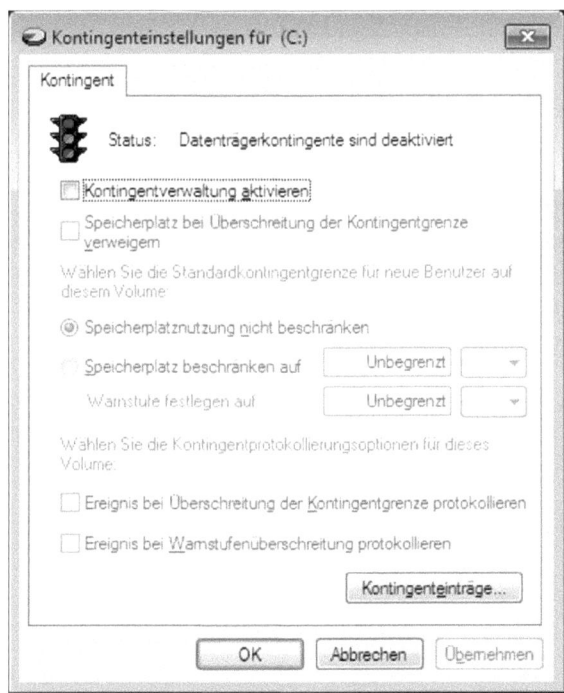

Abb. 6.15. Datenträgerkontingenteinstellungen für eine Partition

---

[29] Auf die Abbildung dieses Fenster wurde verzichtet.

Damit sie wirksam ist, muss sie erst grundlegend über Auswahl des Kästchens *Kontingentverwaltung aktivieren* eingeschaltet werden.

Mit den weiteren Optionen in diesem Fenster werden Standardeinstellungen vorgenommen und festgelegt, ob die Kontingente als starre Obergrenzen zu verstehen sein sollen oder als Warnschranke, bei deren Überschreitung Anwender benachrichtigt werden und ggf. Einträge in das Ereignisprotokoll geschrieben werden. Durch Auswahl der Schaltfläche *Kontingenteinträge...* öffnet sich das in Abb. 6.16 dargestellte Fenster, in dem sich die Beschränkungen für Benutzer und Benutzergruppen festlegen lassen.

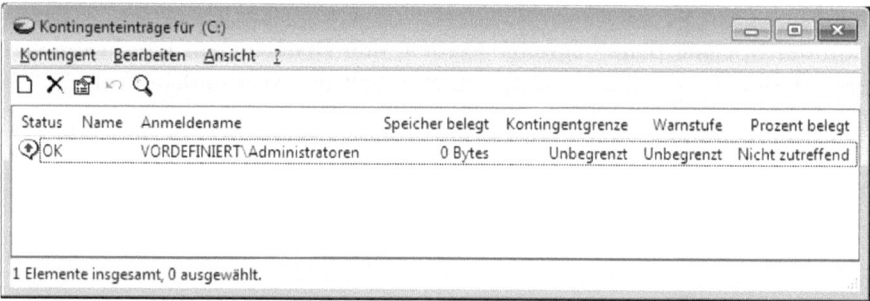

Abb. 6.16. Kontingenteinträge einer Partition

In ihm werden auch die bereits erstellten Kontingenteinträge aufgelistet und ihre jeweilige Speicherplatznutzung.

Wenn ein neuer Kontingenteintrag erstellt werden soll, öffnet Windows 7 das in Abb. 6.17 gezeigte Fenster. In ihm wurde als Beispiel das Home-GroupUser$-Konto gewählt, das für die Bestimmung der Zugriffsberechtigungen von Heimnetzgruppen-Benutzern verwendet wird (siehe Kap. 8).

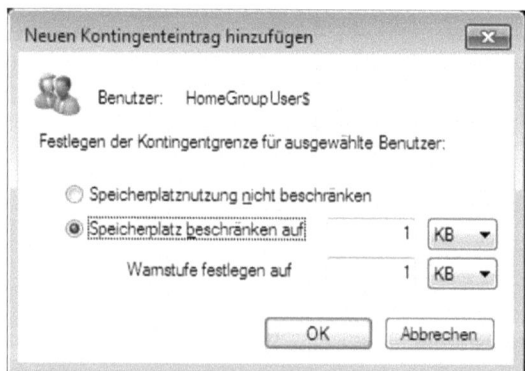

Abb. 6.17. Hinzufügen eines neuen Kontingenteintrags

Aus Leistungsgründen empfiehlt es sich, Einträge in die Kontingentliste nur für Ausnahmen (weniger oder mehr zu Verfügung stehender Speicherplatz als der Standardwert) festzulegen, weil diese allesamt bei *jedem* Schreibzugriff an beliebigen Orten einer Partition ausgewertet werden müssen.

Für die vereinfachte Verwaltung mehrerer gleich zu konfigurierender Partitionen (und auch für Sicherungszwecke) lassen sich Kontingenteinträge auch importieren und exportieren. Es wird dafür ausnahmsweise mal kein XML- sondern ein binäres Dateiformat verwendet.

6.6.3.8 Das verschlüsselnde Dateisystem

Bei dem verschlüsselnden Dateisystem (EFS - Encrypting File System) handelt es sich um einen Bestandteil von NTFS, der Dateien (wie der Name schon impliziert) verschlüsselt auf einer Partition speichert.[30] Dabei werden X.509-Zertifikate verwendet. Falls ein Benutzer nicht über solches mit entsprechend aktiviertem Zweck verfügt, wird es automatisch bei der Erstellung seiner ersten, verschlüsselten Datei von Windows 7 selbst erzeugt.

Windows-intern werden für die Ver- und Entschlüsselung von Dateien (den eigentlichen Massendaten) aus Leistungsgründen symmetrische Verschlüsselungsverfahren (wie DES, 3DES und AES) verwendet.[31] Solche Verfahren arbeiten bei der Chiffrierung und Dechiffrierung von Daten stets mit demselben Schlüssel, während asymmetrische Verschlüsselungsverfahren dafür *Schlüsselpaare* verwenden. Beide Schlüssel können zur Verschlüsselung von Daten benutzt werden. Ist jedoch ein Datenblock erst einmal mit einem der beiden asymmetrischen Schlüssel verschlüsselt worden, kann er nicht mehr mit demselben, sondern nur noch mit dem jeweils anderen Schlüssel des Paares entschlüsselt werden.

Einer der Schlüssel wird als *privater Schlüssel* bezeichnet und im Profil des Benutzers oder der Benutzerin gespeichert. Dieser Schlüssel muss unbedingt streng vertraulich behandelt werden und darf für das Funktionieren der asymmetrischen Verschlüsselung nur dem betreffenden Benutzer bekannt sein. Er kann und sollte jedoch aus Sicherheitsgründen kennwortgeschützt exportiert und auf einer Diskette etc. gespeichert werden, damit er im Notfall wieder hergestellt werden kann und Daten noch entschlüsselt

---

[30] EFS ist jedoch nur verfügbar in den Windows 7 Professional-, Enterprise- und Ultimate-Versionen.

[31] Der Grund dafür besteht darin, dass die symmetrische Verschlüsselung weit weniger Prozessorleistung benötigt als die asymmetrische Verschlüsselung, die sich nur ca. 100 bis 1000 mal langsamer berechnen lässt.

werden können. Exportierte private Schlüssel können nachfolgend auch auf anderen Computern (wie Notebooks) importiert werden, um Benutzern den Zugriff auf ihre verschlüsselten Daten auch von dort zu ermöglichen.

Der andere Schlüssel des Schlüsselpaares wird als *öffentlicher Schlüssel* bezeichnet und zusammen mit anderen Informationen in einem von einem Zertifikatsserver digital signierten Zertifikat gespeichert. Wie der Name schon andeutet, hat im Extremfall die gesamte Menschheit sämtliche öffentlichen Schlüssel aller anderen Bewohner dieses Planeten bzw. kann sie bei Bedarf jederzeit von einem Datei- oder Verzeichnisserver abrufen.

In einem domänenbasierten Netzwerk muss als weitere Voraussetzung mindestens ein Wiederherstellungsagent (engl.: Data Recovery Agent, DRA) eingerichtet werden, der im Falle des Falles Daten beliebiger Benutzer wieder herstellen kann. In der Voreinstellung hat der Domänenadministrator den Wiederherstellungsschlüssel. Bei Arbeitsgruppen ist das hingegen jeweils der lokale Administrator der einzelnen Systeme.

Technisch wird die Speicherung des mit dem öffentlichen Schlüssel des Benutzers codierten, und zuvor zufällig generierten symmetrischen Dateiverschlüsselungsschlüssels (engl.: File Encryption Key, FEK) in einem DDF (Data Decryption Field) und die des Wiederherstellungsagenten mit dessen öffentlichem Schlüssel im DRF (Data Recovery Field) realisiert. Beide Felder sind als Anhängsel jeder verschlüsselt gespeicherten Datei mit ihr auf der NTFS-Partition untergebracht. Ein FEK gilt dabei jeweils nur für eine Datei.

Bei der Entschlüsselung wird der private Schlüssel des Benutzers verwendet, um den FEK zu erhalten, mit dem dann die Datei entschlüsselt werden kann.

Der FEK ist jedoch auch nicht auf einen Benutzer bezogen. Im Header jeder verschlüsselten Datei können mehrere DDF enthalten sein. In jedem von ihnen ist derselbe FEK enthalten. Sie unterscheiden sich jedoch dadurch, dass sie mit verschiedenen öffentlichen Schlüsseln der einzelnen Benutzer verschlüsselt sind.

Gut geeignet ist das EFS für mobile Geräte wie Notebooks, damit bei einem Verlust oder Diebstahl Ihre vertraulichen Daten auch vertraulich bleiben. Dabei gibt es jedoch eine Besonderheit zu beachten: Wenn EFS sowohl auf dem Client als auch auf dem Server verwendet wird, wird bei einem Kopiervorgang die betreffende Datei zunächst entschlüsselt und bei der Speicherung auf dem Zielsystem wiederum verschlüsselt. Über die Netzwerkverbindung werden also auch EFS-geschützte Dateien unverschlüsselt übertragen, falls nicht weitere Maßnahmen wie IPsec oder ein VPN (Virtual Private Network) verwendet werden. Bei Sicherungsvorgängen werden verschlüsselte Dateien jedoch genau in diesem Zustand gesichert und ggf. wieder hergestellt.

Verschlüsselte Dateien können nicht gleichzeitig komprimiert sein und umgekehrt, und die Sektorengruppengröße der Partition darf die Größe von 4 KB nicht übersteigen!

Windows 7 bietet auch die (etwas versteckt einzuschaltende) praktische Funktion „Verschlüsseln" und „Entschlüsseln" aus dem Kontextmenü einer Datei. Dazu wird in der Registrierung im Pfad *HKLM\SOFTWARE\Microsoft\Windows\CurrentVersion\Explorer\Advanced* ein DWORD-Eintrag namens *EncryptionContextMenu* mit dem Wert „1" angelegt.

Die EFS-Verwaltung ist natürlich auch in Skripten bzw. einer Eingabeaufforderung möglich: Hierfür existieren die Befehle *Rekeywiz.exe*, mit dem ein Zertifikat und ein Schlüssel erstellt, ein Zertifikat und ein Schlüssel auf einem Sicherungsmedien gesichert, um einen Zugriffsverlust auf verschlüsselte Dateien und Ordner zu verhindern, eine Chipkarte für EFS eingerichtet werden kann und verschlüsselte Dateien mit einem neuen Zertifikat und einem Schlüssel aktualisiert werden können, sowie *Cipher.exe*.

6.6.4 CDFS

Das Compact Disc File System, ein Dateisystem für optische Speichermedien wie CD- und DVD-ROMs, liest Medien, die nach der ISO-Norm 9660 (bis zur Ebene 3) erstellt wurden, sowie auch solche, die nach den Standards *Yellow Book* (CD-ROM), *Red Book* (CD-Audio), Enhanced-CD, *White Book* (Video CD), Kodak Photo CD, *Orange Book* (CD-R und CD-RW), *Blue Book* (CD Extra) und CD-XA erstellt wurden. Da ein unbegrenzter Austausch einer CD-ROM nur mit ISO 9660 in der Ebene 1 möglich ist, dieser Standard aber nur Datei- und Ordnernamen im 8+3-Zeichen-Format, Ordnerverschachtelungen nur bis zu einer Tiefe von maximal acht Ebenen und keine Umlaute zulässt, hat Microsoft eine Erweiterung namens *Joliet*, entwickelt, bei der Datei- und Verzeichnisnamen bis zu einer Länge von 64 Unicode-Zeichen und Ordnerverschachtelungen von mehr als acht Ebenen verwendet werden und zusätzlich zu ihrem 8+3-Zeichen-Namen gespeichert werden können. Joliet ist Bestandteil von Windows 95 und höher.

6.6.5 UDF

Aufgrund einer Größenbeschränkung des CDFS auf maximal 2 GB muss bei Datenmengen darüber hinaus ein anderes Dateisystem verwendet werden. Der Nachfolger von ISO 9660 heißt UDF (Universal Disk Format). Dieses ist in der ISO-Norm 13346 gleichfalls weltweit standardisiert und ist ein 64-Bit-Dateisystem. Wie der Name schon andeutet, kann dieses neuere Dateisystem auf allen optischen Medien wie CD, DVD, DVD-RAM, MO etc. eingesetzt werden. Es bietet über ISO 9660 deutlich herausgehende Funktionen wie

- Lange Unicode-Datei- und Ordnernamen
- Unbegrenzte Verzeichnistiefe
- Maximale Dateigröße von 2^{64} Zeichen
- Zugriffssteuerungslisten[32]
- Dünn-/schwach besetzte Dateien (*sparse files*), bei denen Bereiche, die nur Nullen enthalten, keinen physischen Speicherplatz belegen

Windows 7 kann mit bis zur UDF Version 2.5 erstellten Medien umgehen (lesend und schreibend). Das schließt HD- und Blu-ray-DVDs ein.

6.6.6 ISO-Dateien

ISO-Dateien sind Abbilder eines optischen Mediums, die alle Sektoren jenes nacheinander enthalten. Sie entsprechen daher den Dateien von virtuellen Datenträgern (VHD-Dateien) dem Grunde nach, sind jedoch funktional nicht identisch.

ISO-Dateien werden üblicherweise dazu verwendet, um Inhalte von CDs oder DVDs digital (z. B. über WAN-Verbindungen) zu transferieren.

Das Brennen von ISO-Abbilddateien ist ein Windows 7 erstmals direkt aus dem Explorer möglich: Im Kontextmenü einer .ISO-Datei wird dazu die Option *Datenträgerabbild brennen* ausgewählt. Es öffnet sich dann ein Programm namens *Windows-Brenner für Datenträgerabbilder*.[33] In ihm kann vor dem Start des Brennvorgangs das optische Laufwerk ausgewählt werden, das für den Vorgang verwendet werden soll, sowie, ob die gebrannten Daten nach dem Ende des Brennvorgangs mit den Ausgangsdaten verglichen werden sollen.

ISO-Dateien können zwar in virtuellen Umgebungen als schreibgeschütztes Laufwerk angehängt (engl.: to mount) werden. Eine dem Anhängen von VHD-Dateien entsprechende Funktion ist in Windows 7 allerdings nicht vorhanden. Man benötigt dazu ein Programm von einem Drittanbieter (z. B. Virtual CloneDrive von Slysoft)[34], welches Windows 7 mit dieser Funktion ausrüstet.

---

[32] Diese UDF-Funktion wird jedoch von Windows 7 derzeit nicht unterstützt.
[33] Auf die Abbildung dieses Fensters wurde verzichtet.
[34] Dieses kann unter http://www.slysoft.com/de/virtual-clonedrive.html als Gratis-Software heruntergeladen werden.

Zum Brennen kann auch der neue *Isoburn*-Befehl verwendet werden. Seine Syntax ist: *Isoburn.exe /q [LW:] [Brenndatei.iso]*.

6.7 Ordner- und Dateiattribute

Nahezu jedes hier genannte Dateisystem kann die vier klassischen Attribute (*System*, *Nur-Lesen*, *Verborgen* und *Archiv*) zusammen mit den jeweiligen Dateien und Ordnern speichern.

Je nach Dateisystem sind weitere Attribute, die Dateien und Ordner kennzeichnen und beschreiben, zugelassen.

So gibt es für NTFS-Partitionen alle der in Tabelle 6.2 aufgeführten Attribute, in FAT-Partitionen nur die ersten vier.

Tabelle 6.2. Datei- und Ordnerattribute

Abkürzung	Attribut
R	Schreibgeschützt (Read only)
H	Versteckt (Hidden)
A	Ordner/Datei wurde noch nicht auf Band etc. gesichert (Archive)
S	System
I	Inhalt für schnelle Dateisuche indizieren
C	Inhalt komprimieren
E	Inhalt verschlüsseln

Ein Objekt kann aber nicht gleichzeitig komprimiert und verschlüsselt sein, außerdem ist eine Voraussetzung, dass die Partition mit einer Sektorengruppengröße von max. 4 KB formatiert wurde.

Das *System*-Attribut markiert eine Datei als Systemobjekt. Es hat keine Auswirkung mehr und kann in der GUI (Windows Explorer) nicht mehr angezeigt und auch nicht mehr modifiziert werden. Früher ignorierten Defragmentierungsprogramm derart gekennzeichnete Objekte.

Für die Verarbeitung in einer Eingabeaufforderung und für Skripte gibt es die Befehle *Attrib*, *Cipher* und *Compact*, mit denen sich Dateiattribute auflisten und ändern lassen (siehe Abschnitt 6.10).

6.8 Fragmentierung und Defragmentierung

Im Idealfall werden Dateien auf einem Datenträger direkt hintereinander gespeichert. Denn so können sie ohne viele Festplattenkopfbewegungen, die verhältnismäßig lange dauern und somit die Leistung eines Computersystems mindern, „am Stück" eingelesen werden. Die Algorithmen der Festplattenfirmware sind heutzutage so programmiert, dass sie schon bei nur einem Lesevorgang für einen einzigen Sektor stets alle Sektoren der gesamten Spur einlesen und zwischenspeichern, in der Erwartung, dass danach Lesebefehle für weitere Sektoren derselben Spur kommen werden, die dann leistungssteigernd direkt aus dem Laufwerkspuffer und ohne weiteren physischen Lesevorgang an den PC zurückgeliefert werden können.

Sind Dateien jedoch fragmentiert (hierunter versteht man die Speicherung von Dateibestandteilen auf ganz unterschiedlichen, nicht zusammenhängenden Bereichen eines Datenträgers) kann selbst diese Optimierungsmethode der Festplattenfirmware nicht mehr leistungserhöhend wirken.

Grundsätzlich gilt: *Jedes* Dateisystem für beschreibbare Medien ist früher oder später durch die Schreibvorgänge fragmentiert. Das eine jedoch eher, ein anderes erst später.

Der Grund hierfür ist einfach dargelegt: Nach der erstmaligen Installation, die vielleicht sogar sequentiell erfolgt, ist häufig ein *nicht* oder *kaum* fragmentierter Ist-Zustand hergestellt worden. Nun wird mit dem System gearbeitet: Neue Dateien (wie z. B. Dokumente) werden erstellt. Mangels Platz kann das nur am Ende des belegten und noch freien Festplattenbereichs erfolgen. Dieselben Dateien werden später geändert und ergänzt, Updates und Patches werden installiert und ersetzen die ursprünglichen und i. d. R. kleineren Dateien. Auch sie werden in hinteren, freien Bereichen untergebracht. Dann werden Dateien gelöscht. Eine nachfolgend erstellte, neue Datei wird diesen Platz nutzen, aber unter Umständen aufgrund ihrer größeren Größe nur zu einem Teil. Auch in diesem Fall kann der Rest nur in hinteren, freien Festplattenbereichen untergebracht werden.

Besonders stark fragmentieren die FAT-Dateisysteme. NTFS hingegen lässt bsp. am Ende einer Datei etwas Platz, um potenzielles Dateiwachstum abfangen zu können und speichert sehr kleine Dateien in den Strukturen des Dateisystems selbst.

Übrigens: Obwohl Dateien auch auf SSD fragmentieren, ist sie auf diesen mangels Schreib-/Lese-Köpfen, die bewegt werden müssten, und fehlender Rotationslatenzzeiten praktisch bedeutungslos.

Bei virtuellen Datenträgern (siehe Kap. 6.1.1.4) verschäft sich der negative Effekt der Fragmentierung nochmals: Wegen der *internen* und der *externen* Fragmentierung addieren sich die leistungsbremsenden Auswirkungen einer Dateisystemfragmentierung. Unter der externen Fragmentierung wird die Fragmentierung der üblicherweise recht großen VHD-Datei auf dem physischem Datenträger verstanden. Und als interne Fragmentierung wird die Fragmentierung der Dateien innerhalb der VHD-Datei bezeichnet.

Zur Erhaltung einer hohen Leistung eines Systems sollten alle Partitionen daher regelmäßig defragmentiert werden. Dieser Vorgang kann interaktiv im Kontextmenü jeder Partition gestartet werden oder (auch zeitgesteuert) mittels des Defrag-Befehls (siehe unten).

Eine interne Fragmentierung kann dagegen nur innerhalb des ausgeführten Betriebssystems oder Programms beseitigt werden.

Sämtliche Defragmentierungsprogramme können jedoch nur Dateien defragmentieren, die nicht geöffnet sind! Da bsp. die Auslagerungsdatei bereits während des Systemstarts geöffnet wird, können diese nur wenige Programme defragmentieren (auch das Windows-7-interne Defragmentierungsprogramm kann es nicht). Auf diesen Punkt sollte bei der Auswahl eines Defragmentierungsprogramms geachtet werden.

Ein oftmals beobachteter Administrationsfehler ist, dass sich eine Auslagerungsdatei einer virtuellen Maschine auf einem virtuellen Datenträger befindet. Obwohl durchweg die Voreinstellung eines Gastbetriebssystems (das von seiner Virtualisierung nichts wissen kann) ist, sollten diese aus Performancegründen entweder entfernt oder auf nicht-virtuellen Laufwerken erstellt werden.

Im Defragmentierungsprogramm (siehe Abb. 6.18), das über *Start - Alle Programme - Zubehör - Systemprogramme - Defragmentierung* sowie mit dem Befehl *Dfrgui.exe* aufgerufen werden kann, werden alle Datenträger eines Systems angezeigt.

298 6. Datenträgerverwaltung

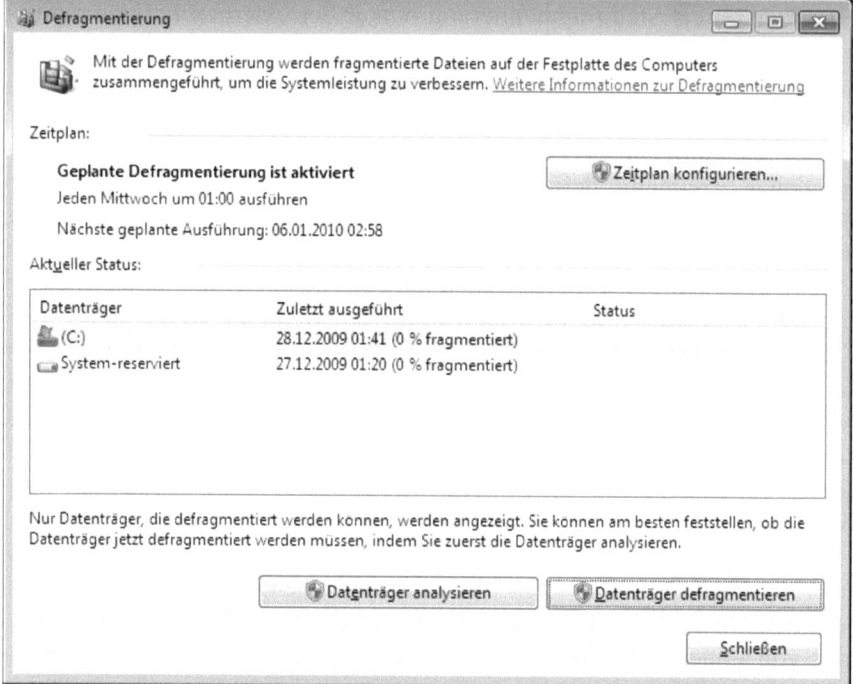

Abb. 6.18. Das Programm „Defragmentierung"

Wenn die Schaltfläche *Zeitplan konfigurieren...* ausgewählt wird, öffnet sich das Fenster mit dem Titel „Datenträgerdefragmentierung: Zeitplan ändern" (siehe Abb. 6.19).

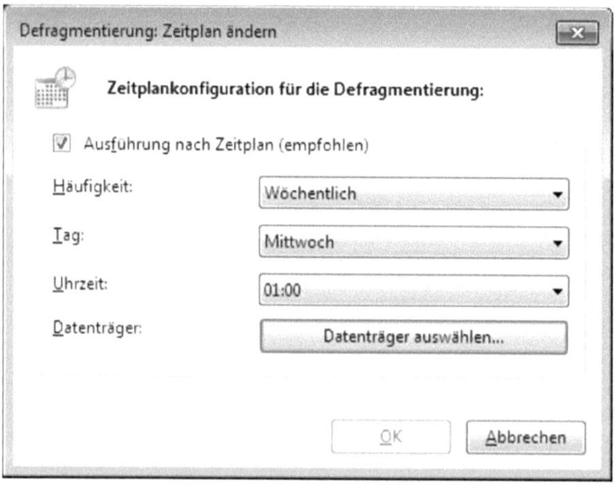

Abb. 6.19. Änderungsfenster für den Defragmentierungszeitplan

6.8 Fragmentierung und Defragmentierung

In ihm wird die Häufigkeit und der Zeitpunkt der automatisch ablaufenden Datenträgerdefragmentierungen festgelegt. Nach Auswahl der Schaltfläche *Datenträger auswählen...* werden in dem sich dann öffnenden Fenster mit dem Titel *Datenträgerdefragmentierung: Jetzt defragmentieren* sämtliche Partitionen eines Computersystems angezeigt, und können über eine Auswahl der eckigen Schaltflächen mit einbezogen oder ausgeklammert werden (siehe Abb. 6.20). Außerdem wird im unteren Fensterbereich eine Option namens „Neue Datenträger automatisch defragmentieren" angezeigt. Es werden jedoch keine Wechseldatenträger wie USB-Flash-Speichermedien angezeigt, was auch logisch ist, denn sie sind nicht unbedingt zum Zeitpunkt der automatischen Defragmentierung mit dem Computer verbunden. Ohnehin ist es bekanntlich unnötig, solche nicht-mechanischen Datenträger zu defragmentieren.

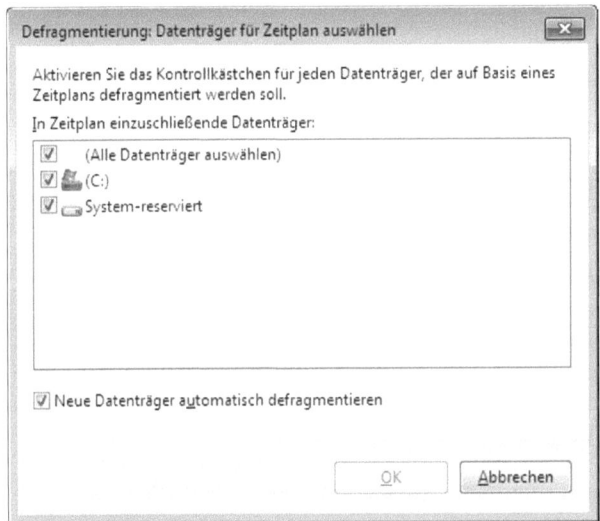

Abb. 6.20. Auswahlfenster der zu defragmentierenden Partitionen

Mit der Schaltfläche *Datenträger analysieren...* des in Abb. 6.18 gezeigten Fensters wird der Fragmentierungsgrad der Partitionen ermittelt.

Und mit der letzten Schaltfläche namens *Datenträger defragmentieren...* wird, wie an den drei Punkten im Namen schon erkennbar ist, ein Fenster mit dem Titel „Datenträgerdefragmentierung: Jetzt defragmentieren" geöffnet. In ihm werden wirklich sämtliche Partitionen eines Computersystems angezeigt (auch die der Flash-Wechselspeichermedien) und können über eine Auswahl der Kästchen ausgewählt oder deselektiert werden.

Auf Klick von *OK* wird auch außerhalb des festgelegten Zeitplans sofort mit der Defragmentierung des ausgewählten Volumes begonnen.

Die Schaltfläche *Neue Datenträger automatisch defragmentieren* fehlt in diesem Fenster jedoch.

Weiterhin steht der *Defrag*-Befehl zur Verfügung, dessen Funktionalität aber erweitert wurde. Seine Syntax ist: *Defrag.exe <Volume(s)> | /C | /E <Volume(s)> [/A | /X | /T] [/H] [[/M |][/U] [/V]]*.

Nützlich und neu ist z. B. der Parameter */C*, der in einer Administrator-Eingabeaufforderung alle Partitionen eines Windows 7 Computers defragmentiert!

In Tabelle 6.3 sind alle Parameter des Defrag-Programms aufgeführt.

Tabelle 6.3. Parameter des Defrag-Programms

Parameter	Funktion
/A	Führt eine Analyse, wieviel Prozent des Speicherplatzes fragmentiert ist, durch.
/C	Führt den Vorgang auf allen vorhandenen Volumes aus.
/E <Volume(s)>	Führt den Vorgang auf allen außer dem/n angegebenen/m Volume(s) aus.
/H	Führt den angegebenen Vorgang in normaler, anstelle von niedriger Priorität aus.
/M	Führt den Vorgang auf allen angegebenen Volumes parallel im Hintergrund aus. Diese Option macht bei Festplatten nur Sinn, wenn sich alle Partitionen auf physisch getrennten Laufwerken befinden, weil ansonsten die Gesamtausführungszeit stark ansteigt.
/U	Gibt den Fortschritt des Vorgangs am Bildschirm aus.
/V	Zeigt eine ausführliche Angabe des Fortschritts und der Fragmentierung an.

6.9 ReadyBoost

ReadyBoost ist eine (seit Vista in Windows vorhandene) Technologie, welche die Arbeitsgeschwindigkeit eines Computersystems erhöhen soll.

Diese Leistungssteigerung soll durch den Wegfall von Zugriffszeitlatenzen (Flash-Speicher haben keine Leseköpfe, die relativ zeitaufwendig positioniert werden müssen) insbesondere bei zufälligem, nicht-linearen E/A-Operationen, einer Sortierung von häufig benutzten Startdateien und dem gleichzeitigen Arbeiten mit Festplatte und USB-/Flash-Speicher erreicht werden. Aus dem gleichen Grund ist es übrigens auch irrelevant, ob Flashspeicher defragmentiert sind oder nicht. Eine Festplatte ist schneller beim sequentiellen Lesen, aber langsamer beim wahlfreien Zugriff, weil dabei die Festplatten-Schreib-/Lese-Köpfe bewegt werden müssen.

Die für die ReadyBoost-Beschleunigung empfohlene Speichergröße ist mindestens die ein- und maximal dreifache Menge des im Computer installierten Arbeitsspeichers. Wenn der Computer bsp. über 1 GB RAM verfügt, ergibt eine Reservierung von 1 bis 3 GB auf dem Flash-Laufwerk nach Angaben von Microsoft die bestmögliche Leistungssteigerung (bis zu ca. 40 % Leistungssteigerung im Vergleich zum selben System ohne ReadyBoost-Speicher). In der Praxis kann die gewünschte Leistungssteigerung nicht in jedem Fall erreicht werden, weil die Datentransferraten von Festplatten normalerweise deutlich höher sind, als die eines einzelnen Flash-Speichers. Das trifft insbesondere für Schreiboperationen zu.

Sämtliche Daten, die von ReadyBoost in den (USB-)Flash-Speicher geschrieben werden, werden im Verhältnis 2:1 komprimiert und mit dem AES-128-Verfahren verschlüsselt. Dazu wird im Stammverzeichnis des betreffenden USB-Speichers eine Datei mit dem Namen *ReadyBoost.sfcache* angelegt, in der die Daten aus dem Speicher zwischengespeichert werden. Die ReadyBoost-Datei kann auf maximal einem Flash-Speicher-Laufwerk angelegt werden und ist während des Betriebs geöffnet und daher für weitere Zugriffe gesperrt. Die Datenverschlüsselung erfolgt mit bei jedem Systemstart zufälligen neu ermitteltem Sitzungsschlüssel. Diese Datei wird zur Wahrung der Vertraulichkeit beim Entfernen des Datenträgers über das entsprechende Symbol im Infobereich am unteren Rand des Bildschirms zuvor gelöscht. Wird der Datenträger anstelle eines „sauberen" Entfernens einfach herausgezogen, verbleibt die verschlüsselte Datei auf ihm, wird aber beim nächsten Einstecken bereinigt.

Der ReadyBoost-Treiber kann mit mindestens 512 MB großen USB-2.0-Flash-Geräten (oder höher), SD-Karten (Secure Digital), CompactFlash-Karten, Flash-Speichern über PCI-, PCI-Express- und SSA-Bussen (somit sind die meisten internen Flash-Karten-Leser in mobilen PCs eingeschlossen) arbeiten und mit den Dateisystemen FAT, FAT32, exFAT oder NTFS formatiert sind. Nicht unterstützt werden Speichermedien, die an USB-1.x-Bussen angeschlossen sind.

Außerdem gelten Mindestanforderungen an die Datenübertragungsraten des Speichermediums, auf dem die ReadyBoost-Datei untergebracht werden soll: Es werden 2,5 MB/s (17-fach) für das Lesen von zufälligen, nicht sequentiellen 4 KB Blöcken und 1,75 MB/s (12 X) für zufällige Schreibvorgänge von 512 KB Größe gefordert.[35] Windows 7 überprüft die Leistungsfähigkeit des Flash-Speichers – eine vom Hersteller angegebene Maximaldatenrate von z. B. 150 X besagt nicht automatisch, dass dieser auch ReadyBoost-geeignet ist, wenn dieser wahlfreie Zugriffe nur langsam ausführt.

Noch höhere Leistungsanforderungen existieren für Flash-Speicher, damit diese die Bezeichnung „Enhanced for ReadyBoost" tragen dürfen: Hier sind es 5 MB/s (rund 34 X) Leserate für zufällige 4 KB-Blöcke und 3 MB/s (ca. 20-fach) Schreibrate für zufällige 512 KB Schreibvorgänge.

ReadyBoost wird im Explorer über das Kontextmenü des betreffenden Geräts konfiguriert (siehe Abb. 6.21). Die Größe der ReadyBoost-Datei auf dem Flash-Medium ist zwischen 230 - 4.090 MB wählbar.

Abb. 6.21. Registerkarte ReadyBoost

---

[35] Die Geschwindigkeit von Flash-Speichern wird auch als Vielfaches der einfachen CD-Lesegeschwindigkeit (150.000 Oktetts je Sekunde) für die jeweilige Übertragungsrichtung (Lesen bzw. Schreiben) angegeben.
In MB/s ausgedrückt (und vorausgesetzt, dass 1 Byte 8 Bits entsprechen), hat somit ein 30 X-Speicher eine Datenübertragungsrate von rund 4,4 MB/s.

Ob ReadyBoost für ein bestimmtes System von Nutzen ist, sollte daher stets im Einzelfall individuell ermittelt werden. Nach der Erfahrung des Autors profitieren insbesondere Systeme mit wenig Hauptspeicher (512 MB oder weniger) und einem Festplatten-Leistungsindex, der geringer als 4,0 ist, von ReadyBoost. Bei Systemen mit 2 GB oder mehr bringt ReadyBoost dagegen nur noch sehr geringe Leistungssteigerungen! Die entsprechenden Cache-Trefferraten von ReadyBoost lassen sich in der Ereignisanzeige aufrufen.

6.10 Programme für die Datenträgerverwaltung

Nicht alle Verwaltungsvorgänge müssen in einem Windows-System in der GUI (Graphical User Interface) interaktiv vorgenommen werden. Viele lassen sich auch durch Skripte automatisiert durchführen.

Außerdem haben einige Programme, die von der Befehlszeile aufgerufen werden können, mehr Funktionen als ihr grafisches Pendant.

Programme, die bei der Verwaltung der Datenträger hilfreich sein können, sind in der Tabelle 6.4 aufgeführt.

Tabelle 6.4. Nützliche Kommandozeilenprogramme für die Datenträgerverwaltung

Befehl	Auswirkung
Chkdsk.exe	Führt eine Integritätsprüfung eines Dateisystems hinsichtlich aller Allokationsverweise, Indexe und Zugriffssteuerungslisten (wenn verfügbar) mit optionaler Fehlerkorrektur durch.
Chkntfs.exe	Überprüft ob bzw. veranlasst, dass beim nächsten Systemstart Chkdsk.exe ausgeführt wird
Cipher.exe	Zeigt bzw. ändert die Verschlüsselungseinstellungen von Dateien
Compact.exe	Zeigt bzw. ändert die Komprimierung von Dateien
Convert.exe	Damit können FAT-Partitionen in das NTFS-Dateisystem umgewandelt werden ohne dass es dabei zu Datenverlusten kommt. Dieser Befehl kann somit auch bei Update-Vorgängen nützlich sein, weil Windows 7 zwingend auf einer NTFS-Partition installiert werden muss. Die Syntax ist: Convert <Laufwerksbuchstabe> /FS:NTFS
Defrag.exe	Zeigt bzw. beseitigt die Fragmentierung einer Partition Der frühere, undokumentierte Parameter /I, der eine Defragmentie-

	rung nur während Inaktivitätszeiten des Systems im Hintergrund bewirkte, existiert nun nicht mehr und wurde in Windows 7 durch den Parameter /M ersetzt.
Diskpart.exe	Interaktives Festplatten- und Partitionsverwaltungsprogramm
Expand.exe	Entpackt komprimierte Dateien (auch aus .CABs)
Format.exe	Formatiert Partitionen
Fsutil.exe	Modifiziert Eigenschaften von Partitionen
Mountvol.exe	Zeigt bzw. ändert hinzugefügte Partitionen
Takeown.exe	Ersetzt Objektbesitzrechte
Vssadmin.exe	Befehlszeilenverwaltungsprogramm des Volumeschattenkopiedienstes

7. Datensicherung und -wiederherstellung

Festplatten können grundsätzlich nach einiger Betriebszeit ausfallen, was zu Datenverlust führen würde, wenn es keine Kopien der auf ihnen gespeicherten Daten gibt. Daher sind regelmäßig durchgeführte Datensicherungen unerlässlich. Auch fehlertolerante RAID-Systeme sind kein Ersatz für sie, zumal die Wahrscheinlichkeit, dass irgendeine Platte des Verbundes ausfällt, die kumulierte Ausfallwahrscheinlichkeit aller Platten zusammen ist! Sicherungen schützen auch vor Datenlöschungen, die unabsichtlich oder bsp. von schädlicher Software beabsichtigt durchgeführt werden und bieten zudem die Option, eine vorherige Version einer Datei von einem Sicherungsmedium wiederherzustellen. Windows 7 beinhaltet dafür ein eigenes Programm. Mit *Start - Alle Programme - Wartung - Sichern und Wiederherstellen* oder unter dem gleichnamigen Symbol in der Systemsteuerung kann das Sicherungs- und Wiederherstellungsprogramm von Windows 7 gestartet werden.[1] Mit diesem können einzelne Dateien und Verzeichnisse, sowie komplette Datenträger als Abbild gesichert werden. In größeren Unternehmen werden durchweg andere Lösungen zur Datensicherung eingesetzt, für kleinere Unternehmen kann das Sicherungsprogramm von Windows 7 allerdings ausreichen.

Die Abbildung 7.1 zeigt beispielhaft ein Startfenster des Sichern- und Wiederherstellenprogramms.

Auf den ersten Blick fallen zwei Schaltflächen am rechten Fensterrand auf: Über die Schaltfläche *Jetzt sichern* oben rechts im Fenster kann von einem Administrator eine bereits eingerichtete Sicherung (siehe unten) manuell gestartet werden.

Im unteren Bereich des Fensters namens *Wiederherstellen* befinden sich Optionen für das Wiederherstellen von einzelnen oder sämtlichen Benutzerdateien.

---

[1] Wer es über die Suchfunktion im Startmenü aufrufen möchte, kann dies durch Eingabe von *sichern* tun.

7. Datensicherung und -wiederherstellung

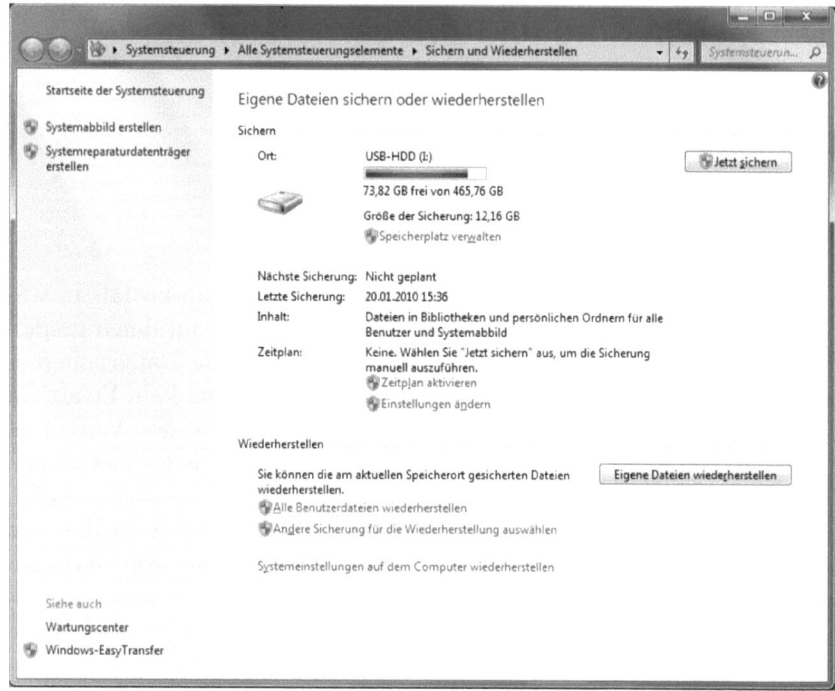

Abb. 7.1. Das Sichern- und Wiederherstellen-Programm

7.1 Sicherung von einzelnen Dateien und Ordnern

Das Sichern- und Wiederherstellenprogramm beinhaltet *mehrere* wichtige Funktionen: So können mit ihm einzelne Dateien und Ordner (in der Form von Bibliotheken) gesichert und wiederhergestellt werden, ganze Partitionen (als Systemabbilder) gesichert und wiederhergestellt werden, sowie ein Systemreparaturdatenträger erstellt werden, mit dem ein Computer im Fehlerfall gestartet werden kann.

Nachfolgend wird auf die einzelnen Funktionen detailliert eingegangen. Doch zunächst blicken wir auf die Sicherungseinrichtung.

7.1.1 Einrichten der Sicherung

Beim allersten Start des Sichern- und Wiederherstellen-Programms weist Windows 7 darauf hin, dass die Windows-Sicherung noch nicht eingerichtet ist (siehe Abb. 7.2).

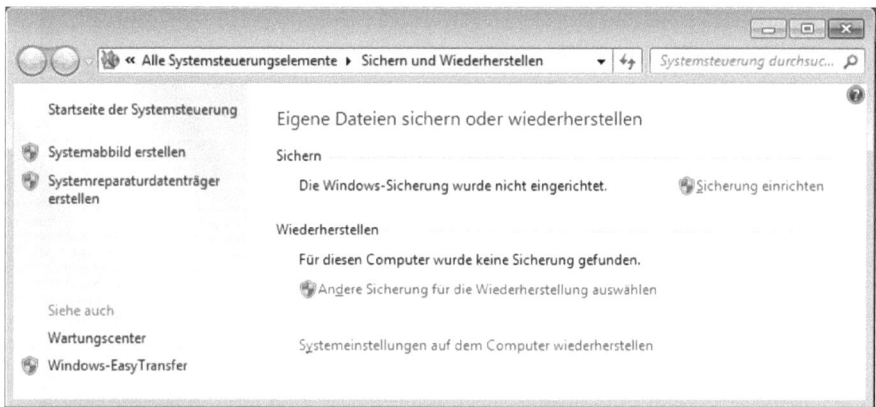

Abb. 7.2. Erster Aufruf des Sichern- und Wiederherstellen-Programms

Nach Auswahl von *Sicherung einrichten* am rechten Fensterrand durch einen Administrator wird zunächst der Sicherungsdienst gestartet, und dann erscheint das in Abb. 7.3 beispielhaft wiedergegebene Fenster, in dem ein Sicherungsverzeichnis ausgewählt werden soll. Zu einem beliebigen, späteren Zeitpunkt kann es über die Option *Einstellungen ändern* des in Abb. 7.1 gezeigten Sicherungsstartfensters geändert werden.

Als Sicherungsziele kommen in Betracht:

- Interne Festplatten
- Externe (z. B. über USB oder eSATA angeschlossene) Festplatten
- Beschreibbare CD-, DVD-, BluRay-Medien
- USB-Flashspeicher
- Netzwerkfreigaben

Die klassischen Bandlaufwerke werden durch dieses Programm jedoch nicht unterstützt! Außerdem kann als Sicherungsziel nicht die Windows-Startpartition oder dieselbe Partition (z. B. C:) ausgewählt werden, wie diejenige, auf der die zu sichernden Dateien liegen, und das Sicherungsziel muss mit einem der Dateisysteme NTFS, FAT oder UDF formatiert worden sein.

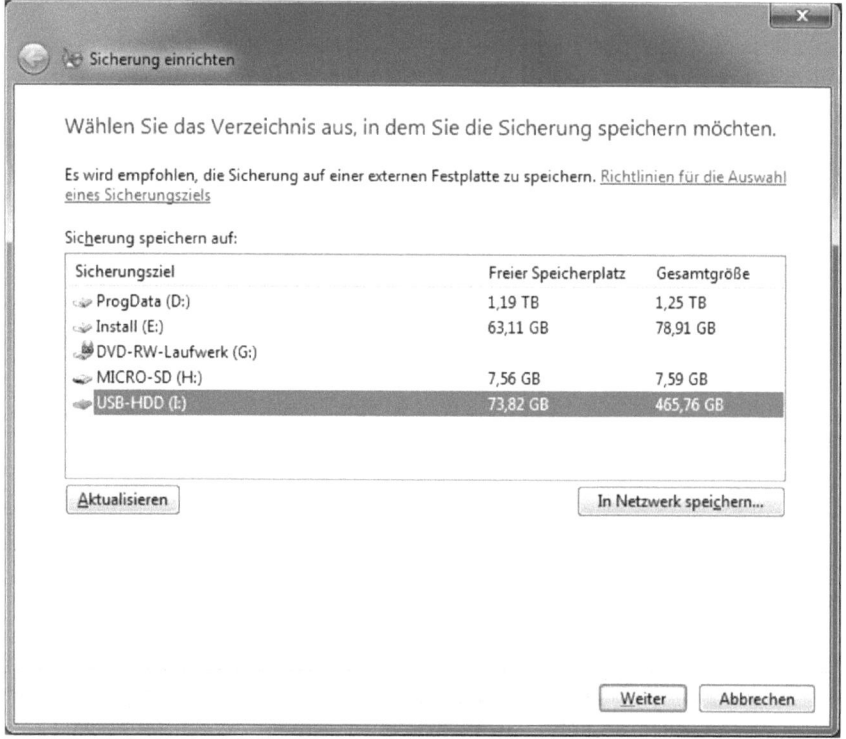

Abb. 7.3. Auswahl des Sicherungsspeicherorts

Alternativ kann auch auf ein Netzwerkpfad gesichert werden. Dieser Auswahlpunkt an der rechten, unteren Seite des Fensters mit dem Namen „In Netzwerk speichern..." ist jedoch nur ab der Windows-7-Professional-Version und höher benutzbar und fehlt somit in den Starter- und Home-Versionen von Windows 7.

Das entsprechende Fenster, das sich bei dieser Auswahl öffnet, ist in Abb. 7.4 gezeigt. In ihm wird ein freigegebener Ordner in der UNC-Form, und eventuell zu verwendende Benutzeranmeldeinformationen, wenn sie sich von denen, mit sich der aktuelle Benutzer lokal angemeldet hat, für das Sicherungziel unterscheiden.

7.1 Sicherung von einzelnen Dateien und Ordnern

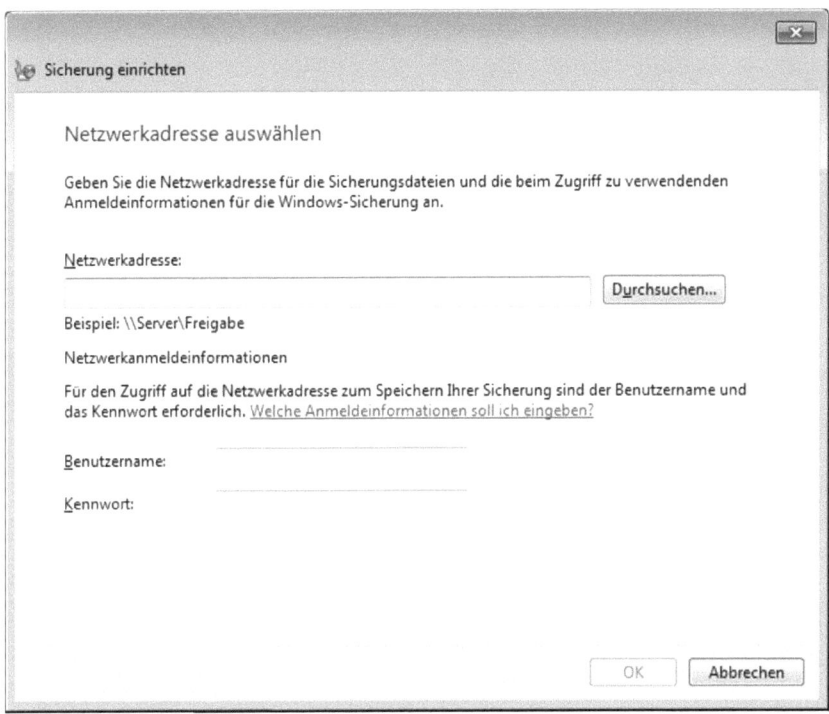

Abb. 7.4. Auswahl eines Netzwerkpfads als Sicherungsziel

Als nächstes wird festgelegt, was alles in der Sicherung enthalten sein soll (siehe Abb. 7.5). Dabei steht zur Auswahl, ob Windows selbst den Sicherungsumfang festlegt, oder ob das der Benutzer macht.

In der ersten Funktion erstellt Windows 7 ein Systemabbild, so dass der Computer im Fehlerfall wieder hergestellt werden kann, und sichert dann alle lokalen Bibliotheken, Desktop-Ordner und Windows-Standardordner (wie AppData, Favoriten etc.), die Benutzerdateien enthalten, ggf. auch solche, die sich auf einem NAS befinden. Zeitgesteuert werden dann alle Elemente regelmäßig gesichert.

In der zweiten Funktion können Benutzer selbst auswählen, was in der Sicherung enthalten sein soll, und auch, ob ein Systemabbild erstellt werden soll.

Grundsätzlich sichert diese Art der Sicherung jedoch keine Programmdateien, keine Dateien, die auf FAT-formatierten Partitionen gespeichert sind, keine Dateien im Papierkorb und keine temporären Dateien auf Laufwerken, die kleiner als 1 GB sind!

310 7. Datensicherung und -wiederherstellung

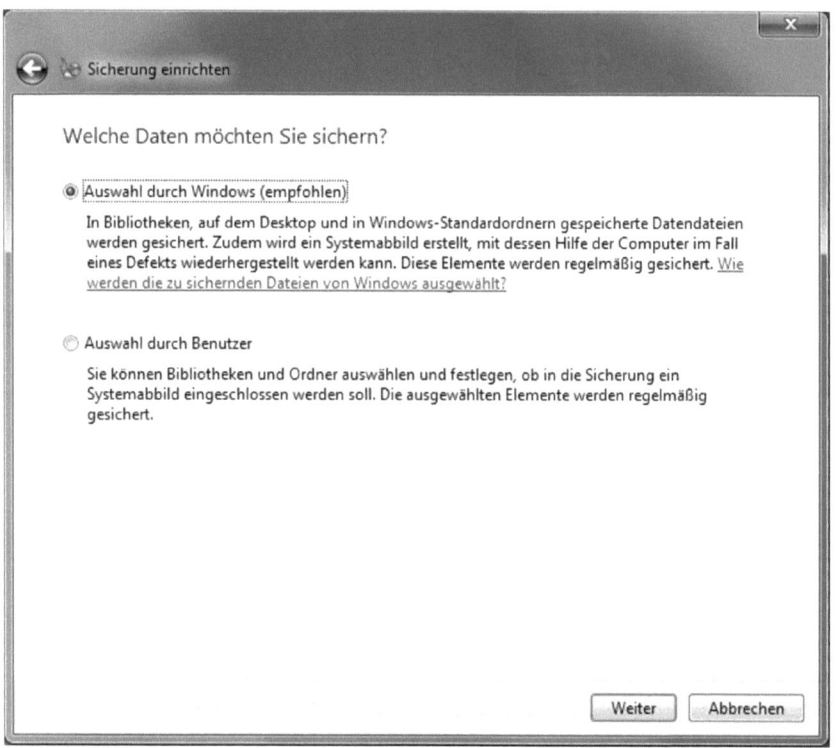

Abb. 7.5. Festlegen des Sicherungsumfangs

Durch Auswahl der Schaltfläche *Weiter* wird dann das Fenster *Sicherungseinstellungen prüfen* (siehe Abb. 7.6) aufgerufen. In ihm werden zusammenfassend die eben vorgenommenen Einstellungen, wie ein System gesichert werden soll (u. a. Sicherungsort und -elemente), angezeigt.

Der voreinstellte Zeitplan ist: Jeden Sonntag um 19:00 Uhr. Dieser lässt sich aber (wie hier gezeigt) auch entfernen bzw. ändern (siehe dazu das Kap. 7.1.2), in dem Sicherungszeitpläne mit ihren jeweiligen Optionen detailliert beschrieben sind.

7.1 Sicherung von einzelnen Dateien und Ordnern 311

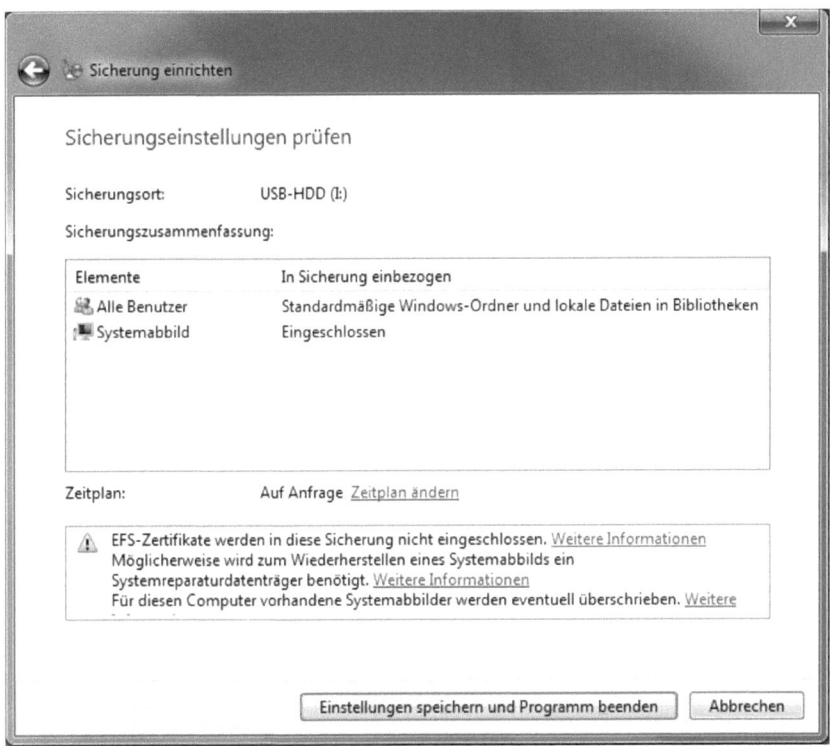

Abb. 7.6. Zusammenfassungs- und Überprüfungsfenster der Sicherung

Falls es durch EFS verschlüsselte Dateien und/oder Verzeichnisse gibt, die gesichert werden sollen, weist Windows 7 darauf hin, dass die betreffenden Zertifikate in dieser Sicherung nicht inkludiert sind! Diese sollten benutzerspezifisch bsp. über das Zertifikatsverwaltungs-MMC-Snap-In zusammen mit dem privaten Schlüssel an eine andere Stelle (z. B. einen USB-Stick) exportiert werden, damit diese verschlüsselten Dateien auch nach einer evtl. Wiederherstellung geöffnet werden können.

Anschließend wird durch die Auswahl der Schaltfläche *Einstellungen speichern und Programm beenden* sofort mit der ersten Sicherung begonnen.

312   7. Datensicherung und -wiederherstellung

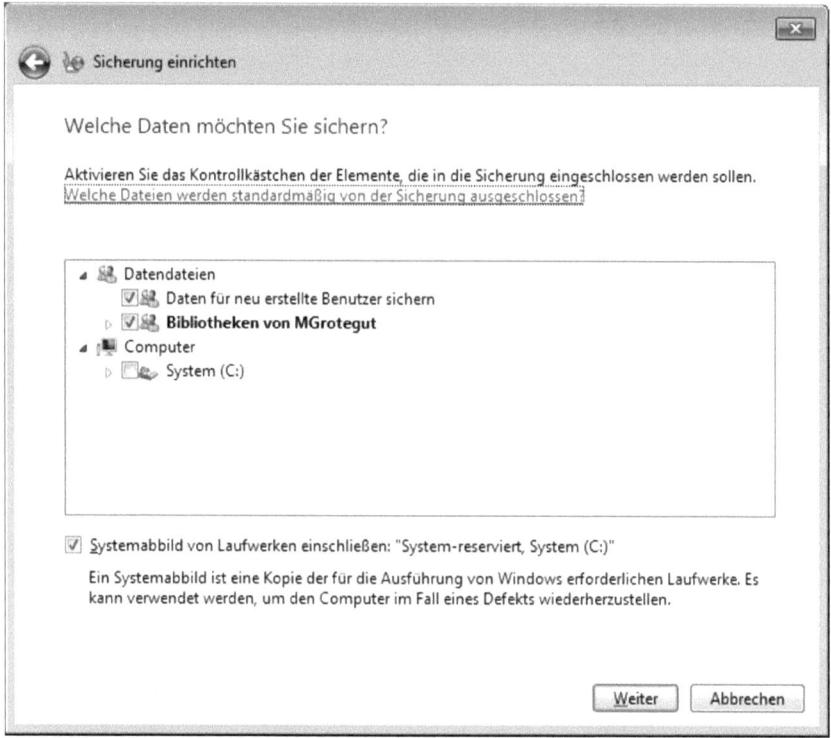

Abb. 7.7. Sicherungsumfangsauswahl

7.1.2 Sicherungszeitplan

Auf Wunsch kann die gerade eben konfigurierte Sicherung auch so eingerichtet werden, dass sie regelmäßig (z. B. täglich oder wöchentlich) wiederholt wird.

Dieses wird in dem Fenster *Sicherung einrichten* (siehe Abb. 7.8) eingerichtet, wenn in dem in Abb. 7.6 gezeigten Zusammenfassungsfenster auf *Zeitplan einrichten* geklickt wird.

Falls ein Windows-7-Computer zum eingestellten Zeitpunkt nicht eingeschaltet ist, wird die Sicherung beim nächsten Systemstart nachgeholt. Ist er jedoch eingeschaltet, befindet sich aber kein Sicherungsmedium im Laufwerk, wird sie übersprungen und muss bei Bedarf manuell gestartet werden.

Dabei gilt die Besonderheit, dass nicht jedes Mal *alle* in der Sicherung ausgewählten Elemente erneut geschrieben werden (das wären dann so genannte Vollsicherungen), sondern nur diejenigen, die seit der letzten Sicherung neu erstellt oder geändert worden sind. Das wird als *inkrementelle Sicherung* bezeichnet.

Für die Erkennung, um welche Dateien es sich handelt, benutzt das Sichern- und Wiederherstellenprogramm das Archiv-Dateiattribut der Dateien und Ordner, und setzt dieses nach erfolgreicher Sicherung zurück. Dieses Dateiattribut wird vom Betriebssystem automatisch nach einem schreibenden Vorgang auf einem Dateisystem gesetzt, was dann von einem Sicherungsprogramm erkannt werden kann.

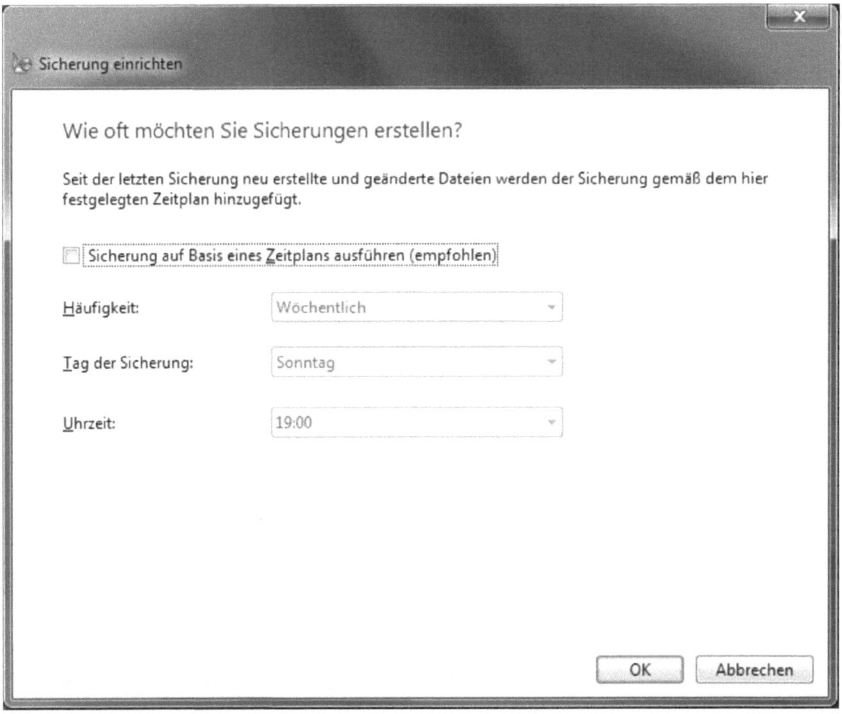

Abb. 7.8. Zeitplan einrichten

Es ist auch möglich, mehrere Zeitpläne einzurichten, an denen automatisch gesichert wird! Ein Verwendungsfall dafür ist, falls unerschiedliche Partitionen und/oder Daten(typen) unterschiedlich oft gesichert werden sollen, z. B. die Dokumente täglich, die Musikdateien wöchentlich.

Dass gerade eine zeitplangesteuerte Sicherung ausgeführt wird, erkennt man daran, dass sich das Symbol des Action Centers im Benachrichtigungsbereich in eins mit einem schwarzen Uhrensymbol ändert. Wenn darauf mit der Maus geklickt wird, erscheint ein Hinweistext, dass gerade eine Datensicherung ausgeführt wird.

Ein wichtiger Teil der Zeitplansteuerung ist, dass dadurch auch eine Überwachung des Systemnutzungsgrads erfolgt. Um zu verhindern, dass nach und nach immer mehr inkrementelle Sicherungen erstellt werden, die bei einer eventuellen Rücksicherung allesamt wiederhergestellt werden müssten,[2] schlägt Windows 7 von Zeit zu Zeit vor, eine Vollsicherung durchzuführen. Die Abstände sind dynamisch und hängen von der jeweils individuellen Nutzung eines Systems ab.

7.1.3 Sicherungsspeicherplatzverwaltung

Bei regelmäßiger wöchentlicher, oder gar täglicher Sicherung kann auf einem Datenträger schnell viel Speicherplatz belegt werden.

Über die Funktion *Speicherplatz verwalten* (siehe Abb. 7.1) können ältere, nicht mehr benötigte Datei- und Systemabbild-Sicherungen gelöscht, und damit Speicherplatz auf dem Sicherungsmedium freigegeben werden.

Diese Funktionen können in dem in Abb. 7.9 gezeigten Fenster aufgerufen werden. In ihm ist auch eine Übersicht über die Größen des Sicherungsmediums und den auf ihm enthaltenen, gesicherten Dateien angegeben.

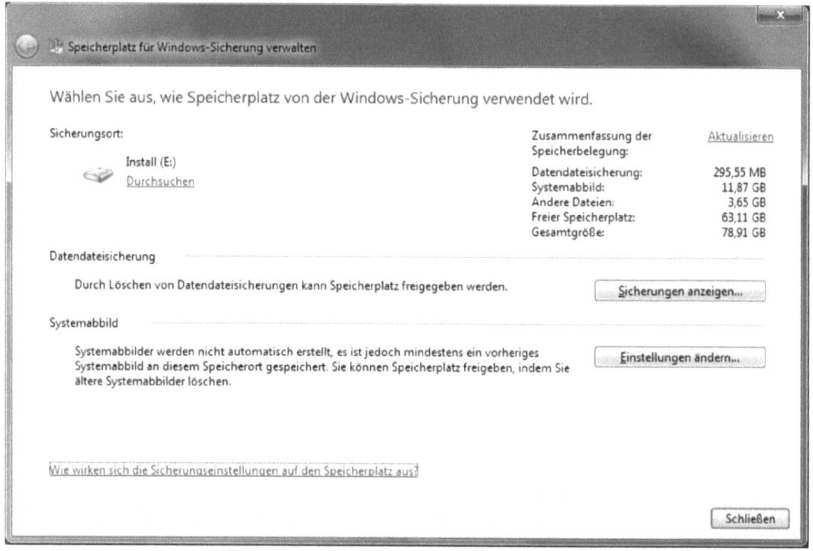

Abb. 7.9. Verwaltung des Sicherungsspeicherplatzes

---

[2] Falls dabei eine Teilsicherung nicht lesbar ist, oder nicht mehr gefunden werden kann, schlägt die Rücksicherung insgesamt fehl bzw. man hat dann nicht mehr den vollständigen Ausgangssatz an Dateien und Verzeichnissen!

Wenn hier die Schaltläche *Sicherungen anzeigen...* ausgewählt wird, erscheint ein Windows-Explorer-Fenster, in dem ältere Sicherungen aufgeführt sind. Mittels der Funktion *Öffnen* im Kontextmenü von jeder dieser Dateien können sie geöffnet werden. Sie enthalten die komprimierten Sicherungsdateien im ZIP-Format.

7.2 Systemabbildsicherung

Wird im Startfenster des Sicherungs- und Wiederherstellungsprogramm links die Option *Systemabbild erstellen* aufgerufen, öffnet sich das in Abb. 7.10 dargestellte Fenster.

Bei einer Systemabbildsicherung kann eine 1:1-Kopie des gesamten Computers (zumindest jedoch mit seiner Startumgebung, der Betriebssystemverzeichnisse und auf Wunsch weiterer Partitionen) erstellt werden.

Als Sicherungsziel kann alternativ zwischen einer Festplatte, einem optischen Datenträger und einem Netzwerkpfad ausgewählt werden. Die Netzwerksicherungsoption fehlt jedoch in den Starter- und Home-Varianten von Windows 7.

Auf dem ausgewählten Sicherungziel werden im Stammverzeichnis ein Ordner mit dem Namen *WindowsImageBackup* angelegt, in dem sich die Sicherungsdateien im VHD-Format befinden, und ein Ordner, der den Namen des gesicherten Computers (z. B. „W7PC1") hat.

Das Sicherungsprogramm erstellt bei der Systemabbildsicherung eine VHD-Datei. Ist diese größer als der freie Speicheplatz auf dem Zieldatenträger (bsp. einer DVD-R), wird sie in mehrere Teile aufgeteilt. Dabei werden aber nicht etwa alle Sektoren der Quellaufwerke 1:1 in die VHD-Datei übertragen, sondern dies erfolgt komprimiert und damit platzsparend! Typischerweise belegen Systemabbildsicherungen nur bis zu ca. 30 % des freien Platzes auf dem Sicherungsmedium. Eventuell vorhandene, ältere Systemabbildsicherungen werden durch Windows automatsich gelöscht.

Bei der entsprechenden Systemwiederherstellung durch Windows-7-Funktionen kann diese vollständige Sicherung zwar nur genauso vollständig wiederhergestellt werden. Aber weil das VHD-Format ein Standardformat ist, können solche Datenträger bsp. in der Datenträgerverwaltung „gemountet" oder auf sie mit Drittanbieterprogrammen wie Acronis True-Image zugegriffen o. ä. und einzelne Dateien wiederhergestellt werden.

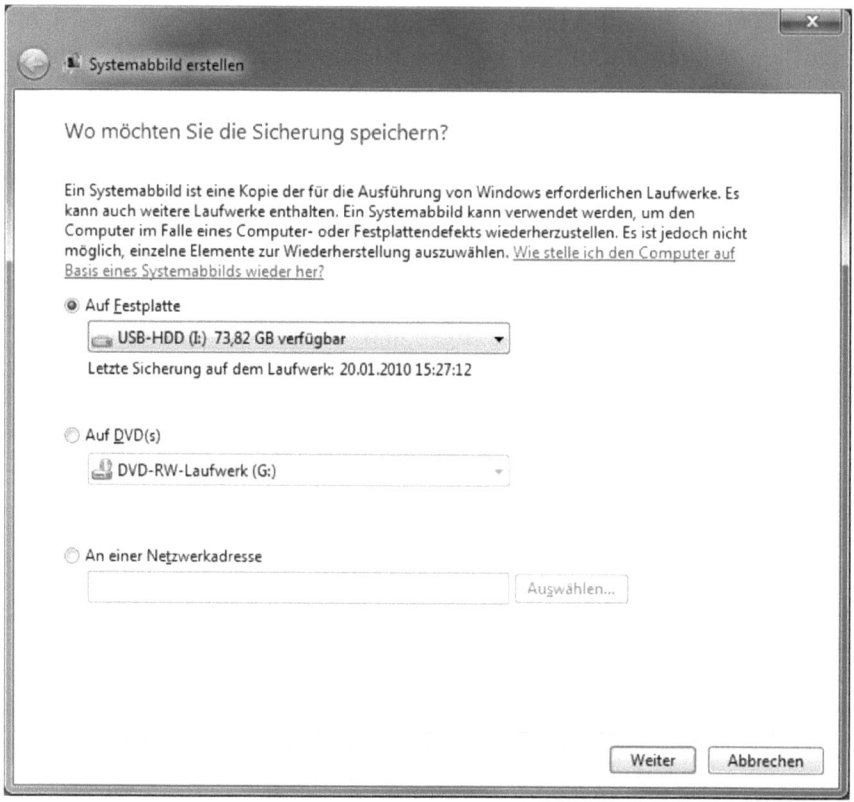

Abb. 7.10. Systemabbildsicherungsfenster

Nach der Auswahl des Sicherungsziels und durch einen Mausklick auf die Schaltfläche *Weiter* erscheint das nächste Fenster (siehe Abb. 7.11), in dem die Partitionen ausgewählt werden, die in das Systemabbild eingeschlossen, und damit gesichert werden sollen. Eine Ausnahme besteht jedoch bei der Partition, die als Sicherungsziel ausgewählt wurde: Sie selbst kann nicht mit in die Sicherung eingeschlossen werden.

Dieser Schritt entfällt, wenn es in einem System nur eine Partition gibt: In dem Fall wird direkt zum Bestätigungsfenster (siehe Abbb. 7.12) gesprungen.

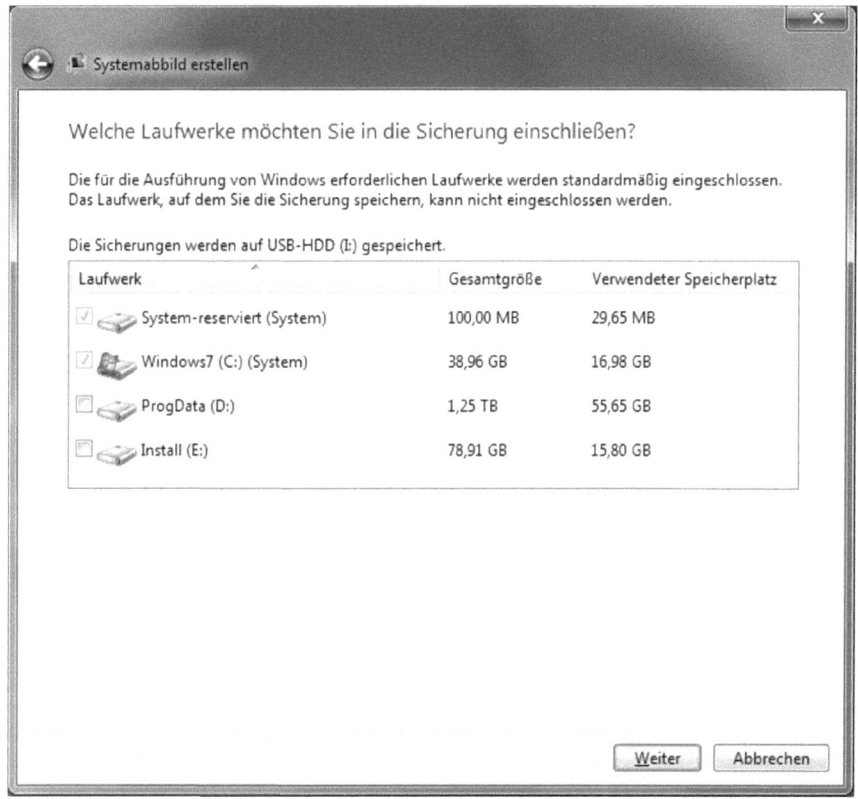

Abb. 7.11. Laufwerksauswahl der Systemabbildsicherung

Nach der Festlegung der in das Systemabbild einzuschließenden Partitionen erscheint noch mal ein Zusammenfassungsfenster (siehe Abb. 7.12), in dem die Einstellungen nochmals angezeigt werden. Wenn etwas geändert werden soll, kann mit dem blauen Pfeilsymbol links oben im Fenster zurückgegangen werden. Soll der Vorgang abgebrochen werden, kann auf die Schaltfläche *Abbrechen* geklickt werden. Andernfalls startet der Sicherungsvorgang durch Auswahl der Schaltfläche *Sicherung starten*.

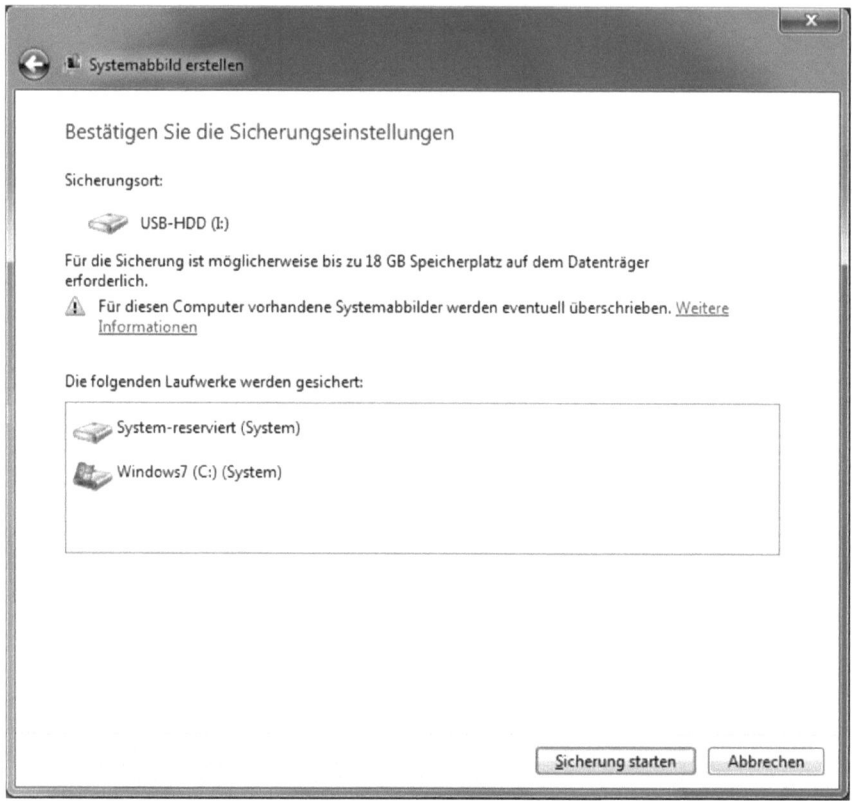

Abb. 7.12. Zusammenfassungsfenster der Systemabbildsicherung

7.3 Erstellung eines Systemreparaturdatenträgers

Aus dem Startfenster (siehe Abb. 7.1) kann durch die entsprechende genannte Funktion links im Fenster veranlasst werden, dass ein Systemreparaturdatenträger erstellt wird. Es öffnet sich dann das in Abb. 7.13 abgebildete Fenster, in dem zur Auswahl eines optischen Laufwerks, auf dem ein Systemreparaturdatenträger erstellt werden soll, aufgefordert wird. Nachdem man sich für ein passendes Laufwerk, in dem eine CD oder DVD gebrannt werden kann, entschieden hat, einen leeren zu beschreibenden Datenträger eingelegt und auf *Datenträger erstellen* geklickt hat, fährt Windows 7 mit der Erstellung des Systemreparaturdatenträgers fort.

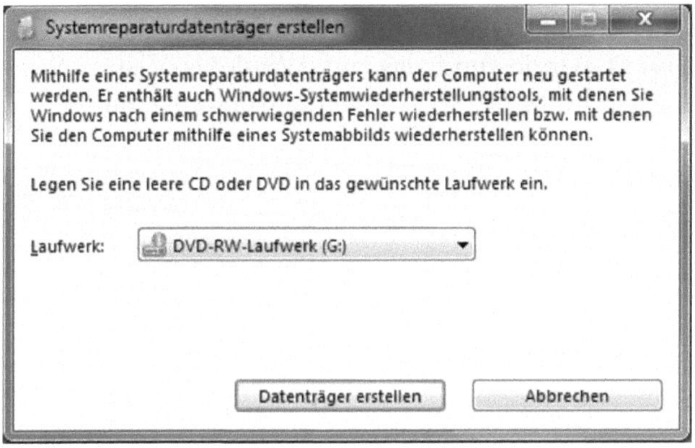

Abb. 7.13. Systemreparaturdatenträgererstellung

Technisch gesehen, ist ein „Systemreparaturdatenträger" ein bootfähiger Datenträger mit Windows PE und einer Benutzeroberfläche, in der zur Auswahl einer wiederherzustellenden Sicherung aufgefordert wird.

Ist jedoch in einem Computer kein CD-/DVD-Brenner angeschlossen, erscheint anstelle dessen eine Fehlermeldung, die darauf hinweist.

Wichtig ist, zu wissen, dass diese Systemreparaturdatenträger versionsabhängig sind! Ein 32-Bit-Systemreparaturdatenträger kann nur zum Wiederherstellen von 32-Bit-Windows-7-Computern verwendet werden, und ein 64-Bit-Systemreparaturdatenträger nur entsprechende 64-Bit-Computer. In gemischten Umgebungen sollten daher stets zwei entsprechende Systemreparaturdatenträger bereit stehen.

7.4 Wiederherstellen von einzelnen Dateien und Ordnern

Das Wiederherstellen von einzelnen Dateien und Verzeichnissen wird gleichfalls durch das nun schon bekannte Sicherungs- und Wiederherstellen-Programm (siehe Abb. 7.1) veranlasst.

Dazu wird in dem unteren Teil des Fensters *Eigene Dateien wiederherstellen* ausgewählt. Es öffnet sich dann ein Fenster, in dem die letzten Sicherungen mit ihrem Datum aufgelistet sind (siehe Abb. 7.14). Über die gleichlautenden Schaltflächen rechts im Bild kann auch nach Dateien und Ordnern gesucht werden, wenn ihr genauer Speicherort in einer Sicherung nicht bekannt ist.

Es muss jedoch betont werden, dass dieses Programm nur solche Sicherungen wiederherstellen kann, die mit ihm selbst erstellt wurden! Sollen ältere Sicherungen, die mit dem klassischen NTBackup-Programm erstellt wurden, können jene hiermit nicht wiederhergestellt werden. Für diesen

320 7. Datensicherung und -wiederherstellung

Zweck bietet Microsoft ein eigenes NTBackup-Programm, bei dem die Sicherungsfunktion deaktiviert wurde, und das auf Windows-Vista-, Windows-7- und Windows Server 2008 (R2)-Systemen lauffähig ist, an.[3]

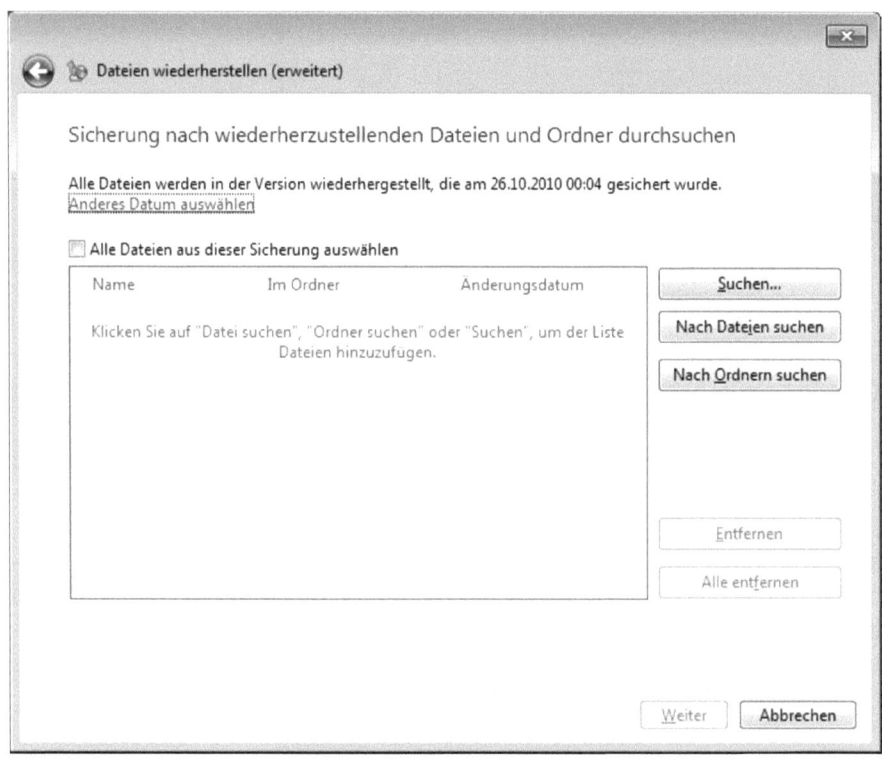

Abb. 7.14. Wiederherstellung von Dateien und Ordnern

Nachdem auf die Weiter-Schaltfläche geklickt wurde, erscheint ein weiteres Fenster, in dem gefragt wird, ob die wiederherzustellenden Dateien und Verzeichnisse an der Original-Lokation hineingeschrieben werden sollen, oder an einem anderen Pfad wiederhergestellt werden sollen.[4]

Nachdem schließlich in jenem Fenster auf die Wiederherstellen-Schaltfläche geklickt wurde, beginnt Windows 7 mit der Wiederherstellung. Sollten dabei bereits existierende Dateien und Odner auf der Zielpartition überschrieben werden, erscheint das u. a. von Explorer-Kopiervorgängen

---

[3] Die URL für den Download (der englischsprachigen Version) des NTBackup-Programms lautet: http://www.microsoft.com/downloads/en/details.aspx?FamilyID=7da725e2-8b69-4c65-afa3-2a53107d54a7 . Es ist aber auch in weiteren Sprachversionen (wie Deutsch) verfügbar.

[4] Dieses Fenster ist hier nicht abgebildet.

bekannte Dialogfenster, in dem gefragt wird, ob die bereits existierende Datei überschrieben werden soll, ob diese erhalten bleiben soll, bzw. ob zwei unterschiedliche Kopien der betreffenden Datei existieren sollen.

7.5 Wiederherstellung einer Systemabbildsicherung

Anders als bei der Wiederherstellung von Benutzerdateien, bei der die wiederherzustellenden Dateien und Verzeichnisse einzeln ausgewählt werden können, wird bei einer Systemabbildwiederherstellung ein Computer *komplett* wiederhergestellt, und auf genau den Zustand gebracht, in dem er bei der Systemabbildsicherung war. Sämtliche danach evtl. installierten Programme und/oder erstellten Dateien und Verzeichnisse sowie System- und Benutzereinstellungen werden überschrieben.

Zur Durchführung wird entweder das Sichern- und Wiederherstellenprogramm geöffnet (siehe Abb. 7.1), und dann *Andere Sicherung für die Wiederherstellung auswählen* ausgewählt, oder direkt über die Systemsteuerung auf das Wiederherstellenprogramm gegangen (siehe Abb. 7.15).

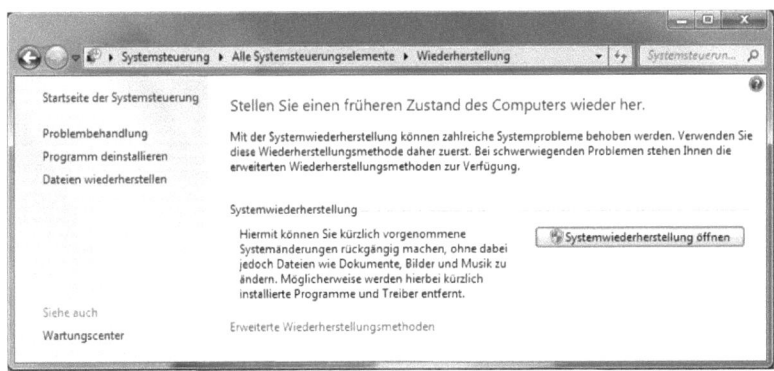

Abb. 7.15. Das Wiederherstellungsprogramm aus der Systemsteuerung

Danach muss *Erweiterte Wiederherstellungsmethoden* (siehe Abb. 7.16) ausgewählt werden. In diesem Fenster könnte zudem auch eine Neuinstallation von Windows 7 initiiert werden.

In diesem Fenster wird für die vollständige Systemabbildwiederherstellung die Option *Verwenden Sie ein zuvor erstelltes Systemabbild, um den Computer wiederherzustellen* durch einen Benutzer mit administrativen Rechten aufgerufen.

Anschließend wird angeboten, zunächst die jüngsten Dateien einer evtl. vorhandenen Benutzerdateisicherung zu sichern, die ansonsten durch die Systemabbildwiederherstellung zwangsläufig überschrieben würden. Dieser Schritt kann auf Wunsch auch unterbleiben. Im nächsten Schritt wird zum Neustart des Computers aufgerufen, und der Vorgang könnte an dieser Stelle noch abgebrochen werden.

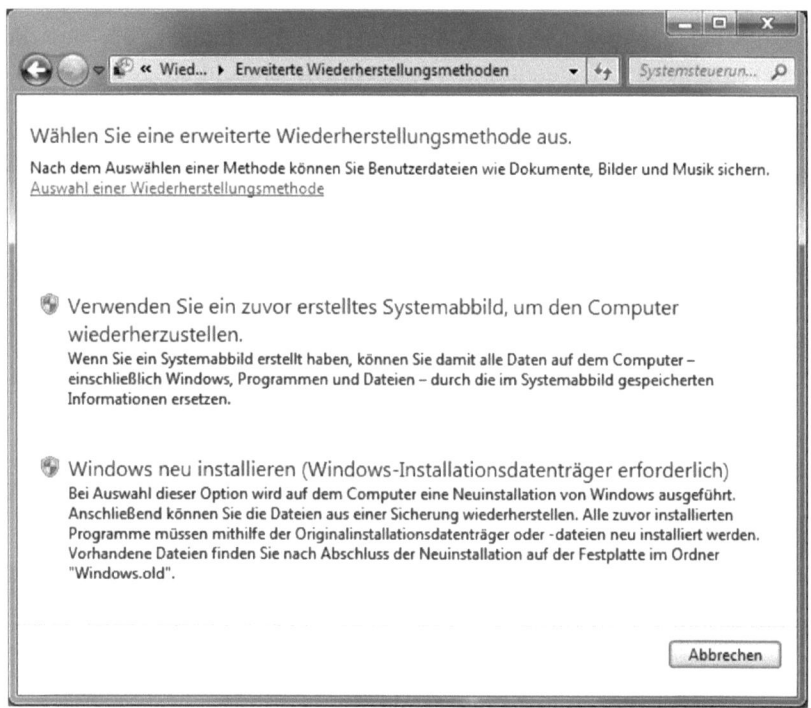

Abb. 7.16. Erweiterte Systemwiederherstellung

Wenn ein Computer nicht mehr vollständig starten kann, und somit auch keinen Zugriff auf die GUI-Programme zulässt, kann der Wiederherstellungsvorgang auch nach einem Systemstart, Drücken der F8-Taste und anschließender Auswahl von Computer reparieren in den Erweiterten Startoptionen initiiert werden.

Kann auf einem fehlerhaften Computer jedoch nicht einmal bis zu dieser Stelle gelangt werden, muss er entweder von einem Windows-7-Installationsmedium oder einem Systemreparaturdatenträger gestartet, und in dem nachfolgend angezeigten Auswahlmenü dann *Computer reparieren* bzw. eine Wiederherstellungsoption ausgewählt werden.

Der weitere Prozess ähnelt dem bereits zuvor Beschriebenen und ist intuitiv verständlich.

7.6 Das Sicherungs-Befehlszeilentool

Für die Verwaltung der Sicherungen gibt es auch ein Programm, das von einer Eingabeaufforderung aus oder durch ein Skript aufgerufen werden kann. Dieses heißt *Wbadmin.exe* und akzeptiert verschiedene Parameter, die in Tabelle 7.1 vollständig aufgelistet sind. Viele von ihnen dürfen allerdings nur Mitglieder der lokalen Gruppen Administratoren und Sicherungsoperatoren benutzen.

Tabelle 7.1. Der Befehl Wbadmin.exe

Befehl	Funktion
START BACKUP	Führt eine einmalige Sicherung durch.
[-backupTarget:<Sicherungszielvolume | Netzwerkfreigabepfad>]	Angabe des Sicherungsziels.
[-include:<Volumes>]	Angabe der zu sichernden Partitionen.
[-allCritical]	Schließt sämtliche Startpartitionen (z. B. die 100 MB Part.) mit ein.
[-user:<Benutzerkontoname>]	User-ID
[-password:<Kennwort>]	Benutzerkennwort
[-noInheritAcl]	ZSL nicht vererben.
[-noVerify]	Keine abschließende Überprüfung.
[-vssFull | -vssCopy]	Volume Shadow Copies
[-quiet]	Ohne Benachrichtigungsfenster.
STOP JOB [-quiet]	Bricht einen laufenden Sicherungs- bzw. Wiederherstellungsvorgang ab. Mit der Klausel *-quiet* wird ein angemeldeter Benutzer nicht darüber informiert.
GET VERSIONS	Zeigt Detailinformationen über die Sicherungen an einem bestimmten Ort an.
[-backupTarget:<Sicherungszielvolume | Netzwerkfreigabepfad>]	Wie oben.
[-machine:<Sicherungscomputername>]	Anderer Computer.

GET ITEMS -version:<MM/TT/JJJJ-HH:MM>	Zeigt die in einer bestimmten Sicherung vorhandenen Elemente.
[-backupTarget:<Sicherungszielvolume | Netzwerkfreigabepfad>]	Wie oben.
[-machine:<Sicherungscomputername>]	Wie oben.
GET STATUS	Zeigt den Zustand eines aktuell ausgeführten Vorgangs an.

8. Netzwerk

Die Netzwerkfunktionalität eines modernen Betriebssystems hat seit einiger Zeit schrittweise einen immer höheren Stellenwert erhalten. War sie früher nur für Unternehmen von Bedeutung, später auch für die Verbindung von ein paar Computern (z. B. in Kanzleien und Arztpraxen), so ist mittlerweile nahezu jeder PC Teil eines Netzwerks: Die (drahtlose oder drahtgebundene) Verbindung ins Internet stellt ein Netzwerk dar, genauso wie die Verbindung mit einem Media-Center-Extender (MCX) oder einer Kamera über *FireWire*. Für die Einwahl in das Firmennetz werden gleichfalls Netzwerkfunktionen benötigt und Microsoft möchte mit seinem Home-Server in jeden Haushalt Netzwerkserverfunktionen bringen.

Insoweit wäre ein modernes Betriebssystem ohne Netzwerkfunktionen gar nicht denkbar.

Die Netzwerkverwaltung in Windows 7 wird hauptsächlich über das Fenster *Netzwerk- und Freigabecenter* (siehe Abb. 8.1) vorgenommen, welches unter anderem von der Systemsteuerung aus aufgerufen werden kann.

Von ihr aus kann zu Unterfunktionen verzweigt werden: So kann im Netzwerk- und Freigabecenter unter anderem auch festgelegt werden, um welchen Typ eines Netzwerks es sich handelt.[1] Zur Auswahl stehen: *Heimnetzwerk*, *Arbeitsplatznetzwerk*, *Öffentliches Netzwerk* und *Domäne*. Letzteres ist nur verfügbar, wenn die Windows-7-Installation Teil einer Active-Directory-Domäne ist und der Computer von einem Domänencontroller angemeldet wurde. Wenn ein Rechner nur Mitglied einer Arbeitsgruppe ist, steht dieses Profil nicht zur Verfügung. In aller Regel sind die Sicherheitsanforderungen an Clientcomputer in Domänenumgebungen nicht allzu hoch, weil es dort andere Schutzmechanismen (wie mehrstufige Enterprise-Firewalls, Intrusion Detection Systems etc.) gibt.

Ein öffentliches Netzwerk finden Sie bsp. in einem Hotel, bei einem WLAN-Hotspot oder Internetcafé vor und ist die Voreinstellung für ein neues Netzwerk. Es ist dadurch gekennzeichnet, dass im Netzwerk selbst nur geringe oder keine Schutzeinrichtungen wie Firewalls (siehe unten) vorhanden sind, wobei theoretisch andere angeschlossene Benutzer den ei-

---

[1] Microsoft nennt diesen auch *Netzwerkstandort*.

genen Rechner ausspähen könnten und deswegen das System durch Windows-7-eigene Funktionen stärker geschützt werden muss, mit anderen Worten im allgemeinen werden hier die schärfsten Sicherheitseinstellungen benötigt.

Anders ist das bei einem Heim- und Arbeitsplatznetzwerk: Hier sind laut Microsoft-Definition Schutzvorrichtungen wie Firewalls, Router etc. vorhanden, und es ist als gesichert anzusehen. Das ist z. B. der Fall in einem kleineren Netzwerk (z. B. im SOHO-Bereich (Small Office/Home Office) ohne Domänencontroller. Die Verbindung zum Internet wird dabei bsp. über einen Router hergestellt, der bereits eine integrierte Firewall besitzt. In diesem Profil ist die Suche nach anderen Netzwerkgeräten erlaubt, und es ist auch wichtig für die Heimnetzwerkfunktionalität (siehe unten). Für das Wechseln in diese Zone sind jedoch administrative Reche notwendig.

Als Symbol wird je Netzwerkschnittstelle für ein öffentliches Netzwerk eine Parkbank, für ein Heimnetzwerk ein Haus, für ein Arbeitsplatznetzwerk ein Symbol mit zwei Bürogebäuden bzw. zwei Flachbildschirmen und für ein Domänennetzwerk ein Symbol mit zwei vernetzten Computern angezeigt. Diese Symbolvoreinstellung lässt sich aber bei Bedarf durch die Wahl eigener Symbole ändern.

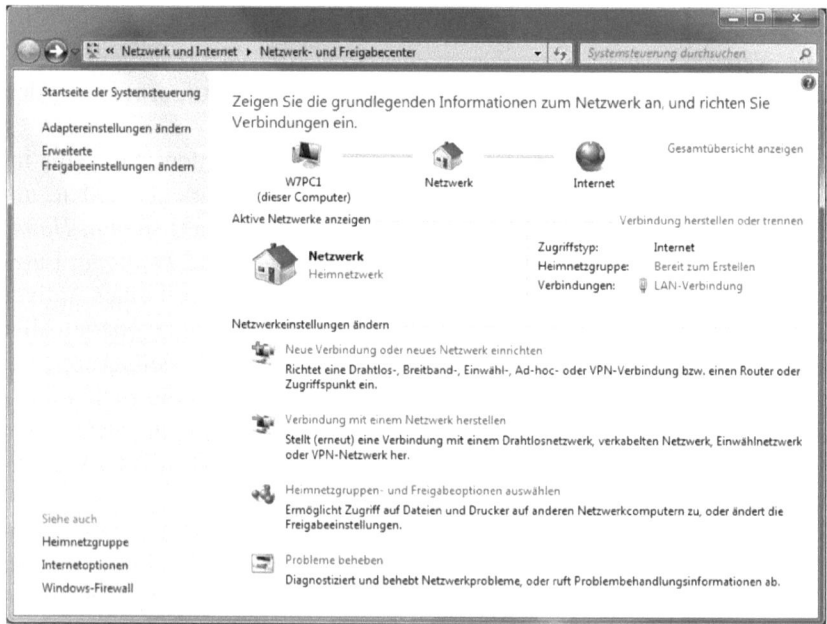

Abb. 8.1. Das Netzwerk- und Freigabecenter

Machte Windows Vista die für den gesamten Computer effektiv geltenden Firewall-Regeln noch von dem Profil des gefährdetsten Standorts abhängig, so können bei Windows 7 nun mehrere Profile gleichzeitig aktiv sein – jeweils eins für jede Netzwerkschnittstelle.

Der Standort *Domänennetzwerk* wird durch den Network Location Awareness-(NLA-)Dienst angewendet, wenn ein Netzwerkanschluss mit einer Domänenumgebung verbunden sind und der Computer von einem Domänencontroller der Domäne authentifiziert wurde, in der er Mitglied ist.

Der Standort *Privat* wird ausgewählt, wenn ein Netzwerkanschluss mit einem Heim- oder Arbeitsplatznetzwerk verbunden ist.

Schließlich gilt ein Standort als *Öffentlich* (Voreinstellung), wenn er nicht durch einen Administrator ausdrücklich als privat gekennzeichnet wurde.

In Abhängigkeit von diesen drei Grundtypen von Netzwerkstandorten werden, insbesondere in den Firewall-Verwaltungsprogrammen (siehe Kap. 8.6), unterschiedliche Einstellungen angeboten. In Domänen- und öffentlichen Netzwerken ist die Darstellung der Netzwerkübersicht standardmäßig nicht möglich. Diese Einstellung kann aber bei Bedarf über Gruppenrichtlinien geändert (mit anderen Worten: „aktiviert") werden.

8.1 Netzwerk-Hardware

Als Netzwerk-Hardware[2] kann nahezu alles aus dem Bereich verwendet werden, was derzeit auf dem Markt für PCs erhältlich ist. Windows 7 erkennt dabei mit seiner enormen Treiberunterstützung die allermeisten Geräte automatisch – auch in den 64-Bit-Varianten.

Die Verwendung gebräuchlicher Ethernet-Netzwerkschnittstellen mit RJ45-Anschlüssen und die mit den Geschwindigkeiten 10, 100 und 1000 Mbps und drahtlosen Netzwerkschnittstellenbausteinen mit 1, 2, 11 und 54 Mbps stellt dabei überhaupt kein Problem dar. Des weiteren gibt es Unterstützung für ISDN-Primärmultiplexanschlusskarten, Bluetooth-Adapter, IrDA-Infrarotgeräte, und auch der *Microsoft Loopback-Adapter*, der in Umgebungen verwendet werden kann, in denen keine physische Netzwerkschnittstelle vorhanden ist, aber eine solche dem System „vorgegaukelt" werden soll, damit z. B. Netzwerkprotokolle installiert und konfiguriert werden können, ist weiterhin vorhanden. Letzterer muss aber über das Programm *Hardware* aus der Systemsteuerung als eine Netzwerkkarte vom

---

[2] Am Rande bemerkt: Der Punkt *Hardware* entspricht der Schicht 1 (Bitübertragungsschicht, engl.: Physical Layer) des ISO-OSI-Schichtenmodells und z. T. der Schicht 2 (Sicherungsschicht, engl.: Data Link Layer).

Hersteller Microsoft installiert werden. Die Einrichtung der Standardkomponenten (Treiber und Dienste) übernimmt Windows 7 im Normalfall dagegen selber.

8.2 Einrichtung einer Netzwerkverbindung

Aus dem Netzwerk- und Freigabecenter können neue Verbindungen und Netzwerke eingerichtet werden, sowie Verbindungen mit Netzwerken hergestellt werden.

Bei der Auswahl der ersten Option können neue WLAN-, Breitband- (bzw. xDSL-), RAS-, WLAN-Ad-Hoc- oder VPN-Verbindungen erstellt werden. Es öffnet sich dann das in Abb. 8.2 gezeigte Fenster, in dem der Typ der neuen Verbindung ausgewählt werden muss.

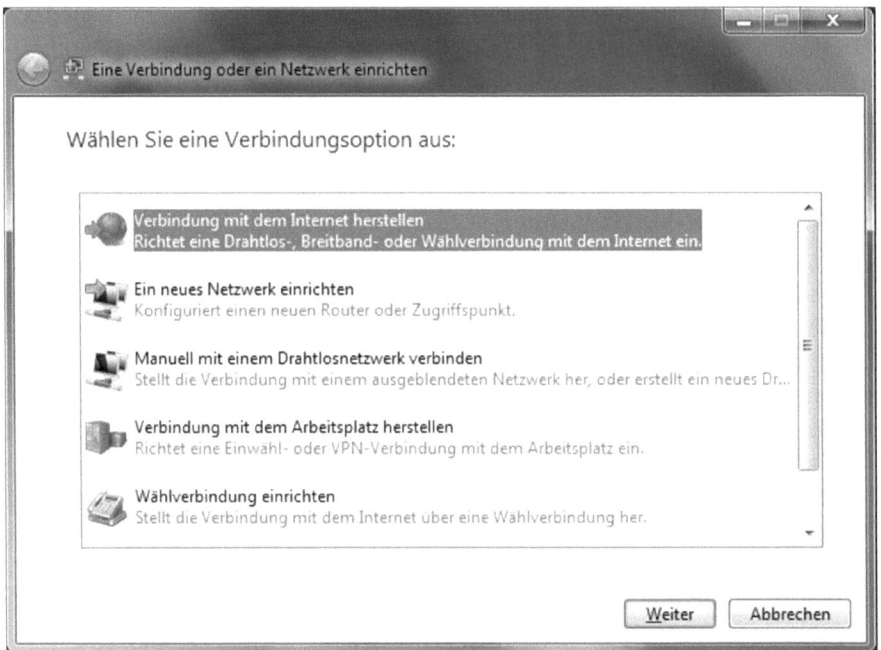

Abb. 8.2. Neue Verbindung oder neues Netzwerk einrichten

Bei Auswahl einer drahtlosen Netzwerkverbindung werden, nachdem die WLAN-Netzwerkkarte eingerichtet und empfangsbereit ist (gelegentlich muss bei einem Notebook dafür ein spezieller WLAN-Schalter für die Antenne betätigt werden), *sichtbare* WLANs angezeigt, ihre SSIDs (Service Set Identification – das ist der Name des Funknetzwerks), ob sie den

8.2 Einrichtung einer Netzwerkverbindung   329

Netzwerkverkehr verschlüsseln, und falls ja, mit welchen Verfahren und mit welcher Verschlüsselungsstärke, sowie den verwendeten WLAN-Standards sie dieses tun.

Unter *sichtbar* wird in diesem Zusammenhang verstanden, dass sich der Notebook in einem versorgten Gebiet befindet und er die Funkwellen der WLAN-Gegenstelle (Basisstation oder Ad-hoc-Partner) in ausreichender Feldstärke empfangen kann, und dass jene so konfiguriert ist, dass sie ihre SSID sendet.

Wenn letzteres (aus Sicherheitsgründen bsp.) deaktiviert wurde, muss die SSID von Hand eingetragen werden.

Ein häufig gemachter Fehler dabei ist jedoch, dass der Name nicht richtig eingegeben wird. SSID-Namen unterscheiden die Groß- und Kleinschreibung! Also *My_WLAN* ist eine andere SSID als *my_wlan*! Die einzige SSID, welche die Groß-/Kleinschreibung ignoriert, ist *ANY*. Diese spezielle SSID zeigt alle gefundenen SSIDs an.

Es gibt im WLAN-Bereich mehrere Verschlüsselungsprotokolle (wie WEP, WPA, WPA2, PEAP, IPsec u. a.), welche den gesamten Verkehr der Kommunikationspartner verschlüsseln. Aus Sicherheitsgründen sind verschlüsselte drahtlose Verbindungen in Unternehmensnetzwerken, und nicht nur dort, auf jeden Fall ratsam – schließlich machen Funkwellen nicht am Werkstor halt.

Zwei sehr nützliche Programme zur Darstellung der SSIDs in einem Gebiet, ihrer Kanäle, MAC-Adressen (aus denen sich leicht der Hersteller ableiten lässt und damit die Standardverwaltungskontonnamen und -kennwörter der betreffenden Geräte), ihrer Geschwindigkeit, Übertragungsgüte etc. sind u. a. der *NetStumbler*[3] und der *inSSIDer* von Metageek[4]. Falls die ausgewählte Gegenstelle keine Datenverschlüsselung nutzt, weist Windows 7 ausdrücklich darauf hin. Das ist jedoch bei öffentlichen Hotspots normal und braucht nicht zu beunruhigen, denn in aller Regel arbeiten kommerzielle Hotspots (wie T-Mobile, Swisscom, Hansaspot etc.) unverschlüsselt, damit die Startseite, auf der Benutzeranmeldeinformationen eingetragen werden, problemlos aufgerufen werden kann.

Wird in so einem Fall *Trotzdem verbinden* ausgewählt, was bei einfachen Internetverbindungen durchaus angebracht sein mag, weil öffentliche Internetseiten nicht zwingend verschlüsselt sein müssen und sensitive Daten meistens ohnehin durch SSL- oder TLS-geschützte https-Verbindungen

---

[3] Die Internet-URL, unter der dieses kostenlose Programm (engl.: Freeware) heruntergeladen werden kann, ist http://www.netstumbler.com/. Auf der Website http://www.netstumbler.org/ gibt es ein Diskussionsforum zu diesem Programm.
[4] Siehe http://www.metageek.net/ .

gesichert sind,[5] sowie bei anderweitig gesicherten Verbindungen, stellt Windows 7 eine Verbindung mit der betreffenden WLAN-Basisstation her.
In Windows 7 werden auch WLANs, die mit dem Standard IEEE 802.1n arbeiten, unterstützt.

8.3 Netzwerkbrücke

Windows 7 besitzt unter anderem auch eine integrierte Brücken-Funktionalität (engl.: bridging). Bei einer Netzwerkbrücke (engl.: bridge) werden Pakete der durch sie verbunden Netzwerke anhand der MAC-Adressen im Paket-Kopf entweder herausgefiltert oder weitergeleitet, je nachdem, in welchen Netzwerksegment sich der Empfängercomputer befindet, und um was für einen Typ des Netzwerkverkehrs es sich handelt: Brücken filtern keinen Multicast- und Rundsendeverkehr (engl.: *broadcast*), sondern leiten ihn an alle Netzwerksegmente weiter.

Das Konfigurieren zweier oder mehrerer Netzwerkschnittstellen zu einer Netzwerkbrücke wird dabei ganz einfach bewerkstelligt: Im Fenster *Netzwerkverbindungen* (siehe Abb. 8.3)[6] werden mit der Steuerungstaste die zu verbindenden Netzwerke ausgewählt, dann auf einem der betreffenden Symbole die rechte Maustaste gedrückt und in dem darauf erscheinendem Kontextmenü der Menüpunkt *Netzwerke überbrücken* ausgewählt.[7]

Problematisch kann diese Funktion dagegen sein, wenn ein Benutzer eine Unternehmensnetzwerkschnittstelle mit einem WLAN- oder UMTS-Adapter überbrückt, weil dann der Enterprise-Firewall-Schutz ausgehebelt wird. Daher ist diese Funktion Administratoren vorbehalten und kann zudem auf Wunsch per Richtlinieneinstellung unterbunden werden.

---

[5] Man sollte sich aber unbedingt dabei vor Augen halten, dass falls keine zusätzliche Sicherung wie ein VPN eingesetzt wird, dann FTP-, Telnet-, POP3-, SMTP- und weiterer Verkehr unverschlüsselt durch den „Äther" geht, und jemand, der es darauf anlegt, diesen Verkehr (inkl. der aufgerufenen URLs und Daten in Eingabefeldern) analysieren und protokollieren kann.
[6] Offensichtlich kann auf diesem Beispielcomputer keine Netzwerkbrücke eingerichtet werden, weil er nur über eine einzige Netzwerkschnittstelle verfügt.
[7] Alternativ können auch zuerst die zu einer Brücke zusammenzufügenden Adapter ausgewählt, und dann in dem über die Alt- oder F10-Taste dargestellten Menü der Punkt *Erweitert - Verbindungen überbrücken* ausgewählt werden.

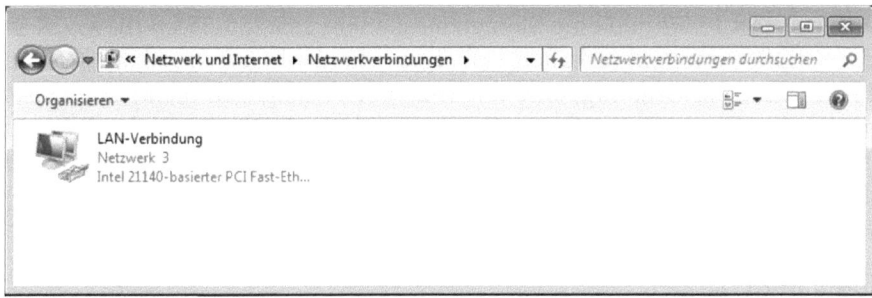

Abb. 8.3. Fenster Netzwerkverbindungen

8.4 Protokolle

Windows 7 bringt von Haus aus eine Unterstützung der derzeit wichtigsten Netzwerkprotokolle mit, kann aber grundsätzlich über ladbare Treiber mit beliebigen Protokollen arbeiten.

Die in früheren Windows-Versionen vorhandenen Treiber für die Protokolle NetBEUI und NWLink werden jedoch nicht mehr ausgeliefert.

8.4.1 TCP/IP

TCP/IP (Transmission Control Protocol/Internet Protocol) ist der Name einer Protokollfamilie, welche gegenwärtig die größte Bedeutung besitzt. Als offene Standards konzipiert, ermöglicht sie die Nutzung heterogener Geräte und ist eine Voraussetzung zur Nutzung des Internets.

Dabei arbeitet das IP (Internet Protocol) ungefähr auf der dritten Ebene des ISO-OSI-Schichtenmodells, und TCP sowie UDP auf der darüber liegenden vierten Ebene aller alternativen Netzwerkprotokolle.

Da es im Normalfall kontraproduktiv und leistungssenkend ist, mehrere Netzwerkprotokolle parallel zu verwenden, wird heute üblicherweise ausschließlich TCP/IP eingesetzt.

Es ist außerhalb des Fokusses dieses Buches, die TCP/IP-Protokollfamilie, den IPv4-Adressenaufbau, Super- und Subnetting detailliert zu beschreiben. Jedoch sei auf einen wichtigen (und MCP-Prüfungsrelevanten) Umstand hingewiesen: Ein gelegentlich gemachter Fehler besteht in der falschen Vergabe der Standard-/Default-Gateway-IP-Adresse. Wichtig ist, dass sie stets eine aus demselben Netzwerk des Hosts sein muss, andernfalls kann der falsch konfigurierte Host nicht mit Hosts in anderen IP-Subnetzen kommunizieren. Ein Beispiel dazu: Hat ein Host eine IP-Adresse von 192.168.15.27 und eine Subnetzmaske von 255.255.255.0 (bzw. /24 in der CIDR[8]-Notation) erhalten, ist eine Standard-Gateway-Adresse von 192.168.15.1 in Ordnung, eine mit 192.168.1.1 hingegen nicht! Die Hosts in diesem Netzwerk müssen (von Hand oder per DHCP) gleichfalls auf diese Adresse verweisen. Außerdem müssen ihre Subnetzmasken innerhalb desselben IP-Netzes identisch sein.

8.4.2 IPv6

Windows 7 besitzt (genauso wie der Windows Server 2008, Windows CE bzw. Mobile) einen neuen kombinierten Protokoll-Stapel, in dem das Internet Protocol Version 4 (IPv4) und das Internet Protocol Version 6 (IPv6) nicht einzeln deinstallierbar[9] enthalten sind, und beide gleich nach der Betriebssysteminstallation aktiviert sind. In den Vorgängerversionen (Windows 2000, Windows XP und Windows Server 2003) konnte IPv6 lediglich hinzuinstalliert werden.

Im Vergleich zu IPv4 fallen zunächst die anders aufgebauten IP-Adressen, sowie geänderte Bezeichnungen auf. Tabelle 8.1 (siehe unten) stellt sie gegenüber.

8.4.2.1 Warum IPv6?

Eigentlich ist IPv6 ein richtig gutes Protokoll: Üblicherweise wird zwar, wenn über das Thema geredet wird, in diesem Zusammenhang nur darauf hingewiesen, dass IPv6 mit seinen 128 Bit langen Adressen Millionen von IP-Adressen pro Quadratmeter Erdoberfläche bereitstellt.[10] Aber IPv6 bietet noch viel mehr Vorteile: So müssen Hosts[11] nicht mehr mit IP-Adressen aufwendig versehen werden, sondern diese (und auch die Subnetzmaske) können automatisch durch das Protokoll (und, wenn gewünscht, auch mit DHCPv6) vergeben werden. Ebenso werden DNS-Server- und Gateway-

---

[8] Das ist die Abkürzung von *Classless Inter-Domain Routing*.
[9] Sie sind jedoch *deaktivierbar*.
[10] Wobei die dann normalerweise genannte Zahl häufig gar nicht stimmt, denn gegenwärtig sind für öffentliche Adressen nur ungefähr 2^{125} IPv6-Unicast-Adressen frei verwendbar (das ist ein Achtel des gesamten Adressumfangs) und es ist auch gar nicht vorgesehen, alle IP-Adressen sämtlicher Subnets zu verwenden, denn gerade durch das hierarchische Routing bei IPv6 kommt es zu großen Lücken in dem IP-Adresspool und insbesondere mit den unteren 64 Bit der Adressen wird sehr verschwenderisch umgegangen.
[11] Als *Host* wird nachfolgend jedes Gerät (diese werden wiederum auch *Knoten* genannt) im Netzwerk bezeichnet, das kein Router ist.

Adressen automatisch ermittelt. Die Hosts konfigurieren sich also selbst. Das gilt auch für die Namensauflösung (siehe unten). Somit besitzt es Plug-und-Play-Funktionalitäten, wie sie zuvor nur das NetBIOS-Protokoll bot. Man kann sogar sagen, dass IPv6 einfacher zu konfigurieren ist, als IPv4 mit seinen Subnetzmasken und dem Sub- und Supernetting!

Zu IPv6 gehört zudem untrennbar eine Unterstützung von IPsec und QoS (Quality of Service). In IPv4 machte genau das Probleme: Da der Inhalt von IPsec-Paketen verschlüsselt ist, konnten Router die QoS-Informationen nicht lesen, auswerten und betreffende Pakete auch nicht bevorzugt weiterleiten.

IPv6 ermöglicht mit dem erheblich größeren Adressenumfang leichteres Routing. Logisch zusammengehörende Netze bekamen in IPv4 i. d. R. unterschiedliche Adresskreise (z. B. hat die Firma Microsoft allein in den USA mehr als 256 Netze reserviert, die in völlig unterschiedlichen Bereichen wie u. a. 8.6.176, 12.28, 12.70, 63.236, 131.107, 216.32.175 liegen). So ein Stückwerk bläht die Routingtabellen in den Millionen Routern im Internet zwangsläufig und unnötiger Weise auf. Microsoft hat dagegen nur *ein* IPv6-Netzwerk (2001:4898/32)! Wie wir noch sehen werden, gibt es in diesem bis zu rund 4 Milliarden (2^{32}) hierarchische Subnetze, was für das genannte Beispielunternehmen anscheinend mehr als ausreichend ist.

Durch den neuen IPv6-Paketkopf (engl.: header) werden die Router weiter entlastet: IPv6 verlässt sich zum einen auf die Prüfsummen der Schichten 2 und 4 im OSI-Schichtenmodell. Die bei IPv4 nötige Neuberechnung der Prüfsumme *jedes* weitergeleiteten Pakets entfällt.

Zum anderen können nun weitere Header aneinander gehängt werden. Dieses System kann auch zukünftig flexibel um andere Header erweitert werden, ohne dass der IPv6-Standard dafür geändert werden müsste. IPv4 hat dagegen ein starres Header-Format.

8.4.2.2 IPv6-Paketaufbau

IPv6-Adressen sind 128 Bit lang und werden als acht hexadezimale 16-Bit-Werte, jeweils durch Doppelpunkte getrennt, geschrieben: Bsp. *2001:0DB8:0000:0000:0000:0000:0000:001A.* Führende Nullen können weggelassen werden, was die Schreibweise der Adressen weiter vereinfacht: *2001:DB8:0:0:0:0:0:1A.* Bei IPv6-Adressen ist es nicht unüblich, dass in ihnen viele Nullen enthalten sind. Diese können *einmal* pro Adresse durch zwei Doppelpunkte (::) zusammengefasst werden – andernfalls könnte die Anzahl der durch die beiden Doppelpunkte ausgelassenen 0-Bits nicht bestimmt werden. Bei der Beispieladresse erhalten wir: *2001:DB8::1A.* Ob die Hexadezimalzahlen A bis F groß oder klein geschrieben werden, ist egal.[12] Auch werden Subnetzmasken nicht in der klassischen Dezimaldarstellung genannt, sondern stets in der *CIDR*-Notation. Das steht für Classless Interdomain Routing und gibt einfach die Anzahl der Bits von links, dem MSB (Most Significant Bit), an, die für die Subnetzmaske verwendet werden bzw. wieviel Bits den Netznamen bestimmen (eine IPv4-Subnetzmaske von 255.255.255.0 entspricht /24 in der CIDR-Notation).

Bei IPv6 ist die normale Subnetzmaske /64. Die obere Hälfte der 128 Bit bestimmt, welches Netz gemeint ist (Präfix), und die unteren 64 Bit bestimmen den Host darin (engl.: Interface Identifier).

Internetdienstanbieter (engl.: Internet Service Provider, ISP) bekommen üblicherweise einen /32-Präfix und vergeben an ihre Kunden wiederum /48-Präfixe, mit denen diese 2^{16} Subnetze bzw. Sites bilden können.

Da sich in Systemen häufig mehrere Netzwerkschnittstellen (damit sind physikalische und logische Schnittstellen gemeint) befinden, wird die betreffende Schnittstelle, die für den Versand eines Pakets, oder für den Empfang eines Pakets verwendet werden soll, für nicht-globale Adressen durch eine Schnittstellenkennung (engl.: Zone ID) angegeben. Diese hat die Form *%n*, wird aber nicht in DNS (siehe unten) gespeichert. Die Liste der IPv6-Schnittstellen in einem System kann über den Befehl *netsh interface ipv6 show interface* ausgegeben werden.

Oft findet man auch die Schreibweise von IPv6-Adressen in eckigen Klammern. Diese ist bei der Angabe einer Port-Nummer notwendig, welche gleichfalls durch einen Doppelpunkt getrennt wird, bsp. in einem Webbrowser (z. B. [2001:DB8::1A]:8080).

Abbildung 8.4 zeigt schematisch den Aufbau des Headers von IPv6-Paketen.

Das *Versionsfeld* ist auf „6" (binär: 0110) gesetzt. Die *Payload-Länge* ist die Länge des restlichen Pakets (inkl. aller evtl. weiteren Header) nach dem Ende des ersten Headers.

Das Feld *Next Header* enthält den Typ eines evtl. weiteren Headers. Dieser Typ entspricht den bei IPv4 gültigen, und durch die IANA festgelegten Nummern. Der Wert 59 bedeutet, dass es keinen weiteren Header gibt.

Jeder Netzwerkknoten, der Pakete weiterleitet, erniedrigt den Wert des Felds *Hop Limit* um eins. Ergibt sich der Wert Null, wird das Paket verworfen. Damit werden Routingschleifen, die durch falsch konfigurierte Router entstehen können, abgefangen.[13] Bei IPv4 hieß dieses Feld Time-to-Live (TTL).

---

[12] Der Autor hat sich entschieden, sie hier durchgängig groß zu schreiben.
[13] Das ist bei IPv6 aber nicht verpflichtend.

Version (4 Bits)	Traffic Class (8 Bits)	Flow Label (20 Bits)	
Payload-Länge (16 Bits)		Next Header (8 Bits)	Hop Limit (8 Bits)
Quell-Adresse (128 Bits)			
Ziel-Adresse (128 Bits)			

Abb. 8.4. IPv6-Header

Üblicherweise schließen sich an dem IPv6-Header ein oder mehrere Header für bsp. höhere Schichten (wie TCP- oder UDP-Header) an. Es gibt aber auch einige weitere fakultative IPv6-Header (u. a. Routing-Header). Diese werden hier aber nicht im Detail besprochen. Mit Ausnahme des gleichfalls fakultativen „Hop-by-Hop Options"-Headers werden sämtliche, ggf. vorhandene Erweiterungsheader von allen Routern ignoriert. Diese IPv6-Erweiterungs-Header entsprechen den und ergänzen die früheren Optionen im Kopf eines IPv4-Pakets.

Wenn ein Netzwerkknoten einen Erweiterungs-Header nicht kennt, verwirft er das Paket und benachrichtigt den Absender darüber per ICMPv6 (Internet Control Message Protocol Version 6).

Sämtliche IPv6-Header sind auf Vielfache von 64 Bit (8 Oktetts) ausgerichtet, was die Verarbeitung mit 32- und 64-Bit-CPUs beschleunigt.

8.4.2.3 IPv6-Adressklassen

Das ältere IPv4 kennt vier Arten von Adressen: *Unicast* (ein Absender - ein Empfänger, auch Punkt-zu-Punkt genannt), *Multicast* (ein Absender - mehrere Empfänger, Punkt-zu-Mehrpunkt), *Broadcast* (ein Absender - alle Geräte, die mit einem Netzwerksegment verbunden sind, und daher gleichfalls Punkt-zu-Mehrpunkt) und *Anycast* (ein und dieselbe Unicast-Adresse wird weltweit mehrfach benutzt, und Pakete werden an das Gerät geschickt, das dem Absender gemäß der Routingmetriken am nächsten ist).

Bei IPv6 wurde aufgeräumt und es gibt praktisch nur noch zwei Arten von Adressen: Unicast und Multicast. Alles andere sind abgeleitete Funktionen, die unten erläutert werden.

In Tabelle 8.1 sind IPv4-Adressbereiche ihrer funktionalen IPv6-Entsprechung gegenüber gestellt.

Tabelle 8.1. Vergleich IPv4 und IPv6

IPv4-Adressbereich	Funktion	IPv6-Entsprechung	IPv6-Bezeichnung
127.0.0.0/8	Loopbacknetz bzw. -Adresse	::1	Loopback
169.254.y.z/16	APIPA	FE80::/10	Link-Local Unicast
10.0.0.0/8, 172.16.0.0/12, 192.168.0.0/16	Private Adressen	FC00::/7	Site-Local Unicast
224.0.0.0/4	Multicast	FF00::/8	Multicast

8.4.2.3.1 Unicast

Der gesamte IPv6-Adressraum, mit Ausnahme der Adressen, die mit FF anfangen, sind Unicast-Adressen. Gegenwärtig sind für öffentliche Netze nur Adressen, die mit 2 oder 3 (binär: 001) beginnen, verwendbar. Die Anderen sind entweder durch die IETF (Internet Engineering Taskforce) reserviert oder für unternehmensinterne Netze (Intranets) vorgesehen.

Es gibt einige spezielle IPv6-Unicast-Adressen: Wenn alle 128 Bits der IPv6-Adresse auf 0 gesetzt sind, also es sich um die Adresse 0:0:0:0:0:0:0:0 (oder kurz ::) handelt, ist der gesamte IPv6-Adressraum gemeint (ähnlich der IPv4-Adresse 0.0.0.0/0). Man spricht aber auch von der *nichtspezifizierten Adresse* (engl.: unspecified address).

Die Adresse ::1 ist die IPv6-Loopback-Adresse (ähnlich 127.0.0.1 bei IPv4).

IPv4 setzt voraus, dass alle Hosts mit mindestens 576 Oktetts großen Paketen umgehen können, die ggf. durch Router in Fragmente aufgeteilt werden. Bei IPv6 ist die Mindestgröße 1280 Oktetts (unfragmentiert). Die Router zerteilen auch keine Pakete mehr, denn die Beachtung der MTU (Maximum Transmisson Unit), also der maximalen Paketgröße aller Geräte zwischen Absender und Empfänger (engl.: Link bzw. Path MTU), ist Aufgabe der Hosts, nicht mehr der Router.

8.4.2.3.2 Multicast

Bei allen IPv6-Zieladressen, die mit FF anfangen, handelt es sich um Multicast-Adressen. Bei Multicast kann TCP nicht eingesetzt werden, dafür aber UDP. Deswegen wird letzteres häufig bei Video- und Audioströmen benutzt, aber auch für die Erkennung von anderen Hosts und Diensten im

8.4 Protokolle

Netzwerk. Eine Multicast-Adresse kann außerdem nicht als eine Quelladresse verwendet werden.

Bei IPv6 gibt es einige spezielle, auf Englisch als „well known" bezeichnete Multicast-Adressen:

- Node-Local Scope Multicast-Adressen
  - FF01::   Reservierte Multicastadressen
  - FF01::1   All-Nodes Address
  - FF01::2   All Routers Address
  - FF01::FB   mDNSv6

- Link-Local Scope Multicast-Adressen (Auszug)
  - FF02::   Reservierte Multicastadressen
  - FF02::1   All Nodes Address
  - FF02::2   All Routers Address
  - FF02::C   SSDP (bei UPnP)
  - FF02::F   UPnP
  - FF02::FB   mDNSv6
  - FF02::1:2 All-DHCP-Relay-Agents-and-Servers
  - FF02::1:3 Link-local Multicast Name Resolution (LLMNR)

- Site-Local Scope Multicast-Adressen
  - FF05::   Reservierte Multicastadressen
  - FF05::2   All Routers Address
  - FF05::FB   mDNSv6
  - FF05::1:3 All-DHCP-Servers

Die organisations-lokalen und damit site-übergreifenden Multicast-Adressen beginnen mit FF08, und die globalen Multicast-Adressen mit FF0E. Die zuvor genannten Multicast-Adressen scheinen doppelt zu sein, oder sich zu wiederholen. Sie beziehen sich – trotz ihrer Änlichkeit – immer nur auf einen bestimmten Bereich (engl.: scope), in dem sie gültig sind und von Routern weitergeleitet werden. Ein Bereich kann z. B. ein Host, eine Netzwerkverbindung oder ein Standort (engl.: site) sein. Router leiten Pakete niemals an Ziele außerhalb des Bereichs weiter, für den sie bestimmt sind!

Bei IPv4 wird das IGMP (Internet Group Management Protocol) verwendet, um die Mitgliedschaft einzelner Hosts in Multicast-Gruppen gegenüber Routern bekannt zu geben und zu steuern. IPv6 benutzt dazu die MLD (Multicast Listener Discovery), was aber kein eigenständiges Protokoll ist, sondern auf ICMPv6 aufsetzt.

8.4.2.3.3 Anycast

Anycast-Adressen werden durch Router realisiert und aus dem Unicast-Adressbereich genommen (z. B. für die Router-Erkennung) und sind syntaktisch nicht von diesen unterscheidbar. Zur Router-Erkennung kann die Subnet-Router Anycast-Adresse verwendet werden. Diese wird aus dem IPv6-Präfix gebildet, alle restlichen Bits sind auf Null gesetzt und ebenso die 64 Bit der Interface-ID. Aber Anycasts gibt es nicht erst seit IPv6. Ein Beispiel für IPv4 ist die 6to4-Anycast-Adresse 192.88.99.1. Auch manche Stamm-DNS-Server-Adressen werden mittels Anycast mehrfach genutzt.

8.4.2.3.4 Broadcast

Bei IPv4 wird Broadcast-Verkehr u. a. für ARP (Address Resolution Protocol), bei dem die MAC-Adresse von einem Host in einem Netzwerksegment gesucht wird, der eine bestimmte IPv4-Adresse hat, oder für DHCP verwendet. Die Broadcast-Adresse eines IPv4-Netzes ist die, bei der alle Bits im Host-Teils auf „1" gesetzt sind – die Broadcast-Adresse des Netzes 192.0.2.0/24 ist 192.0.2.255.

IPv6 nutzt dagegen keine Broadcasts mehr! Diese wurden vollständig durch Multicasts ersetzt.

Es gibt weitere Präfixe, die eine besondere Aufgabe haben: *2001:0DB8::/32* ist für Dokumentationszwecke (Handbücher etc.) reserviert und wird im öffentlichen Internet nicht geroutet.[14] *2002::/16* wird für 6to4 (siehe unten) verwendet.[15]

In Tabelle 8.2 ist die derzeitige Belegung des IPv6-Adressraums zusammengefasst dargestellt.[16]

Tabelle 8.2. Der IPv6-Adressraum

IPv6 Prefixe	Präfix(e) binär	Verwendung
0000::/8 - 1FFF:FFFF.../8	000	Reserviert durch IETF
2000::/3 - 3FFF:FFFF.../3	001	Globaler Unicast
4000::/3 - FBFF:FFFF.../3	01, 10 - 1111 101	Reserviert durch IETF
FC00::/7 - FCFF:FFFF.../7	1111 1100	Unique Local Unicast (Reserviert)

---

[14] Das ist aber bei TCP/IP kein Novum: Bei IPv4 sind dafür die drei Netze 192.0.2.0/24, 198.51.100.0/24 und 203.0.113.0/24 reserviert.
[15] Der Vollständigkeit halber: Das Netz *2001:2::/48* wird für Benchmarking und das Netz *2001:10::/28* wird für Kryptografie-IDs verwendet. Adressen aus beiden Netzen werden im öffentlichen Internet nicht geroutet.
[16] Die jeweils gültige Belegung kann auf folgender Seite angesehen werden: http:// www.iana.org/assignments/ipv6-address-space/ .

FD00::/7 - FDFF:FFFF.../7	1111 1101	Unique Local Unicast
FE00::/9 - FE7F:FFFF.../9	1111 1110 0	Reserviert durch IETF
FE80::/10 - FEBF:FFFF.../10	1111 1110 10	Link Local Unicast
FEC0::/10 - FEFF:FFFF.../10	1111 1110 11	Reserviert durch IETF (ehemals Site-Local-Adressen)
FF00::/8 - FFFF:FFFF.../8	1111 1111	Multicast

8.4.2.4 IPv6-Routing

Die Entscheidung, welchen Weg IPv6-Pakete nehmen sollen (engl.: routing), wird weiterhin von den Netzen und den Längen der Subnetzmasken abhängig gemacht. Speziellere Einträge werden vor allgemeineren bevorzugt. Es unterscheidet sich also nicht grundsätzlich vom Routing in IPv4 – sieht man einmal von der Tatsache ab, dass Hostrouten nun /128 sind, und nicht mehr /32.

Zuerst wird nach einem Routeneintrag gesucht, bei dem sämtliche 128 Bit denen der Zieladresse entsprechen. Da wird als *Hostroute* bezeichnet. Gibt es keinen entsprechenden Eintrag, wird diejenige Route genommen, bei der die meisten Bits des Präfixes mit der Zieladresse übereinstimmen. Wenn es auch dafür keinen entprechenden Eintrag gibt, wird die Default-Route (::/0) verwendet, die bei einem Router oder Gateway mündet. Sollte jenes Gerät selbst keine Route zum Ziel haben, wird der Quellhost mittels ICMPv6 (Fehlermeldung: Ziel nicht erreichbar - Keine Route) darüber informiert.

Es kann passieren, dass es mehrere Routen (u. a. an mehreren Netzwerkschnittstellen) gibt, die für ein Ziel dieselbe Länge haben, aber eine unterschiedliche Metrik besitzen. In diesem Fall würde der Protokollstapel die Route mit der geringeren Metrik verwenden. Bei Routern mit der gleichen Metrik wird diejenige bevorzugt, die sich an der Netzwerkschnittstelle befindet, ohne dass ein Gateway bzw. Router benutzt werden muss, um das Ziel zu erreichen.

In Windows 7 zeigt der Befehl *route print* nun auch die IPv6-Routen in vier Spalten an (siehe Abb. 8.5).

Die erste Spalte ist die Zonen-ID, die zweite Spalte die Metrik, die dritte Spalte das Ziel der Route und die vierte Spalte ist die IPv6-Adresse des Routers bzw. Gateways, an das die Pakete geschickt werden sollen. Diese wird auch *Next Hop* genannt.[17]

Jeder Host hat eine Routingtabelle, die in der Voreinstellung automatisch generiert wird, und zusätzlich um Routeneinträge ergänzt werden, die

---

[17] Der Befehl *netsh interface ipv6 show route* zeigt mehr Detailinformationen an als *route print*.

Hosts mit Präfixen von Routern erhalten. Manuell geändert werden können sie über Netsh-Befehle (z. B. *netsh interface ipv6 add route*).

```
C:\Windows\system32>route print
===========================================================================
Schnittstellenliste
 13...00 1c bf 0a e1 a4 ......Intel(R) PRO/Wireless 3945ABG-Netzwerkverbindung
 11...00 1a 4b 69 aa 8f ......Intel(R) 82562GT 10/100 Network Connection
  1...........................Software Loopback Interface 1
 12...00 00 00 00 00 00 00 e0 Microsoft-ISATAP-Adapter
 14...00 00 00 00 00 00 00 e0 Teredo Tunneling Pseudo-Interface
 15...00 00 00 00 00 00 00 e0 Microsoft-ISATAP-Adapter #2
===========================================================================

IPv6-Routentabelle
===========================================================================
Aktive Routen:
 If Metrik Netzwerkziel          Gateway
 14     58 ::/0                   Auf Verbindung
  1    306 ::1/128                Auf Verbindung
 14     58 2001::/32              Auf Verbindung
 14    306 2001:0:5ef5:73bc:382b:248a:3f57:feda/128
                                  Auf Verbindung
 11    276 fe80::/64              Auf Verbindung
 14    306 fe80::/64              Auf Verbindung
 14    306 fe80::382b:248a:3f57:feda/128
                                  Auf Verbindung
 11    276 fe80::cc13:24b1:f4b2:e03b/128
                                  Auf Verbindung
  1    306 ff00::/8               Auf Verbindung
 14    306 ff00::/8               Auf Verbindung
 11    276 ff00::/8               Auf Verbindung
===========================================================================
Ständige Routen:
  Keine
```

Abb. 8.5. Route print-Befehl

8.4.2.5 Was ist mit NAT/PAT?

NAT (Network Address Translation), bei dem bei der Weiterleitung von IP-Paketen nur die Netzwerkadresse geändert wird, und PAT (Port Address Translation), bei dem die Netzwerkadresse und die Portnummer durch ein Gateway geändert werden, dienen gegenwärtig zum Verbergen von unternehmensinternen Hosts.[18] Extern erscheint ein ganzes Netzwerk hinter einer einzigen IP-Adresse (das ist eine übliche Konfiguration bei PAT) oder mehreren externen IP-Adressen, was der Regelfall bei NAT ist. Dadurch, dass im internen Netz i. d. R. Adressen aus den nach RFC 1918 definierten Bereichen 10.x.y.z, 172.16.y.z - 172.31.y.z und 192.168.y.z verwendet werden, öffentliche IPv4-Adressen eingespart werden.[19] NAT und PAT stellen natürlich keine Firewall dar, und sie haben Nachteile: Die internen Rechner sind von außen nicht mehr direkt erreichbar, und müssen über

---

[18] PAT wird gelegentlich auch als NAPT (Network Address Port Translation) bezeichnet.

[19] Die Abkürzung RFC steht für Request for Comments. In diesen, von der IETF verwalteten Dokumenten, stehen die Standards nach denen das Internet und alle seine Protokolle aufgebaut sind (siehe z. B. http://www.rfc-editor.org/rfc/rfc1918.txt).

Weiterleitungsregeln bekannt gemacht werden. Zudem kann eine Dienstnummer (engl.: Port) je IP-Adresse nur einmal verwendet werden, was von Bedeutung ist, wenn derselbe Dienst auf mehreren Rechner genutzt werden soll.

Obgleich das Auslaufen der verfügbaren IPv4-Adressen durch diese Technologien (und auch durch die Einführung von CIDR) gebremst wurde, verhinden können sie es nicht: Durch den weltweiten Ausbau von Breitbandnetzen benötigt jede(r) Internet-Teilnehmer(in) während der Zeit, in der er bzw. sie online ist, eine weltweit eineindeutige IP-Adresse. Wer VoIP nutzt, muss zudem praktisch 24 h am Tag online sein, damit er angerufen werden kann. Eine Zahl aus dem Jahr 2007: Jedes Jahr werden 170 Millionen neue IP-Adressen benötigt - trotz PAT und NAT.

Die Designphilosophie von IPv6 ist zudem, dass prinzipiell jedes Endgerät mit jedem anderen kommunizieren kann. Das Netz soll sich nur auf die Weiterleitung der Pakete beschränken (End-to-End-Prinzip), und das schließt End-to-End-Sicherheit ausdrücklich ein, damit eine sichere Verbindung nicht an irgendeinem NAT/PAT-Gateway enden muss. NAT und PAT verletzen das End-to-End-Prinzip, und sie verhindern den Einsatz von anderen Protokollen (als TCP und UDP) wie ESP (Encapsulating Security Payload) oder GRE (Generic Routing Encapsulation) für VPN-Verbindungen.

8.4.2.6 Namensauflösung bei IPv6

IPv6-Adressen sind in der Regel zu lang und daher zu unbequem für eine manuelle Eingabe. Mag die Eingabe bsp. von *ping 172.16.1.5* in einem IPv4-Netz noch akzeptabel sein, wird man bei einem IPv6-Netzwerk wohl stets Hostnamen oder FQDN verwenden. Daher hat der Aspekt Namensauflösung in einem IPv6-Netzwerk eine noch höhere Bedeutung. Es gibt hier zwei wichtige Verfahren: DNS und die *Link-Local Multicast Name Resolution* (LLMNR), die auch als *Multicast DNS* (mDNS) oder *Bonjour-Protokoll* bekannt ist.[20]

Letztere eignet sich nur für verbindungslokale (engl.: link-local) Adressen eines einzelnen Subnets, und daher insbesondere für Netze, die über keinen DNS-Server verfügen (z. B. Ad-hoc WLANs). Sie ersetzt NetBIOS

---

[20] LLMNR kann aber auch in IPv4-Netzen verwendet werden und benutzt in beiden Fällen für die initiale Namensauflösung den UDP-Port 5355. Jedoch wird bei IPv6 die Multicast-Adresse FF02::1:3 (und die MAC-Adresse 33-33-00-01-00-03) verwendet, und bei IPv4 die Multicast-Adresse 224.0.0.252 (und die MAC-Adresse 01-00-5E-00-00-FC), die sich gemeinsam auf eine lokale Verbindung beziehen und beide nicht über Router weitergeleitet werden. Wurde ein passender Host gefunden, werden anschließenden Unicast-Pakete benutzt.

über TCP/IP (NetBT), das unter IPv4 in einem Subnetz über Broadcasts Namen auflöste. NetBT kann aber mit IPv6 nicht mehr verwendet werden, einerseits, weil es unter IPv6 keine Broadcasts mehr gibt, und andererseits, weil NetBIOS intern nicht für IPv6-Adressen ausgelegt ist.

Unicast-IPv6-Adressen werden in DNS in den Forward-Lookup-Zonen als AAAA-Resourceneinträge hinterlegt. Die vier „A" wurden deswegen festgelegt, weil IPv6-Adressen vier Mal so lang sind wie IPv4-Adressen.

Verbindungslokale Adressen werden jedoch nicht in DNS eingetragen! Denn es gilt ja: IPv6-Pakete mit verbindungslokalen Adressen werden nicht geroutet. Also würde es einem Remote-Host gar nichts bringen, eine verbindungslokale IPv6-Adresse eines anderen Hosts an einem anderen Link zu kennen, denn er könnte ihn ohnehin nicht mit ihr erreichen.

In den Reverse-Lookup-Zonen werden Hostnamen als PTR-Einträge unterhalb der IP6.ARPA-Zone eingetragen. Jede der 32 Hexadezimalziffern einer IPv6-Adresse entsprechen 4 Bits (das wird auf Englisch auch als *Nibble* bezeichnet). Sie werden in umgekehrter Reihenfolge, und als eigene DNS-Zonen durch Punkte getrennt, vor dem IPv6-Reverse-Lookup-Zone-Suffix IP6.ARPA gestellt.

Ein Beispiel dazu: b.a.9.8.7.6.5.0.0.0.0.0.0.0.0.0.0.0.0.0.0.0.0.0.8.b.d.0. 1.0.0.2.ip6.arpa entspricht der Adresse 2001:DB8::567:89AB. Auf einem DNS-Server wird das technisch als ein PTR-Eintrag namens *B* in der Zone *a.9.8.7.6.5.0.0.0.0.0.0.0.0.0.0.0.0.0.0.0.0.8.b.d.0.1.0.0.2.ip6.arpa.* realisiert.

Wenn eine DNS-Abfrage sowohl einen (oder mehrere) IPv4- als auch einen (oder mehrere) IPv6-Eintrag bzw. Einträge zurückgibt, dann wird zuerst die IPv6-Adresse ausprobiert, und letztendlich auch, um 6to4-, Teredo- und andere Tunnellösungen nutzen zu können, wodurch Clients eine bessere Konnektivität haben.

Das gilt aber nicht für weitere Protokolle: Hierbei wird entlang der Bindungsreihenfolge (siehe Kap. 8.4.4) versucht, einen Host zu finden.

Eigentlich numehr veraltet, offerieren Microsoft-DNS-Server immer noch die Adressen FEC0:0:0:FFFF::1, FEC0:0:0:FFFF::2 und FEC0:0:0: FFFF::3 als Multicast-Adressen für DNS, und die Clients beachten diese bei der DNS-Server-Suche. Für neue IPv6-Implementationen sollen diese Adressen nicht mehr verwendet werden, Bestehende dürfen sie aber weiter verwenden.

8.4.2.7 IPv6 und DHCP

Auch in IPv6 existiert DHCP zur dynamischen IP-Adressen- und Optionenvergabe an Clients, wenn diese nicht manuell konfiguriert werden oder sich selbstständig konfigurieren lassen sollen. Sämtliche DHCP-Kommunikation erfolgt über UDP. DHCPv6 kann auch die Selbstregistrierung von Hosts über DDNS (Dynamic DNS) übernehmen.

Weil die Kommunikation zudem über Multicast abläuft, hat jeder DHCP-Client und jeder DHCP-Server für Identifikationszwecke eine dauerhafte und weltweit eineindeutige DUID (DHCP Unique Identifier), die maximal 128 Zeichen lang sein darf und in den Nachrichten zwischen DHCP-Client und -Server verwendet wird.

Alle DHCPv6-Server hören den UDP-Port 547 ab, und alle DHCPv6-Clients den UDP-Port 546. Beispielsweise Windows-2000-, -XP- und Windows-Server-2003-Rechner beinhalten jedoch keinen IPv6-Client! Daher kann auf ihnen DHCPv6 nicht verwendet werden.

8.4.2.7.1 Stateless autoconfiguration

DHCP ist im einem IPv6-Netzwerk praktisch nicht mehr nötig, denn jeder Host konfiguriert sich durch die *stateless autoconfiguration* mit einer (teilweise zufällig gewählten) verbindungslokalen IPv6-Adresse zunächst selbst (z. B. FE80:::223:54FF:FE61:4301%4). Dabei könnte es zu doppelten IP-Adressen in einem Link kommen. Das wird wirkungsvoll durch die DAD (Duplicate Address Detection), die jeder Host nach der Wahl einer Adresse durchführen muss, und die Teil der *Neighbor Discovery* (ND) ist, verhindert. Jene setzt auf ICMPv6 auf und ist ein Protokoll, dessen Neighbor-Solicitation-Pakete insbesondere das Broadcast-basierte ARP (Address Resolution Protocol) bei IPv4 funktional ersetzt und erweitert. Es erkennt andere Hosts, die sich am gleichen Link befinden. Dann kontaktiert es über die bekannte Multicastadresse die Router, an denen die jeweiligen Links angeschlossen sind, und erhält von ihnen 64 Bit lange Präfixe für jeden Link. Die restlichen 64 Bit werden bei älteren Implementationen aus der MAC-Adresse erstellt, was mit dem Verlust der Anonymität einhergeht, denn damit hat jeder Host weltweit stets dieselbe IPv6-Adresse. In dem Beispiel oben wurde die MAC-Adresse 00-23-54-61-43-01 in zwei Hälften geteilt, FFFE in die Mitte eingefügt und daraus der 64-Bit-Wert gebildet. Dieser wird auch *Interface Identifier* (oder kurz: *Interface ID*) genannt.

Router können sich hingegen nicht selbst automatisch konfigurieren, und müssen manuell mit einem oder mehreren IPv6-Präfixen versehen werden, das bzw. die sie an Clients übermitteln.

Wenn Router mehrere Präfixe übermitteln, oder verschiedene Router den Hosts unterschiedliche Präfixe mitteilen, bilden die Hosts für jeden Präfix eine cigene Adresse, die auch jeweils durch die DAD überprüft wird.

Der Kontakt des Hosts zum Router zwecks Erkennung wird auch als *Router Solicitation* (RS) bezeichnet, und die Antwort des Routers darauf als *Router Advertisement* (RA). Dafür wird ICMPv6 verwendet. In dem empfangenen Antwortpaket können zwei Optionen (Managed Address Configuration-Flag und das Other Stateful Configuration-Flag), die auch als M- und O-Flag bezeichnet werden, gesetzt sein. Das jeweilige Setzen dieser Kennzeichnungen veranlasst die Hosts, sich die Adressen und *auch* bzw. oder *nur* die Host-Optionen per DHCPv6 zu beschaffen, was dann beides *stateful* (siehe unten) genannt wird.

Aber auch ohne Router konfigurieren sich alle IPv6-Hosts selbst und können innerhalb eines Links untereinander kommunizieren. Dabei unterstützt die Neighbor Discovery. Dennoch ist die wichtigste Aufgabe von Link-Local-Adressen, dass eine Unicast-Kommunikation mit dem Router möglich wird – die ältere DHCPv4-Broadcast-Kommunikation ist abgeschafft worden. Jedoch wenn ein Host nur Link-Local-Adressen hat, kann mit ihm von anderen Netzen nicht kommuniziert werden.

8.4.2.7.2 Stateful Autoconfiguration

Nach der Autokonfiguration versucht ein Windows-7-Host einen DHCPv6-Server durch eine *Solicit*-Nachricht an die All_DHCP_Relay_Agents_and_Servers-Multicast-Adresse (siehe Kapitel 8.4.2.3.2) zu finden. Dieser Schritt entspricht der DHCPDISCOVER-Nachricht bei DHCPv4. Als Antwort erhält er (in Abhängigkeit von der Anzahl der an der jeweiligen Verbindung jeweils vorhandenen DHCP-Server oder -Relay-Agents) keine, eine oder mehrere *Advertise*-Nachrichten. Eine solche Advertise-Nachricht entspricht der DHCPOFFER-Nachricht bei DHCPv4. Die Namen der Nachrichten der beiden weiteren Schritte (entspr. DHCPREQUEST und DHCPACK) lauten *Request* und *Reply*. Mit ihnen sind Hosts dann vollständig konfiguriert. Im Vergleich zum DHCPv4-Pendant, welches auf dem BOOTP zur Unterstützung von festplattenlosen Arbeitsstationen basiert, ist die interne Struktur von DHCPv6-Nachrichten viel einfacher.

Wenn z. B. bestimmte DNS-Serveradressen (u. U. die eines ISP, also unternehmensextern, und die durch Multicast nicht erreicht werden können) oder DNS-Suffix-Suchlisten konfiguriert werden sollen, kann DHCPv6 eingesetzt werden.

Der Ausdruck *stateful* bedeutet dabei, dass über die IP-Adressen und ihre Vergabe Buch geführt wird. Die Gruppe von Adressen, die ein Client erhalten hat, wird als IA (Identity Association) bezeichnet. Clients bilden für diese (ggf. für jede Schnittstelle einzeln) eine eigene IAID (Identity Association Identifier).

Die Stateful Address Configuration kann mangels DHCPv6-Client nicht bei bsp. XP- und Windows-Server-2003-Clients durchgeführt werden. Dieses Verfahren wird erst ab Windows Vista, Windows Server 2008 und höher unterstützt.

8.4.2.7.3 Stateless DHCPv6

Ein dritter Konfigurationsmodus ist stateless DHCPv6. Dieses ist ungefähr eine Kombination aus den beiden vorher beschriebenen Modi: Hosts wählen dabei ihre Adressen (das wird auch als „Stateful Address Autoconfiguration" bezeichnet) selbst aus – oder haben sie durch eine manuelle Konfiguration erhalten – und durch stateless DHCP bekommen sie nur die Optionen wie DNS-Server-Adressen etc. mitgeteilt.

8.4.2.8 IPv6-Übergangstechnologien

Es ist natürlich für die meisten Unternehmen nicht möglich, von IPv4 auf IPv6 wie durch das Umlegen eines Schalters zu wechseln. Für die schrittweise Migration der Netze wurden Übergangstechnologien (engl.: transition technologies) entwickelt, die bei diesem Protokollaustausch helfen. Dazu gehören doppelte Internet-Protokollstapel (engl.: dual stacks bzw. dual layer). Windows 7 nutzt in der Voreinstellung Dual Stacks: IPv4 und IPv6 sind beide aktiv.

Außerdem gibt es Tunnel, die IPv6-Verkehr in IPv4-Paketen kapseln, oder umgekehrt. Die IP-Adressen des äußeren Pakets sind dabei stets die IP-Adressen der Tunnelendpunkte, und das innere Paket (auch engl. *payload* genannt) ist unverändert eingepackt.[21]

Nahezu alle IPv6-Übergangstechnologien lassen sich in Windows sowohl über netsh-Befehle und Gruppenrichtlinien (unter Computer-Konfiguration - Richtlinien - Administrative Vorlagen - Netzwerk - TCP/IP-Einstellungen - IPv6-Übergangstechnologien) konfigurieren.

8.4.2.8.1 IPv4-mapped Adressen

IPv4-mapped Adressen sind die einfachste Art, auf IPv6 umzusteigen. Hierbei werden die bestehenden IPv4-Adressen an den Präfix 0:0:0:0: 0:FFFF::/96 (oder kurz ::FFFF:0:0/96) angehängt.

Da IPv4-mapped Adressen nicht im öffentlichen Internet verwendet werden können, und es derzeit keine Betriebssystemunterstützung dafür gibt, ist ihr Einsatzgebiet gleichzeitig auch sehr begrenzt.

---

[21] Neben den nachfolgend aufgeführten Verfahren, gibt es ein Weiteres, das *PortProxy* heißt, aber wegen seines engen Einsatzgebiets (nur TCP-Verkehr, Beschränkung auf IPv4-only und IPv6-only Hosts) hier nicht näher betrachtet wird.

8.4.2.8.2 Teredo

Das Teredo-Protokoll ist eine IPv6-Übergangstechnologie, bei der IPv6-Unicast-Pakete unter Verwendung eines Teredo-Servers als IPv4-UDP-Pakete über ein NAT-/PAT-Gateway getunnelt werden. Insoweit ähnelt es von der Funktion her dem 6to4-Protokoll (siehe unten), kann aber mit privaten IPv4-Adressen auf den Clients und sogar mit mehreren IPv4-NAT-/PAT-Gateways arbeiten.[22]

Teredo ist auf Windows-7-Clients in der Voreinstellung bereits aktiviert, und kann über Gruppenrichtlinien sowie mittels des Befehl *netsh interface ipv6 set teredo enterpriseclient* ausdrücklich eingeschaltet werden. Sein Status kann mit dem Befehl *netsh interface ipv6 show teredo* angesehen werden.[23] Wenn Teredo eingeschaltet und operabel ist, steht in der Zeile *Status* der Bildschirmausgabe *qualified* und der Rechner kann mit dem IPv6-Internet kommunizieren. Der Präfix dieser Schnittstelle ist 2001::/32, und es wird der UDP-Port 3544 benutzt.

Teredo ist als vorübergehende und nachrangige Technologie gedacht, die von Unternehmen und Privatpersonen nicht eingesetzt werden soll, wenn sie einen direkten IPv6-Netzzugang, ISATAP oder 6to4 nutzen.

8.4.2.8.3 6to4

Das Tunnelprotokoll 6to4 transportiert IPv6-Unicast-Pakete (Internetprotokollnummer 41) über ein öffentliches IPv4-Netzwerk durch 6to4-fähige Router, die sich direkt an der Schnittstelle zum Internet befinden müssen.[24] In 6to4 dürfen daher nur öffentliche, eineindeutige IPv4-Adressen eingesetzt werden![25]

Öffentliche 6to4-Gateways werden über die Anycast-Adresse 192.88.99.1 gefunden.

Ein 6to4-Router bietet außerdem die IPv6-Präfix-Mitteilung an Hosts, die aus der öffentlichen IPv4-Adresse gebildet wird, und untersützt die IPv6-Autokonfiguration und Nachbar-Erkennung.

In Windows 7 ist 6to4 in der Voreinstellung aktiviert und richtet einen Tunnelendpunkt auf dem PC ein. Der Präfix dieser Schnittstelle ist

---

[22] Daher stammt auch sein alternativer Name IPv4 NAT-Traversal (NAT-T) for IPv6.
[23] Über den Befehl *netsh interface ipv6 set teredo disable* kann es bei Bedarf abgeschaltet werden.
[24] Also *nicht hinter* einem IP-Adressumsetzer (NAT/PAT).
[25] Insbesondere IPv4-Adressen aus den Netzen 0.0.0.0/8, 10.0.0.0/8, 127.0.0.1/8, 172.16.0.0/12, 192.168.0.0/16, 169.254.0.0/16, 224.0.0.0/4 und 240.0.0.0/4 dürfen nicht verwendet werden!

2002::/16, und ihr wird die 32-Bit-IPv4-Adresse eines Hosts angehängt. Somit erhält man ein /48-Netz, das noch in 2^{16} Subnetze unterteilt werden kann.

Beispiele für 6to4-fähige SOHO-Router sind u. a. Apple AirPort Extreme, D-Link DIR-825 und die Fritz!Box von AVM, deren neuere Modelle 6to4 beinhalten. Diesen Geräten wird *eine* öffentliche IPv4-Adresse zugewiesen, und auf ihnen befinden sich sowohl eine für IPv4-Zwecke evtl. erforderliche PAT- als auch die 6to4-Funktionalität.

8.4.2.8.4 IP-HTTPS

Die beiden oben vorgestellten Protokolle Teredo und 6to4 tunneln jeweils IPv6-Verkehr über ein IPv4-Netzwerk. Allerdings gibt es einige Firewalls und Web-Proxy-Server, die solche Pakete sperren. Mit dem in Windows 7 und Windows Server 2008 R2 eingeführten Protokoll IP-HTTPS[26] werden IPv6-Pakete in einer IPv6-basierten HTTPS-Sitzung verpackt.

IP-HTTPS wird vor allem bei DirectAccess (siehe Kap. 15.5) eingesetzt und ist am niedrigsten priorisiert: Zuerst wird versucht, über natives IPv6, Teredo und 6to4 zu kommunizieren. Est wenn das alles fehlschlägt, würde ein Sitzungsaufbau mit IP-HTTPS probiert.

IP-HTTPS kann über *Netsh Interface Httpstunnel* und Gruppenrichtlinieneinstellungen konfiguriert werden. Die notwendigen X.509-Zertifikate können mit *netsh http add\|del\|show sslcert* verwaltet werden.

8.4.2.8.5 ISATAP

Während insbesondere 6to4 und Teredo für öffentliche Netze gedacht sind, existiert mit ISATAP (Intra-Site Automatic Tunnel Addressing Protocol) eine Übergangstechnologie, die für Unicast-Kommunikation in unternehmungsinternen Netzen vorgesehen ist. Hosts und Router, die einen doppelten IP-Stapel haben, können damit über ein IPv4-Netzwerk verbunden werden. ISATAP sieht dieses dann als Transportmedium (ähnlich einer Netzwerkkarte oder VPN-Verbindung) an, und tunnelt automatisch IPv6-Pakete über dieses. Wenn ISATAP mit einem Router gekoppelt wird, der mit dem Internet verbunden ist, können die Hosts über ein IPv4-Netzwerk gleichfalls mit dem IPv6-Internet kommunizieren.

Der Präfix eines ISATAP-Hosts und -Routers ist FE80::5EFE. Bei einer privaten IPv4-Adressen wird aus 0000:5EFE: und den 32 Bits der IPv4-Adresse der 64 Bit lange Interface Identifier gebildet (bsp. FE80::5EFE:

---

[26] Dieses ist auch unter dem Namen „IP over HTTPS" bekannt.

192.168.1.10%2). Eine öffentliche Unicast-IPv4-Adresse wird hinter FE80 ::0200:5EFE angehängt.
Zusammen mit dem 64-Bit-Präfix jeder Schnittstelle (z. B. FE80::/64, Unique Local oder Unique Global) erhält der Host dann die dort gültige, jeweilige ISATAP-Adresse. Bei verbindungslokalen Adressen wird zusätzlich die Zonen-ID der ISATAP-Tunnel-Schnittstelle (z. B. %7) angehängt.[27]

ISATAP funktioniert zwar sowohl mit öffentlichen und privaten IPv4-Adressen. Es kann aber nicht über NAT/PAT arbeiten, weil die unübersetzten IPv4-Adressen in den ISATAP-Paketen enthalten sind, und damit ein Ziel-Host nicht wissen kann, an welche Adresse er antworten soll.

In Windows 7 ist dieses Protokoll automatisch aktiv, und generiert selbständig Link-local-Adressen für jeden ISATAP-Tunnel, wenn der Hostname *ISATAP* oder der FQDN *ISATAP.example.com* in eine IPv4-Adresse eines ISATAP-Routers aufgelöst werden (z. B. über DNS, LMHOSTS, WINS, LLMNR, NetBIOS Broadcasts etc.). Somit gibt es je verbindungsspezifischem DNS-Suffix (unabhängig der Netzwerkschnittstellen) eine eigene ISATAP-Tunnelschnittstelle. Ein Windows-7- und Windows-Server-2008-Rechner kann dabei sowohl Router als auch Client sein. ISATAP ist besonders hilfreich, um das interne Netzwerk (Intranet) zu IPv6 zu migrieren.

Tabelle 8.3 fasst alle relevanten IPv6-Übergangstechnologien noch einmal zusammen.

Tabelle 8.3. Vergleich IPv6-Übergangstechnologien

	ISATAP	6to4	Teredo	IP-HTTPS
Für interne IPv6-Kommunikation (Intranet) geeignet	Ja	Nein	Nein	Ja
Für externe IPv6-Kommunikation (Internet) geeignet	Möglich	Ja	Ja	Ja
Ist mit NAT/PAT kompatibel	Nein	Nein	Ja	Ja
Benötigt private (P) oder öffentliche (Ö) IPv4-Adressen auf dem Gateway	Intern: P / extern: Ö	Ö	Ö	Intern: P / extern: Ö
Verwendet Unicast (U) oder Multicast (M)	U	U	U	U
Benötigt spezielle externe, Drittanbieter-Gateways	Entfällt	Nein, aber verwendbar	Ja	Nein
Benötigt ein X.509-Serverzertifikat	Nein	Nein	Nein	Ja

---

[27] Bei älteren Windows-Versionen hieß diese Schnittstelle noch „Automatic Tunneling Pseudo-Interface" und hatte typischerweise den Netzwerkschnittstellenindex 2.

8.4.2.9 IPv6-Befehle

Spezielle Kommandozeilenprogramme wurden in Windows 7 für IPv6 nicht eingeführt. Vielmehr wurden bestehende Befehle wie *Ping*, *Netsh*, *Ipconfig* und *Tracert* erweitert. Die Einführung von IPv6 soll sich eben nur auf die Schicht 3 des OSI-Schichtenmodells auswirken. Tiefere und höhere Schichten sollen dadurch nicht betroffen sein. Ein Befehl wie *ping www.example.com* funktioniert auf einer IPv4-only- und einer IPv6-only-Node problemlos. Windows 7 kann auch anhand des Formats einer eingegebenen IP-Adresse von selbst erkennen, welches Protokoll verwendet werden soll. Lediglich für Systeme mit beiden Versionen des IP kann bei einigen Netzwerkbefehlen über die Angabe der Option -6 explizit IPv6 ausgewählt werden bzw. mit -4 IPv4.

Fünf Beispiele von Webseiten, die mit IPv6 aufgerufen werden können, sind: *www.six.heise.de*, *ipv6.google.com*, *www.zbc-ffm.de*, *www.wiemache-ich.de* und *sixy.ch*.

Für für einen initialen Test kann ein IPv4-nach-IPv6-Tunnel wie SixXS benutzt werden. Dazu wird im Browser *http://<URL>.ipv4.sixxs.org/* eingegeben. *URL* ist dabei die Adresse einer IPv6-Website. Beispiele dafür sind in Ergänzung zu den zuvor genannten Websites, die natürlich ebenfalls über SixXS funktionieren: *http://www.cisco.com.ipv4.sixxs.org/* sowie *http://www.whatismyipv6.com.ipv4.sixxs.org/*.

8.4.2.10 IPv6 abschalten

Viele der vorgestellten Übergangstechnologien sind wie oben beschrieben automatisch aktiviert. Nach der Migration zu einem IPv6-Netzwerk benötigt man sie nicht mehr und möchte sie vielleicht abschalten. Und manch einer möchte mit der Umstellung vielleicht noch etwas warten, und sie bis dahin nicht nutzen.

In Windows 7 kann IPv6 zwar nicht deinstalliert, jedoch abgeschaltet werden. Dazu gibt es zwei Wege: Einerseits kann IPv6 in den Eigenschaften der Netzwerkverbindungen für eine oder alle dort aufgeführten Netzwerkschnittstellen abgeschaltet werden. Das lässt aber die Tunnel und die IPv6-Loopback-Adresse ::1 aktiv.

Andererseits kann IPv6 alternativ über einen Registrierungsschlüssel (*HKEY_LOCAL_MACHINE\SYSTEM\CurrentControlSet\Services\Tcpip6\ Parameters\DisabledComponents*) entweder vollständig oder selektiv ausgeschaltet werden. Dieser Schlüssel besteht aus mehreren Bit-Feldern, die in Tab. 8.4 aufgeführt sind. Eine *0* (Voreinstellung) aktiviert, eine *1* deaktiviert die entsprechende Funktion.

Tabelle 8.4. DisabledComponents Bit-Maske

Bit-Feld	Funktion
0 (LSB)	Alle IPv6-Tunnel (ISATAP, 6to4 and Teredo)
1	IPv6 auf 6to4-Schnittstellen
2	IPv6 auf ISATAP-Schnittstellen
3	IPv6 auf Teredo-Schnittstellen
4	IPv6 auf nicht-getunnelten Schnittstellen wie LAN-Karten und PPP-Schnittstellen
5	Bevorzugung von IPv4 gegenüber IPv6

Zum *nahezu* vollständigen Abschalten von IPv6 wird dieser Registrierungschlüssel ggf. erst erstellt und dann auf den DWORD-Wert 0xFFFFFF gesetzt. Die Einschränkung „nahezu" gibt es, weil auch in diesem Fall die IPv6-Loopback-Adresse aktiv ist und auf *Ping* antwortet.

Vor dem unüberlegten Abschalten dieses Protokolls sollten jedoch einige Punkte beachtet werden: Einige Unternehmen deaktivieren IPv6 auf ihren Rechnern, weil sie annehmen, dass sie die Funktionalität nicht nutzen, oder weil sie befürchten, dass durch das Vorhandensein zweier Internet-Protokolle der Netzwerkverkehr verdoppelt würde. Das ist jedoch nicht der Fall!

Aus der Sichtweise von Microsoft ist IPv6 ein wichtiger Bestandteil des Betriebssystems und sie empfehlen, diese Funktionalität unbedingt eingeschaltet zu lassen! Während der Betriebssystementwicklung evaluiert Microsoft nur Systeme, auf denen IPv6 vorhanden ist – PCs mit deaktiviertem IPv6 werden einerseits nicht nur nicht getestet, andererseits funktionieren auf ihnen einige Bestandteile des Betriebssystems nicht. Solche Funktionen, an die man nicht auf den ersten Blick denkt, wie u. a. Direct-Access, HomeGroup, Remote Assistance und Windows Mail benutzen IPv6. Ganz zu schweigen von zukünftigen Protokollen und Funktionen.

8.4.2.11 Sicherheitsaspekte

In handelsüblichen Routern befindet sich häufig PAT-/NAT- und einfache Firewall-Funktionalität. Somit sind die internen Systeme aus dem Internet häufig nicht direkt erreichbar. Bei IPv6 fehlt dieser „Schutz", weil ja eben jedes System direkt erreichbar sein soll.[28] Für einen wirksamen Schutz muss also die Firewall etwas aufwändiger konfiguriert werden, um nur solche Zugriffe zu erlauben, die gewünscht sind.

---

[28] Zumindest potentiell, wenn es nicht durch Firewalls unterbunden ist.

Nur wenige Firewalls, und auch nur wenige Intrusion Detection Systeme (IDS), erkennen derzeit IPv6-Pakete sowie gekapselte Pakete bei getunnelten Verbindungen, und sie können IPv6-Verkehr auch nicht filtern.
Die Windows-7-Firewall (siehe Kap. 8.6) beinhaltet eine *Stateful Packet Inspection* auch für IPv6-Pakete, allerdings sieht auch sie nicht in gekapselte Pakete hinein.
In IP-Netzen passiert es täglich, dass Angreifer den Adressraum durchsuchen, um verwundbare Systeme zu entdecken. Im IPv6-Netz würde es wegen des enormen Adressumfangs Milllionen von Jahren dauern, alleine den kleinen Adressraum, der an ISPs bereits vergeben wurde, zu durchsuchen.

8.4.2.12 Probleme mit IPv6

Wie kommt es eigentlich, dass trotz der unstreitbar vielen Vorteile, die IPv6 im Vergleich zu IPv4 bietet, seine Verbreitung momentan eher gering ist? Dafür gibt es mehrere Gründe: In vielen Unternehmen ist zwar die Netzwerkhardware (wie Router, Switches, Netzwerkdrucker etc.) und die Software (wie die Betriebssysteme Windows, Mac OS, Unix etc.) IPv6-fähig, aber das Personal nicht – mit anderen Worten: es hat keine IPv6-Kenntnisse und -Erfahrungen.[29]
Manch einer behauptet, dass dieses an einem „Henne-Ei"-Problem läge: Wo keine Nachfrage nach IPv6 sei, würden die Telekommunikationsanbieter auch nicht von sich aus IPv6 offerieren und umgekehrt. Die Wahrheit ist natürlich ganz anders: Es wäre absolut naiv, anzunehmen, dass die deutschen, europäischen und internationalen Telekommunikationsanbieter kein IPv6-Know-How hätten! Mitnichten! Das genaue Gegenteil ist der Fall! Sie kennen sich in der Materie seit Jahren bestens aus, und betreiben bereits erfolgreich unternehmensintern IPv6-Netze. Es ist jedoch schlichtweg nicht in ihrem Interesse, IPv6 frühestmöglich einzuführen! Wie wir bereits oben gesehen haben, ist das Prinzip von IPv6, dass jedes Endgerät (Host bzw. Terminal) theoretisch mit jedem anderen Endgerät weltweit direkt kommunizieren kann – ohne NAT und PAT. Das Netz soll sich einfach nur auf die Weiterleitung von Paketen beschränken. Das aber ist genau das Geschäftsmodell der Telekommunikationsunternehmen – denkt man insbesondere an die Festnetz- und Mobilfunktelefonie. Nicht nur seit der Verfügbarkeit von Skype und anderen VoIP-Programmen ist davon auszugehen, dass die Netzbetreiber bis zum letztmöglichen Zeitpunkt abwarten werden, und bis es nicht mehr anders geht, ehe sie IPv6 einer brei-

---

[29] Der Autor hofft natürlich, durch dieses Kapitel an diesem Zustand etwas geändert zu haben.

teren Öffentlichkeit anbieten werden. Es verwundert daher auch nicht, dass die Unternehmen, die bereits seit einiger Zeit IPv6 anbieten, eher Kleinere sind, die nicht in den klassischen Geschäftsfeldern Telefonie und Mobilfunk tätig sind.[30]

Probleme gibt es aber auch bei der Software: Nach dem OSI-Schichtenmodell dürfte es die voneinander unabhängigen, niedrigeren und höheren Schichten (wie die TCP- und Anwendungs-Ebene) überhaupt nicht bemerken, welche IP-Version verwendet wird. Die Protokolle, Treiber und Programme der einzelnen Schichten sollten unabhängig voneinander auswechselbar sein.

Aber die Praxis sieht leider anders aus: So gibt es in der Anwendungsschicht oftmals Eingabemasken, die nur IPv4-Adressen zulassen. Das liegt jedoch nicht am Betriebssystem: Kein einziges Windows-7-Programm bzw. -Fenster ist von dieser Beschränkung betroffen.

Ein weiteres, oben bereits erwähntes Problem ist derzeit die mangelnde Bereitstellung von IPv6-Zugängen durch die ISPs (Internet Service Provider). Aber selbst wenn diese IPv4 und IPv6 zu gleichen Kosten bereitstellten, kommen die häufig in Heimnetzen verwendeten DSL-Router-Boxen nicht mit, da sie in den meisten Fällen lediglich IPv4 unterstützen.

8.4.2.13 Migration eines IPv4-Netzwerks in ein IPv6-Netzwerk

Für den Austausch der IP-Schicht kann als allgemeine Empfehlung gegeben werden, folgende Punkte durchzuführen:[31]

- Sicherstellen, dass die Anwendungen IP-versionsunabhängig sind

  Manche Anwendungen (u. a. einige Windows-Sockets-Anwendungen) erwarten einfach einen IPv4-Protokollstapel, oder haben Eingabemasken, die nur IPv4-Adressen zulassen.
  Stellen Sie sicher, dass alle nötigen Anwendungen unabhängig von der IP-Version funktionieren.
  Ersatzweise können sie auf einer virtuellen Maschine, die IPv4 verwendet, betrieben werden.

---

[30] Ein Hinweis darauf, dass die großen deutschen ISPs bereits IPv6-fähig sind, es gegenwärtig aber nicht aktiv anbieten, ist IPv6 über TDSL: So bieten Unternehmen wie Titan Networks und rh-tec seit etlicher Zeit IPv6 mittels PPPv6 auch über TDSL, ADSL und SDSL an. Wenn die Netzbetreiber keine IPv6-Infrastruktur hätten, wäre das kaum möglich.

[31] Ein Netzwerker sagte dazu mal mit einem Augenzwinkern: „Es sind nur 96 Bits mehr. Es ist also keine Zauberei."

- Aktualisieren der DNS-Infrastruktur

  Eventuell muss die DNS-Server-Infrastruktur um die Fähigkeit, mit AAAA-Ressorcen-Einträgen und PTR-Einträgen in der IP6.ARPA-Zone umgehen zu können, aktualisiert werden. Außerdem sollten sichere, dynamische Zonenaktualisierungen konfiguriert werden, so dass Clients ihre AAAA-Einträge selbst aktualisieren können.
  Da eine evtl. vorhandene WINS-Infrastruktur nicht IPv6-fähig ist, könnte sie durch eine DNS-GlobalNames-Zone (in Windows Server 2008 oder höher) ersetzt, oder komplett entfernt werden.

- Aktualisieren aller Netzwerkknoten auf doppelte IP-Stacks

  Für eine Übergangszeit ist es wichtig, dass Hosts (Server und Clients) und Router sowohl IPv6 als auch noch IPv4 beherrschen. In den Netzwerkverbindungseinstellungen (siehe Kap. 8.4.4) kann festgelegt werden, welche IP-Version vorrangig benutzt werden soll.
  Eventuell im Netzwerk vorhandene Windows-XP-Clients führen DNS-Namensauflösungen (trotz eines ggf. aktivierten IPv6-Protokollstapels) stets per IPv4 durch.
  Eigenständige Druckserver und andere Geräte (u. a. KMV-Switche, VoIP-Telefone), die nicht aufgerüstet werden können, müssen ggf. ausgetauscht oder über ein dediziertes IPv4-Netz, das bsp. über einen Dual-Stack-Router angeschlossen ist, betrieben werden.

- IP-Adressenversorgung sämtlicher Knoten sicherstellen

  Router müssen von Hand mit IPv6-Adressen ausgestattet werden, Clients können dann mittels der Router ihre Adressen generieren. Für weitere IP-Optionen sind evtl. DHCPv6-Server und in allen Links ggf. DHCPv6-Relay-Agents nötig. Windows-Server-2008 und höher enthalten beide Funktionen.

- Fakultativ: Implementieren von ISATAP

  Dieser fakultative Schritt bewirkt, dass bereits IP6-Konnektivität über Tunnel existiert, bevor es ein echtes IPv6-Netz gibt.

- Aktualisieren der Routing-Infrastruktur

  Sämtliche Router müssen für das IPv6-Routing und das Offerieren von IPv6-Präfixen konfiguriert werden. Dazu gehört auch ein Plan, an was für einem Standort welche Präfixe verwendet werden sollen.

- Aktualisieren der Active-Directory-IP-Subnetzobjekte
  Der Active-Directory-Standortdefinition sollten korrekte IPv6-Subnetzobjekte zugeordnet sein. Das geht erst mit Domänencontrollern, die unter Windows Server 2008 und höher laufen. In früheren Server-Versionen konnten nur IPv4-Subnetzobjekte erstellt und mit den Standorten verbunden werden.

- Aktualisieren der externen Konnektivität
  Wenn nicht nur das interne Netz auf IPv6 umgestellt werden soll, muss bei einem ISP ein IPv6-Zugang beauftragt, und die Systeme in einer DMZ analog der o. g. Punkte umgestellt werden.
  Eine besondere Berücksichtigung müssen Web-, Mail, DNS-, Proxy- und VPN-Server bekommen. Bei Mail-Servern werden E-Mails z. B. häufig abgelehnt, wenn der sendende MTA keinen IPv6-Reverse-Lookup-Eintrag in DNS hat.

- Aktualisieren der Firewalls
  Dazu ist evtl. ein Firmware- oder Geräteupdate erforderlich, sowie das Konfigurieren von den gewünschten IPv4- und IPv6-Weiterleitungsregeln.

- Aktualisieren der IDS
  Damit eine sichere Einbruchserkennung auch unter IPv6 gewährleistet ist, müssen die IDS um diese Funktionalität erweitert werden.

8.4.3 Verbindungsschicht-Topologieerkennung

Die Netzwerk-Map benutzt das LLTD-Protokoll (Link Layer Topology Discovery), um die Netzwerktopologie und -bandbreite sowohl eines drahtgebundenen als auch drahtlosen Netzwerks und seiner angeschlossenen Geräte zu ermitteln und anzuzeigen. Dieses ist quasi ein Nachfolgeprotokoll des UPnP (Universal Plug and Play) der ISO-OSI-Schicht 2 mit optionalen QoS-(Quality of Service)-Erweiterungen und wichtiger Bestandteil der Windows-Rally-Technologien[32] von Microsoft.

Die Netzwerkübersicht auf einem Computer mit Windows 7 zeigt die Computer und Geräte in Ihrem Netzwerk sowie die Art der Verbindung

---

[32] Nähere Details über diese Technologie können auf der Microsoft-Website unter http://www.microsoft.com/whdc/connect/rally/default.mspx aufgerufen werden.

über das LLTD-Protokoll grafisch an. Das Verbindungsschicht-Topologieerkennungs-Antwortprogramm (engl.: LLTD-Responder) muss auf Computern installiert sein, damit diese in der Netzwerkübersicht angezeigt werden. Bei Rechnern mit Windows 7 ist das automatisch der Fall, für sich ggf. in Netzwerk befindende Windows-XP-Computer muss es separat von den Microsoft-Download-Seiten heruntergeladen werden.[33]

8.4.4 Netzwerk – erweiterte Einstellungen

Etwas versteckt gibt es zudem zusätzlich noch die erweiterten Netzwerkeinstellungen. Dazu wird, bsp. aus dem *Netzwerk- und Freigabecenter - Adaptereinstellungen ändern* (siehe Abb. 8.1), das Fenster *Netzwerkverbindungen* aufgerufen. Dann muss zuerst die Alt- oder F10-Taste gedrückt werden, damit das Menü angezeigt wird, in dem der Punkt *Erweitert - Erweiterte Einstellungen...* gewählt werden kann, oder es wird dazu die Tastenkombination *Alt+E* und dann die Taste *W* gedrückt.

Windows 7 öffnet dann die in den Abb. 8.6 und 8.7 dargestellten Fenster, in denen die Bindungen der Netzwerkdienste an die Protokolle und diese an die Netzwerkschnittstellen verändert und entfernt werden können. Die Bindungspriorität legt die Reihenfolge fest, mit der versucht wird, ein Protokoll bzw. Gerät zu verwenden.

In der oberen Hälfte des Fensters wird eine Netzwerkverbindung ausgewählt. Ihre Priorität kann über die Pfeile am rechten Fensterrand verändert werden.

Gleiches gilt für die Netzwerkdienst- und -protokollbindungen. Wenn man möchte, dass einige Dienste auf bestimmten Netzwerkschnittstellen (z. B. die Datei- und Druckerfreigabe – realisiert durch den Serverdienst – auf der Schnittstelle, die mit dem Internet verbunden ist) nicht zur Verfügung stehen, kann dieses durch Entfernen des Häkchens in der entsprechenden Zeile festgelegt werden.

Mit der zweiten Registerkarte (*Anbieterreihenfolge*) wird gesteuert, in welcher Reihenfolge versucht werden soll, auf freigegebene Ressourcen anderer Systeme zuzugreifen (siehe Abb. 8.7).

---

[33] Siehe hierzu den Microsoft Knowledgebase-Artikel 922120. Derzeit ist es nur für Windows-XP-Rechner verfügbar, nicht jedoch für Windows 2000 oder Windows Server 2003.

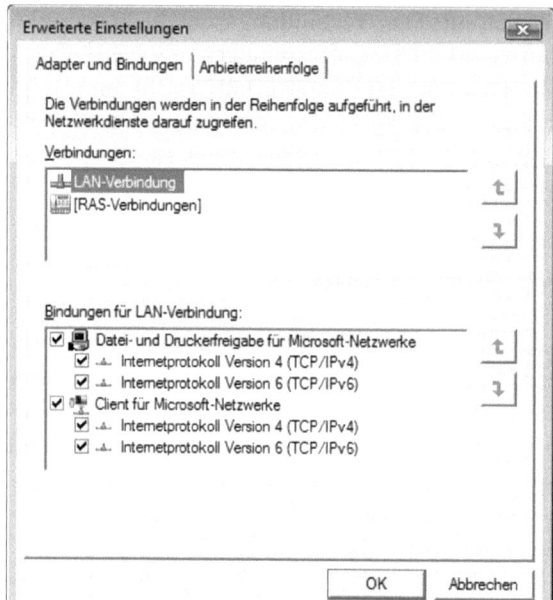

Abb. 8.6. Erweiterte Netzwerkeinstellungen – Registerkarte Adapter und Bindungen

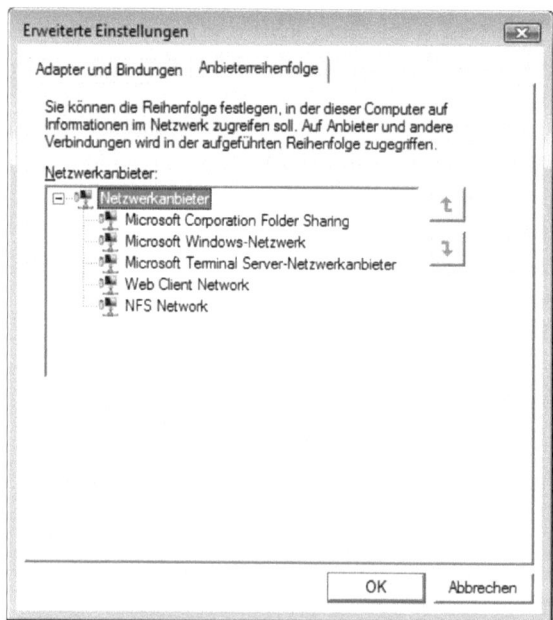

Abb. 8.7. Erweiterte Netzwerkeinstellungen – Registerkarte Anbieterreihenfolge

Sie können an dieser Stelle allerdings nur verändert, nicht jedoch gelöscht werden.

Hinzugefügt und entfernt werden können sie in der Systemsteuerung unter Software und (teilw.) in den Konfigurationsfenstern der Netzwerkprotokolle bei den Netzwerkschnittstelleneigenschaften.

8.5 Authentifizierung

Die Überprüfung, wer auf ein Sicherheitsobjekt zugreifen möchte, wird *Authentifizierung* genannt. Folgende vier Protokolle sind dafür in einem Windows-System für die Benutzeranmeldung von Bedeutung:

- LM (LAN Manager)
- NTLM
- NTLMv2
- Kerberos

Die an sich veraltete LAN-Manager-Authentifizierung ist zwar noch verfügbar, aber aus Sicherheitsgründen in der Voreinstellung abgeschaltet und sollte es auch bleiben, weil bei ihr aus abgefangenen Paketen sehr leicht Benutzerkennwörter ermittelt werden können. Lediglich in dem mittlerweile selten gewordenen Fall, dass auf Ressourcen, welche auf Systemen liegen, die mit keiner der anderen oben genannten Authentifizierungsarten arbeiten können (wie OS/2, Windows for Workgroups 3.x), dürfte eine Aktivierung der LAN-Manager-Authentifizierung in betracht kommen.

8.5.1 NTLM und NTLMv2

Die NTLM-Authentifizierungsverfahren, die beide aus Gründen der Abwärtskompatibilität vorhanden sind, und einem Peer-to-Peer-Netzwerk verwendet werden, verschlüsseln die Kennwörter (NTLMv2 sogar irreversibel mittels MD5-Kennwort-Hashs).

Für die (NT)LM-Protokolle werden die TCP/IP-Ports 135, 137-139 bzw. 445 verwendet.

8.5.2 Kerberos

Kerberos V, ein auf offenen Standards basierendes Authentifizierungssystem, und das vom amerikanischen MIT (Massachusetts Institute of Technology) im Rahmen ihres Athena-Projektes für Unix-Computer entworfen wurde, wird in domänenbasierten Windows-Netzen seit Windows 2000 verwendet. Sein Name ist der griechischen Mythologie entnommen, in der Zerberus, ein dreiköpfiger Hund, den Eingang zur Unterwelt bewachte. Diese symbolischen drei Köpfe werden im Netzwerk durch *Ressourcen-Server*, *Clients* (welche diese Ressourcen nutzen möchten) und einer gemeinsam vertrauten dritten Stelle, dem *Schlüsselverteilungscenter* (Key Distribution Center, KDC), abgebildet. Durch die Verlagerung der Überprüfung der Client-Anmeldeinformationen entfällt die Vorhaltung (und Aktualisierung) von diesen auf jedem einzelnen Ressourcen-Server. Zudem nutzt Kerberos die gegenseitige Authentifizierung (*mutual authentication*), bei der nicht einfach die Maschinenidentität missbräuchlich verfälscht werden kann. Kennwörter werden bei Kerberos überhaupt nicht – auch nicht verschlüsselt – über das Netzwerk übertragen. Da der KDC nur auf Domänencontrollern als Dienst läuft, wird für die Kerberos-Authentifizierung Windows Server benötigt.

Kerberos benutzt die IPv4- bzw. IPv6-Ports 88 und 464 (jeweils UDP und TCP), zusätzlich werden für Verzeichnisdienstzugriffe über LDAP die Ports 389 und 3268 (Globaler Katalog) benutzt. Und wenn ein Unternehmenszertifikatserver existiert, können die zuletzt genannten zwei Funktionen auch SSL-gesichert über die Ports 636 und 3269 abgefragt werden.

8.6 Firewall

Windows 7 beinhaltet eine sehr leistungsfähige Software-Firewall, die weit über das hinausgeht, was man von den Vorgängerversionen kennt: Sie schützt nun nicht mehr nur eingehende Verbindungen, sondern auch ausgehende Verbindungen und die Filterregeln lassen sich für die drei logischen Netzwerke *Öffentlich*, *Privat* und *Domäne* separat festlegen.

8.6.1 Einfache Firewall

In der Systemsteuerung lässt sich die *Windows-Firewall* aufrufen (siehe Abb. 8.8). Sie wurde in ähnlicher Art erstmals in Windows XP eingeführt.

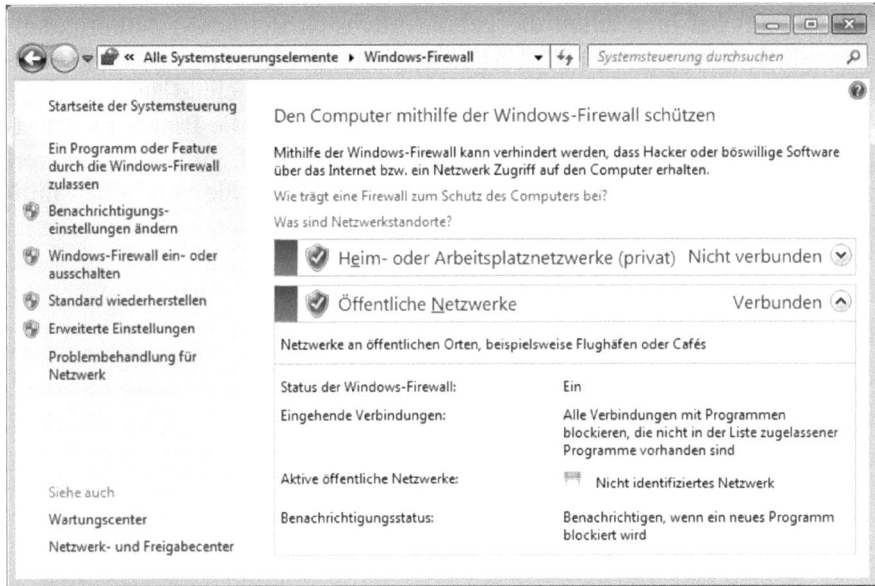

Abb. 8.8. Windows-Firewall

Durch die Auswahl von *Ein Programm oder Feature durch die Windows-Firewall zulassen* wird das in Abb. 8.9 dargestellte Fenster geöffnet.

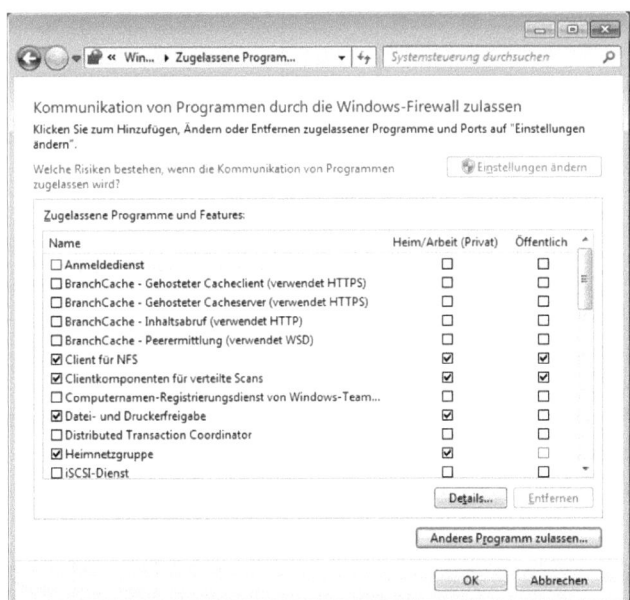

Abb. 8.9. Windows-Firewall : Zugelassene Programme

Microsoft hat hier schon die gebräuchlichsten Betriebssystemprogramme und -funktionen aufgeführt. Dennoch kann die Liste um eigene, benutzerdefinierte Ausnahmen erweitert werden. Mit der Schaltfläche *Anderes Programm zulassen...* öffnet sich ein Fenster, in dem die Programme festgelegt werden, die trotz aktivierter Firewall eingehend durchgelassen werden zum Zwecke der Herstellung von Verbindungen, die von außen initiiert werden (siehe Abb. 8.10).

Abb. 8.10. Fenster Programm hinzufügen

Wenn Programme hinzugefügt werden, hat das die Auswirkung, dass diese beliebige Ports öffnen können, die aber auf die Laufzeit des angegebenen Programms begrenzt sind. Wird es beendet, werden auch gleichzeitig die Ports geschlossen, die es geöffnet hatte.

Mit der Schaltfläche *Netzwerkstandorttypen...* wird festgelegt, welche Netzwerkstandorte für das jeweilige Programm geschützt werden sollen. Es öffnet sich dann das in Abb. 8.11 gezeigte Fenster.

8.6 Firewall 361

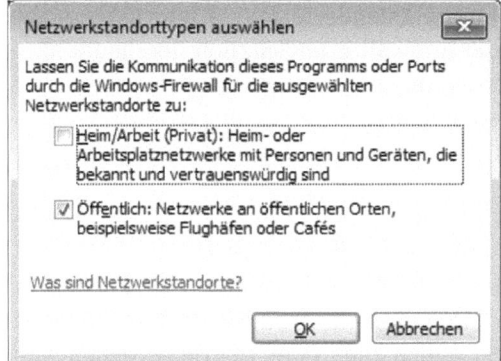

Abb. 8.11. Auswahl der Netzwerkstandorttypen

Durch die Auswahl Administrator-Optionen *Erweiterte Benachrichtigungseinstellungen ändern* oder *Windows-Firewall ein- oder ausschalten* des oben in dem in Abb. 8.8 gezeigten Startfensters öffnet sich ein Fenster, das in Abb. 8.12 dargestellt ist.

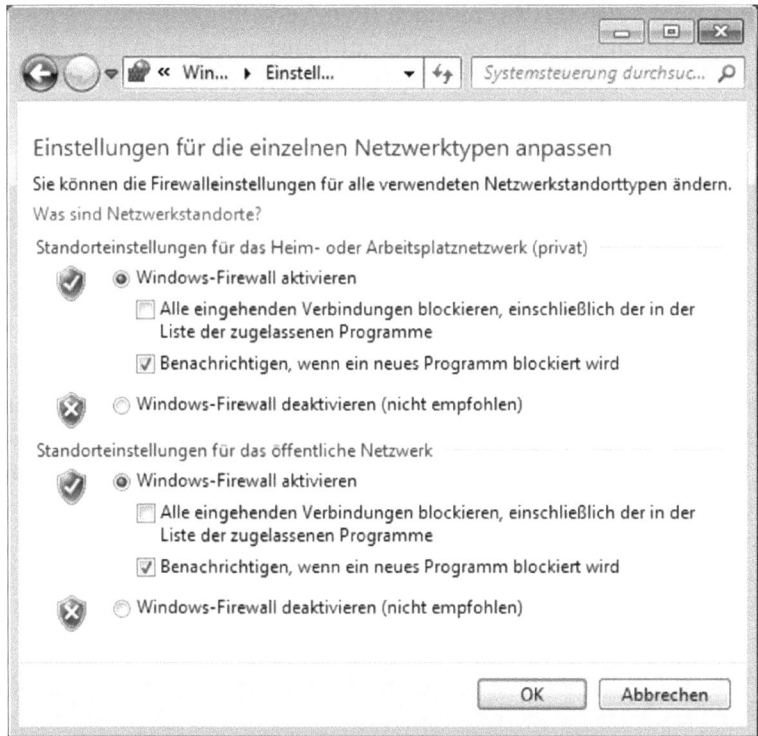

Abb. 8.12. Firewall- und Benachrichtigungsstatus festlegen

In ihm kann für die beiden Netzwerkstandorte *Privat* und *Öffentliches Netzwerk* festgelegt werden, ob die Firewall grundsätzlich überhaupt aktiv sein soll und ob eingehende Verbindungen vollständig oder nur selektiv blockiert bzw. zugelassen sein sollen, und ob ein Hinweisfenster eingeblendet werden soll, wenn es zu einer Blockade des Verbindungswunschs einer Anwendung kommt.

Bei Domänennetzwerken wird dies üblicherweise durch Active-Directory-Gruppenrichtlinieneinstellungen vorgenommen.

Die Optionen *Alle eingehenden Verbindungen blocken...* sind dabei etwas missverständlich: Wenn die Firewall zwar grundsätzlich aktiviert ist, werden Verbindungsversuche von außen (aus dem Internet), denen kein Verbindungsaufbau aus dem internen Netz (des Windows-7-Computers) voraus ging und die auch nicht explizit über Firewall-Ausnahmen (siehe unten) erlaubt wurden, geblockt.

Wenn dieser Schalter jedoch gesetzt ist, werden lediglich die Ausnahmen deaktiviert. Mit anderen Worten: Eingehende, Antwort-Pakete auf z. B. einer vom Benutzer initiierten http-Abfrage werden durchgelassen, Verbindungsaufbauwünsche, die aus dem Internet stammen, werden abgewiesen. Dabei wird sowohl IPv4- als auch IPv6-Verkehr gefiltert.

Eine weitere Option des Windows-Firewall-Fensters (siehe Abb. 8.8) ist das Zurücksetzen der Firewall-Regeln auf die von Microsoft voreingestellten Werte (*Standard wiederherstellen*). Sämtliche vom Benutzer vorgenommenen Änderungen werden damit entfernt.

Dagegen verzweigt die Option *Erweiterte Einstellungen* zu der im nächsten Abschnitt vorgestellten Windows-Firewall mit erweiterter Sicherheit.

8.6.2 Windows-Firewall mit erweiterter Sicherheit

Unter anderem in der Systemsteuerung unter *Verwaltung* lässt sich die sehr leistungsstarke *Windows-Firewall mit erweiterter Sicherheit* aufrufen (siehe Abb. 8.13). Diese steuert nicht nur den eingehenden, sondern auch den ausgehenden Netzwerkverkehr. Unter anderem das ist dabei mit „erweiterter Sicherheit" gemeint.

Doch wozu ist das nötig? Warum besitzen alle professionellen Firewalls nicht nur Funktionen für die Zutrittskontrolle, sondern auch für die Ausgangskontrolle?

Es gibt zum einen schädliche Software wie trojanische Pferde, die versuchen von innen heraus eine Tür zu öffnen, durch die weitere Software geladen oder ein System ferngesteuert (z. B. bei so genannten *Botnets* auch zum vom Benutzer unbemerkten Versand von SPAM) werden kann.

8.6 Firewall

Da das Öffnen der Ports von „innen" heraus geschieht, wird es bei einfachen Firewalls als „gut" angesehen, und die Pakete werden durchgelassen. Das Verhalten kann nur durch Firewalls, die auch den ausgehenden Verkehr kontrollieren, gesteuert werden.

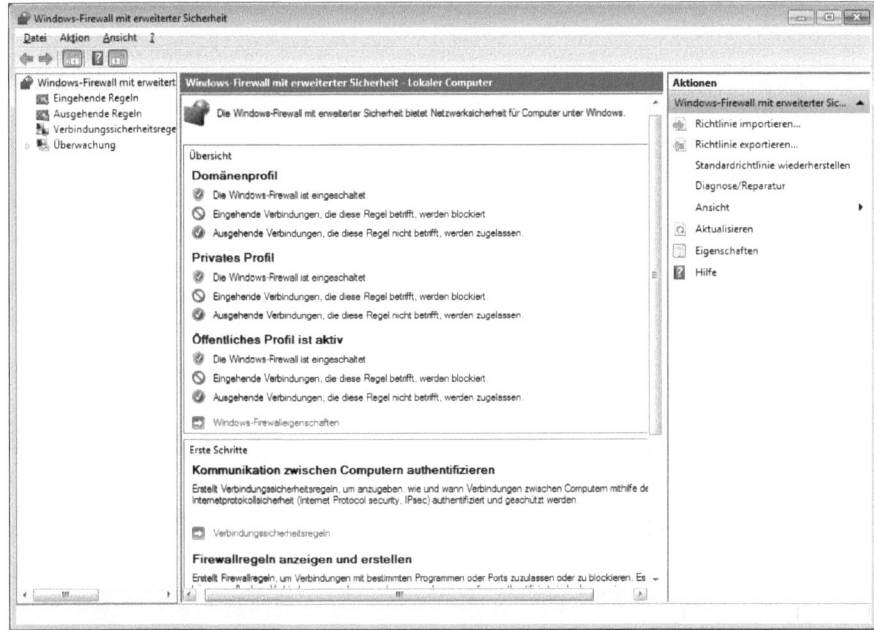

Abb. 8.13. Windows-Firewall mit erweiterter Sicherheit

Zum anderen möchten Systemverwalter oft eine Möglichkeit haben, bestimmte Protokolle ausgehend blockieren zu können: Zum Beispiel SMTP, DNS, Streaming-Protokolle, Instant-Messenger, File-Sharing etc. Auch diese Funktionalität bietet eine Firewall, die nur eingehenden Verkehr kontrolliert, nicht.

Die reguläre Windows-Firewall (siehe Kap. 8.6.1) ist von Microsoft als veraltet erklärt worden. Die Erstellung neuer Regeln (in Unternehmensumgebungen auch mit Gruppenrichtlinienobjekten) sollte nur noch für die Windows-Firewall mit erweiterter Sicherheit erfolgen!

Dabei gelten dieselben Standortdefinitionen, wie sie am Anfang des Kapitels bereits beschrieben wurden. Die Firewall-Profile Öffentlich, Privat und Domäne werden auf die in entsprechenden Netzwerken befindlichen Adapter angewendet.

Die Windows-Firewall mit erweiterter Sicherheit bietet auch die Überwachung des Netzwerkverkehrs entsprechend der eingestellten Regeln – auch über Gruppen und lokale Richtlinien. Firewall-Regeln können hierbei für alle drei erwähnten Netzwerktypen konfiguriert werden (siehe Abb. 8.14).

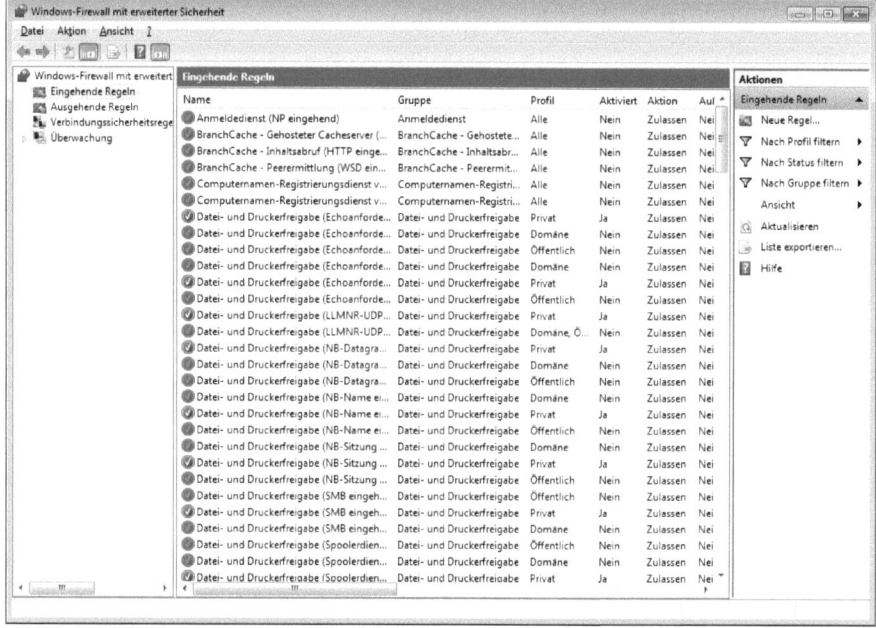

Abb. 8.14. Firewall-Regeln

Die Einstellungen für die jeweiligen Netzwerkprofile können auch ex- und importiert werden, was zum Sichern der Einstellungen und zum gleichen Konfigurieren mehrerer Systeme hilfreich ist.

Aber bei allen genannten Vorteilen darf nicht übersehen werden, dass die Windows-Firewall mit erweiterter Sicherheit zwar immerhin eine *Stateful-Inspection-Firewall* ist, aber keine Firewall auf der Applikationsebene, d. h. in die Pakete selbst wird nicht hineingesehen, sondern nur in den Paket-Vorspann. Ist eine Firewall-Funktionalität auf der Applikationsebene gewünscht, kommt man um Systeme wie Microsoft ISA-Server, Forefront TMG, Checkpoint Firewall One und dergl. nicht herum.

8.7 Virtual WiFi

Eine neue, etwas versteckte, weil nicht über die GUI zu konfigurierende Funktion in Windows 7 ist *Virtual WiFi*. Damit können sekundäre, virtuelle

WLAN-Schnittstellen auf WLAN-Adaptern eingerichtet werden.[34] Ein Anwendungsbeispiel ist ein Windows-7-Computer, der über ein LAN mit dem Internet verbunden ist, und über eine virtuelle WLAN-Schnittstelle den Internetzugang und das gemeinsame Nutzen von Audio- und Videodateien für andere drahtlose Geräte bereitstellt. Er ist damit praktisch ein Software-WLAN-Access-Point (SoftAP). Das funktioniert sogar auch, wenn er selbst über WLAN mit dem Internet verbunden ist!

Eingerichtet wird Virtual-WiFi über *netsh*-Befehle. Eine wichtige Voraussetzung, dass Virtual-WiFi funktioniert, ist, dass auch der WLAN-Adapter-Treiber diese Funktion unterstützt! Zudem muss der Dienst für die automatische WLAN-Konfiguration (wlansvc) gestartet sein.

Der Befehl *netsh wlan set hostednetwork mode=allow ssid=<Network SSID> key=<WPA2 key>* von einer Administrator-Eingabeaufforderung richtet das neue virtuelle WLAN ein. Der nachfolgende Befehl *netsh wlan start hostednetwork* aktiviert dann dieses neue Netzwerk und lässt Windows wie üblich fragen, in welchem Netzwerkstandort es sich befindet. Für die gemeinsame Nutzung von Multimediadateien sollte *Heimnetzwerk* ausgewählt werden.Den Erfolg dieser Anweisungen kann man sowohl im Gerätemanager, bei dem nun ein neuer Netzwerkadapter namens *Microsoft-Adapter für Miniports virtueller WiFis* aufgeführt ist (siehe Abb. 8.15), und im Netzwerk- und Freigabecenter beobachten, bei dem eine neue, zunächst unverbundene Drahtlosnetzwerkverbindung angezeigt wird.

Abb. 8.15. Virtueller WiFi-Adapter im Gerätemanager

Auf anderen Computern wird dieses neue Netzwerk als reguläres drahtloses Netzwerk angezeigt, und sie können sich unter Angabe des WPA2-Schlüssels damit verbinden, denn Windows 7 lässt für gehostete Netzwerke nur die sehr sicheren WPA2-PSK/AES-Verbindungen zu. Für die DNS-Namensauflösung und Internetbenutzung von anderen Rechnern wird als letzter Schritt dann die Internetverbindungsfreigabe auf dieser Schnittstelle aktiviert.

Wenn das virtuelle WLAN nicht mehr benötigt wird, kann es über die Eingabe der Befehlszeile *netsh wlan stop hostednetwork* jederzeit beendet werden.

---

[34] Diese werden auch als *hosted networks* bezeichnet.

Falls diese Kommandozeilenbefehle zu lästig sein sollten, kann unter *http://connectify.me* ein Programm heruntergeladen werden, welches diese Einstellungen vornimmt.

Mit folgenden, in der Tabelle 8.5 gezeigten Netsh-Befehlen lässt sich Virtual WiFi in Windows 7 konfigurieren:

Tabelle 8.5. Virtual-WiFi-Befehle

Befehlszeile	Funktion
netsh wlan start hostednetwork	Startet das virtuelle WiFi
netsh wlan stop hostednetwork	Beendet das virtuelle WiFi
netsh wlan set hostednetwork [mode=]allow|disallow	Aktiviert bzw. Deaktiviert das virtuelle WiFi
netsh wlan set hostednetwork [ssid=]<SSID> [key=]<Schlüssel> [keyUsage=]persistent|temporary	Konfiguriert die Virtual-WiFi-Einstellungen – der Schlüssel sollte zwischen 8 und 63 Zeichen lang sein, und wenn über seine Verwendungsdauer nichts angegeben ist, wird „Persistent" verwendet, was die Voreinstellung ist.
netsh wlan refresh hostednetwork [data=]<key>	Aktualisiert den WiFi-Schlüssel für das gehostete Netzwerk
netsh wlan show hostednetwork [[setting=]security]	Zeigt Informationen über Virtual WiFi an
netsh wlan show settings	Zeigt alle WLAN-Netzwerkeinstellungen an

8.8 Heimnetzgruppen

Das leichte Erstellen einer Gruppe von Computern in einem privaten, isolierten Netzwerk ist unter dem Namen *Heimnetzgruppe* (engl.: Home-Group) als eine neue Funktion in Windows 7 eingeführt worden. Damit können Rechner – ohne dass auf all diesen Computern Benutzerkonten angelegt werden müssten – durch Eingabe eines vertraulichen Schlüssels einfach hinzugefügt werden und gemeinsam Ressourcen wie Drucker, Dokumentenfreigabe und Multimediadateien nutzen.

Obwohl sie primär an private Anwender richtet, kann sie aber auch mit Domänennetzwerken kombiniert werden (siehe unten). Das kann für Benutzer von mobilen Arbeitsplatzrechnern (also insbesondere von Notebooks) von Interesse sein, weil Windows die Ressourcenzuordnung in Abhängigkeit vom Standort automatisch vornimmt.

8.8 Heimnetzgruppen

Bereits bei der Einrichtung von Windows 7 wird überprüft, ob sich eine Heimnetzgruppe im Netzwerk befindet. Wenn das der Fall ist, wird in einem Fenster gefragt, ob dieser beigetreten werden soll. Wenn es noch keine Heimnetzgruppe gibt, wird hingegen ein Dialog zur Einrichtung einer solchen angezeigt.

Um eine Heimnetzgruppe erstellen oder beitreten zu können muss der Netzwerkstandort des Computers jedoch auf *Privat* festgelegt sein. Bei der Einrichtung wird unter anderem festgelegt, welche Bibliotheken, in denen auf die Bilder, Video, Musikdateien, Dokumente etc. verwiesen wird, und ob Drucker für den Zugriff aller anderen Mitglieder der Heimnetzgruppe freigegeben werden sollen (siehe unten). Dabei entfällt durch die Beschränkung auf Freigaben auf der Bibliothekenebene die Angabe der genauen Speicherorte von den freizugebenden Dateien (z. B. D:-Laufwerk, oder ein externes USB-Laufwerk) und das Hantieren mit verschiedenen Laufwerksbuchstaben und UNC-Pfaden.

Der Grad der Freigabeberechtigungen kann jeweils in einer Heimnetzgruppe auf über den *Freigeben für*-Menüpunkt auf *Niemand, HomeGroup (Lesen), HomeGroup (Lesen/Schreiben)* und *Bestimmte Leute...* festgelegt werden.

Drucker, die ein Windows-Logo haben und über USB an einen Rechner einer HomeGroup angeschlossen sind, werden auf allen anderen Stationen automatisch eingerichtet. Bei Druckern ohne Windows-Logo erscheint ein Fenster, in dem mitgeteilt wird, dass ein Drucker gefunden wurde, und es werden die Anwender gefragt, ob der Drucker auf ihrem Rechner eingerichtet werden soll.

Neben Druckern profitieren auch andere Multimediageräte wie Medienwiedergabegeräte, Spielkonsolen (wie die XBox 360), und auch USB-Fotorahmen von dieser einfachen Installation in einer Heimnetzgruppe.

Wie oben schon erwähnt, können auch Windows-7-Computer, auf denen die Professional-Version (oder höher) installiert ist, und die zu einer Windows-Server-Domäne gehören, einer Heimnetzgruppe beitreten (dieses Verhalten kann aber per Active-Directory-Gruppenrichtlinie verändert werden). Ein wichtiger Unterschied ist allerdings, dass vertrauliche Daten auf solchen Rechnern in der HomeGroup nicht freigegeben werden. Mit anderen Worten: So ein Notebook kann zwar auf andere Medien zugreifen, aber niemand kann seine Inhalte sehen.

Technisch wird die Zugriffssteuerung durch ein Konto namens *Homegroup$*, dass auf allen Heimnetzgruppenmitgliedern bei ihrer Erstellung bzw. dem Beitritt zu ihr erstellt und mit dem gemeinsamen Kennwort versehen ist, realisiert. Die Heimnetzgruppenfunktion braucht zudem IPv6, und kann nur in einem einzigen IP-Subnetz arbeiten.

8.8.1 Erstellung einer Heimnetzgruppe

Die Einrichtung einer Heimnetzgruppe beginnt Windows 7 bei der Auswahl eines Netzwerkstandorts Privat von selbst. Sie kann aber auch jederzeit später aus dem Netzwerk- und Freigabecenter sowie der Systemsteuerung aufgerufen und ausgeführt werden.

Als erster Schritt wird dann ein Startfenster gezeigt, in dem sich auch einige Erläuterungen zu der Funktion einer Heimnetzgruppe befinden (siehe Abb. 8.16).

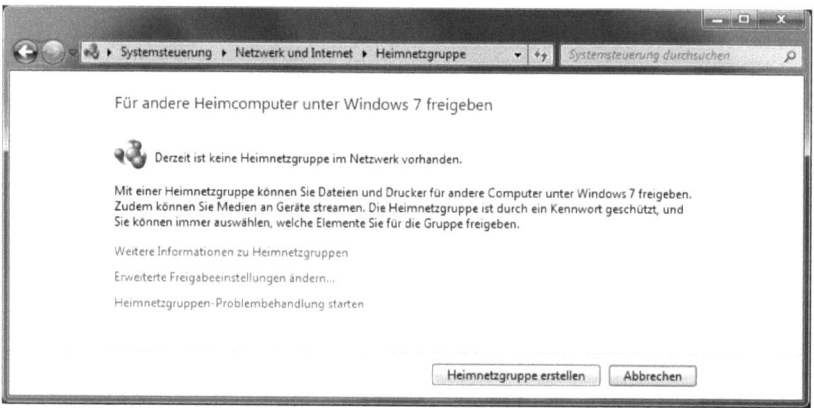

Abb. 8.16. Erstellung einer Heimnetzgruppe

Nach Auswahl der Schaltfläche *Heimnetzgruppe erstellen* erscheint das zweite, hier in Abb. 8.17 wiedergegebene Fenster des Heimnetzgruppeneinrichtungsprozesses. In ihm werden diejenigen Kategorien von Objekten ausgewählt, auf die später weitere Mitglieder der Heimnetzgruppe zugreifen dürfen. Diese fünf Kategorien sind Bilder, Dokumente, Audio- und Videodateien sowie Drucker. Diese Auswahl ist rechnerbezogen – also auch wenn selbst keine Ressourcen freigegeben werden, ist der Zugriff auf Freigaben auf anderen Mitgliedrechnern möglich.

Anschließend wird auf Auswahl von *Weiter* das Heimnetzgruppenkennwortfenster aufgerufen (siehe Abb. 8.18).

In ihm ist ein zehnstelliges, zufällig ausgewähltes sicheres Kennwort, das Groß- und Kleinbuchstaben sowie Ziffern enthält, befindlich. Das Kennwort ist wichtig, weil es von beitrittswilligen und erlaubten Benutzern genau so wie im Fenster angegeben eingegeben werden muss. Es kann auf Wunsch ausgedruckt werden.

Nach Betätigung der Schaltfläche *Fertig stellen* ist die neue Heimnetzgruppe erfolgreich eingerichtet, und bereit für den Beitritt weiterer Mitglieder. Das ist im folgenden Abschnitt beschrieben.

8.8 Heimnetzgruppen 369

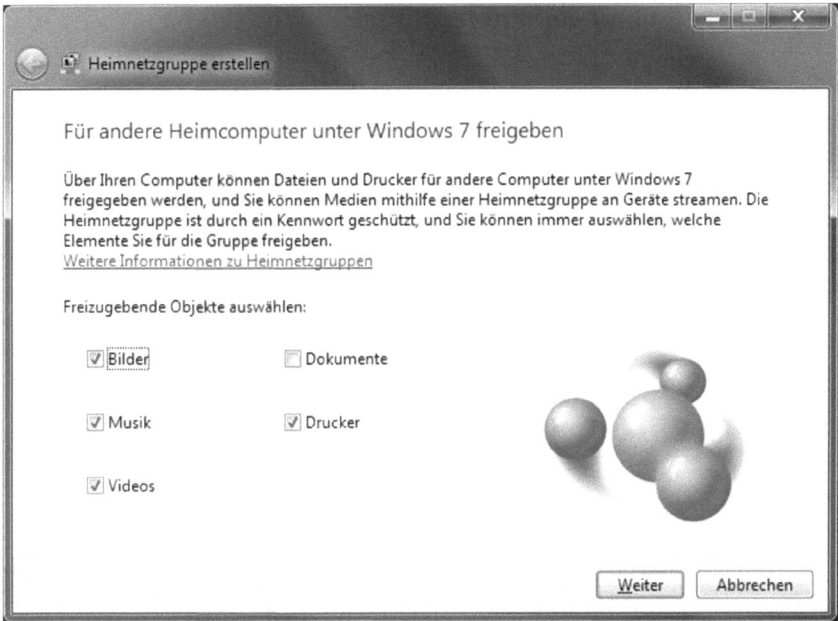

Abb. 8.17. Auswahl der freizugebenden Objekte

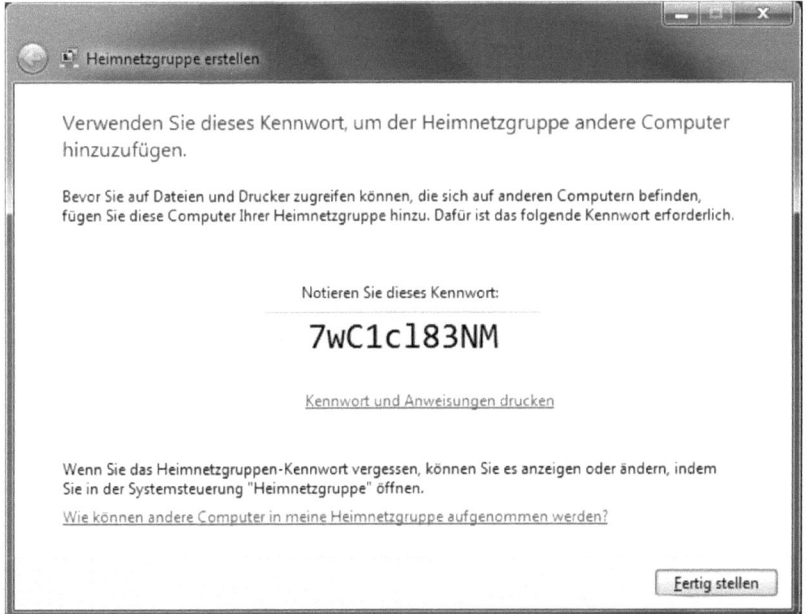

Abb. 8.18. Anzeige des Heimnetzgruppenkennworts

8.8.2 Beitritt zu einer Heimnetzgruppe

Zuhause kann es jeweils maximal eine einzige Heimnetzgruppe geben. Aber ist eine solche Heimnetzgruppe erst einmal angelegt worden, können ihr dann auf Wunsch weitere Benutzer beitreten.

Dazu wird aus der Systemsteuerung oder dem Netzwerk- und Freigabecenter *Heimnetzgruppe* ausgewählt.

Es öffnet sich dann das in Abb. 8.19 gezeigte Fenster, in dem auch ein paar erläuternde Sätze aufgeführt sind.

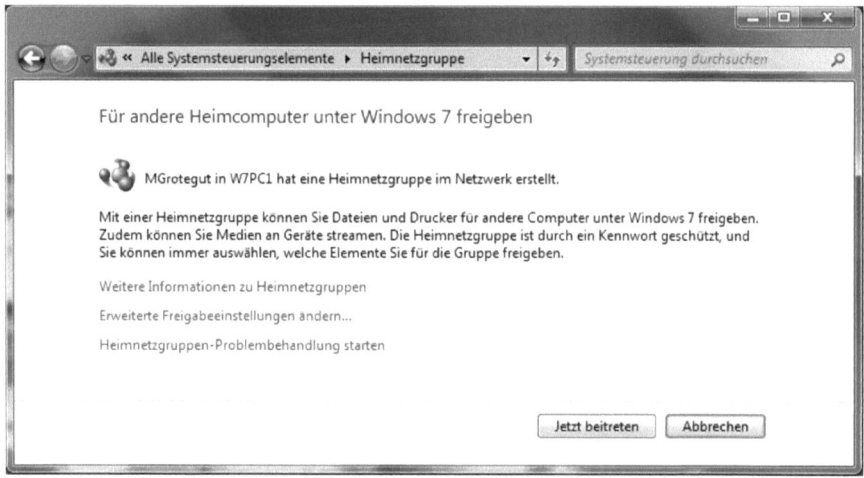

Abb. 8.19. Startfenster des Heimnetzgruppenbeitritts

Durch Auswahl der Schaltfläche *Abbrechen* wird der Beitrittsprozess abgebrochen, mit der Schaltfläche *Jetzt beitreten* fährt Windows 7 mit diesem Vorgang fort und stellt das Objektfreigabefenster[35] dar. In ihm werden diejenigen Objektkategorien[36] ausgewählt, auf die auf dem neuen Computer in der Heimnetzgruppe zugegriffen werden sollen, bzw. abgeschaltet, wenn sie nicht freigegeben werden sollen. Das beeinflußt aber nicht den Umfang des Zugriffs auf andere Mitgliedscomputer einer Heimnetzgruppe.

Mit einem Mausklick auf die Schaltfläche *Weiter* wird der Beitrittsprozess fortgeführt, und das hier in Abb. 8.21 wiedergebene Fenster aufgerufen. Als nächster Schritt wird dann das bei der Einrichtung der Heimnetzgruppe bekannt gegebene, gemeinsame Kennwort (siehe Abb. 8.18) eingegeben und auf die Schaltfläche *Weiter* geklickt.

---

[35] Dieses ist hier in Abb. 8.20 abgedruckt.
[36] Das verhält sich analog zu dem in Kap. 8.8.1 beschriebenen Auswahlvorgang.

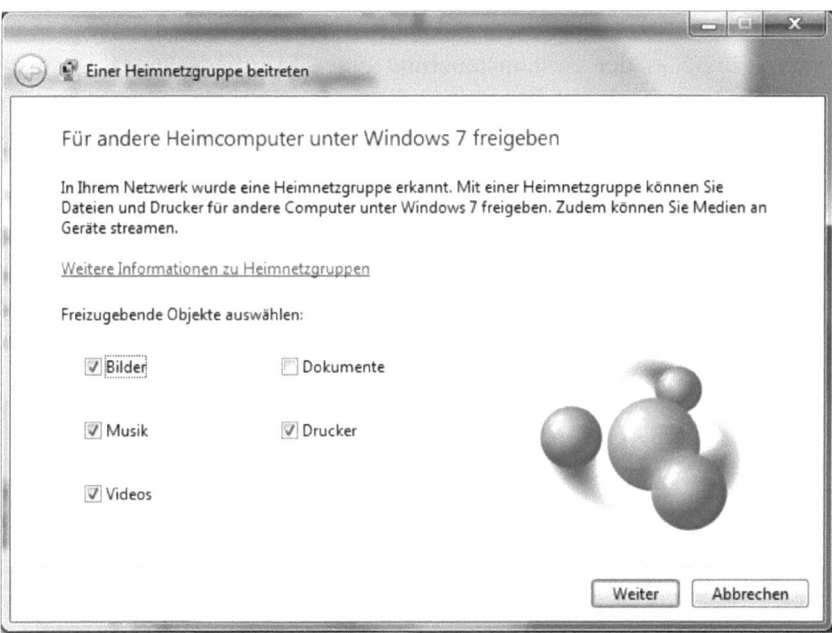

Abb. 8.20. Auswahl der freigegebenen Objekte des neuen Mitglieds

Abb. 8.21. Heimnetzgruppenkennworteingabe

Falls das Kennwort nicht mehr bekannt ist, kann es über das Programm *Heimnetzgruppe* in der Systemsteuerung eines Mitglieds angezeigt werden. Dort kann es auch auf Wunsch (z. B. wenn es unerwünschten Dritten bekannt geworden ist) neu festgelegt, also geändert werden. Zu Beachten ist jedoch, dass es nach so einer Änderung auf *allen* Heimnetzgruppenmitgliedern neu eingegeben werden muss.

Nachdem das hier eingegebene Kennwort von Windows überprüft und für gültig befunden wurde, wird abschließend noch ein Bestätigungsfenster angezeigt (siehe Abb. 8.22), und der Computer wurde erfolgreich in die Heimnetzgruppe aufgenommen.

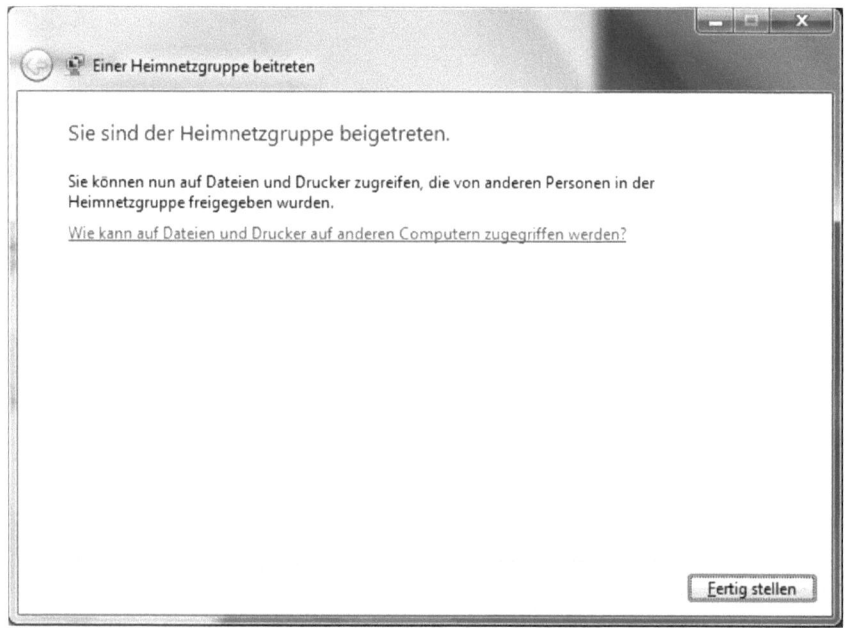

Abb. 8.22. Bestätigungsfenster des Heimnetzgruppenbeitritts

8.8.3 Austritt aus einer Heimnetzgruppe

Möchte man aus einer Heimnetzgruppe austreten (z. B. dauerhaft, oder weil man einer Anderen beitreten möchte), wird aus der Systemsteuerung das Heimnetzgruppen-Programm gestartet. Im Abschnitt *Weitere Heimnetzgruppen-Aktionen* befindet sich dann in der Mitte der Punkt *Heimnetzgruppe verlassen...* mit dem die gewünschte Aktion durchgeführt werden kann.

8.9 Programme für die Netzwerkverwaltung

Es gibt einige hilfreiche Programme, die von einer (Administrator-)Eingabeaufforderung (oder einem Stapelverarbeitungsprogramm) aufgerufen werden können, um die Netzwerkschnittstellen zu konfigurieren und zu analysieren. Die gebräuchlichsten Befehle und ihren jeweiligen Parameter werden nachfolgend vorgestellt.

Alle dieser Programme sind nunmehr IPv4- und IPv6-fähig. Dazu benutzen sie üblicherweise zur Unterscheidung die Schalter *-4* bzw. *-6*, denn wenn als Parameter IP-Adressen angegeben werden, wird zwar deutlich, welches Protokoll benutzt werden soll, nicht aber bei der Angabe eines Hostnamens oder eines FQDNs.

Eine detaillierte Hilfeausgabe der jeweiligen Programme erhalten Sie üblicherweise mit dem Parameter *-?*.

8.9.1 Ipconfig

Dieses Dienstprogramm hilft bei der IP-Adressenhandhabung von Netzwerkschnittstellen.

Ohne Parameter und Kommandozeilenoptionen in einer Eingabeaufforderung aufgerufen, zeigt es die IPv4- und IPv6-Adressen, IPv4-Subnetzmasken, und Standardgateway-Adressen für alle konfigurierten Netzwerkschnittstellen an, mit dem Schalter */all* alle verfügbaren Informationen dieser Schnittstellen.

Ipconfig kann mit den Schalter */all* auch dazu verwendet werden, um sich die MAC- (Media Access Control-) Adresse einer Netzwerkschnittstelle anzeigen zu lassen.[37]

Weitere nützliche Schalter sind */renew* und */release*, welche die IPv4-Adresse (und die DHCP-Optionen) einer spezifizierbaren Netzwerkschnittstelle erneuen bzw. freigeben. Für IPv6 lauten sie */release6* und */renew6*.

Der Schalter */registerdns* veranlasst einen Computer, per DDNS (Dynamisches DNS) seinen Namen und seine IP Adresse(n) an einem DNS-Server zu registrieren, */displaydns* und */flushdns* zeigen bzw. leeren den Inhalt des DNS-Client-Caches. Dafür muss der gleichnamige Dienst auf dem Client ausgeführt werden, denn sonst ist er für jede DNS-Namensauflösung auf einen DNS-Server angewiesen und kann keine Namensauflösungsergebnisse zwischenspeichern.

---

[37] Obwohl dazu auch die *Net Config*- und RRAS-Befehle verwendet werden können, ist die Benutzung von *ipconfig* für diesen Zweck praktischer, weil er stets, unabhängig von den laufenden Netzwerkdiensten, verwendet werden kann.

Ein mit Vista eingeführter Schalter ist /allcompartments, mit dem explizit alle *Depots* miteinbezogen werden. Depots (engl.: compartments) sind Gruppen von Netzwerkschnittstellen, die zur Steuerung der IP-Paket-Weiterleitung (*routing*) eingerichtet werden können (z. B. über die netsh-Befehle). Wurden Depots definiert, dann bezieht sich Ipconfig ohne weitere Optionen stets nur auf das aktuelle Depot.

Weitergehende Depot-Funktionalität wird jedoch erst eine spätere Version von Windows haben.

Schließlich gibt es Optionen, welche die Klasse (engl: Class ID) eines Computer betreffen. Damit können unterschiedliche DHCP-Einstellungen in Abhängigkeit von einer Hersteller- oder benutzerdefinierten Klasse (wie z. B. Desktop, Notebook etc.) für IPv4 und IPv6 angewendet werden.

8.9.2 Ping

Das Programm *Ping* hat seinen Namen von Schiffs- und U-Boot-Echoloten erhalten, mit denen die aktuelle Tiefe zum Meeresgrund ermittelt wird. Dazu wird ein Schallsignal nach unten gesendet, das dort reflektiert und wieder per Mikrofon aufgefangen und in einem deutlich hörbarem „Ping" wiedergegeben wird. Anhand der Ausbreitungsgeschwindigkeit des Schalls unter Wasser[38] und der Antwortzeit kann somit die Entfernung zum Meeresgrund ermittelt werden.

Normalerweise werden Programme nach einer Abkürzung benannt. Bei Ping ist es jedoch genau umgekehrt gewesen: Zuerst hat man sich den Namen des Programms ausgedacht und dann ein Konstrukt, von dem *Ping* eine Abkürzung sein könnte. Man ist zu der etwas holprigen Abkürzung von *Packet InterNet Gropher* gekommen. Aber das sei nur am Rande erwähnt.

Ping arbeitet mit ICMP-(Internet Control Message Protocol/Internet Steuerungsnachrichtenprotokoll)-Paketen der Version 4 oder 6. Davon werden hierfür die Subfunktionen *Echo* und *Echo-Reply* benutzt. Manchmal stellt man hierbei fest, dass nur die Route von einem Sender zu einem Empfänger in Routern, Firewalls etc. definiert ist, nicht jedoch die (dringend benötigte) Rückroute. Ein Ping schlägt dann natürlich fehl.

Wichtig ist, festzuhalten, dass Ping NUR die ICMP-Verbindung und -Rückverbindung zu einem Ziel prüft! Wenn ein Ziel *anpingbar* ist, bedeutet dies nicht, dass auch die entsprechenden Dienste arbeiten! Andererseits bedeutet ein negativer Ping nicht, dass ein Host überhaupt nicht erreichbar

---

[38] In Abhängigkeit u. a. von der Tiefe beträgt diese ca. 1.400 - 1.550 m/s.

ist, denn ICMP-Echo-Pakete könnten bsp. von einer Firewall blockiert sein.

Zum Testen von Diensten, die mit dem TCP (Transmission Control Protocol, Übertragungssteuerungsprotokoll) arbeiten (wie http, ftp, etc. – nicht jedoch SNMP, TFTP u. a.), bietet sich ein Test mittels *telnet <Host> <Port-Nummer>* an. Wenn keine Fehlermeldung ausgegeben wird, zeigt eine beliebige Bildschirmausgabe – selbst falls nur wirre Zeichen ausgegeben werden sollten – an, dass der Zielhost und -dienst erreichbar ist.

Bei Ping sind nützliche Schalter, die vor dem Zielhostnamen oder seiner IP-Adresse angegeben werden können: *-t*: Sendet bis zum Abbruch durch die Tastenkombinationen Strg+C oder Strg+Untbr ein Mal pro Sekunde einen Ping. *-a* führt eine umgekehrte Namensauflösung durch, bei der zu einer IP-Adresse der zugehörige Name erfragt wird.

Ganz pfiffige Netzwerkadministratoren können bei IPv4 mit *-f* und *-l* die maximale Paketgröße ermitteln, die ohne leistungssenkende Paketteilungen (Fragmentierungen) übertragen werden kann.

Wenn IPv6 verwendet wird, steht der Schalter *-R* zur Verfügung, mit dem die Rückroute mitgetestet wird.

Der Ping-Befehl beachtet übrigens bei allen Schaltern die Groß- und Kleinschreibung!

8.9.3 Tracert

Traceroute gibt eine Liste von Routern, ihre Namen und IP-Adressen aus, die an der Weiterleitung der Pakete von einem Host zu einem anderen verwendet werden.

Dazu wird – wie beim Ping-Befehl – das ICMP (Internet Control Message Protocol) der Version 4 oder 6 benutzt. Wenn Systeme von den Administratoren so eingestellt wurden, dass sie keine ICMP-Echo-Reply-Pakete versenden, erscheinen anstelle des Gerätenamens Stern-Zeichen.

Der einzige bei diesem Programm öfters verwendete Schalter ist *-d*: Er unterbindet die Rückwärts-Namensauflösung aller Hosts, was in einer schnelleren Bildschirmausgabe resultiert.

8.9.4 Netsh

Netsh (Net shell) ist ein Dienstprogramm mit dem kommandozeilenorientiert interaktiv oder durch Skripte wirklich *alle* Netzwerk- und Netzwerkprotokolleinstellungen eines Windows-7-PCs im Detail abgefragt und festgelegt werden können.

Es gliedert sich in die Unterkontexte *advfirewall, branchcache, bridge, dhcpclient, dnsclient, firewall, http, interface, ipsec, lan, mbn, namespace, nap, netio, p2p, ras, rpc, trace, wcn, wfp, winhttp, winsock* und *wlan*, deren Namen schon auf ihren jeweiligen Zweck hinweisen.

Netsh kann auch zur Übertragung der Einstellungen von einem System auf ein oder mehrere andere Systeme verwendet werden: Dazu werden am Quellsystem die Einstellungen exportiert und am Zielsystem importiert.

8.9.5 Hostname

Der Befehl hostname zeigt den Namen des aktuellen Hosts an, ohne DNS-Suffix. Ein Beispiel für eine Ausgabe ist: W7PC1.

8.9.6 Pathping

Dieses Programm zeigt Statistiken verlorener Pakete und die Zeitdauer für ihre Übertragung an, ähnlich wie traceroute.

Ein hilfreicher Schalter ist *-n* (Abkürzung von numerisch), der bewirkt, dass IP-Adressen nicht zu Namen aufgelöst werden.

8.9.7 Nbtstat

Dieser Befehl ist nützlich in Netzen, welche die NetBIOS-Namensauflösung in TCP/IPv4 benutzen. Dabei ist es gleich, ob dazu WINS, NetBIOS-Broadcasts oder LMHOSTS-Dateien verwendet werden. Nbtstat zeigt NetBIOS-Sitzungen, -Statistiken und -Namenstabellen von lokalen und Remote-Computern.

Seine Optionen lauten wie in Tab. 8.6 angegeben, und sie unterscheiden allesamt die Groß- und Kleinschreibung.

Tabelle 8.6. Nbtstat-Optionen

Option	Funktion
-a <Name>	Zeigt die Namenstabelle des benannten Computers an.
-A <IPv4-Adresse>	Zeigt die Namenstabelle des Computers mit der angegebenen IPv4-Adresse an.
-c	Listet den Remote-Namenscache mit IPv4-Adressen.
-n	Listet lokale NetBIOS-Namen auf.

-r	Gibt mit Broadcast und WINS aufgelöste Namen aus.
-R	Lädt die Remotecache-Namenstabelle neu.
-s	Zeigt die NetBIOS-Sitzungstabelle mit Computer-NetBIOS-Namen an.
-S	Wie -s, nur dass anstelle der Computernamen ihre IPv4-Adressen ausgegeben werden.
-RR	Sendet zuerst Namensfreigabepakete an WINS-Server und beginnt danach mit der Namensneuregistrierung.

In jeder Befehlszeile kann zudem noch der Parameter [Intervall] angegeben werden (z. B. *nbtstat -c 5*). Er bewirkt, dass bis auf weiteres alle *n* Sekunden die Statistiken erneut abgefragt und dargestellt werden. Zum Abbrechen muss dann Strg+C bzw. Strg+Untbr gedrückt, oder das Eingabeaufforderungsfenster geschlossen werden.

8.9.8 Die Net-Befehle

Ein Klassiker sind die Net-Befehle, die es schon seit dem 1985 erschienenen DOS-Netzwerkaufsatz MS-NET gibt. Sie sind sehr leistungsfähig, und können sowohl interaktiv von einer (Administrator-)Eingabeaufforderung und in Skripten benutzt werden, um Laufwerke zuzuordnen, Domänen- und lokale Benutzer und -Gruppen zu verwalten etc.

In Windows 7 gibt es die in Tabelle 8.7 aufgeführten Net-Befehle. Zur Ausgabe ihrer genauen Syntax kann *Net Help <Befehl>* oder *Net <Befehl> /?* benutzt werden.

Tabelle 8.7. Net-Befehle

Befehl	Aufgabe
Net Accounts	Verwaltung der Einstellungen lokaler und Remote-Konten
Net Computer	Erstellt oder löscht ein Computerkonto in einer Domäne
Net Config	Zeigt Konfigurationsinformationen des Arbeitsstations- oder Serverdienstes an
Net Continue	Setzt die Ausführung eines Dienstes fort, der über Net Pause angehalten wurde
Net File	Zeigt eine Liste geöffneter Dateien mit ihren IDs an und kann auch zum Schließen von Dateien benutzt werden
Net Group	Verwaltung globaler Gruppen in einer Domäne

Net Help	Gibt Informationen zur Syntax von Net-Befehlen aus (z. B. Net Help Accounts)
Net Helpmsg	Gibt die Beschreibung zu einer Fehlernummer (z. B. 1302) aus
Net Localgroup	Verwaltung lokaler oder domänenlokaler Gruppen
Net Pause	Hält den angegebenen Dienst an
Net Session	Zeigt und trennt Sitzungen eines lokalen oder Remotecomputers
Net Share	Verwaltung von Freigaben eines Computers
Net Start	Zeigt eine Liste ausgeführter Dienste an bzw. startet einen Dienst
Net Statistics	Gibt Statistiken des Arbeitsstations- und Serverdienstes aus
Net Stop	Beendet einen Dienst
Net Time	Synchronisiert die Zeit mit einem Domänencontroller bzw. Zeitservers. Für weitergehende Einstellungen sollte W32tm.exe verwendet werden.
Net Use	Verwaltung der Benutzung von freigegebenen Ressourcen anderer Computer
Net User	Verwaltung von lokalen und Domänenbenutzerkonten
Net View	Zeigt eine Liste von freigegebenen Ressourcen eines lokalen oder Remote-Computers an

Erfahrenen Administratoren wird beim Durchsehen der obigen Tabelle aufgefallen sein, dass es den früheren Net-Send-Befehl nun nicht mehr gibt. Ersatz dafür bietet – wenn auch nicht bei exakt identischer Funktion – der Msg-Befehl.

8.9.9 Netstat

Der Netstat-Befehl zeigt Informationen über die vom Benutzer und Programmen derzeitig offenen Verbindungen, TCP- und UDP-Ports (auch vom Betriebssystem), Protokolle und weitere TCP/IP-Statusinformationen an. Nützliche Schalter für Netstat sind:

-*a* Alle geöffneten Ports
-*b* Gibt eine Liste mit den Namen der ausführbaren Dateien und Dienste an, die Ports geöffnet haben
-*n* Numerisch – IP-Adressen nicht zu Namen auflösen
-*o* Wie -*b*, jedoch wird die ID eines Prozesses (PID) anstelle des Namens ausgegeben

-*t* Gibt zusätzlich an, wo die jeweilige (relativ zeitaufwendige) Verarbeitung u. a. der TCP- und IP-Prüfsummen vorgenommen wird. Mögliche Werte sind *InHost* (die Netzwerkverbindung wird durch die Host-CPU abgewickelt), *Offloaded* (die Verbindung wird durch TCP Chimney entlastet), *Offloading* (Die betreffende Verbindung ist gerade dabei, entlastet zu werden) und *Uploading* (die betreffende Verbindung ist gerade dabei, die Entlastung durch die TCP Chimney Hardware zu beenden).[39]

8.9.10 Getmac

Zeigt die MAC-Adresse des bzw. der Netzwerkadapter an.

8.9.11 Nslookup

Nslookup dient u. a. dazu, von einem DNS-Server die IP-Adresse eines Netzwerkgeräts zu erhalten (engl.: forward lookup), oder den eingetragenen Namen des Geräts, welches die angegebene IP-Adresse hat (engl: reverse lookup).

In der einfachen Form *nslookup www.abc.de [DNS-Server]* erhalten wir die IP-Adresse des genannten Hosts. Fakultativ kann der Name oder die IP-Adresse des zu benutzenden DNS-Servers angegeben werden. In der Voreinstellung werden die konfigurierten DNS-Server des Computers benutzt.

Wird dieses Programm hingegen ohne Parameter aufgerufen, geht es in seinen interaktiven Modus, und es können nacheinander mehrere Abfragen vorgenommen werden.

Die Nslookup-Abfragen können durch Optionen modifiziert werden. So wird durch die Option *-q=PTR* eine umgekehrte Namensauflösung bewirkt, und durch *nslookup -q=ANY abc.de* werden alle eingetragenen Ressourceneinträge einer DNS-Zone ausgegeben.

---

[39] Microsoft hat nicht nur in Windows Server 2003 SP2 und Windows Vista, sondern auch in Windows 7 das Scalable Networking Pack (SNP) integriert (es ist übrigens auch separat über den Microsoft-Knowledgebase-Artikel 912222 herunterladbar), das mit entsprechender Hardware die CPU(s), insbesondere bei Gigabit- und 10-Gigabit-Ethernet-Schnittstellen, durch TCP Chimney Offload, Receive-side Scaling und Intel NetDMA deutlich (um einige Dutzend Prozent bis hin zu vollständig) entlastet, was den Netzwerkdurchsatz um bis zu 40 % steigern können soll. Dabei dominiert TCP Chimney: In dem Fall, dass ein Netzwerkadapter sowohl TCP Chimney Offload als auch NetDMA unterstützt, wird letzteres nicht verwendet. Das Receive-side Scaling ist davon nicht betroffen, denn es arbeitet mit allen anderen Verfahren.

9. Benutzerkonten und lokale Gruppen – Einrichten und verwalten

Die Berechtigungs- und Rechtevergabe (entsprechend der vom Autor geprägten, prägnanten Kurzform „*Wer darf* auf *was* zugreifen?"), ist die zentrale Frage eines jeden (Netzwerk-)Betriebssystems. Bei ihr stellt das *Was* die Objekte, das *Dürfen* den Grad des eingeräumten Zugriffs dar. Und das *Wer* wird seit langer Zeit durch Benutzerkonten und -gruppen abgedeckt. Letztere sind ein Teil dessen, was Windows 7 als *Sicherheitsprinzipale* (bzw. Sicherheitssubjekte) versteht (siehe unten).

Das Programm, das für die Verwaltung von Benutzer- und Gruppenkonten zuständig ist, kann durch Auswahl von *Verwaltung* im Kontext-Menü des Computer-Symbols auf der Arbeitsoberfläche, als Snap-In in einer MMC oder durch Start des Programms *Lusrmgr.msc* aufgerufen werden (siehe Abb. 9.1).

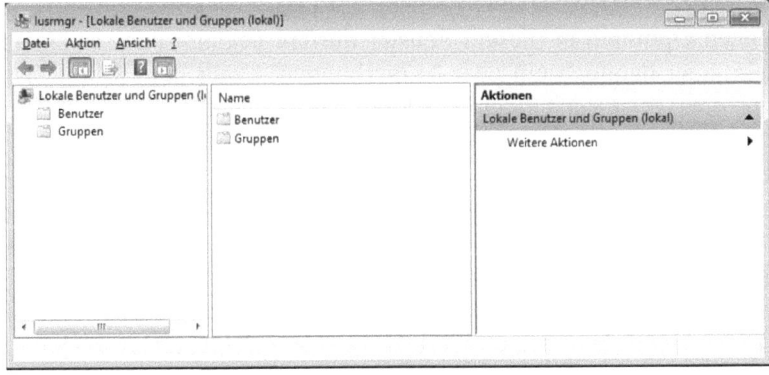

Abb. 9.1. Lokale Benutzer und Gruppen

Im Ordner *Benutzer* sind lokale Einzelbenutzerkonten hinterlegt. Es werden zumindest das Administrations-Konto und das Gastkonto angezeigt. Das vordefinierte Gast-Konto kann zwar umbenannt und deaktiviert werden (was es auch immer sein sollte), nicht jedoch gelöscht werden. Wenn Sie weitere Konten (z. B. für den Junior mit aktiviertem Jugendschutz, für den Partner bzw. die Partnerin etc.) erstellt haben, werden diese hier ebenfalls aufgeführt.

Im Ordner *Gruppen* werden vordefinierte und selbsterstellte Gruppen aufgelistet. Gruppen werden dazu verwendet, um Systemrechte (wie z. B. An-/Abmelden, System herunterfahren, Programme/Treiber installieren) sowie Berechtigungen auf konkrete Objekte (bsp. den Ordner C:\Daten\Versuch12) vergeben und steuern zu können.[1] In einem Verwaltungsszenario ohne Gruppen müsste einzelnen Benutzern auf viele Objekte jeweils explizit Rechte und Berechtigungen gewährt bzw. genommen werden. Daher ist es praktischer, die betreffenden Rechte oder Berechtigungen Gruppen zu gewähren bzw. zu entziehen, und einzelne Benutzer in die Gruppe(n) aufzunehmen. In einem Unternehmensnetzwerk sind das bsp. nach betrieblichen Funktionen erstellte Gruppen wie *Einkauf*, *Vertrieb*, *Personal* etc., in einem Heim- oder SOHO-Netzwerk[2] vielleicht Gruppen wie *Internetbenutzer* oder Gruppen zur Zugriffssteuerung auf bestimmte Verzeichnisse.

Nützlich kann in diesem Zusammenhang die Funktion *Liste exportieren...* (aus dem Menü *Ansicht*) sein, mit der Benutzer- und Gruppenlisten in verschiedenen Dateiformaten erstellt werden können.[3]

Wenn ein neues Benutzerkonto erstellt werden soll (Kontext-Menü: *Neuer Benutzer...*) oder ein bestehendes Konto geändert werden soll (Kontext-Menü: *Eigenschaften...*) öffnet sich ein Fenster, wie in Abb. 9.2 gezeigt.

Die meisten Optionen in diesem Fenster dürften bekannt bzw. selbsterklärend sein, aber dennoch ein paar Anmerkungen: Unter dem *Kennwortablauf* wird eine Frist verstanden, nach der ein Anwender zwingend das Kennwort ändern muss. Ein Kennwortablauf kann per lokaler Sicherheits- oder Domänen-Gruppenrichtlinie eingestellt werden. Ist eine solche definiert, kann mit diesem Schalter eine Ausnahme von der Regel eingestellt werden. Dieses wird üblicherweise für Dienstkonten (diese werden als Anmeldekonten für Dienste benutzt) eingestellt.

Zwischen einer *Kontodeaktvierung* und einer *Kontosperrung* besteht auch ein Unterschied: Eine Deaktivierung ist stets ein manueller Vorgang, wenn bsp. ein Konto wegen Abwesenheit aufgrund von Krankheit,

---

[1] Dazu sind insbesondere (Domänen-)Lokale Gruppen, die auf dem betreffenden Ressourcenrechner eingerichtet werden, geeignet.
[2] SOHO: Small Office or Home Office.
[3] Für den gleichen Zweck gibt es auch die Befehle NET LOCALGROUP und NET USER. Überdies können viele der nachfolgend beschriebenen Funktionen mit ihnen interaktiv oder skriptgesteuert durchgeführt werden.

Schwangerschaftsurlaub, Nichtbezahlens von Gebühren etc. temporär nicht mehr für eine Anmeldung benutzt werden soll.

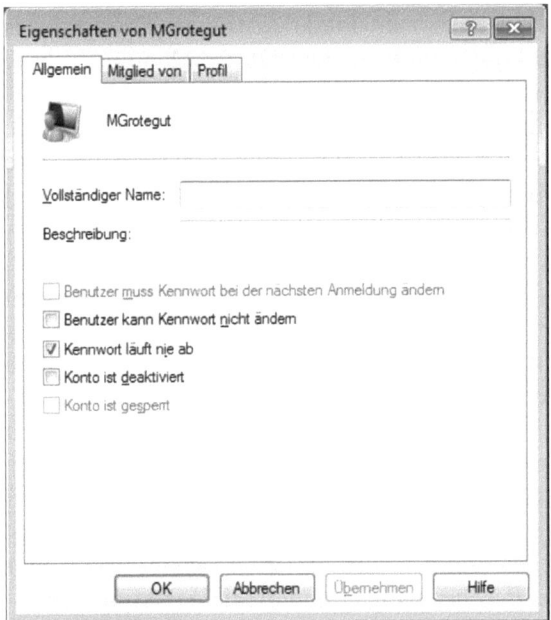

Abb. 9.2. Eigenschaften eines Benutzerkontos

Eine Kontosperrung hingegen wird stets vom System ausgelöst. Gründe hierfür können sein: Zu viele ungültige Kennworteingaben innerhalb einer bestimmten Zeit, eingestellter Ablauf (z. B. 31. März 20XX) wegen Vertragsendes usw.

In der zweiten Registerkarte (*Mitglied von* genannt) werden Mitgliedschaften eines Benutzerkontos festgelegt. Hier gilt ein $m:n$-Prinzip: Ein Benutzerkonto kann in mehreren Gruppen Mitglied sein, andererseits können in Gruppen hunderte Mitglieder vorhanden sein.

In der dritten Registerkarte namens *Profil* kann ein (Netzwerk-)Pfad eingestellt werden, in dem die individuellen (oder, wenn ein verbindliches, (engl.: *mandatory*) Profil erstellt wurde, auch kollektiven) Benutzereinstellungen der Arbeitsoberfläche, Maus etc. gespeichert werden sollen. Standardmäßig ist das im C:\Users\...-Pfad.

Im Eingabefeld *Anmeldeskript* kann ein Pfad und der Name einer ausführbaren Datei angegeben werden, die bei der Benutzeranmeldung ausgeführt wird. Dies kann sinnvoll für die Zuordnung mehrerer Netzwerklaufwerke, für Programmaktualisierungen, Virensuchvorgänge etc. verwendet werden.

Als Basisordner, in dem Anwender ihre Dateien speichern, kann entweder ein von der Voreinstellung (s. o.) abweichender lokaler oder Remote-Pfad (z. B. auf einem Dateiserver) angegeben werden.

Eine wichtige Besonderheit gilt es zum Punkt *Kennwort festlegen* des Kontextmenüs eines Benutzerkontos zu beachten: Dieser Menüpunkt hieß früher mal *Kennwort zurücksetzen*, aber hat noch immer dieselbe Auswirkung, wenn er aufgerufen wird: Eigentlich ist er für Benutzer gedacht, die ihr Kennwort vergessen haben. Aber weil diese Funktion auch für böse Zwecke (Anmeldung im Sicherheitskontext eines anderen Benutzers) missbraucht werden könnte, werden beim Setzen des Kennwortes die Zertifikate und gespeicherten Kennwörter des betreffenden Kontos gelöscht. Das bedeutet, dass damit – falls er zuvor keine Kopie seines privaten Schlüssels erstellt hat – der Zugriff auf verschlüsselte Dateien und E-Mails für den Benutzer nicht mehr möglich ist! Als bessere Alternative bietet sich die manuelle Erstellung einer Kennwortrücksicherungsdiskette (siehe unten) an, mit der ein Kennwort ohne diese negativen Auswirkungen durch den Anwender selbst zurückgesetzt werden kann.

In umgekehrter Richtung zu sehen ist die Festlegung der Mitgliedschaft in Gruppen: Hierbei werden Benutzerkonten einer Gruppe hinzugefügt bzw. aus ihr entfernt. Die Bedeutung der vordefinierten Gruppen ist weiter unten dargestellt. Die Spalte *Beschreibung* erläutert die Funktion der jeweiligen vordefinierten Gruppe ausführlich.

Bei Auswahl von *Neue Gruppe* oder *Eigenschaften* aus dem Kontextmenü erscheint das in Abb. 9.3 gezeigte Fenster, in dem der Name, die Beschreibung und die Mitglieder einer Gruppe festgelegt werden können.

9.1 Lokale Benutzerkonten vs. Domänenbenutzerkonten

Was ist in diesem Zusammenhang eigentlich mit *lokal* gemeint? In einem Windows-Netzwerk haben alle Arbeitsplatzrechner und Mitgliedsserver (nicht aber die Controller – siehe unten) einer Domäne eigene Kontenverwaltungen. Diese werden in einem speziellen Bereich der Registrierung, der SAM (Security Accounts Management, Sicherheitskontenverwaltung) genannt wird, gespeichert.

Eine Ausnahme hiervon stellen Controller in einem domänenbasierten Netz dar: Die Domänencontroller haben keine individuellen Konten mehr, sondern nur noch Domänenkonten, die als Objekte in einer replizierten Domänendatenbank, *Active Directory* genannt, auf allen beteiligten Domänencontrollern gespeichert werden. Änderungen an diesen Objekten werden auf die anderen Domänencontroller im Verbund weitergegeben.

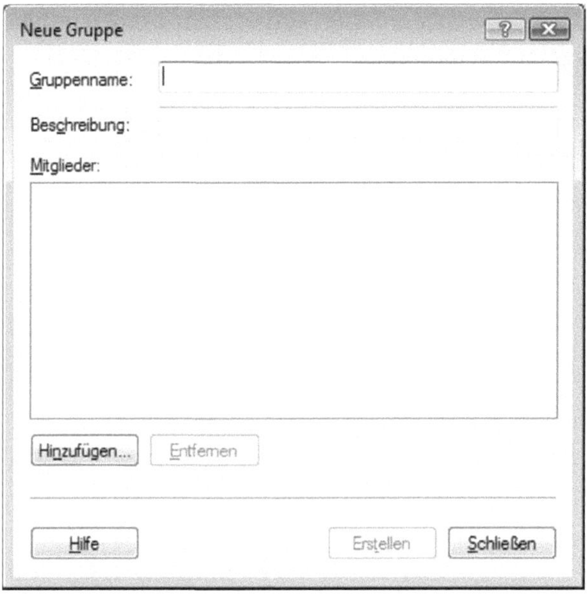

Abb. 9.3. Erstellen einer neuen Gruppe

Nun könnte man meinen, dass Domänenkonten stets Vorrang vor lokalen Konten hätten. Aber das genaue Gegenteil ist der Fall: Wer etwas an einem Arbeitsplatzrechner machen darf, wird ausschließlich von dem jeweiligen Administrator des Arbeitsplatzes dezentral festgelegt. So dürfen Domänen-Administratoren auch nur deswegen die Arbeitsplatzrechner verwalten, weil sich deren Gruppe in der lokalen Administratorengruppe befindet,[4] und dadurch implizit die Verwaltungsrechte erteilt werden. Und Benutzer mit Domänenkonten können sich nur an den Arbeitsstationen anmelden, weil sich die Globale Gruppe *Domänenbenutzer* in den lokalen Gruppen namens *Benutzer* befinden, die dieses Recht haben.[5] Aber dazu unten mehr.

9.2 Eigene Benutzerkonten

Für Änderungen an eigenen Benutzerkonten kann aus der Systemsteuerung oder durch Klick mit der linken Maustaste auf das eigene Bild oben rechts

---

[4] Diese Gruppenmitgliedschaft wird beim Hinzufügen eines PCs zu einer Domäne automatisch eingestellt.
[5] Fußnote 4 gilt auch hierfür analog.

im Startmenü das Programm *Benutzerkonten* aufgerufen werden (siehe Abb. 9.4).

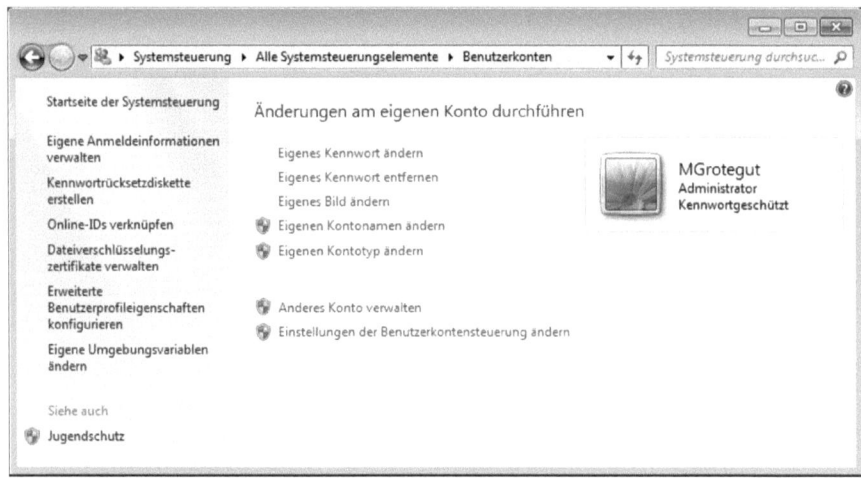

Abb. 9.4. Einstellungen des eigenen Benutzerkontos festlegen

Einige seine Optionen in der linken Spalte (wie die Verwaltung der eigenen Anmeldeinformationen und Jugendschutz) sind in Kapitel 4 näher erläutert, und andere der unten beschriebenen Funktionen (wie *Eigenes Kennwort ändern* und *Kennwortrücksetzdiskette erstellen*) können zudem von der Windows-Sicherheit (über Strg+Alt+Entf) ausgeführt werden.

Wenn in dem Programm Systemsteuerung - Benutzerkonten die Aufgabe *Kennwortrücksetzdiskette erstellen* ausgewählt wird, öffnet sich der *Assistent für vergessene Kennwörter* (siehe Abb. 9.5).

Dieser Assistent erstellt für das eigene, benutzte Konto eine Diskette, die verwendet werden kann, ein neues Kennwort festzulegen, falls das aktuelle Kennwort vergessen wurde.

Es muss dann das Diskettenlaufwerk ausgewählt werden (üblicherweise Laufwerk A:), in dem sich eine Diskette befindet, die für diesen Zweck verwendet werden soll (siehe Abb. 9.6) oder ein USB-Speicher.

Nach diesem Schritt wird nach dem aktuellen Kennwort gefragt, um zu verhindern, dass ein unberechtigter Benutzer diese Funktion ausführt. Nach Eingabe des korrekten Kennworts und Klick auf *Weiter* wird eine Datei auf das angegebenen Diskettenlaufwerk bzw. den USB-Speicher mit dem verschlüsselten Kennwort geschrieben.

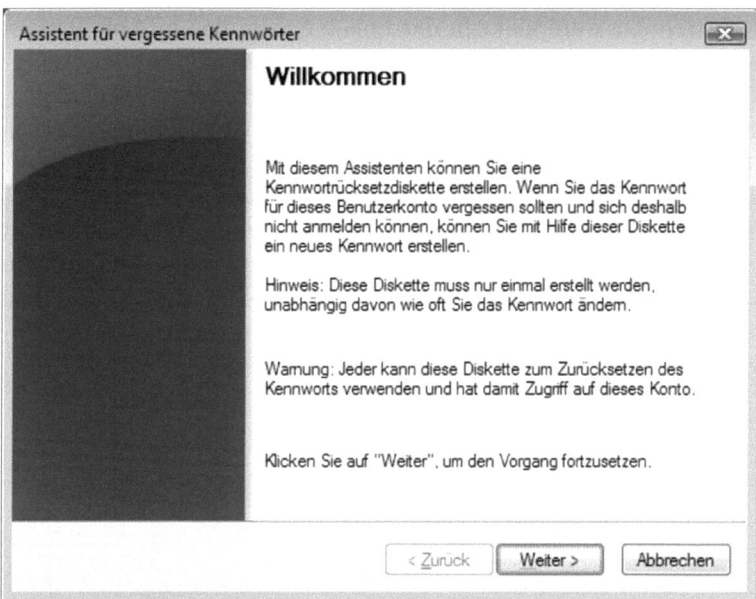

Abb. 9.5. Erstellen einer Kennwortrücksetzdiskette

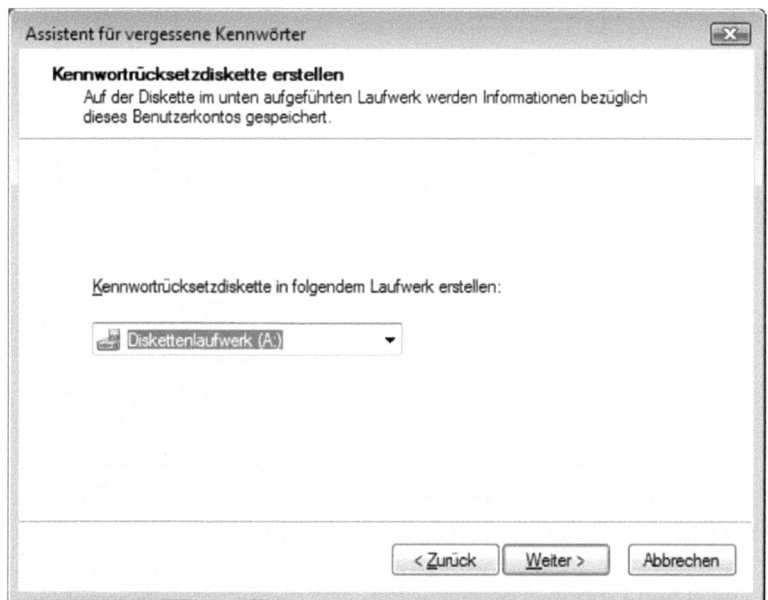

Abb. 9.6. Auswahl des Speicherortes für die Kennwortrücksetzdatei

Mit dem dritten Auswahlpunkt in der linken Spalte des in Abb. 9.4 gezeigten Fensters namens *Online-IDs verknüpfen* lassen sich internetbasierte Identitäten (z. B. eine Microsoft Live ID) mit einem lokalen Windows-Benutzerkonto verbinden, was bsp. die Verwaltung von Heimnetzwerken vereinfacht.

Die Auswahl der vierten Aufgabe *Dateiverschlüsselungszertifikate verwalten* in dem Programm *Eigene Benutzerkonten* (siehe Abb. 9.4) öffnet ein Fenster mit dem Titel *Verschlüsselndes Dateisystem* (siehe Abb. 9.7), in dem bzw. im nachfolgenden Fenster die Zertifikate hierfür erstellt und verwaltet werden können. Mehr zum verschlüsselnden Dateisystem (EFS - Encrypting File System) im Kapitel 6.6.3.

Abb. 9.7. Verwaltung der Dateiverschlüsselungszertifikate

Mit der vorletzten Option *Erweiterte Benutzerprofileigenschaften konfigurieren* der Eigenschaften eigener Benutzerkonten (siehe Abb. 9.4) kann in dem sich dann öffnenden Fenster der Typ des Benutzerprofils von lokal auf servergespeichert und umgekehrt geändert werden, was insbesondere für Notebooks, die abwechselnd in einem Unternehmensnetzwerk als auch ohne Netzwerkanschluss betrieben werden, nützlich sein kann. Diese Einstellung kann gleichfalls in den erweiterten Einstellungen des System-Programms angepasst werden.

Und dann ist bei den Einstellungen der Konten schließlich noch die Funktion *Eigene Umgebungsvariablen ändern*, mit der Variablen der Umgebung (engl.: Environment) angepasst werden können. Auch diese Einstellung kann gleichfalls in den erweiterten Einstellungen des System-Programms angepasst werden.

9.3 Vordefinierte Benutzerkonten

In Windows 7 gibt es zwei vordefinierte Benutzerkonten: Das eine heißt *Administrator*, und wird während der Installation deaktiviert. Das andere, *Gast* genannt, ist von Microsoft vorgesehen, einen anonymen Zugriff auf das System mit ganz niedrigen Rechten für Benutzer zu gewähren, für die kein Konto eingerichtet wurde. Denkbar ist dieser Einsatz bsp. in Auskunftssystemen oder Internetcafés. Aber selbst dort legen Administratoren zwecks besserer Verwaltbarkeit (z. B. mittels Richtlinien) in der Praxis eigens Konten dafür an.

Beide Konten können zwar nicht gelöscht werden, sind jedoch deaktiviert. Zur Verhinderung eines DoS-(Denial of Service)-Angriffs kann das Administrationskonto nicht mit einer automatischen Sperrung versehen werden, falls zu viele ungültige Anmeldeversuche mit ihm vorgenommen wurden. Das machte das Konto mit dem Namen „Administrator" zu einem idealen Ziel eines Einbruchsversuchs in das System: Zum einem ist der Name des Kontos bekannt (und das ist schon mal „die halbe Miete"), zum anderen kann theoretisch im Brute-Force-Verfahren, bei dem alle Zeichenkombinationen durchprobiert werden, versucht werden, das Kennwort herauszufinden.

Windows 7 erstellt während der Installation ein Administrationskonto mit einem anderen Namen. Das dient dazu, die SID nicht länger vordefiniert zu halten. Weil in Windows die Rechte und Berechtigungen nicht am Namen eines Kontos hängen, sondern an seiner Sicherheits-ID (siehe unten), kann der Name problemlos geändert werden.[6]

---

[6] Im Sinne der Objektorientierung ausgedrückt, ist der Name ein Attribut einer Instanz eines Objekts der Klasse Benutzer.

9.4 Vordefinierte Gruppen

Neben vordefinierten Konten gibt es in Windows 7 vordefinierte Gruppen. Diese werden im allgemeinen für die Rechte- und Berechtigungsvergabe verwendet und gliedern sich in integrierte lokale Gruppen und integrierte Sicherheitsprinzipale auf.
Eine ausführliche Beschreibung finden Sie im Abschnitt 9.8.3.2, in dem auch die SIDs beschrieben werden.

9.4.1 Integrierte lokale Gruppen

In Tabelle 9.1 sind die integrierten lokalen Gruppen aufgeführt. Mitglieder können Benutzerkonten sein. Eine Gruppenverschachtelung ist jedoch nicht möglich. Im Domänenfall können globale und universale Gruppen aller vertrauten Domänen aufgenommen werden.

Tabelle 9.1. Integrierte lokale Gruppen

- Administratoren
- Distributed COM-Benutzer
- Gäste
- IIS_IUSRS
- Leistungsprotokollbenutzer
- Netzwerkkonfigurations-Operatoren
- Replikations-Operator
- Benutzer
- Ereignisprotokollleser
- Hauptbenutzer
- Kryptografie-Operatoren
- Leistungsüberwachungsbenutzer
- Remotedesktopbenutzer
- Sicherungs-Operatoren

9.4.2 Integrierte Sicherheitsprinzipale

Diese sind vom OS vordefiniert und ihre Mitgliedschaft ist nicht änderbar bzw. durch die Art der Anmeldung am Computer (oder einer Domäne) automatisch vorgegeben. Daher sind sie auch im „Benutzermanager" nicht sichtbar bzw. veränderbar, können jedoch bei der Rechte- und Berechtigungsverwaltung verwendet werden, um Gruppen von Benutzern und Benutzerinnen zu identifizieren, die eine bestimmte Eigenschaft haben.

Tabelle 9.2. Integrierte Sicherheitsprinzipale

- Anonymous-Anmeldung
- Batch
- Dienst
- Authentifizierte Benutzer
- Dialup
- Dieses Organisationszertifikat

- Eigentümerrechte
- Erstellergruppe
- Interaktive Remoteanmeldung
- Jeder
- Lokaler Dienst
- Netzwerkdienst
- Terminalserverbenutzer

- Ersteller-Besitzer
- Interaktiv
- IUSR
- Konsolenanmeldung
- Netzwerk
- System

9.5 Anmeldevorgang, LSA und Zugriffstoken

Grundsätzlich unterscheidet man im Bereich der Sicherheit von Computersystemen *Sicherheitssubjekte* und *Sicherheitsobjekte*.

Unter Sicherheitssubjekten (engl.: Security principals, auch *trustees* bzw. *Sicherheitsprinzipale* genannt) wird alles, was für die Rechte- und Berechtigungsvergabe (s. u.) verwendet werden kann, verstanden. Beispiele hierfür sind Benutzerkonten, Computerkonten, Gruppenkonten sowie Benutzer- und Dienstanmeldungen (engl.: logon sessions).

Sicherheitsobjekte hingegen sind zu schützende Teile eines Computersystems wie Dateien, Verzeichnisse, Drucker – aber auch das System selbst (Herunterfahren, Neu starten, Anmeldung, Systemzeit ändern, Softwareinstallation und -deinstallation etc.).

Die wichtigste Aufgabe in Bezug auf die Sicherheit erfüllt die *Local Security Authority* (LSA, lokale Sicherheitsinstanz), die in Zusammenarbeit mit dem Sicherheitsmonitor des Kernels (siehe Kapitel 1) als zentrale Sicherheitsinstanz unter dem Dienstnamen LSASS (LSA System Service) auf Windows-7-Clients und auf jedem Windows-Server-2008-Computer ausgeführt wird.

Der LSA-Dienst ist für

- das Authentifizieren von Benutzern
- das Verwalten der lokalen Sicherheitsrichtlinie
- das Verwalten der Überwachungsrichtlinie und der Überwachungseinstellungen und
- das Generieren von Zugriffstoken (engl.: Access Token)

zuständig.

Bei Windows Vista, Windows 7 und höher gibt es für reguläre Benutzer *ein* (wie vorher auch), für Administratoren durch die BKS (engl.: UAC) aber *zwei* Zugriffstoken. Für gewöhnliche, nicht-privilegierte Prozesse enthält es nicht alle Rechte eines Administrators (oder einer Administratorin), für privilegierte enthält es nach Bestätigung des BKS-Warnfensters hingegen alle Rechte.[7]

In ein Zugriffstoken können maximal 1024 SIDs (siehe Abschnitt 9.8.3) aufgenommen werden. Enthält es mehr, kann sich an den Computern nicht mehr angemeldet werden. Ein Administrator kann sich dann nur noch im abgesicherten Modus (mit aktivierter Netzwerkunterstützung) anmelden und das Problem lösen.

Einträge in das Zugriffstoken veranlassen integrierte Sicherheitsprinzipale, das Benutzerkonto selbst, die primäre Gruppe und jede weitere Gruppenmitgliedschaft.

Eine Besonderheit gilt es zu beachten, wenn Objekte (z. B. bei Konsolidierungen zwischen Domänen) mit dem ADMT (Active Directory Migration Tool) von Microsoft verschoben wurden: Damit Zugriffe auf die bestehenden Ressourcen unverändert möglich bleiben, enthalten dann die sIDHistory-Attribute die Werte aus der alten Domäne. Im Zugriffstoken belegen sie dadurch jeweils zwei Plätze.

9.6 Sicherbare Objekte

In einem Windows-System können folgende Objekte Sicherheitsbeschreibungen (engl.: security descriptors) haben:

- Dateien und Verzeichnisse in einer NTFS-Partition
- Prozesse, Threads und Job-Objekte
- File-Mapping-Objekte
- Zugriffstoken
- Window-Management-Objekte (Window stations und desktops)
- Registrierungs-Schlüssel
- Named pipes und Anonymous pipes
- Windows-Dienste
- Lokal angeschlossene und Netzwerk-Drucker
- Verzeichnis-Freigaben
- Interprozess-Synchronisations-Objekte (Ereignisse, Mutexe, Semaphore und *waitable timers*)
- Active-Directory-Objekte

---

[7] Dieses lässt sich z. B. durch Aufrufen des Befehls *whoami /all* einmal in einer normalen Eingabeaufforderung und einmal in einer Administrator-Eingabeaufforderung anschaulich darstellen.

Die Security Principals werden in einer Domäne als Active-Directory-Objektinstanzen erstellt und verwaltet, auf einem Computer mit einer eigenen Sicherheitsdatenbank (Windows NT/2000/XP/Vista/7-Workstation und Professional-Versionen, alleinstehende Windows-Server, die nicht Teil einer Domäne bzw. keine Domänencontroller sind) hingegen in dem SAM (Security Account Management), das Teil der Registrierung ist.

9.7 Verbindliche Kennzeichnungen

Mit dem System der verbindlichen Kennzeichnungen[8] (engl.: mandatory label), hat Windows endlich das Sicherheitssystem bekommen, für das es in seiner ersten Version (Windows NT 3.1) geplant war, der Mandatory Integrity Control (MIC)[9]. Hierbei wurden sechs Integritätsebenen (engl.: Integrity Levels) in der Hierachie

- Vertrauter Installationsdienst
- System
- Hohe Integrität
- Mittlere Integrität
- Niedrige Integrität
- Nicht vertrauenswürdig

definiert, und werden durch spezielle Integritäts-SIDs (siehe unten) abgebildet. Dabei tragen sowohl die Sicherheitssubjekte (in ihrem Zugriffstoken) als auch die zu schützenden Objekte (in der Systemzugriffssteuerungsliste, SZSL) Kennzeichnungen, zu welcher Schutzebene sie gehören. Sicherheitssubjekte können in ihrem Zugriffstoken auch mehrere Integritäts-SIDs enthalten. Falls ein Sicherheitssubjekt oder ein Sicherheitsobjekt jedoch keine einzige Integritätskennung hat, wird es so behandelt, als hätte es mittlere Integrität. Für Inhaber niedriger Schutzebenen ist es nicht möglich, auf Objekte zuzugreifen, die explizit eine höhere Schutzebene verlangen.

Das effektive Sicherheitssystem in Windows 7 ist aber eine Kombination zwischen WZS (Wahlfreie Zugriffssteuerung, engl.: Discretionary Access Control, DAC) und MIC. Die Integritätslevel werden *vor* den WZSL (WZS-Listen) geprüft. Wenn ein Prozess auf ein Objekt zugreifen möchte, muss sein Integritätslevel gleich oder höher sein als der des Objekts. Nach

---

[8] Mitunter auch als Verbindliche Beschriftungen bezeichnet.
[9] Microsoft hat den Namen dieses Sicherheitssystems geändert. Zuvor hieß es Mandatory Access Control (MAC).

dieser Prüfung wird auch noch verifiziert, ob die gewünschte WZSL-Zugriffsberechtigung besteht. Wenn also mindestens eine dieser beiden Prüfungen fehlschlägt, wird der Zugriff verweigert.

9.8 Sicherheitsbeschreibungen

Bei den Sicherheitsobjekten gibt es im Sicherheitsbeschreibungs- (Security-Descriptor-) Feld jeweils eine Zugriffssteuerungsliste (ZSL).

In den Zugriffssteuerungslisten ist aufgeführt, wer Besitzer dieses Objektes ist (sowie seine primäre Gruppe) und es enthält die untergeordneten Listen WZSL und SZSL (siehe unten).

Sowohl die WZSL als auch die SZSL sind *Kann-Bestandteile* eines Sicherheitsbeschreibers und müssen somit nicht zwingend vorhanden sein. Die Liste selbst wird Zugriffssteuerungsliste (engl.: Access Control List, ACL) genannt, die einzelnen Zugriffssteuerungseinträge heißen ZSE (engl.: Access Control Entry/-ies, ACE), wobei die ZSL *keine*, *eine* oder *mehrere* dieser Zugriffssteuerungseinträge einhalten können.

Sicherheitsbeschreibungsfelder beinhalten somit die folgenden vier Hauptbestandteile:

1. Die SID des Besitzers
2. Die SID der primären Gruppe
3. Die Wahlfreie Zugriffssteuerungsliste (WZSL)
4. Die Systemzugriffssteuerungsliste (ZSL)

9.8.1 Zugriffssteuerungslisten

Wie zuvor schon gesehen, haben sicherbare Objekte fakultativ die WZSL und die SZSL in ihren Sicherheitsbeschreibungsfeldern.

9.8.1.1 Wahlfreie ZSL

Die Wahlfreie Zugriffssteuerungsliste (engl.: Discretionary Access Control list, DACL) ist eine Liste, die genau festlegt, *wer* auf ein Objekt *wie* zugreifen darf.

9.8.1.2 System ZSL

Die System-Zugriffssteuerungsliste (engl.: System Access Control List, SACL) hat mehrere Aufgaben: Die wichtigsten beiden sind, dass mit ihr festgelegt wird, *ob* und *welche* Objektzugriffe von bestimmten Benutzer(-gruppen) protokolliert werden sollen. Außerdem werden in ihr die *verbindlichen Beschriftungen* eines Objekts hinterlegt (siehe Kap. 9.7).

9.8.2 Zugriffssteuerungseinträge

Zugriffssteuerungseinträge (ZSE), die in zuvor beschriebenen Listen verwendet werden, bestehen aus vier Bestandteilen:

1. SID, die das Sicherheitsobjekt identifiziert, für das ZSE gelten soll.
2. Eine Zugriffsmaske, die den Umfang des Zugriffs durch dieses ZSE festlegt. Die Zugriffsmaske ist abhängig vom Typ des Sicherheitsobjekts.
3. Art des jeweiligen ZSEs
   - In WZSLs: Zugriff gewähren oder Zugriff sperren
   - In SZSLs: Protokollierung
4. Weitere Angaben, ob dieses ZSE an untergeordnete Objekte weitervererbt werden soll.

In den Listen werden die ZSEs nach ihrer Art sortiert gespeichert: Zuerst die Zugriffsverweigerungs-ZSEs, dann die Zugriffserlaubnis-ZSEs. Das bringt Performancevorteile mit sich: Da die Zugriffsberechtigungen kumulativ sind und somit bei der Ermittlung des Umfangs eines Zugriffs die Listen durchsucht werden und ausgewertet werden müssen, kann das System nach dem Auffinden eines Sperr-ZSEs, das stets höhere Priorität als ein Zugriffgewährungs-ZSE hat, die Suche dann abbrechen.

Diese Sortierung vorausgesetzt, wurde eine weitere Optimierung vorgenommen: Bei der Ermittlung, ob und wie zugegriffen werden darf, wird auch bei dem ersten, den entsprechenden Zugriff gewährenden Eintrag die Liste nicht weiter durchsucht. Selbst wenn danach ein Vollzugriff-gewährendes ZSE käme, wäre dies nicht von Bedeutung.

9.8.3 Sicherheits-IDs (SID)

Mit Hilfe der SIDs und der Zugriffssteuerungseinträge, in denen sie enthalten sind, werden der Umfang und die Stufe des Zugriffs festgelegt. Bei Windows wird zwischen Berechtigungen (engl.: permissions) und Rechten (engl.: rights) unterschieden.

Rechte beziehen sich immer auf das System als ganzes (z. B. das Recht, die Uhrzeit zu ändern, betrifft alle Anwender), Gerätetreiber zu installieren oder das Recht, das System herunterzufahren und werden von Administratoren, deren Aufgabe es ist, für das System als solches verantwortlich zu sein, festgelegt. Sie werden auch synonym mit dem englischen Wort „Privilege" bezeichnet.

Berechtigungen hingegen beziehen sich immer auf konkrete Ressourcen (z. B. auf die Datei D:\Daten\CMeier\Brief.doc oder den Drucker „HPDJ5800" an LPT1:), und sie werden stets vom Besitzer (engl.: owner) einer Ressource gewährt. Ein Beispiel hierzu: Wenn ein Herr Meier in seinem Daten-Verzeichnis eine neue Datei namens „Brief1.doc" erstellt, gilt er just in dem Moment der Erstellung als Ersteller dieser Datei und bekommt danach die Besitzberechtigungen an seiner Datei zugewiesen. Wer Besitzer einer beliebigen Datei ist, legt in der Windows-7-Voreinstellung fest, *wer wie* darauf zugreifen kann. Natürlich kann der Herr Meier aus dem Beispiel auch den/die Administrator(en) vom Zugriff ausschließen. Was haben sie auch mit seiner Datei zu tun: Vielleicht ist der Inhalt vertraulich. Aber was ist in so einem Fall mit Backups? Für Backups wird das Systemrecht „Sicherung..." benötigt, nicht jedoch die Leseberechtigung. Mit anderen Worten: Ein Administrator oder Sicherungs-Operator kann jede Datei sichern, ohne Leseberechtigungen dafür besitzen zu müssen.

Die Berechtigungen eines Besitzers einer Ressource lassen sich mittels der vordefinierten Gruppen „Eigentümerrechte" (engl.: owner rights) festlegen.

Bei der Anmeldung eines Benutzers (und natürlich auch bei der Anmeldung eines Computers) wird von der LSA (Local Security Authority) ein Zugriffs-Token erstellt, in dem die SID des Users, die Mitgliedschaften des Benutzers in globalen und universellen Gruppen sowie die (ihm direkt – oder durch Gruppenmitgliedschaften – indirekt) gewährten Systemrechte enthalten sind. Dieses Zugriffs-Token wird vom ausstellenden Domänencontroller (bzw. der LSA eines Arbeitsstationsrechners) digital signiert und kann dadurch nachfolgend nicht mehr unbemerkt verändert werden.

Dieser Prozess benutzt entweder die NTLM- (New Technology LAN Manager) oder die Kerberos-Authentifizierung. Dies hängt vom Betriebssystem des Remote-Systems ab, wird von der LSA automatisch ausgewählt und kann nicht selbst festgelegt werden. Die Festlegung der SZSL erfolgt dabei nicht etwa über Zugriffsberechtigungen, sondern über das Benutzerrecht SE_SECURITY_NAME.

Wenn ein Windows-Objekt keine WZSL hat (d. h. der Zeiger im betreffenden Sicherheitsbeschreibungsfeld auf *NULL* gesetzt ist), gewährt Windows allen Benutzern den vollen Zugriff auf dieses Objekt.

Eine *fehlende* WZSL darf aber nicht mit einer *leeren* WZSL verwechselt werden: Wenn eine WZSL existiert, aber keine Einträge hat, verweigert Windows den Zugriff auf dieses Objekt für alle (!) Benutzer. Lediglich der Besitzer des Objektes kann dann noch die WZSL festlegen (und ein Administrator sich ggf. vorher zum Besitzer machen).

9.8.3.1 Aufbau der SIDs

Die Sicherheitssubjekte bekommen zu ihrer Identifizierung in den ZSE für die Gewährung jeweils eine SID (Security ID). Die SIDs werden systemintern binär gespeichert. Als Zeichenkette sehen sie folgendermaßen aus: Jede SID beginnt mit „S-", dann folgt die Versionsangabe (derzeit 1) und die *Autorität*, welche die betreffende SID ausgegeben hat (48 Bits lang) und noch mindestens 1 (von bis zu 15) RIDs (relative IDs), welches Nummern untergeordneter Autoritäten und fortlaufende Nummern sind und von jeder übergeordneten Autorität nur einmal vergeben werden, damit sichergestellt wird, dass die SIDs eindeutig sind.

Gegenwärtig sind folgende Autoritäts-IDs vergeben:

- 0: Nullautorität (zur Bildung leerer SIDs)
- 1: Weltautorität (zur Bildung der Jeder-SID)
- 2: Lokal-Autorität (für die Lokal-SID)
- 3: Ersteller-Autorität (für die Ersteller-Besitzer-SIDs)
- 4: Autorität für mehrdeutige SIDs (derzeit nicht verwendet)
- 5: Windows-Autorität
- 16: Herausgeber für die Windows-7- und Windows-Server-2008-Benutzerkontensteuerung (Verbindliche Kennzeichnungen)

Die SID wird auch in der Registrierung zur Identifizierung der Benutzerkonten (im HKEY_USERS-Zweig) benutzt. Eine SID für ein Benutzerkonto sieht beispielsweise so aus: S-1-5-21-3430435053-2823032928-1337227930-1003. Die drei langen Zahlen (jeweils 32-Bit-Werte) kennzeichnen damit entweder einen Computer (Arbeitsstations-ID) oder eine Domäne (Domänen-ID).

Mit dem *whoami*-Befehl kann das Zugriffs-Token und alle in ihm enthaltenen SIDs angezeigt werden.

Derjenige Domänencontroller, der als RID-Betriebsmaster konfiguriert ist, verteilt RID-Blöcke an alle Domänencontroller einer Domäne für die Vergabe der „Last-RID" bei der Erstellung neuer SIDs.

9.8.3.2 Vordefinierte SIDs

Es gibt auch vom Betriebssystem vordefinierte (auch *integriert* genannte) SIDs für bestimmte Zwecke. SIDs sind – wie Namen einer Objektinstanz – lediglich Attribute der jeweiligen Objektklasse. Da sich der Name eines Computers, Benutzer oder Benutzerin ändern kann, erfolgt die Identifizierung der Objekte für Sicherheitszwecke intern zweckmäßigerweise über die SID-Nummern.[10] Gleiches gilt für die vordefinierten Gruppen- und Systemkonten. Die Gruppe *Administratoren* heißt auf englischsprachigen Systemen *Administrators*, die Gruppe *Jeder* wird *Everyone* genannt etc. In anderen Sprachen wiederum anders.

Nachfolgend ist eine Liste aller vordefinierten SIDs in Windows 7 aufgeführt:[11]

- SID: S-1-0-0
  Name: Leere SID (*Null SID*)
  Beschreibung: Niemand (wird z. B. als Platzhalter benutzt, wenn die richtige SID nicht bekannt ist)

- SID: S-1-1-0
  Name: Jeder (*Everyone*)
  Beschreibung: Diese Pseudo-Gruppe „enthält" alle Benutzer einschließlich des Gast-Kontos und der Anonymous-Anmeldungs-Gruppe. Seit Windows XP sind die anonymen Anmeldungen nicht mehr Bestandteil der Jeder-Gruppe, sondern *Jeder* entspricht der Authentifizierte-Benutzer-Gruppe (dieses Verhalten ist aber durch den Registrierungs-Schlüssel *EveryoneIncludesAnonymous* wählbar).
  Diese SID wird bei der jeweiligen Anmeldung in alle Zugriffstoken der Benutzer(innen) zusätzlich aufgenommen, auf welche die vorgenannte Eigenschaft zutrifft.

- SID: S-1-2-0
  Name: LOKAL
  Beschreibung: Benutzer, die sich lokal an einem Computer angemeldet haben, bekommen diese SID zusätzlich in ihr bzw. ihre Zugriffs-Token aufgenommen.

- SID: S-1-3-0
  Name: Ersteller-Besitzer
  Beschreibung: Platzhalter für ein vererbbares ZSE. Beim Vererben des ACEs wird diese SID mit der SID des Objekterstellers ersetzt.

---

[10] In Active-Directory-basierten Domänen erfolgt die Identifikation der Objekte jedoch anhand von GUIDs (Globally Unique Identifier), da es hier Objekte gibt, die keine SIDs haben, weil sie nicht für Sicherheitszwecke verwendet werden können (wie Kontakte und E-Mail-Verteilergruppen).
In ZSLs werden gleichfalls SIDs anstelle von Langnamen verwendet.

[11] Sie ist in dieser Form sicherlich einmalig und die ausführlichste, außerhalb von Microsoft verfügbare Liste, denn selbst in vielen Technet-, MSDN- und Knowledgebase-Artikeln sind nicht alle existierenden SIDs genannt.

9.8 Sicherheitsbeschreibungen

- SID: S-1-3-1
  Name: ERSTELLERGRUPPE
  Beschreibung: Dieses SID ist ein Platzhalter für einen vererbbaren ZSE. Wenn der ZSE vererbt wird, ersetzt das Betriebssystem diese SID mit der SID der primären Gruppe des Objekterstellers. Die primäre Gruppe wird nur vom UNIX-Subsystem und Apple-Macintosh-Clients benutzt.

- SID: S-1-3-2
  Name: Ersteller-Besitzer-Server
  Beschreibung: Unbenutzt.

- SID: S-1-3-3
  Name: Ersteller-Primäre-Gruppe-Server
  Beschreibung: Unbenutzt.

- SID: S-1-3-4
  Name: EIGENTÜMERRECHTE
  Beschreibung: Legt die Rechte eines Erstellers/Besitzers eines Objektes auf dieses fest.
  Bei Verwendung dieser SID hat der Ersteller/Besitzer eines Objektes nicht mehr automatisch READ_CONTROL- und WRITE_DAC-Rechte, sondern die mit ihr explizit festgelegten Rechte. Ist bei einem Objekt kein ACE mit dieser SID angegeben, greift der oben genannte Mechanismus früherer Windows-Versionen.

- SID: S-1-5-1
  Name: NT-AUTORITÄT\DIALUP
  Beschreibung: Diese SID bekommen alle Benutzer, die sich per Einwahlverbindung mit dem System verbunden haben.

- SID: S-1-5-2
  Name: NT-AUTORITÄT\NETZWERK
  Beschreibung: SID, die alle Benutzer(innen) erhalten, die über das Netzwerk auf das System zugreifen.

- SID: S-1-5-3
  Name: NT-AUTORITÄT\BATCH
  Beschreibung: SID für alle Anmeldungen als Stapelverarbeitungsprogramm-Anmeldungen.

- SID: S-1-5-4
  Name: NT-AUTORITÄT\INTERAKTIV
  Beschreibung: Benutzer, die interaktiv (Konsolen-, Terminaldienste- und IIS-Sitzungen) an einem System arbeiten, bekommen diese SID zusätzlich.

- SID: S-1-5-5-X-Y
  Name: Logon-ID
  Beschreibung: Das ist die SID einer Anmeldesitzung selbst. Die Werte für X und Y sind je Sitzung unterschiedlich. Ein Beispiel für eine Logon-ID ist: S-1-5-5-0-546081. Die jeweilige Logon-ID einer Sitzung kann bsp. mit dem Befehl *whoami /logonid* abgefragt werden.

- SID: S-1-5-6
  Name: NT-AUTORITÄT\DIENST
  Beschreibung: Eine Pseudo-Gruppe, mit allen Sicherheitsprinzipalen, die sich als Dienst angemeldet haben.

- SID: S-1-5-7
  Name: NT-AUTORITÄT\ANONYMOUS-ANMELDUNG
  Beschreibung: Alle Anmeldungen, die ohne Vorlage von Anmeldeinformationen (engl.: user credentials) erfolgt sind (auch *Null session* genannt), erhalten diese SID.

- SID: S-1-5-8
  Name: NT-AUTORITÄT\Proxy
  Beschreibung: Unbenutzt

- SID: S-1-5-9
  Name: NT-AUTORITÄT\Organisations-Domänen-Controller
  Beschreibung: Eine Gruppe, die alle Domänen-Controller in einer Gesamtstruktur enthält.

- SID: S-1-5-10
  Name: NT-AUTORITÄT\Selbst
  Beschreibung: Platzhalter für die SID des Objektes. Während einer Berechtigungsprüfung ersetzt das System diese SID mit der SID des Objekts.

- SID: S-1-5-11
  Name: NT-AUTORITÄT\Authentifizierte Benutzer
  Beschreibung: Diese SID enthalten alle Benutzer- und Computerkontenanmeldungen, die unter Vorlage von gültigen Anmeldeinformationen vorgenommen wurden. Das ist die Jeder-Gruppe ohne die Anonymous-Anmeldungen.

- SID: S-1-5-12
  Name: NT-AUTORITÄT\EINGESCHRÄNKTER CODE
  Beschreibung: Ungenutzt

- SID: S-1-5-13
  Name: NT-AUTORITÄT\TERMINALSERVERBENUTZER
  Beschreibung: SID, für alle Benutzer, die sich an einem Terminalserver angemeldet haben.

- SID: S-1-5-14
  Name: NT-AUTORITÄT\INTERAKTIVE REMOTEANMELDUNG
  Beschreibung: Diese SID bekommen Benutzer zusätzlich zugewiesen, wenn sie sich über die Terminalserverdienste oder Remote-Desktop angemeldet haben.
  Sie ist gewissermaßen eine Untermenge von „Interaktiv", weil jeder Remote-Interaktive-Benutzer auch die Interaktiv-SID erhält.

- SID: S-1-5-15
  Name: NT-AUTORITÄT\Diese Organisation
  Beschreibung: Diese SID zeigt an, dass ein Benutzer sich über eine Active-Directory-Gesamtstrukturvertrauensstellung mit der selektiven Authentifizierungsoption angemeldet hat und dessen Konto sich in dieser Gesamtstruktur befindet.
  Wenn diese SID vorhanden ist, dann kann die „Andere Organisation"-SID (S-1-5-1000) nicht ebenfalls vorhanden sein.

- SID: S-1-5-18
  Name: NT-AUTORITÄT\SYSTEM
  Beschreibung: SID des „Lokales System"-Kontos. Dieses Konto wird vom Betriebssystem genutzt, um Dienste zu starten, die dann im Sicherheitskontext des Betriebssystems ausgeführt werden.

- SID: S-1-5-19
  Name: NT-AUTORITÄT\LOKALER DIENST
  Beschreibung: SID des „Lokaler Dienst"-Kontos. Dieses Konto hat nur geringe Berechtigungen und wird vom Betriebssystem genutzt, um Dienste zu starten, die nur Zugriff auf dasselbe System benötigen und nicht über das Netzwerk auf andere Ressourcen zugreifen müssen.

- SID: S-1-5-20
  Name: NT-AUTORITÄT\NETZWERKDIENST
  Beschreibung: SID des „Netzwerkdienst"-Kontos. Dieses Konto hat nur geringe Berechtigungen und wird vom Betriebssystem genutzt, um Dienste zu starten, die Zugriff auf Ressourcen auf anderen Computern benötigen.

- SID: S-1-5-21-<Domänen-ID>-498
  Name: <Domäne>\Domänencontroller der Organisation ohne Schreibzugriff
  Beschreibung: Diese Gruppe enthält alle Active-Directory-RODC (Read Only Domain Controller) der Domäne.

- SID: S-1-5-21-<Domänen-ID>-500
  Name: <Domäne>\Administrator
  Beschreibung: SID des Administratorkontos, das in der Voreinstellung als einziges Benutzerkonto (aufgrund der Mitgliedschaft in der Administratorengruppe) volle Systemrechte besitzt. Dieses Konto kann (und sollte!) zwar umbenannt und deaktiviert werden, es kann jedoch nicht gelöscht werden.
  In Windows 7 ist dieses Konto in der Voreinstellung deaktiviert. Während des Installationsvorgangs wird anstelle dieses Kontos ein Benutzerkonto erstellt und der Administratorengruppe hinzugefügt.

- SID: S-1-5-21-<Domänen-ID>-501
  Name: <Domäne>\Gast
  Beschreibung: Konto für Benutzer, die keine eigenen Konten haben. Dieses Konto benötigt kein Kennwort. In der Voreinstellung ist dieses Konto deaktiviert und sollte es aus Sicherheitsgründen auch bleiben. Dieses Konto kann nicht gelöscht werden, jedoch umbenannt werden.

- SID: S-1-5-21-<Domänen-ID>-502
  Name: <Domäne>\KRBTGT
  Beschreibung: Dienstkonto für den Kerberos KDC-Dienst (Key Distribution Center bzw. Schlüsselverteilungsdienst). Existiert nur auf Domänen-Controllern.

- SID: S-1-5-21-<Domänen-ID>-512
  Name: <Domäne>\Domänen-Admins
  Beschreibung: Globale Gruppe, die sich als Systemstandard in allen (domänen-)lokalen Administrationsgruppen von Domänencontrollern und Domänenmitgliedscomputern befindet und dadurch den Mitgliedern dieser Gruppe administrative Rechte und Berechtigungen der gesamten Domäne verleiht. Diese Gruppe wird standardmäßig der Besitzer neuer Objekte, die von einem beliebigen Mitglied der Domänen-Admins-Gruppe erstellt werden.

- SID: S-1-5-21-<Domänen-ID>-513
  Name: <Domäne>\Domänen-Benutzer
  Beschreibung: Globale Gruppe, die alle Benutzerkonten (auch jene der Administratoren) einer Domäne enthält. Beim Neuanlegen eines Benut-

zerkontos wird es gleichzeitig auch Mitglied dieser Gruppe und erhält sie als primäre Gruppe zugewiesen.

- SID: S-1-5-21-<Domänen-ID>-514
  Name: <Domäne>\Domänen-Gäste
  Beschreibung: Globale Gruppe, die in der Voreinstellung als einziges Mitglied das Gast-Konto enthält.

- SID: S-1-5-21-<Domänen-ID>-515
  Name: <Domäne>\Domänencomputer
  Beschreibung: In dieser globalen Gruppe befinden sich alle Client-Computer und Mitglieds-Server der Domäne.

- SID: S-1-5-21-<Domänen-ID>-516
  Name: <Domäne>\Domänencontroller
  Beschreibung: Globale Gruppe, die alle Domänen-Controller der Domäne enthält.

- SID: S-1-5-21-<Domänen-ID>-517
  Name: <Domäne>\Zertifikatsherausgeber
  Beschreibung: Die Mitgliedschaft in dieser globalen Gruppe verleiht das Recht, Zertifikate für Benutzerkonten herauszugeben und in Active Directory zu veröffentlichen. In der Voreinstellung sind in ihr nur die Konten von Computern, auf denen Unternehmenszertifikatsdienste installiert sind, enthalten.

- SID: S-1-5-21-<Stammdomänen-ID>-518
  Name: <Stammdomäne>\Schema-Admins
  Beschreibung: Mitglieder dieser Gruppe dürfen das Schema von Active Directory ändern. Diese Gruppe befindet sich nur in der Stammdomäne einer Gesamtstruktur und ist, wenn sich diese Domäne im Active Directory einheitlichen Modus befindet, eine universelle Gruppe, andernfalls eine globale Gruppe. Nach Installation des ersten Domänen-Controllers in der ersten Domäne der Gesamtstruktur ist nur der Administrator der Stammdomäne Mitglied.

- SID: S-1-5-21-<Stammdomänen-ID>-519
  Name: <Stammdomäne>\Organisations-Admins
  Beschreibung: Mitglieder dieser Gruppe dürfen gesamtstrukturweite, domänenübergreifende Änderungen durchführen. Alles, was potentiell mehrere Domänen betrifft (wie z. B. DHCP-Server autorisieren, oder Standorte und untergeordnete Domänen einrichten, Gruppenrichtlinienobjekte mit Standorten verknüpfen) darf in der Regel nur von Organisations-Admins durchgeführt werden. Diese Gruppe befindet sich nur in

der Stammdomäne einer Gesamtstruktur und ist, wenn sich diese Domäne im Active Directory einheitlichen Modus befindet, eine universelle Gruppe, andernfalls eine globale Gruppe. Nach Installation des ersten Domänen-Controllers in der ersten Domäne der Gesamtstruktur ist nur der Administrator der Stammdomäne Mitglied.

- SID: S-1-5-21-<Domänen-ID>-520
  Name: <Domäne>\Richtlinien-Ersteller-Besitzer
  Beschreibung: Globale Gruppe, deren Mitglieder Gruppenrichtlinienobjekte (Group Policy Objects, GPO) in Active Directory erstellen dürfen. Die Mitgliedschaft verleiht aber nicht das Recht, GPOs (durch Erstellung von GPO-Verknüpfungen) zu aktivieren. In der Voreinstellung ist nur der Administrator Mitglied dieser Gruppe.

- SID: S-1-5-21-<Domänen-ID>-521
  Name: <Domäne>\Domänencontroller ohne Schreibzugriff
  Beschreibung: Globale Gruppe, die alle Nur-Lesen-Domänencontroller (Read-only Domain Controller, RODC) der Domäne enthält.

- SID: S-1-5-21-<Domänen-ID>-553
  Name: <Domäne>\RAS- und IAS-Server
  Beschreibung: Mitglieder (Server) in dieser domänenlokalen Gruppe haben das Recht, Anmelde- und Anmeldebeschränkungsinformationen von Benutzerkonten zu lesen. Standardmäßig ist diese Gruppe leer.

- SID: S-1-5-21-<Domänen-ID>-571
  Name: <Domäne>\Gruppe mit Domänen-RODC-Replikationserlaubnis
  Beschreibung: Die Mitglieder dieser Gruppe können Kennwörter auf alle Nur-Lesen-Domänencontroller (RODC) replizieren.

- SID: S-1-5-21-<Domänen-ID>-572
  Name: <Domäne>\Gruppe ohne Domänen-RODC-Replikationserlaubnis
  Beschreibung: Die Mitglieder dieser Gruppe können Kennwörter nicht auf Nur-Lesen-Domänencontroller replizieren, sondern nur auf reguläre Domänencontroller.

- SID: S-1-5-32-544
  Name: VORDEFINIERT\Administratoren
  Beschreibung: Eine vordefinierte, ins System eingebettete lokale Gruppe, die ihren Mitgliedern uneingeschränkte Verwaltungsrechte eines Computers bzw. einer Domäne verleiht. Nach der Betriebssysteminstallation ist nur der Administrator Mitglied. Wird ein Computer einer Domäne hinzugefügt, wird dabei in diese Gruppe die Domänen-Admins-

Gruppe eingetragen. Wenn ein Server zu einem Domänencontroller heraufgestuft wird, wird die domänenlokale Administratoren-Gruppe übernommen; falls es eine solche noch nicht gibt, wird diese lokale Gruppe in eine domänenlokale Gruppe umgewandelt und ihr die Gruppe Organisations-Admins hinzugefügt.

- SID: S-1-5-32-545
  Name: VORDEFINIERT\Benutzer
  Beschreibung: Lokale Gruppe, welche die Benutzer dieses Computers kennzeichnet. Die Mitgliedschaft verleiht in der Voreinstellung folgende drei Benutzerrechte: *Auf diesen Computer vom Netzwerk aus zugreifen*, *Lokales Anmelden zulassen* und *Auslassen der durchsuchenden Überprüfung*. Nach der Installation des Betriebssystems ist in ihr nur die Gruppe Authentifizierte Benutzer Mitglied. Wird ein Computer einer Domäne hinzugefügt, wird dadurch die Gruppe Domänen-Benutzer aufgenommen. Wenn ein Server zu einem Domänencontroller heraufgestuft wird, wird die domänenlokale Benutzer-Gruppe übernommen; falls es eine solche noch nicht gibt, wird diese lokale Gruppe in eine domänenlokale Gruppe umgewandelt.

- SID: S-1-5-32-546
  Name: VORDEFINIERT\Gäste
  Beschreibung: Vordefinierte, lokale Gruppe, die standardmäßig nur das Gast-Konto enthält.

- SID: S-1-5-32-547
  Name: VORDEFINIERT\Hauptbenutzer
  Beschreibung: Mitglieder der Gruppe Hauptbenutzer dürfen lokale Benutzer und Gruppen erstellen, die von ihnen erstellten Konten und die Gruppen Hauptbenutzer, Benutzer und Gäste verwalten. Außerdem dürfen Hauptbenutzer Programme installieren, Drucker und Verzeichnisfreigaben verwalten. Die Gruppe Hauptbenutzer gibt es nur auf Windows-Clients, Mitglieds- und eigenständigen Servern. In der Voreinstellung ist diese Gruppe leer. Die Mitgliedschaft verleiht außerdem die Benutzerrechte *Auf diesen Computer vom Netzwerk aus zugreifen*, *Lokal anmelden zulassen*, *Auslassen der durchsuchenden Überprüfung*, *Ändern der Systemzeit*, *Erstellen eines Profils für einen Einzelprozess*, *Entfernen des Computers von der Dockingstation* und *Herunterfahren des Systems*.

  Grundsätzlich hat ein findiger Hauptbenutzer die Möglichkeit, sich dennoch zu einem lokalen Administrator zu machen.

In Windows 7 (wie auch in Windows Vista und Windows Server 2008) wird diese Gruppe nicht mehr benötigt und existiert nur noch aus Gründen der Kompatibilität zu älteren Windows-Versionen.

- SID: S-1-5-32-548
  Name: VORDEFINIERT\Konten-Operatoren
  Beschreibung: Kontenoperatoren haben die Berechtigung, Benutzer-, Computer- und Gruppenkonten in allen OUs einer Domäne zu verwalten, außerdem den Builtin-Container und die Domänen-Controller-OU. Sie haben daher keine Berechtigung, die Administratoren- und Domänen-Admins-Gruppe sowie deren Mitglieder zu verwalten. Diese Gruppe gibt es nur in Domänen und standardmäßig hat sie keine Mitglieder.

- SID: S-1-5-32-549
  Name: VORDEFINIERT\Server-Operatoren
  Beschreibung: Server-Operatoren können sich an Servern lokal anmelden, Server herunterfahren, Dienste starten und stoppen, Festplatten formatieren, Verzeichnisfreigaben verwalten und Dateien sichern und wieder herstellen. Diese Gruppe existiert nur in Domänen und hat standardmäßig keine Mitglieder.

- SID: S-1-5-32-550
  Name: VORDEFINIERT\Druck-Operatoren
  Beschreibung: Mitglieder dieser Gruppe dürfen Drucker und Druckgeräte verwalten.

- SID: S-1-5-32-551
  Name: VORDEFINIERT\Sicherungs-Operatoren
  Beschreibung: Mitglieder dieser (domänen-)lokalen Gruppe dürfen unabhängig von den jeweiligen Berechtigungen Dateien sichern und wieder herstellen, sowie sich interaktiv am Computer anmelden und ihn auch herunterfahren. Standardmäßig hat diese Gruppe keine Mitglieder.

- SID: S-1-5-32-552
  Name: VORDEFINIERT\Replikations-Operator
  Beschreibung: Vordefinierte (domänen-)lokale Gruppe, die vom Windows-NT-3.x/4-Dateireplikationsdienst in Domänenumgebungen genutzt wird. Fügen Sie dieser Gruppe keine Benutzerkonten hinzu!

- SID: S-1-5-32-554
  Name: VORDEFINIERT\Prä-Windows 2000 kompatibler Zugriff
  Beschreibung: Mitglieder dieser Gruppe dürfen ohne Vorlage von Anmeldeinformationen (also anonym) Active-Directory-Informationen lesen. Dies wird eigentlich nur für Windows-NT-4.0-RAS-Server, die

Mitglied einer jüngeren Windows-Server-Domäne sind, benötigt. In allen anderen Fällen sollte diese Gruppe aus Sicherheitsgründen leer sein! Diese Gruppe existiert nur in Domänen.

- SID: S-1-5-32-555
  Name: VORDEFINIERT\Remotedesktopbenutzer
  Beschreibung: Mitglieder dieser Gruppe können sich per Remotedesktop anmelden und haben außerdem das Benutzerrecht „Anmeldung über Terminaldienste zulassen".

- SID: S-1-5-32-556
  Name: VORDEFINIERT\Netzwerkkonfigurations-Operatoren
  Beschreibung: Mitglieder dieser Gruppe dürfen Netzwerkeinstellungen verwalten (dazu zählt auch das Erneuern und Freigeben von TCP/IP-Adressen).

- SID: S-1-5-32-557
  Name: VORDEFINIERT\Erstellung eingehender Gesamtstrukturvertrauensstellung
  Beschreibung: Mitglieder dieser Gruppe können in der Gesamtstruktur unidirektionale, eingehende Vertrauensstellungen erstellen. Diese Gruppe existiert nur in Domänen.

- SID: S-1-5-32-558
  Name: VORDEFINIERT\Systemmonitorbenutzer
  Beschreibung: Die Mitgliedschaft in dieser Gruppe verleiht das Recht, Leistungszähler eines Computers lokal und über das Netzwerk mit dem Systemmonitor zu überwachen.

- SID: S-1-5-32-559
  Name: VORDEFINIERT\Leistungsprotokollbenutzer
  Beschreibung: Mitglieder dieser Gruppe können lokal und über das Netzwerk Leistungszähler, -protokolle und Warnungen des Computers verwalten.

- SID: S-1-5-32-560
  Name: VORDEFINIERT\Windows-Autorisierungszugriffsgruppe
  Beschreibung: Die Mitgliedschaft in dieser Gruppe verleiht die Berechtigung, auf die errechneten *tokenGroupsGlobalAndUniversal*-Attribute (TGGAU) von Benutzerkontenobjekten zuzugreifen.
  In der Voreinstellung ist das die Gruppe *Domänencontroller der Organisation*.

- SID: S-1-5-32-561
  Name: VORDEFINIERT\Terminalserver-Lizenzserver
  Beschreibung: Gruppe, die alle Terminalserver-Lizenzserver enthält.

- SID: S-1-5-32-562
  Name: VORDEFINIERT\Distributed COM-Benutzer
  Beschreibung: Mitglieder dieser Gruppe dürfen DCOM-Objekte auf diesem Rechner starten und verwenden.

- SID: S-1-5-32-568
  Name: VORDEFINIERT\IIS_IUSRS
  Beschreibung: Gruppe, die alle nicht-authentifizierten (anonyme) Internetinformationsdienste (IIS)-Benutzer enthält.

- SID: S-1-5-32-569
  Name: VORDEFINIERT\Kryptografie-Operatoren
  Beschreibung: Mitglieder dürfen Zertifikatseinstellungen verwalten.

- SID: S-1-5-32-573
  Name: VORDEFINIERT\Ereignisprotokollleser
  Beschreibung: Die Mitglieder dieser Gruppe dürfen das lokale Ereignisprotokoll auslesen.

- SID: S-1-5-32-574
  Name: VORDEFINIERT\Zertifikatsdienste DCOM-Zugriff
  Beschreibung: Die Mitglieder dieser Gruppe dürfen auf die Zertifizierungsstellen des Unternehmens zugreifen.

- SID: S-1-5-33
  Name: Write Restricted
  Beschreibung: Für Dienste mit Änderungsbeschränkungen.

- SID: S-1-5-64-10
  Name: NT-AUTORITÄT\NTLM-Authentifizierung
  Beschreibung: Mitglieder dieser Gruppe wurden per NTLM angemeldet.

- SID: S-1-5-64-14
  Name: NT-AUTORITÄT\SChannel-Authentifizierung
  Beschreibung: Mitglieder dieser Gruppe wurden durch den Aufbau eines sicheren Kanals (SSL/TLS) authentifiziert.

- SID: S-1-5-64-21
  Name: NT-AUTORITÄT\Digest-Authentifizierung
  Beschreibung: Mitglieder dieser Gruppe wurden mit der Microsoft Digest Authentication angemeldet.

- SID: S-1-5-80-<Fünf 32-Bit-Zahlen>[12]
  Name: SIDs für Dienste
  Beschreibung: Damit können einzelnen Diensten explizit Zugriffsberechtigungen und -rechte gewährt oder entzogen werden.

- SID: S-1-5-1000
  Name: NT-AUTORITÄT\Andere Organisation
  Beschreibung: Kennzeichnung, dass sich ein Benutzer aus einer anderen Gesamtstruktur (bei Vorliegen einer Gesamtstrukturvertrauensstellung mit aktivierter selektiver Authentifizierungsoption) angemeldet hat. Wenn diese SID vorhanden ist, kann die „Diese Organisation"-SID (S-1-5-15) nicht gleichzeitig aufgeführt sein.

- SID: S-1-16-0 (0x0000)
  Name: Verbindliche Beschriftung\Nicht vertrauenswürdig
  Beschreibung: MAC-Label (als SID) für anonyme Anmeldungen.

- SID: S-1-16-4096 (0x1000)
  Name: Verbindliche Beschriftung\Niedrige Verbindlichkeitsstufe
  Beschreibung: SID für Prozesse mit niedrigen Berechtigungen (bsp. Internet Explorer 8.0 im geschützten Modus). Sie wird gelegentlich auch als „Verbindliche Beschriftung\Jeder" bezeichnet.

- SID: S-1-16-8192 (0x2000)
  Name: Verbindliche Beschriftung\Mittlere Verbindlichkeitsstufe
  Beschreibung: SID für normale, Benutzer-Prozesse.
  Falls überhaupt kein verbindliches Label angegeben wurde, werden Prozesse in der mittleren Verbindlichkeitsstufe ausgeführt.

- SID: S-1-16-12288 (0x3000)
  Name: Verbindliche Beschriftung\Hohe Verbindlichkeitsstufe
  Beschreibung: Dieses Label bzw. SID bekommen administrative Dienste wie bsp. der Lokale Dienst, Netzwerkdienst sowie Administratoren zugewiesen und z. B. administrative Prozesse wie Administrator-Eingabeaufforderungen zugewiesen.

- SID: S-1-16-16384 (0x4000)
  Name: Verbindliche Beschriftung\System
  Beschreibung: SID für Prozesse, die im Sicherheitskontext des lokalen System-Kontos gestartet wurden.

---

[12] Die 32-Bit-Werte werden nicht etwa zufällig gebildet oder durch den Programmierer festgelegt, sondern sind der SHA1-Hash-Wert des logischen Dienst-Namens.

- SID: S-1-16-20480 (0x5000)
  Name: Verbindliche Beschriftung\Vertrauenswürdiger Installationsdienst
  Beschreibung: SID für Geschützte Prozesse.[13] Auf diese haben nicht mal Administratoren, sondern nur das System selbst den Zugriff. Sie werden u. a. für die Installation von DRM-Komponenten[14] verwendet.

Darüber hinaus gibt es weitere Gruppen (siehe Tabelle 9.3), die vom System bei Bedarf (wenn die entspr. Funktionen bzw. Server-Rollen eingeschaltet sind) eingerichtet werden. Ihre SIDs sind nicht vordefiniert, sondern werden bei Domänen in der Form *S-1-5-21-<Domänen-ID>-xxxx* und bei Arbeitsstationen bzw. Servern mit eigener SAM in der Form *S-1-5-32-xxxx* gebildet.

Tabelle 9.3. Weitere Sicherheitsgruppen

Name	Beschreibung
CERTSVC_DCOM_ACCESS	Gruppe, die das Recht verleiht, über DCOM (Distributed COM) auf alle Zertifikatsserver zuzugreifen.
DHCP-Administratoren	Mitglieder dürfen den DHCP-Dienst verwalten.
DHCP-Benutzer	Mitglieder haben Lese-Zugriff in der DHCP-Verwaltungskonsole.
Dns-Administratoren	Die Mitgliedschaft in dieser Gruppe verleiht das Recht, DNS-Server zu verwalten.
DnsUpdateProxy	Gruppe, die alle DNS-Update-Proxies enthält. Das sind Computer, die stellvertretend für andere Clients deren dynamische DNS-Einträge aktualisieren dürfen (z. B. DHCP-Server).
<Domäne>\Domänen-Controller	Globale Gruppe, die alle Domänen-Controller einer Domäne enthält.
Fax-Benutzer	Mitglieder dürfen den Fax-Server benutzen
SQLServer2005MSSQLUser$<Computername>$MICROSOFT##SSEE	Dienstkonto für die Interne Windows-Datenbank. Diese ist durch SQL-Server-2005 Embedded realisiert und wird von Windows-Rollen und –Funktionen wie Windows SharePoint Services, AD-Rech-

---

[13] Siehe Kap. 1.
[14] DRM ist die Abkürzung von Digital Rights Management, also der Verwaltung digitaler Rechte.

9.8 Sicherheitsbeschreibungen

	teverwaltung, Windows Server Update Services und Windows-Systemressourcen-Manager verwendet.
SQLServer2005MSFTEUser$<Computername> $MICROSOFT##SSEE	Zweites Dienstkonto für die Interne Windows-Datenbank.
Telnet-Clients	Mitglieder dieser Gruppe dürfen den Telnet-Server benutzen.
TSWebAccessAdministratoren	Dürfen die Standard Terminal Services Web Access-Site verwalten.
TSWebAccessComputer	Dürfen verfügbare Applikationen der Terminal Services auflisten.
WINS-Benutzer	Mitglieder haben Lese-Zugriff auf die WINS-Verwaltungskonsole.
WSS_ADMIN_WPG	Ermöglicht den Schreibzugriff auf Windows SharePoint-Services-Ressourcen.
WSS_RESTRICTED_WPG	Erlaubt die Windows-SharePoint-Services-Farm-Administration und ist erforderlich für die Ausführung des WSS-Verwaltungsdienstes
WSS_WPG	Gewährt lesenden Zugriff auf WSS-Ressourcen.

Am Rande bemerkt: Man könnte berechtigterweise die Frage stellen, warum in Netzwerken mit Active-Directory-Verzeichnisdiensten die Identifizierung von Sicherheitssubjekten nicht über die ohnehin vorhandene GUID (Globally Unique Identifier) eines Sicherheitssubjektes vorgenommen wird. Es gibt mehrere Gründe, wieso Microsoft sich weiterhin für die SID-Methode entschieden hat: *Jede* Objektinstanz in Active Directory hat eine GUID zur Identifizierung dieser konkreten Objektinstanz selbst, andererseits hat aber nicht jedes Objekt eine SID. Objektinstanzen bsp. der Klasse Kontakte, die nicht für Berechtigungszwecke verwendet werden können (ebenso E-Mail-Verteilergruppen) verfügen über kein Attribut *sID*. Ein weiterer Grund liegt in der Kompatibilität mit älteren Windows-NT-Systemen, die mit AD-GUIDs nichts anfangen können. Dieses gilt ebenso für alleinstehende Server, die keine Domänencontroller sind, und Workstations.

9.9 Benutzerkontensteuerung

Die Benutzerkontensteuerung (BKS, engl.: User Account Control, UAC) blendet bei Vorgängen, die Administratoren vorbehalten sind, ein Fenster ein, in dem die durchzuführende Aktion nochmals bestätigt werden muss. Sie hilft damit auch gegen menschliche Fehler wie unbeabsichtigtes Löschen von Objekten etc.

Direkt nach einer Windows-7-Installation ist in der Voreinstellung die BKS aktiviert: Programme, welche die hohe Verbindlichkeitsstufe benötigen, zeigen ein Bestätigungsfenster und fragen nach Zustimmung.

Dieses Standardverhalten kann bei Bedarf geändert, aber auch wieder zurückgesetzt werden: Zur genauen Festlegung werden Richtlinien verwendet. Bei einzelnen Computern sind es lokale Richtlinien, bei Computern in Domänen sind es Gruppenrichtlinien. Letztere haben zwar erheblich mehr Einstelloptionen, aber grundsätzlich unterscheiden sie sich in diesem Bereich nicht. Exemplarisch sind in Abb. 9.8 die lokalen Optionen der Sicherheitsrichtlinie zur BKS abgebildet.

Die ersten Optionen im Abschnitt *Sicherheitsoptionen* steuern die BKS.

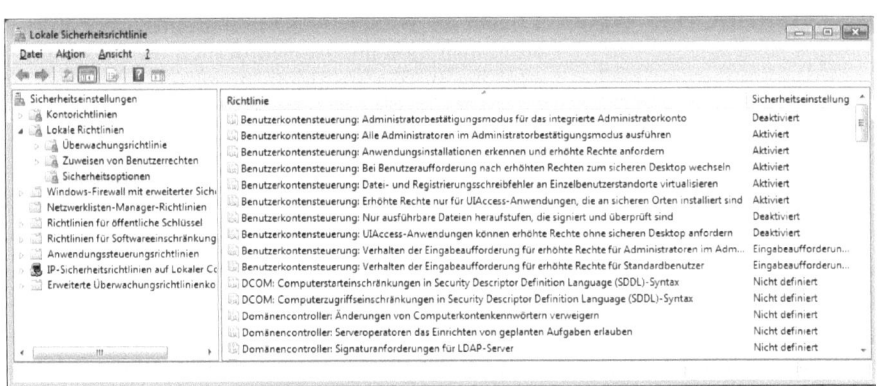

Abb. 9.8. Lokale Sicherheitsrichtlinie - Abschnitt Sicherheitsoptionen

Es gibt hierbei die Option der automatischen Ablehnung für Standardbenutzer. Sie zu setzen ist sinnvoll in Unternehmensumgebungen. Damit wird verhindert, dass bei administrativen Vorgängen, für die Benutzer nicht ermächtigt sind, das BKS-Fenster mit den Benutzer-ID-/Kennwortfeldern angezeigt wird - diese Einstellung verhindert jedoch nicht die Autentifizierung über die „Anmelden als..."-Methode.

10. Verzeichnisfreigaben einrichten und verwalten

Einer der Hauptgründe, ein Computernetzwerk einzurichten, ist die gemeinsame Nutzung von Ressourcen: So genannte Freigaben eines Systems erlauben es anderen Benutzern über ein Netzwerk auf diese zuzugreifen.

10.1 Das Netzwerk- und Freigabecenter

Die grundlegende Verwaltung von Freigaben und Netzwerken findet sich in der Systemsteuerung unter dem Namen *Netzwerk- und Freigabecenter* (siehe Abb. 10.1).

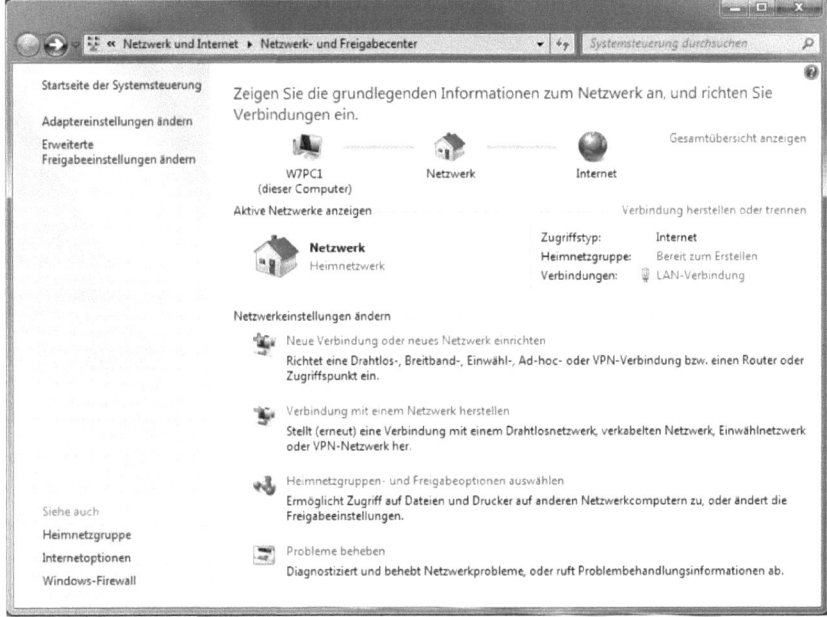

Abb. 10.1. Das Netzwerk- und Freigabecenter

10. Verzeichnisfreigaben einrichten und verwalten

Wenn in ihm links oben auf die Option *Erweiterte Freigabeinstellungen ändern* geklickt wird, öffnet sich das in Abb. 10.2 wiedergegebene Fenster.

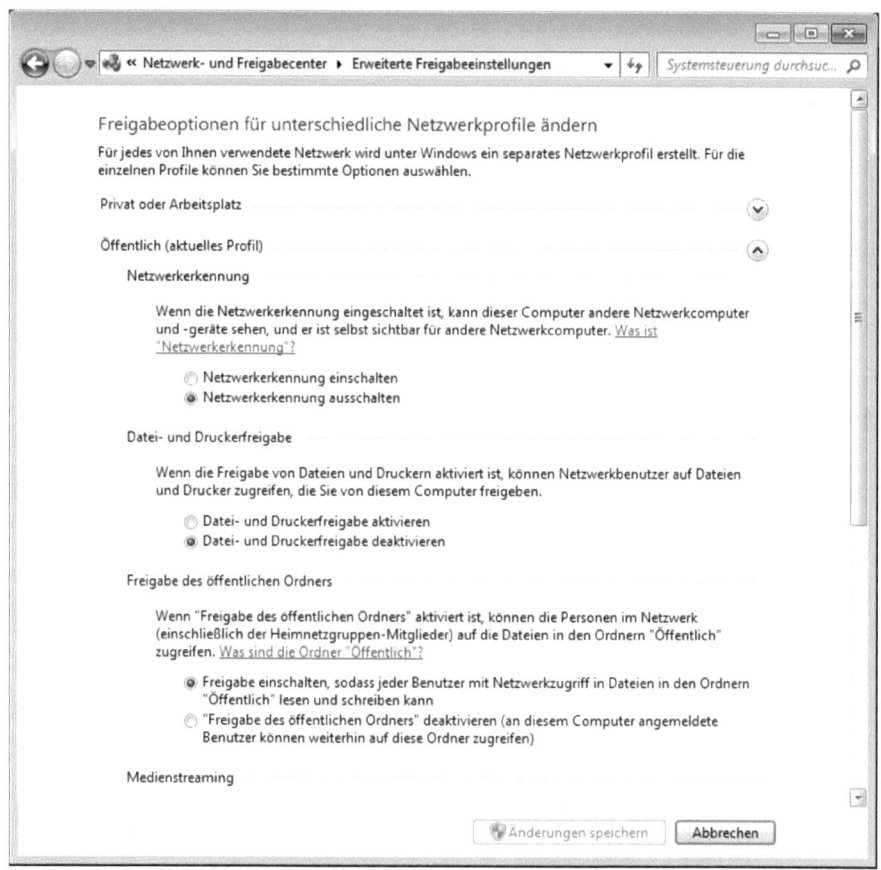

Abb. 10.2. Netzwerk- und Freigabecenter - Erweiterte Freigabeeinstellungen

Mit ihm lassen sich die Freigabeoptionen jeweils getrennt für die Netzwerkstandorte Privat/Arbeitsplatz und Öffentlich festlegen.

Unter der ersten Option namens *Netzwerkerkennung* wird gesteuert, ob der betreffende Windows-7-Computer im Netzwerk sichtbar sein soll oder nicht, und zweitens, ob andere Geräte des Netzwerks dargestellt werden sollen. Für den Zugriff auf Ressourcen anderer Rechner und für das Erlauben des Zugriffs auf eigene Ressourcen, ist die aktivierte Netzwerkerkennung unbedingt erforderlich. An dieser Stelle lässt sich auch der Name der Arbeitsgruppe bzw. Domäne festlegen oder wechseln.

Mittels *Datei- und Druckerfreigabe* wird grundlegend festgelegt, ob der Zugriff von anderen Netzwerkbenutzern auf freigegebene Dateien und

Drucker erlaubt sein soll. Das hat wiederum nichts mit der Netzwerkerkennung zu tun, welches lediglich eine Voraussetzung dafür ist.[1]

Jeder Windows-7-Rechner hat einen so genannten *öffentlichen Ordner*.[2] In ihm können Dateien untergebracht werden, die auch für andere Benutzer zur Verfügung stehen sollen (und erinnert insoweit etwas an das Unix-Verzeichnis *pub*). In der Voreinstellung können alle Benutzer eines Systems, die ein Benutzerkonto haben und sich somit anmelden können, auf diese dort hinein kopierten oder verschobenen Dateien zugreifen. Dieser Funktionsumfang kann mit dieser Option auf Netzwerkbenutzer erweitert werden, die wahlweise nur lesenden oder lesenden *und* schreibenden Zugriff bekommen können.

In Windows 7 können Benutzer, die keine administrative Rechte haben, nur Verzeichnisse und einzelne Dateien im Netzwerk freigeben, wenn sich diese in ihrem Benutzerprofil befinden.

Das Freigeben von Druckern wird über die entsprechende Schaltfläche gesteuert. Voraussetzung dafür ist, dass zuvor mindestens ein Drucker eingerichtet wurde.

Das *kennwortgeschützte Freigeben* verhindert, dass anonyme Benutzer auf freigegebene Ressourcen eines Rechners zugreifen können. Ist es aktiviert, ist der Zugriff nur für Benutzer, für die ein Benutzerkonto auf dem jeweiligen Rechner erstellt wurde, möglich.

In beiden Fällen wird zwischen Client und Server das *Server Message Block (SMB)-Protokoll* verwendet.

Mediendateien, also Dateien von den Typen MP3, AVI, WAV, WMV etc., können hier freigegeben werden. Hiermit werden in der Windows Firewall die betreffenden Ports geöffnet, um den Zugriff von Media Extendern zu ermöglichen.

Die Medienfreigabe findet sich ebenfalls im Windows Media Player-Menü Medienbibliothek – Medienfreigabe oder gleichfalls auch unter Weitere Optionen – Medienbibliothek. Dort kann zudem feiner gesteuert werden, welche Dateien in die Freigabe eingeschlossen und welche davon ausgeschlossen sein sollen.

---

[1] Eine vollständige Sperrung des Zugriffs auf Ressourcen durch andere Benutzer lässt sich durch Deaktivierung des Serverdienstes erreichen.

[2] Sollten Sie ihn bislang noch nicht entdeckt haben: Beispielsweise sehen sie ihn im Ordner *Benutzer* mit der Bezeichnung *Öffentlich*. Gespeichert wird er unter C:\Users\Public. Es gibt dort weitere Unterordner für Bilder, Dokumente, Downloads, Musik, TV-Aufzeichnungen und Videos.

10.2 Verzeichnisfreigaben

Für den gemeinsamen Zugriff auf bestimmte Verzeichnisse und Dateien sowie zur zentralen Speicherung (und Sicherung) existieren Verzeichnisfreigaben. In Windows 7 gibt es sie als *einfache Freigaben* und als *erweiterte Freigaben*.

10.2.1 Einfache Freigaben

Durch Auswahl von *Freigeben für...* im Windows Explorer z. B. aus dem Kontext-Menü eines Ordners (z. B. C:\Daten) wird das erste Fenster der standardmäßigen, einfachen Freigabe geöffnet (siehe Abb. 10.3).

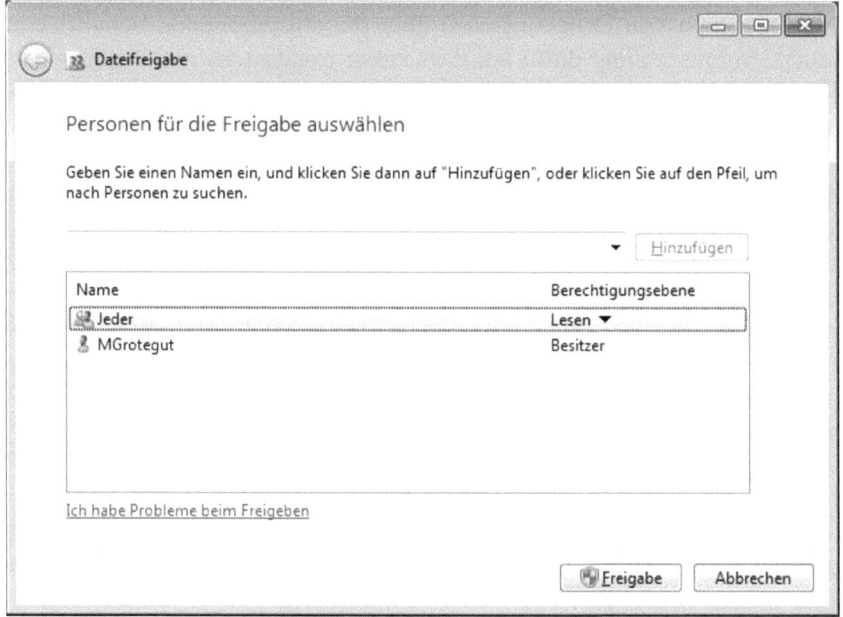

Abb. 10.3. Einfache Freigabe eines Ordners

Eine Voraussetzung dafür ist, dass Freigaben in den Erweiterten Freigabeeinstellungen des Netzwerk- und Freigabecenters (siehe Abb. 10.2) aktiviert wurden. Ist das nicht der Fall, übernimmt Windows 7 diesen Schritt von selbst. Je nach der Einstellung dort (kennwortgeschützte Freigaben) kann es dabei erforderlich sein, dass Benutzer ein Konto auf dem jeweiligen Rechner haben müssen.

Für den Umfang der Zugriffsberechtigungen hat Microsoft die Stufen *Niemand*, *Lesen*, *Lesen/Schreiben*, *Heimnetzgruppe (Lesen)* und *Heimnetzgruppe (Lesen/Schreiben)* festgelegt.

Der Ersteller erhält stets die Bezeichnung *Besitzer*, und die Berechtigungsebene des Besitzers (hier: MGrotegut) kann nicht verändert werden!

Sollte ein Benutzer oder eine Benutzerin nicht auf der Liste aufgeführt sein (bzw. entfernt worden sein), ist für ihn bzw. sie kein Zugriff möglich.

Bereits eingerichtete Freigaben lassen sich über die Stufe *Niemand* wieder löschen.

Im Falle einer Netzwerkverbindung, die als „öffentlich" gekennzeichnet ist, erscheint bei der Einrichtung einer Einfachen Freigabe eine weitere Abfrage (siehe Abb. 10.4). Hier kann auch – quasi als dritte Auswahloption – „Abbrechen" gewählt werden, was die Öffentlich/Privat-Einstellungen des Netzwerks sowie die Netzwerkerkennung und Freigabeeinstellung nicht ändert.

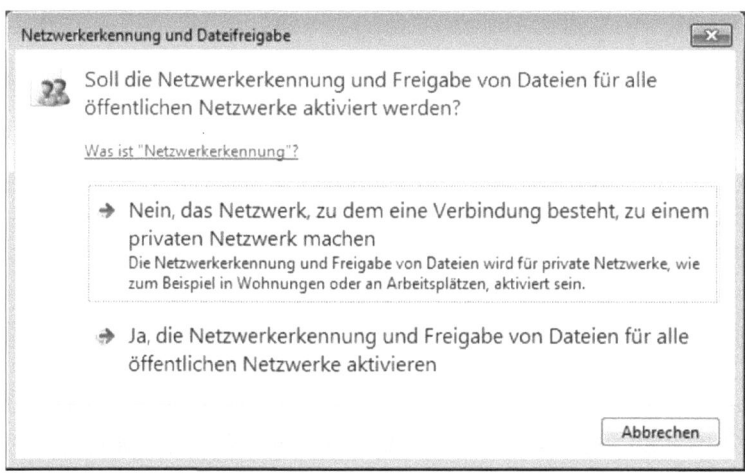

Abb. 10.4. Festlegung der Netzwerkerkennung und Dateifreigabe

Ab Abschluss des Freigabevorgangs für einfache Freigaben erscheint noch ein Bestätigungsbildschirm (siehe Abb. 10.5). In ihm wird die erfolgreiche Freigabevorgang bestätigt und angeboten, den Netzwerknamen der gerade eingerichteten Freigabe zu publizieren. Er lautet – der Konvention (UNC[3]) nach – stets \\<Rechnername>\<Freigabename>, also bsp. \\W7PC1\Daten.

---

[3] Das ist die Abkürzung von *Universal Naming Convention*.

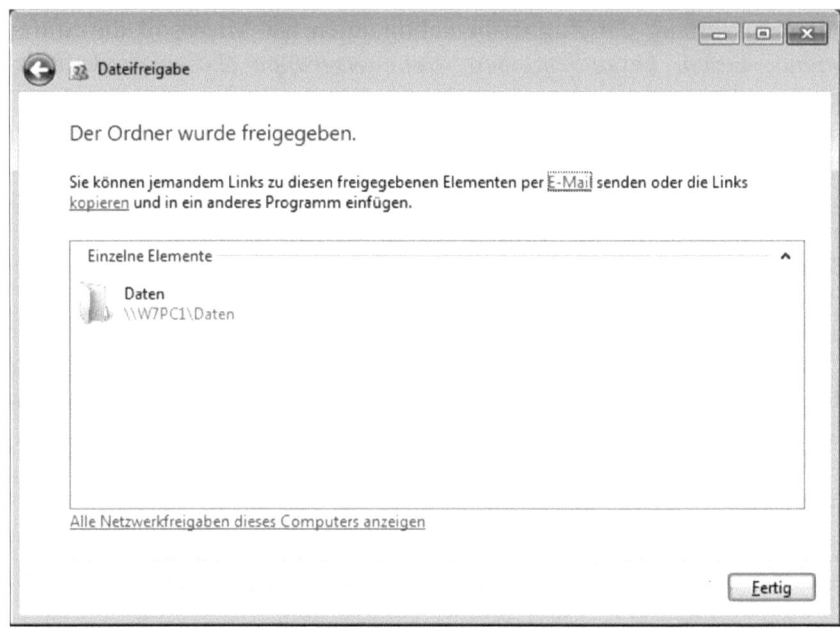

Abb. 10.5. Bestätigungsbildschirm der Ordnerfreigabe

Wird *Freigabe...* aus dem Kontextmenü eines bereits freigegebenen Ordners aufgerufen, lassen sich nur noch die Berechtigungen ändern und – über die Option *Niemand* – die Freigabe entfernen.

10.2.2 Erweiterte Freigaben

Sollen detailliertere und abgestuftere Zugriffsberechtigungen festgelegt werden, kommt man um die Verwendung der *Erweiterten Freigabe* nicht herum.

Sie finden diese in der Registerkarte *Freigabe* im Kontextmenü eines freizugebenden Ordners (siehe Abb. 10.6).

Nach Auswahl der Schaltfläche *Erweiterte Freigabe...* öffnet sich das in Abb. 10.7 gezeigte Fenster mit den Einstellungen der Erweiterten Freigabe. In ihm kann festgelegt werden, ob ein Ordner freigegeben werden soll bzw. die Freigabe beendet werden soll.

Des weiteren lässt sich die Anzahl der Benutzer, die eine Freigabe gleichzeitig nutzen (d. h., sich mit ihr verbinden) können, steuern. Je nach Windows-7-Version ist das Maximum auf fünf, 10 oder 20 beschränkt. Wird eine zu große Zahl eingegeben, verringert sie Windows 7 automatisch auf den jeweils größtmöglichen Wert. Soll die Last auf einem Rechner oder die Verbindungen auf die Anzahl erworbener Lizenzen eines in einer Freigabe befindlichen Programms beschränkt werden, kann es auch sinnvoll sein, weniger als das Maximum festzulegen.

Abb. 10.6. Registerkarte *Freigabe*

Abb. 10.7. Verwaltung von Verzeichnisfreigaben

Zudem können Verzeichnisse nur mit der Erweiterten Freigabe bei Bedarf mehrfach (ggf. auch mit unterschiedlichen Sicherheitseinstellungen) freigegeben werden.

Die bereits eingerichteten Freigabenamen lassen sich in der gleichnamigen Leiste auswählen und ihre Optionen anzeigen. Dabei ist der Freigabename der letzte Teil einer UNC-Angabe – der vordere Teil (mit zwei umgekehrten Schrägstrichen versehen, kennzeichnet den Rechner und entspricht seinem NetBIOS-Namen).

Soll eine neue Freigabe eingerichtet werden, wird die Schaltfläche *Hinzufügen* betätigt. Es öffnet sich dann ein Fenster mit dem Titel *Neue Freigabe* (siehe Abb. 10.8)

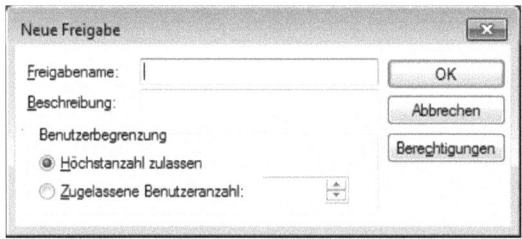

Abb. 10.8. Erstellen einer neuen Verzeichnisfreigabe

In diesem Fenster wird der Name der neuen Freigabe eingetragen (wird dabei ein $-Zeichen an den Namen angehängt, ist sie in der Netzwerkumgebung nicht sichtbar), eine wahlfreie Beschreibung sowie das bereits zuvor erwähnte Limit von gleichzeitigen Verbindungen mit ihr, und über einen Klick auf *OK* bestätigt. Sollte der Freigabename an diesem System schon existieren, erscheint eine Fehlermeldung, denn UNC-Pfade müssen im Netzwerk eindeutig sein.

Freigaben lassen sich auch über die Systemsteuerung (unter *Verwaltung - Computerverwaltung - Freigegebene Ordner*) oder direkt mit dem entsprechenden MMC-Snap-In (Freigegebene Ordner) verwalten. Sämtliche Freigaben eines Windows-Systems sind in der Registrierung unter dem Schlüssel *HKLM\SYSTEM\CurrentControlSet\Services\lanmanserver\Shares* aufgeführt. In dem Registrierungs-Editor kann im Kontextmenü des Schlüsselnamens *Export* gewählt werden, um die Informationen über alle von einem Benutzer freigegebenen Verzeichnisse und Drucker zu sichern. Mit einem Doppelklick auf die erzeugte .Reg-Datei oder mit dem Registrierungs-Editor-Menüpunkt "Datei - Importieren..." können die Freigaben auf ein anderes System ganz einfach übertragen werden. Und schließlich steht zur Verwendung in einer Eingabeaufforderung oder in Skripten der

Net Share-Befehl zur Verfügung, mit dem gleichfalls Freigaben verwaltet werden können.

10.2.3 Administrative Freigaben

Windows legt durch den Serverdienst einige Freigaben für Verwaltungszwecke an. Sie sind in Tabelle 10.1 aufgelistet.

Tabelle 10.1. Administrative Freigaben

Freigabename	Funktion
Admin$	Freigabe des Windows-Verzeichnisses (z. B. C:\Windows)
C$, D$, E$, ...	Freigabe des Stammverzeichnisses jeder Partition
IPC$	Freigabe für die Interprozesskommunikation zwischen PCs in einem Netzwerk
Print$	Freigabe für die Verteilung von Druckertreibern (Voreinstellung: C:\Windows\Systems32\spool\drivers)

Für alle dieser erwähnten Freigaben sind administrative oder System-Rechte erforderlich, um sie benutzen zu können, und sie haben alle ein angehängtes Dollarzeichen, das sie in der Netzwerkumgebung unsichtbar macht.

10.2.4 Verzeichnisfreigaben mit SMB 2

Windows 7 enthält (wie auch Windows Vista und Windows Server 2008 als Neuerung) die überarbeitete Version 2 des Server-Message-Block-Protokolls (SMB), welches das Standard-Protokoll für die Kommunikation von Clients mit Servern für die Datei- und Druckerfreigaben ist und wird bzw. wurde von vielen MSNet-netzwerkfähigen Betriebssystemen (Windows 3.x, OS/2 LAN Manager/Server, Windows 9x, Windows NT usf.) benutzt.

SMB 2 zeichnet sich durch höhere Transfergeschwindigkeit und höhere Sicherheit bei signierten Operationen/Vorgängen als die klassische, seit vielen Jahren existierende Vorgängerversion, aus. Am deutlichsten lässt sich die Leistungssteigerung bei Kopiervorgängen in Netzen mit hoher Bandbreite beobachten – sogar auch bei VPN-Verbindungen.

Eine weitere Funktion sind „durable handles", die über WAN-Verbindungen auch kurze Leitungsunterbrechungen bei max. fünf Wiederverbindungsversuchen überdauern, was für die Anwendungen transparent ist. Falls zu einem Zeitpunkt gerade eine größere Datei übertragen wird, setzt Windows an dem Punkt, bis zu dem es übertragen konnte, an und fährt von der Stelle fort. Mit SMB 1 hätten Anwender den betreffenden Kopiervorgang erneut (und ganz von vorne) beginnen müssen. So genannte „symbolische Verknüpfungen" auf Ressourcen über ein Netzwerk erfordern gleichfalls SMB 2.

Windows 7 verwendet es in der Voreinstellung für Kopiervorgänge zwischen SMB-2-fähigen Rechnern. Das sind ausschließlich Windows-7-, Vista- und Windows-Server-2008-Computer (auch WinPE 2.0) sowie deren Nachfolgeversionen. Es gibt von Microsoft jedoch keine Absicht, SMB 2 auch für ältere Betriebssysteme wie Windows 2000, XP oder Windows Server 2003 herauszubringen. Wenn ein System kein SMB 2 beherrscht, wird weiterhin SMB 1 verwendet. Betroffen davon sind z. B. bestimmte Samba-Versionen auf Linux-Rechnern.[4]

Der Protokollauswahlprozess erfolgt in jedem Fall völlig transparent für die Anwender und Anwendungen.

10.2.5 Freigabeberechtigungen

Über die in den Abbildungen 10.7 und 10.8 dargestellte Schaltfläche *Berechtigungen* lässt sich das Berechtigungsfenster aufrufen, in dem der Zugriff über das Netzwerk gesteuert wird. Es ist in Abb. 10.9 wiedergegeben.

An Berechtigungen lassen sich für jede Gruppe, Einzelbenutzerkonten und vordefinierte Gruppen die aufeinander aufbauenden Stufen *Lesen*, *Ändern* oder *Vollzugriff* erlauben bzw. den Zugriff explizit verweigern. Der Vollzugriff beinhaltet dabei die Änderungsberechtigungen und erlaubt zusätzlich, die Berechtigungen festzulegen.

Wenn ein bestimmter Benutzer nicht Mitglied einer der gelisteten Gruppen oder hier nicht ausdrücklich aufgeführt ist, ist der Zugriff nicht erlaubt.[5]

Falls Benutzer durch Mitgliedschaft in mehreren Gruppen bzw. durch ausdrücklich für sie festgelegte Berechtigungen unterschiedliche Stufen erhalten haben, gilt die jeweils Höchste. Die Berechtigungen Lesen, Schreiben und Vollzugriff werden kumuliert, mit der Maßgabe, dass die höchste Priorität die Verweigerung einer Berechtigung hat. So lassen sich auch nachträglich Berechtigungen wieder entziehen, die zuvor eingeräumt worden sind.

---

[4] Microsoft macht aber kein Geheimnis aus dem Protokollaufbau: Interessierte Drittanbieter können es nach Abschluss eines Lizenzvertrags nutzen.
[5] Das darf aber nicht mit dem ausdrücklichen *Verweigern* verwechselt werden!

Obwohl grundsätzlich möglich, sollten nicht zuletzt aus diesem Grund für die Berechtigungsvergabe Gruppen verwendet werden! Die Verwendung von Einzelbenutzerkonten ist für größere Netzwerke sehr umständlich und sollte für Ausnahmen vorbehalten sein.

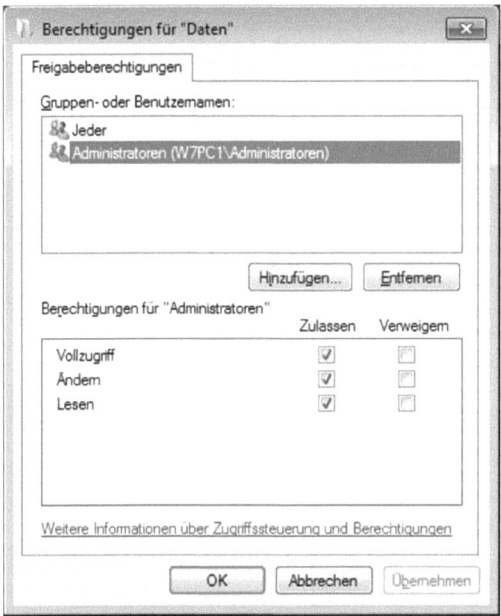

Abb. 10.9. Freigabeberechtigungsfenster

10.2.6 Zwischenspeicherung

Normalerweise greifen Benutzerinnen und Benutzer in Netzwerken stets direkt auf Server zu und diese stehen durchweg jederzeit zur Verfügung.

Nun gibt es aber Benutzer, die zeitweilig an das Unternehmensnetzwerk angeschlossen sind, und dann eben auch mal nicht: Das sind typischerweise Notebook-Benutzer. In aller Regel weisen Administratoren auch diese an, ihre Dateien zentral auf Dateiservern zu speichern, damit sie vereinfacht gesichert werden können. Außerdem benutzen auch sie gemeinsame Dateien.

Benutzer von Freigaben können Einstellungen für so genannte „Offlinedateien" treffen, die dann auf ihren Geräten zwischengespeichert werden. Modifizieren lässt sich der Umfang der Speicherung, die Synchronisationsaktionen etc.

Etwas weniger bekannt ist, dass entsprechende Einstellungen nicht nur beim Client, sondern auch beim Server (dort ist die Freigabe eingerichtet) getroffen werden können. Die Auswahl der Schaltfläche *Zwischenspeichern* (siehe Abb. 10.7) öffnet das in Abb. 10.10 dargestellte Offlineeinstellungsfenster.

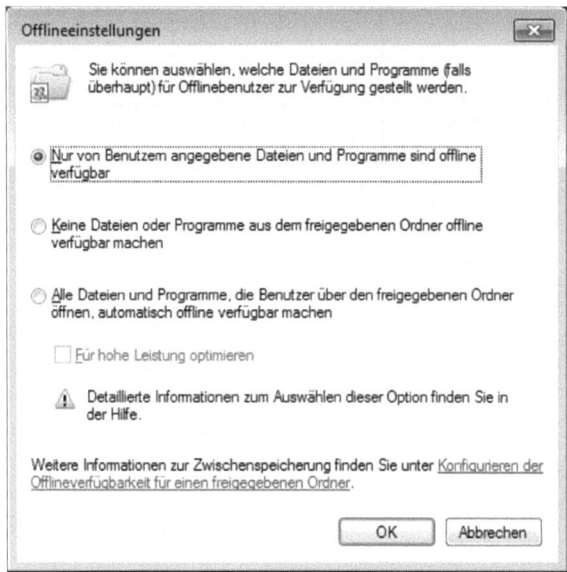

Abb. 10.10. Offline-Einstellungen einer Verzeichnisfreigabe

In der Voreinstellung ist die Offlinedateispeicherung erlaubt. Mit der ersten Option werden nur die Dateien, Dokumente und Programme offline verfügbar gemacht, welche die Benutzer explizit ausgewählt und für die Offlinezwischenspeicherung gekennzeichnet haben.

Mit der zweiten Option lässt sich das Zwischenspeichern von Dateien auf den Geräten unterbinden. Das ist nützlich, um zu verhindern, dass vertrauliche Dokumente auf den verbundenen Geräten gespeichert werden, und wird von Microsoft für sichere Netzwerke empfohlen.

Mit der dritten Option geschieht die Kennzeichnung als Offlinedatei automatisch: Alle von Benutzern jemals geöffneten Dateien und Ordner werden nachfolgend auf ihren Geräten zwischengespeichert. Dabei lässt sich zusätzlich das Kästchen *Für hohe Leistung optimieren* auswählen, mit dem Programme nur auf Computern mit älteren Windows-Versionen (Windows XP oder 2000) so zwischengespeichert werden, dass sie lokal ausgeführt werden können, und brauchen dann nicht erst vom Server geladen werden. Das kann aufgrund der oftmals großen Größe von Programm-Dateien viel ausmachen, ist besonders für Server geeignet, die Programmdateien freigeben. Dazu muss bei den Clients die Offlinedateien-Funktion aktiviert werden. Die ausführbaren Dateien werden übrigens dann ebenfalls, wie die Datendateien synchronisiert!

Die Offline-Dateieinstellungen können auch über Net-Share-Befehle mit seiner /cache:-Klausel konfiguriert werden, und in Unternehmensumgebungen können die Offline-Datei-Einstellungen auch per Active-Directory-Gruppenrichtlinien verwaltet werden. Wenn Windows Server 2008 R2 eingesetzt wird, kann zudem BranchCache (siehe Kapitel 10.3) genutzt werden.

10.2.7 Kombination von Freigabeberechtigungen und NTFS-Berechtigungen

Wir haben schon gesehen, dass sowohl freigegebene Ordner und die darin enthaltenen Dateien und Unterordner mit Sicherheitseinstellungen versehen werden können, als auch über den Menüpunkt *Sicherheit* diese Objekte selbst und unabhängig davon, ob sie freigegeben wurden oder nicht, mit Zugriffsbeschränkungen versehen werden können.

Doch wo sind die Unterschiede? Und was ist, wenn in diesen beiden unterschiedlichen Sicherheitssystemen unterschiedliche Einstellungen getroffen wurden: Was gilt in dem Fall?

Verzeichnisse können stets und unabhängig von dem sie speichernden Dateisystem (z. B. FAT, FAT32, NTFS, CDFS etc.) im Netzwerk freigegeben werden. Es gibt dabei die vier schon vorgestellten Stufen Lesen, Ändern, Vollzugriff und Zugriff verweigern. Die festgelegten Einstellungen treffen dabei gleichermaßen für alle Dateien in dem Ordner, alle Unterordner und die darin befindlichen Dateien zu. Es ist also mit der Freigabeberechtigung nicht möglich, für bestimmte Dateien oder Unterordner unterschiedliche Berechtigungen festzulegen.[6]

Die Zugriffsbeschränkungen von Freigaben gelten stets nur beim Zugriff über das Netzwerk, für lokale Benutzer, die am selben Computer arbeiten, gelten sie nicht. Es ist jedoch möglich, bsp. zum Testen der Einstellungen, sich selbst mit den eigenen Freigaben zu verbinden: Obwohl in diesem Fall kein Bit den Rechner verlässt, werden die Freigabeberechtigungen – weil ein Netzwerkzugriff simuliert wird – beachtet.

---

[6] Wenn das gewünscht wird, sollten mehrere Freigaben (ggf. auch versteckt durch ein angehängtes Dollarzeichen) eingerichtet oder mit NTFS-Berechtigungen gearbeitet werden.

NTFS-Berechtigungen hingegen gelten immer: Egal, ob lokal oder über das Netzwerk auf Objekte zugegriffen wird, werden durch das Betriebssystem die gesetzten Berechtigungen beachtet.

Bei der Ermittlung der jeweiligen Zugriffsberechtigungen verfährt Windows 7 wie folgt: Zunächst werden die Freigabeberechtigungen eines Benutzers ermittelt. Durch die Mitgliedschaft in verschiedenen Benutzergruppen und unterschiedliche darauf gesetzte Berechtigungen kann es zu einer Uneindeutigkeit kommen. Windows 7 kumuliert in diesem Fall die Berechtigungen, die Höchste gilt: Lesen, Ändern, Vollzugriff bzw. Zugriff verweigern. Also selbst wenn ein Administrator durch die Mitgliedschaft in bsp. fünf Gruppen den Vollzugriff auf eine Ressource erhält, aber auch nur einmal „Zugriff verweigern", gilt letzteres als „höchste Stufe".

Ist ein Benutzer bsp. Mitglied in sechs Gruppen, denen jeweils lesenden Zugriff gewährt würde, erhält aber ein Mal die Berechtigung „Ändern", gilt diese.

Analog wird bei der Ermittlung der Zugriffsstufe bei NTFS-Berechtigungen verfahren: Auch hier gilt das kumulative Konzept. Die Feinheiten liegen im Detail: Zum einen gibt es wesentlich feiner abgestufte Einzelberechtigungen, die NTFS-Berechtigungen stehen zwangsläufig nur auf den Partitionen zur Verfügung, die mit NTFS formatiert wurden, und es können Berechtigungen auf einzelne Dateien festgelegt werden. Das NTFS-Berechtigungssystem wird daher gelegentlich auch als *File-level-security* bezeichnet.[7]

Bei der Ermittlung der *effektiven* Zugriffsberechtigungen eines Netzwerkbenutzers auf eine Ressource eines Computers werden zuerst diejenigen der Freigabe ermittelt und dann diejenigen der NTFS-Berechtigungen. Beide Male wird dabei das kumulative Konzept verwendet.

Sind die Zugriffsberechtigungen, die mit den beiden Sicherheitssystemen festgelegt wurden, ermittelt, werden sie miteinander verglichen: Anders als vorher gilt nun nicht mehr die Kumulation, sondern die jeweils restriktivste Berechtigung. Zwei Beispiele hierzu: Hat eine Person durch die Freigabeberechtigungen Vollzugriff gewährt bekommen, durch die NTFS-Berechtigungen aber nur einen lesenden Zugriff, gilt Letzterer. Hat eine andere Person bsp. durch die NTFS-Berechtigungen die Zugriffsstufe „Ändern" erhalten und durch die Freigabeberechtigungen „Lesen", gilt auch hier die restriktivere Berechtigung „Lesen".

Die meisten Administratoren gewähren Netzwerkbenutzern (wegen der Mehrdeutigkeit bei Netzwerk- bzw. lokalen Zugriffen) die Freigabeberech-

---

[7] Weil sie bis zur der Ebene einzelner Dateien funktioniert. Die Freigabeberechtigungen arbeiten auf dem *Share-level*, also der Ebene des freigegebenen Ordners.

tigungen „Vollzugriff"[8] und steuern die gewünschte Zugriffsstufe für die Benutzer ausschließlich über die NTFS-Berechtigungen. Diese sind schließlich granularer und gelten unabhängig davon, von welchem Ort zugegriffen wird.

10.3 BranchCache

BranchCache ist der Name eines Verfahrens, mit dem Dateien und Daten dezentral zwischengespeichert werden können. Beim Arbeiten über vergleichsweise langsame WAN-Verbindungen dauert es in aller Regel sehr lange, bis eine etliche Megabyte große Datei von einem zentralen Dateiserver zu einem Client, der sich in einer Filiale befindet, übertragen ist. Wenn einige Kollegen ebenfalls diese große Datei (z. B. ein Office-Dokument, ein E-Mail-Anhang oder ein Software-Update) übertragen, ist das der Arbeitsgeschwindigkeit nicht gerade förderlich.

Mit BranchCache können solche Dateien entweder auf Clients (man spricht dann von einem *verteilten* oder – auf Englisch – von einem *Distributed Cache*) bzw. auf einem in der Außenstelle stehendem Windows-Server-2008-R2-Computer (*zentraler/Hosted Cache*) zwischengespeichert werden.

Die Arbeitsweise von BranchCache ist schnell erläutert: Wenn ein Client eine bestimmte Datei von einem Windows-Server-2008-R2-Fileserver laden möchte, schickt er diesem über das Netzwerk eine entsprechende Anforderung. Wenn die Datei eine bestimmte Größe überschreitet, bildet der Fileserver dann Hashes und schickt diese dem Client anstelle der gewünschten Datei zurück. Der Client fragt in dem Fall dann in seinem lokalen Netz per Multicast alle aktiven Clients bzw. einen Cache-Host nach Dateien mit den gerade erhaltenen Hash-Werten. Wenn jene die entsprechenden Daten in ihrem Cache haben, schicken sie diese dem Client über das vergleichsweise schnelle LAN.

Falls jedoch kein Client die betreffenden Daten hat, kontaktiert der Client den Fileserver erneut und teilt ihm mit, dass er erfolglos probiert hat, die gewünschten Daten aus seinem lokalen Netzwerk zu erhalten. Darauffolgend bekommt er die Daten vom Server und speichert sie selbst in seinem BrachCache-Puffer, damit er sie anderen Clients senden kann.

---

[8] Wenn hier lediglich „Ändern" erlaubt wäre, könnten über das Netzwerk von Berechtigten keine Besitzwechsel durchgeführt werden und Berechtigungen geändert werden – auch wenn sie durch die NTFS-Berechtigungen gewährt worden sind.

Die Voraussetzungen dafür, dass BranchCache in einem Netzwerk genutzt werden kann, sind:

- Windows-7-Enterprise- oder -Ultimate-Clients
- Windows Server 2008 R2 Enterprise (oder höher)
- Aktivierung von BranchCache per Gruppenrichtlinie oder netsh-Befehlen (in seinem „netsh branchcache"-Kontext)

11. Drucker einrichten und verwalten

In diesem Kapitel beschäftigen wir uns mit der Einrichtung und Verwaltung von Druckern, Druckservern sowie ihren Sicherheitseinstellungen.

Dabei können sich die Drucker lokal oder entfernt (an einem anderen Gerät im Netzwerk, remote) befinden.

11.1 Terminologie

Microsoft hat im Zusammenhang mit Druckern eine etwas eigenwillige Terminologie eingeführt, benutzt sie jedoch auch konsequent. Was wir normalerweise als *Drucker* bezeichnen, heißt bei Microsoft *Druckgerät*. Das geht ja noch, aber es stellt sich die Frage, was dann bei Microsoft ein *Drucker* sein soll: Hiermit wird eine eingerichtete Druckerwarteschlange bezeichnet. Auch muss ein lokales Druckgerät nicht unmittelbar direkt an einem Computer angeschlossen sein, sondern es kann auch über ein Ethernet-Netzwerk verbunden sein. Ein solches Gerät würde man jedoch normalerweise als *Netzwerkdrucker* bezeichnen... Aber Sie ahnen bestimmt schon, da mit *Drucker* in der Microsoft-Terminologie ja die Warteschlange bezeichnet wird, ist mit Netzwerkdrucker also eine freigegebene Druckerwarteschlange auf einem anderem Computer im Netzwerk gemeint.

Fassen wir das oben geschriebene noch mal in ein einer Tabelle zusammen:

Tabelle 11.1. Microsoft Druckterminologie

Microsoft-Begriff	Bedeutung
Druckgerät	Das einzelne, physische Druckgerät wie Laserdrucker, Tintenstrahldrucker etc.
Drucker	Eine fertig eingerichtete Druckerwarteschlange, ggf. mit Treibern für andere Windowsversionen. Ein Drucker kann mehrere Druckgeräte steuern (zum Druckerpool siehe unten) und er kann für die Verwendung von anderen Netzwerkbenutzern freigegeben sein.

11. Drucker einrichten und verwalten

Lokaler Drucker	Eine Druckerwarteschlange, die auf dem lokalen Computer eingerichtet ist. Druckgeräte können per USB, serieller oder paralleler Schnittstelle angeschlossen sein oder einen integrierten Druckserver haben und sich im Netzwerk befinden.
Netzwerkdrucker	Eine freigegebene Druckerwarteschlange, die sich auf einem beliebigen Windows-Computer befinden kann oder das IPP (Internet Printing Protocol) benutzt.

Im folgenden wird gleichfalls durchgängig die Microsoft-Terminologie verwendet, um das Drucken mit Windows 7 zu erläutern. Eine Kenntnis dieser Begriffe erleichtert das Verständnis von unter anderem Microsoft-*Knowledge-Base*-Artikel und -*Whitepaper*.

Die Verwaltung von Druckern in der grafischen Benutzeroberfläche wind in Windows 7 mit dem Fenster *Geräte und Drucker* (siehe Abb. 11.1) vorgenommen. Dieses kann z. B. aus dem Startmenü oder Systemsteuerung unter der Sektion Hardware und Sound aufgerufen werden.

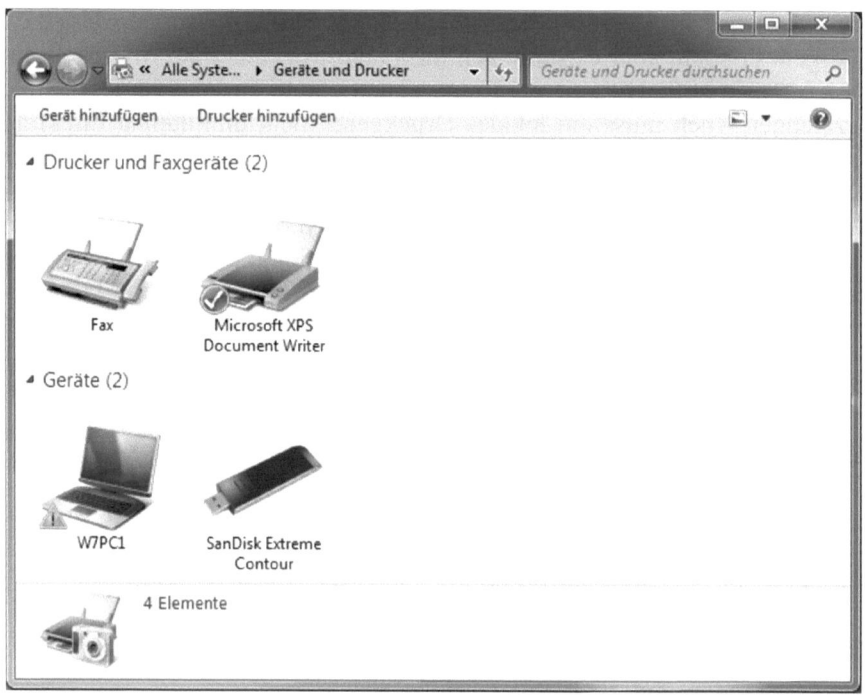

Abb. 11.1. Geräte- und Druckerverwaltung

Der Standardpfad des Drucksubsystems im Dateisystem von Windows 7 ist C:\Windows\System32\Spool. Das kann aber in den (Druck-)Servereigenschaften (siehe Abschnitt 11.4) geändert werden, um zu verhindern, dass der Festplattenplatz der Betriebssystempartition durch Druckaufträge belegt wird.[1] Dieser Pfad ist außerdem unter dem Namen \\<Computername>\Print$ im Netzwerk freigegeben. Diese Freigabe wird insbesondere für das Übertragen der Druckertreiber (siehe unten) verwendet.

In Windows 7 können Druckereinstellungen für Clients überdies auch per Active-Directory-Gruppenrichtlinie vorgegeben werden.[2] Wenn das entsprechende Gruppenrichtlinienobjekt mit dem korrespondierenden AD-Standortobjekt verknüpft wird, können Drucker den Benutzern in Abhängigkeit von den Standorten sogar automatisch zugewiesen werden.

Und Windows 7 enthält genauso das Print-Management-MMC-Snap-In aus Windows Server 2003 R2. Mit ihm können mehrere Druck-Server und Drucker im Netzwerk verwaltet werden.

Drucker und ihre Einstellungen können in Migrationsszenarien mit ihm oder dem Printbrm-Programm (siehe Kap. 11.6) von einem System zu einem (oder mehreren) anderen System(en) übertragen werden.

11.2 Einrichtung von lokalen und Netzwerk-Druckern

Zum Hinzufügen eines Druckers zu einem Windows-System wird in der Systemsteuerung *Drucker - Drucker hinzufügen* aufgerufen.[3]
Über dieses Programm können mit den Auswahlpunkten

- Lokale Druckgeräte (USB-Druckgeräte werden automatisch erkannt)
- Netzwerk-, Drahtlos- oder Bluetooth-Druckgeräte hinzufügen

einem System hinzugefügt werden, wie es in den Abb. 11.2ff. dargestellt ist.

Als Beispiel wird nachfolgend die Installation eines Farblaserdruckers verwendet, der als eigenständiges Gerät mit integriertem Druckserver über eine IPv4-Adresse angesprochen wird.

---

[1] Das könnte auch jemand böswillig durch einen Denial-of-Service-Angriff ausnutzen.
[2] Diese Funktion wurde mit Windows Server 2003 R2 eingeführt.
[3] Siehe Abb. 11.1.

432   11. Drucker einrichten und verwalten

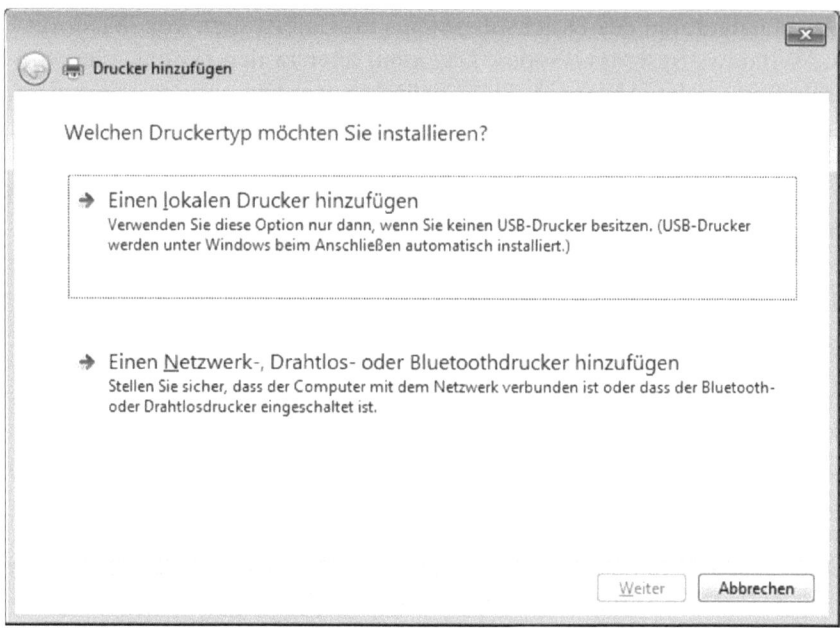

Abb. 11.2. Drucker hinzufügen

Wie in dem obigen Fenster schon hingewiesen, werden Plug&Play-Druckgeräte (wie USB-Geräte) beim Anschließen erkannt und anschließend wird es (und die folgenden) Fenster dadurch automatisch aufgerufen.

Bei Netzwerk-, Drahtlos- oder Bluetoothdruckern wird über eine Netzwerkschnittstelle (in der Regel Ethernet) auf das Druckgerät zugegriffen.

Nach Auswahl des passenden Menüpunkts wird in dem nächsten Fenster nach dem Anschluss, über den das einzurichtende Druckgerät mit dem Computer verbunden ist, gefragt (siehe Abb. 11.3 und 11.9).

Bei einem lokalen Anschluss wird dann der Hersteller und der Typ des Druckgeräts aus der Liste ausgewählt, oder über einen Datenträger, der ggf. eine neuere Version enthalten kann, installiert. Über Windows Update kann zudem eine aktualisierte Treiberliste aus dem Internet abgerufen werden (siehe Abb. 11.5).

Wenn dagegen ein Netzwerkdrucker hinzugefügt werden soll, fragt Windows 7 nun nach einem Freigabenamen. In einem Netzwerk mit Active-Directory kann auch das Verzeichnis nach auf andren Systemen bereits eingerichteten und freigegebenen Druckern durchsucht werden.

Muss bei der Einrichtung eines lokalen Druckers erst ein neuer Anschluss erstellt werden, das können bsp. COM5, COM6, etc., LPT4, LPT5 usw. sein (noch häufiger verwendet wird ein TCP/IP-Port), wird die entsprechende Option ausgewählt und anschließend eine IPv4- oder IPv6-

Adresse, ein Hostname oder FQDN sowie ggf. die Portnummer eingegeben. Das Fenster sieht dabei so aus wie in der Abb. 11.3 gezeigt ist.

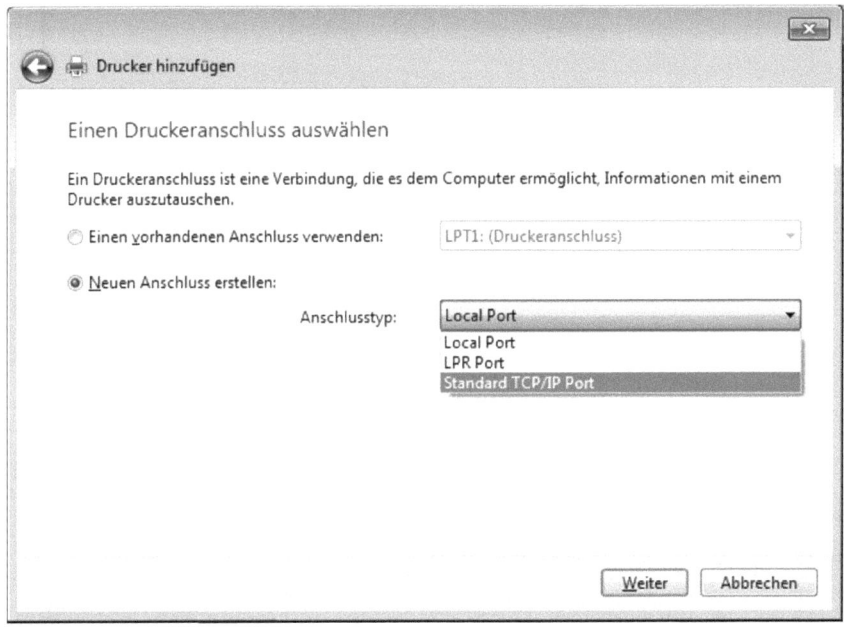

Abb. 11.3. Erstellen eines neuen Anschlusses

Windows 7 versucht dann, eine Verbindung mit dem Host aufzubauen, und die Verbindungseigenschaften zu ermitteln (siehe Abb. 11.4).

Bei einem *Webdienstegerät* entfällt die dritte Zeile (Anschlussname). Webdienstgeräte sind Drucker, die über das auf HTTP oder HTTPS (und ihren entsprechend zugeordneten Ports 80 bzw. 443) basierende IPP (Internet Printing Protocol), das nicht nur von Windows-Systemen, sondern (etwas überraschend) häufig von Unix-Systemen benutzt wird und sogar vereinzelt von Druckgeräten mit eingebautem Druckserver selbst angeboten wird.

Mit Klick auf *Weiter* wird der Einrichtungsvorgang fortgesetzt.

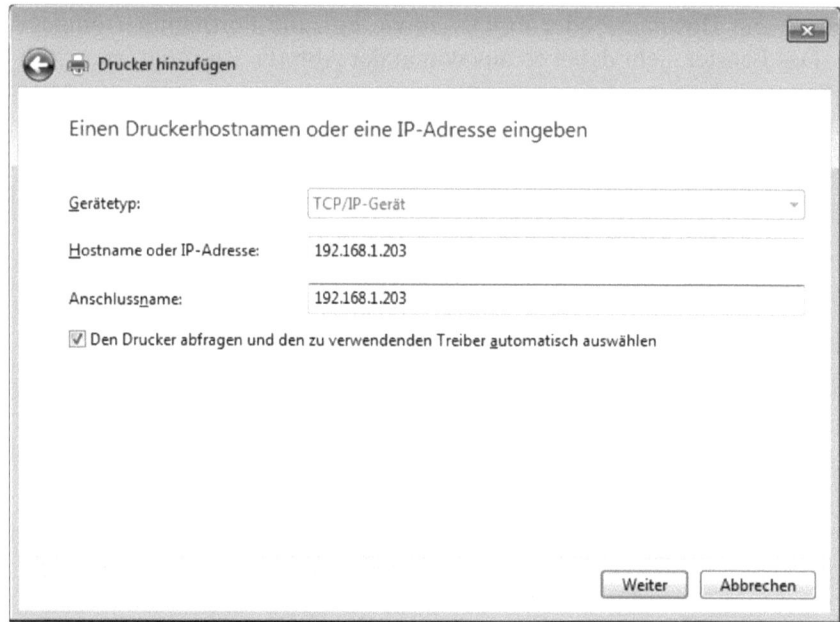

Abb. 11.4. Eingabe des Druckerhostnamens bzw. der Drucker-IP-Adresse

Als nächstes wird ein Druckertreiber ausgewählt (siehe Abb. 11.5). Windows 7 hat Treiber für nahezu alle vor seinem Erscheinen existierenden Druckgeräte integriert. Bei Bedarf können (ggf. aktualisierte) Treiber auch von Windows Update oder von einem Installationsmedium (siehe Abb. 11.6) installiert werden.

Drucker-Treiber müssen jedoch das User Mode Driver Framework (UMDF) benutzen und dürfen nicht mehr als Kernel-Mode-Treiber programmiert sein.

Falls es in Ausnahmefällen für ein Druckgerät keine Treiber geben sollte, können Treiber für ein kompatibles Gerät verwendet werden. Welche Druckgeräte zueinander kompatibel sind, ist oft auf deren Hersteller-Websites aufgeführt.

Windows 7 zeigt digital signierte Treiber (bei ihnen ist eine Prüfsumme der Treiberdateien mit einem Zertifikat gesichert und sie können nicht unerkannt geändert worden sein) mit einem Symbol mit einem grünen Haken an. Aber die Verwendung digital signierter Druckertreiber ist fakultativ. Auch bei 64-Bit-Systemen.[4]

---

[4] Siehe Abb. 11.5. Der dort beispielhaft ausgewählte Brother-Druckertreiber ist digital signiert.

11.2 Einrichtung von lokalen und Netzwerk-Druckern 435

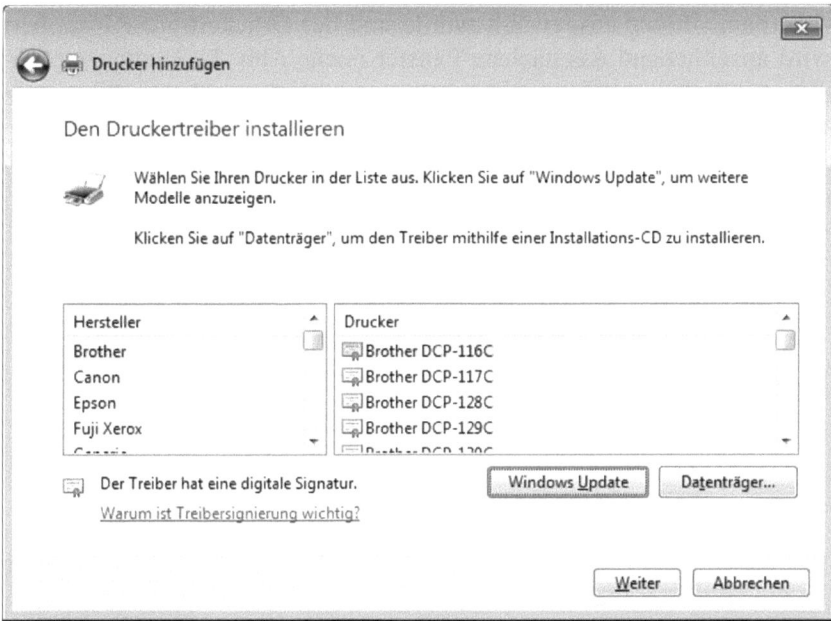

Abb. 11.5. Installation eines Druckertreibers

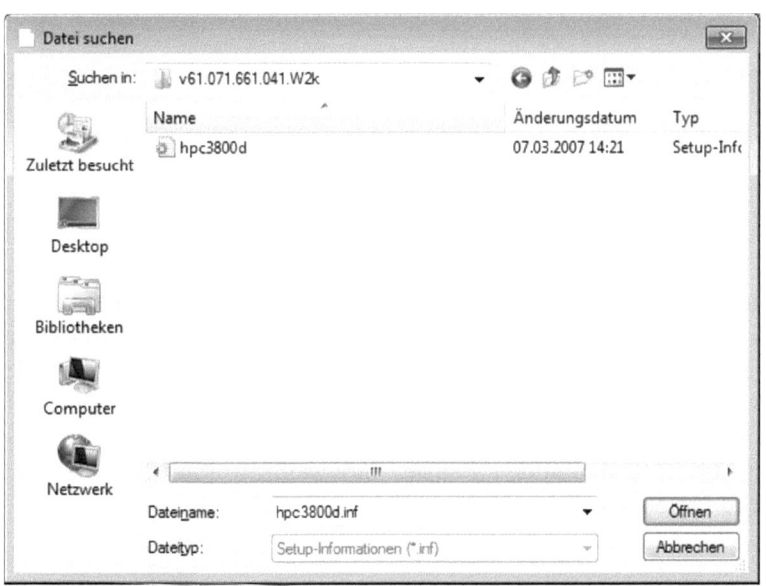

Abb. 11.6. Auswahl eines auf einem Datenträger gespeicherten Treibers

11. Drucker einrichten und verwalten

Wenn dann *Weiter* ausgewählt wurde und der Druckertreiber installiert ist, wird anschließend das nächste Fenster (siehe Abb. 11.7) angezeigt. In ihm wird ein frei wählbarer Druckername vergeben. Dieser dient ausschließlich zur Information und kann unterschiedlich von einem evtl. Druckerfreigabenamen (siehe unten) vergeben werden oder auch mit ihm gleich sein.

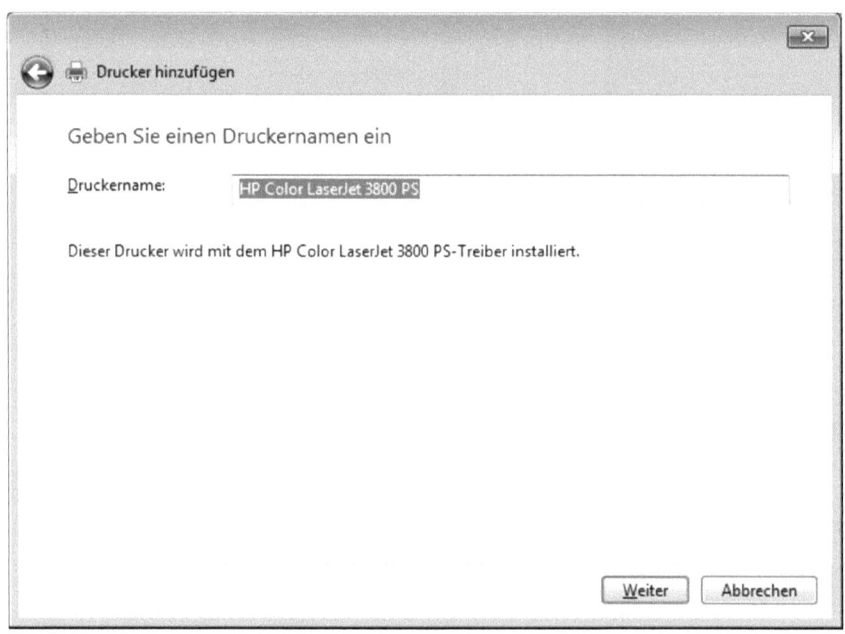

Abb. 11.7. Vergabe des Namens für den neuen Drucker

Wenn der neu eingerichtete Drucker gleichzeitig der Drucker der Wahl sein soll, der dadurch stets beim Drucken in Programmen als Voreinstellung angeboten wird, kann in diesem Fenster zudem die Schaltfläche *Als Standarddrucker festlegen* ausgewählt werden. Aber diese Einstellung kann natürlich auch zu einem beliebigen Zeitpunkt später festgelegt sowie geändert werden.

Nach Auswahl von *Weiter* ist der Drucker fertig eingerichtet, und es wird das in Abb. 11.8 abgebildete Fenster dargestellt, womit bestätigt wird, dass der neue Drucker vollständig eingerichtet wurde.

11.2 Einrichtung von lokalen und Netzwerk-Druckern

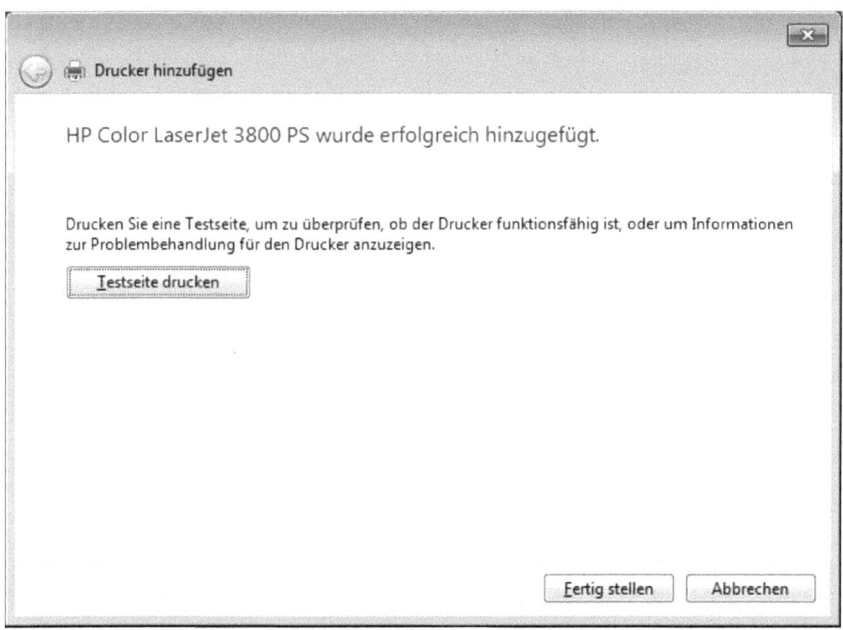

Abb. 11.8. Bestätigungsfenster der Druckereinrichtung

In ihm kann auch veranlasst werden, dass eine Testseite ausgedruckt wird. Sie enthält eine farbige Grafik und führt alle verwendeten Treiberdateien auf.

Obwohl dafür eine Seite Papier verwendet wird, kann mit der Testseite gleich überprüft werden, ob geeignete Treiber ausgewählt wurden und ob die Kommunikation mit dem Druckgerät einwandfrei funktioniert.

Die Testseitendruckfunktion kann auch zu einem späteren Zeitpunkt aus den Druckereigenschaften aufgerufen werden (siehe unten).

Bei Netzwerk-, Drahtlos- oder BlueTooth-Druckern erscheint dagegen folgendes Fenster (siehe Abb. 11.9). In ihm werden freigegebene, verfügbare oder manuell angegebene Drucker ausgewählt.

Anschließend startet die Installation ähnlich wie zuvor gezeigt.

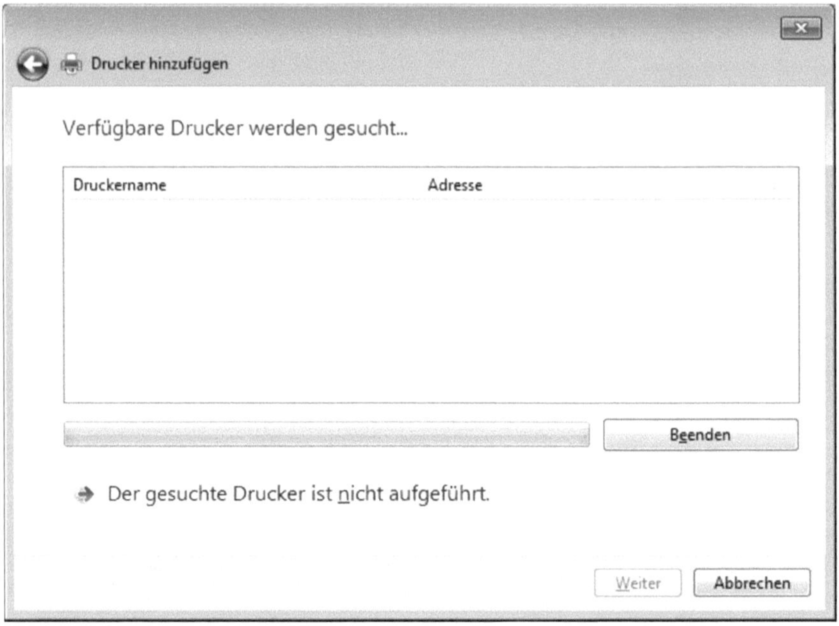

Abb. 11.9. Drucker hinzufügen

11.3 Druckeroptionen

Im Kontextmenü eines Druckers lassen sich Optionen zu seiner feineren Konfiguration aufrufen.

Eine der Optionen sind die *Druckeinstellungen*, die sowohl aus dem Kontextmenü eines Druckers als auch über die Schaltfläche *Druckeinstellungen* der Registerkarte *Allgemein* der Druckereigenschaften (siehe Abb. 11.11) gewählt werden kann.

Diese Druckeinstellungen (siehe Abb. 11.10) sind höchst gerätespezifisch. Jeder Druckgerätehersteller kann das Aussehen und den Inhalt dieses Fensters und seine Registerkarten frei gestalten, deswegen wurde auf eine detaillierte Erläuterung eines einzelnen Druckgeräts verzichtet. Üblicherweise können in diesem Fenster jedoch wichtige Einstellungen wie Druckpunkte pro Zoll, Farb- oder Schwarz-/Weißdruck, einseitiger oder doppelseitiger Druck, Postscript-Level etc. eingestellt werden.[5]

---

[5] Wegen seines besonderen Funktionsreichtums wurde hier als Beispiel das Druckeinstellungsfenster eines aktuellen Farb-Laser-Druckers abgebildet.

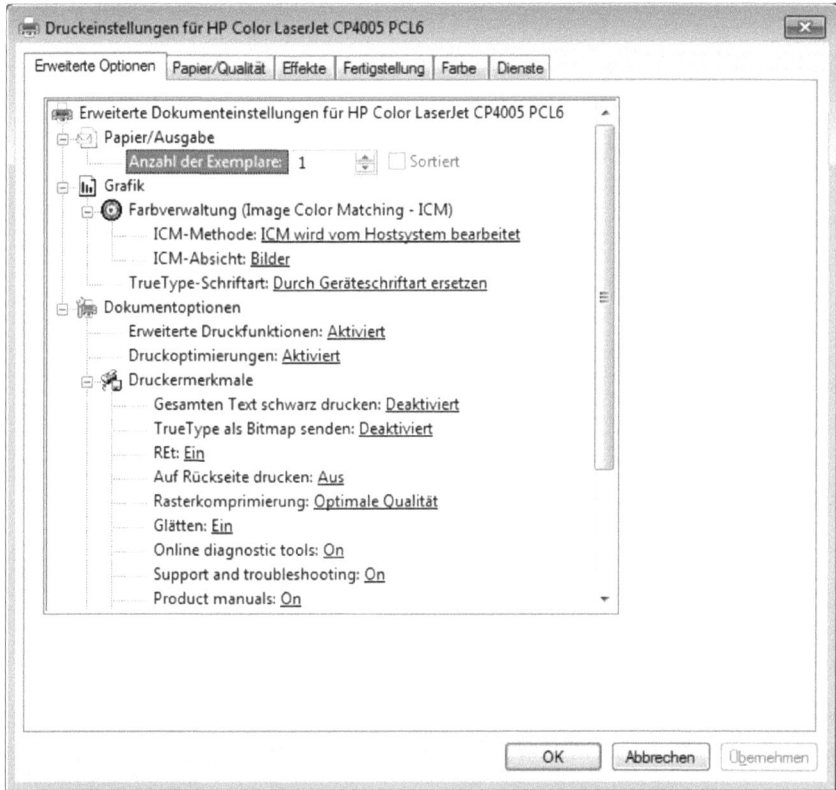

Abb. 11.10. Druckeinstellungen

Eine andere Option des Druckerkontextmenüs sind die *Druckereigenschaften*, die ein Fenster mit acht Registerkarten öffnet.

In der ersten Registerkarte dieses Fensters mit dem Namen *Allgemein* werden, wie der Name schon impliziert, allgemeine Informationen über einen Drucker dargestellt und verwaltet (siehe Abb. 11.11).

Es empfiehlt sich, insbesondere, wenn Active-Directory-Domänen verwendet werden, im Eingabefeld *Standort* dieses Fensters die Elemente der Beschreibung durch Schrägstriche voneinander zu trennen. Drucker können dann je physischem AD-Standort schneller und leichter gefunden werden. Ebenso bei Suchen im AD. Dabei können die Elemente beliebig, hierarchisch gewählt werden, wenn sie denn für alle Drucker in derselben Form verwendet werden.

Beispiele für sinnvolle Standortbeschreibungen sind: *Land/Stadt/Straße/Gebäudeteil/Stockwerk/Raumnummer*, *Ort/Raumnummer* oder *Region/Ort/Büro* usw. Ein Beispiel ist: DE/Berlin/Bergstr./Raum 2.36.

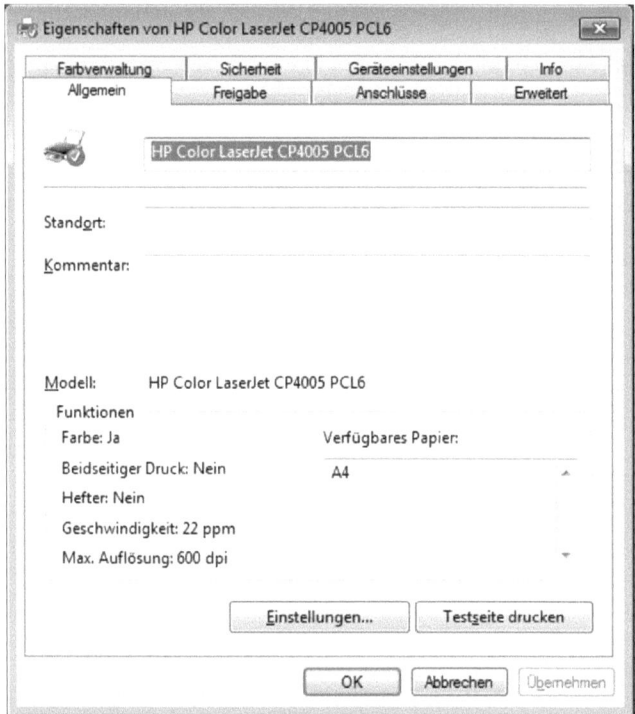

Abb. 11.11. Registerkarte *Allgemein* in den Druckereigenschaften

Das Feld *Kommentar* ist ein wahlfreies Feld, in dem Text eingegeben werden kann. Es kann aber auch frei bleiben. Windows 7 beachtet den Inhalt nicht.

In dem Abschnitt *Funktionen* im unteren Teil des Fensters werden gerätespezifische Eigenschaften wie Seitengrößen, Farb- und Duplexdruck, Geschwindigkeit in Seiten je Minute, Maximale Auflösung etc. aufgeführt. In einem Active-Directory-basierten Netzwerk können freigegebene Drucker speziell mit diesen Attributen gesucht werden.

In der zweiten Registerkarte mit dem Namen *Freigabe* (siehe Abb. 11.12) wird festgelegt, ob ein Drucker für andere Benutzer im Netzwerk freigegeben und benutzbar sein soll.

11.3 Druckeroptionen 441

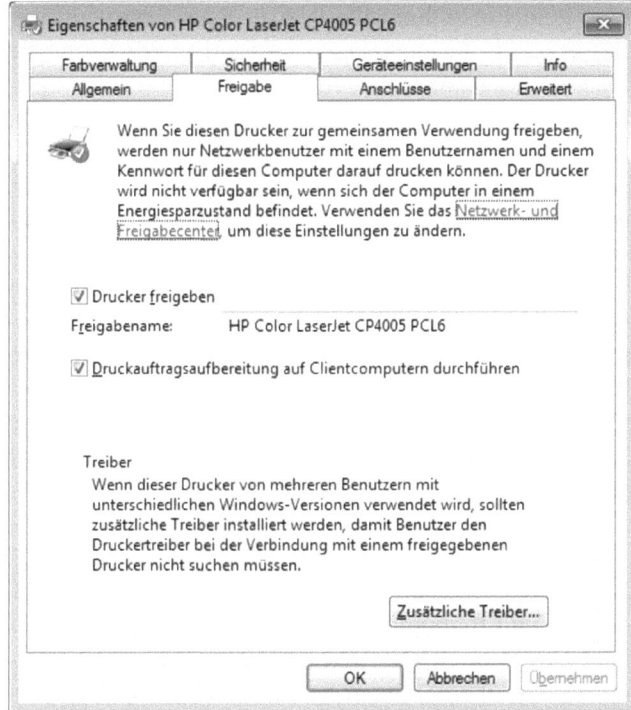

Abb. 11.12. Registerkarte *Freigabe* in den Druckereigenschaften

Dazu wird die Schaltfläche *Drucker freigeben* markiert und ein computereindeutiger Freigabename eingegeben. Wenn dieser nicht länger als 11 Zeichen ist, steht er grundsätzlich auch Benutzern wesentlich älterer Betriebssysteme zur Verfügung (es werden dafür jedoch auch passende Treiber benötigt). Rechner mit Windows 9x, 2000, XP etc. können auch längere Namen verwenden.

Wird an den Druckerfreigabenamen ein Dollarzeichen ($) angehängt, ist diese Freigabe (wie entsprechende Verzeichnisfreigaben) im Netzwerk nicht sichtbar. Zur Verwendung eines so freigegebenen Druckers muss dieser Name manuell eingegeben werden.

Da Drucker bei Bedarf auch mehrfach, z. B. mit unterschiedlichen Optionen (wie Priorität o. ä.) freigegeben werden können, ist diese Eigenschaft evtl. zum Verbergen eines höher privilegierten Druckers von Vorteil, der bsp. für den Abteilungsleiter eingerichtet wurde.

Wenn ein Drucker freigegeben wurde, steht die Schaltfläche *Druckauftragsbereitung auf Clientcomputer durchführen* zur Verfügung, ansonsten ist sie grau dargestellt und kann nicht ausgewählt werden. In der Voreinstellung ist diese Funktion (engl.: Client-Side Rendering, CSR) auf dem

Client aktiviert, was eine gute Einstellung für Peer-to-Peer-Netzwerke ist. In serverbasierten Netzwerken sollte der Haken entfernt werden, um die Arbeitsstationen zu entlasten. Das hängt aber für gewöhnlich von der Größe des Netzwerks sowie der Art und des Umfangs der Druckaufträge ab, und ist konfigurierbar per AD-Richtlinie.

Ein Klick auf die Schaltfläche *Zusätzliche Treiber* öffnet ein Fenster, in dem Druckertreiber für andere Windows-Versionen installiert werden können (siehe Abb. 11.13).

Seit der Veröffentlichung von Windows 95 und Windows NT werden in einem Windows-Netzwerk die Druckertreiber nur noch beim Druckerserver installiert und zum Client beim Verbinden übertragen. Dies stellt eine enorme Arbeitserleichterung für Administratoren dar, denn bei den Windows-Versionen davor mussten die Treiber am Druckserver und an jedem Client einzeln installiert werden. Gleiches galt für Druckertreiber-Aktualisierungen, die dann ggf. x-fach angewendet werden mussten. In Windows 7 werden diese lediglich am Druckserver vorgenommen. Zu den Clients werden sie dann nachfolgend automatisch übertragen.

Windows 7 und Windows Server 2008 R2 werden bekanntlich nur noch für die Intel 32-Bit-, 64-Bit- und Itanium-Plattformen herausgegeben. Frühere Windows-Versionen gab es auch für RISC-Prozessoren anderer Hersteller. In Abhängigkeit der Druckerbenutzerclients, die einen bestimmten Drucker benutzen werden, müssen für ihn jeweils passende Treiber installiert werden.[6]

Es können in Windows 7 nur noch Typ-3- (User Mode Driver Framework-) Druckertreiber installiert werden, Typ 2-Druckertreiber (diese sind mit dem Kernel Mode Driver Framework programmiert worden) nicht mehr (siehe Tabelle 11.2).

Tatsächlich arbeitet nur ein Typ 2 Druckertreiber vollständig im Kernel-Modus. Diese können wie schon erwähnt in Windows 7 nicht mehr installiert werden!

Außerdem gibt es in Windows 7 nun einen zusätzlichen Druckerpfad (hauptsächlich für WPF- (Windows Presentation Format)-Anwendungen, der auf der XML Paper Spezifikation (XPS) und dem XPS-Druckertreibermodell (XPSDrv) basiert. Beide werden durch denselben Drucker-Spooler-

---

[6] Dabei kann Windows 7 auch Treiber verteilen, die unter Windows 7 selbst nicht für die Ansteuerung eines Druckgeräts verwendet werden können (z. B. alte Kernelmodustreiber), denn – wie schon erwähnt – Druckertreiber müssen nunmehr im Benutzermodus-Framework arbeiten. Ältere Treiber, die noch im Kernelmodus operieren, können in Windows 7 nicht mehr installiert werden.

Dienst „spoolsv.exe" realisiert. Eventuell erforderliche Konvertierungen zwischen GDI-EMF und XPS nimmt dieser gleichfalls vor.[7]

Abb.11.13. Auswahl zusätzlicher Druckertreiber

In der Registerkarte *Anschlüsse* (siehe Abb. 11.14) werden die in Windows 7 konfigurierten Kommunikationsanschlüsse und -schnittstellen aufgelistet.

Die Anschlüsse eines Systems werden normalerweise in den Einstellungen des Druckservers (siehe Abschnitt 11.4) verwaltet. Aus Vereinfachungsgründen lässt Microsoft aber auch an dieser Stelle die Konfiguration, Hinzufügung und Entfernung von Anschlüssen zu.

Tabelle 11.2. Druckertreibertypen

Typ	Betriebssystem(e)	Kernel- oder Benutzermodus	In Windows 7 verwendbar?
0	Windows 95, 98 bis ME	Nicht zutreffend	Nein
1	Windows NT3.x (selten verwendet)		Nein
2	Windows NT4.0, 2000, XP	Kernelmodus	Nein
3	Windows 2000, XP, 2003	Benutzermodus	Ja

---

[7] Detaillierte Informationen über dieses Thema finden Sie unter der URL http://www.microsoft.com/whdc/device/print/XPSDrv_FilterPipe.mspx .

11. Drucker einrichten und verwalten

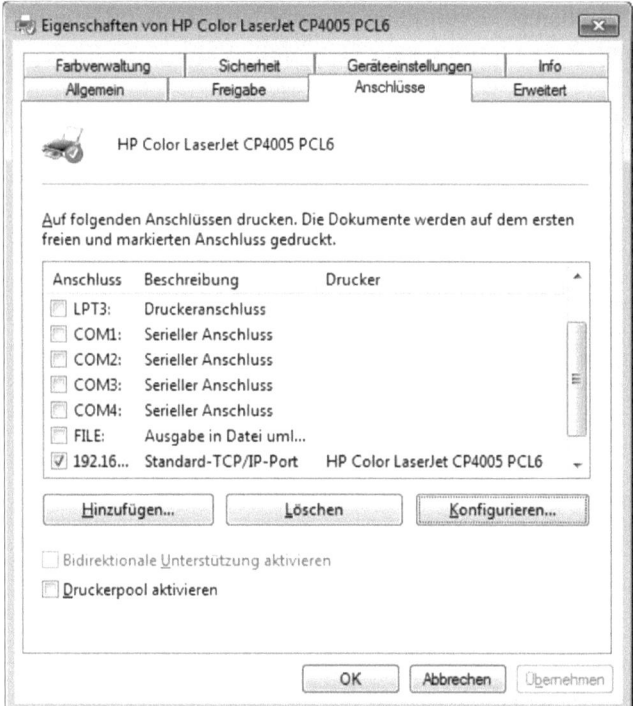

Abb. 11.14. Registerkarte *Anschlüsse* in den Druckereigenschaften

Die nächste Registerkarte trägt die Bezeichnung *Erweitert* (siehe Abb. 11.15). Die meisten *erweiterten* Druckereinstellungen in ihr dürften aufgrund ihrer Benennung leicht und intuitiv verständlich sein. Die Verfügbarkeitseinstellungen sind jedoch etwas missverständlich, denn auch auf einen Drucker, der zu einem bestimmten Zeitpunkt nicht verfügbar ist, kann gedruckt werden. Nur wird der Druckauftrag dann eben nicht sofort zum Druckgerät geschickt, sondern erst wieder zu Beginn der angegebenen Verfügbarkeitszeit. Zweckmäßig zu benutzen ist diese Option, wenn umfangreiche Druckaufträge erst nach Büroschluss bzw. zu günstigen Nachtstromtarifen gedruckt werden sollen. Oder im Falle eines (wenn auch mittlerweile selten gewordenen) Nadeldruckers aus Lärmgründen eben nicht nachts gedruckt werden sollen. Zu Beginn des Verfügbarkeitszeitraums wird mit dem Ausdruck noch ausstehender Aufträge automatisch begonnen. Andererseits wird zum Ende des Zeitraums nicht etwa ein Job unterbrochen! Vielmehr wird ein begonnener Job zu Ende gedruckt. Nach dem Ende des Verfügbarkeitszeitraums wird auf ihm aber nicht mit dem Ausdruck von neuen Jobs begonnen.

11.3 Druckeroptionen

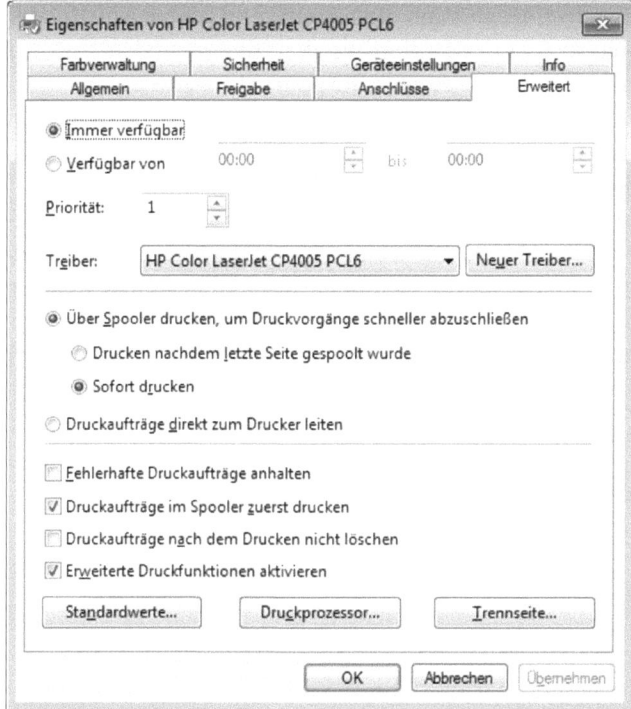

Abb. 11.15. Registerkarte *Erweitert* in den Druckereigenschaften

Das Feld *Priorität* gibt an, mit welcher Prioritätsnummer ein über einen bestimmten Drucker gesandter Druckauftrag in die Warteschlange eingestellt wird. Es können dabei die Werte 1 (niedrigste) bis 99 (höchste Priorität) des ordinal skalierten Intervalls verwendet werden.

Wenn in einer Warteschlange mehrere Druckjobs auf den Ausdruck warten, wird ein aktueller Job nicht etwa unterbrochen beim Eintreffen eines evtl. höher Priorisierten. Nachdem er fertig gedruckt ist, wählt der Spooler jeweils den Job mit der höchsten Priorität aus. Dabei ist es von gleicher Funktion, ob bsp. nur die beiden Prioritäten 1 und 2 existieren, oder ob sie 1 und 20 heißen. Die höchste Nummer gewinnt. Und wenn mehrere Aufträge mit gleicher Priorität vorhanden sind, wird anhand des Alters entschieden: First come, first serve.

Mit der Schaltfläche *Druckprozessor* kann angegeben werden, welches Programm die Druckaufträge aufbereitet. Manche Druckgerätehersteller bringen eigene Druckprozessoren mit, ansonsten sind Winprint und das Format Raw eine gute Wahl.

Über die Schaltfläche *Trennseite* kann eine Trennseite (unter Angabe des Benutzernamens, Jobnamens etc.) definiert werden, die vor jedem Job zur besseren Unterscheidung in Arbeitsgruppen ausgedruckt werden soll.

In der nächsten Registerkarte dieses Fensters namens *Farbverwaltung*[8] kann festgelegt werden, welcher Farbraum (z. B. sRBG oder CYMK[9]) einem Drucker zugeordnet wird.

Der Vorgabewert ist, dass Windows 7 diese Einstellungen selbst verwaltet, was aber modifiziert werden kann, wenn ein kalibrierter Farbweg benötigt wird, so dass ein eingescanntes Bild auch tatsächlich mit denselben Farben am Bildschirm dargestellt und am Drucker ausgedruckt wird.

In der Registerkarte *Sicherheit* (siehe Abb. 11.16) wird festgelegt, wer einen Drucker benutzen darf und welche weiteren Rechte die betreffenden Gruppen haben.

Abb. 11.16. Registerkarte *Sicherheit* in den Druckereigenschaften

---

[8] Diese ist hier nicht wiedergegeben.
[9] CYMK (Cyan, Yellow, Magenta und Schwarz) ist nur bei Postscript-Druckertreibern verfügbar.

Es gibt sechs Einzelberechtigungen, die über die Schaltfläche *Erweitert* zugewiesen werden können. Ihre Bezeichnungen und Auswirkungen sind in Tabelle 11.3 zusammengefasst.

Tabelle 11.3. Druckerberechtigungen

Druckberechtigungsname	Erteilte Berechtigungen
Drucken	Mit dieser Berechtigung können Druckaufträge an den Drucker gesendet werden. Gegebenenfalls wird zuvor der Druckertreiber an den Client übertragen. Die Berechtigung Drucken bietet böswilligen Benutzern DoS-Angriffsflächen (bsp. Leerdrucken des Papiers bzw. der Farbpatronen, volllaufen Lassen der Warteschlange). Standardmäßig darf jeder authentifizierte Benutzer alle Drucker verwenden.
Drucker verwalten	Diese Berechtigung erlaubt, Drucker anzuhalten und fortzusetzen, Freigabe-, Sicherheits- und Warteschlangeneinstellungen zu ändern. In der Voreinstellung haben Administratoren diese Berechtigung.
Dokumente verwalten	Mit dieser Berechtigung können ab ihrer Erteilung zum Drucker gesandte Dokumente angehalten, fortgesetzt bzw. abgebrochen werden und die betreffenden Druckjobeinstellungen verändert werden. In der Voreinstellung hat die Ersteller-Besitzer-Gruppe diese Berechtigung. Damit können Benutzer eigene Aufträge verwalten, nicht jedoch solche anderer Benutzer.
Berechtigungen lesen	Erlaubt, die Sicherheitseinstellungen anzusehen.
Berechtigungen ändern	Erlaubt, die Sicherheitseinstellungen zu ändern.
Besitz übernehmen	Diese Berechtigung erlaubt, einen Wechsel des angegebenen Besitzers eines Auftrags durchzuführen. Sie bezieht sich aber nur auf Druckaufträge, nicht auf den Drucker selbst. Standardmäßig haben Ersteller-Besitzer diese Berechtigung.

Im allgemeinen brauchen aber nicht die Einzelberechtigungen modifiziert werden, sondern es reicht die Berechtigungsvergabe mit den zusammengefassten Einzelberechtigungen in den Stufen *Drucken*, *Drucker verwalten* und *Dokumente verwalten* aus.

In der Registerkarte *Geräteinstellungen* (siehe Abb. 11.17) werden gerätespezifische Einstellungen vorgenommen. Der Inhalt und Aufbau dieser Registerkarte ist ebenfalls vom Druckgerätehersteller frei definier- und konfigurierbar. Im allgemeinen finden sich hier aber Angaben zur Arbeitsspeichergröße des Druckgeräts, installierte Geräteschriften, Papierfächer und -formate etc.

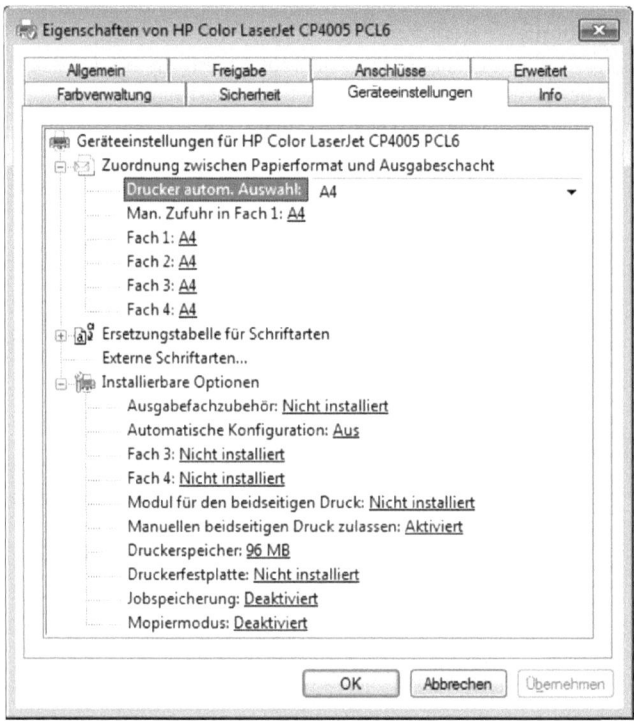

Abb.11.17. Registerkarte *Geräteinstellungen* in den Druckereigenschaften

Die Registerkarte *Info* (siehe Abb. 11.18) stellt in der Regel allgemeine Informationen (wie Namen der Treiberdateien und ihre Versionen) des Druckertreibers dar. Gelegentlich finden sich hier auch Kontaktmöglichkeiten zum Hersteller und seinem Support, Gerätetestfunktionen, Reinigungsfunktionen bei Tintenstrahldruckern etc.

Die Belegung der Info-Registerkarte ist jedoch nicht einheitlich vorgegeben, sondern es ist dem jeweiligen Hersteller selbst überlassen, welche Informationen er hier anzeigen und welche Funktionen er hier bereitstellen möchte.

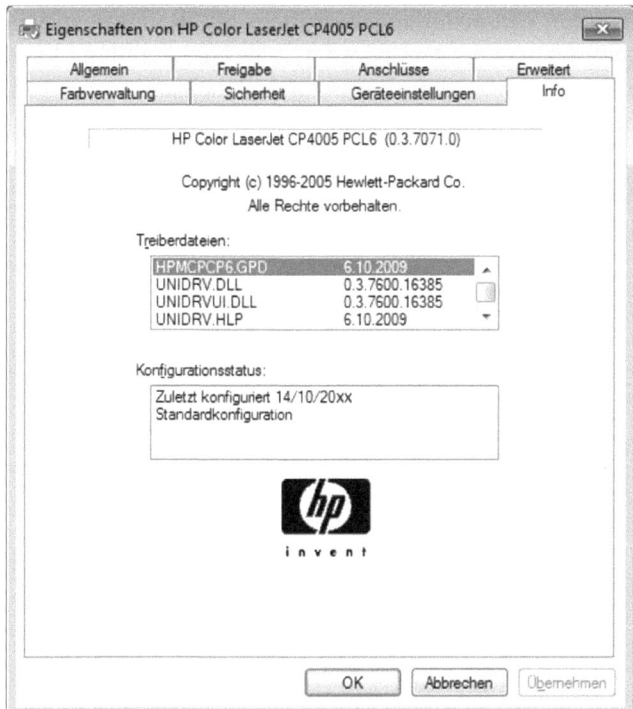

Abb. 11.18. Registerkarte *Info* der Druckereigenschaften

11.4 Druckservereigenschaften

Im Kontextmenü des Druckerprogramms in der Systemsteuerung und über die rechte Maustaste eines Druckersymbols aufrufbar, befinden sich die Druckservereigenschaften. Sie beeinflussen die Druckfreigabe allgemein, für alle Drucker.

In früheren Windows-Versionen (und auch noch in Windows 7 nach dem Drücken der Alt- oder F10-Taste) befindet sich es im Menü des Druckerprogramms.

Links unten in fast allen Registerkarten gibt es jeweils eine Administrator-Schaltfläche. Während der normale Zugriff ein *Nur-lese-Zugriff* ist, lassen sich damit die betreffenden Einstellungen durch einen Berechtigten ändern.

Mittels der Registerkarte *Formulare* (siehe Abb. 11.19) können die Seitengrößen, die allen Druckern zur Verfügung stehen, angesehen, erstellt und gelöscht werden.

Windows 7 besitzt in der Voreinstellung weit mehr als die international gebräuchlichsten Seitengrößen. Eine Veränderung oder Neuerstellung kann für firmenspezifische Sondergrößen von Formularen, Buchseiten und evtl. Etiketten bzw. Aufklebern von Bedeutung sein.

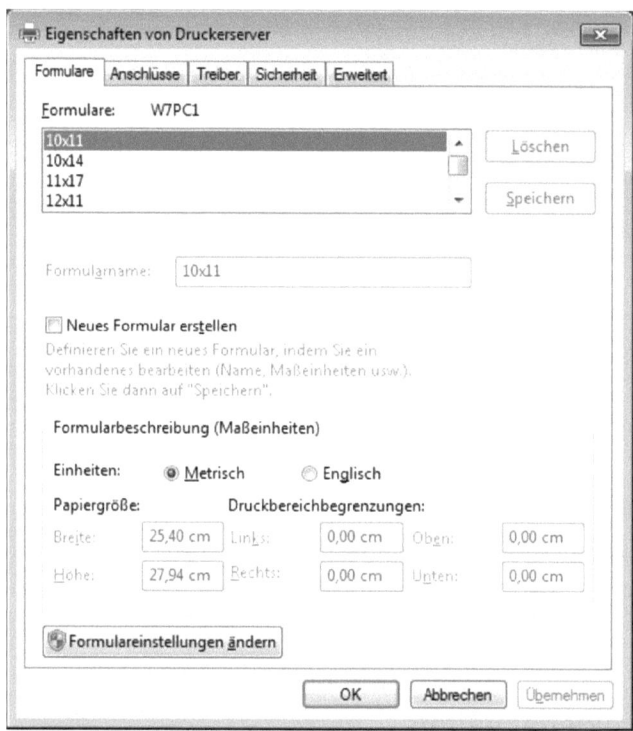

Abb. 11.19. Registerkarte *Formulare* der Druckservereigenschaften

In der Registerkarte *Anschlüsse* (siehe Abb. 11.20) werden alle für Drucker verfügbare Anschlüsse verwaltet. In ihr werden sämtliche in einem System eingerichteten Ports (wie z. B. LPT1, COM1 etc.) aufgelistet.

Zudem lassen sie sich hier jeweils hinzufügen, ändern oder löschen.

In der Registerkarte *Treiber* (siehe Abb. 11.21) werden die bereits installierten Druckertreiber mit ihrem Typ und ihrer Zielplattform aufgeführt, weitere Treiber können hinzugefügt oder entfernt werden, wenn sie nicht mehr gebraucht werden.

Druckertreiber können in der Regel nur über diese Funktion von einem System gelöscht werden, denn eine Deinstallations-Funktion im Software-Programm der Systemsteuerung existiert in aller Regel nicht. Das gilt insbesondere, wenn Druckertreiber erst durch das Verbinden mit einem freigegebenen Drucker auf den Clientcomputer übertragen wurden.

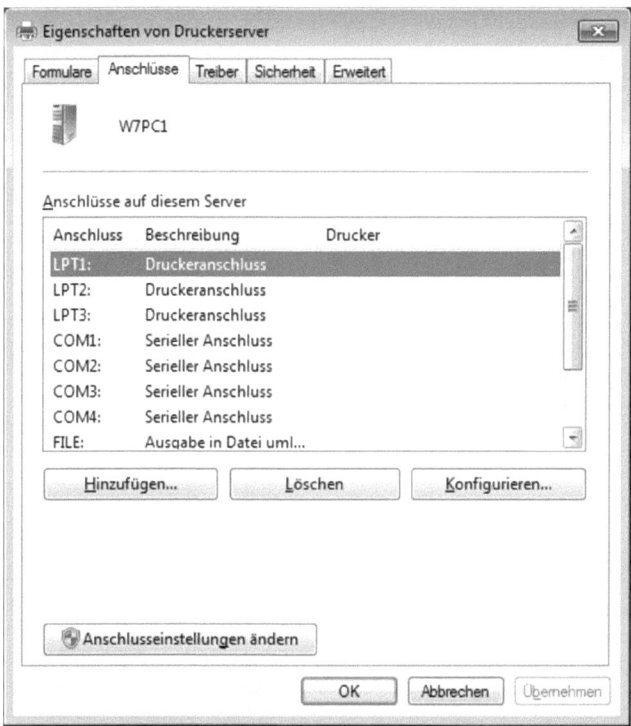

Abb. 11.20. Registerkarte *Anschlüsse* der Druckservereigenschaften

Beim Entfernen eines installierten Druckertreibers öffnet sich ein neues Fenster mit den Auswahloptionen *Nur Treiber entfernen* und *Treiber und Treiberpaket entfernen*.

Ersteres entfernt den Treiber aus der Liste der installierten Druckertreiber, lässt die Installationsdateien aber auf dem Computer, so dass bei Bedarf ein neuer Drucker mit demselben Treiber eingerichtet werden kann. Die zweite Option entfernt zusätzlich die Treiberinstallationsdateien vom Computer, so dass bei einer eventuellen erneuten Installation die Treiberpakete von einem Installationsmedium nochmals gelesen werden müssen.

Die erste Option empfiehlt sich bei einfacher Entfernung eines Druckers, die Zweite hingegen, wenn eine neuere Treiberversion installiert werden soll.

Abb. 11.21. Registerkarte *Treiber* der Druckservereigenschaften

Die vierte Registerkarte, die Namen *Sicherheit* trägt, ähnelt der Registerkarte „Erweitert" eines schon dargestellten Verzeichnissicherheitsfensters. Daher wurde hier auf eine erneute Abbildung verzichtet.

Schließlich wird in der Registerkarte *Erweitert* (siehe Abb. 11.22) derjenigen Ordner gezeigt, in dem Druckaufträge zwischengespeichert werden. Er kann von einem Administrator oder einer Administratorin hier in einen anderen Pfad geändert werden.

In dieser Registerkarte werden auch die in das Anwendungsprotokoll zu protokollierenden Druckerereignisse verwaltet.

Wenn auf einem Computer *Informative Benachrichtigungen* angezeigt werden sollen, öffnet sich für jeden Druckauftrag rechts unten am Bildschirm des Druckerservers ein Hinweisfenster unter Angabe des Benutzernamens und der zu druckenden Datei.

Abb. 11.22. Registerkarte *Erweitert* der Druckservereigenschaften

11.5 Drucker-Pooling

Ein Drucker-Pool wird durch Setzen eines Häkchens bei *Druckerpool aktivieren* in der Registerkarte *Anschlüsse* der Eigenschaften eines Druckers aktiviert (siehe Abb. 11.14). Doch wozu ist das nützlich?

Dazu ein Beispiel: Sagen wir, Sie haben drei Canon-Laserdrucker. In diesem Zusammenhang taucht schon die erste Fragestellung auf: Welchen Benutzergruppen ordnen Sie welchen Drucker zu? Nehmen wir an, Sie haben den ersten Drucker der IT-Abteilung, den zweiten Drucker der Marketing-Abteilung und den dritten Drucker für alle anderen Benutzer zur Verfügung gestellt. Nun klappt es eine Weile ganz gut, aber nach einiger Zeit muss die Marketing-Abteilung ein umfangreiches Mailing drucken, so dass sich die Beschwerden von anderen Marketing-Mitarbeiter häufen, dass ihre Dokumente zu lange benötigen, um ausgedruckt zu werden. Oder Ähnliches kann natürlich auch bei den anderen Druckerzuordnungen passieren:

Jemand aus der IT-Abteilung druckt umfangreiche Handbücher aus und blockiert damit den Drucker für andere Kollegen.

Wäre in diesen Szenarien nicht eine dynamische Druckerzuordnung von Nutzen? So dass jeder Druckauftrag auf dem jeweils nächsten, freien Druckgerät ausgedruckt wird?

Genau das ist die Funktion des *Druckerpoolings*. Dazu werden an einem Druckserver mehrere Druckgeräte angeschlossen, die Option *Druckerpool aktivieren* ausgewählt und dieser Drucker allen Benutzern zugeordnet. Alle Druckaufträge sammeln sich somit in derselben Druckerwarteschlange und werden jeweils zu dem nächsten Druckgerät geschickt, das verfügbar ist.

Wenn ein Druckauftrag mit höherer Priorität empfangen wird, wird nicht etwa ein laufender Druckprozess gestoppt, sondern er wird fertig gedruckt. In der Druckerwarteschlange rückt der höher priorisierte Druckauftrag jedoch nach oben und wird erst dann, wenn ein Druckgerät frei ist, ausgedruckt.

Eine wichtige Voraussetzung, damit ein Druckerpool eingerichtet werden kann, sind hinsichtlich Hersteller und Modell identische – so sagt Microsoft es – Druckgeräte.

Diese doch sehr restriktive Vorgabe kann in der Praxis in etwas abgemilderter Form angewendet werden: Die betreffenden Druckgeräte müssen über ein- und denselben Druckertreiber angesprochen werden können. So wie z. B. ein Lexmark- und ein Canon-Druckgerät, die beide in einer HP-LaserJet-II-Emulation arbeiten können.

Dabei gilt es aber, sich am kleinsten gemeinsamen Nenner zu orientieren: Sollten bsp. zwei Geräte PCL5 und ein Gerät PCL6 beherrschen, muss in den Eigenschaften des Treibers dennoch PCL5 eingestellt werden. Gleiches gilt hinsichtlich des RAMs, des Postscript-Levels und der Papierfächer.

Außerdem sollten sich die zusammengefassten Druckgeräte in räumlicher Nähe befinden, so dass die Benutzer nicht erst selbst umständlich herausfinden müssen, an welchem Ort Ihre Dokumente ausgedruckt wurden.

11.6 Nützliche Befehle für die Druckerverwaltung

Abgesehen von der Verwaltung von Druckern und Druckgeräten aus der der grafischen Benutzeroberfläche beinhaltet Windows 7 auch einige nützliche Befehle und Skripte, die für eine Automatisierung und die interaktive Verwaltung von einer Administrator-Eingabeaufforderung genutzt werden können. Sie sind in Tabelle 11.4 aufgelistet.

Tabelle 11.4. Druckerverwaltungsprogramme

Name	Funktion
PrintBrmUI.exe	Migration Drucker und -treiber
Printui.exe	Druckereinstellungsverwaltung von der Eingabeaufforderung
Prncnfg.vbs	Druckerkonfigurationsskript
Prndrvr.vbs	Druckertreiberverwaltungsskript
Prnjobs.vbs	Druckauftragsverwaltungsskript
Prnmngr.vbs	Druckgeräteverwaltung
Prnport.vbs	Druckeranschlussverwaltungsskript
Prnqctl.vbs	Druckerverwaltungsskript

12. Die Faxdienste

Damit Telefaxe gesendet und wenn gewünscht auch empfangen werden können, muss die Windows-Funktion *Windows-Fax und Scan* installiert (bzw. wie es jetzt heißt: *eingeschaltet*) sein. Diese beiden Funktionalitäten zu koppeln ist gar keine schlechte Idee: In beiden Fällen wird letztendlich eine Grafikdatei in den Computer eingelesen und im Falle des Besitzens eines Scanners und eines Fax-Modems kann eine eingescannte Seite als Fax übertragen werden.

Auch die Idee, die Faxsendefunktionalität als *Drucker* zu realisieren ist gut! So kann nämlich von jeder Applikation ein Fax generiert werden, ohne dass Programmierer dafür zuvor spezielle Faxversende-Routinen schreiben müssen.

Im Prinzip stellt sich ein beispielhafter Fax-Versand so dar: In Word wird ein Brief oder in Excel eine Tabelle erstellt und auf dem Fax-Drucker ausgedruckt. Darauf folgend erscheint ein Fenster, in dem u. a. nach dem Fax-Empfängernamen bzw. seiner Rufnummer gefragt wird, und dann wird das ganze in entweder einer oder mehreren Seiten als Fax zum Empfänger übertragen. Oder: Eine Vorlage wird auf einem Scanner eingelesen und als Fax verschickt.

Aber bevor es so reibungslos läuft, müssen zuvor ein paar Einstellungen vorgenommen werden: Zunächst muss ein Faxkonto erstellt werden. Dieses kann für den lokalen Faxdienst oder für die Benutzung mit einem Faxserver (siehe unten) eingerichtet werden. Zur Erstellung wählt man aus dem Menüpunkt *Extras* des *Windows-Fax und Scan-Programms* den Punkt *Faxkonten...* aus und dann *Hinzufügen...*. Es öffnen sich daraufhin die Fenster, die in den Abbildungen 12.1 und 12.2 gezeigt sind.

12.1 Installation der Fax-Dienste

Damit Faxe von einem Windows-7-Rechner versandt bzw. empfangen werden können, müssen die Fax-Dienste installiert werden. Die entsprechende Funktion wird über das Software-Symbol in der Systemsteuerung eingeschaltet.

Beim ersten Aufruf nach der Installation erscheint ein Fenster, wie es in Abb. 12.1 abgebildet ist.

Abb. 12.1. Windows-Fax und -Scan

In ihm werden Faxe und Scans verwaltet, versendet und archiviert. Es ähnelt – in Aussehen und Funktion – dem Microsoft-Mail-Programm.

Damit die Fax-Funktionen von Windows 7 in Betrieb genommen werden können, muss zuvor mindestens ein Faxkonto eingerichtet werden. Dazu fordert Windows 7 den Anwender bzw. die Anwenderin auf. Die Faxkontenverwaltung kann aber auch jederzeit aus dem Menü *Extras* in dem oben abgebildeten Fenster aufgerufen werden. Es öffnet sich dann das in Abb. 12.2 gezeigte Fenster der Faxkontenverwaltung, mit dem Faxkonten neu eingerichtet bzw. entfernt werden können. Eines der Faxkonten kann über die Schaltfläche *Als Standard* zum bevorzugten Faxkonto ausgewählt werden. Es wird dann bei jedem Faxversand als bevorzugtes Konto angeboten.

Die erwähnten Faxkonten gibt es in zwei Ausführungen: Lokale Konten und Fax-Server-Konten. Für erstere muss jeder faxfähige PC mit einem eigenen Faxmodem verbunden sein, im zweiten Fall übernimmt die ein- und ausgehende Kommunikation und die Speicherung der Aufträge in Warteschlangen ein zentraler Faxserver (siehe unten).

Da für den Faxempfang das Gerät dauernd eingeschaltet sein muss, könnte in Umgebungen mit mehreren PCs die Arbeit mit einem Fax-

Client-Server-System besser geeignet sein, als wenn jeder PC eigens mit einem Modem versorgt wird.

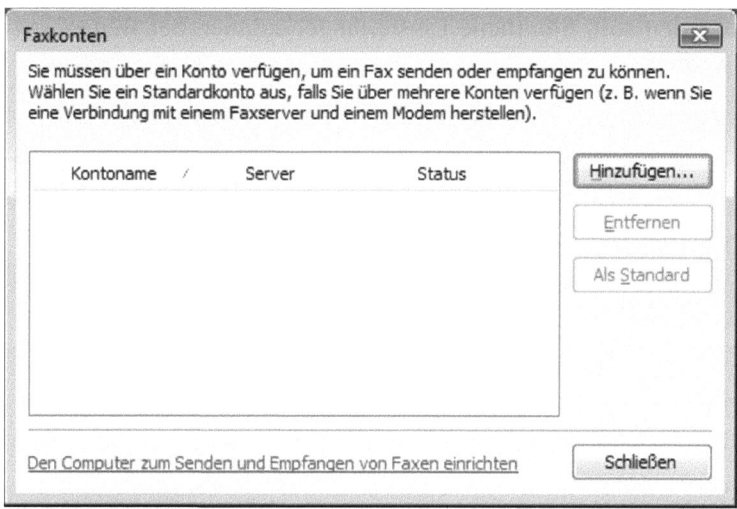

Abb. 12.2. Faxkontenverwaltung

Wird die Schaltfläche *Hinzufügen...* in der oben gezeigten Abbildung gewählt, wird danach mit dem in Abb. 12.3 wiedergegebenen Fenster fortgefahren.

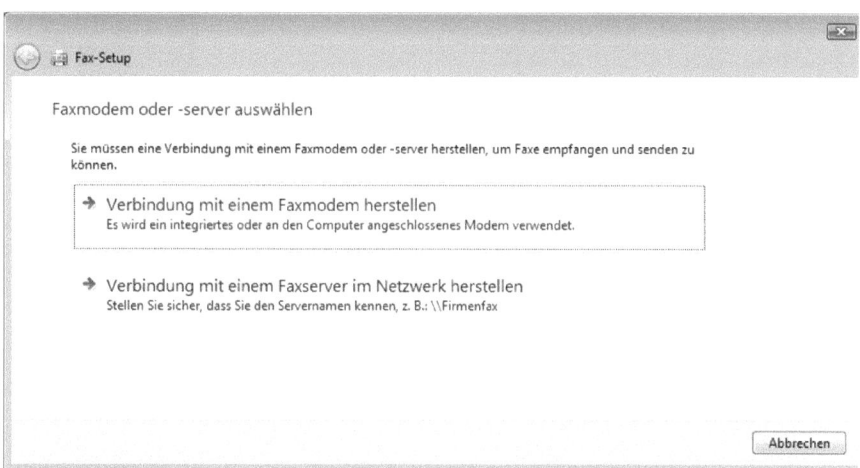

Abb. 12.3. Auswahl des zu erstellenden Faxkontotyps

In ihm wird der Typ des zu erstellenden Faxkontos ausgewählt. Sehen wir uns zuerst die dezentrale Variante an: Jedes Kind braucht bekanntlich einen Namen, so auch das lokale Faxmodem. Wie in Abb. 12.4 gezeigt, muss dieser vergeben werden. Und es kann ausgewählt werden, ob das Faxmodem nur für den Faxversand oder für Faxversand und -empfang konfiguriert werden soll. Sämtliche Einstellungen können bei Bedarf später geändert werden.

Abb. 12.4. Benennung des Faxmodems

Danach möchte Windows 7 den Faxempfangstyp wissen (siehe Abb. 12.5).

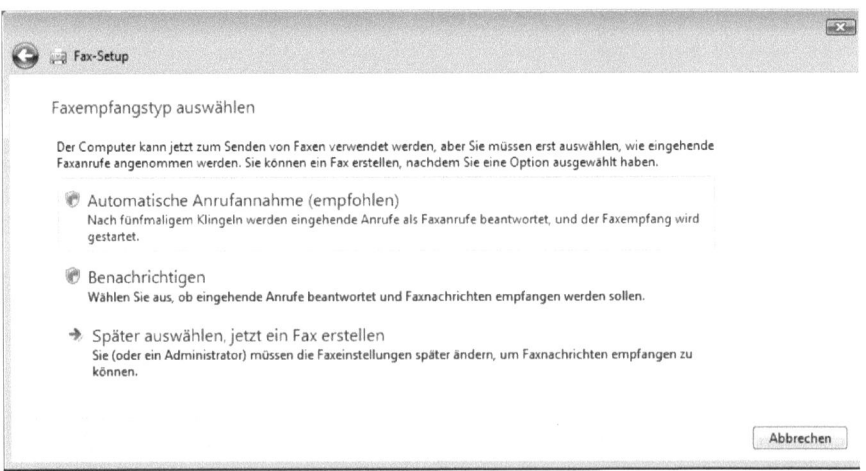

Abb. 12.5. Auswahl der Faxempfangsmethode

Sind bereits Modems konfiguriert worden, fragt uns Windows 7, welches davon für die Faxdienste verwendet werden soll. Ist das hingegen nicht der Fall, wird man aufgefordert, ein neues Modem einzurichten (siehe Abb. 12.6).

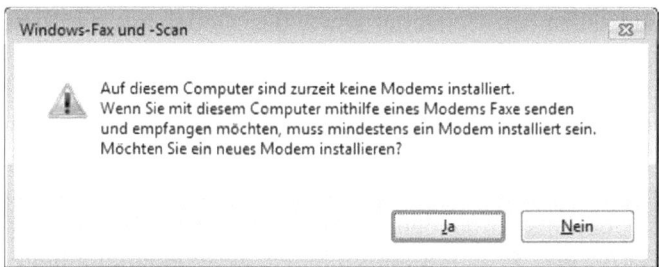

Abb. 12.6. Abfrage Modeminstallation

Außerdem könnte – je nach Konfiguration des Windows-7-Rechners – ein Fenster des Firewall-Dienstes erscheinen, in dem nachgefragt wird, ob Zugriffe für den Fax-Dienst auf öffentliche bzw. private Netze weiterhin blockiert oder nicht mehr blockiert werden sollen. Letzteres sollte in dem Fall ausgewählt werden!

Der Hardware-Assistent für die Modem-Installation bietet eine automatische Erkennung oder manuelle Auswahl (siehe Abb. 12.7 - 12.9) an.

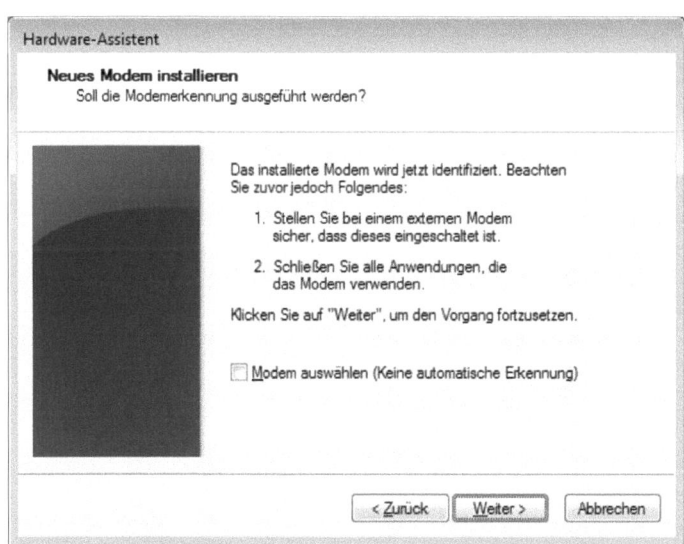

Abb. 12.7. Hardwareassistent für die automatische Modemerkennung

In der Modeminstallation wird gefragt, ob versucht werden soll, das angeschlossene Modem automatisch zu erkennen. Im allgemeinen ist das eine gute Idee. Wenn Sie jedoch neuere Treiber haben, spezielle Treiber benötigen, die nicht in Windows 7 enthalten sind, oder ein Standard-Modem-Modell auswählen möchten, empfiehlt es sich, die automatische Erkennung auszulassen und selbst den Hersteller sowie das Modell aus der Liste auszuwählen. Ohnehin wird dieses Fenster gezeigt, wenn kein Modem erkannt werden konnte.

Die Automatik von Windows 7 fragt dazu alle vorhandenen seriellen Schnittstellen (COM1 - COMx) ab. Neuere Modems werden häufig über die USB-Schnittstelle mit dem System verbunden. Auch diese probiert der Assistent zu finden. Und falls vorhanden, werden bei Computern (wie Notebooks) mit PCMCIA- und PC-Card-Anschlüssen diese ebenfalls abgefragt.

Wird nirgendwo ein geeignetes Modem erkannt, oder möchten Sie einen Treiber neueren Datums vom Hersteller der Hardware installieren, kann das Modem auch manuell ausgewählt werden.

Die allermeisten Modems lassen sich auch mit den Standardtreibern benutzen. Eventuell können dann besondere Funktionen, die der Hersteller einem Gerät spendiert hat, nicht verwendet werden. Wichtig ist zudem, dass die richtige Schnittstellengeschwindigkeit ausgewählt wird.

Exemplarisch wurde bei den Abbildungen ein Standard-Modem mit 56 kbps ausgewählt (siehe Abb. 12.8).

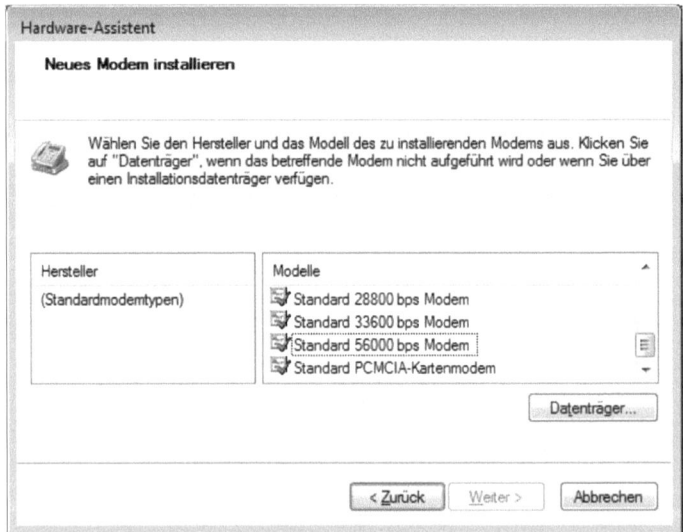

Abb. 12.8. Manuelle Auswahl eines Modems

Anschließend muss nur noch die Schnittstelle bzw. müssen die Schnittstellen ausgewählt werden, an der bzw. an denen sich das oder die Modems befinden (siehe Abb. 12.9).

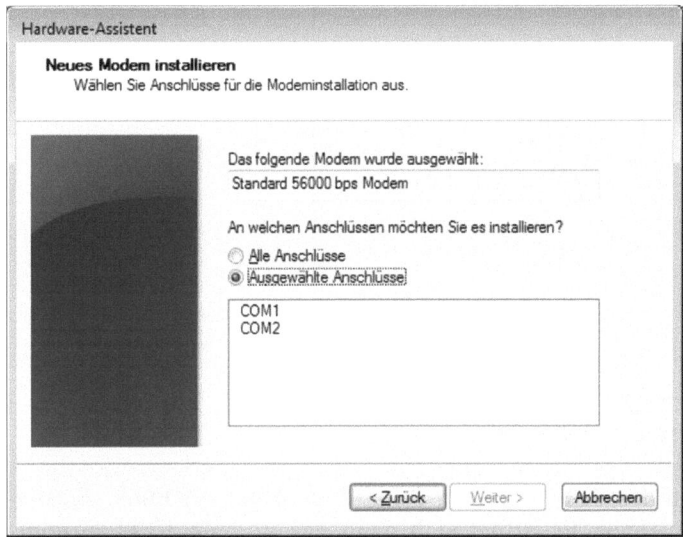

Abb. 12.9 Auswahl der seriellen Schnittstelle für das Modem

12.2 Lokale Faxdienste

Faxe können mit Deckblättern verschickt werden, die konfigurierbar sind. Damit Windows 7 weiß, welche Angaben auf einem Deckblatt stehen sollen, wird in dem Fenster *Absenderinformationen* nach dem eigenen Namen, der Fax-Nr. etc. gefragt (siehe Abb. 12.10). Keine Angabe ist zwingend, sondern wahlfrei, und alle können ggf. später geändert oder ergänzt werden.

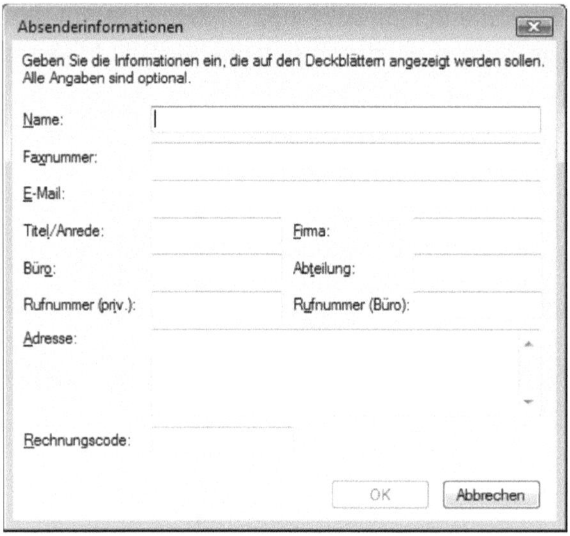

Abb. 12.10. Faxabsenderinformationen

Aus dem Menü des Fax- und Scan-Programms kann der Punkt *Einstellungen* gewählt werden. Es öffnet sich dann das in Abb. 12.11 gezeigte Fenster, das wiederum mehrere Registerkarten und Unteroptionen hat, wie nachfolgend beschrieben.

In der ersten Registerkarte (*Allgemein*) wird festgelegt, welches Faxgerät (siehe oben) benutzt und ob es für den Empfang bzw. Versand von Faxen verwendet werden soll.

Im Falle des Empfangs lässt sich einstellen ob bzw. nach wie vielen Rufsignalen das Faxmodem antworten soll.

Besitzt man eine eigene Leitung für Telefaxe (oder einen ISDN-Anschluss) und ist der Computer 24 h am Tag eingeschaltet, ist diese Option sehr nützlich. Wenn jedoch an einer Telefonleitung Telefonate und Faxe parallel geführt werden, dürfte man mit der manuellen Rufannahme besser bedient sein, weil das Risiko vermieden wird, dass bei eigener Abwesenheit oder zu langsamer Anrufannahme der anrufenden Schwiegermutter o. ä. das laute Faxträgersignal ggf. ins Hörgerät gepfiffen wird.

Außerdem besteht in diesem Fall grundsätzlich Konkurrenz zwischen dem Faxgerät und dem evtl. zusätzlich angeschlossenen Anrufbeantworter: Wer zuerst, d. h. nach weniger Klingelzeichen, abnimmt, gewinnt.

Durch Auswahl der Schaltfläche *Weitere Optionen...* öffnet sich das in Abb. 12.12 gezeigte Fenster, in dem die alphanumerischen Kennungen, die am Telefaxgerät des Angerufenen oder des Anrufers angezeigt werden sollen. Außerdem kann ein automatischer Ausdruck und Speicherung einer Kopie aller eingehenden Faxe eingestellt werden.

Abb. 12.11. Registerkarte Allgemein der Faxeinstellungen

Abb. 12.12. Weitere Optionen der Faxeinstellungen

Durch Auswahl des Menüpunkts *Extras - Optionen* im Windows Fax und Scan-Programm öffnet sich das in Abb. 12.13 gezeigte Fenster, das seinerseits mehrere Registerkarten hat. In seiner ersten Registerkarte namens *Allgemein* wird festgelegt, ob beim Empfang jeder erhaltenen Nachricht eine akustische Benachrichtigung erfolgen soll. In der Voreinstellung ist das der Fall.

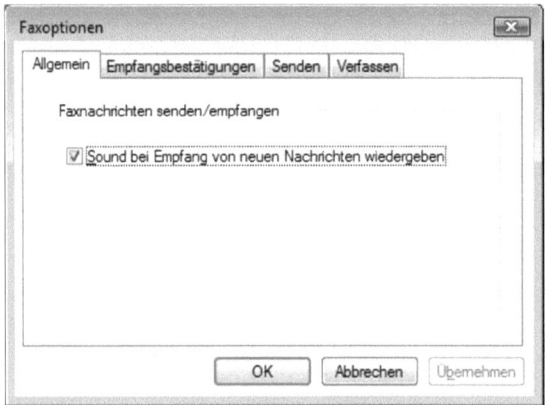

Abb. 12.13. Registerkarte Allgemein der Faxoptionen

Mit der Registerkarte *Empfangsbestätigungen* (siehe Abb. 12.14) kann der Versand von Übermittlungsbestätigungen (per E-Mail) konfiguriert werden.

Dieser Punkt kann beim Arbeiten mit Faxservern, oder wenn eine gesonderte Dokumentation benötigt wird, wichtig sein.

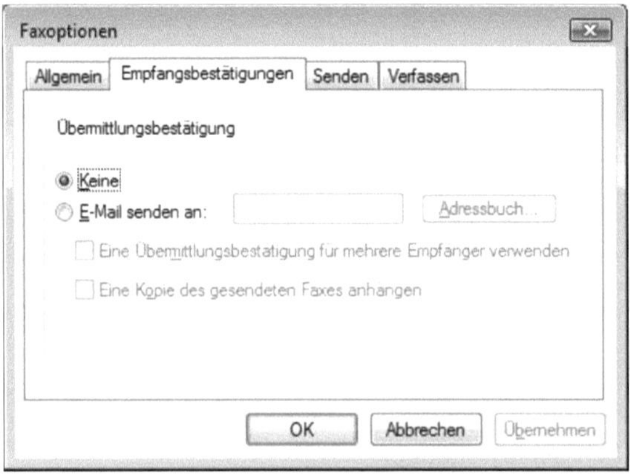

Abb. 12.14. Registerkarte Empfangsbestätigungen der Faxoptionen

Damit die Benachrichtigung wie gewünscht funktioniert, muss jedoch zuvor entweder Microsoft Mail, Microsoft Outlook oder ein anderes E-Mail-Programm installiert und konfiguriert (unter Angabe des Absendernamens, des Postausgangsservers etc.) worden sein.

In der Registerkarte *Senden* der Faxoptionen (siehe Abb. 12.15) lässt sich lediglich einstellen, ob bei einer Antwort auf ein erhaltenes Fax die Originalnachricht angehängt werden soll oder nicht.

Abb. 12.15. Registerkarte Senden der Faxoptionen

Wird sie ausgewählt, sendet Windows 7 zusätzlich eine Kopie des erhaltenen Faxtextes mit.

Das kann nützlich sein, damit Geschäftspartner, die Dutzende oder Hunderte Faxe pro Tag versenden, wissen, auf welches Fax (inkl. Kunden-, Rechnungsnummer, Aktenzeichen etc.) geantwortet wird.

Und schließlich bietet die letzte Registerkarte *Verfassen* (siehe Abb. 12.16) die Auswahl der zu verwendenden Schriftart und ihrer Größe in Punkten an.

Es können dabei alle installierten Schriftschnitte (auch in ihren Ausprägungen Normal, Fett, Kursiv etc.) ausgewählt werden.

Die hier getroffene Einstellung ist jedoch nur als Voreinstellung zu verstehen. Selbstverständlich können nachfolgend beliebige Grafiken und – in Textdokumenten – Schriftarten und -größen versendet werden. Die Faxdienste funktionieren ja wie ein Drucker.

Die Einstellung beeinflusst aber auch das Aussehen von Faxbestandteilen (wie Deckblättern), die von Windows 7 selbst erstellt werden.

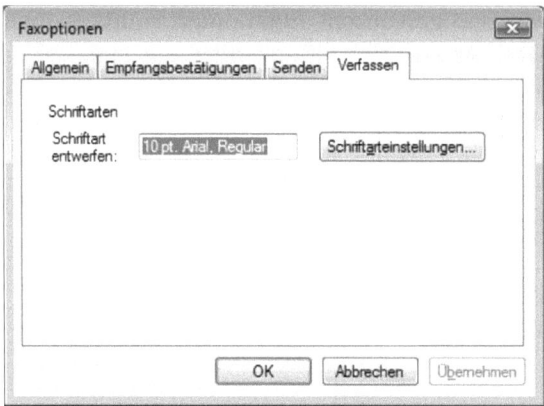

Abb. 12.16. Registerkarte Verfassen der Faxoptionen

Die zweite Registerkarte (*Nachverfolgung*) der Faxeinstellungen (siehe Abb. 12.17) konfiguriert optische und akustische Meldungen für den Versand und Empfang von Telefaxen.

Die visuellen Benachrichtigungseinstellungen werden über die entsprechenden Schaltflächen in diesem Fenster ein- oder ausgeschaltet.

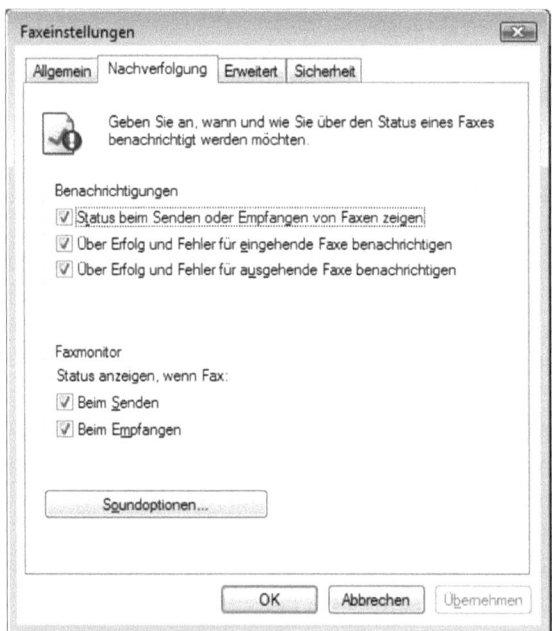

Abb. 12.17. Registerkarte Nachverfolgung der Faxeinstellungen

Die Konfiguration der akustischen Benachrichtigungen erfolgt in einem eigenen Fenster. Dazu wird auf die Schaltfläche *Soundoptionen...* geklickt, worauf sich das in Abb. 12.18 dargestellte Fenster öffnet, in dem festgelegt werden kann, bei welchen Ereignissen eine Signalisierung erfolgen soll bzw. ob das überhaupt geschehen soll.

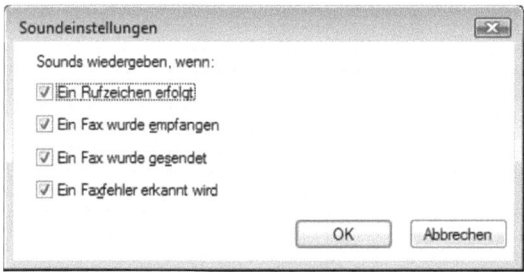

Abb. 12.18. Soundoptionen

Von diesen Einstellungen nicht betroffen sind externe Geräusch- bzw. Klangquellen: Viele Modems geben den Verbindungsaufbau gleichzeitig auf dem integrierten Lautsprecher wieder und in aller Regel läutet es auch von irgendeinem Telefon, wenn ein Fax eintrifft.

Solche Signalisierungen vermag Windows 7 nicht vollständig unterdrücken können, zumindest kann jedoch in der Regel per Konfigurationsoption der Lautsprecher eines Modems leiser gestellt bzw. sogar ganz abgeschaltet werden.

In dem über die Schaltfläche *Soundoptionen...* sich öffnenden Fenster wird festgelegt, bei welchen faxbezogenen Ereignissen (Faxempfang, Faxversand etc.) ein Systemklang wiedergegeben werden soll.

Welcher Klang genau bei aktivierten Fax-Systemklängen jeweils wiedergegeben werden soll, wird schließlich im einzelnen über das Programm *Sound* aus der Systemsteuerung festgelegt. Dabei ist eines jedoch ganz klar voreingestellt: Die Klänge müssen vom Typ WAV (Windows Audio Video) sein.

In der dritten Registerkarte des Faxeinstellungsfensters (sie trägt den Namen *Erweitert*) werden – nach Ansicht von Microsoft – *erweiterte* Faxeinstellungen festgelegt (siehe Abb. 12.19).

Zum einen ist das der Ordner, in dem gesendete und empfangene Faxe aufbewahrt werden sollen. Dieser kann über die Schaltfläche *Ordner verschieben...* auf einen beliebigen Pfad im Dateisystem bestimmt werden.

Des weiteren kann eingestellt werden, ob Windows 7 Banner in gesendete Faxe einfügen soll, sowie wie oft und in welchen Abständen versucht werden soll, ein Fax erneut zu senden, wenn der Empfängeranschluss belegt ist.

Abb. 12.19. Registerkarte Erweitert der Faxeinstellungen

In dem unteren Drittel des Fensters kann ein Zeitraum eingegeben werden, zu dem täglich die Telefontarife niedrig sind. Diese Einstellung arbeitet mit einer anderen Hand in Hand: In den Optionen (im Menüpunkt Extras des in Abb. 12.1 gezeigten Fensters) eines zu sendenden Faxes kann – unabhängig von seiner Dringlichkeit – bestimmt werden, dass es erst im Günstigtarif versendet werden soll. Dort kann alternativ aber auch eine genaue Uhrzeit festgelegt werden.[1]

Wurde mit dem Telefonanbieter eine Flatrate vereinbart, können Gedanken über den Beginn der günstigen Zeitzone sogar ganz aus dem Gedächtnis gestrichen werden.

Die letzte Registerkarte der Faxeinstellungen ist die Sicherheits-Registerkarte (siehe Abb. 12.20).

---

[1] Abgesehen von geringeren Kosten, kann der zeitlich festgelegte Versand auch andere Vorteile haben, da er auch so festgelegt werden kann, dass Faxe erst zu einem bestimmten Zeitpunkt, an dem man nicht da ist, versandt werden sollen.

Abb. 12.20. Registerkarte Sicherheit der Faxeinstellungen

Die Sicherheit lehnt sich in ihrer Zusammenfassung sehr stark an die der Drucker an (siehe Kapitel 11), hat jedoch (abweichend von dieser) keine Voreinstellungen für Ersteller-Besitzer. Zudem tragen die Berechtigungen andere Namen.

Klickt man auf *Erweitert*, öffnet sich das in Abb. 12.21 wiedergegebene Fenster. In ihm können gleichfalls die Berechtigungen verwaltet sowie der Besitzer festgelegt werden.

Die Granularität der hier angebotenen Sicherheitseinstellung hat – näher betrachtet – dann doch nichts mehr mit der von Druckern gemeinsam: Stolze 13 (!) Einzelberechtigungen stehen zur Vergabe bzw. zur Verweigerung bereit (siehe Abb. 12.22).

Es sollte jedoch nicht aus den Augen verloren werden, dass hiermit die Einstellungen des Faxdienstes modifiziert werden.

Die Sicherheitseinstellungen des Faxdruckers (siehe unten) haben wiederum sehr viel mit anderen Druckern gemeinsam.

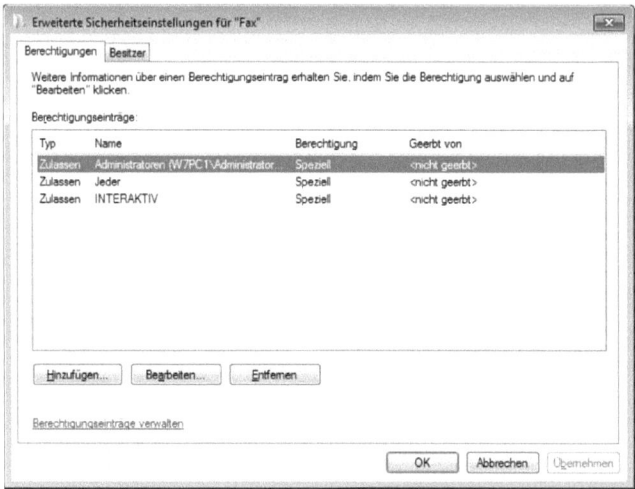

Abb. 12.21. Erweiterte Sicherheitseinstellungen des Faxes

Abb. 12.22. Faxberechtigungseintrag

12.3 Faxdrucker

Windows 7 richtet bei der Installation der Faxdienste auch einen Faxdrucker ein. Auf ihn kann wie auf jeden anderen Drucker gedruckt werden. Somit können von jedem Windows-Programm Faxe versendet werden.
Wird er für den Druck benutzt, öffnet sich ein Fenster, in dem nach Faxempfängern (bzw. ihren Telefonnummern) gefragt wird.
Ähnliches passiert beim Drucken, wenn als Ausgabemedium FILE: (Datei) angegeben ist oder beim Drucken auf einen Adobe-Drucker, der den Destiller verwendet.
Sein Eigenschaftenfenster ist in Abb. 12.23 abgebildet.

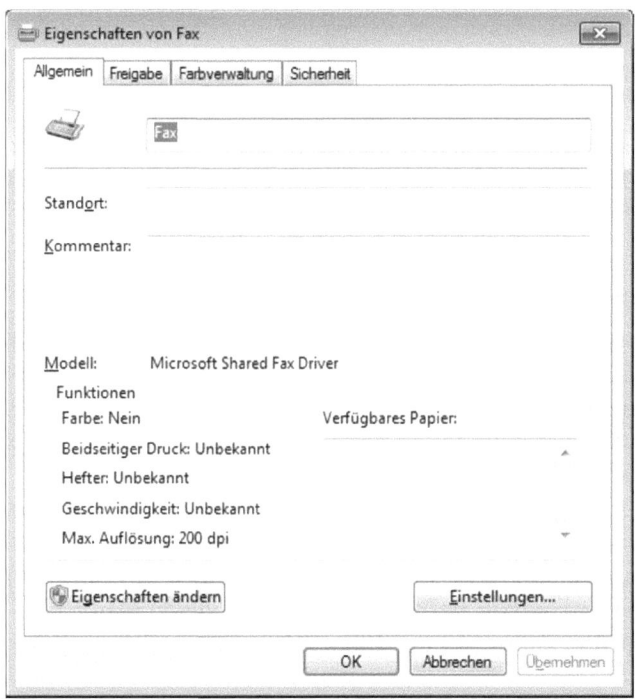

Abb. 12.23. Registerkarte Allgemein der Faxdruckereigenschaften

Rechts unten in diesem Fenster befindet sich eine Schaltfläche mit dem Namen *Einstellungen...* Wenn sie ausgewählt wird, öffnet sich ein Fenster, das hier in Abb. 12.24 abgebildet ist, und in dem weitere Optionen, die den Faxdrucker betreffen, eingestellt werden können.

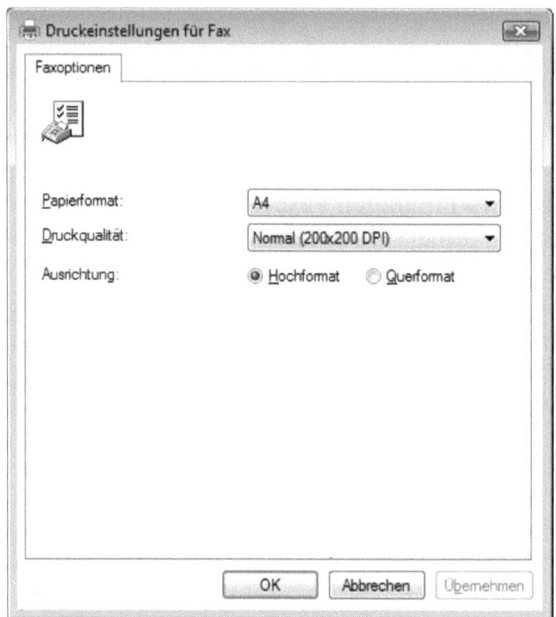

Abb. 12.24. Faxdruckereinstellungen

Das Papierformat kann entsprechend des Formats, das ein Empfänger benutzt, gewählt werden: In Europa bsp. DIN A4, in den USA Letter etc., denn insbesondere wenn das Ziel ein „richtiges" Faxgerät ist, kann davon ausgegangen werden, dass sich Papier entsprechend der lokalen Gepflogenheiten in ihm befindet.

In den Druckeinstellungen kann in der Druckqualität *Normal* (mit 200 x 200 DPI[2]) und *Entwurf* (mit 200 x 100 DPI) ausgewählt werden.

In der Terminologie regulärer Faxgeräte heißen diese *Fein* und *Normal*. In der Praxis dürfte somit die Einstellung *Entwurf* ausreichend sein, zumal sie geldsparend ist, weil Faxe damit schneller (und dennoch in gewohnter Faxqualität) versandt werden. Nur bei Dokumenten mit vielen kleinen Details bzw. kleinen Schriften sollte auf die 200 x 200-Auflösung gewechselt werden.

Wird *Querformat* gewählt, dreht Windows 7 die Seiten automatisch um 90°.

Die zweite Registerkarte trägt (irreführender Weise) den Namen *Freigabe*. Sie ist in Abb. 12.25 wiedergegeben.

---

[2] Dots per Inch: Punkte pro Zoll.

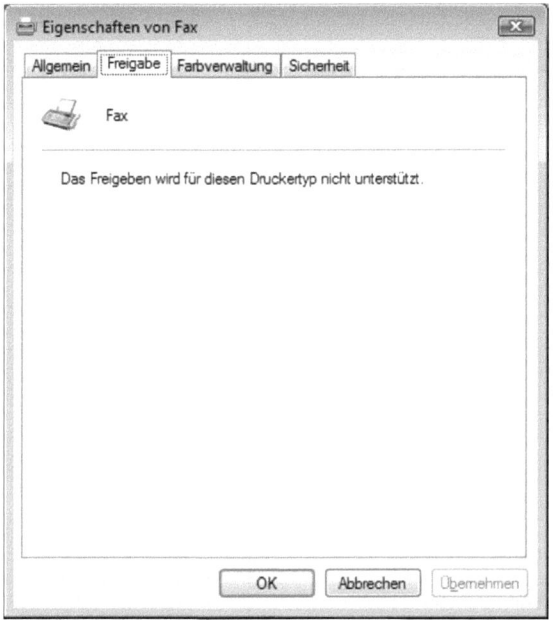

Abb. 12.25. Registerkarte Freigabe der Faxdruckereigenschaften

Eine Freigabe des Faxdruckers wird von Windows 7 nicht unterstützt. Das ist speziellen Faxservern, wie denen in den Serverversionen von Windows, vorbehalten.

Zu der dritten Registerkarte (*Farbverwaltung*) gilt das bereits oben, in Kapitel 11, zu den Druckern geschriebene. Sie ist daher hier auch nicht abgebildet.

Die Wahl eines Farbraums für ein reines schwarz-weiß-Gerät wie ein Telefax mag lediglich die Verteilung der Punkte im Rahmen der Rasterung für die Transformation von Farbinformation in ein zweifarbiges Muster zu verändern. Mit anderen Worten: Das ist irrelevant für Faxe!

Mit der vierten Registerkarte (*Sicherheit*), die in der Abb. 12.26 wiedergegeben ist, werden die Sicherheitseinstellungen vom Faxdrucker für Netzwerkbenutzer eingestellt. Sie entspricht der Sicherheitsverwaltung eines Druckers.

Abb. 12.26. Registerkarte Sicherheit der Faxdruckereigenschaften

12.4 Faxversand

Zum Versenden von Faxen hat man zwei Möglichkeiten. Wie schon gezeigt, einerseits über den „Druck" auf den Faxdrucker.

Andererseits können auch aus Windows-Fax und -Scan Telefaxe versandt werden.

Dazu wird die Option *Neues Fax* gewählt, woraufhin sich das in Abb. 12.27 gezeigte Fenster öffnet.

In diesem Fenster können – sogar unter Zuhilfenahme von aus Textverarbeitungsprogrammen bekannten Formatierungsoptionen – grafisch orientierte Faxe erstellt und versandt werden.

Schaltflächen für die Auswahl von Kontakten, eines Deckblatts, Wählregeln etc. stehen hier zur Verfügung.

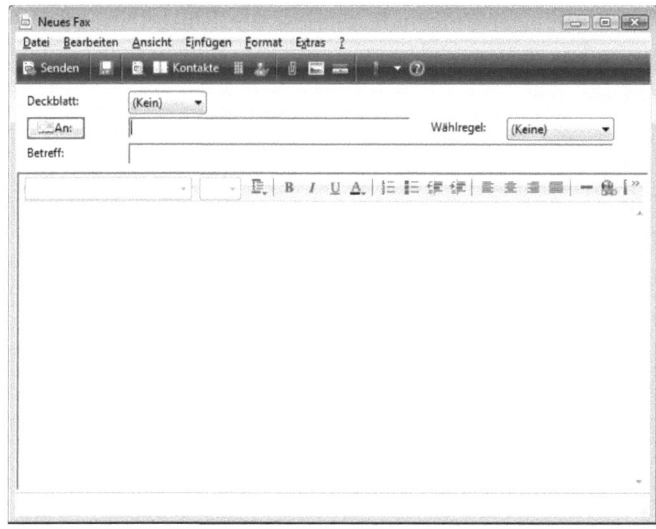

Abb. 12.27. Faxversand aus Windows-Fax und -Scan

12.5 Remote-Faxdienste und Faxclients

Faxdienste können insbesondere in großen Unternehmensumgebungen (selbstverständlich aber auch in kleinen und mittelständischen Unternehmungen) zentralisiert werden.

In diesem Fall benötigt nicht mehr jeder Client, der Faxe senden bzw. empfangen möchte, ein eigenes Faxmodem und einen Telefonanschluss (bzw. Nebenstelle), sondern der Faxversand und -empfang erfolgt nur noch von einem zentralen Server.

Dazu wird eine Server-Version von Microsoft Windows (z. B. Windows 2000 Server, Windows Server 2003 oder 2008) benötigt und dort wird das Faxmodem installiert und konfiguriert, sowie die Faxdienste als NetBIOS-Freigabe freigegeben. Das ist aber nicht Gegenstand dieses Buchs.

Die Faxdienste von Windows 7 sind in der Lage, auch als Client eines solchen Faxservers zu arbeiten.

Bei der Einrichtung der Faxdienste auf dem Client muss dann bei der Einrichtung (siehe Abb. 12.3) angegeben werden, dass nicht mit einem eigenen Faxmodem, sondern mit einem an einem Server befindlichen und freigegebenen Gerät gearbeitet werden soll.

Es öffnet sich dann das in Abb. 12.28 dargestellte Fenster.

Am Faxserver müssen die jeweiligen Clients durch den Administrator berechtigt sein, die Faxdienste zu benutzen. Weitere Konfigurationsangaben sind auf dem Client nicht erforderlich, er liest die Einstellungen einfach vom konfigurierten Faxserver.

Abb. 12.28. Fax-Serverauswahl

13. Ressourcen und Ereignisse überwachen

Zum Überwachen der Systemleistung und der Systemnutzung durch Netzwerkbenutzer gibt es unter Windows 7 mehrere Programme und Funktionen.

13.1 Die Ereignisanzeige

In der Systemsteuerung befindet sich in dem Unterpunkt *Verwaltung* die Ereignisanzeige.[1] Im Vergleich zu den Windows-Vorgängerversionen (wie Windows 2000 und XP) ist ihre Darstellung fast nicht wiederzuerkennen: Zwar sind u. a. weiterhin die klassischen Windows-Teil-Protokolle *System*, *Sicherheit* und *Anwendung* vorhanden, aber eben auch viele neue Funktionen und weitere Protokolle.

Das beginnt beispielsweise schon beim Datenformat der Ereigniseinträge, das seit Windows Vista (wie schon bei der Betrachtung der .Ini-Dateien gesehen) gleichfalls vollständig XML-basiert (eXtended Markup Language) ist.

Im ersten Bildschirm wird eine zusammenfassende Übersicht über alle vorliegenden Ereignisse in aggregierter Form präsentiert (siehe Abb. 13.1). Im Kontext-Menü (und über den Menüpunkt *Aktion*) lassen sich benutzerdefinierte Ansichten und Protokolle erstellen, speichern und laden sowie weitere, ausführliche analytische und Debug-Protokolle einblenden und – administrative Rechte vorausgesetzt – die Ereignisanzeige eines anderen, über das Netzwerk verbundenen Computers öffnen. Dabei ist auch das Format der benutzerdefinierten Ansichten XML-basiert. Hinter ihnen verbirgt sich jedoch lediglich eine Filterung der Ereignisse nach vielen Kriterien (siehe Abb. 13.2). Für Experten gibt es auch die Möglichkeit der Ansicht und Eingabe der Kriterien im XML-Format. Das wird über die Registerkarte *XML* (siehe unten) bewirkt.

In den *Anwendungs- und Dienstprotokollen* werden Ereignisse, die von Funktionen und Diensten von Windows generiert werden, und auch von

---

[1] Sie kann auch über den Befehl *Eventvwr.exe* aufgerufen werden.

der Microsoft Windows CodeIntegrity aufgeführt. Sie erstellt Warnmeldungen, wenn Kernel-Treiber nicht signiert wurden.

Zum Einrichten von *Abonnements* (das sind Sammlungen von Ereignissen anderer Computer auf einem zentralen System) muss der Windows Ereignissammlungsdienst aktiviert werden, was jedoch nicht voreingestellt ist. Die empfangenen Einträge lassen sich dann unter dem Protokoll namens *Weitergeleitete Ereignisse* ansehen.

Als wäre es noch nicht genug, lassen sich über den Menüpunkt Ansicht außerdem noch *Analytische und Debug-Protokolle* einblenden. Sie beinhalten aber im allgemeinen nur Einträge, wenn bei den betreffenden Diensten das Tracing zu Diagnosezwecken explizit aktiviert wurde. Im Normalbetrieb sollte es deaktiviert sein, weil es die Systemleistung reduziert.

Die Ereignisanzeige selbst ist als MMC-3.0-Snap-In realisiert worden, und besitzt somit auch ein Aktionsfeld, das am rechten Fensterrand ein- und ausgeblendet werden kann.

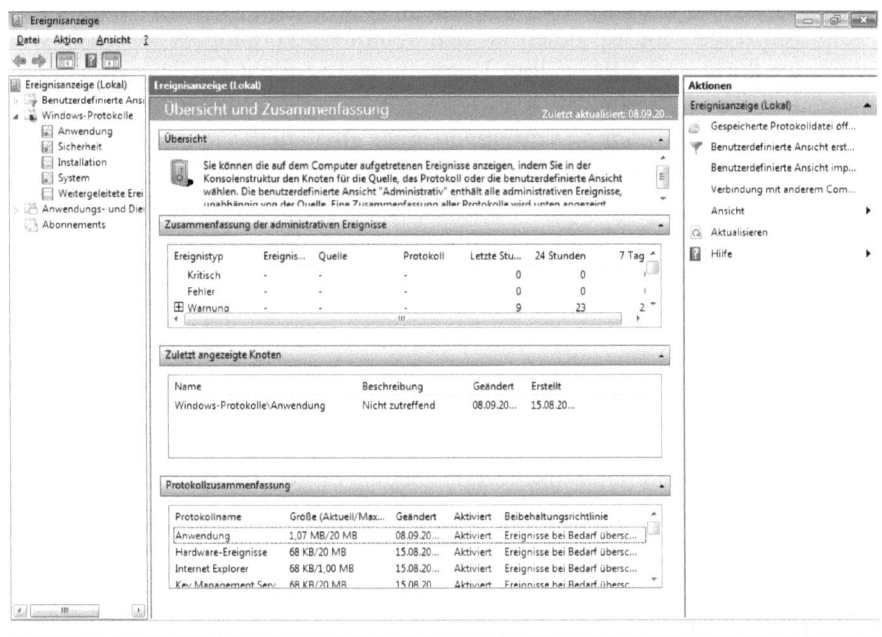

Abb. 13.1. Die Ereignisanzeige

Abb. 13.2. Festlegen einer benutzerdefinierten Ansicht in der Ereignisanzeige

Als Protokolle der Ereignisanzeige gibt es *Anwendung, Sicherheit, Einrichtung, System* und *Weitergeleitete Ereignisse*, die allesamt unter dem Ordner *Windows-Protokolle* aufgeführt sind, sowie *DFS-Replikation, Hardware-Ereignisse, Internet Explorer, Key Management Service* und *Media Center*, die sich in den *Anwendungs- und Dienstprotokollen* befinden. Dabei ist jedes Protokoll konfigurierbar: Nach Auswahl von *Eigenschaften...* aus dem Kontextmenü eines Protokolls öffnet sich ein Fenster (siehe Abb. 13.3), in dem u. a. seine Größe, der Speicherpfad und die Mindestvorhaltdauer von Einträgen konfiguriert werden kann.

In der Voreinstellung werden beim Erreichen der maximalen Protokollgröße die jeweils ältesten Einträge abgeschnitten. Diese Tatsache könnte ein Angreifer ausnutzen, um durch das Generieren ganz vieler unsinniger Einträge die Protokolleinträge von ihm vorher ausgeführter Aktionen zu überschreiben.

Durch Öffnen eines einzelnen Eintrags in einem Protokoll (z. B. durch einen Doppelklick mit der Maus) öffnet sich ein Fenster wie in Abb. 13.4 gezeigt, in dem eine Zusammenfassung und (über die gleichnamige Registerkarte) die Details des betreffenden Ereignisses angezeigt werden. Mit den Pfeiltasten am rechten Fensterrand kann sequentiell durch die anderen Einträge gerollt werden.

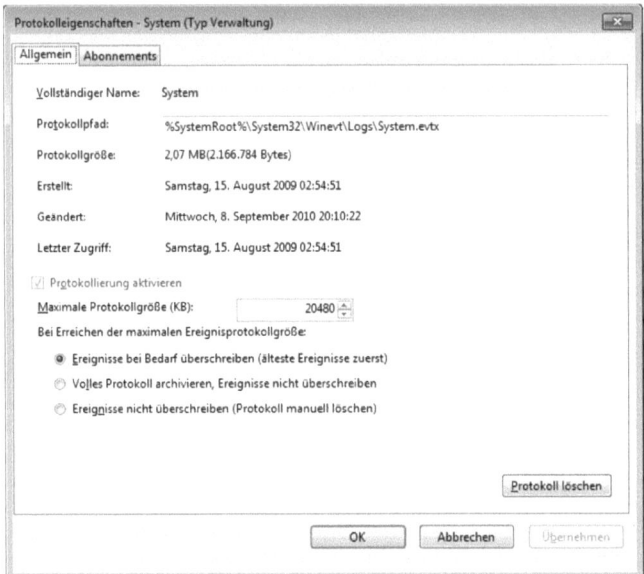

Abb. 13.3. Protokolleigenschaften

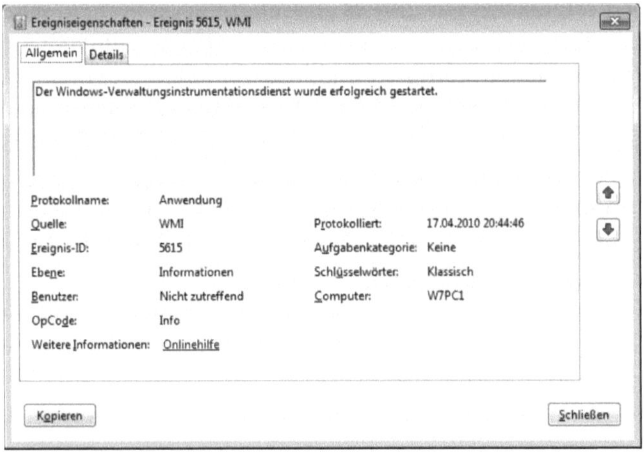

Abb. 13.4. Ereigniseigenschaftsfenster

Je nach zunehmendem Schweregrad eines Fehlers wird bei den Ereignissen zwischen *Ausführlich*, *Informationen*, *Warnung*, *Fehler* und *Kritisch* unterschieden.

Eine interessante Funktion in der Ereignisanzeige in Windows 7 ist der Punkt *Aufgabe an dieses Ereignis anfügen...*, der im Kontextmenü eines jeden Eintrags aufgerufen werden kann: mit ihm lassen sich Benachrichtigungen beim erneuten Auftreten eines festgelegten Ereignisses konfigurieren.

Ein weiterer Punkt sind Abonnements: Damit können Ereignisse von mehreren Computern eines Netzwerks regelmäßig an zentraler Stelle empfangen und dort ausgewertet werden.

Voraussetzungen für diese Funktion sind das Besitzen administrativer Rechte und dass der Windows-Ereignissammlungsdienst aktiviert wurde.

Generell ist die Ereignisanzeige ein idealer Anfangs-Ort für die Fehlersuche bei Systemen: Zeigt sie doch die letzten Aktivitäten eines Rechners an, bevor das Fehlverhalten auftrat.

Auch bei scheinbar störungsfrei laufenden Computern werden sich im allgemeinen in der Ereignisanzeige viele Einträge (mitunter sogar kritische!) finden, so dass nur dazu geraten werden kann, auch ohne Fehlermeldung periodisch in das Ereignisprotokoll zu sehen! Sie werden überrascht sein, nachdem Sie es das erste Mal gemacht haben.

In der Ereignisanzeige (siehe Abb. 13.1) können benutzerdefinierte Ansichten neu erstellt und bestehende Protokolle gefiltert werden – durch Wahl der Option *Bestehendes Protokoll filtern...* im Kontextmenü des betreffenden Protokolls.

Nach Auswahl der Schaltfläche *Manuell bearbeiten* links unten im daraufhin erscheinenden Fenster, weist Windows 7 in einem neuen Fenster namens *Ereignisanzeige* darauf hin, dass manuell erstellte oder abgeänderte Abfragen nicht mehr mit den Steuerelementen der Registerkarte *Filter* desselben Fensters (*Benutzerdefinierte Ansicht*) geändert werden können und fragt, ob wirklich eine manuelle Veränderung durchgeführt werden soll.

Der „Verlust" der beschriebenen Methoden ist nur ein Scheinbarer, denn nun werden die Filterbedingungen lediglich (und viel flexibler als das in der Registerkarte Filter möglich ist) in der XML-Abfrage festgelegt.

Diese benutzerdefinierten Abfragen können auch (im Format XML) gespeichert und geladen werden – letzteres auch auf anderen Windows-7-Computern: So können diese benutzerdefinierten Ansichten auf mehreren Rechnern angewendet werden, ohne dass sie jeweils neu erstellt werden müssten.

Ein Beispiel einer benutzerdefinierten und XML-basierten Abfrage: Um alle Ereignisse des DNS-Serverprogramms zu erhalten, kann durch Wahl aus dem Kontextmenü der Option *Benutzerdefinierte Ansicht erstellen...* und Eingabe in der XML-Registerkarte folgenden Textes (siehe umseitig) selektiv auf die DNS-Einträge gefiltert werden.

```
<QueryList>
<Query Id="0" Path="System">
<Select Path="System">*[EventData[(Data='dns.exe')]]</Select>
</Query>
</QueryList>
```

Es muss dabei jedoch unbedingt auf korrekte Schreibweise des Anwendungsnamens (hier bsp. 'dns.exe') geachtet werden! Platzhalter wie * und ? können zwar an anderen Stellen, aber nicht dort verwendet werden.

Die gleiche Abfrage könnte übrigens auch beim Punkt *Aktuelles Protokoll filtern...* im Kontextmenü des Systemprotokolls eingegeben werden.

Die Protokolldateien können (und sie sollten es bei wichtigen Systemen) gesichert werden! Dazu wird beim betreffenden Protokoll aus seinem Kontextmenü die Option *Ereignisse speichern unter...* gewählt und danach der Pfad, der Dateiname und das Format festgelegt. Zur Verfügung stehen dabei *.evtx* (das ist das spezielles Windows 7-XML-Protokollformat), *.XML* (für die Speicherung als reguläre XML-Datei), *.txt* (Tabulator-getrennte Datei) und *.csv* (durch Kommata getrennte Werte). Windows 7 schlägt in der Voreinstellung das erste Format vor.

Die Wahl des Formats sollte dabei mit Bedacht und in Abhängigkeit des Verwendungszwecks des gespeicherten Protokolls erfolgen, denn zum erneuten Öffnen in der Ereignisanzeige stehen unter Windows 7 nur die Formate *.evtx* (Voreinstellung), *.evt* (für Ereignisanzeigedateien von vorherigen Windows-Versionen und *.etl* (für Ablaufverfolgungsprotokolldateien) zur Verfügung.

Mit der Speicherung im *.evtx*-Format macht man im allgemeinen nichts verkehrt, da diese Dateien bei Bedarf später stets geöffnet und ggf. immer noch in einem anderen Format gespeichert werden können.

Auch das Speichern einzelner, ausgewählter Ereignisse ist nun möglich: Durch Markieren der betreffenden Einträge mit den Umschalt- und Steuerungstasten und nachfolgender Auswahl der Option *Ausgewählte Ereignisse speichern...* aus ihrem Kontextmenü lassen sie sich gesondert festhalten.

Die Öffnung und Darstellung gespeicherter Protokolldateien erfolgt über den Menüpunkt *Gespeicherte Protokolldatei öffnen...*

Drei wichtige Befehle für die Verwaltung von Ereignissen und die Verwaltung der Ereignisanzeige sind *Eventcreate.exe* (dieses Programm erstellt eine Ereignis-ID und Meldung in einem angegebenen Ereignisprotokoll), *Eventvwr.exe* (dieses Programm startet die Ereignisanzeige, modifiziert entsprechend der Parameter die Darstellung) und *Wevtutil.exe* (mit diesem Programm lassen sich Ereignisse und ihre Manifeste verwalten). Ihre Parameter (und teilw. Optionen) sind in den Tabellen 13.1 - 13.4 dargestellt.

Tabelle 13.1. Parameter des Eventcreate-Befehls

Parameter	Bedeutung
/D <Beschreibung>	Legt den Beschreibungstext für das neue Ereignis fest.
/ID <ID>	Bestimmt die Ereignis-ID für das Ereignis. Bereich für gültige benutzerdefinierte Meldungswerte: 1 - 1000.
[/L <Protokollname>]	Bestimmt das Ereignisprotokoll, in dem das Ereignis erstellt werden soll.
[/P [Kennwort]]	Bestimmt das Kennwort für den Benutzerkontext. Auslassung fordert zur Kennworteingabe auf.
[/S <System>]	Remotesystem für die Verbindungsherstellung.
[/SO <Quelle>]	Bestimmt die Quelle, die für das Ereignis verwendet werden soll (ohne Angabe wird „eventcreate" verwendet). Eine gültige Quelle kann aus einer beliebigen Zeichenfolge bestehen und sollte die Ereignis-erstellende Anwendung oder Komponente darstellen.
/T <Typ>	Bestimmt den zu erstellenden Ereignistyp. Gültige Werte: SUCCESS, ERROR, WARNING, INFORMATION.
[/U [Domäne\]Benutzer]	Bestimmt den Benutzerkontext, unter dem der Befehl ausgeführt wird.
/?	Zeigt Hilfe an.

Tabelle 13.2. Parameter des Eventvwr-Befehls

Parameter	Bedeutung
[Computername]	Remote oder (ohneName:) Lokal)
/c:	Gibt den Namens des Kanals, der beim Start der Anzeige ausgewählt werden soll, an. (Kann nicht gleichzeitig mit /l: oder /v: verwendet werden!)
/f:	Filterung des Kanals oder des Protokolls. Die Filterdatei muss eine gültige XML-formatierte, Ereignisprotokoll-Abfrage sein.
/l:	Gibt die zu öffnende Protokolldatei an. Kann eine exportierte ELF-, EVT- oder ETL-Datei sein. (Dann kein /c und /v.)
/v:	Gültige, von der Ereignisanzeige erstelle XML-formatierte Abfragedatei. (Dann kein /c und kein /l gleichzeitig).

Tabelle 13.3. Unterbefehle des Wevutil-Befehls

Parameter (in seiner Kurz- bzw. Langform)	Funktion
el | enum-logs	Listet Protokollnamen auf.
gl | get-log	Ruft Protokollkonfigurationsinformationen ab.
sl | set-log	Ändert die Konfiguration eines Protokolls.
ep | enum-publishers	Listet Ereignisherausgeber auf.
gp | get-publisher	Ruft Herausgeberkonfigurationsinformationen ab.
im | install-manifest	Installiert Ereignisherausgeber und -protokolle aus der Manifestdatei.
um | uninstall-manifest	Deinstalliert Ereignisherausgeber und -protokolle aus der Manifestdatei.
qe | query-events	Fragt Ereignisse aus einem Protokoll oder einer Protokolldatei ab.
gli | get-log-info	Ruft Protokollstatusinformationen ab.
epl | export-log	Exportiert ein Protokoll.
al | archive-log	Archiviert ein exportiertes Protokoll.
cl | clear-log	Löscht ein Protokoll.

Tabelle 13.4. Optionen des Wevutil-Befehls

Option	Bedeutung
/{r | remote}:WERT	Sofern angegeben, wird der Befehl auf einem Remotecomputer ausgeführt. WERT ist der Name des Remotecomputers. Die Befehle „/im" und „/um" unterstützen keine Remotevorgänge.
/{u | username}:WERT	Gibt einen anderen Benutzer für die Anmeldung am Remotecomputer an. WERT ist ein Benutzername im Format „Domäne\Benutzer" oder „Benutzer". Nur zutreffend, wenn die Option „/r" angegeben ist.
/{p | password}:WERT	Kennwort für den angegebenen Benutzer. Wird das Kennwort nicht angegeben, oder ist WERT gleich „*", wird der Benutzer zur Eingabe eines Kennworts aufgefordert. Nur zutreffend, wenn die

	Option „/u" angegeben ist.
/{a | authentication}:[Default | Negotiate | Kerberos | NTLM]	Authentifizierungstyp für das Verbinden mit dem Remotecomputer. Der Standardwert ist „Negotiate".
/{uni | unicode}:[true | false]	Ausgabe erfolgt in Unicode. Wenn WERT gleich TRUE ist, erfolgt die Ausgabe in Unicode.

13.2 Ressourcenmonitor

Im Ressourcenmonitor (siehe Abb. 13.5) werden Meßwerte der Ressourcen eines Computers tabellarisch und grafisch dargestellt. Insoweit dient dieses Programm der Überwachung der wichtigsten Ressourcen eines Windows-7-Systems.

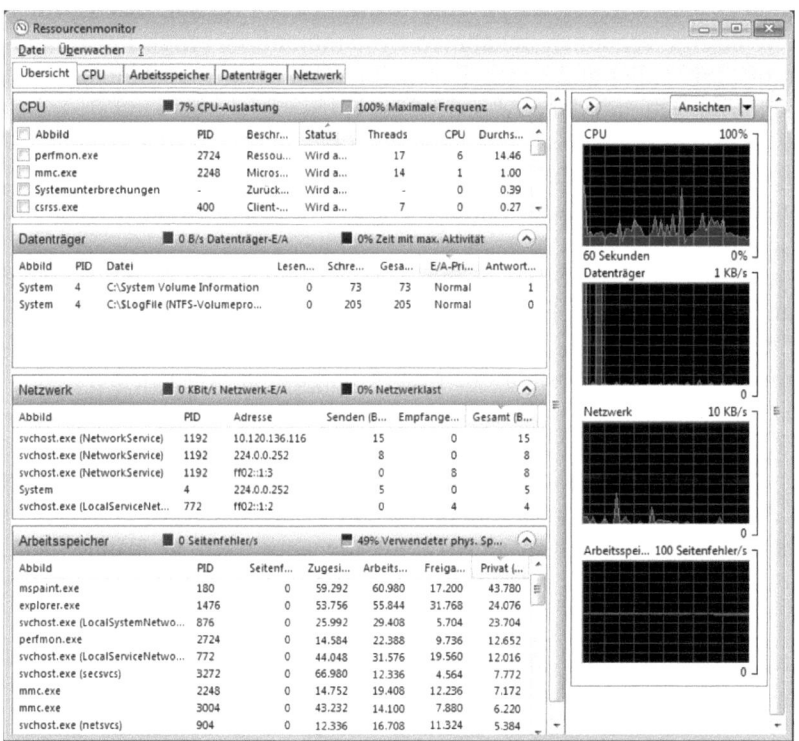

Abb. 13.5. Ressourcenmonitorfenster

Dabei sind die momentanen Leistungswerte nach Kategorien (CPU, Arbeitsspeicher, Datenträger und Netzwerk) geordnet, die auch über Registerkarten aufgerufen werden können.

Neben durch die Eingabe der Befehle *Resmon.exe* und *Perfmon.exe /res* lässt er sich auch aus dem Task-Manager (in der Registerkarte Leistung) starten.

Wenn die Einstellungen des Ressourcenmonitors über das Menü *Datei* gespeichert werden, erfolgt das in einer Datei mit der Endung *.ResmonCfg*. Gleiches gilt beim Laden ein Ressourcenmonitoreinstellungen.

13.3 Leistungsüberwachung

Das MMC-Snap-In *Leistung* besteht – neben der schon erwähnten Berichts- und Sammlungssatzfunktion – aus dem Hauptüberwachungstool *Leistungsüberwachung*.[2] Jenes ist eine überarbeitete Version des von den vorigen Windows-Versionen bekannten Systemmonitors (engl. Performance Monitor), nutzt aber anders als diese kein WMI (Windows Management Instrumentarium) mehr (siehe Abb. 13.6).

Diese Funktion kann auch eigenständig über den Befehl *Perfmon.exe /sys* aufgerufen werden, und zeigt unter anderem Informationen über die momentane Auslastung eines Windows-7-Systems und seine Auslastung im zeitlichen Verlauf.

Gut, jene hätte man z. B. auch dem Task-Manager entnehmen können. Aber Sammlungssätze und Berichte bietet dieser dagegen jedoch nicht.

Über den Menüpunkt *Aktion* lässt sich eine Verbindung zu einem anderen Computer, dessen Informationen dann dargestellt werden, herstellen. Wenn dieser eine ältere Windows-Version hat, stehen nur jene Informationen bereit, die das betreffende Betriebssystem hat.

In der Mitte des Fensters wird ein Diagramm über die am unteren Fensterrand dargestellten Leistungsindikatoren in Echtzeit dargestellt. Neben der Echtzeitdarstellung lassen sich Protokolle aber auch in Dateien und

---

[2] In Windows Vista hieß dieses Tool „Zuverlässigkeits- und Leistungsüberwachung". Die erstere hat Microsoft hieraus entfernt, sie „lebt" nun als Teil des Wartungscenters (in der Sektion *Wartung*) unter den Namen Zuverlässigkeitsüberwachung und Zuverlässigkeitsverlauf weiter – zudem kann sie im Kontextmenü des Punktes *Überwachungstools* aufgerufen werden –, bietet aber nunmehr nur einen sehr geringen Nutzen, weswegen sie in diesem Buch nicht mehr näher besprochen wird.

über die ODBC-Schnittstelle[3] ansprechbare Datenbanken bzw. -quellen speichern und später wieder laden und darstellen.

Die Darstellungsart kann zwischen den Arten Linien-Diagramm, Histogramm und Tabellarisch gewählt werden.

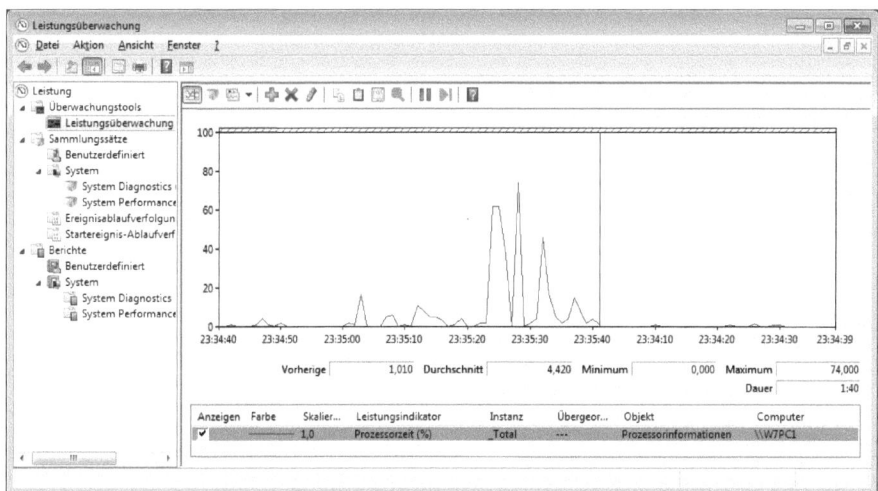

Abb. 13.6. Die Leistungsüberwachung

Die Steuerung des Systemmonitors erfolgt am zweckmäßigsten über die am oberen Fensterrand dargestellte Leiste mit Symbolen. Dabei steuern die ersten drei die Darstellung und Diagrammart. Mit dem grünen Plus-Zeichen lassen sich Leistungsindikatoren hinzufügen[4], mit dem roten X entfernen. Das Stift-Symbol daneben (oder die Tastenkombination Strg+H) hebt markierte Leistungsindikatoren im Diagramm hervor.

Mit den Kopieren- und Einfügen-Symbolen lassen sich die Eigenschaften der Anzeige im HTML-Format in die oder von der Zwischenablage kopieren und einfügen.

Im Kontextmenü des Diagramms können die Einstellungen als HTML- oder TSV-(Tabulator Separated Values)-Dateien speichern. Und das Bild selbst kann als GIF-Datei gespeichert werden. Aus ihm lässt sich über *Eigenschaften...* ein Fenster öffnen, in dem Einstellungen über die Systemsteuerung festgelegt werden können.

Für die Speicherung und das Laden von Konfigurationseinstellungen verwendet die Leistungsüberwachung Dateien im Format *.PerfmonCfg*.

---

[3] Diese Abkürzung steht für *Open DataBase Connectivity*.
[4] Das sich dann öffnende Fenster ist in Abb. 13.7 dargestellt.

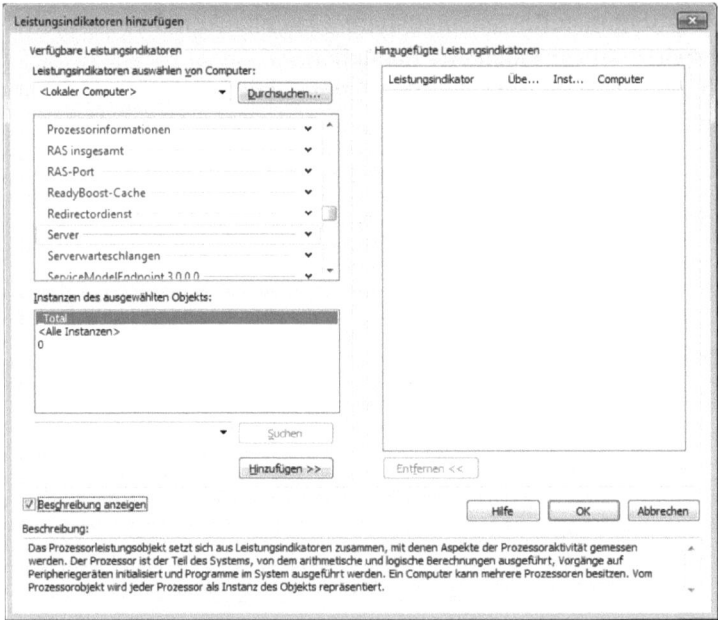

Abb. 13.7. Hinzufügen eines Leistungsindikators mit aktivierter Beschreibung

Viele Aktionen der Leistungsüberwachung und seiner Sammlungen lassen sich über den *Logman.exe*-Befehl (bei Bedarf auch skriptgesteuert) erzielen, sowie weiteren, unten dargestellten Programmen von einer (Administrator-)Eingabeaufforderung.

Der Befehl *Perfmon.exe* öffnet die oben beschriebene Leistungsüberwachung.

Mit dem *Typeperf.exe*-Programm können Leistungsindikatorendaten in einem Eingabeaufforderungsfenster ausgegeben oder in eine Protokolldatei geschrieben werden. Mit den Tastenkombinationen Strg+C oder Strg+Untbr kann seine Ausgabe abgebrochen werden.

Seine Syntax lautet:

typeperf { <counter [counter ...]> | -cf <Dateiname> | -q [object] | -qx [object] } [Optionen]

Sämtliche Parameter und Optionen dieses sehr leistungfähigen Programms sind in der Tabelle 13.5 wiedergegeben.

Tabelle 13.5. Parameter und Optionen des Typeperf-Befehls

Parameter	Bedeutung
<counter [counter ...]>	Zu überwachende Leistungsindikatoren[5]
-?	Zeigt die kontextsensitive Hilfe an.
-f <CSV|TSV|BIN|SQL>	Ausgabedateiformat. Standard ist CSV.
-cf <Dateiname>	Datei der zu überwachenden Leistungsindikatoren (eine pro Zeile).
-si <[[hh:]mm:]ss>	Zeit zwischen Beispielen. Standard ist 1 Sekunde.
-o <Dateiname>	Pfad der Ausgabedatei oder der SQL-Datenbank. Standardmäßig STDOUT.
-q [object]	Listet installierte Leistungsindikatoren auf (ohne Instanzen). Zum Auflisten von Leistungsindikatoren für ein einziges Objekt, geben Sie außerdem den Objektnamen ein wie, z. B. Prozessor.
-qx [object]	Listet installierte Leistungsindikatoren mit Instanzen auf. Zum Auflisten von Leistungsindikatoren für nur ein einziges Objekt, geben Sie außerdem den Objektnamen ein wie, z. B. Prozessor.
-sc <samples>	Anzahl der zu sammelnden Messwerte. Messwerte werden erstellt, bis STRG+C gedrückt wird.
-config <Dateiname>	Einstellungsdatei, die Befehlsoptionen enthält.
-s <computer_name>	Server für die Überwachung, wenn kein Server im Leistungsindikatorenpfad angegeben wird.
-y	Antwortet JA auf alle Fragen ohne Aufforderung.

---

[5] Hinweis: Der Indikator ist der Name eines Leistungsindikators im Format "[\\<Computer>]\<Objekt>(<Instanz>)\<Indikator>", wie z. B. "\\Server1\Prozessor(0)\% Benutzerzeit".
Beispiele:
typeperf "\Processor(_Total)\% Processor Time"
typeperf -cf counters.txt -si 5 -sc 50 -f TSV -o domain2.tsv
typeperf -qx PhysicalDisk -o counters.txt

13.4 Systemdiagnose

Eine weitere Funktion der Leistungsüberwachung, die allerdings nicht über die grafische Benutzeroberfläche aufgerufen werden kann, und von Microsoft als etwas versteckte Funktion realisiert wurde, ist die *Systemdiagnose*. Dazu wird die Befehlszeile *perfmon /report* in einer Administrator-Eingabeaufforderung eingegeben. Das System wird dann für 60 Sekunden mit Hilfe eines gleichnamigen Sammlungssatzes beobachtet und anschließend ein Bericht erstellt, der ausführliche Informationen über das System, über Prozesse, lokale Hardwareressourcen und Systemantwortzeiten enthält. Er kann auf Wunsch als HTML-Datei per E-Mail versandt oder gespeichert werden. Ein Beispiel finden Sie in Abb. 13.8.

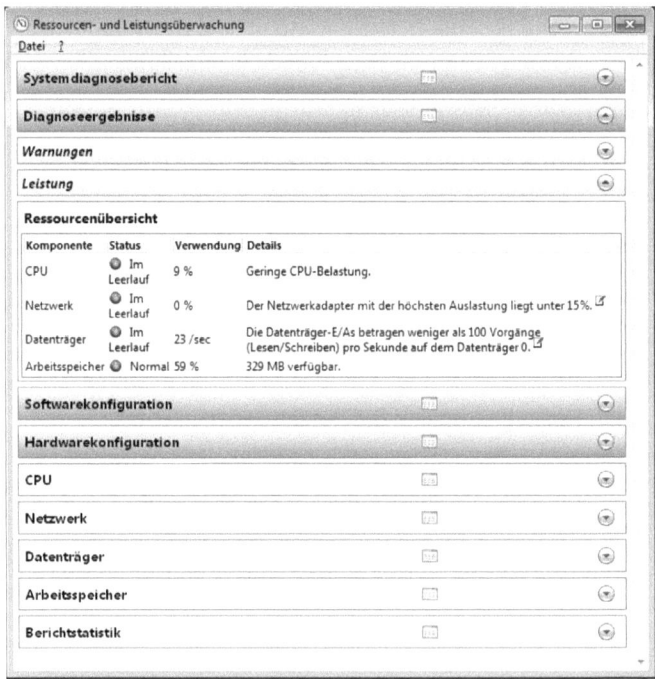

Abb. 13.8. Systemdiagnosebericht

13.5 Netzwerkmonitor

In den früheren Versionen von Windows gab es als Betriebssystembestandteil stets den Netzwerkmonitor. Mit diesem, dem bekannten Netzwerkprotokollanalyzer Wireshark[6] ähnlichen Programm konnten die ein- und ausgehenden Pakete von Netzwerkschnittstellen eines Systems protokolliert, gespeichert und analysiert werden.[7] Diese Funktionalität war insbesondere sehr nützlich bei der protokollbezogenen Fehlersuche im Netzwerk, und hat gegenüber Wireshark den Vorteil, dass keine zusätzliche WinPCap-Bibliothek installiert werden muss, die potentiell Bugs enthalten könnte, und zusätzlich gewartet werden müsste.

Microsoft hat entschieden, den Netzwerkmonitor nicht mehr in andere Sprachen zu übersetzen und es mit Windows 7 nicht mehr auszuliefern, sondern es als eigenen Download (siehe unten) anzubieten. Daher soll es in diesem Windows-7-Buch auch nicht näher beschrieben werden.

Der Netzwerkmonitor kann als eigenständiges Programm von der Microsoft-Website im Download-Bereich (ausschließlich in der englischsprachigen Version) heruntergeladen werden und wurde gegenüber den vorigen Versionen vollständig überarbeitet. Die URL des Netzwerkmonitors in der Version 3.4 lautet: *http://www.microsoft.com/downloads/en/details. aspx?FamilyID=983b941d-06cb-4658-3088333d062f*. Er steht nicht nur für Windows 7, sondern auch für Windows XP, Vista und Windows Server 2003 bzw. 2008 sowohl in den 32-Bit- als auch 64-Bit-Versionen bereit.

Auf Letzteren kann es auf Wunsch parallel zu der internen 2.x-Version installiert werden, verträgt sich aber nicht mit einer gleichzeitig installierten 3.x-Version des Netzwerkmonitors. Jene muss vorher deinstalliert werden, was das Setup-Programm der neueren Version selbst durchführt.

---

[6] Die URL der Website, unter der es auch heruntergeladen werden kann, ist: http://www.wireshark.org. Früher hieß dieses Programm Ethereal, wurde aber wegen eines Namensrechtskonflikts im Jahr 2006 umbenannt. Aktuell (zur Zeit des Schreibens dieses Buchs) ist die Version 1.4.0.

[7] Soweit die reguläre *Lite*-Version. Die Vollversion, die aber nur mit dem Systems Management Server (SMS) ausgeliefert wird, erlaubt die Analyse von beliebigen Windows-Rechnern im Netz (wiederum nur mit administrativen Rechten auf den Zielsystemen).

14. Mobile Computing

Unter *mobilem Arbeiten* wird im allgemeinen der Betrieb eines Computers ohne Verbindung mit Strom- und Netzwerkkabel (ggf. mit einer Netzwerkverbindung per Funk) verstanden. Dazu muss das mobile Gerät zwangsläufig eine eigene Stromversorgung besitzen. Dies wird üblicherweise mittels Akkumulatoren auf Lithiumbasis realisiert.

Da keine permanente, oder häufig nur eine (drahtlose) Netzwerkverbindung mit geringer Bandbreite vorhanden ist, stehen die Unternehmensressourcen nur in stark eingeschränktem Umfang zur Verfügung. Damit ein mobiles Gerät sinnvoll eingesetzt werden kann, muss dieses daher eine hohe Ressourcenautonomie haben. Gleichzeitig müssen Vorkehrungen für die Datensicherheit und -vertraulichkeit getroffen werden. Dazu bieten sich verschlüsselte und authentifizierte Übertragungswege (z. B. mittels VPN, SSL oder IPSec). Gleiches gilt für die Datenspeicherung auf dem Gerät. Dafür bietet Windows 7 EFS und BitLocker, die schon in den vorigen Kapiteln beschrieben wurden.

14.1 Windows-Mobilitätscenter

Zur Steuerung eines mobilen Geräts (wie eines Notebooks oder eines Netbooks) – und nur auf diesen, was Windows 7 über das Vorhandensein eines Akkus abprüft – steht das Windows-Mobilitätscenter (siehe Abb. 14.1) zur Verfügung. In ihm werden in einer variablen Anzahl Kacheln mit Funktionen angezeigt. Dabei werden nur solche Kacheln verwendet, für die das Gerät eine Steuerungsmöglichkeit vorsieht. In dem in Abb. 14.1 gezeigten Windows-Mobilitätscenter fehlt bsp. die Kachel *Anzeigeorientierung*, mit der die Ausrichtung des Monitors zwischen horizontal und vertikal eingestellt werden kann. Diese ist in aller Regel auf Tablet-PCs verfügbar, aber nicht auf dem hier verwendeten Notebook.

Hardwarehersteller können zusätzliche, eigene Kacheln programmieren (z. B. zum Ein- und Ausschalten einer evtl. vorhandenen Tastaturbeleuchtung) und mit Windows 7 ausliefern.

14. Mobile Computing

Abb. 14.1. Das Windows-Mobilitätscenter

Das Mobilitätscenter kann durch Drücken der Tastenkombination Windows-Taste+X, über das Energiesymbol im Infobereich unten rechts am Bildschirm, über den Befehl *Mblctr.exe* oder über das Symbol *Mobil-PC* aus der Systemsteuerung aufgerufen werden.

Praktisch ist, dass ein Energieschema (siehe Kap. 14.2) für Präsentationen direkt aufgerufen werden kann, welches verhindert, dass während einer Präsentation zum Strom Sparen der Monitor ausgeschaltet wird.

Neben dem Aufruf durch die Kachel im Windows-Mobilitätscenter lassen sich die Präsentationseinstellungen über den Befehl *PresentationSettings.exe* (natürlich wiederum nur auf Laptops!) aktivieren.

14.2 Energieschemata

Diese Funktion des Windows-Mobilitätscenters entspricht den Energieoptionen in der Systemsteuerung. In der Voreinstellung stehen drei Energieschemata zur Verfügung: *Energiesparmodus*, *Ausbalanciert* und *Höchstleistung*, die in der genannten Reihenfolge eine jeweils höhere Systemleistung bewirken, was aber leider zu Lasten der Akkulaufzeit geht.

Der Energiesparplan „Höchstleistung" ist bei den Energieoptionen standardmäßig ausgeblendet, und muss eigens über einen Mausklick auf *Weitere Energiesparpläne einblenden* sichtbar gemacht werden.

Wer mit den Voreinstellungen der Windows-7-Energiesparpläne unzufrieden ist, kann sich eigene Energiesparpläne erstellen oder die Einstellungen der Voreingestellten modifizieren.

Die in der folgenden Liste aufgeführten Einstellungen eines Systems lassen sich in einem Energiesparplan festlegen:

- Inaktivitätszeitdauer, nach deren Ablauf der Bildschirm ausgeschaltet wird
- Inaktivitätszeitdauer, nach der die Festplatte ausgeschaltet wird
- Diashow-Desktophintergrundzeitverzögerungseinstellungen
- Leistung des Drahtlosnetzwerkadapters
- Zeitgesteuerte Ereignisse zur Reaktivierung des Computers zulassen
- Selektives USB-Energiesparen
- Aktion beim Zuklappen des Notebooks
- Aktion bei Drücken des Gerätenetzschalters
- Leistung von PCI-Express-Geräten (ASPM)
- Prozessorenergieverwaltung und
- Multimediaeinstellungen (Medienfreigabe / Videowiedergabe)

Die vordefinierten Energiepläne können allerdings nicht gelöscht werden. Das ist nur bei selbsterstellten Energieplänen möglich.

Mit dem Energie-Programm wird schließlich festgelegt, welche Pläne zum Einsatz kommen sollen, wenn das Gerät im Akkumulator- oder Netzbetrieb arbeitet und bei welcher Akkurestlaufzeit es angehalten bzw. heruntergefahren werden soll.

Die angebotenen Energieplaneinstellungen sind jedoch änderbar und erweiterbar. So kann z. B. ein Hersteller einer Grafikkarte eigene Einstellungen den Energieplänen hinzufügen. So zeigte u. a. der Hersteller nVidia Treiber, welche den Energieoptionen Funktionen zum Abschalten der 3D-Grafikeinheit seiner GPUs erlaubt.

Mit dem Kommandozeilenprogramm *Powercfg.exe* können viele Energieoptionen eingestellt und abgefragt werden. Es hat viele Parameter, die hier jedoch aus Platzgründen nicht allesamt aufgeführt sind. Sie lassen sich über den Befehl *Powercfg.exe /?* (bsp. in einer Kommandozeile) detailliert auflisten. Als Beispiel kann z. B. mit dem (von Microsoft nicht dokumentierten) Befehl *Powercfg.exe -qh* die Energie-Eigenschaften sämtlicher Geräte eines Systems, und mit dem Befehl *Powercfg.exe -lastwake* das Gerät oder die Quelle herausgefunden werden, die den Computer zuletzt aus dem Schlafmodus aufgeweckt hat.

14.3 Offline-Ordner

Für mobiles Arbeiten ist eine Funktion besonders wichtig, die auch für normale Arbeitsplatzcomputer in Betracht kommt, falls die Serververbindung sporadisch ausfallen sollte: Das sind Offline-Ordner.

In dem Eigenschaften-Fenster des Kontext-Menüs des Stammverzeichnisses einer verbundenen Freigabe lässt sich in der Registerkarte *Offlinedateien* festlegen, ob stets eine dezentrale Kopie der gesamten Ordnerstruktur und aller Dateien auf dem Gerät, das sich damit verbunden hat, zum Arbeiten ohne Serververbindung gespeichert sein soll (siehe Abb. 14.2).

Abb. 14.2. Registerkarte *Offlinedateien*

Wenn das bsp. aus Platzgründen nicht für Alles gelten soll, lässt sich im Kontextmenü einer offline zu speichernden Datei oder eines Ordners mit *Offline verfügbar machen* festlegen, dass sie als Kopie abgelegt wird. Die Synchronisation dieser Dateien erfolgt automatisch (im Normalfall bei der Wiederverbindung mit dem Unternehmensnetzwerk), kann aber auch von Ihnen jederzeit manuell veranlasst werden.

Der Offline-Dateispeicher wird im Englischen als *Client-Side Cache* (CSC) bezeichnet und so wurde das betreffende Verzeichnis in der Windows-Struktur genannt.

Vorteilig an Offline-Dateien ist, dass sie eine lese- aber auch veränderbare Kopie von an zentralen Stellen gespeicherten Dateien sind. Sie stehen damit für Lese- und Schreibzwecke auch zur Verfügung, wenn ein Gerät nicht mit dem Unternehmensnetzwerk verbunden ist.

Nachteilig daran ist, dass durch diese Funktionalität ggf. vertrauliche Daten auf mobilen Geräten redundant gespeichert sind.

Daher kann der Verwalter einer Freigabe bei ihr oder durch eine Active-Directory-Gruppenrichtlinie festlegen, ob eine Offlinespeicherung grundsätzlich *nicht*, *stets* oder *nur auf Benutzeranforderung* durchgeführt werden soll.

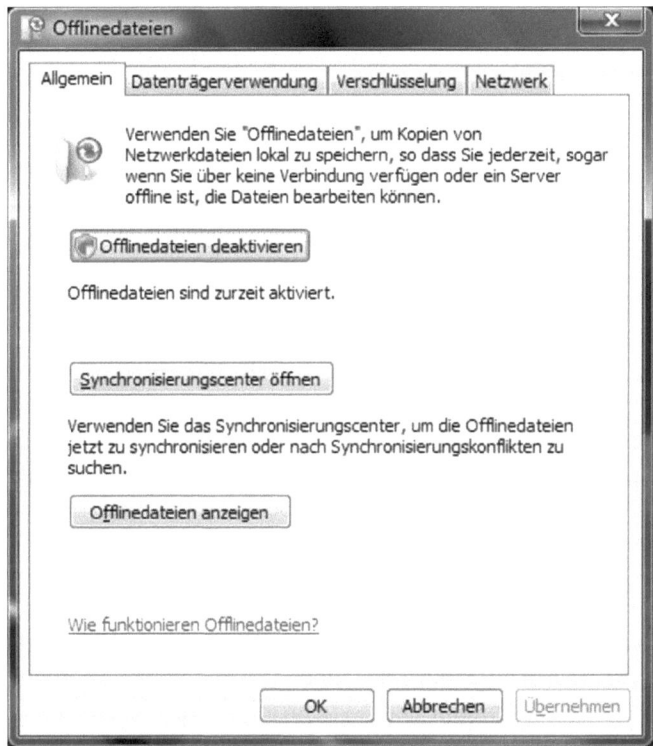

Abb. 14.3. Das Systemsteuerungsprogramm *Offlinedateien*

Zur Erinnerung: In der Voreinstellung werden keine Dateien auf den Clientcomputern offline gespeichert, aber die Anwender haben die Möglichkeit, selbst festzulegen, dass bestimmte Dateien, die sie selbst auswählen können, dort gespeichert bleiben sollen.

Dateien und Ordner, die offline gespeichert werden, werden im Explorer durch ein grünes, rundes Symbol mit zwei jeweils um 180° gebogenen Pfeilen gekennzeichnet.

Zur Verwaltung der Offline-Dateien existiert das gleichnamige Programm in der Systemsteuerung (s. Abb. 14.3). In ihm lassen sich u. a. (in der Registerkarte *Allgemein*) Offline-Dateien deaktivieren und alle Offline-Dateien auflisten, in der Registerkarte *Datenträgerverwendung* die Größe des temporären Speichers festlegen und auch, ob dieser mit EFS verschlüsselt (in der Registerkarte *Verschlüsselung*) werden soll.

In der Registerkarte *Netzwerk* lässt sich bestimmen, ob bei langsamen Netzwerkverbindungen (z. B. RAS- oder VPN-Verbindungen über Modems) nur mit den Offline-Dateien gearbeitet werden soll.

14.4 Synchronisierung

Dateiinhalte sind in aller Regel dynamisch: Office-Dokumente werden bearbeitet und geändert, .Exe und .DLL-Dateien werden durch neue Versionen ersetzt etc.

Was genau passiert also, wenn freigegebene Dateien auf dem Server geändert werden, und was passiert, wenn eine bestimmte Datei auf einem mobilen Gerät geändert wurde und es wieder an das Unternehmensnetz angeschlossen wird?

Hierzu existiert das Synchronisierungscenter (siehe Abb. 14.4), das sowohl aus der Systemsteuerung oder dem Infobereich aufgerufen werden kann: Es vergleicht die Datums- und Uhrzeitangaben von Dateien. Sofern nichts anderes angegeben ist, ersetzt – gleich, ob auf dem Server oder einem mobilen Gerät – die neuere Version einer Datei die Ältere.

Es kann festgelegt werden, wann eine automatische Synchronisierung erfolgen soll: Beim Verbinden mit dem Unternehmensnetz, beim Herunterfahren des Systems etc. Die Anwenderinnen und Anwender haben außerdem noch die Möglichkeit der manuellen Synchronisation, die zu einem ihnen genehmen Zeitpunkt ausgeführt werden kann, vorzunehmen.

Sollten Dateien sowohl auf dem Server als auch auf einem mobilen Gerät geändert oder Dateien auf dem Server gelöscht worden sein, liegt ein originärer *Synchronisationskonflikt* vor. Windows 7 bietet in diesem Fall an, einer der beiden Dateien auszuwählen, welche die maßgebliche Dateien sein soll oder die neuere Datei zu übernehmen und die ältere entweder zu verwerfen oder unter einem anderen Namen zu speichern. Die Dateien, die im Konflikt stehen, können mit dem Punkt *Synchronisierungs-Konflikte anzeigen* im Aufgabenbereich aufgelistet werden.

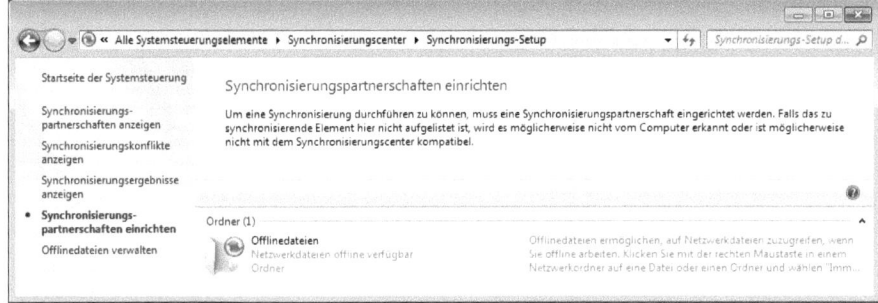

Abb. 14.4. Das Synchronisierungscenter

Für die Offlinedateien hat Windows 7 bereits eine Synchronisierungspartnerschaft eingerichtet. Weitere Partnerschaften lassen sich über die entsprechend genannten Punkte im Aufgabenbereich des Synchronisierungscenters einrichten und verwalten.

15. Fernzugriff einrichten und verwalten

Häufig besteht die Notwendigkeit, von unterwegs auf den Firmenserver und das Firmennetzwerk zuzugreifen, um bsp. E-Mail von dort abzurufen, Neuigkeiten zu lesen, eine Synchronisation durchzuführen oder einfach nur um auf Ressourcen zuzugreifen, auf die eine Unternehmensfirewall ansonsten keinen Zugriff zuließe.

Mit Windows 7 kann genau das realisiert werden.

Eigentlich keine Neuheit, weil die Windows-Vorgängerversionen (ab NT 4) das auch schon konnten, aber durch die Absicht von Microsoft, die Betriebssysteme sicherer zu machen, haben sich einige Änderungen ergeben. Und diese liegen wie so oft im Detail.

Aber sehen wir uns alles Wichtige Schritt für Schritt an.

15.1 Protokolle

Im Bereich der Netzwerksicherheit und WAN-Verbindungen gibt es eine Reihe von Protokollen, welche die Echtheit einer Netzwerkkomponente (wie Server, Client, Benutzer etc.) und die Verschlüsselung der Daten sicherstellen.

Server können hierbei bsp. Access Router (für den Fernzugriff), NAS-Geräte (Network Attached Storage), Microsoft ISA- (Internet Security and Acceleration), mit Microsoft Forefront Security geschützte Server oder RRAS (Routing and Remote Access Service)-Server sein.

Clients sind im allgemeinen PCs, Notebooks, mobile Geräte, PDAs, Mobilfunktelefone u. a.

Nun gibt es für den Fernzugriff kein Protokoll, das als die sprichwörtliche „eierlegende Wollmilchsau" alle Probleme und Anforderung abdecken könnte, sondern sämtliche existierenden Protokolle haben ihre jeweiligen Einsatzgebiete sowie Stärken und Schwächen, wie nachfolgend kurz vorgestellt und diskutiert.

Vorab schon mal im Schnellüberblick die Neuerungen und Änderungen, die Windows 7 in diesem Bereich bringt:

Windows 7 besitzt als Kryptografie-Algorithmen AES-(Advanced Encryption Standard)-128, AES-192 sowie AES-256, und für den Diffie-Hellman-Schlüsselaustausch ECC-256 und ECC-384, die auf Elliptischen Kurven basieren.

Beide Verfahren sind (insbesondere mit zunehmender Schlüssellänge) als erheblich sicherer anzusehen als die zuvor verwendeten DES und RC4.

Für VPN-Zwecke stehen aber die in den Vorgängerversionen noch verfügbaren X.25 und direkte Verbindungen (über serielle, parallele, USB- und IEEE-1394-Verbindungen) nicht mehr zur Verfügung. Ebenso werden die schwachen Verfahren SPAP, MS-CHAPv1, MD5, EAP-MD5, DES, RC4-40 und RC4-56 nicht mehr unterstützt. PAP ist bei der Einrichtung einer neuen VPN-Verbindung zwar weiterhin existent, aber nicht mehr automatisch ausgewählt (siehe Abb. 15.1). MS-CHAPv1 und SPAP sind nun gar nicht mehr verfügbar. Voreingestellt sind allein CHAP und MS-CHAPv2.

Das neue PEAP-Verfahren kann jedoch nicht bei älteren Windows-Versionen verwendet werden, was bei der Auswahl der Verschlüsselung bei heterogenen Umgebungen beachtet werden muss.

Neu ist auch, dass L2TP/IPsec neben IPv4 nun auch IPv6 unterstützt, sowie IKEv2. Bei PPTP bleibt es bei IPv4, weil es nicht IPv6-fähig ist.

Falls erforderlich (z. B. bei alten Clients oder Servern) können die nun als unsicher angesehenen Protokolle jedoch noch erzwungen aktiviert werden: In der Registrierung muss dafür auf den beteiligten Windows-7-Rechnern manuell oder per Gruppenrichtlinie der DWORD-Wert HKLM\System\CurrentControlSet\Services\RasMan\Parameters\AllowPPTPWeakCrypto von 0 auf 1 gesetzt werden, und ggf. zuvor erstellt werden, falls er nicht existiert. Danach muss der RAS-Verbindungs-Manager-Dienst neu gestartet werden. Als Alternative zum Neustart des gesamten Systems bieten sich ein *Restart* im Dienste-Programm (Systemsteuerung) oder die Befehlskombination *Net Stop Rasman* und *Net Start Rasman* in einer Eingabeaufforderung an.

Empfehlenswerter ist aber, die Aufrüstung des VPN-Servers auf die stärkeren Protokolle (z. B. durch Aktualisierung des Betriebssystems auf Windows Server 2008) als die (Re-)Aktivierung der schwachen Verschlüsselungsprotokolle.

15.1.1 PAP

Beim PAP (Password Authentication Protocol) werden der Benutzername und das Kennwort unverschlüsselt (also im Klartext) vom Client zum Server übertragen. Bei ihm muss sich nur der Client gegenüber dem Server authentifizieren, und es ist somit das unsicherste Authentifizierungsprotokoll. Es wird im allgemeinen nur ausgehandelt, wenn der RAS-Client und der RAS-Server kein gemeinsames anderes, sichereres Protokoll aushandeln können.

Bei der unverschlüsselten Übertragung solch sensitiver Informationen besteht grundsätzlich immer das Risiko des Abfangens von Paketen während des Authentifizierungsprozesses (bsp. mittels eines Protocol Analyzers oder einer Software wie dem Netzwerkmonitor, Ethereal, Wireshark etc.) sowie des Server-Spoofings und Man-in-the-Middle-Attacken, bei denen der eigentliche Server durch ein dessen Identität vorspiegelndes Fremdgerät ausgetauscht wurde. Von der Verwendung von PAP wird unbedingt abgeraten, besonders für VPN-Verbindungen![1]

Die Microsoft Punkt-zu-Punkt-Verschlüsselung (engl. Microsoft Point to Point Encryption, MPPE), die als Grundlage der Verschlüsselung der zu übertragenen Daten nach dem Anmeldevorgang dient, kann mit PAP nicht verwendet werden.

15.1.2 SPAP

Die einst als eigenständig existierende Firma Shiva hat das Protokoll SPAP (Shiva Password Authentication Protocol) als Weiterentwicklung aus dem PAP für die Verwendung ihrer LanRover-Serie von Einwählrouterprodukten eingeführt.

Bei ihm wird zwar auch nicht der Benutzername, aber zumindest das Kennwort verschlüsselt übertragen und dazu ein bidirektionaler reversibler Verschlüsselungsalgorithmus verwendet, bei dem die Gegenstelle das so verschlüsselt übertragene Kennwort entschlüsselt und im Klartext für die Authentifizierung benutzt.

SPAP kann gleichfalls (wie das PAP) nicht verwendet werden, wenn die MPPE (Microsoft Point-to-Point-Encryption) eingesetzt werden soll.

Diese Art der Authentifizierung ist zwar sicherer als die Verwendung von Klartextanmeldeinformationen, aber nicht so sicher wie CHAP oder MS-CHAP, denn beim Aktivieren vom SPAP als Authentifizierungsprotokoll wird das Benutzerkennwort stets in der gleichen, umkehrbaren Verschlüsselungsform gesendet. Aus diesem Grund ist die SPAP-Authentifi-

---

[1] Wie üblich, gibt es keine Regel ohne Ausnahme: Bei öffentlich bekannten Anmeldeinformationen, wie es sie häufig für Interneteinwahlpunkte gibt (hier erfolgt die Identifikation und Abrechnung über die Telefonnummer) ist die Benutzung von PAP in Ausnahmefällen durchaus vertretbar.
Dennoch bleibt der Nachteil von PAP, dass keine Datenverschlüsselung nach erfolgter Authentifizierung möglich ist, bestehen.

zierung anfällig für Replay-Angriffe[2]. Von der Verwendung vom SPAP wurde und wird abgeraten, besonders für VPN-Verbindungen. Nur in Ausnahmefällen (bsp. wenn sich zwingend mit einem LanRover verbunden werden muss) kommt die Benutzung von SPAP in betracht.

15.1.3 CHAP

Das CHAP (Challenge Handshake Authentication Protocol) verwendet einen dreistufigen Anmeldevorgang: Beim Verbindungsaufbau sendet der Server dem Client eine Sitzungskennung und einen zufälligen Wert. Dieser bildet daraus, dem Benutzernamen und aus einem beiden Seiten bekannten Kennwort (engl.: Shared secret) einen Wert, der mit einer Hashfunktion (üblicherweise MD5[3]) zu einem Hashwert verrechnet und dann zum Server übertragen wird. Gleiches macht der Server. Stimmen die Ergebnisse der beiden Hashwertrechnungen überein, war das in dieser Sitzung vorgelegte Kennwort richtig und der Benutzer bekommt Zugang zum System. Der Server informiert den Client in einem dritten Schritt über das Ergebnis der Prüfung.

Durch das Einbeziehen der vom Server gewählten Zufallszahl in die Authentifizierungspakete ist dieses Protokoll vor Replay-Angriffen geschützt, und Kennwörter werden beim CHAP nicht (weder unverschlüsselt noch verschlüsselt) über die Netzwerkverbindung übertragen. Ein weiterer Vorteil ist, dass es in heterogenen Netzwerken gut eingesetzt werden kann, da es auf vielen Rechnersystemen verbreitet ist.

Nachteilig ist jedoch, dass auf dem Client und dem Server die Kennwörter im Klartext (bei Windows 7 mit reversibler Verschlüsselung) gespeichert sein müssen, damit sie verglichen werden können, und der Server sich nicht beim Client authentifizieren muss.

Es ist das Einzige der hier aufgeführten Protokolle, das während der Verbindung in zufälligen Abständen eine erneute Authentifizierung verlangt, aber auch dieses Protokoll kann nicht mit MPPE oder IPsec zusammen eingesetzt werden.

---

[2] Bei diesen werden die Pakete des Authentifizierungsprozesses abgefangen und dieselbe Sequenz dem RAS-Server erneut vorgespielt, um Zugriff auf das jeweilige Intranet zu erhalten.
[3] Das ist die Abkürzung von *Message Digest 5* (siehe Kap. 15.1.6).

15.1.4 MS-CHAP

Microsoft hat vor etlichen Jahren das CHAP erweitert und es MS-CHAP (Microsoft Challenge Authentication-Protocol) genannt. Grundsätzlich arbeitet das MS-CHAP wie CHAP (siehe oben). Aber die Unterschiede liegen im Detail. Sie sind jedoch so gewichtig, dass MS-CHAP nicht mit dem CHAP kompatibel ist!

Vorbemerkung: Intern (ab Windows 2000 und höher) werden Kennwörter in Windows Active Directory nie als Klartext, sondern als MD5-Hashwerte gespeichert.[4]

Das ursprüngliche, seit Windows NT 4 existierende MS-CHAP wird auch als MS-CHAP, Version 1, bezeichnet. Auch bei ihm erfolgt die Authentifizierung in nur eine Richtung. Der RAS-Client kann nicht überprüfen, ob jemand sich beim RAS-Server der zugehörigen Firma eingewählt hat, oder aber bei einem getarnten Fremdserver, der schlicht die Identität des richtigen Servers vortäuscht.

MS-CHAP in der Version 1 hat zwar einige Vorteile (siehe unten), aber eben auch Schwächen: So basiert der Kryptografieschlüssel bei der 40-Bit-Verschlüsselung auf dem Benutzerkennwort. Und beim Anmelden mit demselben Kennwort wird daher jeweils derselbe Schlüssel erstellt, was das MS-CHAP verwundbar macht für Replay-Angriffe. Des weiteren wird für das Senden der Daten in beide Richtungen der Verbindung nur jeweils ein Kryptografieschlüssel verwendet.

Seit Windows 2000 wird auch das wesentlich sichere MS-CHAP, Version 2 unterstützt. In ihm wurden einige sicherheitsrelevante Eigenschaften der Version 1 von dem MS-CHAP verbessert: MS-CHAP 2 ermöglicht die Authentifizierung in beide Richtungen (gegenseitige Authentifizierung; engl.: Mutual Authentification). Zwar beruht auch bei ihm der kryptografische Schlüssel stets auf dem Benutzerkennwort und einer zufälligen Herausforderung, aber beim Anmelden mit demselben Kennwort wird jeweils ein anderer Kryptografieschlüssel verwendet, und es wird je ein Kryptografieschlüssel für die gesendeten und die empfangenen Daten erzeugt.

MS-CHAP (sowohl als Version 1 als auch in der Version 2) kann die MPPE zum Verschlüsseln der Daten fakultativ verwenden, und die beiden sind die einzigen Authentifizierungsprotokolle in Windows 7, bei denen

---

[4] In UNIX ist das klassischerweise in der passwd-Datei genauso.
Das Hashing von Kennwörtern (egal mit welchem Hashverfahren auch immer) bietet zwar viel Sicherheit, aber grundsätzlich besteht dennoch die Möglichkeit des Vergleichens der Hashes mit zuvor von Wortlisten Errechneten, um so Kennwörter herauszufinden.

eine freiwillige oder ggf. erforderliche Änderung des Benutzerkennworts während der laufenden Authentifizierung unterstützt wird.

15.1.5 EAP

Das seit Windows 2000 verfügbare EAP (Extensible Authentication Protocol) ist kein eigenes Authentifizierungsprotokoll an sich, sondern definiert ein Rahmen, in dem weitere Authentifizierungsprotokolle eingesetzt werden können und beim Verbindungsaufbau ausgehandelt wird, welches nun konkret benutzt werden soll. Es setzt auf dem PPP auf und ist erweiterbar, wenn zukünftig neue Verfahren entwickelt werden.

Zudem wird es nicht ausschließlich für den Fernzugriff eingesetzt, sondern häufig auch bei WLANs (als Bestandteil von WPA und WPA2) und bei der IEEE 802.1X-Authentifizierung.

Die wichtigsten Varianten sind EAP-TLS, EAP-MD5.

15.1.5.1 EAP-TLS

EAP-TLS (EAP-Transport Level Security) bietet gegenseitige Authentifizierung und kann mit Chipkarten (auf denen der private asymmetrische Schlüssel eines Benutzers gespeichert und in der Regel mit einer PIN geschützt ist) eingesetzt werden, steht aber nur Domänenmitgliedern zur Verfügung. Daher kann ein RAS-Server, der als eigenständiger Server oder als Mitglied einer Arbeitsgruppe ausgeführt wird, EAP-TLS nicht verwenden.

Es ist ein wichtiges Protokoll, das verwendet werden kann, wenn eine *Two-Factor-Authentication* auf der Grundlage von Chipkarten eingesetzt werden soll.

15.1.5.2 EAP-MD5

Beim MD5-Challenge (Message Digest 5 Challenge) handelt es sich um einen weiteren verfügbaren EAP-Typ, der dasselbe Challenge-Protokoll wie das PPP-basierte CHAP (siehe oben) verwendet. Die Abfragen und Antworten werden jedoch als EAP-formatierte Meldungen gesendet.

Wegen bekannt gewordener Schwächen von MD5 ist die Verwendung von EAP-MD5 nicht mehr ratsam.

15.1.6 MD5

MD5 (Message Digest 5) ist ein Hashverfahren, bei dem aus einem beliebigen Ausgangstext ein (nur) 128-Bit langes Ergebnis errechnet wird. Dieses Verfahren ist nicht umkehrbar, d. h. aus dem 128-Bit-Wert kann der Ausgangstext nicht wieder errechnet werden.

Zusätzlich ist ein zuverlässiges Hashverfahren dadurch gekennzeichnet, dass auch Änderungen von nur wenigen Bits im Ausgangstext große Änderungen des Ergebniswerts mit sich bringen und, dass es keine zwei gleich langen Ausgangstexte gibt, die den gleichen Hashwert haben.

Da mit steigender Länge des Ergebniswerts die Sicherheit eines Hashverfahrens zunimmt, werden nun verstärkt andere Verfahren wie SHA-256 (Secure Hash Algorithm) mit 256-Bit Länge, SHA-384 etc. empfohlen und eingesetzt.

15.1.7 DES

Der DES (Data Encryption Standard) beschreibt eine symmetrische 56-Bit-Verschlüsselung, die in den 70er Jahren des letzten Jahrhunderts von IBM erst als herstellereigenes Blockchiffreverfahren entwickelt und nachfolgend zum allgemeinen Standard ernannt wurde.

Wegen der geringen Schlüssellänge wird es nun nicht mehr als sicher angesehen und die EFF (Electronic Frontier Foundation) konnte bereits vor ein paar Jahren mit spezieller Hardware einen DES-Schlüssel in rund 22 Stunden knacken.

Vom DES gibt es auch eine Variante namens 3DES (Dreifach-DES), bei der die Daten drei Mal hintereinander chiffriert werden. Dadurch beträgt die effektive Schlüssellänge 168 Bit.

15.1.8 RC4

Der RC4 (Rivest Cipher 4) ist ein Stromchiffre, der von vielen anderen Verschlüsselungsverfahren wie der MPPE, dem WEP (Wired Equivalent Privacy), WPA, SSL und TLS, bei denen Datenströme übertragen werden, genutzt wird.

RC4 liefert dabei eine Pseudozufallszahlenfolge, mit welcher der Ausgangstext mit Exklusiv-Oder (XOR) verrechnet wird. Auf der Gegenseite wird der empfangene Datenstrom mit derselben Pseudozufallszahlenfolge „ge-XOR-ed" und erhält so den Klartext. Die Länge des Ausgangsschlüssels liegt dabei zwischen 40 und 256 Bits.

Für das Design neuer Systeme wird RC4 nicht mehr empfohlen. Es ist jedoch gegenwärtig noch als sicher genug für den täglichen Gebrauch anzusehen.

15.1.9 PEAP

Das PEAP (Protected Extensible Authentication Protocol) wurde von Microsoft, Cisco und RSA Security als Weiterentwicklung von dem EAP auf den Markt gebracht. Im PEAP wird zwischen den Kommunikationspartnern zuerst ein TLS-gesicherter Kanal aufgebaut und nachfolgend EAP benutzt. Windows 7 verwendet dabei das PEAP mit MS-CHAPv2 als dem eigentlichen Authentifizierungsprotokoll.

Die Verwendung vom PEAP ist in Windows 7 bei den Protokolleinstellungen unter der Option *EAP* auswählbar.

15.1.10 L2TP

Das L2TP (Layer Two Tunneling Protocol) baut einen Tunnel über ein Netzwerk auf und kapselt Daten auf der Schicht 2 des OSI-Referenzmodells. Es wurde von Microsoft mit Windows 2000 eingeführt und benutzt UDP und den IP-Port 1701.

Während das Alternativprotokoll PPTP (siehe unten) zwingend eine IPv4-Verbindung für den Transport benötigt und die MPPE verwenden kann, ist das L2TP grundsätzlich in der Lage, nicht nur mit dem IPv4, sondern zusätzlich auch in IPv6-, X.25-, FrameRelay, Sonet-, ATM- und MPLS-WANs zu arbeiten.

Für die Verschlüsselung kann IPsec verwendet werden. Die Kombination von dem L2TP und IPSec wird als *L2TP/IPsec* (sprich „L2TP über IPsec") bezeichnet.

Wird IPsec eingesetzt, werden die Datenpakete zweimal gekapselt: Zuerst erfolgt die L2TP-Kapselung: Hierbei werden PPP-Pakete (bsp. IP-, AppleTalk- oder IPX-Pakete) in L2TP-Paketen gekapselt.

Dann folgt die IPsec-Kapselung: Bei ihr wird das aus dem ersten Schritt resultierende L2TP-Paket mit einem IPSec-ESP (Encapsulating Security Payload)-Paket gekapselt und verschlüsselt.

In diesem Fall wird natürlich eine IP-Verbindung benötigt und an der externen Firewall wird dann nicht mehr der oben erwähnte Port freigeschaltet, sondern der IPsec-Port 500.

15.1.11 IPsec

IPsec (Internet Protocol Security) wird beim Fernzugriff in Kombination mit dem L2TP eingesetzt. Es bietet dabei sowohl eine Authentifizierung des Clients und des Servers sowie Datenverschlüsselung (durch das IPsec-Teilprotokoll ESP, Encapsulating Security Payload). Für diese können

X.509-Zertifikate, manuell eingegebenen Schlüssel (engl.: Pre-shared keys, PSK) und Kerberos verwendet werden.

IPsec benutzt UDP und den IP-Port 500. IPsec verwendet das untergeordnete Protokoll IKE (Internet Key Exchange) für den Austausch der symmetrischen DES- oder 3DES- Verschlüsselungsschlüssel.

Es arbeitet – quasi als Ersatz für das unverschlüsselte IP – völlig transparent für Protokolle der höheren OSI-Schichten.

Das in Windows 7 und Windows Server 2008 R2 neu eingeführte, auf RFC-Internetstandards beruhende IKEv2 ist eine neue Version des IPsecs.

15.1.12 PPTP

Das PPTP (Point-to-Point Tunneling Protocol) setzt auf dem PPP (Point-to-Point Protocol) auf und tunnelt Pakete beliebiger Protokolle über IP-Strecken durch die GRE (Generic Routing Encapsulation).

Die PPP-Pakete werden dabei durch die MPPE (Microsoft Point-to-Point Encryption, Microsoft Punkt-zu-Punkt-Verschlüsselung) fakultativ chiffriert, die wiederum auf 40- oder 128-Bit-RC4 basiert ist.

PPTP-VPN-Client-Computer müssen jedoch eines der Protokolle MS-CHAP, MS-CHAP v2 oder EAP-TLS einsetzen, damit auch die übertragenen Datenpakete verschlüsselt werden.

Da das PPTP bereits mit Windows NT4 eingeführt wurde, und auch auf Nicht-Microsoft-Betriebssystemen sowie Einwahlroutern implementiert ist, dürfte es derzeit das verbreitetste VPN-Protokoll sein. L2TP/IPsec bietet jedoch mehr Sicherheit als das PPTP.

Zu beachten für Firewalls ist, dass das Point-to-Point Tunneling Protocol TCP und den IP-Port 1723 benutzt.

15.1.13 SSTP

Im Windows Server 2008 und Windows Vista SP1 hat Microsoft ein neues VPN-Protokoll namens *SSTP* (Secure Socket Tunneling Protocol) in ihren RRAS-Services eingeführt. Normalerweise werden diese entweder mit dem Protokoll PPTP oder dem Protokoll IPsec/L2TP (siehe oben) aufgebaut. Doch wo liegen die Vorteile dieses neuen Protokolls? Die beiden zuerst genannten VPN-Protokolle nutzen bestimmte TCP/IP-Ports, die in vielen Unternehmen durch Firewalls geblockt werden. In aller Regel sind in Firewalls die Ports 80 (http) und 443 (https) jedoch für ein- und ausgehenden Verkehr freigeschaltet. Genau das macht sich SSTP zunutze: Es arbeitet über den Port 443. Für Port-Filtering- und Stateful-Inspection-Firewalls stellt das kein Hindernis dar – lediglich Firewalls, die in der Anwendungsschicht arbeiten (engl.: Application Layer Firewalls), könnten SSTP-Verkehr noch blocken, weil sie sich den Inhalt der Pakete ansehen und erkennen würden, dass kein originäres https verwendet wird.

Mit dem SSTP werden PPP-Pakete über den SSL/TLS-Kanal des https-Protokolls gekapselt. Weil das PPP benutzt wird, sind auch starke Authentifizierungsmechanismen wie EAP-TLS (für Chip-Karten) einsetzbar.

Der SSL-/TLS-Verkehr verwendet X.509-Zertifikate für die (mandatorische) Server- und die (fakultative) Client-Authentifizierung.

Mit dem Windows Server 2003 hatte Microsoft übrigens so etwas Ähnliches schon mal eingeführt: RPC-über-http(s), das Microsoft-Outlook-Benutzern ermöglicht, eine Verbindung mit einem Exchange-2003-Server über einen Standard-TCP/IP-Port aufzubauen, ohne dass aufwändige VPN-Tunnel-Lösungen hätten implementiert werden müssen.

Damit das SSTP funktioniert, muss jedoch im Unternehmen mindestens ein RAS-Server eingerichtet sein, der unter Windows Server 2008 (oder höher) läuft.

Clientseitig wird in der VPN-Verbindungseinstellung der VPN-Typ entweder auf „Automatisch" oder explizit auf „SSTP" eingestellt (siehe Abb. 15.1 und Kapitel 15.2.2). Das kann auch durch einen Verbindungs-Manager-Telefonbucheintrag festgelegt werden.

Abb. 15.1. Auswahl des VPN-Typs

15.1.14 IKEv2

Als Neuerung in Windows 7 (und Windows Server 2008 R2) ist das VPN-Protokoll IKEv2 (Internet Key Exchange Version 2) zu finden, das als neuere IPsec-Version angesehen werden kann, und zusammen mit den Mobil-Erweiterungen für VPN Reconnect (siehe unten) verwendet wird.
IKEv2 ist IPv6-kompatibel und benutzt nicht mehr das PPP.
Wenn IKEv2 als VPN-Protokoll ausgewählt wird, können als Authentifizierungsprotokolle jedoch nur PEAP, EAP-MSCHAPv2 und EAP-TLS verwendet werden; eine fakultative Datenverschlüsselung ist mit ihm möglich.
Da keine frühere Windows-Server-Version IKEv2 unterstützt, müssen als VPN- bzw. RRAS-Server entweder dedizierte Einwahlrouter oder (als Software-Router) mindestens der Windows Server 2008 R2 eingesetzt werden.

15.2 Fernzugriffe auf Unternehmensnetze

Für den Zugriff von unterwegs auf die Ressourcen des Unternehmensnetzes (oder in Einzelfällen auch auf das eigene, heimische Netzwerk) gibt es grundsätzlich zwei Verfahren: Üblich ist heutzutage der Zugriff über ein VPN (Virtual Private Network), bei dem zuerst am aktuellen Standort eine schmal- oder breitbandige Verbindung über einen ISP in das Internet aufgebaut wird und dann über diese öffentlichen Leitungen eine verschlüsselte Verbindung zum eigentlichen, gewünschten Netzwerk (Intranet).
Bei der Wählverbindung, auch RAS genannt, wird sich direkt in das Unternehmensnetz per Modem, ISDN, X.25 etc. eingewählt.

15.2.1 Einrichten einer neuen VPN-Verbindung

Die Benutzung einer VPN-Verbindung für den Fernzugriff auf das Unternehmensnetzwerk kann über den Punkt *Verbindung herstellen* des Netzwerk- und Freigabecenters vorgenommen werden.[5] Nach dem Aufruf öffnet sich das in Abb. 15.2 bsp. abgebildete Fenster.

---

[5] Zusätzlich steht der Verbindungs-Manager eines Windows-Servers zur Verfügung, mit dem sich VPN-Verbindungspakete einrichten und auf Clients übertragen lassen. In diesen Verbindungspaketen werden bestimmte Konfigurationsparameter festgelegt, so dass Anwender jene nicht alle selbst eingeben müssen. Der Verbindungs-Manager erleichtert die Einrichtung von RAS- und VPN-Verbindungen.

514   15. Fernzugriff einrichten und verwalten

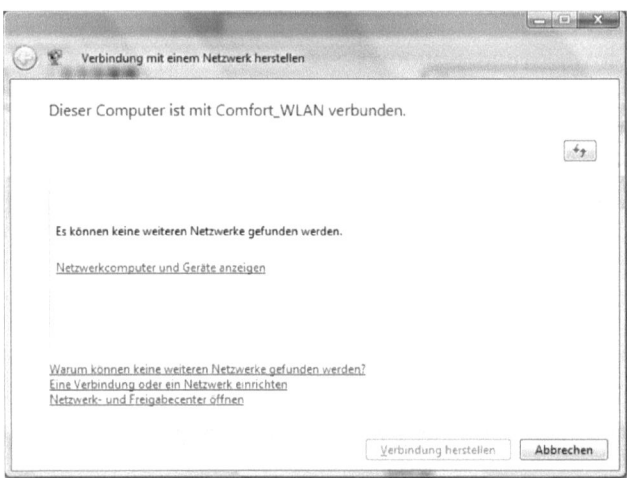

Abb. 15.2. Verbindungsbestätigungsfenster

Sind noch keine Netzwerke definiert, muss das über einen Klick auf *Neue Verbindung oder neues Netzwerk einrichten* zunächst vorgenommen werden.

Danach öffnet sich das in Abb. 15.3 dargestellte Fenster: Da kein WLAN eingerichtet war, werden nur vier Optionen aufgelistet – die mittleren Beiden (*Manuell mit dem Netzwerk verbinden* und *Ein drahtloses Ad-hoc-Netzwerk (Computer-zu-Computer) einrichten*) fehlen daher in diesem Fall.

Grundsätzlich gibt es verschiedene Varianten der Netzwerkverbindungseinrichtung. Für ein VPN wählen wir den vorletzten Punkt (*Verbindung mit dem Arbeitsplatz herstellen*) aus.

Ein VPN lässt sich nur benutzen, wenn zuvor entweder eine Wählverbindung oder Standleitungsverbindung (z. B. über DSL-Router) in das Internet besteht. Erst auf diese Basis aufsetzend kann dann die Verbindung mit dem Unternehmens-VPN-Server aufgebaut werden. Von dem Verbindungsziel (z. B. einem Microsoft-RRAS-Server) brauchen wir entweder die IPv4- oder IPv6-Adresse oder den DNS-Namen sowie das zu benutzende Verbindungsprotokoll. Die für die VPN-Verbindung zu verwendenden Anmeldeinformationen, die durchweg von der Benutzernamen- und Kennwortkombination für die Internetverbindung abweichen, werden später eingegeben.

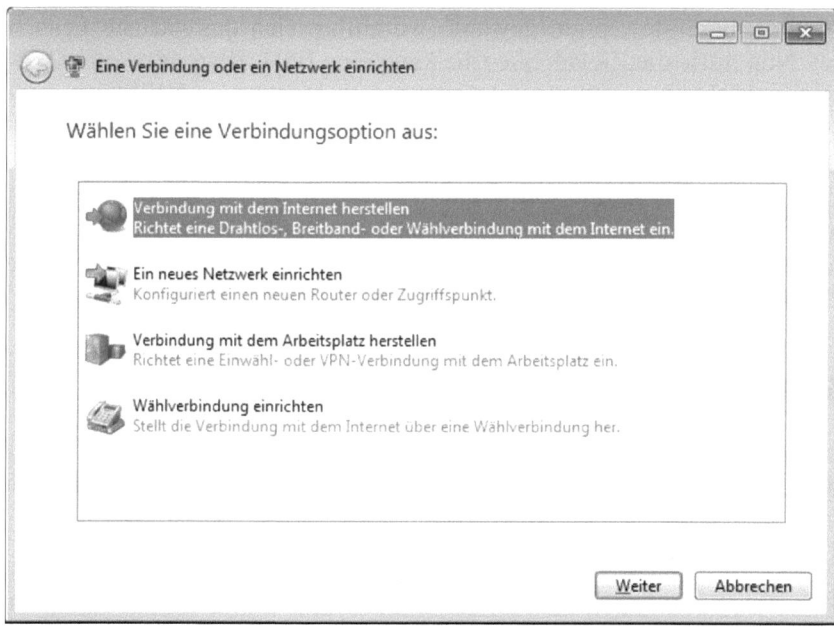

Abb. 15.3. Einrichtung einer neuen Verbindung

Durch Auswahl von *Weiter* wird gefragt, ob eine VPN oder RAS (Remote Access Service - Direktverbindung) eingerichtet werden soll (siehe Abb. 15.4).

Abb. 15.4. Auswahl der Fernzugriffsmethode

Es wird die erste Option gewählt, woraufhin sich das nächste Fenster öffnet. Nun muss die Zieladresse (die kann eine IPv4, IPv6 oder ein FQDN sein), ein Verbindungsname und Optionen angegeben und *Weiter* ausgewählt werden. Im darauf folgenden Fenster wird nach einer Internetverbindung, dann nach dem Ziel, dann nach den Anmeldeinformationen gefragt.[6] Ist die Gegenstelle ein Windows-System, kann die Angabe eines Domänennamens erforderlich sein. Nach Eingabe der entsprechenden Angaben ist die Einrichtung erledigt. Die neueingerichtete VPN-Verbindung wird nun im *Verbindungsherstellen-Fenster* angezeigt.

15.2.2 Das Eigenschaftsfenster einer VPN-Verbindung

Für die erweiterte Konfiguration einer bereits eingerichteten VPN-Verbindung kann aus ihrem Kontext-Menü der Punkt *Eigenschaften...* gewählt werden.

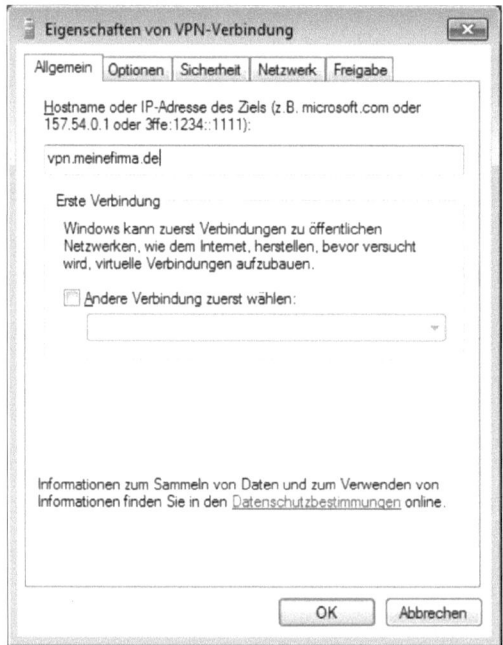

Abb. 15.5. Registerkarte *Allgemein* der VPN-Verbindungseigenschaften

---

[6] Diese Fenster sind hier nicht abgebildet.

Das sich dann öffnende Eigenschaftsfenster enthält fünf Registerkarten. In der Ersten (*Allgemein*), in Abb. 15.5 dargestellten kann nochmals das Verbindungsziel überprüft werden und festgelegt werden, dass zuvor eine bestimmte Internetverbindung aufgebaut werden soll. Das vereinfacht den VPN-Verbindungsaufbau.

Mit der zweiten Registerkarte (*Optionen*) – siehe Abb. 15.6 – können Verbindungsoptionen eingestellt werden. Die in dieser Registerkarte angebotenen Einstelloptionen (wie *Wähloptionen*, *Anzahl der Wahlwiederholungen* etc.) dürften selbsterklärend sein.

Abb. 15.6. Registerkarte *Optionen* der VPN-Verbindungseigenschaften

Am unteren Fensterrand befindet sich die Schaltfläche *PPP-Einstellungen...*, mit der sich Einstellungen des Point-to-Point-Protocols vornehmen lässt, und die dazu das in Abb. 15.7 gezeigte Fenster öffnet.

Obwohl standardmäßig nur die LCP- (Link Control Protocol-) Erweiterungen aktiviert sind, empfiehlt es sich, die anderen beiden, leistungssteigernd wirkenden Optionen ebenfalls zu aktivieren, sofern die Gegenstelle keinen Fehler meldet. Das dürfte glücklicher Weise aber nur in seltenen Fällen passieren, da das PPP vor dem Aufbau einer Verbindung die zu verwendenden Protokolle aushandelt und nur solche verwendet werden, die beide Systeme beherrschen. Ihr unbekannte Protokolle und Protokollerweiterungen werden von der Gegenstelle kommentarlos ignoriert.

Sie ist jedoch ausgegraut und nicht benutzbar, wenn als VPN-Typ das Protokoll IKEv2 festgelegt ist (siehe unten), weil IKEv2 kein PPP mehr verwendet.

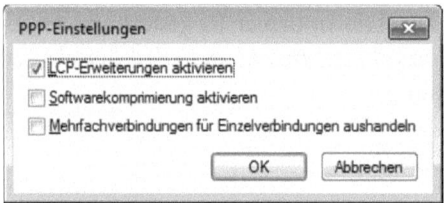

Abb. 15.7. VPN-PPP-Einstellungen

In der dritten Registerkarte der VPN-Verbindungseigenschaften mit dem Namen *Sicherheit* werden sicherheitsrelevante Einstellungen (zu verwendende Protokolle, Verschlüsselungen etc.) vorgenommen. Sie wurde zuvor schon in der Abb. 15.1 wiedergegeben.

Oben im Fenster wird der in Abhängigkeit der Gegenstelle zu verwendende VPN-Typ PPTP, IPsec über L2TP, IKEv2 oder Automatisch festgelegt. Unter der Schaltfläche *Erweiterte Einstellungen* lassen sich für die Protokolle L2TP und IKEv2 weitere Einstellungen treffen, die Schaltfläche *Eigenschaften* zeigt abhängig vom ausgewählten Protokoll weitere Konfigurationsmöglichkeiten für X.509-Zertifikate an.

Zur Auswahl stehen in dem unteren Abschnitt namens *Authentifizierung* oben die EAP-Optionen für die Anmeldung mit einer Chip-Karte (Smartcard) oder Drahtloses Netzwerk (PEAP).

Unten können die Protokolle PAP, CHAP und MS-CHAPv2 ausgewählt werden, sowie, dass Anmeldeinformationen und Daten verschlüsselt und Domäneninformationen mit übermittelt werden sollen.

Die ersten beiden genannten Anmeldeprotokolle sind zwar Branchenstandard, aber in der Voreinstellung in diesem Fenster teilw. deaktiviert. MS-CHAPv2 hingegen ist nur in Windows-Systemen der Version 2000 und höher verfügbar.

Bei der Verwendung von CHAP gibt es eine Besonderheit: Auf dem authentifizierenden System dürfen Benutzerkennwörter nur mit reversibler (umkehrbarer) Verschlüsselung in Active Directory bzw. lokal gespeichert werden!

In der nächsten Registerkarte (namens *Netzwerk*) – siehe dazu Abb. 15.8 – werden die für diese Verbindung zu verwendenden Protokolle der OSI-Schichten 3, 4 und 7 verwaltet. Über die quadratischen Schaltflächen links vor den jeweiligen Protokollnamen lassen sie sich selektiv deaktivieren bzw. aktivieren, ohne dass sie bsp. deinstalliert werden müssten, was Auswirkungen für *alle* Netzwerkverbindungen hätte.

Über die Schaltflächen *Installieren* und *Eigenschaften* lassen sich neue Protokolle der Verbindung hinzufügen bzw. ändern.

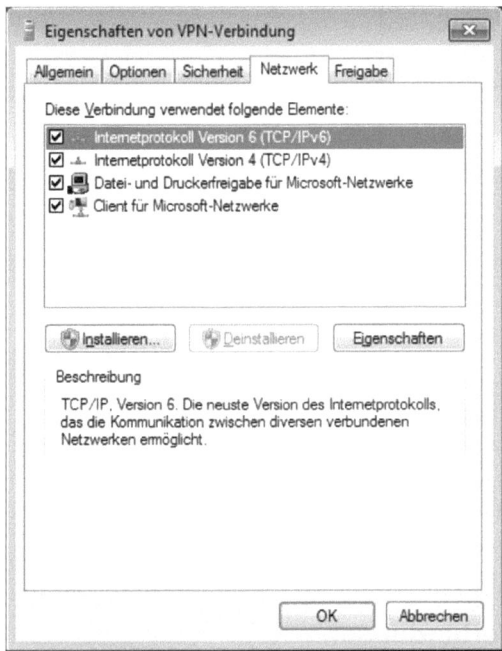

Abb. 15.8. Registerkarte *Netzwerk* der VPN-Verbindungseigenschaften

Schließlich wird in der letzten Registerkarte (namens *Freigabe*) die VPN-Verbindung als exklusiv oder als für alle Benutzer verwendbar deklariert (siehe Abb. 15.9).

Auf Wunsch kann in dieser Registerkarte auch die gemeinsame Nutzung der *Internetverbindung* für andere Benutzer ermöglicht werden.

520   15. Fernzugriff einrichten und verwalten

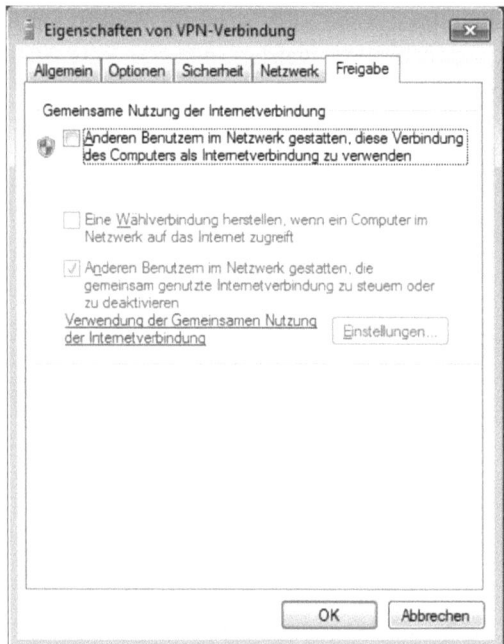

Abb. 15.9. Registerkarte *Freigabe* der VPN-Verbindungseigenschaften

15.2.3 Verwalten von RAS-Verbindungen

Wird in dem nach dem in Abb. 15.4 gezeigten, erscheinenden Fenster *Direkt wählen* zur Konfiguration einer Direkt-Einwahl- (RAS-) Verbindung ausgewählt (diese wird von Microsoft auch als „Wählverbindung" bezeichnet), wird zunächst nach dem für die ausgewählte Verbindung zu verwendenden Modem gefragt. Danach müssen die Telefonnummer des Einwahlservers und der Verbindungsname angegeben werden. Über die Wählregeln kann komfortabel die in Abhängigkeit vom jeweiligen Standort (Zuhause, Hotel etc.) vor der eigentlichen Rufnummer zu wählende Ziffern (z. B. 0 für ein Amt) festgelegt werden.

Wenig bekannt ist, dass hier auch Calling-Cards (wie sie u. a. AT&T, MCI und auch die Deutsche Telekom anbieten) zur Vermeidung von hohen Hotelzuschlägen bein Internetverbindungen über Telefonleitungen ausgewählt werden können.[7]

---

[7] Zu diesen *Calling Cards* zählen auch die häufig in so genannten „Call-Shops" oder Kiosken erhältlichen Pre-Paid-Karten zum günstigen Telefonieren.

Wie bei der Einrichtung von VPNs lassen sich im Verbindungsmanager (CMAK) auch für RAS-Verbindungen Schablonen für neue Verbindungen einrichten.

Die Eigenschaften (Protokolle etc.) jeder Einwählverbindung entsprechen denen einer VPN-Verbindung, so dass hier auf eine erneute Erläuterung verzichtet wird.

15.2.4 Benutzerdefinierte RAS-Einstellungen

Zum Konfigurieren von den Eigenschaften ausgehender RAS-Verbindungen existiert – etwas versteckt – eine Funktion zum Einstellen. In dem Netzwerkverbindungenfenster wird dazu die Taste F10 gedrückt, und nachfolgend im Menü *Erweitert - Benutzerdefinierte RAS-Einstellungen...* aufgerufen.

Dann öffnet sich zuerst das in Abb. 15.10 gezeigte Fenster, in dem sich eine standortabhängige Wahl einstellen lässt.

In der zweiten Registerkarte, *Rückruf* genannt, lässt sich festlegen, ob der RAS-Server den Anrufer nach erfolgreicher Authentifizierung auf einer bestimmten, oder von ihm selbst eingegebenen Telefonnummer zurückrufen soll (siehe Abb. 15.11).

In dieser Abbildung ist nur von einer Telefonkosteneinsparung die Rede. Das ist sicherlich ein gewichtiger Aspekt, hilft er doch, die zuvor erwähnten Hotelzuschläge für Telefonate zu vermeiden. Aber es ist auch eine Sicherheitsfunktion, weil mit ihr verhindert werden kann, dass sich jemand von einem beliebigen Standort aus in das Unternehmensnetz einwählt.

In der dritten Registerkarte (mit dem Namen *Diagnose*) lassen sich schließlich Protokollierungsoptioneneinstellungen festlegen (siehe Abb. 15.12). Dazu dient die Schaltfläche *Protokollierung aktivieren*, die nur mit administrativen Rechten verändert werden kann. Gleiches gilt für *Protokoll löschen*. Über die Berichtsgenerierungsfunktion werden die gesammelten Daten übersichtlich ausgegeben.

Manche Hotels sperren jedoch die häufig zur Einwahl verwendeten kostenlosen Vorwahlen 0800 und 00800, so dass es ratsam ist, diesen Punkt vorher zu klären. Alternativ könnte in dem Fall ein Mobilfunktelefon benutzt werden, aber auch dabei gibt es Anbieter, bei denen die beiden genannten Vorwahlen leider nicht kostenlos verwendbar sind.
Gelegentlich gibt es bei Calling-Cards lokale (örtliche) Einwahlnummern, so dass zumindest keine Ferngesprächszuschläge anfallen, und einige Hotels erlauben kostenlose Ortsgespräche.

522 15. Fernzugriff einrichten und verwalten

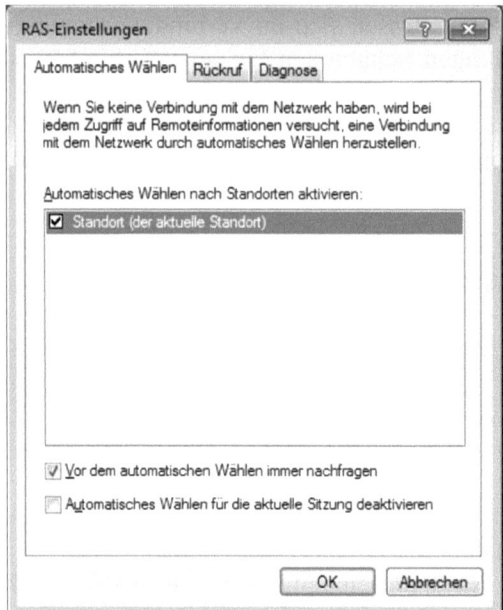

Abb. 15.10. Registerkarte *Automatisches Wählen* der RAS-Einstellungen

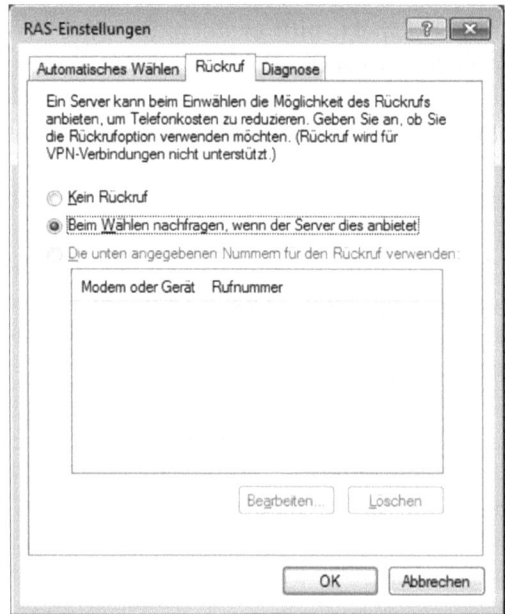

Abb. 15.11. Registerkarte *Rückruf* der RAS-Einstellungen

Abb. 15.12. Registerkarte *Diagnose* der RAS-Einstellungen

15.3 Fernzugriff auf Windows-7-Computer

Nicht nur auf Unternehmensnetzwerke (obwohl das der verbreitetere Fall sein wird), sondern auch auf andere Computer mit Windows 7 lässt sich (z. B. über das Internet oder per direkter Einwahl) von außen zugreifen. Sinnvoll kann das sein, wenn man erlauben möchte, dass Freunde und Bekannte sich mit dem eigenen Computer verbinden sollen, um Dateien zu lesen oder zu erstellen, oder wenn man selbst von außen auf den eigenen Computer zugreifen möchte, ohne erst umständlich einen Fernzugriffs-Server einrichten zu müsssen.[8] Mit anderen Worten: Das kann Windows 7 auch selbst, es wird dazu kein Windows Server (RRAS) benötigt!

---

[8] Wer einen Router für die Verbindung mit dem Internet einsetzt, der L2TP, IPsec oder PPTP unterstützt, kann das alternativ auch dort konfigurieren. Fehlt jedoch die entsprechende Protokollunterstützung, wird dort eine Firewallweiterleitungsregel festgelegt, die Pakete mit den bestimmten Portnummern zum Windows-7-Rechner weiterleitet.

15.3.1 Einrichten einer neuen eingehenden Verbindung

Dazu wird zuerst im Netzwerk- und Freigabecenter unter Netzwerkverbindungen (siehe Abb. 15.13) die Alt-Taste gedrückt und in dem dann erscheinenden Menü der Punkt *Datei - Neue eingehende Verbindung...* ausgewählt.

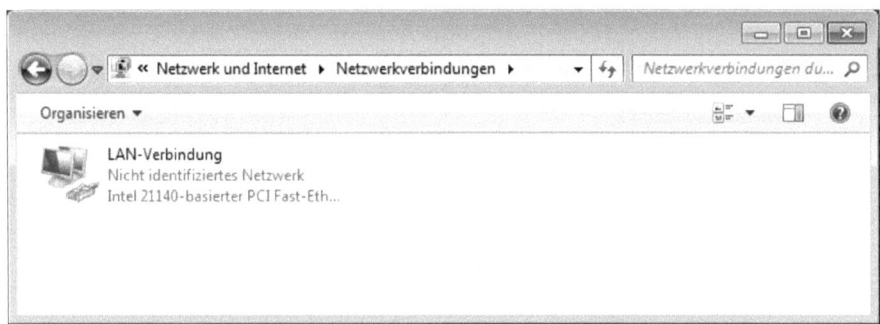

Abb. 15.13. Ansicht bereits existierender Netzwerkverbindungen

Wenn es bereits eine Einwählverbindung gibt, wird sie in diesem Fenster angezeigt und kann verändert werden (siehe unten).

Bei der Einrichtung einer neuen Verbindung dagegen wird nun nach den Benutzern gefragt, welche die Verbindung benutzen dürfen (siehe Abb. 15.14).

In dem Fenster werden alle erstellten Benutzerkonten des Systems dargestellt und können über das Setzen bzw. Entfernen des Häkchen in dem Kästchen links neben dem Kontonamen für Fernzugriffszwecke aktiviert bzw. deaktiviert werden.

In dem Fenster lässt sich auch über die Schaltfläche *Benutzer hinzufügen...* links unten leicht ein neues Benutzerkonto anlegen, ohne dass dafür zuvor die Benutzerverwaltung aus der Systemsteuerung aufgerufen werden müsste.

Es öffnet sich das in Abb. 15.15 abgebildete Fenster. In ihm können nicht alle existierenden Eigenschaften von Benutzerkonten festgelegt werden, sondern nur die für Einwahlzwecke Wichtigsten. Das sind das Anmeldekürzel, der vollständige Name und das Kennwort.

Außerdem lassen sich in dem in Abb. 15.14 gezeigten Fenster die Eigenschaften der Benutzerkonten ansehen und ändern. Dazu wird die Schaltfläche *Kontoeigenschaften* ausgewählt. Danach öffnet sich das Eigenschaftsfenster mit seinen beiden Registerkarten *Allgemein* und *Rückruf* (siehe Abb. 15.16 und 15.17).

In der Ersten können der jeweilige Langname und das Kennwort verändert werden. Wenn andere Attribute des betreffenden Benutzerkontos geändert werden sollen, kann das in der Benutzerverwaltung vorgenommen werden.

In der zweiten Registerkarte werden die Rückrufoptionen festgelegt. Wie oben schon erläutert, besitzt die Funktion *Rückruf* wichtige Sicherheitskennzeichen und steuert auch, wo die Telefonkosten für die Verbindung anfallen. Je nach Umgebung (Unternehmen bzw. Privat) können dabei andere Vorlieben bestehen.

Wie auch immer, in dieser Registerkarte wird jedenfalls festgelegt, wie Windows 7 sich bei einem eingehenden Anruf verhalten soll.

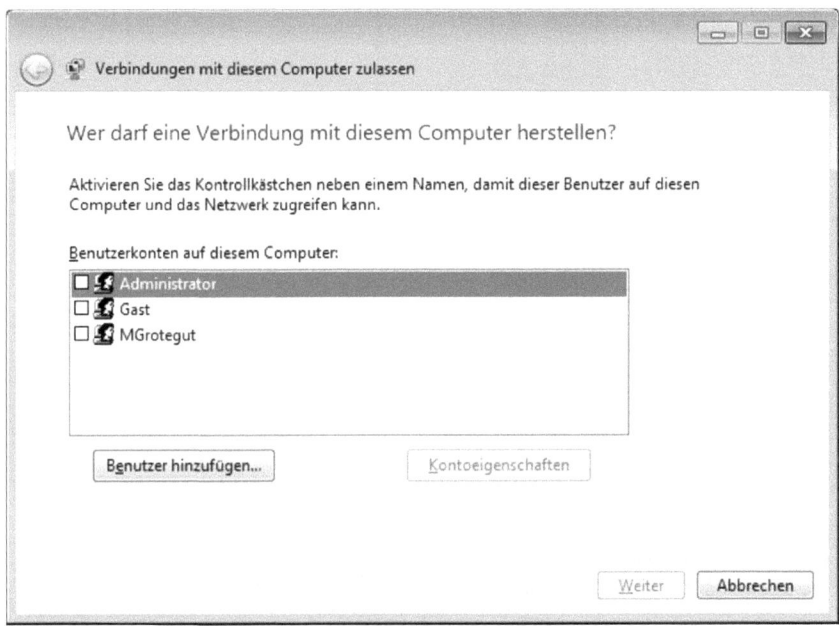

Abb. 15.14. Fernzugriffbenutzerauswahl

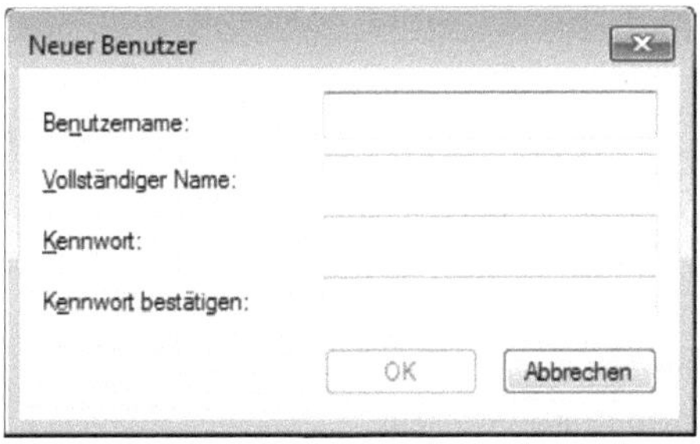

Abb. 15.15. Erstellen eines neuen Benutzerkontos

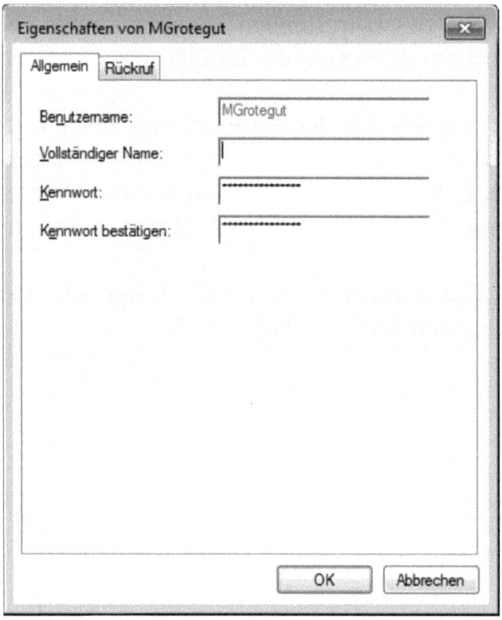

526   15. Fernzugriff einrichten und verwalten

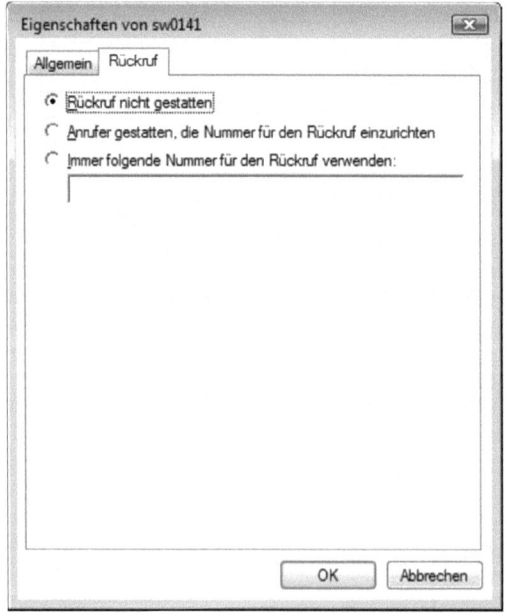

Abb. 15.16. Benutzereigenschaften – Registerkarte *Allgemein*

Abb. 15.17. Benutzereigenschaften – Registerkarte *Rückruf*

Nach der Festlegung in dem in Abb. 15.14 gezeigten Fenster, welche Benutzerinnen und Benutzer Einwählrechte bekommen sollen und einem Klick auf *Weiter* wird im nächsten Fenster (siehe Abb. 15.18) festgelegt, wie die Benutzer eine Verbindung herstellen können. Zur Auswahl stehen *Über das Internet* (VPN) und/oder *Über ein Modem* (RAS).

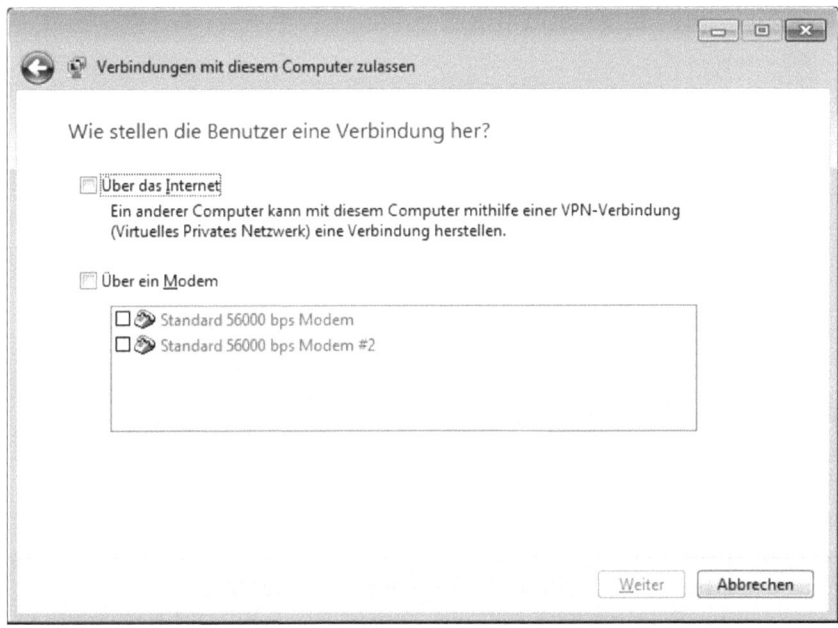

Abb. 15.18. Verbindungsauswahlfenster

Im nächsten Fenster (siehe Abb. 15.19) festgelegt, welche Netzwerkprotokolle in der Verbindung verfügbar sein sollen. Hier können nur Solche ausgewählt werden, die auf dem System bereits installiert sind! Mit anderen Worten: Es ist nicht möglich, andere Protokolle für den Fernzugriff als für die sonstigen Netzwerkverbindungen zu haben.

Gegebenenfalls können hier noch benötigte Protokolle über die Schaltfläche *Installieren...* hinzugefügt oder über die Schaltfläche *Deinstallieren* vom System entfernt werden.

Andererseits heißt dies nun aber auch nicht, dass alle auf dem System eingerichteten Netzwerkprotokolle auch von eingehenden Verbindungen verwendbar sein müssen: Nicht gewünschte Protokolle können ganz leicht durch Entfernen des Häkchens vor ihrem Namen für eingehende Verbindungen deaktiviert werden. Für andere Netzwerkschnittstellen bleiben sie dann selbstverständlich weiterhin verwendbar.

15. Fernzugriff einrichten und verwalten

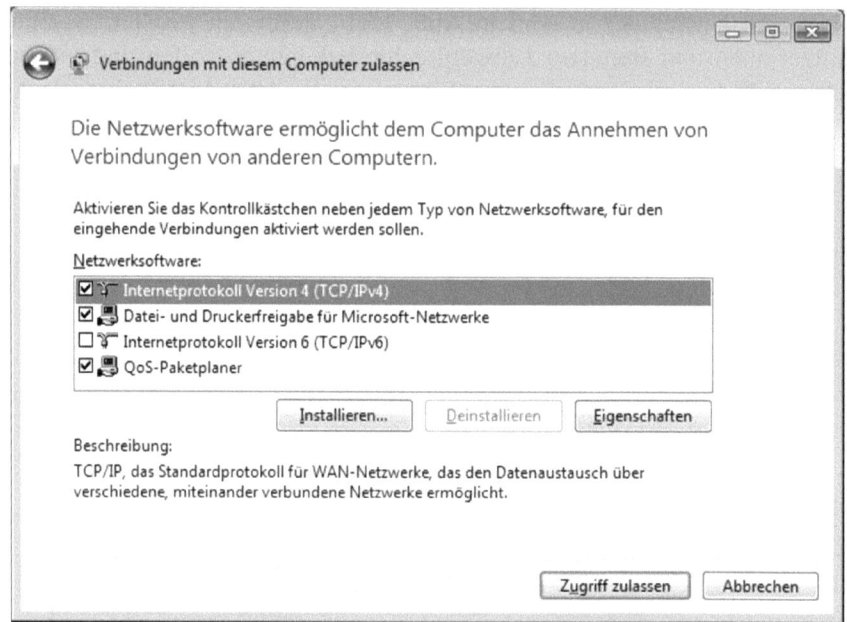

Abb. 15.19. Protokollauswahl der neuen eingehenden Verbindung

In Abb. 15.19 ist IPv6 beispielhaft ausgeschaltet worden.[9]

Schließlich können über die Schaltfläche *Eigenschaften* weitere, jeweils protokollspezifische Einstellungen vorgenommen werden.

Nach diesem Schritt und Klick auf *Zugriff zulassen* ist die neue eingehende Verbindung fertig eingerichtet und steht sofort bereit. Ein Neustart ist nicht erforderlich.

Der benötigte Name zum Einrichten der Client-Verbindungen für die Systeme, die sich einwählen wollen, wird angezeigt. Selbstverständlich kann auch dafür auch eine IP-Adresse verwendet werden. Beim Zugriff von „außen" (also von einem externen Netzwerk aus), muss die externe Internetadresse[10] verwendet und an einem ggf. angeschlossenen Router eine Regel erstellt werden, dass Pakete an die externe Port-Nummer für das VPN-Protokoll, das verwendet werden soll, an den Windows-7-PC weitergeleitet werden.

In dem Fenster *Netzwerkverbindungen* einscheint nach der erfolgreichen Einrichtung zusätzlich die Gruppe *Eingehend*, in der die gerade erstellte Verbindung angezeigt wird.

---

[9] Microsoft empfielt jedoch, IPv6 in jedem Fall eingeschaltet zu lassen.
[10] Dienstanbieter wie DynDNS.org u. a. helfen beim Management mit wechselnden IP-Adressen.

15.3.2 Ändern der Eigenschaften einer eingehenden Verbindung

Durch Wahl von *Eigenschaften...* im Kontextmenü einer bereits eingerichteten eingehenden Verbindung öffnet sich das in Abb. 15.20 gezeigte Eigenschaftsfenster. Es hat drei Registerkarten, die den im vorigen Abschnitt gezeigten Konfigurationsoptionen funktional entsprechen.

In der ersten Registerkarte, *Allgemein* genannt, wird festgelegt, ob die betreffende eingehende Verbindung per Direkteinwahl (Modem o. ä.) oder als VPN-Verbindung genutzt werden kann.

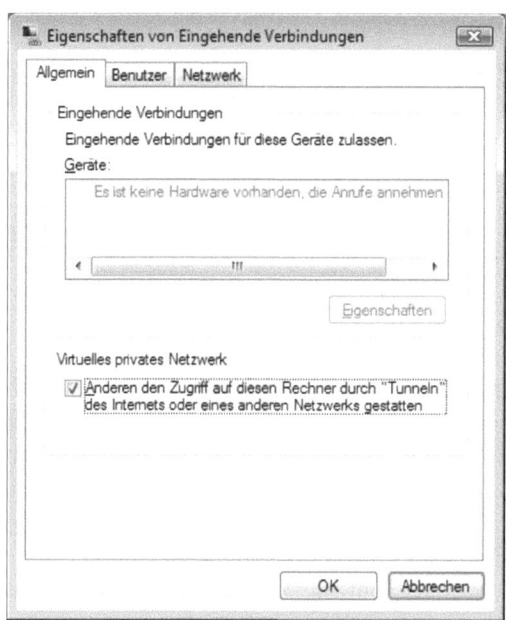

Abb. 15.20. Registerkarte *Allgemein* der eingehenden Verbindung

In der zweiten Registerkarte, mit *Benutzer* bezeichnet, lassen sich die Benutzer und Benutzerinnen festlegen, denen die Benutzung gestattet sein soll sowie ihre Kontoeigenschaften ansehen und ändern. Sie ist in Abb. 15.21 dargestellt.

Abb. 15.21. Registerkarte *Benutzer* der eingehenden Verbindung

Mit den Kästchen in der unteren Hälfte des Fensters wird festgelegt, ob verschlüsselte Verbindungen zwingend erforderlich sein müssen bzw. ob der unauthentifizierte Zugriff von direkt angeschlossenen Geräten möglich sein darf.

In der letzten Registerkarte, die mit *Netzwerk* bezeichnet wird (siehe Abb. 15.22) werden die Protokolle und ihre Eigenschaften festgelegt.

Auch an dieser Stelle können weitere Netzwerkprotokolle dem System hinzugefügt bzw. entfernt werden.

Abb. 15.22. Registerkarte *Netzwerk* der eingehenden Verbindung

15.4 Befehle für die Fernzugriffsverwaltung

Nützliche Programme, mit denen RAS- und VPN-Verbindungen verwaltet, und von Skripten und in Stapelverarbeitungsaufträgen – auf Wunsch auch (teil-)automatisiert – aufgerufen werden können, sind *Rasdial.exe*, *Rasautou.exe* und *Rasphone.exe*.

Auf die vollständige Ausgabe ihrer Syntax wurde aus Platzgründen verzichtet, sie kann jedoch leicht jeweils über den Aufruf mit dem Parameter /? bzw. -? in einem Eingabeaufforderungsfenster ausgegeben werden.

15.5 VPN Reconnect

VPN-Verbindungen (wie oben beschrieben) haben klassischerweise einen gewichtigen Nachteil: Sie sind nur so beständig, wie die jeweils zugrunde liegende Basistechnologie, auf der sie aufsetzen.

Stellen Sie sich einen Beifahrer in einem Auto, oder einen Reisenden in einem Zug vor, der bsp. über UMTS mit dem Intenet verbunden ist: Fahren sie in einen Tunnel, wird typischerweise die Verbindung mangels Funksignal unterbrochen.

Haben sie nach der Ausfahrt aus dem Tunnel wieder eine Verbindung mit einer genügend starken Feldstärke, kann zwar wieder die Verbindung in das Internet automatisch aufgebaut werden, aber da die Sitzung unterbrochen wurde, muss die darüber liegende VPN-Verbindung erneut aufgebaut werden. Und gerade bei auf WLAN-basierenden VPN-Verbindungen kann es häufig zu kurzen Verbindungsunterbrechungen kommen, welche stets auch eine VPN-Sitzungstrennung zur Folge haben.

Hier setzt die in Windows 7 erstmals eingeführte Technologie namens VPN Reconnect an: Sie basiert auf IKE2 und deren Mobile Extensions auf. In der Voreinstellung bleibt eine IKE2-VPN-Verbindung bis zu 30 Minuten bestehen, auch wenn die zugrunde liegende Internet-Verbindung unterbrochen wird. Das gilt sogar, wenn aufgrund des erneuten und automatischen Verbindungsaufbaus ein Client eine andere IP-Adresse bekommt.

Das alles ist völlig transparent für die Anwender – außer einer evtl. Verzögerung von einigen Sekunden bekommen sie von den zugrunde liegenden Vorgängen nichts mit.

VPN Reconnect kann sowohl alternativ als auch ergänzend zu einem weiteren Verbindungssystem namens DirectAccess (siehe unten) eingesetzt werden. Seine Voraussetzungen sind geringer als die von DirectAccesss, so werden z. B. keine Domänenkonten und keine PKI erfordert.

Jedoch kann VPN Reconnect nur benutzt werden, wenn als VPN-Server ein IKEv2-fähiger Server wie Windows Server 2008 R2 oder höher eingesetzt wird.

15.6 DirectAccess

DirectAccess ist der Name einer neuen Technologie, mit der Remote-Benutzer direkt und gesichert auf ein Firmennetzwerk zugreifen können, sobald sie mit dem Internet verbunden sind. Bislang wurde so ein Szenario mittels RAS oder ein VPN realisiert. Nun kann dies auch mittels sicherer Technologien wie IPv6 und IPsec[11] realisiert werden, ohne dass Benutzer erst manuell eine Verbindung bzw. einen VPN-Tunnel aufbauen müssten. Dadurch ist er zudem gleichzeitig mit dem Unternehmensnetzwerk (seinen Datei-, Druck-, Datenbank- und Mailservern) und dem Internet verbunden.

---

[11] Manche VPN arbeiten ebenfalls mit IPsec.

Bei einer VPN-Lösung dagegen können Anwender performant entweder mit dem Unternehmsnetzwerk arbeiten *oder* mit dem Internet.[12]

Aber auch in umgekehrter Richtung bietet DirectAccess den direkten Zugriff: War bisher der Verwaltungszugriff auf die Clientcomputer über ein VPN eher eingeschränkt möglich, können Administratoren nun mit DirectAccess auch Gruppenrichtlinien zu den Remote-Clients – als wären sie mit einem Ethernet-Kabel angeschlossen – übertragen werden, und wenn gewünscht, auch Software sowie Hotfixes verteilt werden.

Ziele, die sich im Internet befinden, können dabei direkt, ohne den Umweg durch das Unternehmensnetz, erreicht werden (das ist aber durch einen Administrator konfigurierbar). Die Auswahl des für die jeweilige Namensauflösung zu benutzenden DNS-Servers wird dabei anhand von Name Resolution Policy Tables (NRPT) getroffen, die DNS-Namensräume und dazugehörige interne DNS-Server-Adressen enthalten.

Auch die Kommunikation von Remoteclients untereinander, also z. B. zwischen mehreren Außendienstmitarbeitern, die sich im Internet befinden, kann direkt, also ohne zweimaliges Passieren eines VPN-Gateways mit entsprechenden Latenzzeiten, erfolgen! Und dieser Vorteil kann sogar von Technologien wie BrachCache genutzt werden.

Obwohl die Computer und Benutzer über IPsec authentifiziert werden, und der Datenverkehr verschlüsselt abläuft, ist es für deutlich höhere Sicherheit empfehlenswert, auch wenn es nicht zwingend erforderlich ist, auf Benutzername-/Kennwort-Anmeldungen zu verzichten und anstelle dessen der Einsatz von Chipkarten zu verwenden.

Diese Technologie kann auch mit NAP kombiniert werden, so dass der Zugriff auf das Firmennetzwerk nur dann gewährt wird, wenn wie vom Administrator konfiguriert, sich auf den Clients ein aktives Antivirenprogramm befindet, das die aktuellsten Virensignaturen hat.

Die Voraussetzungen für den Einsatz von DirectAccess sind:

- Windows-7-Clients mit der Enterprise oder Ultimate-Edition
- Windows Server 2008 R2 auf dem Gateway-Server
- Sämtliche Benutzer und ihre Computer haben Konten im internen Netzwerk (interne AD-Infrastruktur)

---

[12] Außer es wird ein so genanntes Split-Tunnel-Routing eingerichtet, welches aber wegen wechselnder IP-Adressen der Clients nicht in jedem Fall einfach zu verwalten ist. Und das Weiterleiten von Internetverkehr über den VPN-Tunnel und das Intranet bringt deutliche Leistungseinbußen mit sich.

- Im Netzwerk müssen sich mindestens ein Domänencontroller und ein DNS-Server befinden, die unter Windows Server 2008 (oder höher) ausgeführt werden
- IPv6 muss zumindest auf dem DirectAccess-Server aktiviert sein (das interne Netzwerk kann auch mit IPv4 betrieben werden, wenn eine Protokollumsetzung von IPv6 nach IPv4 erfolgt, z. B. mit ISATAP oder NAT-PT)
- Eine PKI muss eingerichtet sein, die Computer- und ggf. NAP-Zertifikate ausstellt
- Aktivierung von DirectAccess und IPsec per Gruppenrichtlinieneinstellungen

Anhang

A. Startoptionen

Obwohl Windows 7 die Startoptionen im BCD-Block der Registrierung speichert, werden betriebssystemintern noch immer die klassischen Boot.ini-Namen verwendet. Diese lassen sich sogar beim Start von Windows 7 zur Kontrolle ansehen und verändern: Durch Druck auf die F10-Taste beim Systemstart bzw. im Startmenü öffnet sich das Fenster *Startoptionen bearbeiten*. Die Fähigkeit, die Optionen beim Start ändern zu können, hatten Windows XP und ältere Windows-Versionen nicht.

Die jeweiligen Startoptionen, mit denen eine Windowsumgebung geladen wurde, lassen sich später in der Registrierung im Schlüssel HKLM\System\CurrentControlSet\Control\SystemStartOptions ansehen.

Aber auch mit dem BCDEDIT-Programm lassen sie sich in der klassischen Form angeben. Ein Beispiel: In einer Administrator-Eingabeaufforderung wird BCDEDIT /SET LOADOPTIONS " /NOGUIBOOT" eingegeben. Zwischen dem Anführungszeichen und dem nachfolgenden Schrägstrich muss jedoch unbedingt ein Leerzeichen stehen! Sonst werden die eingegebenen Startoptionen schlicht ignoriert. Leerzeichen müssen zur Trennung auch zwischen mehreren Startoptionen stehen.

Wer häufiger die Startoptionen ändern möchte, kann über den Befehl BCDEDIT /SET OPTIONSEDIT YES festlegen, dass das Startoptionen-Bearbeiten-Fenster bei jedem Systemstart dargestellt werden soll.

Die Schalter und ihre Parameter sind *case-insensitive*, können also in Groß-, Kleinbuchstaben oder gemischter Schreibweise eingegeben werden. Nachfolgend werden sie aber durchgängig in Großbuchstaben aufgeführt (wie auch in Windows intern, denn Winload.exe übergibt auch die BCD-Einstellungen dem Kernel stets in der klassischen Form). Der Vollständigkeit halber sind auch einige klassische Schalter aufgeführt, die nur in den Vorgängerversionen existierten und unter Windows 7 ignoriert werden.

Aufgrund des Umfangs der Tabelle A.1 dürfte es keine veröffentlichte Liste geben, welche die Startoptionen noch vollständiger und mehr als die hier aufgeführten Windows-Startoptionen hat!

Tabelle A.1. Klassische Startoptionen und BCD-Pendants

Schalter	OS	Bedeutung
/3GB BCD: increaseuserva <MB>	NT4+	Dieser Schalter bewirkt eine Veränderung der Aufteilung des Adressraums. Normalerweise steht einem Anwender-Task 2 GB RAM zur Verfügung und dem Betriebssystem die restlichen 2 GB des 32-Bit-Adressraums. Mit /3GB stehen Benutzer-Anwendungen, die mit der Linker-Option /LARGEADDRESSAWARE erstellt wurden, bis zu 3 GB zur Verfügung, Windows (und auch der Hardware) 1 GB. Nur speziell programmierte Anwendungen wie SQL-Server Enterprise und Exchange Enterprise können das zusätzliche Gigabyte nutzen. Für andere Anwendungen, Windows NT 4 Standard Server, Windows 2000 Standard Server, Windows 2000 Small Business Server, Windows 2003 Small Business Server und auf 64-Bit-Systemen bringt dieser Schalter nichts (User-Space bleibt bei 2 GB) und darf nicht in der Boot.Ini-Datei angegeben werden! Ab Windows Server 2003 SP1 und höher stehen jedem 32-Bit-Prozess sogar bis zu 4 GB bereit. Diese Option wird für Exchange-2000- und -2003-Server, die auf entsprechenden OS-Versionen laufen, Postfächer und 1 GB oder mehr physischem RAM haben, empfohlen. Obwohl auf Windows XP-Rechnern unterstützt, sollte er hier nicht verwendet werden, weil es sonst zu Kernelspeicherengpässen kommen kann. Das gilt insbesondere, wenn Grafikkarten mit eigenem Speicher verwen-

		det werden. (Siehe auch /USERVA sowie die KB-Artikel 266096, 823440 und 291988). Wenn der Server jedoch 16 oder mehr GB RAM hat, benötigt Windows 2 GB Platz; dieser Schalter darf dann nicht gesetzt sein. In den 64-Bit-Windows-Versionen, Windows XP Embedded (XPe) und WinPE Remote-Boot-Umgebungen wird er nicht unterstützt. Mit Windows 7, Vista und Windows Server 2008 können trotz /3GB-Schalter 64 GB Hauptspeicher verwendet werden – und wenn /3GB weggelassen wird – sogar bis zu 128 GB.
/BASEVIDEO BCD: vga [on | off]		Schaltet auf Standard-VGA-Auflösung (640 x 480 Punkte, 16 Farben) um. Wird benutzt, falls es beim Systemstart zu Problemen mit den installierten Grafikkartentreibern gibt
/BAUDRATE=\<n\> BCD: dbgsettings serial baudrate:bd		Übertragungsrate des seriell angeschlossenen Debugger-PCs. (Mögliche Werte sind: 9600, 19200, 38400, 57600 und 115200, Default: 19200, ab Windows XP: 115200).
/BOOTDEBUG BCD: bootdebug [{ID}] {on | off}		Hilft beim Debuggen von Boot-Gerätetreibern.
/BOOTLOG BCD: LogInitializion bootlog [yes | no]	WXP+	Bewirkt, dass die Datei Ntbtlog.txt im %Systemroot%-Verzeichnis erstellt wird. Sie enthält ein Protokoll des aktuellen Startvorgangs mit Angabe aller geladenen Treiber.
/BOOTLOGO	WXP+	Mit diesem Schalter kann das Bild, das während des Systemstarts angezeigt wird, in ein eigenes geändert werden. Diese Datei muss Boot.bmp heißen und in sich in %Systemroot% befinden. Ihre Größe ist 640 x 480 Punkte mit 16 Farben und RLE-kodiert. In Windows 7 ist sie als WIM-Datei in Winload.Exe unter dem Namen osload800x600.bmp bzw. osload

/BREAK BCD: HALBreakPoint		1024x768.bmp in der Root dieser Datei untergebracht, kann 1, 24 oder 32 bpp haben und benutzt kein RLE mehr. Hält Windows nach dem Starten, bei der HAL-Initialisierung an und wartet (ohne Zeitbegrenzung) auf eine Debuggingsession. Ohne /DEBUG erscheint ein Blue-Screen.
/BURNMEMORY=<n> BCD: removememory <n>	W2kP+	Gibt die Größe eines Speicherbereiches (in MB) des physischen RAMs an, der von Windows nicht benutzt werden soll. Wird z. B. benutzt, um das Verhalten des Systems und von Treibern bei knappem Speicher zu testen. (Ähnlich: /MAXMEM – /Burnmemory ist jedoch genauer!).
/BUSPARAMS=<Bus.Gerät.Funktion > BCD: loadoptions busparams= Bus.Device.Function	WV+	Gibt den IEEE-1394- oder USBZielcontroller an, wenn ein System debuggt werden soll und es mehrere gibt. *Bus* meint die Busnummer, *Gerät* die Gerätenummer und *Funktion* die Funktionsnummer. Bei IEEE-1394 werden die Werte dezimal angegeben und bei Windows 7 und späteren Versionen auch die USB-Bus-Parameter. In Windows Vista und Windows Server 2008 müssen die USB-Bus-Parameter hexadezimal angegeben werden.
/CHANNEL= BCD: dbgsettings 1394 channel:n	WXP+	Legt den Kanal des IEEE-1394-Debuggingports im Bereich von 0 - 62 fest und wird zusammen mit /DEBUGPORT verwendet. Wird dieser Schalter weggelassen, wird 0 (= Default) verwendet.
/CLKLVL	NT4 - W2k3	Informiert die Multiprozessor-HAL, dass eine level-sensitive Systemuhr anstelle eines edge-triggered Uhrenchips (Default) im Computer ist.
/CMDCONS	W2k - W2k3, W7+	Bewirkt, dass nicht der Windows-Explorer, sondern die Wiederherstellungskonsole geladen wird.

/CONFIGACCESSPOLICY= BCD: configaccesspolicy {default | disallommconfig}	WV+	DEFAULT, FORCEDISABLE oder DISALLOWMMCONFIG Letztere Einstellung wird für manche Systeme verwendet, auf denen sich Windows 7 aufgrund von Konflikten mit Multimediahardware (wie der Soundkarte oder DVB-Empfängern) nicht installieren lässt.
/CONFIGFLAG=<n> BCD: configflags <n>	WV+	Prozessorspezifische Konfigurations-Flags.
/CRASHDEBUG BCD dbgsettings /start	WNT - W2k3	Lädt zwar den Debug-Kernel, lagert diesen aber während der Laufzeit aus. Eine Debugging-Session kann dann nur im Falle eines Absturzes initiiert werden und nicht während der Laufzeit. Falls sowohl /DEBUG und /CRASHDEBUG angegeben werden sollten, hat jedoch /CRASHDEBUG Priorität. /DEBUGPORT und /BAUDRATE sind optionale Parameter. Standardmäßig wird die COM-Schnittstelle mit der höchsten Nummer benutzt. Bei Windows Server 2003 sollte /DEBUG=DISABLE anstelle benutzt werden!

/DEBUG
BCD: debug [{ID}] on
  debugsettings /start
  debugsettings /noumex
		Lädt die Debugging-Version des Kernels und startet ein Kernel-Debugging-Sitzung. Dies ist der Default, wenn entweder /BAUDRATE oder /DEBUGPORT angegeben werden. Der Debug-Kernel ist nur für die Fehleranalyse und für Entwickler gedacht und vermindert die Performance auf Produktionsumgebungen. Nur bei Windows Server 2003 und höher kann der Debug-Schalter zusätzlich in folgender Syntax verwendet werden: /debug[={autoenable | disable | noumex},...] AUTOENABLE, die Voreinstellung, bedeutet, dass der Debugger erst dann gestartet wird, wenn eine Ausnahme oder ein anderes kritisches

		Ereignis auftritt. Mit DISABLE ist der Debugger zunächst inaktiv, kann aber mit dem Befehl KDbgCtrl aufgerufen werden und sollte nun anstelle /CRASHDEBUG verwendet werden. Und NOUMEX verhindert, dass der Debugger bei Ausnahmen im User-Modus gestartet wird. Es kann auch mehr als eine Suboption angegeben werden, die Trennung erfolgt dann durch Kommata.
/DEBUGPORT= BCD: dbgsettings serial debugport:n		Spezifiziert den Port, an dem der Debugger-PC angeschlossen ist (z. B. COM1, COM2, COM3, COM4 oder (ab Windows XP) 1394). Default auf x86-PCs ist COM2. Der angegebene Port wird damit durch die HAL für das Betriebssystem ausgeblendet und steht dann für Debuggingzwecke exklusiv zur Verfügung. Für IEEE-1394-Debugging müssen beide PCs Windows XP oder höher ausführen und mittels /CHANNEL-Switch denselben IEEE-1394-Kanal konfiguriert haben. Der zu debuggende Computer muss außerdem im Betriebssystem den verwendeten IEEE-1394-Port deaktiviert und virtuelle Debug-Treiber installiert haben, damit dieser für den Kernel exklusiv zur Verfügung steht.
/DEBUGPORT=USB BCD: dbgsettings usb	WV+	Legt fest, dass die Debuggingschnittstelle der USB-Port sein soll.
/DEBUGPORT=NET	W7+	Legt fest, dass über ein Netzwerkanschluss debuggt werden soll.
/DETECTHAL BCD: detecthal {yes | no}	WV+	WinPE 2.0/Windows 7/Win2008: HAL- und Kernel-Erkennung beim Systemstart. Für ältere OS aus dem neuen Bootloader entfernen!
/DISABLE_INTEGRITY_CHECKS	WV+	Auch unter Windows Vista/Server 2008 und höher in den 64-Bit-Varianten wird das Starten mit nicht signierten Treibern erlaubt. Dieser Parameter wird als einziger

/EXECUTE BCD: nx	WXP SP2+	nicht dauerhaft in der BCD gespeichert. Mit diesem Switch wird die DEP (Data Execution Prevention) nur bei 32-Bit-Prozessen deaktiviert und wirkt insoweit genau umgekehrt wie /NOEXECUTE (siehe dort).
/FASTDETECT	W2k - W2k3	Instruiert NTDETECT, nicht nach seriellen Schnittstellen und Geräten wie Mäusen zu suchen und ist ab Windows 2000 die Default-Einstellung. Das Weglassen dieses Schalters kommt auf Multi-Boot-Computern mit NT4-Partition, aber mittels NTLDR von Windows 2000 oder höher gestartet werden, in betracht (vor Windows 2000 wurde /NOSERIALMICE dafür benutzt). In einer zweiten Syntax-Form (/FASTDETECT=COM1[,COMx]) wird die Erkennung nur für die angegebenen Geräte weggelassen. Bei Geräten, die nicht PnP-fähig sind und nur dem BIOS bekannt sind, sollte dieser Schalter weggelassen werden.
/FIRSTMEGABYTEPOLICY= BCD: firstmegabytepolicy	WV+	Gibt an, wie das erste Megabyte des Hauptspeichers verwendet werden soll. Gültig sind: USENONE (Nicht verweden), USEALL (Alles verwenden) und USEPRIVATE (Reserviert für zukünftige Windows-Versionen).
/FORCEGROUPAWARE BCD: groupaware [on | off]	W7+	In den 64-Bit-OS-Versionen wird hiermit bewirkt, dass auch bei weniger als 64 CPU-Kernen mit mehreren Prozessorgruppen gearbeitet wird. In einer 32-Bit-Version hat dieser Schalter keine Auswirkung.
/FVEBOOT=	WV+	Unbekannt - Betrifft vermutlich BitLocker (aka: Full Volume Encryption).
/GRAPHICSRESOLUTION=		800x600 oder 1024x768 Setzt die Auflösung des Startbild-

		schirms.
/GROUPSIZE=<maxsize> BCD: groupsize <maxsize>	W7+	Legt die Höchstanzahl der logischen Prozessoren in einer Prozessorgruppe fest. Der Wert kann jede 2-er Potenz zwischen 1 und einschließlich 64 (Voreinstellung) sein. Dieser Parameter ist nur in der 64-Bit-OS-Versionen vorhanden und wenn mit Prozessorgruppen gearbeitet werden soll, obwohl nur 64 oder weniger CPU-Kerne vorhanden sind.
/HAL=<Dateiname> BCD: hal <Dateiname>		Gibt die zu verwendende Hardware Abstraction Layer (HAL)-Datei an (z. B. /HAL=halmps.dll lädt explizit die Multiprozessor-HAL). Der hier genannte Dateiname muss der 8+3-Namenskonvention entsprechen, und die Datei sich im %Systemroot%\Windows32-Verzeichnis befinden. Der Default-Wert ist hal.dll, was stets eine umbenannte Version einer der System-HAL-Dateien ist. Wird häufig (zusammen mit /KERNEL) auf Entwickler-Computern eingesetzt, um Treiber und Programme mit verschiedenen Kerneln und HALs testen zu können.
/HOST_IP=<w.x.y.z>	W7+	Gibt die IP-Adresse für den Debugging-PC an.
/HOST_PORT=<n>	W7+	IP-Port-Nummer des Debugging-PCs.
/HYPERVISORDBG BCD hypervisordebug on	W2k8+	Aktiviert den Hypervisor-Debuggingmodus.
/HYPERVISORDBGBAUD=<n> BCD: hypervisorsettings baudrate:bd	W2k8+	Festlegung der Übertragungsrate für das Debugging des Hypervisors über die serielle Schnittstelle.
/HYPERVISORDBGCH=<n> BCD: hypervisorsettings channel:ch	W2k8+	Setzt den Kanal bei IEEE1394-Hypervisordebugging.
/HYPERVISORDBGPORT=COMn BCD: hypervisorsettings serial debugport:n	W2k8+	Festlegung der entspr. seriellen Schnittstelle (COM1 - COMn)
/HYPERVISORDBGTYPE= BCD: hypervisorsettings {serial |	W2k8+	SERIAL oder 1394 Auswahl der Debuggingschnittstelle.

1394]

/HYPERVISORLAUNCHTYPE= BCD: hypervisorlaunchtype {auto | on | off}	W2k8+	AUTO (Default) oder OFF (z. B. für temporäres Abschalten des Hypervisors weil Virtual PC, Virtual Server, Xen, VMware gestartet werden soll) Gleichbedeutend mit AUTO ist ON.
/HYPERVISORPATH= BCD: hypervisorpath <Pfad>	W2k8+	Pfad und Name der ausführbaren Hypervisor-Datei relativ zu %SystemRoot%\System32.
/INRAM	WXP SP2+	Lässt WinPE vollständig im RAM laufen. Kann bsp. zusammen mit /MININT benutzt werden.
/INTAFFINITY	WNT - W2k3	Gibt an, dass in einem Mehrprozessorsystem nur die CPU mit der höchsten ID für die Interruptbearbeitung zuständig sein soll. Defaultmäßig können alle CPUs Interrupts bearbeiten.
/KERNEL=<Dateiname> BCD: kernel <Dateiname>		Gibt die zu ladende Kernel-Datei an (z. B. /KERNEL=ntkrnlmp.exe lädt den Multiprozessor-Kernel). Die genannte Datei muss sich im Verzeichnis %Systemroot%\system32 befinden und der 8+3-Dateinamenskonvention entsprechen. Der Defaultwert hängt von der Speichergröße des PCs ab: Für Computer mit weniger als 4 GB RAM, ist der Default-Kernel ntoskrnl.exe. Für Computer mit 4 GB oder mehr RAM, ist der Default- Kernel ntkrnlpa.exe.
/LASTKNOWNGOOD BCD: lastknowngood {on | off}		Startet das System als wäre die Startoption "LastKnownGood" ausgewählt worden.
/MAXAPICCLUSTER BCD: restrictapiccluster <n>		Größte APIC-Gruppennummer, die ein System verwenden kann. APIC ist die Abkürzung von *Advanced Programmable Interrupt Controller*.
/MAXGROUP BCD: maxgroup {on | off}	W7+	Gibt an, dass die maximal mögliche Anzahl von CPUs (bzw. -Kernen) je Prozessorgruppe benutzt werden soll und ist nur in 64-Bit-OS wirksam.

/MAXMEM= BCD: removememory oder truncatememory <Adresse>		Gibt an, wie viel physischer RAM (in KB) Windows zur Verfügung stehen soll. Höhere als die angegebene Speicheradresse, werden von Windows dann nicht benutzt. Dieser Schalter wird von Programmierern verwendet, um Treiber/Programme mit unterschiedlichem Speicherausbau testen zu können, ohne dafür RAM-Module wechseln zu müssen. (Siehe /BURNMEMORY und den KB-Artikel 108393)
/MAXPROC BCD: maxproc		Gibt die maximale Anzahl von Prozessoren an, die in einem System installiert sein können. Diese Angabe ist wichtig für die CPU-HotAdd-Funktion.
/MAXPROCSPERCLUSTER=<n> BCD: clustermodeadressing <n>	W2k+	Instruiert die HAL, dass die APIC-Cluster-Mode-Adressierung verwendet werden soll. Der Wert gibt die maximale Anzahl von Prozessoren je APIC-Cluster an.
/MININT	W2k+	In einer WinPE- und Windows XP Embedded-Umgebung wird damit die Registry als *volatile* (flüchtig) gekennzeichnet, nur im Speicher gehalten und Änderungen nicht zurückgeschrieben. Wird z. B. benötigt, wenn man von einem „Nur-Lese"-Speicher booten möchte (LiveCD-/WinPE-Modus). Fakultativ kann noch /INRAM angegeben werden.
/MSIPOLICY= BCD: msi {default | forcedisable}	WV+	Einstellung für Message Signaled Interrupts (MSI). Gültig sind =DEFAULT (MSI verwenden, wenn die Geräte es unterstützen) oder =FORCEDISABLE (nicht MSI, sondern klassische Interrupts verwenden). Bei MSI werden Unterbrechungsanforderungen durch das Schreiben von Werten in spezielle Speicherstellen ausgelöst, anders als früher, wo noch ein bestimmtes Signal an einen IRQ-

	Eingang der CPU angelegt werden musste. Die PCI-Spezifikation 2.2: MSI, PCI v3.0 kennt MSI und MSI-X. Gleichfalls PCI Express. Vs. Line-based, level-triggered Interrupts (INTA, INTB etc.). Ein Gerät am Bus darf entweder die klassischen leistungsbasierten Unterbrechungs-anforderungen benutzen oder die neuen, nachrichtenbasierten, aber davon nur eines! PCI v2.2 lässt 16 MSIs je Gerät zu, PCI 3.0 dagegen bis zu 2.048 je Gerät. Empfohlen wird im letzteren Fall, dass Geräte sich dennoch auf maximal 64 freiwillig beschränken. Geräte schreiben damit Werte in vorher festgelegte Speicherstellen und lösen damit die von ihnen gewünschte Unterbrechung aus. Eine Auswirkung davon ist, dass MSIs „edge-triggered" wirken. Die CPU, welche die Unterbrechungsanforderung bearbeiten soll, kann ausgesucht werden.
/NODEBUG BCD: debug off	Verhindert das Laden des Debug-Kernels, Diese Einstellung ist der Default-Wert, kann aber verwendet werden, um bei wechselnden Konfigurationen nicht die gesetzten Debug-Parameter in der Boot.Ini-Datei entfernen zu müssen. Sollten sowohl /DEBUG als auch /NODEBUG angegeben sein, hat der /NODEBUG-Schalter Priorität, falls /CRASHDEBUG angegeben sein sollte, hat dieses wiederum Priorität.
/NOEXECUTE WXP BCD: nx [OptIn | OptOut | alwayson SP2+ | | alwaysoff]	Diese Option steuert die Datenausführungsverhinderung bzw. den Speicherseitenschutz (Data Execution Protection, DEP) für 32-Bit-Applikationen, die ein Ausführen von potentiell schädlichem Code in Datenbereichen von Programmen (z. B. durch Buffer-Overflows erzeugt) verhindert. Für die Hardware-DEP-

Unterstützung wird eine entsprechende CPU wie AMD Athlon64 benötigt, sonst wird nur die Software-DEP genutzt. Es gibt die Unteroptionen OPTIN (DEP nur für Betriebssystemkomponenten inkl. dem Windows-Kernel und Treibern – Administratoren können aber darüber hinaus DEP für ausführbare Dateien ihrer Wahl mit Hilfe des Applikationskompatibilitätsassistenten (Application Compatibility Toolkit/ACT) einschalten), OPTOUT (aktiviert DEP für das Betriebssystem und alle Dienste und Prozesse inkl. dem Windows-Kernel und Treibern. Auch der Memory-Manager des Kernels unterstützt DEP. Administratoren können DEP jedoch für bestimmte ausführbare Dateien mit der Registerkarte Systemleistung des System-Programms aus der Systemsteuerung abschalten), ALWAYSON (Aktiviert DAV für das Betriebssystem und alle Prozesse und Treiber (inkl. dem Windows-Kernel und den Treibern). Alle Versuche, z. B. durch schädliche Software, DAV während der Laufzeit abzuschalten werden ignoriert.) und ALWAYSOFF (Schaltet DAV vollständig ab – jegliche Versuche, es während der Laufzeit zu aktivieren werden geblockt). ALWAYSOFF deaktiviert zudem PAE, jede andere Option aktiviert PAE. Um PAE in diesen Fällen ein- oder auszuschalten, müssen explizit der /PAE- oder /NOPAE-Schalter angegeben werden. Für 64-Bit-Applikationen hat dieser Schalter keine Bedeutung, da die DEP für diese immer aktiviert ist und nicht abgeschaltet werden kann (entspricht ALWAYSON). Defaults sind für WinXP SP2+: /NOEXECUTE=OPTIN, für Windows Server 2003 SP1+: / NOEXE-

		CUTE=OPTOUT. Auf einem Windows Server mit SP1 deaktiviert /NOEXECUTE=ALWAYSOFF die DAV, nicht jedoch PAE. Zum Deaktivieren von beiden müsste /EXECUTE benutzt werden.
/NOGUIBOOT BCD: quietboot {on | off}	W2k+	Dieser Schalter verhindert die Darstellung jeglicher Bitmap-Grafiken während des Bootvorgangs (indem die Datei *bootvid.dll* nicht initialisiert wird) und auch des blauen Hintergrunds im Falle eines STOP-Fehlers. Dieser Schalter kann bei Grafikkartentreiberproblem verwendet werden. Unter Windows 7 verhindert es die Darstellung des animierten Fortschrittbalkens.
/NOIRQSCAN	W2k - WV	Verhindert während des PnP-Scans die IRQ-Erkennung.
/NOIRQROUTING	Bis WV	Unbekannt.
/NOLEGACY	Bis WV	Unbekannt.
/NOLOWMEM BCD: NoLowMem {on | off}	W2k+	Bewirkt bei 32-Bit-Windows, dass der untere 4-GB-Bereich aus dem Adressraum ausgeklammert und nicht verwendet wird, wenn /PAE und eine x64-CPU benutzt werden. Bei Windows-Versionen vor Version 2003 SP1 wird, wenn sowohl /3B und /NOLOWMEM spezifiziert sind, /NOLOWMEM ignoriert. (Siehe auch den KB-Artikel 291988).
/NOPAE BCD: pae ForceDisable	W2k+	Instruiert NTLDR eine Nicht-PAE des Kernels zu laden, was auf 32-Bit-Systemen ohnehin der Default ist. Da jedoch die DEP (Data Execcution Protection) bei hardware-DEP-fähigen CPUs automatisch PAE mitaktiviert, kann dieser Schalter benutzt werden, um in diesen Fällen PAE zu deaktivieren (siehe /NOEXECUTE), ebenso, wenn ein Treiber nicht PAE-kompatibel ist.

/NOSERIALMOUSE	Nur NT3/4	Auf 64-Bit-OS hat dieser Schalter keine Bedeutung. Synonym für /NOSERIALMICE (siehe dort). Steht ab Windows 2000 nicht mehr zur Verfügung.
/NOSERIALMICE=[COMx | COMx,y,z...]	Nur NT3/4	Deaktiviert die Erkennung serieller Mäuse an den angegebenen Ports (/NOSERIALMICE ohne COM-Port-Angabe deaktiviert die Erkennung serieller Mäuse an allen COM-Ports. Dies war für NT3.x und 4 sehr wichtig, weil diese Erkennung manche angeschlossene USVs in den Batterie-/Entlademodus versetzte. Da bei Windows 2000 und höher diese Erkennung nicht mehr von NTLDR durchgeführt wird, hat dieser Schalter bei aktuellen Systemen keine Bedeutung mehr und wurde durch /FASTDETECT ersetzt.
/NOVESA BCD: novesa		Verhindert die Auswahl der VESA-Modi der Grafikkarte, welche nicht mit jedem Monitor kompatibel sind.
/NUMPROC=<n> BCD: numproc <n>		Legt die Anzahl der zu benutzenden CPUs (bzw. -Kerne) auf einem Mehrprozessorsystem fest.
/ONECPU BCD: onecpu {on | off}		Die Angabe dieses Schalters bei einem Mehrprozessorsystem mit Mehrprozessor-HAL legt fest, dass nur eine CPU benutzt wird (entspr. /NUMPROC=1).
/PAE BCD: pae [Default | ForceEnable | ForceDisable]	W2k+	Bewirkt auf kompatibler 32-Bit-Hardware die Benutzung eines Kernels mit den Intel Physical Address Extensions, mit der sich mehr als 4 GB RAM adressieren lassen. Dieser Schalter bewirkt auch, dass 64-Bit-Adressen an den Kernel weitergegeben werden. Dieser Schalter ist auf 64-Bit-Versionen unnötig, und wird beim Start im abgesicherten Modus auf allen Windows-Versionen ignoriert. Wenn DEP (siehe /NOEXECUTE) deaktiviert ist

A. Startoptionen 549

		(/NOEXECUTE= ALWAYSOFF) wird auch PAE abgeschaltet. Um in so einem Fall dennoch mit den PAE arbeiten zu können muss dies über explizites Setzen des /PAE-Schalters aktiviert werden. Die Hot-add-memory-Unterstützung (das ist das Hinzufügen von RAM während des Betriebs ohne Neustart) auf Windows Server 2003, Enterprise und Datacenter oberhalb der 4-GB-Grenze benötigt PAE. (Siehe auch den KB-Artikel 291988).
/PCIEXPRESSPOLICY= BCD: pciexpress		Unbekannt. Mögliche Werte sind =DEFAULT oder =FORCEDISABLE.
/PCILOCK BCD: UseFirmwarePCISettings {yes | no}	W2k+	Verhindert, dass die HAL PCI-Bus-Systemressourcenzuordnungen, die vom BIOS vorgenommen wurden (I/O-Adressen und IRQ-Ressourcen), ändert. Wenn dieser Schalter angegeben wird, ist das BIOS für die korrekte Zuordnung (I/O- und Memory-Ressourcen) allein verantwortlich. Bei 64-Bit-Versionen von Windows ist dieser Schalter ohne Funktion. (Siehe auch den KB-Artikel 148501).
/PERFMEM=<n> BCD: perfmem <n>	WV+	Größe in MB des Puffers für Performance Data Logging im Basic Block Testing (BBT).
/RDBUILD	W2k - W2k3	Spezifiziert, dass die Boot-RAM-DISK vom Deployment Agent Builder Server erstellt werden soll.
/RDCLIENTPORT=<n> BCD: ramdisktftpclientport <n>	W2k3+	Gibt an, welchen TCP/IP-Port Automated Deployment Services-(ADS)-TFTP-Clients benutzen sollen, um sich mit dem ADS-Agent-Builder-Dienst zu verbinden und WIM-TFTP-Client-Port.
/RDEXPORTASCD BCD: exportascd {on | off}	WXP+	Wird benutzt, wenn WinPE über RIS (Remote Installation Services) auf einer Ramdisk verteilt wird (ermöglicht den Export der Ramdisk als

		CD).
/RDGUID={...}	W2k3	GUID der Konfiguration, die vom Deployment-Agent-Builder-Dienst erstellt werden soll.
/RDIMAGELENGTH=<n> BCD: ramdiskimagelength <n>		Gibt die Größe des Ramdisk-Abbilds an.
/RDIMAGEOFFSET=<n> ramdiskimageoffset <n>	WXP+	Für die Ramdisk in WinPE und XPe (Default: 4096). Muss angegeben werden, falls die Boot.Ini-Datei auf dem Server liegt und nicht der Boot-Manager oder ein Abbild, das nicht mit .SDI endet, benutzt wird.
/RDPATH=<Pfad>	WXP+	Für die Ramdisk in WinPE (Windows Preinstallation Environment) und Windows Embedded: Gibt den Pfad der zu ladenden SDI-Datei (System Deployment Image) an (z. B. net(0)\xpeimage.sdi).
/RDRETRY:	W2k3	Anzahl der Wiederholungsversuche von 0 bis 65535. Default: 5.
/RDSDIHDRPATH=	WV	Pfad der Start-Datei innerhalb des SD-Abbilds.
/RDSERVERPORT:	W2k3	IP-Port des Deployment-Agent-Builder-Dienstes. Voreinstellung: 4012.
/RDSERVERS={…}	W2k3	Durch Kommas getrennte IP-Adressliste für den Deployment Agent Builder Service um von dort Deployment Agent Images zu laden.
/RDTIMEOUT:	W2k3	Timeoutwert in Sekunden für den Server-Kontakt. Gültige Werte sind 1 - 60, die Voreinstellung ist 4.
/REDIRECT[=COMx] /REDIRECT=USEBIOSSETTINGS BCD: emssetting emsport:n emssettings bios ems [{ID}] {on | off} bootems {on | off}	W2k3+	Dieser Schalter aktiviert die Notverwaltungsdienste (engl.: Emergency Management Services, EMS) auf einem Windows Server 2003/2008, Enterprise Edition-Computer. Wenn das BIOS die ACPI Serial Port Console Redirection (SPCR) unterstützt, kann USEBIOSSETTINGS angegeben werden, andernfalls wird eine Übertragungsrate von 9600 Baud verwendet.

A. Startoptionen

/REDIRECTBAUDRATE= BCD: emssettings emsbaudrate:bd	W2k3+	Legt die Übertragungsrate für EMS fest. Gültige Werte sind: 9600 (Default), 19200, 57600, 115200.
/RELOCATEPHYSICAL=<n> BCD: relocatephysical <n>	W2k8+	Verschiebt den automatisch gewählten Speicher einer NUMA-Node an die angegebene Adresse.
/ROLLBACK	W7+	Unbekannt.
/SAFEBOOT: BCD: safeboot {minimal | network | dsrepair} safeboot alternateshell {on | off}	W2k+	Startet das System im abgesicherten Modus. Mögliche Parameter sind: MINIMAL, NETWORK (Abgesicherter Modus mit Netzwerk), MINIMAL(ALTERNATESHELL), DSREPAIR (Verzeichnisdienstwiederherstellung auf Domänen-Controllern). (Siehe den KB-Artikel: 239780).
/SCSIORDINAL:<n>	NT4 - W2k3	Beim Hinzufügen von weiteren SCSI-Controllern kann es zu einer Verschiebung der SCSI-Adapter-Nummern, die in den ARC-Pfaden angegeben werden, kommen. Um dem zu entgegnen, kann mit /SCSIORDINAL:0 der erste SCSI-Controller und mit /SCSIORDINAL:1 der zweite SCSI-Controller gekennzeichnet werden. (Siehe KB-Artikel 103625).
/SDIBOOT=<Name>	WXP - W2k8	Für Windows Embedded und WinPE. Gibt an, wo die SDI-Datei (System Deployment Image) liegt, die NTLDR verwenden soll, um das System zu starten.
/SOS BCD: sos [on | off}	NT4+	Listet bei Systemstart alle geladenen Treiber und Module der Reihenfolge nach auf.
/STAMPDISKS BCD: stampdisks {on | off}	W2k8+	Aktiviert das Stempeln von RAW-Datenträgern in WinPE-Umgebungen
/TARGETNAME=<Name> BCD: dbgsettings usb targetname: <Name>	WV+	Dieser Schalter wird zusammen mit /DEBUG verwendet und gibt den Namen einer USB-Debugging-Sitzung an. Das Zielsystem muss dabei Windows Vista oder höher sein. Der

/TESTSIGNING BCD: testsigning {on | off}	WV+	Name kann frei gewählt werden. Hilft bei der Entwicklung von Treibern, indem auch Zertifikate der Microsoft Test Root Authority (durch makecert.exe erstellt) und nicht nur von ausdrücklich vertrauten, Zertifikatsservern akzeptiert werden.
/TIMEOUT= BCD: timeout n	WV+	Gibt an, wie lange der Boot-Manager auf eine Benutzerauswahl warten soll (von -1, 0 - 9999 Sekunden). -1 bedeutet, dass auf eine Eingabe zwingend gewartet wird.
/TIMERES=	NT4 - W2k3	Konfiguriert für eine Multiprozessor-HAL die Timerauflösung in 100 ns-Einheiten. Mögliche Werte: 9766 (0,98 ms), 19532 (2,0 ms), 39063 (3,9 ms), 78125 (7,8 ms).
/UNDO	W7+	Unbekannt.
/USE8254	NT4 - W2k3	Veranlasst NT, den 8254-Timer-Chip zu verwenden um Probleme mit CPU-Lastspitzen zu vermeiden. Wird nur selten und nur bei Systemen mit älterem BIOS benötigt. (Siehe KB-Artikel 169901)
/USELEGACYAPICMODE BCD: uselegacyapicmode {on | off}	W7+	Unbekannt.
/USENEWLOADER	WV	Neuen, Windows 7-Bootloader verwenden (für WinPE und Windows Embedded)
/USEPHYSICALAPIC BCD: usephysicaldestination {on|off}		Erzwingt die Benutzung des physischen (nicht virtualisierten) APICs.
/USEPLATFORMCLOCK BCD: useplatformclock {on | off}	W7+	Erzwingt die Verwendung einer Plattformuhr für den Leistungsindikator des Systems.
/USEPMTIMER	W2k - WV	Veranlasst Windows, mit einem robusten Timer zu arbeiten, um Inkompatibilitäten mit bei 64-Bit-Windows-Versionen und Multi-Core-Prozessoren (wie AMD Athlon X2) zu vermeiden. Diese können bsp. auftreten, wenn der AMD Cool'n'Quite-Treiber installiert ist und die Cores

		entsprechend der Last unterschiedlich getaktet werden. Manche Anwender berichten hingegen, dass Probleme bei Spielen und Musikwiedergabe gerade durch das Entfernen dieses Schalters behoben wurden.
/USERVA= BCD: IncreaseUserVA <MB>	WXP+	Arbeitet nur im Zusammenhang mit (und ist insoweit ein Unterparameter von) /3GB. Mit ihm kann die Größe des Speichers für Benutzer-Prozesse in MB genau angegeben werden (im Bereich von 2048 - 3072). Windows nutzt dann 4.096 MB minus diesem Wert für Kernel-Zwecke. Der Default-Wert von /3GB (ohne /USERVA) ist 3072, was aber i. d. R. zu wenig Platz für PTE (Page Table Entries/ Seitentabelleneinträge) lässt, die für die Speicherverwaltung benötigt werden. Für Microsoft Exchange wird der Wert 2900 - 3030 empfohlen, wenn /3GB benutzt wird. Wie /3GB wird dieser Schalter für 64-Bit-OS ignoriert. (Siehe KB-Artikel 316739).
/WIN95	NT4 - W2k3	NTLDR startet von einem Bootsektor, der sich in der Datei bootsec.dos befindet.
/WIN95DOS	NT4 - W2k3	NTLDR startet von einem Bootsektor, der sich in der Datei bootsec.w40 befindet.
/WINPE BCD: winpe {on | off}	WXP - W2k8	Kennzeichnet WinPE- (Windows Preinstallation Environment-) Modus
/XIPBOOT		Aktiviert XIP- (Execute in place-) Systemstart
/XIPMEGS=<n>		Setzt die Größe des Arbeitsspeichers.
/XIPRAM=<n>		Legt die Größe des XIP-RAMs fest.
/XIPROM=<n>		Legt die Größe des XIP-ROMs fest.
/XIPVERBOSE		Gibt ausführliche Debug-Informationen aus.
/XSAVEADDFEATURE0=	W7+	Unbekannt.
/XSAVEADDFEATURE1=	W7+	Unbekannt.

/XSAVEADDFEATURE2=	W7+	Unbekannt.
/XSAVEADDFEATURE3=	W7+	Unbekannt.
/XSAVEADDFEATURE4=	W7+	Unbekannt.
/XSAVEADDFEATURE5=	W7+	Unbekannt.
/XSAVEADDFEATURE6=	W7+	Unbekannt.
/XSAVEADDFEATURE7=	W7+	Unbekannt.
/XSAVEDISABLE=	W7+	Unbekannt.
/XSAVEPOLICY=	W7+	Unbekannt.
/XSAVEPROCESSORSMASK=	W7+	Unbekannt.
/XSAVEREMOVEFEATURE=	W7+	Unbekannt.
/YEAR=	W2k - W2k3	Weist Windows an, die von dem internen Uhrenchip gelieferte Jahreszahl zu ignorieren und immer die hier angegebene Jahreszahl zu verwenden. (Wurde insb. zum Testen auf Jahr-2000-Konformität benutzt.)

Legende:
NT4+: Ab Windows NT4
W2k+: Ab Windows 2000 und höher
WXP+: Ab Windows XP und höher verfügbar
WXP SP2+: Ab Windows XP SP2 und Windows Server 2003 SP1 verfügbar
WXP64+: Windows XP 64-Bit-Version und höher
W2k3: Nur Windows Server 2003
W2k3+: Ab Windows Server 2003 und höher
WV+: Ab Windows Vista und Windows Server 2008
W2k8+: Ab Windows Server 2008 und höher
W7+: Ab Windows 7 und Windows Server 2008 R2 sowie höher

B. Liste ausführbarer Dateien

„Wie ist Windows 7 eigentlich aufgebaut?", „Welchen ausführbaren Dateien gibt es?" und „Welche Funktion hat der Prozess namens Xyz.exe, der im Task-Manager angezeigt wird?"

Das sind Fragen, die sich viele Administratoren häufig stellen. In Tabelle A.2 sind alle Programme und Skripte, die in Windows 7 enthalten sind, mit ihrer jeweiligen Funktion aufgeführt.

Tabelle A.2. Auflistung aller unter Windows 7 ausführbarer Dateien

Name der ausführbaren Datei	Funktion
AdapterTroubleshooter.exe	Problembehandlung für Grafikkarten
AddInProcess.exe	.NET Add-In Process
AddInProcess32.exe	.NET Add-In Process
AddInUtil.exe	Add-In Deployment-Cache-Aktualisierungsprogramm
Adsutil.vbs	IIS-Skript für Active Directory
Aitagent.exe	Anwendungswirkungstelemetrieagent
Alg.exe	Gatewaydienst auf der Anwendungsebene
Appcmd.exe	IIS-Verwaltungsprogramm
Append.exe	DOS-Programm
Appidcertstorecheck.exe	AppID-Zertifikatsüberprüfung
Appidpolicyconverter.exe	AppID-Richtlinienkonvertierung
AppLaunch.exe	.NET ClickOnce-Startprogramm
Arp.exe	Verwaltung von MAC- und IPv4-Adressen
Aspnet_compiler.exe	Dienstprogramm zum Vorkompilieren einer .NET-Anwendung
Aspnet_regbrowsers.exe	Runtime-Browserprogramm für .NET
Aspnet_regiis.exe	ASP.NET-In-/Deinstallationsprogramm
Aspnet_regsql.exe	In-/Deinstallationsprogramm für ASP.NET auf einem SQL-Server
Aspnet_state.exe	Microsoft ASP.NET State-Dienst
Aspnet_wp.exe	ASP.NET Worker Process
Aspnetca.exe	IIS CA für ASP.NET
At.exe	Befehlszeilenprogramm für den Zeitplandienst
AtBroker.exe	Zugriffssteuerung zwischen Desktops
Attrib.exe	Anzeige und Änderung von Dateiattributen
Audiodg.exe	Windows Graphisolierung für Audiogeräte (Dienst)
Audit.exe	Überwachung für OOBE
Auditpol.exe	Überwachungsrichtlinienprogramm
Autochk.exe	Datenträgerprüfprogramm
Autoconv.exe	Automatische Dateisystemkonvertierung
Autoexec.bat	Startupausführung für DOS
Autofmt.exe	Automatische Datenträgerformatierung

AxInstUI.exe	ActiveX-Installationsdienst
Baaupdate.exe	Aktualisierungprogramm für den BitLocker-Zugriffs-Agent
Bcdboot.exe	BCD-Boot-Dienstprogramm
Bcdedit.exe	Startkonfigurationsdaten-Editor
Bckgzm.exe	Microsoft Games - Backgammon
BdeHdCfg.exe	BitLocker-Laufwerkvorbereitung
BdeUISrv.exe	BDE-Benutzerinterface-Startprogramm
BdeUnlockWizard.exe	Assistent für das Entsperren von BitLocker
Bfsvc.exe	Startdatei-Wartungsprogramm
BitLockerWizard.exe	Assistent für die BitLocker-Laufwerkverschlüsselung
BitLockerWizardElev.exe	Assistent für die BitLocker-Laufwerkverschlüsselung
Bitsadmin.exe	BITS-Verwaltungsprogramm
Bootcfg.exe	Verwaltungsprogramm für Starteinstellungen
Bridgeunattend.exe	Bridge-Unattend-Dienstprogramm
BrmfRsmg.exe	Brother Ressourcen-Manager-Programm
Bthudtask.exe	Bluetooth-Geräte-Deinstallation
Cacls.exe	Datei-/Ordner-ZSL-Verwaltung
Calc.exe	Windows-Rechner
CasPol.exe	.NET-2.0-Framework-Sicherheitsrichtlinientool für den Codezugriff
CertEnrollCtrl.exe	Zertifikatsregistrierung
Certreq.exe	Zertifikatsanforderungsprogramm
Certutil.exe	Zertifikatsverwaltung
Change.exe	Dienstprogramm für die Änderung von Remotedesktopdiensten
Charmap.exe	Zeichentabelle
Chcp.com	Codeseitensteuerung (DOS)
Chglogon.exe	Dienstprogramm für die Remotedesktop-Anmeldungsänderung
Chgport.exe	Dienstprogramm für die Remotedesktop-Portänderung
Chgusr.exe	Dienstprogramm für die Remotedesktop-Installationsmodusänderung
Chkdsk.exe	Datenträgerüberprüfungsprogramm
Chkntfs.exe	Programm zur NTFS-Volumewartung

Chkrzm.exe	Microsoft Games Checkers
Choice.exe	Bestätigungabfrage für DOS
Cidaemon.exe	Indexserver-Filterdienst
Cipher.exe	Hilfsprogramm für die EFS-Verschlüsselung
Cisvc.exe	Indexdienst
Cleanmgr.exe	Datenträgerbereinigung
Cliconfg.exe	SQL-Server-Client-Konfiguration
Clip.exe	Kopiert Daten in die Zwischenablage
Clrgc.exe	Bestandteil von .NET-Framework
Cmak.exe	Verbindungsmanager
Cmbins.exe	Win32-Cabinet-Self-Extractor
Cmd.exe	Windows-Befehlsprozessor
Cmdkey.exe	Befehlszeilenprogramm für die Anmeldeinformationsverwaltung
Cmdl32.exe	Microsoft Verbindungsmanager-Autodownload
Cmmon32.exe	Microsoft Verbindungsmanagermonitor
Cmstp.exe	Microsoft Verbindungsmanager-Profilinstallation
Cofire.exe	Clientprogramm zum Wiederherstellen von beschädigten Dateien
Colorcpl.exe	Farbverwaltung
Command.com	DOS-Kommandozeilenprozessor
Comp.exe	Dienstprogramm zum Vergleichen von Dateien
Compact.exe	Dateikomprimierungsprogramm
CompMgmtLauncher.exe	Startet die Computerverwaltung
ComputerDefaults.exe	Programmzugriff und Computerstandards festlegen
Comrepl.exe	COM+-Server-Replikation
ComSvcConfig.exe	COM+ Service Model Configuration Tool
ConfigureIEOptionalComponents.exe	Konfiguration optionaler IE-Bestandteile
Conhost.exe	Host für Konsolenfenster
Consent.exe	Zustimmungsbenutzeroberfläche für Verwaltungsprogramme
Control.exe	Systemsteuerung
Convert.exe	Dateisystemumwandlungsprogramm
ConvertInkStore.exe	Microsoft TabletPC-Bestandteil

Credwiz.exe	Assistent zum Sichern und Wiederherstellen von Anmeldeinformationen
Csc.exe	Visual C# Kommandozeilen-Compiler
Cscript.exe	Konsolenbasierter Script-Host
Csrss.exe	Client-Server-Laufzeitprozess
Csrstub.exe	Start von 16-Bit-Anwendungen durch die Benutzerkontensteuerung
Ctfmon.exe	CTF-Ladeprogramm
Cttune.exe	ClearType-Tuner-Programm
Cttunesvr.exe	ClearType-Tuner
Cvtres.exe	Ressource File nach COFF-Konversion
DataSvcUtil.exe	Datendienstquellcodegenerierung
Dccw.exe	Bildschirm-Farbkalibrierung
Dcomcnfg.exe	DCOM-Verwaltungsprogramm
Ddodiag.exe	DDO-Protokollverwaltung
Debug.exe	DOS-Debugger
Defrag.exe	Defragmentierungsprogramm
DeviceDisplayObjectProvider.exe	DDO-Funktionserkennung
DeviceEject.exe	USB-Geräteentfernung
DevicePairingWizard.exe	UPnP-Geräte hinzufügen
DeviceProperties.exe	Geräteeigenschaften
DFDWiz.exe	Windows Datenträgerdiagnose
Dfrgui.exe	Defragmentierungsprogramm
Dfsvc.exe	.NET-ClickOnce-Bestandteil
Dialer.exe	Microsoft-Windows-Wahlhilfe
Diantz.exe	Microsoft Cabinet Maker
Dinotify.exe	Windows Geräteinstallation
Diskcomp.com	DOS-Festplattenvergleich
Diskcopy.com	DOS-Datenträgerkopierprogramm
Diskpart.exe	Fesplattenpartitonierung
Diskperf.exe	Konfigurationsprogramm für die Datenträgerleistung
Diskraid.exe	Dienstprogramm für VDS-Hardware
Dism.exe	Dienstprogramm für die Abbildwartung
DismHost.exe	DISM-Host-Service
Dispdiag.exe	Display-Diagnoseprogramm
DisplaySwitch.exe	Display-Umschaltung
Djoin.exe	Unbeaufsichtigter Domänenbeitritt

Dllhost.exe	Dienste-Host für Dll-Dateien
Dllhst3g.exe	Dienste-Host für Dll-Dateien
Dnscacheugc.exe	Unbeaufsichtigte DNS-Cache-Verwaltung
Doskey.exe	Eingabeverlaufprogramm für DOS
Dosx.exe	DOS-Verwaltungsprogramm für erweiterten Speicher
Dpapimig.exe	Migrationsprogr. für geschützte Inhalte
DpiScaling.exe	Bildschirm-DPI-Auswahl
Dplaysvr.exe	Microsoft DirectPlay-Hilfsprogramm
Dpnsvr.exe	Microsoft DirectPlay8-Server
Driverquery.exe	Treiberabfrage eines Systems
Drvinst.exe	Treiberinstallationsmodul
DRWATSON.exe	Windows Fehlererkennungsprogramm (Win 3.1)
DVDMaker.exe	DVD-Erstellungsprogramm
Dvdplay.exe	DVD-Wiedergabeprogramm
Dvdupgrd.exe	DVD-Upgrade
Dw20.exe	Anwendungsfehlerberichterstattung
Dwm.exe	Desktop-Fenster-Manager
DWWIN.EXE	Watson-Client-Programm
Dxdiag.exe	Microsoft DirectX-Diagnoseprogramm
Dxpserver.exe	Device-Stage-Platform-Server
Eap3Host.exe	EAP für Drittanbieter
Edit.com	DOS-Editor
Edlin.exe	DOS-Zeileneditor
Edmgen.exe	Entitätsmodellgenerierung
Efsui.exe	EFA-Programm
Ehexthost.exe	Media Center Extensibility Host
Ehmsas.exe	Media Center Media Status Aggregator
Ehprivjob.exe	Registrierung digitaler TV-Tuner
Ehrec.exe	Media Center Host-Modul
Ehrecvr.exe	Windows Media-Center-Empfänger-Dienst
Ehsched.exe	Windows Media-Center-Planerdienst
Ehshell.exe	Windows Media Center
EhStorAuthn.exe	Windows-Kennwortauthentifizierungsprogramm für erweitertes Speichern
Ehtray.exe	Media-Center-Infobereichprogramm

Ehvid.exe	Media-Center-Videoanalyseprogramm
Esentutl.exe	Extensible Storage Engine-Dienstprogr.
Etfsboot.com	Bootprogramm
Eudcedit.exe	Editor für benutzerdefinierte Zeichen
Eventcreate.exe	Erstellung benutzerdefinierter Ereignisprotokolleinträge
Eventvwr.exe	Ereignisanzeige
Evntcmd.exe	SNMP-Ereignisumsetzungsprogramm
Evntwin.exe	SNMP-Ereignisumsetzungsprogramm
Exe2bin.exe	DOS-Exe-Umwandlungsprogramm
Expand.exe	LZ-Expandierungsprogramm
Explorer.exe	Windows-Explorer
ExtExport.exe	Extensions-Export für Internet Explorer
Extrac32.exe	Microsoft CAB-Expandierungsprogramm
Fastopen.exe	DOS-Hilfsprogramm für Dateien
Fc.exe	DOS-Dateivergleichsprogramm
Find.exe	Sucht Zeichenfolgen
Findstr.exe	Sucht nach Zeichenketten
Finger.exe	TCP/IP-Finger-Befehl
Fixmapi.exe	MAPI-Reparierprogramm
FlickLearningWizard.exe	Microsoft-TabletPC-Bewegungstraining
FltMC.exe	Filter-Manager-Steuerungsprogramm
Fontview.exe	Windows-Schriftartenanzeige
Forfiles.exe	Befehlswiederholung für Dateien
Format.com	DOS-Datenträgerformatierungprogramm
Fsquirt.exe	Microsoft BlueTooth-Dateiübertragungsassistent
Fsutil.exe	Dateisystemverwaltungsprogramm
Ftp.exe	FTP-Client-Programm
Fvenotify.exe	BitLocker-Laufwerkverschlüsselungsbenachrichtigungshilfsprogramm
Fveprompt.exe	BitLocker-Laufwerkverschlüsselung
Fveupdate.exe	BitLocker-Laufwerkverschlüsselung-Wartungsprogramm
FXSCOVER.exe	Microsoft Fax-Deckblatt-Editor
Fxssvc.exe	Fax-Dienst
FXSUNATD.exe	Microsoft Fax unbeaufsichtigtes Installationsprogramm

GatherNetworkInfo.vbs	Netzwerkinformationssammlung
GDI.EXE	Windows GDI (Graphics Device Interface) Kernkomponente
Getmac.exe	Zeigt MAC-Infomation an
GettingStarted.exe	Windows-7-Erste-Schritte-Programm
Gpresult.exe	AD-Gruppenrichtlinien-Richtlinienergebnissatz
Gpscript.exe	AD-Gruppenrichtlinien-Skriptprogramm
Gpupdate.exe	Microsoft AD-Gruppenrichtlinien-Aktualisierungsprogramm
Graftabl.com	Auswahl erweiterter Zeichen im DOS-Grafikmodus
GRAPHICS.com	DOS-Grafikdruckladeprogramm
Grpconv.exe	Konvertierung für Windows-Programmgruppen
Hdwwiz.exe	Hardware-Installationsprogramm
Help.exe	Kommandozeilenhilfe
HelpPane.exe	Microsoft-Hilfe und Support
Hh.exe	Microsoft HTML-Hilfsdatei
Hostname.exe	Ausgabe des Computernamens
Hwrcomp.exe	Microsoft Wörterbuch-Kompiler
Hwrreg.exe	Microsoft Wörterbuch-Registrierung
Icacls.exe	ZSL-Tool für Dateien und Verzeichnisse
Icardagt.exe	Windows CardSpace-Benutzeroberflächen-Agent
Icsunattend.exe	ICS Unattend Utility
Ie4uinit.exe	IE-Hilfsprogramm für Pro-Benutzer-Initialisierung
Ieexec.exe	.NET-IE-Ausführungsprogramm
Ieinstal.exe	Interner Explorer Add-on Installer
Ielowutil.exe	IE Niedrige-Integritätsstufen-Tool
IeUnatt.exe	Dienstprogramm für unbeaufsichtigte IE-7-Installation
Iexplore.exe	Internet Explorer
Iexpress.exe	Assistent für selbstextrahierende und -installierende Pakete
IIsExt.vbs	Verwaltung von IIS-Erweiterungen
Iisreset.exe	IIS-Steuerungskommandozeilenprogr.
Iisrstas.exe	IIS Reset Control
Iissetup.exe	IIS Installation

Ilasm.exe	.NET-Framework IL Assembler
ImagingDevices.exe	Scanner- und Kameras-Programm
IMCCPHR.exe	Microsoft Chinesisch IME PhraseUI
IMEPADSV. exe	Microsoft IME
IMJPDADM. exe	Microsoft IME für Japanisch
IMJPDCT. exe	Microsoft IME für Japanisch GUI
IMJPDSVR.exe	Microsoft IME für Japanisch
IMJPMGR.exe	Microsoft IME für Japanisch
Imjppdmg.exe	Microsoft IME für Japanisch
IMJPUEX.exe	Microsoft IME für Japanisch-Konfig.
Imjpuexc.exe	Microsoft IME für Japanisch-Eigenschaftskommandozeilenprogramm
IMSCPROP.exe	Microsoft Pinyin IME Eigenschaften
IMTCPROP.exe	Microsoft New Phonetic IME
Inetinfo.exe	IIS7
InetMgr.exe	IIS7-Admin-Programm
InetMgr6.exe	IIS6-Admin-Programm
InfDefaultInstall.exe	Inf-Standardinstallation
Infocard.exe	Windows-CardSpace-Dienst
InkWatson.exe	Handschrifteingabefehlererkennung
InputPersonalization.exe	Eingabeanpassungsserver
InstallUtil.exe	.NET-Framework-Installationsprogramm
Ipconfig.exe	IP-Konfigurationsprogramm
Irftp.exe	Dateiübertragungsprogramm für Infrarotverbindungen
Iscsicli.exe	iSCSI-Ermittlungsprogramm
Iscsicpl.exe	Microsoft iSCSI-Initiator-Konfiguration
Isintsup.exe	IIS-Intregration-Unterstützung
Isoburn.exe	Datenträgerabbilderbrennprogramm
Journal.exe	Windows Journal-Notizblock
Jsc.exe	Microsoft JScript-Compiler
Kb16.com	Legt Tastatursprache fest
Klist.exe	Kerberos-Ticket-Cache-Verwaltungsprog.
Krnl386.exe	Windows-Kernel
Ksetup.exe	Kerberos-Setup-Programm
Ktmutil.exe	Kernel-Transaktions-Verwaltungsprogr.
Label.exe	Volumenbezeichnungsprogramm

LinqWebConfig.exe	.NET-Assembly-Linker
Loadfix.com	DOS-Ladeprogramm (> 64 KB)
Loadmxf.exe	Windows Media Center MXF-Loader
Locationnotifications.exe	Standortaktivität
Locator.exe	RPC-Locator-Dienst
Lodctr.exe	Ladeprogramm für Perfmon-Leistungsindikatoren
Logagent.exe	Windows-Media-Player-Log-Agent
Login.cmd	Telnet-Server-Benutzeranmeldung
Logman.exe	Leitungsprotokollierungsprogramm
Logoff.exe	Dienstprogr. zur Sitzungsabmeldung
LogonUI.exe	Windows Logon User Interface Host
Lpksetup.exe	Sprachpaketinst- und -deinstallation
Lpq.exe	LPD-Warteschlangenverwaltung
Lpr.exe	LPR-Druckprogramm
Lpremove.exe	Sprachpaketbereinigung
Lsass.exe	Lokale-Sicherheits-Autoritäts-Dienst
Lsm.exe	Lokaler Sitzungs-Manager-Dienst
Magnify.exe	Microsoft-Bildschirmlupe
Makecab.exe	Microsoft Cabinet-Erstellung
Manage-bde.exe	BitLocker-Konfigurationsprogramm
Mblctr.exe	Windows Mobililtäts-Center
Mcbuilder.exe	Ressourcen-Cache-Erstellung
McGlidHost.exe	Windows Media Center EPG Loader
McrMgr.exe	Media-Center-Extender-Manager
Mcspad.exe	Media Center SPAD Konfiguration
Mctadmin.exe	Verwaltung lokaler Designs
Mcupdate.exe	Windows Media Center Store-Update
Mcx2Prov.exe	Media Center Extender Provisioning Library
McxTask.exe	MCX-Zeitplanaufgaben
MdRes.exe	Windows-Speicherdiagnose
MdSched.exe	Windows-Speicherdiagnose-Tool
MediaCenterWebLauncher.exe	Media Center Web-Startprogramm
Mem.exe	DOS-Speicherverwaltung
Memtest.exe	Arbeitsspeicherdiagnose
Mfpmp.exe	Media Foundation Protected Pipeline

MigAutoPlay.exe	Automatische Wiedergabe für Windows-Transfer
Mighost.exe	Windows EasyTransfer für Plug-Ins
MigRegDB.exe	COM+-Anwendung
MigSetup.exe	Windows EasyTransfer
Migwiz.exe	Windows EasyTransfer-Anwendung
Mip.exe	Mathematikzubehör für Handschrifterk.
Mmc.exe	Microsoft Management Console
Mobsync.exe	Microsoft Synchronisierungs-Center
Mode.com	Konfiguriert E/A-Einstellungen im DOS-Modus
Mofcomp.exe	Managed-Object-Format-Compiler
More.com	Seiten-/Zeilenweise Ausgabe von Dateiinhalten im DOS-Modus
Mount.exe	Volumeverwaltung für NFS
Mountvol.exe	Volumebereitstellungsprogramm
MpCmdRun.exe	Windows Defender
Mpnotify.exe	Windows NT Multiple Provider Notification
MpSigStub.exe	Microsoft Malware Protection Signature Update Stub
Mqbkup.exe	Message Queuing 2.0-Backup
Mqsvc.exe	Message Queuing 2.0-Dienst
Mqtgsvc.exe	Message Queuing 2.0-Trigger
Mrinfo.exe	Multicast-Informationsprogramm
Mrt.exe	Microsoft Tool zum Entfernen bösartiger Software
Msascui.exe	Windows Defender
Msbuild.exe	Projekterstellungsprogramm
Mscdexnt.exe	DOS-CD-Erweiterungen
Msconfig.exe	Systemkonfigurationsprogramm
Mscorsvw.exe	.NET Framework-Hintergrundcompiler
Msdt.exe	Microsoft-Support-Diagnose-Tool
Msdtc.exe	Distributed-Transaction-Coordinator-Dienst
Msdtcvtr.bat	Ablaufverfolgungskonvertierung
Msfeedssync.exe	Microsoft-Feeds-Synchronisation
Msg.exe	Nachrichtendienstprogramm
Mshta.exe	Microsoft HTML-Anwendungs-Host

Msiexec.exe	Windows-Installer-Dienst und -Programm
Msinfo32.exe	Systeminformationen
Msoobe.exe	Windows-Produktaktivierung
Mspaint.exe	Microsoft Paint
Msra.exe	Windows-Remoteunterstützung
Mstsc.exe	Remotedesktopverbindung
Mtstocom.exe	COM+-Programm
MuiUnattend.exe	MUI unbeaufsichtigte Aktion
MultiDigiMon.exe	Programm für die Zuordnung zwischen Digitizer und Monitor
MxdwGc.exe	XPS-Dokumentenerstellung
Napstat.exe	Netzwerkzugriffschutz-Client-Programm
Narrator.exe	Sprachausgabeprogramm
Nbtstat.exe	TCP/IP-NetBIOS-Informationsprogramm
Ndadmin.exe	Gerätetreiberinstallation
Net.exe	Netzwerkverwaltung
Net1.exe	Netzwerkverwaltung
Netbtugc.exe	Unbeaufsichtigte NetBT-Installation
Netcfg.exe	WinPE-Netzwerkinstallation
Netfxsbs10.exe	Microsoft .NET Installation Hook
Netiougc.exe	Unbeaufsichtigte NetIO-Installation
Netplwiz.exe	Benutzerkontenverwaltung
Netproj.exe	Netzwerkprojektorenverwaltung
Netsh.exe	Netzwerkbefehlsshell
Netstat.exe	TCP/IP-Netzwerkverbindungsstatus
Newdev.exe	Gerätetreiberinstallation
Nfsadmin.exe	NFS-Konfiguration
Nfsclnt.exe	NFS-Dienst-Client
Ngen.exe	Microsoft CLR-Compiler
Nlsfunc.exe	Zeichentabellenverwaltung für DOS
Nltest.exe	Microsoft-Logon-Server-Testprogramm
Notepad.exe	Editor
Nslookup.exe	DNS-Dienstprogramm
Ntkrnlpa.exe	NT-Kernel und System (ACPI)
Ntoskrnl.exe	NT-Kernel und System
Ntprint.exe	Druckertreibersoftwareinstallation
Ntvdm.exe	Virtuelle DOS-Umgebung

Ocsetup.exe	Windows-Setup für optionale Komponenten
Odbcad32.exe	ODBC-Datenquellen-Administration
Odbcconf.exe	ODBC-Treiberinstallationsprogramm
Onlinesetup.cmd	Ruft Setup-Programme auf
Oobeldr.exe	OOBE-Ladeprogramm
Openfiles.exe	Auflistung geöffneter Dateien
Optionalfeatures.exe	Windows-Funktionen aktivieren oder deaktivieren
Osk.exe	Bildschirmtastatur
P2phost.exe	Personen in der Umgebung
Pathping.exe	Pathping-Befehl
Pcalua.exe	Programmkompatibilitätsassistent
Pcaui.exe	Benutzerinterface für den Programmkompatibilitätsassistenten
Pcawrk.exe	Hilfsprogramm für den Programmkompatibilitätsproblemlösungsassistent
Pcwrun.exe	Programmkompatibilitätsproblemlösungsassistent
PDIALOG.exe	Windows-Journal-Konvertierungsprogr.
PDMSetup.exe	IE PDM-Installation
Perfmon.exe	Leistungsüberwachung
Ping.exe	Ping-Befehl
Pipanel.exe	Bestandteil von Microsoft TabletPC
PkgMgr.exe	Windows Paket-Manager
Plasrv.exe	Performance Logs and Alerts DCOM Server
PnPUnattend.exe	Unbeaufsichtigte Online-Treiberinstallation
PnPutil.exe	Microsoft PnP-Treiberdienstprogramm
Poqexec.exe	Warteschlangendienstprogramm
Posix.exe	POSIX-Subsystem
PostMig.exe	Windows EasyTransfer-Migration
Powercfg.exe	Energieeinstellungsbefehlzeilenprogramm
Powershell.exe	Powershell v2.0
Powershell_ise.exe	PowerShell v2.0 Integrated Scripting Environment
PresentationFontCache.exe	WPF-Schriftartcache-Dienst
PresentationHost.exe	WPF-Host

PresentationSettings.exe	Mobile PC-Präsentationseinstellungen
Prevhost.exe	Preview Handler Surrogate Host
Print.exe	Befehlszeilen-Druckprogramm
PrintBrm.exe	Druckermigrationsprogramm
PrintBrmEngine.exe	Druckermigrations-Host
PrintBrmUi.exe	Druckermigrationsprogramm (GUI)
Printfilterpipelinesvc.exe	Print Filter Pipeline Host
PrintIsolationHost.exe	Print Isolation Host
Printui.exe	Druckeinstellungsverwaltung
Prncnfg.vbs	Druckerkonfigurationsskript
Prndrvr.vbs	Druckertreiberverwaltungsskript
Prnjobs.vbs	Druckauftragsverwaltungsskript
Prnmngr.vbs	Druckgeräteverwaltung
Prnport.vbs	Druckeranschlussverwaltungsskript
Prnqctl.vbs	Druckerverwaltungsskript
Proquota.exe	Prokontingent
Psr.exe	Problemaufzeichnung
Psxrun.exe	SUA-Nonconsole-Session-Manager
Psxss.exe	SUA-Subsystem (POSIX)
Pubprn.vbs	Drucker-AD-Veröffentlichungsskript
Qappsrv.exe	Remotedesktop-Hostserver-Auflistung
Qprocess.exe	Remotedesktop-Prozess-Auflistung
Quarchk.cmd	NAP-Quarantäne Client-Skript
Query.exe	Remotedesktop-Abfrageprogramm
Quser.exe	Remotedesktop-Benutzerabfrage
Qwinsta.exe	Remotedesktop-Sitzungsauflistung
Rasautou.exe	Remotezugriffwählhilfe
Rasdial.exe	RAS-Einwählprogramm
Raserver.exe	Remoteunterstützung
Rasphone.exe	RAS-Adressbuch
Rdpclip.exe	RDP-Zwischenablage
Rdpinit.exe	RemoteApp-Anmeldung
Rdpshell.exe	RemoteApp-Shell
Rdpsign.exe	Remotedesktop-Hostserver-Signierung
Rdrleakdiag.exe	Ressourcenverlustdiagnoseprogramm
ReAgentc.exe	Wiederherstellungsagent
Recdisc.exe	Reparaturdatenträgererstellung

Recover.exe	Dateiwiederherstellung
Redir.exe	E/A-Umleitung für DOS
Reg.exe	Registrierungsbearbeitung
Regasm.exe	Registriert .NET Assemblies
Regedit.exe	Registrierungs-Editor
Regedt32.exe	Registrierungs-Editor
Regini.exe	Registrierunginitialisierung
Registeriepkeys.exe	Registrierungsprogramm für IE-Schlüssel
Registermceapp.exe	Media-Center-Anwendungsregistration
Regsvcs.exe	.NET-Diensteinstallationsprogramm
Regsvr32.exe	COM-Objekteregistrierung
Rekeywiz.exe	EFS-Zertifikatsverwaltung
Relog.exe	Leistungsindikatorenneuprotokollierung
Relpost.exe	Windows-Diagnose und -Wiederherstellung
Repair-bde.exe	BitLocker-Reparaturprogramm
Replace.exe	Überschreibt Dateien
Reset.exe	Remotedesktop-Zurücksetzung
Resmon.exe	Ressourcen-Monitor
Rmactivate.exe	Windows RMS-Aktivierung (Client)
Rmactivate_isv.exe	Windows RMS-Aktivierung (Client)
Rmactivate_ssp.exe	Windows RMS-Aktivierung (Server)
Rmactivate_ssp_isv.exe	Windows RMS-Aktivierung (Server)
Rmclient.exe	BKS-Neustart-Manager-Client
Robocopy.exe	Robustes Kopierpogramm
Route.exe	Route-Befehl
Rpcinfo.exe	NFS-Dienstregistrierungsverwaltung
RpcPing.exe	RPC-Testprogramm
Rqc.exe	Remote Access Quarantine Client
Rrinstaller.exe	R&R-Installer
Rstrui.exe	Systemwiederherstellung
Runas.exe	„Ausführen als"-Hilfsprogramm
Rundll32.exe	DLL-Hostprozess
RunLegacyCPLElevated.exe	Führt Systemsteuerungsprogramme mit erhöhten Rechten aus
Runonce.exe	Einmalausführung
Rwinsta.exe	Remotedesktop-Sitzungszurücksetzung

B. Liste ausführbarer Dateien 569

Sapisvr.exe	Spracherkennung
Sbeserver.exe	SBE-Server-Programm
Sbunattend.exe	Unbeaufsichtigte Sidebar-Ausführung
Sc.exe	Dienststeuerungs-Manager-Hilfsprogr.
Schtasks.exe	Verwaltung zeitgesteuerter Aufgaben
Scrcons.exe	WMI-Standard-Ereignisempfängerprogr.
Scrnsave.scr	Schwarzer-Bildschirm-Bildschirmschoner
Sdbinst.exe	Anwendungskomp.datenb.inst.programm
Sdchange.exe	Windows-Remoteunterstützung-SD-Srv.
Sdclt.exe	Sichern- und Wiederherstellen-Programm
Sdiagnhost.exe	Skriptdiagnosehost
SearchFilterHost.exe	Windows-Search-Filter-Host
SearchIndexer.exe	Windows-Search-Dienst
SearchProtocolHost.exe	Host für das Windows-Search-Protokoll
SecEdit.exe	Sicherheitskonfigurationseditor
Secinit.exe	Sicherheitsinitialisierung
ServiceModelReg.exe	WCF/WF-Registrierungsprogramm
Services.exe	Prozess für Dienste
Sethc.exe	Setzt Tastenkombination für Eingabehilfe
SetIEInstalledDate.exe	Setzt das IE-Installationsdatum
Setspn.exe	Verwaltung von AD-Dienstnamen
Setup.exe	Windows-Setup
Setup_wm.exe	Windows Media Player Konfiguration
Setupcl.exe	Systemklontool
SetupSNK.exe	WLAN-Verbindungassistent
Setupsqm.exe	Setup SQM-Programm
Setupugc.exe	Hilfsprogramm für unbeaufsichtige Inst.
Setver.exe	DOS-Versionsnummerneinstellung
Setx.exe	Setzt Umgebungsvariablen
Sfc.exe	Systemintegritätsprüfung und Reparatur
Shadow.exe	Überwacht Remotedesktopsitzungen
ShapeCollector.exe	Anpassung der Handschriftenerkennung
Share.exe	Gemeinsame Nutzung von DOS-Ress.
Showmount.exe	NFS-Mount-Points anzeigen
Shrpubw.exe	Freigabeerstellungsassistent
Shutdown.exe	Herunterfahren/Neusarten von Systemen
Shvlzm.exe	Spades-Spiel

Sidebar.exe	Windows Sidebar
Sigverif.exe	Dateisignaturüberprüfungsprogramm
Slmgr.vbs	Windows-Software-Lizenzverwaltung
Slui.exe	Windows-Aktivierungsassistent
Smconfiginstaller.exe	WCF-Konfiguration
Smi2smir.exe	WMI-SNMP-MIB-Compiler
Smss.exe	Windows-Sitzungs-Manager
Smsvchost.exe	Net.Tcp-Freigabendienst
SndVol.exe	Lautsprecherlautstärke einstellen
SnippingTool.exe	Programm für Bildschirmfotos
Snmp.exe	SNMP-Dienstprogramm
Snmptrap.exe	SNMP-Trap-Empfangsdienst
Sort.exe	Daten-/Dateiinhaltssortierung
SoundRecorder.exe	Windows Audiorecorder
Speechuxtutorial.exe	Sprach-UX-Lernprogramm
Speechuxwiz.exe	Sprach-UX-Konfigurationsprogramm
Spinstall.exe	Patchinstallationsprogramm
Spoolsv.exe	Druckwarteschlangendienst
Sppsvc.exe	Softwareschutz-Dienst
Spreview.exe	Service Pack Review
Srdelayed.exe	Verzögertes Windows System Restore
StikyNot.exe	Kurznotizenprogramm
Subst.exe	Verwaltung virtueller Laufwerke
Svchost.exe	Hostprozess für Windows-Dienste
SvcIni.exe	Dienstprogramm für Ini-Dateien
Sxstrace.exe	WinSxs-Ablaufverfolgungsdienstprogr.
SyncHost.exe	Hostprozess für Windows Sync
Sysedit.exe	Konfig. von 16-Bit-Windows-Anwend.
Syskey.exe	Verschlüsselung der SAM
Sysprep.exe	Systemvorbereitungsprogramm
Systeminfo.exe	Zeigt Informationen über ein System an
Systempropertiesadvanced.exe	Erweiterte Systemeigenschaftsreg.karte
Systempropertiescomputername.exe	Computername-Registerkarte
Systempropertiesdataexecutionprevention.exe	Datenausführungsverhinderungseinstellungen
Systempropertieshardware.exe	Systemeigenschaften - Hardware
Systempropertiesperformance.exe	Computerleistungseinstellungen

Systempropertiesprotection.exe	Computerschutzeinstellungen
Systempropertiesremote.exe	Systemremoteeinstellungen
Systray.exe	Systray-Stubprogramm
Tabcal.exe	Digitizer-Kalibirierungs-Tool
TabTip.exe	TabletPC-Eingabefenster
Takeown.exe	Besitzrechtsübernahme
TapiUnattend.exe	TAPI Unbeaufsichtigte Aktions-Progr.
Taskeng.exe	Aufgabenplanungstool
Taskhost.exe	Hostprozess für Windows-Aufgaben
Taskkill.exe	Prozessbeendigungsprogramm
Tasklist.exe	Auflistung aller Prozesse
Taskmgr.exe	Windows Task-Manager
Tcmsetup.exe	Telefonie-Client-Setup-Programm
Tcpsvcs.exe	TCP/IP-Dienstprogramm
Telnet.exe	Telnet-Client
Tftp.exe	Tftp-client
Timeout.exe	Pause für Stapelverarbeitungsaufträge
Tlntadmn.exe	Telnet-Server-Admin-Programm
Tlntsess.exe	Telnet-Server-Hilfsprogramm
Tlntsvr.exe	Telnet-Server
TpmInit.exe	Initialisierung von TPM-Hardware
Tracerpt.exe	Berichtgenerierung für Ereignisablaufverfolgung
Tracert.exe	TCP/IP-Wegeverfolgung
Tree.com	Zeigt einen Verzeichnisbaum an
Trustedinstaller.exe	Windows-Modules-Installer-Dienst
Tscon.exe	Remote-Desktop-Sitzungsübernahme
Tsdiscon.exe	Remote-Desktop-Sitzungstrennung
Tskill.exe	Prozessbeendigung durch eine Remote-Desktop-Sitzung
Tstheme.exe	TSTheme-Server-Modul
Tswbprxy.exe	Remote-Desktop-Webproxy
Tswpfwrp.exe	Remote-Desktop-WPF-Wrap-Programm
Twunk_16.exe	TWAIN-Hilfsprogramm
Twunk_32.exe	TWAIN-Hilfsprogramm
Typeperf.exe	Leistungsüberwachung von der Eingabeaufforderung aus
Tzupd.exe	Zeitzonenaktualisierungsprogramm

Tzutil.exe	Windows-Zeitzonendienstprogramm
Ucsvc.exe	Startdatei-Servicing-Programm
Ui0detect.exe	Dienst für die Erkennung interaktiver Dienste
Umount.exe	NFS-Client-Programm
Unlodctr.exe	Entfernung von Perfmon-Leistungsindik.
Unregmp2.exe	Microsoft Windows Media Player-Installationsdienstprogramm
Unsecapp.exe	Ereignissenke für asynchrone WMI-Prog.
Upnpcont.exe	UPnP-Host-Installationscontainer
User.exe	Windows-Benutzeroberflächenkernbestandteil
Useraccountcontrolsettings.exe	Einstellungen für die BKS
Userinit.exe	Benutzeranmeldeanwendung
Utilman.exe	Center für erleichterte Bedienung
Vaultcmd.exe	Verwaltung gespeicherter Anmeldeinformationen
Vaultsysui.exe	Anmeldeinformationsprogramm-GUI
Vbc.exe	Visual-Basic-Compiler
Vds.exe	Virtueller-Datenträger-Dienst
Vdsldr.exe	Virtueller-Datenträgerdienstladeprogr.
Verclsid.exe	Überprüfung von CLSID-Erweiterungen
Verifier.exe	Treiberüberprüfungsprogramm
Vmicsvc.exe	VM-Integrationsdienst
Vssadmin.exe	Volumeschattenkopiedienstverwaltung
Vssvc.exe	Volumeschattenkopien-Dienst
W32tm.exe	Windows-Zeitdienstdiagnoseprogramm
W3wp.exe	IIS-Worker-Prozess
Wab.exe	Windows Adressbuch
Wabmig.exe	Windows-Adressbuch-Migrationsprogr.
Waitfor.exe	Wartet auf eine Signalisierung
Wbadmin.exe	Windows Sicherungs-Befehlszeilentool
Wbemtest.exe	Testprogramm für WMI
Wbengine.exe	Dienst für Sicherungen auf der Blockebene
Wecutil.exe	Befehlszeilenprogramm für die Ereignissammlung
Werfault.exe	Windows-Problemberichterstattung
Werfaultsecure.exe	Windows-Problemberichterstattung

Wermgr.exe	Windows-Problemberichterstattung
Wevtutil.exe	Befehlszeilenprogramm für Ereignisse
Wextract.exe	Windows-Cabinett-Selbstextrahierung
Wfs.exe	Windows Fax und Scan
Wfservicesreg.exe	Windows-Workflow-Services-Konfiguration
Where.exe	Dateipfadanzeigeprogramm
Whoami.exe	Anzeige von Benutzerinformationen
Wiaacmgr.exe	Windows-Bilderfassungsassistent
Wimserv.exe	WIM-Filter-v2-Extrahierungsprogramm
Windeploy.exe	Winsows-Bereitstellungsprogramm
Windowsanytimeupgraderesults.exe	Anzeige des Windows Anytime Upgrades
Winhelp.exe	Windows-Hilfe
Winhlp32.exe	Windows-Hilfe und Support
Wininit.exe	Windows-Startanwendung
Winload.exe	OS-Ladeprogramm
Winlogon.exe	Windows-Anmeldeanwendung
Winmgmt.exe	Windows-Verwaltungsinstrumentation
Winresume.exe	Wiederaufname aus dem Ruhezustand
Winrm.vbs	Windows-Remoteverwaltung
Winrs.exe	Windows-Remoteshell
Winrshost.exe	Hostprozess der Windows-Remoteverw.
WinSAT.exe	Windows-Systembewertungsprogramm
Winspool.exe	Windows 16-Bit-Pseudo-Drucker-Treiber
Winver.exe	Windows Versionsanzeige
Wisptis.exe	Windows Stift- und Fingereingabeprogr.
Wksprt.exe	Workspaceruntime
Wlanext.exe	WLAN-Erweiterungsframework
Wlrmdr.exe	Windows-Anmeldeerinnerungsprogramm
Wmiadap.exe	WMI Reverse Performance Adapter Maintenance-Programm
Wmiapsrv.exe	WMI-Leistungsdaten-Dienst
Wmic.exe	WMI-Befehlszeilendienstprogramm
WmiPrvSE.exe	WMI Provider Host
Wmlaunch.exe	WMP-Startprogramm
Wmpconfig.exe	WMP-Konfigurationsprogramm
Wmpdmc.exe	WMP-Digitale-Medien-Programm

Wmpenc.exe	WMP-Encoder
Wmplayer.exe	Windows Media Player
Wmpnetwk.exe	Windows Media-Player-Netzwerkfreigabedienst
Wmpnscfg.exe	WMP Netzwerkfreigabekonfiguration
Wmprph.exe	WMP-Vorschauprogramm
Wmpshare.exe	WMP-Verzeichnisfreigabe
Wmpsideshowgadget.exe	WMP-SideShow-Minianwendung
Wmsvc.exe	Web Management Service
Wordpad.exe	Wordpad-Anwendung
Wowdeb.exe	Windows-16-Bit-Überwachungsprogr.
Wowexec.exe	Startet 16-Bit-Anwendungen
Wpdshextautoplay.exe	Explorer-Erweiterung für automatische Wiedergabe von mobilen Geräten
Wpnpinst.exe	Internetdruckunterstützung
Write.exe	Windows Write / Wordpad
Wsatconfig.exe	WS-Atomic-Transaction-Konfiguration
Wscript.exe	GUI-Basierter Windows Scripting Host
Wsmanhttpconfig.exe	WSMan HTTP-Konfiguration
Wsmprovhost.exe	WSM Provisioning Host
Wsqmcons.exe	Windows SQM-Konsolidator
Wtvconverter.exe	Windows TV-Dateikonvertierung
Wuapp.exe	Windows Update GUI
Wuauclt.exe	Windows Update
Wudfhost.exe	Windows Benutzermodustreiber-Framework-Hostprozess
Wusa.exe	Eigenständiges Windows Update-Installationsprogramm
Xamlviewer_v0300.exe	WPF-XAML-Betrachter
Xcopy.exe	Erweitertes Kopierprogramm
Xpsrchvw.exe	XPS Betrachtungsprogramm
Xwizard.exe	Hostprozess für XML-erweiterbare Assistenten

Sachverzeichnis

3
3DES 291, 509
3-GB-Modus 14

6
64-Bit-Versionen 21
6to4 72, 346

A
AAAA-Resourceneinträge 342
AACS 11
Abbilder 63
Abgesicherter Modus 49
Abhängigkeiten 209
Access Control List *Siehe* ZSL
Access Router 503
ACL *Siehe* ZSL
ACPI 9
Active Directory 384
ActiveX-Installer 209
Address Resolution Protocol *Siehe* ARP
Address Windowing Extensions *Siehe* AWE
Administrator 381
Administrator-Eingabeaufforderung 76
Administratoren-Gruppe 390
Administratoren-SID (lokal) 404
Administrator-SID 402
ADMX-Dateien 25
Adprep.exe 117
Adressraum 14

Advanced Access Content System *Siehe* AACS
Advanced Encryption Standard *Siehe* AES
Advanced Local Procedure Call 7
Advanced Vector Extensions *Siehe* AVX
Aero 33, 34, 141
Aero Peek 90
Aero Shake 92
Aero Snap 92
AES 291, 504
Aktive Partition 262
Aktivierung 44
ALG *Siehe* Gatewaydienst auf Anwendungsebene
All-DHCP-Relay-Agents-and-Servers-Adresse 337
ALPC *Siehe* Advanced Local Procedure Call
Andere-Organisation-SID 409
Anmeldedienst 210
Anmelderechte 244, 250
Anmeldeskript 383
Anonymous-Anmeldung 390
Anonymous-Anmeldung-SID 400
Anschlussumleitung für Remotedesktopdienst im Benutzermodus 210
Anwendungserfahrung 210
Anwendungsinformationen 210
Anwendungsverwaltung 210
Anycast 335, 338
Anzeigeeinstellungen 81
AppLocker 21, 210
Arbeitsgruppen 157

Arbeitsoberfläche 73
Arbeitsspeicherdiagnose 52
Arbeitsspeicherdiagnosetool 52
Arbeitsstationsdienst 210
ARP 338, 343
ASP.NET-Zustandsdienst 211
Assistent für vergessene Kennwörter 386
Aufgabenblock-Ansicht 188
Aufgabenplanung 189, 211
Aufgabenplanungsdienst 189
Ausführungsschicht 5
Auslagerungsdatei 8, 162
Authentifizierte Benutzer 390
Authentifizierte Benutzer-SID 400
Authentifizierung 357
Automatisch (Verzögerter Start) 13, 203
Automatische Konfiguration - verkabelt 211
Automatische Wiedergabe 111
Automatische WLAN-Konfiguration 211
Autoritäts-IDs 397
Autounattend.xml 67
AVX 71
AWE 14
AXIS 209

B

Basisdatenträger 262
Basisfiltermodul 211
Basisordner 384
Batch 390
Batch-SID 399
BCD 29, 30, 535
Bcdedit.exe 30, 535
Benachrichtigungsdienst für Systemereignisse 211
Benutzerdefinierte RAS-Einstellungen 521
Benutzer-DSN 197
Benutzer-Gruppe 385, 390
Benutzerkonten 381, 382

Benutzerkontensteuerung 44, 75, 210, 392, 412
Benutzermodus 1, 10
Benutzermodus-Framework 442
Benutzermodus-PnP-Manager 8
Benutzermodus-Treiber 10
Benutzeroberflächen-Sprachpakete 154
Benutzerprofildienst 211
Benutzerprofile 165, 383
Benutzerrechte 244
Benutzer-SID 405
Benutzervariablen 168
Berechtigungen 382, 395
Berechtigungsvergabe 381
Besitzer 417
Bibliotheken 80
Bildschirmauflösung 81
Bildschirmtastatur 93
BIOS 28
BitLocker 54, 112, 119
BITS 215
BKS *Siehe* Benutzerkontensteuerung
Block Level Backup Engine Service 211
Blue Screen 167
Bluetooth-Unterstützungsdienst 211
Blu-ray 261, 294
Boot Configuration Data *Siehe* BCD
Boot.ini 30, 535
Bootmgr 29
Boot-Sektor 29
BranchCache 427
Bridge *Siehe* Netzwerkbrücke
Broadcast 335, 338
Browser-Dienst 212
Brute-Force-Verfahren 389
Buffer-Overflow 163

C

CDFS 293
CERTSVC_DCOM_Access-Gruppe 410

CHAP 235, 506, 508
Chkdsk.exe 303
Chkntfs.exe 303
CIDR 150
CIFS 235
Cipher.exe 293, 303
Classless Internet Domain Routing
    Siehe CIDR
ClearType 86
Client für NFS 212, 230
Client-Side Cache 498
Client-Side Rendering *Siehe* CSR
CMAK 150, 521
CNG 212
CNG-Schlüsselisolation 212
COM 150, 186
COM+ 212
COM+-Ereignissystem 212
COM+-Systemanwendung 212
Compact.exe 287, 303
Compartment 374
CompletePC-Sicherung 51
CompletePC-Wiederherstellung 51
Component Object Model *Siehe*
    COM
Computerbrowser 212
Computername 41
Computerreparaturoptionen 36
Computerverwaltung 196
Control Sets *Siehe* Gerätetreiber-
    Steuersätze
Convert.exe 303
Cryptographic Next Generation
    Siehe CNG
CSC *Siehe* Client-Side Cache
CSR 441
Csrss.exe 10
CYMK 446

D

DAD 343
Darstellungseinstellungen 81
Data Decryption Field *Siehe* DDF
Data Encryption Standard *Siehe*
    DES

Data Execution Prevention *Siehe*
    Datenausführungsverhinderung
Data Recovery Agent *Siehe* DRA
Data Recovery Field *Siehe* DRF
Dateiattribute 295
Dateisysteme 270
Datenausführungsverhinderung 163
Datenquellen 197
Datenträgerdefragmentierung 296
Datenträgerkontingente 289
Datenträgerverwaltung 257, 267,
    270
Datum und Uhrzeit 122
DAV *Siehe* Datenausführungsver-
    hinderung
Daytime 149
DCOM 212
DCOM-Server-Prozessstart 212
DDC 84
DDF 292
DDNS 213, 343, 373
Default-Route 339
Defrag.exe 300, 303
Defragmentierung 296
Defragmentierungszeitplan 298
DEP *Siehe* Datenausführungsver-
    hinderung
Deployment 63
Deployment Image Servicing and
    Management-Programm *Siehe*
    DISM
DES 291, 504, 509
Designs 212
DEVMGR_SHOW_NONPRESENT
    _DEVICES 127
Dfrgui.exe 297
DHCP 342
DHCP Unique Identifier *Siehe*
    DUID
DHCP-Administratoren-Gruppe
    410
DHCP-Benutzer-Gruppe 410
DHCP-Client-Dienst 212
DHCPv6 343
Diagnoserichtliniendienst 213
Diagnostesystemhost 213

Dialup 390
Dialup-SID 399
Dienst-Abhängigkeiten 209
Dienste 12, 98, 203, 390
Dienste für NFS 149, 228
Dienst-SID 400
Dienststeuerungs-Manager 13, 208
Diese-Organisation-SID 401
Dieses Organisationszertifikat 390
Digest-Authentifizierung-SID 408
Digitale Signatur 4
DirectAccess 72, 347, 532
Direktverbindung 515
Diskmgmt.msc 267
Diskpart.exe 304
DISM 65
Distributed COM-Benutzer-Gruppe 390
Distributed COM-Benutzer-SID 408
Distributed Transaction Coordinator *Siehe* DTC
DNS 341
Dns-Administratoren-Gruppe 410
DNS-Client-Cache 373
DNS-Client-Dienst 213
DnsUpdateProxy-Gruppe 410
Domänen-Admins-SID 402
Domänenbenutzerkonten 384
Domänen-Benutzer-SID 402
Domänencomputer-SID 403
Domänencontroller 384
Domänencontroller-Gruppe 410
Domänencontroller-ohne-Schreibzugriff-SID 404
Domänencontroller-SID 402, 403
Domänen-Gäste-SID 403
Domänenname 157
DRA 292
DRF 292
Driverquery.exe 208
DriverStore 128
Druck- und Dokumentdienste 149
Druckeinstellungen 438
Drucker 429
Druckerberechtigungen 447

Druckerfreigabename 441
Drucker-Pooling 453
Drucker-Standort 439
Druckertreiber 442
Druckerwarteschlange *Siehe* Druckwarteschlange
Druckgerät 429
Druck-Operatoren-SID 406
Druckserver 429
Druckservereigenschaften 449
Druckwarteschlange 213
DSN *Siehe* Datenquellen
DTC 213
Dual Stack 345
DUID 343
Dump 95
Duplicate Address Detection *Siehe* DAD
Dynamic DNS *Siehe* DDNS
Dynamic Memory *Siehe* Dynamischer Speicher
Dynamische Datenträger 262
Dynamischer Speicher 71
DynDNS *Siehe* DDNS

E

E/A-Manager 6
EAP 214, 508, 512
EAP-MD5 504, 508
EAP-TLS 508
EasyBCD 30
EasyTransfer 59
Echo 149
EFS 112, 224, 291
Eigentümerrechte 391
Eigentümerrechte-SID 399
Einfache Firewall 358
Einfache Freigabe 416
Einfache TCP/IP-Dienste 149
Einfaches Volume 262, 264
Eingehende Verbindung 524
Eingeschränkter Code-SID 400
Emergency Management Services *Siehe* Notverwaltungsdienste
EMS *Siehe* Notverwaltungsdienste

Encrypting File System *Siehe* EFS
Energieschemata 496
Entfernen persönlicher Informationen 285
Enumeratordienst für tragbare Geräte 214
Ereignisanzeige 479
Ereignisprotokollleser-Gruppe 390
Ereignisprotokollleser-SID 408
Erkennung interaktiver Dienste 214
Ersteller-Besitzer 391
Ersteller-Besitzer-Server-SID 399
Ersteller-Besitzer-SID 398
Erstellergruppe 391
Erstellergruppe-SID 399
Ersteller-Primäre-Gruppe-Server-SID 399
Erstellung eingehender Gesamtstrukturvertrauensstellung-SID 407
Erweiterte Freigabe 418
Erweiterte Partition 262, 264
eSATA 257
ESP 510
Ethereal 493
EUI 236
Eventcreate.exe 484
Eventvwr.exe 484
exFAT 272
Expand.exe 304
Explorer 79
Extended Unique Identifier *Siehe* EUI
Extensible Authentication Protocol *Siehe* EAP
Extensible Authentication Protocol-Dienst 214
Externe Fragmentierung 297

F

Farbverwaltung 85
FAT 270
FAT32 270
Fax 214
Fax-Benutzer-Gruppe 410

Faxdienste 457
Faxmodem 460
FEK 292
Fernzugriff 503
Festplatten 257
Festplatten-Partitionstypen 264
File Encryption Key *Siehe* FEK
Firewall 358
Firewall mit erweiterter Sicherheit 362
FireWire 325
Flash-Speicher 260
Format.exe 273, 304
Fragmentierung 296
Freigabe eines Druckers 440
Freigabeberechtigungen 422
Freigaben 413
Fsutil.exe 304
Funktionssuchanbieter-Host 214
Funktionssuche-Ressourcenveröffentlichung 214

G

Gäste-Gruppe 390
Gäste-SID 405
Gastkonto 381
Gast-SID 402
Gatewaydienst auf Anwendungsebene 214
GDI 9, 443
Gemeinsame Nutzung der Internetverbindung 214
Geräte-Manager 123
Gerätetreiberspeicher 128
Gerätetreiber-Steuersätze 50
Gesamtleistungsindex 139
Geschützte Prozesse 11
Geschützter Speicher 215
Gespiegeltes Volume 262, 266
Getmac.exe 379
Globale Multicast-Adressen 337
Gpresult.exe 254
GPT 263
GPT-Datenträger 263

Graphics Device Interface *Siehe* GDI
GRE 511
Gruppe mit Domänen RODC-Replikationserlaubnis-SID 404
Gruppe ohne Domänen-RODC-Replikationserlaubnis-SID 404
Gruppen 382
Gruppenrichtlinienclient-Dienst 215
GUI 116
GUID 411
GUID-Partitions-Tabelle *Siehe* GPT

H

HAL 3, 29
HAL.DLL 3
Hardware-Programm 129
Hash 506, 507, 508
Hash-Verfahren 4
Hauptbenutzer-Gruppe 390
Hauptbenutzer-SID 405
HD-DVD 261, 294
HDMI 71
Hdwwiz.exe 130
Herunterfahrenvorankündigung 13
Hiberfil.sys 29
HID 228
Hilfe- und Supportcenter 78
Hohe-Verbindlichkeitsstufe-MAC-SID 409
Hostfähiger Webkern für Internetinformationsdienste 149
Hostname 157
Hostname.exe 376
Hostroute 339
Human Interface Devices *Siehe* HID
Hybrid-Kernel 3
Hybrid-Laufwerke 260

I

I/O-Manager *Siehe* E/A-Manager
ICMP 375
ICMPv6 335, 337, 339, 344
IEEE 802.1X 211, 508
IEEE 802.3 130
IEEE 802.5 130
IGMP 337
IIS_IUSRS-Gruppe 390
IIS_IUSRS-SID 408
IKE 511
IKE- und AuthIP IPsec-Schlüsselerstellungsmodule 215
IKEv2 71, 504, 511, 513
Images *Siehe* Abbilder
Imageunattend.xml 67
ImageX 64
Indexdienst 149
Indizierungsoptionen 131
Installation 33
Integrierte lokale Gruppen 390
Integrierte Sicherheitsprinzipale 390
Integrierte Subsysteme 10
Integritätsschlüssel- und Zertifikatverwaltungs-Dienst 215
Intelligenter Hintergrundübertragungsdienst *Siehe* BITS
Interaktiv 391
Interaktive Remoteanmeldung 391
Interaktive-Remoteanmeldung-SID 401
Interaktiv-SID 399
Interface Identifier 343, 347
Interne Fragmentierung 297
Internet Control Message Protocol *Siehe* ICMP
Internet Control Message Protocol Version 6 *Siehe* ICMPv6
Internet Group Management Protocol *Siehe* IGMP
Internet Key Exchange Version 2 *Siehe* IKEv2
Internet Printing Protocol *Siehe* IPP
Internet Storage Name Service *Siehe* iSNS
Internetdruckclient 149
Internetinformationsdienste 149
IPC Manager 7
Ipconfig.exe 373
IP-Hilfsdienst 216

IP-HTTPS 347
IPP 149, 433
IPsec 71, 236, 333, 506, 510, 511
IPsec-Richtlinien-Agent-Dienst 216
IPv4 504
IPv4-mapped-Adressen 345
IPv6 72, 332, 504
IPv6-Header 335
IPv6-Übergangstechnologien 345, 348
iQN 236
ISATAP 72, 347
iSCSI 257
iSCSI Qualified Name *Siehe* iQN
iscsicli.exe 242
iSCSI-Dienst 236
iSCSI-Initiator 235
iSNS 236, 240
isnscli.exe 242
ISO-OSI-Schichtenmodell 331
IUSR 391

J

Jeder 391
Jeder-SID 398
Jugendschutz 382
JumpLists *Siehe* Sprunglisten

K

Kennwort festlegen 384
Kennwortablauf 382
Kennwortrücksetzdiskette 386
Kennwortrücksicherungsdiskette 384
Kerberos 357, 358, 396
Kernel 3
Kernel-Modus 1, 2, 99
Kernelmodusdruckertreiber 442
Kernel-Modus-Treiber 4
Key Management Server *Siehe* KMS
KMDF 434, 442, 443
KMS 68
Komprimierung *Siehe* NTFS-Komprimierung

Konfigurationsmanager 5
Konsolenanmeldung 391
Konsolenansicht 187
Konten-Operatoren-SID 406
Kontextmenü 76
Kontingenteinträge 290
Kontodeaktvierung 382
Kontosperrung 382
Krbtgt-SID 402
Kryptografiedienste 216
Kryptografie-Operatoren-Gruppe 390
Kryptografie-Operatoren-SID 408
KtmRm für Distributed Transaction Coordinator-Dienst 216

L

L2TP 510, 511
L2TP/IPsec 504
LAN-Manager-Authentifizierung 357
LanRover 505
Latenzzeit 258
LCP 517
Leere SID 398
Leistungsindex 140
Leistungsindikator 490
Leistungsinformationen und -tools 139
Leistungsprotokollbenutzer-Gruppe 390
Leistungsprotokollbenutzer-SID 407
Leistungsprotokolle und -warnungen-Dienst 216
Leistungsüberwachungsbenutzer-Gruppe 390
Letzte als funktionierend bekannte Konfiguration 50
Libraries *Siehe* Bibliotheken
Link Control Protocol *Siehe* LCP
Link Layer Topology Discovery *Siehe* LLTD
Link MTU 336

Link-Local Multicast Name Resolution *Siehe* LLMNR
Link-Local Scope Multicast-Adressen 337
Link-Local Unicast 336
LIP 154
LIP-Sprachpakete 153, 154
LLMNR 341
LLTD 354
LLTP 224
Load Randomization 165
LoadState.exe 59
Logische Laufwerke 262, 264
Logman.exe 490
Logon session 391
Logon-ID-SID 400
Lokale Benutzer und Gruppen 381
Lokale Faxdienste 463
Lokale Sicherheitsrichtlinie 243, 412
Lokaler Dienst 205, 207, 391
Lokaler-Dienst-SID 401
Lokales System 205
Lokales Systemkonto 207
Lokal-SID 398
Loopback-Adresse 336
Loopback-Netzwerkadapter 130
LPD-Druckdienst 149
Lpksetup.exe 153
LPR-Anschlussmonitor 149
LSA 391, 396
Lsass.exe 10, 391
Lusrmgr.msc 381

M

MAC-Adressen 329
MAK 45, 68
Manage-bde 119
Mandatory Integrity Control *Siehe* MIC
Manifest 165
Man-in-the-Middle-Attacke 505
MAP 63
Massenspeicher 257
Master Boot Record *Siehe* MBR
Maximum Transmisson Unit *Siehe* MTU
Mblctr.exe 496
MBR 28, 262, 263
MCX *Siehe* Media-Center-Extender
MD5 4, 504, 506, 507, 508
mDNS 341
MdRes.exe 53
Mdsched.exe 52
MDT 64
Media-Center-Extender 325
Mehrsprachige Benutzeroberflächenpakete 153
Memory Remapping 15
Metadaten 285
MFT 287
MIC 393
Microsoft iSCSI-Initiator-Dienst 217
Microsoft Loopback-Adapter 327
Microsoft Management Console *Siehe* MMC
Microsoft Services-for-Unix 228
Microsoft Update 184
Microsoft Verwaltungskonsole *Siehe* MMC
Microsoft-Message Queue-Server *Siehe* MSMQ
Microsoft-Softwareschattenkopie-Anbieter 217
Mikro-Kernel 3
Mikro-Kernel 4
Mininwendungen 146
Mirror Set *Siehe* Gespiegeltes Volume
Mittlere-Verbindlichkeitsstufe-MAC-SID 409
MLD 337
MMC 186, 203
MMCSS *Siehe* Multimediaklassen-Scheduler-Dienst
MMC-Verwaltungsdateien 252
Mobile Computing 495
Mobiles Arbeiten 495
Mobilitätscenter 495
Mountvol.exe 304

MPPE 505, 506, 507, 509
MS-CHAP 507
MS-CHAPv1 504
MS-CHAPv2 504, 507, 510
MSMQ 150
Mstsc.exe 175
MTU 336
MUI 153
MUI-Sprachpakete 153
Multicast 335, 336, 338
Multicast DNS *Siehe* mDNS
Multicast Listener Discovery *Siehe* MLD
Multicast-Adressen 336
Multimediaklassenplaner 217
Multimediaklassen-Scheduler-Dienst 97
Multiple Activation Key *Siehe* MAK
Multi-Touch 147
MVK *Siehe* MMC
MVK-Autorenmodus 188

N

NAP 217
NAP-Agent 217
NAPT 340
NAS 235, 503
NAT 340
Nbtstat.exe 376
Neighbor Discovery 343
Net Continue 208
Net Pause 208
Net Start 208
Net Stop 208
Net.exe 377
Net.Tcp-Portfreigabedienst 217, 218
NetBEUI 331
NetBIOS 157, 212, 223, 420
NetBIOS-Name 157
NetBIOS-Namensauflösung 157
NetBT 223
Netlogon 210
Netsh 375

Netstat.exe 378
NetStumbler 329
Network Access Protection *Siehe* NAP
Network Address Port Translation *Siehe* NAPT
Network Address Translation *Siehe* NAT
Network Attached Storage *Siehe* NAS
Network File System *Siehe* NFS
Network Location Awareness 327
Network Time Protocol *Siehe* NTP
Netzwerk 391
Netzwerk- und Freigabecenter 325, 326, 413
Netzwerkbrücke 330
Netzwerkdienst 205, 207, 391
Netzwerkdienst-SID 401
Netzwerkdrucker 429
Netzwerkkonfigurations-Operatoren-Gruppe 390
Netzwerkkonfigurations-Operatoren-SID 407
Netzwerklistendienst 218
Netzwerkmonitor 493
Netzwerk-SID 399
Netzwerkspeicher-Schnittstellendienst 218
Netzwerkstandort 325
Netzwerkverbindungen 218
NFS 149, 228, 235
Nfsadmin.exe 232
Nibble 342
Nichtspezifizierte Adresse 336
Nicht-vertrauenswürdig-MAC-SID 409
Niedrige-Verbindlichkeitsstufe-MAC-SID 409
NLA *Siehe* Network Location Awareness
NLA - Network Location Awareness-Dienst 218
Node-Local Scope Multicast-Adressen 337
Notverwaltungsdienste 56

Nslookup.exe 379
NTBackup 319
NTFS 273
NTFS-Berechtigungen 276, 425
NTFS-Komprimierung 287
NTLM 357, 396
NTLM-Authentifizierung-SID 408
NTLMv2 357
NTOSKRNL.EXE 4
NTP 47, 122, 227
NTUSER.DAT 166
NWLink 331

O

Objektmanager 5
ODBC 197, 489
ODBC-Datenquellen 197
Oeffentlicher Ordner 415
Offlinedateien 423, 498
Offlinedateien-Dienst 218
Offline-Migration 60
Offline-Ordner 497
OLE-DB 197
Organisations-Admins-SID 403
Organisations-Domänen-Controller-SID 400
Organisations-lokale Multicast-Adressen 337

P

PAE 16
Page Table Entry *Siehe* PTE *Siehe* PTE
PAP 504
Partitionierung 257
Partitionsausrichtung 259
Partitionstabelle 262
Partitionstypen 264
PAT 340
PATA 257
Path MTU 336
Pathping.exe 376
PCI 8
PCI Express 8
PCIe *Siehe* PCI Express

PCI-X 8
PCR *Siehe* Platform Configuration Register
PEAP 510
Peer Name Resolution-Protokoll-Dienst 218
Peernetzwerk-Gruppenzuordnungsdienst 219
Peernetzwerkidentitäts-Manager-Dienst 219
Perfmon.exe 490, 492
Perfmon.exe /sys 488
Personal Identification Number *Siehe* PIN
Physical Address Extensions *Siehe* PAE
PIN 115, 120
 Ändern 177
Ping 374
Pipe 7
PKGMGR.Exe 64
Platform Configuration Register 114
Plug & Play-Dienst 219
Plug & Play-Manager 8
PMP 11
Pnputil.exe 128
PnP-X-IP-Busauflistungsdienst 219
PNRP-Computernamenveröffentlichungs-Dienst 219
Port Address Translation *Siehe* PAT
Port-80-Karte 28
PortProxy 345
POSIX 151
POST 28
Powercfg.exe 497
Power-On Self Test *Siehe* POST
PPP 508, 512
PPTP 511
Prä-Windows 2000 kompatibler Zugriff-SID 406
Primäre Partition 262, 264
Print$-Freigabe 431
Prioritätskennung 97
Privilegien 244
Profil 383

Programme und Funktionen 147
Programmkompatibilitäts-Assistent-Dienst 219
Protected Environment 12
Protected Extensible Authentication Protocol *Siehe* PEAP
Protected Media Path *Siehe* PMP
Protected Mode 29
Protected Process 11
Protected User-Mode Audio *Siehe* PUMA
Protected Video Path *Siehe* PVP
ProtectedStorage *Siehe* Geschützter Speicher
Protokolle 331
Proxy-SID 400
Prozesse 4, 95
Prozess-Manager 8
Pseudo-Umgebungsvariablen 168
PTE 163, 165
PTR-Ressourceneinträge 342
PUMA 11
PVP 11
PXE 65

Q

QoS 333
Quality of Service *Siehe* QoS
Quantum 161
Quotas *Siehe* Datenträgerkontingente
Quoten *Siehe* Datenträgerkontingente

R

RADIUS 235
RAID 266
RAID 1 266
RAID-5-Datenträger 262
RAID-5-Volume 267
RAS 515, 520
RAS- und IAS-Server-SID 404
RAS-Server 512
RAS-Verbindungs-Manager-Verwaltungskit *Siehe* CMAK

RAS-Verbindungsverwaltungsdienst 219
Raw partition 270
RC4 504, 509
RC4-40 504
RC4-56 504
RDP 175, 210
ReadyBoost 300
Rechte 395
Rechtevergabe 381
Reg.exe 24
Regedit.exe 24
Registrierung 22, 29
Registry *Siehe* Registrierung
Rekeywiz.exe 293
Remote Desktop Protocol *Siehe* RDP
Remote Media Streaming 19
Remote Server Administration Tools *Siehe* Remoteserver-Verwaltungstools
Remotedesktop 174
Remotedesktopbenutzer-Gruppe 390
Remotedesktopbenutzer-SID 407
Remotedesktopverbindung 175
Remote-Faxdienste 477
RemoteFX 70, 71
Remoteprozeduraufruf - RPC-Dienst 219
Remoteregistrierungsdienst 219
Remoteserver-Verwaltungstools 254
Remoteunterschiedskomprimierung 150
Remoteunterstützung 174
Replay-Angriff 506, 507
Replikations-Operatorengruppe 390
Replikations-Operator-SID 406
Resmon.exe 488
Ressourcenmonitor 487
Ressourcenüberwachung 487
RFC 340
RFC 1918 340
Richtlinie zum Entfernen der Smartcard 220

Richtlinien-Ersteller-Besitzer-SID 404
RID-Betriebsmaster 397
RIP 150
RIP-Listener 150
Route print 340
Router Advertisement 344
Router Information Protocol *Siehe* RIP
Router Solicitation 343
Routing 339
Routing und RAS-Dienst 220
RPC 7
RPC-Locator-Dienst 220
RRAS 71, 503, 523
RSAT *Siehe* Remoteserver-Verwaltungstools

S

SACL 283
SAM 221, 384
SAN 235, 259
SAS 257
SATA 257
SC.exe 203, 208
Scalable Networking Pack *Siehe* SNP
ScanState.exe 59
Scanverwaltung 149
SCCM 67
SChannel-Authentifizierung-SID 408
Schattenkopien 288
Schedule 189, 211
Scheduler 4, 97
Schema-Admins-SID 403
Schtasks.exe 191
SCM 208 *Siehe* Service Control Manager
SCSI 257
Secure Hash Algorithm *Siehe* SHA
Security Accounts Manager *Siehe* SAM
Security Identifier 395

Sekundärer-Anmeldungs-Dienst 220
Selbst-SID 400
Server für Threadsortierung-Dienst 221
Server Message Block *Siehe* SMB
Server Message Blocks *Siehe* SMB
Server-Dienst 221
Servergespeicherte Profile 166
Server-Operatoren-SID 406
Server-Spoofing 505
Service 12
Service Control Manager 13
Service Pack 1 69
Service Set Identification *Siehe* SSID
Services.exe 10
Services-for-Unix 228
Session Manager *Siehe* Sitzungs-Manager
Setx.exe 169
SFU 228
SHA 509
SHA-1 4
Shellhardwareerkennungsdienst 221
Showmount.exe 232
Showpriv.exe 252
Sicherbare Objekte 392
Sicherheitsbeschreibung 394
Sicherheitscenterdienst 221
Sicherheitskontenverwaltung 384
Sicherheitskonto-Manager-Dienst 221
Sicherheitsmonitor 7
Sicherheitsobjekte 391
Sicherheitsprinzipale 381
Sicherheitsreferenzmonitor 7
Sicherheitssubjekte 381, 391
Sicherheitsvorlagen 205
Sicherkeitskontenverwaltung 221
Sichern-und-Wiederherstellen-Programm 305
Sicherungsoperatoren-Gruppe 390
Sicherungs-Operatoren-SID 406
SID 392, 395, 397
sIDHistory-Attribut 392

SIDs für Dienste 409
Sigcheck.exe 165
SIM 67
Simple Network Management Protocol *Siehe* SNMP
Simple Service Discovery Protocol *Siehe* SSDP
Single Sign-On 110
Site-Local Scope Multicast-Adressen 337
Site-Local Unicast 336
Sitzungs-Manager 10
Sitzungs-Manager-für-Desktopfenster-Manager-Dienst 221
Slipstreaming 64
Smartcard-Dienst 221
SMB 149, 210, 228, 235
Smss.exe 10
Snap-In 187
SNMP 150, 222
SNMP-Trap-Dienst 222
SNP 379
SOHO 326
Solid State Disk *Siehe* SSD
SPAM 362
SPAP 504, 505
Speicherabbilder 167
Speicherdiagnose *Siehe* Arbeitsspeicherdiagnose
Spiegelsatz *Siehe* Gespiegeltes Volume
Spiele 150
Spooler *Siehe* Druckwarteschlange
Sprachpakete 21, 153
Sprunglisten 77
Srvany.exe 205
SSD 163, 259, 296
SSDP 222
SSDP-Suchdienst 222
SSID 328, 329
SSL 329, 509, 512
SSO *Siehe* Single Sign-On
Standortlokale Multicast-Adressen 337
Starten und Wiederherstellen 167
Startmenü 74

Startoptionen 30, 31, 535
Startpartition 29
Startvorgang 28
Stateful autoconfiguration 344
Stateless autoconfiguration 343
Stateless DHCPv6 345
STOP-Fehler 167
Storage Area Network *Siehe* SAN
Stratum-1 123
Streifensätze 265
Stripe-Set-Partition *Siehe* Streifensätze
Stripesetvolume 262 Siehe Streifensätze
SUA *Siehe* Subsystem für UNIX-basierte Anwendungen
Subinacl.exe 205
Subsystem für UNIX-basierte Anwendungen 151
Suchsystem 197
Superfetch-Dienst 222
Symbolische Verknüpfungen 275
Synchronisierung 500
Synchronisierungscenter 501
Sysprep 65
System 155, 391
System Center Configuration Manager 67
System Image Manager *Siehe* SIM
Systemdiagnose 492
System-DSN 197
Systemeigenschaften 156
Systeminfo.exe 175
System-MAC-SID 409
Systemmonitorbenutzer-SID 407
Systempartition 28
SystemPropertiesAdvanced.exe 175
SystemPropertiesComputerName.exe 175
SystemPropertiesDataExecutionPrevention.exe 175
SystemPropertiesHardware.exe 175
SystemPropertiesPerformance.exe 175
SystemPropertiesProtection.exe 175
SystemPropertiesRemote.exe 175

Systemrechte 382
Systemreparaturdatenträger 318
Systemressourcen 129
System-SID 401
Systemsteuerung 109
Systemvariablen 168
Systemwiederherstellung 172
Systemwiederherstellungsoptionen 51
SZSL 394

T

Tablet PC-Eingabedienst 222
Tablet PC-Komponenten 151
Tablet-PC 151
Tagged Image File Format *Siehe* TIFF
Takeown.exe 304
Task 4
Tasklist.exe 203, 208
Task-Manager 94
Taskpad *Siehe* Aufgabenblock-Ansicht
Tastaturabkürzungen 87
TCP 331
TCP/IP 331
TCP/IP-NetBIOS-Hilfsdienst 223
Telefoniedienst 223
Telnet 375
Telnet-Client 151
Telnet-Clients-Gruppe 411
Telnet-Server 151
Teredo 346
Terminalserverbenutzer 391
Terminalserverbenutzer-SID 401
Terminal-Server-Client 175
Terminalserver-Lizenzserver-SID 408
TFAT 272
TFTP-Client 151
Thread 4, 97
TIFF 151
TLS 329, 509, 510, 512
TPM 113, 176, 223
 Aktivierung 177

 Deaktivierung 177
 Initialisierung 177
TPM-Basisdienste 223
TPM-Befehlsverwaltung 177
Tpminit.exe 177
Tracert 375
Transaction-Safe FAT *Siehe* TFAT
Trigger 193
Trusted Platform Module *Siehe* TPM
Trustees 391
TSCS *Siehe* Terminaldienstekonfigurationsdienst
TSWebAccessAdministratoren-Gruppe 411
TSWebAccessComputer-Gruppe 411
Typeperf.exe 490

U

UAC *Siehe* Benutzerkontensteuerung
UDF 293
UDP 331
Uebergreifende Datenträger 265
Uebergreifendes Volume 262, 265
Ueberwachung-verteilter-Verknüpfungen-Client-Dienst 223
UMDF 434, 442, 443 *Siehe* Benutzermodus-Treiber
Umgebungsvariablen 159, 167
Umpnpmgr.dll 8
Unattend.xml 67
UNC 229, 417
Unicast 335, 336
Universal Disk Format *Siehe* UDF
Universal Naming Convention *Siehe* UNC
Universal Plug and Play *Siehe* UPnP
Unterstützung in der Systemsteuerung unter Lösungen für Probleme-Dienst 223
Upgrade 22
Upgrade-Installation 53

Upgrade-Pfade 54
UPnP 223, 354
UPnP-Gerätehostdienst 223
URB 70
USB Request Blocks *Siehe* URB
USB-Laufwerke 261
User Account Control *Siehe* Benutzerkontensteuerung
User State Migration Tool 59 *Siehe* USMT
USMT 59

V

VAMT 69
VDI 70
Verbessertes Windows-Audio/Video-Streaming-Dienst 223
Verbindliche Kennzeichnungen 393
Verbindliches Profil 166
Verbindungslokale Multicast-Adressen 337
Verbindungsmanager 521
Verbindungsschicht-Topologieerkennung 354
Verbindungsschicht-Topologieerkennungs-Zuordnungsprogramm-Dienst 224
Verschlüsselndes Dateisystem 112, 291
Vertrauenswürdiger Installationsdienst-MAC-SID 410
Verwaltung 185, 189
Verwaltung für automatische RAS-Verbindung-Dienst 224
Verzeichnisfreigaben 413, 416
Verzeichnisstruktur 101
Virtual Memory Manager *Siehe* Virtueller-Speicher-Manager
Virtuelle Festplatten 260, 268
Virtueller Arbeitsspeicher 14, 162
Virtueller Datenträger-Dienst 224
Virtueller-Speicher-Manager 8
vLite 67
VMK *Siehe* Volume Master Key
VoIP 341

Volume Activation Management Tool *Siehe* VAMT
Volume Master Key 113
Volumeschattenkopiedienst 224
Vordefinierte Benutzerkonten 389
Vordefinierte Gruppen 390
VPN 504, 513
Vssadmin.exe 304

W

W32Time 227
W32tm.exe 378
WAIK 67
WAN 503
Wartungscenter 181
WAS 151
WDF 11, 225
WDS 65
Web Proxy Auto Detection *Siehe* WPAD
WebClient-Dienst 224
WebDAV 224
WEI *Siehe* Windows Experience Index
WEP 509
WET *Siehe* EasyTransfer
Wevutil.exe 484
Whoami.exe 397
Wiederherstellungspunkte 172
WIM 64
WIMFS-Treiber 64
Win32k.sys 9
Window-Manager 9
Windows 7 Business 33
Windows 7 Enterprise 17, 20, 33
Windows 7 Home Basic 17, 19, 33
Windows 7 Home Premium 20, 33
Windows 7 Home Premum 17
Windows 7 Professional 17, 20
Windows 7 Starter 17, 19, 33
Windows 7 Ultimate 17, 21, 33
Windows 7 Upgrade Advisor 34
Windows Activation Service *Siehe* WAS

Windows Automated Installation Kit
  Siehe WAIK
Windows CardSpace-Dienst 224
Windows Deployment Services
  Siehe WDS
Windows Driver Foundation *Siehe*
  WDF
Windows Driver Foundation -
  Benutzermodus-Treiberframe-
  work-Dienst 225
Windows Driver Framework 11
Windows EasyTransfer *Siehe*
  EasyTransfer
Windows Experience Index 139
Windows Management
  Instrumentarium *Siehe* WMI
Windows Media Center-Empfänger-
  dienst 225
Windows Media Center-Planerdienst
  225
Windows Media Player-Netzwerk-
  freigabedienst 225
Windows Modules Installer-Dienst
  225
Windows Premium 141
Windows Presentation Foundation
  Siehe WPF
Windows Search 151
Windows Server 2008 511
Windows Software Update Services
  Siehe WSUS
Windows System Assessment Tool
  Siehe WinSAT
Windows System Image Manager
  Siehe SIM
Windows Update 183
Windows Vista Business 291
Windows Vista Enterprise 291
Windows Vista Ultimate Edition
  291
Windows Vista Upgrade Advisor
  145
Windows-7-Versionen 17
Windows-Aktivierung 44
Windows-Arbeitsspeicherdiagnose-
  tool 52

Windows-Audio-Dienst 226
Windows-Audio-Endpunkterstel-
  lungsdienst 226
Windows-Autorisierungszugriffs-
  gruppe-SID 407
Windows-Bilderfassungsdienst 226
Windows-Defender-Dienst 224
Windows-Ereignisprotokoll-Dienst
  226
Windows-Ereignissammlungsdienst
  226
Windows-Farbsystem-Dienst 226
Windows-Fax und -Scan 149, 477
Windows-Fehlerberichterstattungs-
  dienst 226
Windows-Firewall mit erweiterter
  Sicherheit 362
Windows-Firewall-Dienst 226
Windows-Funktionen 148
Windows-Installer-Dienst 225
Windows-Logo-Taste *Siehe* Win-
  dows-Taste
Windows-Mobilitätscenter 495
Windows-Prozessaktivierungsdienst
  151
Windows-Remoteverwaltung - WS-
  Verwaltung-Dienst 227
Windows-Sicherheit 93, 386
Windows-Sicherungsdienst 227
Windows-Sofortverbindung – Kon-
  figurationsregistrierungsstellen-
  dienst 227
Windows-Such-Dienst 225
Windows-Suchsystem 197
Windows-Systembewertungstool
  Siehe WinSAT
Windows-Taste 74
Windows-Update-Dienst 225
Windows-Verwaltungsinstrumenta-
  tionsdienst 227
Windows-Zeitgeberdienst 227
WinHTTP-Web Proxy Auto-Disco-
  very-Dienst 227
Winload.exe 29
Winlogon 7
WinPE 35, 66

Winresume.exe 29
WINS-Benutzer-Gruppe 411
WinSPR 143
Wireshark 493
WLAN 329, 508
WMI 150, 227, 488
WMI-Leistungsadapterdienst 227
WOW32 16
WOW64 16
WPA 509
WPAD 227
WPF 225
Write Restricted-SID 408
WSS_Admin_WPG-Gruppe 411
WSS_Restricted_WPG-Gruppe 411
WSS_WPG-Gruppe 411
WSUS 184
WS-Verwaltungsprotokoll 226, 227
WWW-Publishingdienst 228
WZSL 394

X

X.509-Zertifikate 291
XML Paper Spezification *Siehe* XPS
XOR 509

XPS 71, 442, 443
XPS-Dienste 151
XPS-Viewer 152

Z

Zero page thread 97
Zero Touch Installation 67
Zertifikatsdienste-DCOM-Zugriff-SID 408
Zertifikatsherausgeber-SID 403
Zertifikatverteilungsdienst 228
ZSE 394
ZSL 394
ZTI *Siehe* Zero Touch Installation
Zugriff auf Eingabegeräte-Dienst 228
Zugriffssteuerungseinträge 280, 394
Zugriffssteuerungsliste *Siehe* ZSL
Zugriffssteuerungslisten 394
Zugriffstoken 244, 391, 396
Zuverlässigkeits- und Leistungsüberwachung 488
Zuverlässigkeitsüberwachung 488
Zuverlässigkeitsverlauf 488
Zwischenspeicherung 423

MIX
Papier aus verantwortungsvollen Quellen
Paper from responsible sources
FSC® C105338

If you have any concerns about our products,
you can contact us on
ProductSafety@springernature.com

In case Publisher is established outside the EU,
the EU authorized representative is:
**Springer Nature Customer Service Center GmbH
Europaplatz 3, 69115 Heidelberg, Germany**

Printed by Libri Plureos GmbH
in Hamburg, Germany